KB137596

學生의 學習과 職場人의 사무 능력을 높여주는

漢 字 語

빨리찾기사전

金東吉編

漢

字

(주)교학사

머 리 말

　요즈음에 와서 한자를 배우고 익혀야 하겠다는 열성이 부쩍
일어나고 있는 것 같습니다.

　대기업에서는 입사 시험에 한자 문제를 내고, 서울대학교나
고려대학교에서는 입학한 학생들에게 한자 특별 시험을 보이는
등, 취업이나 입시 경쟁에서 초보적인 한자 지식을 요구하고 있
기 때문인 것으로 여겨집니다.

　이런 관문에서 부닥치는 한자 지식의 필요성 외에도, 일부 초
등학교에서 실시한, 학습 능률과 한자 공부와의 상관 관계에 대
한 실험 결과에서도 한자 공부의 필요성이 확인되고 있습니다.

　그런데도, 학교 교육에서는 한자 공부를 제대로 시키지 않고
있기 때문에, 학생들과 사회에 막 진출한 젊은이들은 학교 교육
의 정규 과정 외에 별도로 한자 공부를 해야 한다는 이중 고통
을 받고 있는 우리의 현실입니다.

　이 사전은, 이같이 강요되는 이중 부담을 덜어 드리려고 고안
하여 엮었습니다. 공부하는 학생의 책상 위나, 직장인의 사무 보
는 테이블 위에 놓아 두고, 일상 생활 속에서 이 말은 한자로는
어떻게 표기해야 하는가 하는 의문이 일어날 때마다 각자의 손
가까이에 있는 이 사전을 활용하신다면, 자신도 모르는 사이에

한자의 실력이 부쩍 늘어나리라고 확신합니다.

 더구나, 이 사전에서 시도한 간명한 풀이와 그에 알맞은 용례의 제시는 한자어의 묘미를 체득하는 데에 크게 기여할 것이며, 이는 곧바로 한자는 다른 나라나 다른 겨레의 문자가 아닌, 우리말을 적는 우리의 문자라는 인식도 심어 주어 한자를 애용하는 사람이 되게 하는 구실을 하리라고 믿습니다.

                          2005년 1월   일
                              엮은 이

ㄱ

家家禮 집안에 따라 서로 다르게
가 가 례 행하는 예절의 법도.

家家戶戶 집집마다
가 가 호 호 ─ 휘날리는 태극기.

家間事 집안일
가 간 사 ─를 돌보다.

加減 보탬과 뺌. 또는 적당히 조절
가 감 함. ─乘除(승제). ─한 수량.

佳客 반갑고 사랑스러운 손님.
가 객 사위는 100년 ─이다.

歌客 노래를 잘 부르는 사람.
가 객 風流(풍류)─

價格 값. 금새
가 격 ─表(표). 도매 ─

可決 가하다고 결정함.
가 결 만장일치로 ─하다.

佳境 경치가 좋은 곳.
가 경 漸入(점입)─

家系 한 집안의 계통.
가 계 ─를 잇다.

家計 한 집안의 살림살이.
가 계 ─簿(부)

歌曲 우리 겨레의 노래.
가 곡 ─에 맞추어 춤을 추다.

加工 천연물에 인공을 가함.
가 공 ─食品(식품)

可恐 두려워할 만함.
가 공 ─할 폭발력.

架空 공중에 매어 늘임.
가 공 ─索道(삭도)

可觀 꽤 볼 만함.
가 관 ─스러운 행동 거지.

家口 한 집을 이루는 세대.
가 구 1000─의 아파트 단지.

家具 살림살이에 쓰는 세간.
가 구 ─店(점)

家規 집안의 규율이나 법도.
가 규 ─를 지키다.

歌劇 노래를 주로 한 극작품.
가 극 ─을 상연하다.

家禽 가축으로 기르는 날짐승.
가 금 길들여진 ─.

可及的 될 수 있는 대로.
가 급 적 ─ 빨리 오너라.

可矜 보기에 불쌍하고 가엾음.
가 긍 ─스레 여기다.

嘉納 충고를 옳게 여겨 받아들임.
가 납 충고를 ─하다.

家內 집의 안. 또는 한 집안.
가 내 ─工業(공업)

可能 할 수 있음.
가 능 ─한 수단과 방법.

加擔 같은 편이 되어 거듦.
가 담 모의에 ─하다.

街談巷議 이렇다 할 근거도 없이 떠
가 담 항 의 도는 말. ─에 신경을 쓰다.

可當 대체로 마땅함.
가 당 ─찮은 수작.

街道 도시의 넓은 큰길.
가 도 京仁(경인)─를 달리다.

可의 새김

① 좋다. 좋다고 하다 :
    可決 · 可否 · 許可

② ~ㄹ 수 있다 :
    可能 · 可及的 · 可變

③ ~ㄹ 만하다 :
    可觀 · 可矜 · 可憐

ㄱ

可動 움직일 수 있음.
가 동 ―裝置(장치). ―橋(교)

稼動 사람·기계 등이 움직임.
가 동 ―時間(시간)

街童走卒 길거리에서 노는 철없는
가 동 주 졸 아이들. 흥겹게 노는 ―.

街頭 길거리
가 두 ―示威(시위). ―行列(행렬)

伽藍 절
가 람 ―神(신). 큰 ―의 주지.

假量 어림짐작. 또는 쯤
가 량 70살 ―의 노인.

可憐 가엾고 불쌍함.
가 련 ―한 신세.

苛斂誅求 강제로 무거운 세금을
가 렴 주 구 거두어 들임.

假令 이를테면. 설사
가 령 ― 아들을 낳는다면……

家禮 한 집안에서 쓰는 예법.
가 례 ―는 집마다 다르다.

嘉禮 임금·왕세자의 결혼.
가 례 ―를 올리다.

街路 도시의 넓은 길.
가 로 ―燈(등). ―樹(수)

可望 될 만한 희망.
가 망 ―이 없다.

假埋葬 송장을 임시로 파묻음.
가 매 장 ―한 송장.

加盟 연맹·동맹 등에 가입함.
가 맹 ―國(국)

假面 탈. 또는 거짓 행위나 태도.
가 면 ―劇(극). ―을 쓰다.

假名 가짜 이름.
가 명 ―으로 행세하다.

家廟 사싯집의 사당.
가 묘 ―에 다례를 올리다.

歌舞 노래와 춤.
가 무 ―百戲(백희)

家門 집안의 사회적 지위.
가 문 ―을 더럽히다.

加味 맛이 더 나게 함.
가 미 조미료를 써서 ―하다.

假髮 덧머리
가 발 ―을 한 배우.

嘉俳節 가위. 음력 팔월 보름.
가 배 절 ―의 다례(茶禮).

家伯 남에게 대하여 자기의 맏형을
가 백 이르는 말.

家法 한 집안의 법도.
가 법 엄한 ―.

可變 변경하거나 변화할 수 있음.
가 변 ―性(성)

家寶 한 집안의 보배로운 물품.
가 보 ―로 전해 오는 초상화.

假縫 시침바느질
가 봉 ―을 끝낸 양복.

可否 옳고 그름.
가 부 ―를 말하다.

家父長制 아버지의 혈통을 따라 남
가 부 장 제 자가 가장이 되는 제도.

假分數 분자가 분모보다 더 큰 분
가 분 수 수. 진분수와 ―.

假拂 지불할 돈의 일부를 미리 지불
가 불 함. ―金(금)

家事 집안의 일.
가 사 ―를 돌보다.

假死 언뜻 보아 죽은 듯한 상태.
가 사 ― 상태

假使 가령(假令). 설혹
가 사 ― 소생한다 하더라도……

袈裟 중이 입는 옷.
가 사 ―長衫(장삼)

歌詞 노래의 내용이 되는 글.
가 사 ―를 짓다.

歌辭 조선 초에 발생한 시의 한 형
가 사 식. 閨房(규방)―

加算 수를 더함. 또는 더하기
가 산 ―과 減算(감산).

家産 한 집안의 재산.
가 산 ―을 늘리다.

假想 사실이라고 가정하여 생각함.
가 상 ―한 적(敵).

假象 실제로 있는 것처럼 보이는 것.
가 상 ―的(적)인 것.

嘉尙 착하고 기특함.
가 상 젊은이다운 ―한 행동.

假釋放 형기가 끝나기 전에 조건부
가 석 방 로 석방함. 죄수를 ―하다.

架設 공중에 매어 늘여 설치함.
가 설 電話(전화) ―

假設 임시로 시설함.
가 설 ― 운동장. ― 무대

假說 사실을 설명하기 위한 가정.
가 설 과학적 근거를 가진 ―.

苛性 화학적으로 부식시키거나 침식
가 성 시키는 성질. ― 소다

家性 한 집안에서 내려오는 품성.
가 성 온화한 ―.

假姓名 가짜의 성과 이름.
가 성 명 ―으로 행세하다.

加勢 거들어 줌. 세력을 보탬.
가 세 데모에 ―한 시민.

家勢 집안 살림의 형세.
가 세 ―가 펴이다.

可笑 같잖아서 우스움.
가 소 ―로운 일.

可塑性 형태가 바뀐 고체가 본래의
가 소 성 모양으로 돌아가지 않는 성질.

家屬 호주나 세대주에 딸린 식구.
가 속 거느리고 있는 ―.

加速 진행에 따라 속도가 더해짐.
가 속 ― 페달. ―器(기). ―度(도)

家率 집안에 딸린 식구.
가 솔 거느린 ―.

歌手 직업으로 노래를 부르는 사람.
가 수 ―로 등장하다.

假睡 깊이 잠들지 않은 잠.
가 수 ― 상태

家乘 한 집안의 혈통과 대대로 내려
가 승 온 사적을 기록한 책.

假飾 말이나 행동을 거짓으로 꾸밈.
가 식 ―이 없이 소박하다.

佳辰 축하할 좋은 일이 있는 날.
가 신 아버지의 생신 ―.

家臣 경(卿)이나 대부(大夫)에게 딸
가 신 려 그들을 섬기는 사람.

家信 자기 집에서 보내온 편지.
가 신 오랜 만에 받은 ―.

家兒 남에게 대하여 자기의 아들을
가 아 낮추어 이르는 말.

歌樂 노래와 풍악.
가 악 ―을 즐기다.

加壓 압력을 가함.
가 압 ― 가마

價額 값. 가격
가 액 물건의 ―.

伽倻琴 열 두 줄의 현악기.
가 야 금 ―을 타다.

佳約 부부가 되자는 약속.
가 약 百年(백년)―을 맺다.

家釀 개인이 자기 집에서 술을 빚
가 양 음. ―酒(주)

嘉言 본받을 만한 좋은 말.
가 언 ―善行(선행)

家業 한 집에서 대대로 물려 내려
가 업 오는 직업. ―을 계승하다.

家役 집을 짓거나 고치는 일.
가 역 ―을 시작하다.

佳緣 부부 관계를 맺는 인연.
가 연 ―을 맺다.

可燃性 불에 탈 수 있는 성질.
가 연 성 ― 物質(물질)

ㄱ

加熱 열을 가함.
가 열 —裝置(장치)

家屋 사람이 살기 위하여 지은 집.
가 옥 현대식 —.

歌謠 곡조를 붙인 노래.
가 요 서정 —

家用 살림살이에 드는 씀씀이.
가 용 —으로 쓰고 남은 월급.

可溶性 액체에 녹을 수 있는 성질.
가 용 성 — 영양소

家運 집안의 운수.
가 운 —이 쇠하다.

佳人 아름다운 여인.
가 인 才子(재자) —

加一層 한층 더.
가 일 층 — 분발하다.

加入 단체에 들어감.
가 입 — 절차. —한 정당.

加資 정삼품 통정대부 이상의 품계
가 자 를 올림. 또는 올린 그 품계.

佳作 꽤 잘된 작품.
가 작 —으로 입선하다.

家長 집의 어른. 또는 남편
가 장 —의 할 일.

家狀 집안 조상의 행적에 관한 기록.
가 장 —을 닦다.

假裝 거짓으로 달리 꾸밈.
가 장 —行列(행렬)

家財 한 집안의 재물이나 재산.
가 재 —道具(도구)

家傳 집에서 대대로 전해 내려옴.
가 전 —의 보물.

佳節 좋은 계절이나 명절.
가 절 仲秋(중추)—

苛政 가혹한 정치.
가 정 —에 시달리던 백성.

家政 집안 살림살이를 꾸려가는 일.
가 정 —婦(부)

家庭 한 가족의 생활 공동체.
가 정 단란한 —을 이루다.

假定 짐짓 사실인 것처럼 인정함.
가 정 —한 전제.

家族 한 집에 사는 식구.
가 족 扶養(부양) —

加重 더 무거워짐. 더 무겁게 함.
가 중 시민의 부담이 —되다.

可憎 괘씸하고 얄미움.
가 증 —스러운 행동.

加增 더욱 늘어남. 또는 더 보탬.
가 증 —되는 세(稅) 부담.

假借 ①임시로 꾸거나 빌림. ②사정
가 차 을 보아주거나 용서하여 줌.

歌唱 노래를 부름.
가 창 — 지도

呵責 꾸짖어 책망함.
가 책 양심의 —을 받다.

假處分 법원의 판결에 앞서서 내리
가 처 분 는 잠정적인 처분.

家牒 한 집안의 혈통을 적은 책.
가 첩 —과 족보(族譜).

家畜 집에서 기르는 짐승.
가 축 —의 증식. —을 기르다.

家出 말 없이 집에서 뛰쳐나감.
가 출 —한 소년.

假出獄 교도소에서 가석방으로 나
가 출 옥 옴. —한 절도범.

假齒 해박은 이.
가 치 —가 빠지다.

價値 값어치. 또는 재화의 효용.
가 치 —尺度(척도)

家親 자기 아버지.
가 친 —께서 남긴 유언.

假稱 임시로 부르는 칭호.
가 칭 — 수요회라 부른다.

假託 ①거짓 핑계를 댐. ②말이나
가 탁 글에서 쓰는 은유법의 하나.

家宅 사람이 살고 있는 집.
가 택 —搜索(수색)

加鞭 말에 채찍질을 더함.
가 편 走馬(주마)—

可票 찬성을 표시하는 표.
가 표 —를 던지다.

家風 집안에 전해오는 범절이나 풍
가 풍 습. 엄한 —.

加被 부처가 사람에게 힘을 줌.
가 피 부처의 —力(력).

加筆 글이나 그림을 고침.
가 필 빨갛게 —한 원고.

苛虐 가혹하게 학대함.
가 학 —에 시달린 노예.

家學 한 집안에 전해오는 학문.
가 학 —을 전수(傳受)하다.

加害 남에게 해를 끼침.
가 해 —行爲(행위)

加護 신이 보호해 줌.
가 호 신의 —를 받다.

苛酷 매우 혹독함.
가 혹 —한 형벌.

家禍 집안에 일어난 재앙.
가 화 —를 면하다.

假花 만든 꽃.
가 화 생화(生花)와 —.

家患 집안의 우환.
가 환 —이 끊이지 않는다.

佳肴 맛좋은 안주.
가 효 산해진미의 —.

家訓 대대로 내려오는 가정의 가르
가 훈 침. 너의 집 —은 무엇이냐?

各各 저마다 다 따로.
각 각 — 제 생각을 말하라.

各個 하나하나의 낱개.
각 개 —動作(동작)

各居 가족이 각각 따로 삶.
각 거 —하는 늙은 부부.

各界 사회의 각 방면.
각 계 —各層(각층)

刻苦 고생을 이겨내면서 애씀.
각 고 —精勵(정려)

刻骨 뼈에 깊이 사무침.
각 골 —難忘(난망)

脚光 배우에게 비추는 무대 조명.
각 광 —을 받다.

各國 각 나라.
각 국 —代表(대표)

恪勤 충심으로 부지런히 힘씀.
각 근 —한 보람.

各級 각각의 급.
각 급 — 학교의 학생들.

脚氣 비타민 B1의 부족으로 생기는,
각 기 다리가 붓거나 마비되는 병.

各道 행정 구역의 각각의 도.
각 도 —의 도청 소재지.

角度 각의 크기.
각 도 —計(계). —를 재다.

各論 각부분에 대한 논술.
각 론 총론에 대한 —.

閣僚 내각의 각부 장관.
각 료 —들의 모임.

刻漏 물시계
각 루 —로 시간을 재다.

角膜 눈알의 바깥쪽을 싼 투명한
각 막 막. —炎(염)

角木 모지게 켠 재목.
각 목 원목(原木)과 —.

刻薄 성질이 빡빡하고 박정함.
각 박 —한 인심.

各房 각각의 딴 방.
각 방 —居處(거처)

各別 유달리 특별함.
각 별 —한 주의를 돌리다.

脚本 연극이나 영화의 대본.
각 본 —을 외다.

ㄱ

各色 색다른 여러 가지. 갖가지 빛
각 색 깔. 各人(각인)―. ― 연필

脚色 소설이나 전설·동화 등을 희
각 색 곡이나 시나리오로 고쳐 씀.

覺書 자기 나라의 견해·의견·희망
각 서 을 적은 외교 문서. 양해 ―

脚線美 다리의 곡선미.
각 선 미 ―를 자랑하다.

却說 말머리를 돌릴 때 쓰는 말.
각 설 ― 길동이 문을 나섬에 …….

各姓 각기 다른 성씨.
각 성 ―받이. ―이 모여 살다.

覺醒 깨달아 정신을 차림.
각 성 大悟(대오)―

各樣 여러 가지 모양.
각 양 ―各色(각색)의 옷차림.

覺悟 마음의 준비.
각 오 비상한 ―.

脚韻 시귀의 끝에 다는 운.
각 운 ―과 음수율.

閣議 내각 회의. 국무 회의.
각 의 ―를 통과한 벌률안.

各異 제각기 다름.
각 이 ―한 생활 양식.

各人 각각의 사람.
각 인 ―各色(각색)

各自 사람마다 제각기.
각 자 ―圖生(도생)

各種 여러 가지 종류.
각 종 ― 상품을 전시하다.

脚註 본문 밑에 붙인 주해.
각 주 두주(頭註)와 ―.

刻舟求劍 세상의 변화를 모르고 옛
각 주 구 검 방법을 고수함의 비유.

各地 각 지방. 이곳저곳
각 지 ―에 흩어져 살다.

各處 각각의 여러 곳.
각 처 ―에서 보내온 편지.

角逐 서로 승리하려고 다툼.
각 축 ―場(장). ―을 벌이다.

各層 각각의 층.
각 층 各界(각계)―의 인사.

各派 한 문중의 각각의 파.
각 파 ―子孫(자손)

擱筆 글을 다 쓰고 붓을 놓음.
각 필 오늘은 이만 ―합니다.

却下 받아들이지 않고 물리침.
각 하 ―된 서류.

閣下 고급 관료에 붙이는 존칭.
각 하 大統領(대통령) ―

間間 이따금씩. 드문드문
간 간 ―이 들리는 웃음소리.

間隔 공간적 거리나 시간적 동안.
간 격 일정한 ―을 두다.

簡潔 간단하면서 군더더기가 없음.
간 결 ―한 문체.

奸計 간사한 꾀.
간 계 ―에 넘어가다.

艱苦 가난하고 고생스러움.
간 고 ―한 생활.

懇曲 간절하고 곡진함.
간 곡 ―한 부탁.

干戈 창과 방패. 인신하여, 전쟁. 무
간 과 기. ―를 맞대다.

看過 예사로 보아 넘김.
간 과 그의 장점을 ―하다.

諫官 사헌부·사간원의 벼슬아치.
간 관 ―의 충간을 물리치다.

奸巧 간사하고 교활함.
간 교 ―한 술책.

懇求 간절히 요구함.
간 구 하나님께 ―하다.

間隙 틈
간 극 벽의 ―.

艱難 몹시 힘들고 곤란함.
간 난 ―辛苦(신고)

奸佞 몹시 간사스럽고 아첨이 많음.
간 녕 一輩(배)

肝腦塗地 나랏일을 위해 참혹한
간 뇌 도 지 죽음도 꺼리지 아니함.

幹能 재간이 있고 능란함.
간 능 一한 일꾼.

間斷 중간에 잠시 끊김.
간 단 一 없이 들려오는 물소리.

簡單 간략하고 단순함.
간 단 一明瞭(명료)한 대답.

肝膽 간과 쓸개.
간 담 一이 서늘하다.

懇談 털어놓고 의견을 주고받음.
간 담 一會(회)

肝膽相助 생각하는 바가 서로 통
간 담 상 조 하여 가까이 사귐.

奸黨 간사한 사람들의 동아리.
간 당 一을 내치다.

簡牘 ①편지틀. ②편지글을 본보기
간 독 로 모아 엮은 책.

簡略 간단하고 소략함.
간 략 一한 내용.

干滿 밀물과 썰물.
간 만 一의 차가 크다.

懇望 간절히 희망함.
간 망 왕림하시기를 一합니다.

簡明 간단하고 명료함.
간 명 一한 설명.

看病 앓는 사람을 보살펴 바라지함.
간 병 친절한 一을 받다.

姦夫 아내 아닌 여자와 간통한 남
간 부 자. 一와 정을 통한 주부.

姦婦 남편 아닌 남자와 간통한 여
간 부 자. 一를 둔 중년 신사.

幹部 회사나 단체의 중심 인물.
간 부 一會議(회의)

奸邪 알랑거리는 솜씨가 능갈침.
간 사 一한 말.

幹事 일을 맡아 처리함. 또는 단체
간 사 의 일을 맡아 처리하는 사람.

奸商 간사한 방법으로 장사함. 또는
간 상 그러한 장수. 一輩(배)

間色 원색을 혼합하였을 때 이루어
간 색 지는 중간색.

幹線 도로의 주요 줄기가 되는 선.
간 선 一道路(도로)

干涉 남의 일에 부당하게 참견함.
간 섭 內政(내정)—

干城 나라를 지키는 군인.
간 성 一之將(지장). 나라의 一.

簡素 간략하고 검소함.
간 소 一한 생활.

間食 군음식. 주전부리. 샛밥
간 식 一을 먹다.

奸臣 간사스런 신하.
간 신 一질하다. 一을 물리치다.

奸惡 간사하고 악독함.
간 악 一無道(무도)한 사람.

諫言 간하는 말.
간 언 一을 물리치다.

干與 관계하여 참견함.
간 여 너가 一할 일이 아니다.

姦淫 부부 아닌 남녀가 성관계를 맺
간 음 음. 一罪(죄)

簡易 간단하고 쉬움.
간 이 一食堂(식당)

間作 이랑 사이에 다른 종류의 작물
간 작 을 심음. 一한 채소.

肝腸 간과 창자. 인신하여, 마음.
간 장 一이 타다. 一을 녹이다.

肝臟 담즙을 분비하는 간.
간 장 一과 쓸개.

諫諍 간절히 간함.
간 쟁 一을 서슴지 않는 신하.

懇切 간곡하고 지성스러움.
간 절 一하게 타이르다.

ㄱ

間接 직접 관계되지 않음.
간 접 ─的(적)─인 충고.

干潮 썰물
간 조 ─와 만조.

看做 그렇다고 봄.
간 주 좋게 ─하다.

干支 십간과 십이지.
간 지 ─를 배합하여 이룬 육십갑자.

間紙 책장 속에 넣는 종이.
간 지 ─를 끼우다.

簡紙 편지지
간 지 장지로 만든 ─.

癎疾 지랄병
간 질 ─을 앓는 사람.

簡札 편지
간 찰 ─을 모아 엮은 책.

干拓 물을 막아 육지로 만듦.
간 척 ─地(지)

間諜 스파이. 첩자. 세작
간 첩 ─을 검거하다.

懇請 간절히 청함.
간 청 ─에 못 이겨 승낙하다.

看取 사물의 내용을 알아차림.
간 취 그의 재능을 ─하다.

揀擇 임금의 아내나 사위, 며느리
간 택 감을 고름. ─ 날짜를 잡다.

姦通 배우자 외의 사람과 사통함.
간 통 ─罪(죄)

奸慝 간사하고 능갈침.
간 특 ─한 사람.

看破 속내를 꿰뚫어 알아차림.
간 파 그의 야심을 ─하다.

看板 상호를 적어 내건 표지물.
간 판 ─이 즐비한 명동 거리.

簡便 간단하고 편리함.
간 편 ─한 기계.

刊行 책을 찍어서 펴냄.
간 행 ─物(물). 월간지를 ─하다.

間歇 얼맛동안씩 쉬고 쉬고 함.
간 헐 ─的(적)으로 불어오는 바람.

看護 병자를 보살피고 돌봄.
간 호 환자의 ─를 맡아보다.

間或 이따금. 어쩌다가. 간간이
간 혹 ─ 있을 수 있는 일이다.

間婚 남의 혼인을 이간질함.
간 혼 ─이 들어 파혼이 되다.

奸凶 간악하고 흉측함.
간 흉 ─한 매국노.

渴求 목마르게 간절히 요구함.
갈 구 평화를 ─하는 시민들.

喝道 고급 관료의 행차 때 앞에서 길을 치
갈 도 우며 인도함. ─하는 외침.

葛藤 서로 다른 견해로 생기는 충돌.
갈 등 ─을 해소하다.

渴望 간절히 바람.
갈 망 통일에 대한 ─.

褐色 거무스름한 주황빛.
갈 색 ─人種(인종)

渴水期 흐르는 물이 1년 중에 가장
갈 수 기 적어지는 시기.

渴症 목이 말라 물이 먹고 싶은 느
갈 증 낌. ─이 나다.

喝采 환영·찬양의 뜻으로 외치는
갈 채 행동. 박수와 ─를 보내다.

竭忠報國 충성을 다하여 나라의
갈 충 보 국 은혜에 보답함.

喝破 잘못을 물리치고 진실을 밝힘.
갈 파 진상(眞相)을 ─하다.

減價 생산 수단의 가치의 감소.
감 가 ─償却(상각)

感覺 외부의 자극을 느낌.
감 각 ─器官(기관)

感慨 마음속 깊이 느낀 느낌.
감 개 ─無量(무량)

感激 깊이 느끼어 마음이 움직임.
감 격 ─의 눈물을 흘리다.

鑑戒 지난 잘못을 거울로 삼는 경계.
감 계 —로 삼다.

感官 감각 기관(感覺器官)의 준말.
감 관 —의 작용.

感光 빛을 받아 화학 변화를 일으
감 광 킴. —紙(지)

監禁 자유를 제한하여 가둠.
감 금 不法(불법)—

感氣 바이러스로 인한 호흡기병.
감 기 — 고뿔도 남을 안 준다.

堪耐 참고 견딤.
감 내 —할 수 없는 수치.

堪當 맡아서 능히 해냄.
감 당 고된 일을 —하다.

監督 보살펴 단속하고 지도함.
감 독 —官廳(관청)

感動 느껴 마음이 움직임.
감 동 큰 —을 받다.

甘露水 맛이 썩 좋은 물.
감 로 수 —로 목을 축이다.

監理 감독하여 관리함.
감 리 토목 공사의 —.

減免 경감하거나 면제함.
감 면 세금의 —.

感銘 깊이 느껴 마음에 새김.
감 명 깊은 —을 받다.

減耗 축이 남. 또는 난 축.
감 모 —가 적다.

甘味 단맛
감 미 —로운 추억의 노래.

監房 죄수를 가두는 방.
감 방 햇빛이 들지 않는 —.

減法 뺄셈법
감 법 —記號(기호)

鑑別 감식하여 좋고 나쁨을 가림.
감 별 도자기의 —.

感服 훌륭하다고 깊이 느껴 탄복함.
감 복 깊이 —한 군중.

減俸 봉급을 줄임.
감 봉 — 처분을 받은 공무원.

感謝 고마움을 표시하는 사례.
감 사 —의 뜻을 전하다.

監司 도지사. 관찰사
감 사 平安(평안)

監事 법인의 재산이나 업무를 감독
감 사 검사하는 직책. —의 직책.

監査 감독하고 검사함.
감 사 대기업의 —役(역)

減産 줄여서 생산함.
감 산 불경기로 인한 — 조치.

減算 뺄셈. 또는 감법으로 계산함.
감 산 —한 답.

感想 느끼어 일어나는 생각.
감 상 자네의 —을 듣고 싶다.

感傷 슬프게 느끼어 마음이 상함.
감 상 —에 젖은 소녀.

鑑賞 예술 작품의 아름다움을 음미
감 상 함. 음악 —

紺色 반물. 검은 빛을 띤 남빛.
감 색 —치마

減膳 나라에 변고가 있을 때 수라상
감 선 의 가짓수를 줄임.

感性 자극을 느끼는 작용. 감수성
감 성 —이 풍부하다.

減稅 세금의 액수를 줄임.
감 세 —國債(국채). 소득세를 —하다.

減少 적어짐. 또는 줄어듦.
감 소 농촌 인구의 —.

減速 속력을 줄임.
감 속 — 운전

'감상'의 읽기

첫 음절 '감'을 어떻게 읽어야 하나?

길게 ⌈ 감:상(感想)
　　⌊ 감:상(感傷)
짧게 ― 감상(鑑賞)

ㄱ

減殺 덜리어 없어짐. 덜어서 없앰.
감 쇄　기력(氣力)의 ―.

甘受 달게 받아들임.
감 수　고통을 ―하다.

減收 수확이나 수입이 줆.
감 수　농작물의 ―.

減壽 수명이 줄어듦.
감 수　10년 ―.

感受 자극을 느끼고 받아들임.
감 수　―性(성)이 예민하다.

監修 책의 편찬을 감독하고 살핌.
감 수　이가원이 ―한 사전.

監視 경계하여 살핌.
감 시　―員(원)을 두다.

鑑識 감정하여 식별함.
감 식　발굴 유물의 ―.

龕室 신주를 모시어 두는 장.
감 실　―에서 신주를 모셔내다.

感心 마음에 깊이 느낌.
감 심　그의 효성에 ―하였다.

勘案 참작하여 헤아림.
감 안　사정을 ―하다.

甘言 듣기좋게 하는 달콤한 말.
감 언　―利說(이설)

感染 병이 옮음.
감 염　유행성 감기에 ―되다.

監營 감사가 직무를 보던 관아.
감 영　京畿(경기)―

監獄 죄수를 가두는 곳. 교도소
감 옥　―에 갇히다.

減員 인원을 줄임.
감 원　― 선풍이 불다.

感泣 감격하여 욺.
감 읍　은총에 ―하다.

感應 자극을 받아 마음이 움직임.
감 응　자극에 ―하다.

感電 전류가 몸에 전해짐.
감 전　전선에 닿아 ―되다.

減點 점수를 줄임.
감 점　―을 받다.

感情 마음이 느끼는 상태나 움직임.
감 정　―을 억제하다.

鑑定 사물을 감별하여 판정함.
감 정　골동품을 ―하다.

憾情 원망하거나 언짢게 여기는 마
감 정　음. ―이 풀리다.

甘酒 단술
감 주　―로 목을 축이다.

感知 느끼어 앎.
감 지　위험을 ―하다.

感之德之 매우 고맙게 여김.
감 지 덕 지　―받은 선물.

監察 감시하여 살핌.
감 찰　―官(관)

鑑札 어떤 영업을 허가한 표로 내어
감 찰　주는 면허증이나 허가증.

甘草 콩과의 다년생 풀 이름.
감 초　약방에 ―.

感觸 살갗에 닿았을 때의 느낌.
감 촉　보드라운 ―.

減縮 덜어서 줄임.
감 축　병력을 ―하다.

感祝 경사로운 일을 축하함.
감 축　회갑을 ―하옵니다.

感歎 깊이 느끼어 탄복함.
감 탄　―을 금치 못하다.

甘吞苦吐 달면 삼키고 쓰면 뱉음.
감 탄 고 토　이기주의적 태도의 형용.

減退 줄어서 쇠퇴함.
감 퇴　기억력의 ―.

敢鬪 용감하게 싸움.
감 투　― 정신

敢行 과감하게 실행함.
감 행　비상 착륙을 ―하다.

減刑 형벌을 줄여 가볍게 함.
감 형　무기수에게 내린 ― 조치.

監護 감독하여 보호함.
감 호　一措置(조치)

感化 감동하여 변화함.
감 화　선생님의 가르침에 一되다.

感懷 마음에 느낀 회포.
감 회　一가 새롭다.

感興 느끼어 일어나는 흥취.
감 흥　一을 돋우다.

甲骨文字 거북의 등딱지나 짐승의
갑 골 문 자　뼈에 새겨진 고대의 한자.

甲勤稅 정부에서 원천 징수하는 근
갑 근 세　로 소득에 대한 세금.

甲論乙駁 자기 주장을 내세우며
갑 론 을 박　남의 주장을 반박함.

閘門 운하나 항만에서 수위를 조절
갑 문　하는 물문. 一을 열다.

甲狀腺 내분비선의 한 가지.
갑 상 선　一炎(염)

甲種 차례나 등급의 첫째.
갑 종　一 근로 소득.

甲胄 갑옷과 투구.
갑 주　一를 갖춘 무사.

甲蟲 딱정벌레목에 딸린 풍뎅이·하
갑 충　늘소 따위의 곤충의 총칭.

甲板 큰 배 위의 널찍한 바다.
갑 판　一員(원). 一에 서서 바람을 쐬다.

強姦 강제로 부녀자를 욕보임.
강 간　一罪(죄)

慷慨 의기가 북받쳐 원통하고 슬픔.
강 개　一之士(지사)

剛健 의지나 기상이 굳세고 건전함.
강 건　의지가 一하다.

強健 몸이 튼튼하고 강함.
강 건　一한 체력.

強硬 의지나 주장을 굽힘이 없이 굳
강 경　셈. 一한 태도.

強攻 적극적으로 공격함.
강 공　一으로 경기를 리드하다.

鋼管 강철로 만든 관.
강 관　용접 一

康衢 사통오달의 큰 길거리.
강 구　一煙月(연월)

講究 좋은 방법을 생각함.
강 구　대책을 一하다.

強勸 억지로 권함.
강 권　一에 못 이겨 결행하다.

強權 강력한 권력.
강 권　一을 발동하다.

綱紀 나라를 다스리는 법과 규율.
강 기　一肅正(숙정)

康寧 건강하고 편안함.
강 녕　춘부장께서 一하신가?

剛斷 어려움을 견디어 내는 힘.
강 단　一이 있는 사람.

講壇 강연·강의를 하는 단.
강 단　一에 서다.

講堂 강연이나 의식 때 쓰는 넓은
강 당　방. 학생들을 一에 집합시키다.

強大國 국력이 강하고 영토가 넓은
강 대 국　나라. 一 사이에 낀 약소국.

強度 강한 정도.
강 도　一 높은 훈련.

強盜 강제로 금품을 빼앗는 도둑.
강 도　一를 격투 끝에 붙잡다.

講讀 글을 읽고 그 뜻을 밝힘.
강 독　논어를 一하다.

降等 직위나 계급을 낮춤.
강 등　사무관으로 一되다.

強力 힘이 셈. 또는 효과나 작용이
강 력　큼. 一한 추진력.

強烈 세차고 맹렬함.
강 렬　一한 자극. 一한 바람.

綱領 정당·단체의 기본 방침.
강 령　정당의 一.

講論 글의 뜻을 설명하고 토론함.
강 론　논어의 一.

ㄱ

降臨 신불이 인간 세상에 내려옴.
강 림　신의 —을 빌다.

强賣 억지로 떠맡겨 팖.
강 매　상품의 —.

强迫 무리하게 남의 의사를 내리누
강 박　름. —觀念(관념)

江邊 강가
강 변　—道路(도로)

强辯 자기의 주장을 억지로 내세움.
강 변　또는 이유를 대어 굳이 변명함.

强兵 강한 군대.
강 병　富國(부국)—

講士 강연하는 사람.
강 사　—를 초빙하다.

講師 학교에서 강의하는 사람.
강 사　專任(전임)

江山 강과 산. 곧 자연
강 산　삼천리 금수 —.

綱常 사람으로서 지켜야 할 도리.
강 상　—之變(지변)

降生 신이 인간으로 태어남.
강 생　예수의 —.

鋼線 강철로 만든 줄.
강 선　—砲(포)

降雪 눈이 내림. 또는 내린 눈.
강 설　—量(량)

强盛 세력이 강하고 왕성함.
강 성　—한 나라.

强勢 ①강한 세력. ②물가가 올라가
강 세　는 기세. ③강한 어세.

降水 눈·비 등으로 내린 물.
강 수　—量(량)

强襲 맹렬하게 습격함.
강 습　적진을 —하다.

講習 학술이나 기예를 배우고 익힘.
강 습　영어 회화의 —.

降神 신을 청하여 내리게 하는 제례
강 신　의 한 절차. —굿. —術(술)

江心 강물의 한복판.
강 심　—에 떠 있는 나룻배.

强心臟 좀처럼 놀라거나 겁을 내지
강 심 장　않는 대담함 성격.

江岸 강기슭
강 안　휘늘어진 —의 수양버들.

强壓 강력하게 억누름.
강 압　—的(적)인 수단.

强弱 강함과 약함.
강 약　—不同(부동)

講演 일정한 주제로 대중에게 말함.
강 연　—會(회)

强要 억지로 요구함.
강 요　남에게 —하지 말라.

强勇 힘이 강하고 용맹함.
강 용　—한 국군.

降雨 비가 내림. 또는 내린 비.
강 우　—期(기)

剛柔 굳셈과 부드러움.
강 유　—兼全(겸전)

講義 글이나 학설의 뜻을 해설함.
강 의　—室(실)

强靭 기질이나 의지가 억세고 질김.
강 인　—한 정신력.

强者 힘이나 세력이 강한 자.
강 자　—와 약자(弱者).

强壯 몸이 튼튼하고 혈기가 왕성함.
강 장　—劑(제)

鋼材 공업·건설 등의 재료로 쓰기
강 재　위한 압연한 강철.

强敵 힘이 센 적.
강 적　—을 만나다.

强占 불법적으로 차지함.
강 점　일제의 한반도 —.

强點 남보다 우수하거나 우세한 점.
강 점　—이 많다.

强制 불법적으로 남의 의사를 억누
강 제　름. — 수단을 동원하다.

강조 **13** 개념

强調 강력하게 주장함.
강 조　여성의 인권을 —하다.

講座 ①교수가 맡아 강의하는 학과목.
강 좌　②강의·설교 등을 하는 자리.

剛直 성품이 굳세고 곧음.
강 직　—한 성품.

强震 강한 지진.
강 진　—으로 건물이 무너지다.

鋼鐵 무쇠를 불리어 만든 단단한
강 철　쇠. — 같은 의지.

江村 강가에 자리잡은 마을.
강 촌　—에 사는 어부.

强取 억지로 빼앗음.
강 취　—한 영토.

强打 세게 침.
강 타　태풍이 —한 중부 지방.

强奪 억지로 빼앗음.
강 탈　—한 무기. —한 재물.

姜太公 낚시질을 좋아하는 사람.
강 태 공　—의 곧은 낚시질.

疆土 나라의 영토.
강 토　삼천리 —.

剛愎 성미가 까다롭고 깐깐함.
강 퍅　—한 성미.

講評 작품이나 연기 등을 비평함.
강 평　지도 교수의 —.

强暴 포악하고 사나움.
강 포　—한 만행.

强風 세게 부는 바람.
강 풍　—을 동반한 폭설.

江河 큰 강과 작은 강.
강 하　경제 발전에 이용되는 —.

降下 아래로 내림.
강 하　낙하산의 —. 기압의 —.

强行 억지로 밀고 나감.
강 행　청계천 복원 공사를 —하다.

江湖 강과 호수. 인신하여, 자연
강 호　—에 묻혀 살다.

强豪 맞서기 어려운 강한 상대.
강 호　—를 물리치고 우승하다.

强化 본디보다 더 강하게 함.
강 화　체력을 —하다.

講和 전쟁을 그만두고 화해함.
강 화　—條約(조약)

改嫁 결혼했던 여자가 다시 결혼함.
개 가　—한 어머니.

凱歌 전승을 축하하는 노래.
개 가　—를 올리다.

開架式 도서관에서 열람자가 자유롭게
개 가 식　책을 볼 수 있게 한 방식.

改閣 내각의 조직을 고쳐 짬.
개 각　—의 폭이 크다.

開墾 황무지를 농지로 일굼.
개 간　황무지의 —.

開講 학교의 강의를 시작함.
개 강　— 날짜

個個 하나하나. 낱낱
개 개　구성원 —의 성향.

介潔 성품이 곧고 깔끔함.
개 결　—한 성품.

改過 허물을 고침.
개 과　—遷善(천선)

槪觀 대체적으로 봄. 또는 개략적인
개 관　관찰. 세계 정세를 —하다.

槪括 내용이나 요점을 하나로 뭉뚱
개 괄　그림. —的(적)인 설명.

開校 새로 학교를 세워 수업을 시작
개 교　함. — 기념일

開國 새로 나라를 세움.
개 국　—功臣(공신)

皆勤 하루도 빠지지 않고 등교하거
개 근　나 출근함. —賞(상)

皆旣蝕 달이 지구에, 해가 달에 완
개 기 식　전히 가리어지는 현상.

槪念 사물의 개괄적인 관념.
개 념　—을 파악하다.

開途國 개발 단계에 있는, 선진국
개 도 국 에 뒤떨어진 나라.

概略 대강 간추린 요약.
개 략 ─的(적)인 내용.

改良 고쳐서 더 좋게 함.
개 량 품종의 ─.

概論 대강 간추려 서술한 해설.
개 론 문학 ─

開幕 회의·행사·공연을 시작함.
개 막 ─式(식). 소년 체육대회의 ─.

開發 개척하거나 발전시킴.
개 발 새 제품을 ─하다.

開放 열어서 터놓음.
개 방 문호를 ─하다.

開闢 하늘과 땅이 처음으로 생김.
개 벽 천지 ─

改變 고쳐서 바꿈.
개 변 사회적 ─.

個別 따로따로
개 별 ─ 행동

開腹 수술을 위해 배를 가름.
개 복 ─ 수술

開封 ①봉한 것을 뜯어 엶. ②새 영
개 봉 화를 처음으로 상영함.

改備 갈아내고 다시 장만하여 갖춤.
개 비 ─해야 할 농기구.

開山 절을 처음으로 세움.
개 산 ─祖師(조사)

改善 고치어 좋게 만듦.
개 선 ─할 점.

凱旋 싸움에 이기고 돌아옴.
개 선 ─將軍(장군)

開設 개시하여 설치함.
개 설 항공로의 ─.

概說 대강의 내용을 설명한 글.
개 설 세계사 ─

個性 사람마다 다르게 형성된 특성.
개 성 각각 다른 ─을 지니다.

個數 낱으로 된 물건의 수효.
개 수 ─를 세다.

改修 손질하여 고침.
개 수 교량을 ─하다.

開始 시작함
개 시 경기의 ─ 시간.

改新敎 16세기에 가톨릭에서 갈라
개 신 교 져 나온 크리스트교.

改惡 고친 것이 본디보다 더 나쁨.
개 악 ─이 된 법률.

開眼 먼 눈이 볼 수 있게 됨.
개 안 ─ 수술

開業 새로 영업을 시작함.
개 업 ─式(식). ─ 장소

蓋然性 일정한 현상이 나타날 수
개 연 성 있는 가능성의 정도.

概要 전체의 내용을 뭉뚱그린 요점.
개 요 논문의 ─.

開院 국회가 회의를 엶.
개 원 국회의 ─.

介意 마음에 둠.
개 의 ─하지 말게.

個人 사회를 구성하는 개개의 사람.
개 인 ─的(적)인 용무.

介入 사이에 끼어 듦.
개 입 국제 분쟁에 ─하다.

開場 새로운 시설물의 영업을 시작
개 장 함. 새 수영장의 ─.

介在 사이에 끼어 있음.
개 재 둘 사이에 ─된 감정 문제.

改悛 잘못을 뉘우쳐서 고침.
개 전 ─의 정이 있다.

改定 고치어 다시 정함.
개 정 ─된 법률.

改訂 잘못된 곳을 바로잡음.
개 정 ─版(판)

開廷 법정에서 재판을 시작함.
개 정 ─ 시간

改造 고쳐 다시 만듦.
개 조 —한 건물.

改宗 다른 종교로 신앙을 바꿈.
개 종 —한 승려.

改竄 글이나 글자를 고침.
개 찬 —한 문서.

開創 새로 창설함.
개 창 자장이 —한 월정사.

開拓 ①황무지를 논밭으로 만듦. ②새로운 분야를 처음으로 엶.
개 척

開天節 단군이 고조선을 건국한 날을 기념하는 국경일.
개 천 절

個體 독립된 낱낱의 생물체.
개 체 —變異(변이)

開催 모임이나 행사를 엶.
개 최 음악회를 —하다.

改稱 칭호를 고침.
개 칭 —한 상호.

慨歎 걱정스레 탄식함.
개 탄 사회의 문란상을 —하다.

開通 교통·통신 시설을 개시함.
개 통 서해대교의 —.

改編 책이나 조직을 고쳐 짬.
개 편 —한 교과서. —한 조직.

改廢 고치거나 폐지함.
개 폐 법률의 —.

開閉 열고 닫음. 여닫음
개 폐 자동 — 장치.

開學 학업을 일정 기간 쉬었다가 다시 수업을 시작함. — 날짜
개 학

改憲 헌법을 고침.
개 헌 —案(안)의 상정.

改革 체제를 새롭게 고침.
개 혁 교육 제도를 —하다.

開化 지혜가 열려 문물이 발달함.
개 화 —의 물결.

開花 꽃이 핌.
개 화 —期(기)

概況 개략적인 상황.
개 황 태풍 피해의 —.

開會 회의를 엶.
개 회 —辭(사)

客觀 제삼자의 처지에서 생각하는 일. —的(적)인 사고.
객 관

客氣 객쩍게 부리는 혈기.
객 기 —를 부리다.

客年 지난 해.
객 년 —의 태풍 피해.

客死 객지에서 죽음.
객 사 그의 —를 애통해 하다.

客席 손님이 앉는 자리.
객 석 —을 메운 관람객.

客愁 객지에서 느끼는 시름.
객 수 한 잔 술로 —를 달래다.

客室 손이 묵는 방.
객 실 —의 청소를 끝내다.

客員 정식 구성원이 아닌 참여자.
객 원 — 교수

客主 상인의 물건을 팔아주거나 홍정을 붙이거나 하는 사람.
객 주

客地 고장을 떠나 머무르는 곳.
객 지 — 생활의 어려움.

客窓 나그네가 묵는 방.
객 창 —의 시름.

客體 ①객지에 있는 몸. ②생각과 행동의 목적물.
객 체

客土 딴 곳에서 가져온 흙.
객 토 —를 밭에 넣다.

喀血 병으로 피를 뱉어냄.
객 혈 —하는 환자.

客懷 객지에서 느끼는 울적한 느낌.
객 회 —를 자아내다.

坑道 땅 속에 뚫어 놓은 길.
갱 도 —의 함몰.

更生 거의 죽어가다가 다시 살아남.
갱 생 —의 기쁨.

更少年 늙은이의 몸과 마음이 다시
갱 소 년 젊어짐. —한 듯한 할아버지.

更新 다시 새로워짐. 또는 새롭게
갱 신 함. 기록을 —하다.

醵出 일정한 목적을 위하여 각자 금품
각 출 을 냄. ※ '거출'로도 읽는다.

擧皆 거의 다.
거 개 —가 찬성하다.

巨軀 큰 몸집.
거 구 8척(尺) 장신의 —.

擧國 온 나라.
거 국 —的(적)인 환영.

巨金 큰 돈. 많은 돈.
거 금 —을 내놓은 독지가.

巨大 엄청나게 큼.
거 대 —한 항공모함.

擧動 몸을 움직이는 태도.
거 동 —이 불편한 몸.

巨頭 우두머리. 또는 큰 인물.
거 두 재계의 —.

去頭截尾 요점만 말하고 부차적인
거 두 절 미 것은 빼버림.

去來 ①가고 옴. 서신 —
거 래 ②상품의 매매. —處(처)

擧論 문제로 삼아 말함.
거 론 환경 문제를 —하다.

居留 어떤 곳에 머물러 삶.
거 류 —民(민)의 안전 대책.

距離 떨어져 있는 길이.
거 리 먼 —와 가까운 —.

倨慢 잘난 체하고 남을 업신여김.
거 만 —한 태도.

巨物 큰 인물.
거 물 재계의 —.

巨擘 전문 분야에서 뛰어난 사람.
거 벽 성리학의 —.

擧兵 군사 행동을 일으킴.
거 병 —의 모의.

巨步 크게 나아가는 걸음.
거 보 —를 내디디다.

拒否 거절하여 동의하지 아니함.
거 부 —權(권)을 행사하다.

擧事 큰 일을 일으킴.
거 사 — 직전에 발각되다.

去勢 ①동물의 생식기를 없앰.
거 세 ②반대 세력을 제거함.

擧手 손을 들어올림.
거 수 —경례

巨視的 사물을 전체적으로 관찰하
거 시 적 는. —인 안목.

居室 거처하는 방.
거 실 —에 걸린 풍경화.

擧案齊眉 남편을 깍듯이 공경함.
거 안 제 미 —의 부덕.

巨額 많은 액수의 돈.
거 액 —을 투자하다.

拒逆 웃사람의 명령을 거스름.
거 역 명령을 —하다.

巨儒 학식이 뛰어난 유학자.
거 유 조선 중기의 —.

巨人 몸집이 큰 사람.
거 인 —의 씨름 선수.

巨匠 학문이나 기예가 뛰어난 사람.
거 장 음악계의 —.

車載斗量 인재가 썩 많아서 귀하
거 재 두 량 지 않음.

拒絕 받아들이지 않고 물리침.
거 절 제의를 —하다.

據點 활동의 발판으로 삼는 곳.
거 점 —을 마련하다.

擧族 온 겨레. 온 민족.
거 족 —的(적)인 축제.

居住 일정한 곳에 머물러 삶.
거 주 —地(지). —民(민)

擧證 증거를 들어 사실을 증명함.
거 증 —責任(책임)

居處 자리잡아 살고 있는 곳.
거 처 ―를 옮기다.

去就 입장을 밝혀 취하는 태도.
거 취 ―를 분명히 하라.

据置 일정 기간 맡겨 둠.
거 치 10년 ― 20년 분할 상환.

巨砲 큰 대포.
거 포 ―를 쏘다.

擧風 물건을 바람에 쐼.
거 풍 이부자리를 ―하다.

巨漢 몸집인 큰 사나이.
거 한 ―이 앞을 가로막다.

擧行 의식을 올림.
거 행 졸업식을 ―하다.

健脚 잘 달리는 튼튼한 다리.
건 각 ―들이 참가한 마라톤 대회.

健康 몸에 병이 없고 튼튼함.
건 강 ―한 몸.

乾坤 하늘과 땅. 또는 음과 양.
건 곤 백설이 滿(만)―할 때.

乾坤一擲 승패를 겨루는 단판걸이
건 곤 일 척 의 행동. ―의 승부수.

建國 나라를 세움.
건 국 ―의 초석이 되다.

建立 절·탑·동상 등을 세움.
건 립 동상을 ―하다.

健忘 듣고 본 것을 잘 잊음.
건 망 ―症(증)

建物 지은 집.
건 물 고층 ―

鍵盤 피아노 등의 건을 늘어놓은
건 반 곳. ―을 두들기다.

乾杯 잔에 따른 술을 다 마심.
건 배 우승을 축하하며 ―하다.

建設 건물을 짓거나 시설물을 새로
건 설 만듦. 댐을 ―하다.

乾性 수분이 적고 잘 마르는 성질.
건 성 ― 피부

件數 사물이나 사건의 수.
건 수 교통 사고의 적발 ―.

乾濕 마름과 젖음.
건 습 ―度(도)

健勝 탈 없이 건강함.
건 승 ―을 빕니다.

乾柿 곶감
건 시 ― 한 접.

健實 건전하고 착실함.
건 실 ―한 사람.

健兒 혈기 왕성한 젊은이.
건 아 ―들이 힘을 겨루는 체전.

乾魚 말린 물고기.
건 어 ―物(물) 가게.

健胃 위를 튼튼하게 함.
건 위 ―劑(제)

建議 어떤 문제에 대한 의견을 내놓
건 의 음. ―文(문). 상부에 ―하다.

健壯 몸이 튼튼하고 힘이 왕성함.
건 장 ―한 사나이.

乾材 법제하지 않은 원료의 약재.
건 재 ―藥房(약방)

健在 아무 탈 없이 잘 있음.
건 재 ?가 ―하다는 소식.

健全 신체·사상 등이 건실함.
건 전 ―한 심신. ―한 사고 방식.

建造 건물이나 선박을 만듦.
건 조 전함을 ―하다.

한자는 표의 문자다

한자는 모양을 나타내는 형(形), 뜻
을 나타내는 의(義), 소리를 나타내
는 음(音)을 가졌기에 표의 문자이다.

	形	義	音
한　자	天	하늘	천
한　글	가	×	ga
로마자	A	×	éi

乾燥 바싹 말라서 물기가 없음.
건 조 ―한 날씨.

乾川 조금만 가물어도 물이 마르는
건 천 내. ―에는 물고기가 살지 못한다.

建築 건조물을 세움.
건 축 ―工事(공사)

健鬪 굴하지 않고 잘 싸움.
건 투 ―를 빌다.

建坪 건물이 차지한 밑바닥의 면적.
건 평 30평의 ―.

建蔽率 대지의 면적에 대한 건축
건 폐 율 면적의 비율.

乞食 남에게 빌어서 얻어 먹음.
걸 식 門前(문전) ―

乞神 음식을 몹시 탐내는 욕심.
걸 신 ―이 나다.

乞人 거지
걸 인 ―憐天(연천). ―의 행색.

傑作 썩 훌륭하게 잘된 작품.
걸 작 ―의 하나로 꼽히다.

傑出 남보다 훨씬 뛰어남.
걸 출 ―한 인물.

劍客 검술에 뛰어난 사람.
검 객 우리 나라에서 첫째 가는 ―.

檢擧 범인이나 피의자를 잡아들임.
검 거 ―한 절도범.

劍道 검술을 닦는 무예. 또는 스포
검 도 츠의 한 가지.

檢問 검사하고 심문함.
검 문 ―所(소)

儉朴 꾸밈이 없이 수수함.
검 박 ―한 차림새.

檢事 검찰권을 행사하는 사법관.
검 사 ―와 판사.

檢査 사실을 검토하고 조사함.
검 사 신체 ―. ―를 받다.

檢算 계산이 옳게 되었는가를 따지
검 산 는 계산. ―을 하다.

檢索 검사하여 찾음.
검 색 檢閱(검문) ―의 강화.

儉素 사치스럽지 않고 수수함.
검 소 ―한 생활.

劍術 검을 가지고 싸우는 무술.
검 술 ―을 익히다.

檢屍 변사자의 시체를 검사함.
검 시 ―官(관)

檢案 형적이나 상황을 조사하고 따
검 안 짐. ―書(서)

檢眼 시력을 검사함.
검 안 ―을 하고 안경을 샀다.

儉約 검소하게 절약함.
검 약 ―하는 생활 자세.

檢疫 전염병이 퍼지는 것을 막기 위
검 역 하여 검사함. ―所(소)

檢閱 잘못의 유무나 정황을 따져 살
검 열 펴봄. ―官(관)

檢印 검사한 표시로 찍는 도장.
검 인 ―이 찍힌 제품.

檢定 자격·조건을 검사하여 결정
검 정 함. ― 교과서

檢證 조사해서 사실을 증명함.
검 증 ―調書(조서)

檢診 병의 유무를 검사하는 진찰.
검 진 ―을 받다.

檢察 범죄를 수사하고 범인·물증을
검 찰 찾아내는 일. ―廳(청)

檢出 검사하여 찾아냄.
검 출 빵에서 독극물을 ―하다.

檢討 내용을 검사하여 따짐.
검 토 제기된 문제점을 ―하다.

檢票 차표·입장권·투표지 등을 검
검 표 사함. ― 작업

劫迫 위력으로 으르대고 협박함.
겁 박 위력으로 ―하지 말라.

怯心 무서워하거나 두려워하는 마
겁 심 음. ―에 저지른 실수.

劫奪 남의 것을 위력으로 빼앗음.
겁 탈　재물을 —하다. 과부를 —하다.

偈頌 부처의 공덕을 기리는 노래.
게 송　—을 외다.

揭示 널리 알리기 위해 써서 붙임.
게 시　—文(문). —板(판)

揭揚 높이 내걸어 매닮.
게 양　국기 —

揭載 신문 · 잡지에 글이나 그림을
게 재　실음. 신문에 —한 논문.

激減 갑자기 많이 줆.
격 감　농촌 인구가 —하다.

隔江 강을 사이에 두고 서로 떨어져
격 강　있음. —이 천리라.

隔年 한 해를 거름.
격 년　—으로 풍년이 들다.

激怒 몹시 성을 냄.
격 노　아버지의 —에 모두 숨을 죽였다.

激突 세차게 부딪침.
격 돌　두 팀이 —한 축구 경기.

激動 급격하게 움직임.
격 동　—하는 국제 정세.

激浪 거센 물결. 모진 시련의 비유.
격 랑　—에 침몰한 어선.

激勵 용기나 의욕을 북돋움.
격 려　—의 글을 보내다.

激烈 몹시 맹렬함.
격 렬　—한 논쟁.

激論 격렬한 언쟁이나 논쟁.
격 론　여야가 —을 벌이다.

激流 빠르고 세차게 흐르는 물.
격 류　—에 휘말린 거룻배.

隔離 따로 떼어 놓음.
격 리　—된 상태. — 병동

擊滅 적을 쳐서 멸망시킴.
격 멸　적을 —하다.

激務 몹시 바쁘고 힘드는 일.
격 무　—에 시달리다.

檄文 여러 사람을 선동하기 위하여
격 문　쓴 글. —을 붙이다.

格物致知 사물의 이치를 궁구하여
격 물 치 지　지식을 얻음.

擊發 방아쇠를 당겨 탄환을 쏨.
격 발　— 장치

激變 갑자기 심하게 변함.
격 변　—하는 세계 정세.

激憤 몹시 분하여 성이 확 치받침.
격 분　—한 나머지 그를 때렸다.

隔世 한 세대를 거름.
격 세　—之感(지감)을 느끼다.

格式 격에 맞는 법식.
격 식　—을 갖추다.

激甚 몹시 심함.
격 심　—한 분노. —한 훈련을 받다.

激昂 감정 · 기운이 격렬하게 높아
격 앙　짐. —된 목소리.

擊壤歌 태평 세월을 즐기는 노래.
격 양 가　—를 부르다.

格言 교훈이 될 만한 짤막한 말.
격 언　—과 속담.

隔月 한 달씩을 거름.
격 월　—刊(간)의 잡지.

格子 가로 세로 일정한 사이를 두고
격 자　맞춰 짠 물건. —窓(창)

激戰 격렬한 싸움.
격 전　6 · 25 동란 때의 —地(지).

激情 세게 북받치는 감정.
격 정　—을 누를 길이 없다.

格調 격식과 운치에 어울리는 가락.
격 조　— 높은 노래.

隔週 한 주일씩을 거름.
격 주　—로 근무하다.

激增 갑자기 늘거나 불어남.
격 증　실업자의 —.

格差 등급 · 가격 등의 차이.
격 차　문화 정도의 —.

ㄱ

隔差 동떨어진 차이.
격 차 우열의 ―를 좁히다.

激讚 몹시 칭찬함.
격 찬 청중의 ―을 받다.

擊墜 쏘아 떨어뜨림.
격 추 ―된 비행기.

擊沈 배를 공격하여 가라앉힘.
격 침 ―한 적의 함선.

擊退 쳐서 물리침.
격 퇴 침략군을 ―하다.

格鬪 서로 맞딱뜨려 치면서 싸움.
격 투 ― 끝에 사로잡은 호랑이.

激鬪 격렬한 싸움.
격 투 ―를 벌이다.

擊破 쳐서 부숨.
격 파 ―한 벽돌. ―한 적함.

格下 자격·지위·등급이 낮아짐.
격 하 ―된 지위.

激化 격렬해짐
격 화 ―되는 논쟁.

隔靴搔癢 신 신고 발바닥 긁기. 애는 쓰되
격 화 소 양 정통을 찌르지 못함의 비유.

牽強附會 자기에게 유리하도록 억
견 강 부 회 지로 끌어대어 말함.

狷介 남과 어울리려 하지 않는, 고
견 개 집이 세고 지조가 굳음.

堅固 굳고 단단함.
견 고 ―한 요새. ―한 의지.

見利思義 이익을 보면 의리를 생각
견 리 사 의 함. 곧 의리를 앞세움.

犬馬之勞 남을 위하여 바치는 자
견 마 지 로 기의 노력. ―를 다하다.

見聞 보고 들음. 또는 그 지식.
견 문 ―이 넓다.

見物生心 실물을 보면 가지고 싶
견 물 생 심 은 욕심이 생김.

見本 본보기 상품.
견 본 ― 제품

絹絲 명주실
견 사 ―로 짠 비단.

見性成佛 타고난 자기의 천성을
견 성 성 불 깨달으면 부처가 됨.

見習 실제로 보면서 일을 익힘.
견 습 ―生(생)

見識 견문과 학식.
견 식 ―이 많은 사람.

堅實 지조·사상이 미덥고 실다움.
견 실 ―한 사람.

犬猿之間 원수같이 지내는 서로 아옹
견 원 지 간 다웅하는 사이의 비유.

堅忍 굳게 참고 견딤.
견 인 ―不拔(불발)의 의지.

牽引 끌어 당김.
견 인 ―해 온 교통 위반 차량.

肩章 군인·경찰 등이 어깨에 붙이
견 장 는, 계급을 나타내는 표장.

見積 어림잡은 계산.
견 적 ―書(서)

牽制 일정한 작용을 가하여 제지함.
견 제 여당에 대한 ― 세력.

見地 사물을 보는 입장.
견 지 대국적인 ―.

堅持 생각·태도 등을 굳게 지님.
견 지 민주적 태도를 ―하다.

絹織物 명주실로 짠 피륙.
견 직 물 ―을 파는 가게.

譴責 잘못을 꾸짖고 나무람.
견 책 ―을 받은 공무원.

見學 실지로 보고 배움.
견 학 박물관을 ―하다.

見解 사물·현상에 대한 생각이나
견 해 의견. 자기의 ―를 밝히다.

缺講 들을 강의에 빠져 듣지 않음.
결 강 ―한 학생.

缺格 자격이 갖추어지지 않음.
결 격 ― 사유

結果 ①열매를 맺음. ②일정한 원인
결 과 　으로 말미암아 생기는 결말.

結球 배추 같은 채소에 속이 듦.
결 구 　가 잘된 배추.

結構 얽거나 짜서 만듦. 또는 그렇게
결 구 　짜서 만든 모양새.

結局 결말. 또는 귀결에 이르러.
결 국 　우리는 승리했다.

決潰 둑이 물에 밀리어 무너짐.
결 궤 　된 둑을 수리하다.

缺勤 출근하지 않고 빠짐.
결 근 　이 너무 잦다.

決斷 결정적인 단정을 내림. 또는
결 단 　그 단정. 　을 내리다.

決裂 관계를 끊고 완전히 갈라섬.
결 렬 　회담이 　되다.

缺禮 예의에 벗어남.
결 례 　를 무릅쓰고 찾아 뵙다.

結論 끝을 맺는 글이나 말.
결 론 　을 내리다.

結膜 눈알을 싸고 있는, 무색 투명
결 막 　한 얇은 막. 　炎(염)

結末 일의 끝이나 결말.
결 말 　을 내다. 　을 짓다.

結縛 손이나 몸을 동이어 묶음.
결 박 　을 당한 강도.

潔白 깨끗하여 아무런 허물이 없음.
결 백 　한 공무원.

結髮夫婦 총각·처녀가 결혼하여
결 발 부 부 이룬 남편과 아내.

潔癖 유난스럽게 깨끗함을 좋아하는
결 벽 　성벽. 　症(증)이 있는 사람.

訣別 교제나 관계를 끊고 헤어짐.
결 별 　한 동지.

結氷 얼음이 얾.
결 빙 　期(기)

決死 죽기를 각오하고 결심함.
결 사 　반대

結社 단체를 조직함.
결 사 　의 자유.

決算 일정한 기간의 수지를 마감하여
결 산 　계산함. 또는 그 계산. — 보고

缺席 출석해야 할 자리에 빠짐.
결 석 　한 학생.

決選投票 선거에서 당선에 필요한
결 선 투 표 　표수를 얻은 자가 없을
때, 상위 득표자 두 사람을 두고 당
선자를 가리기 위하여 하는 투표.

結成 단체나 조직체를 짜서 이룸.
결 성 　한 환경 단체.

結束 한 덩이가 되게 묶어 뭉침.
결 속 　단원들의 　을 다지다.

缺損 수입보다 지출이 많아서 생기
결 손 　는 손실. — 처분

決勝 마지막 승부를 결정함.
결 승 　戰(전)

結繩文字 노끈으로 매듭을 맺어
결 승 문 자 　글자 대신 쓰던 기호.

結實 열매를 맺음. 또는 애쓴 보람의
결 실 　결과. 　의 계절. 노력의 　.

決心 마음을 결정함. 또는 그 마음.
결 심 　굳은 　.

結審 소송 사건의 심리를 끝냄.
결 심 　公判(공판)

缺如 있어야 할 것이 없거나 빠짐.
결 여 　공정성이 　된 판결.

決然 결정적인 태도가 있음.
결 연 　한 어조로 말하다.

結緣 인연을 맺음.
결 연 　姉妹(자매)　을 맺다.

缺員 수에 차지 아니하고 빔. 또는
결 원 　그 자리. 　이 생기다.

決意 굳게 마음을 먹음. 또는 그 마
결 의 　음. 　를 다지다.

決義 남남끼리 의리상 관계를 맺음.
결 의 　兄弟(형제)

ㄱ

決議 결 의 의안의 가부를 결정함. —機關(기관)

結者解之 결 자 해 지 처음 관계했던 사람이 그 일을 해결해야 함.

決裁 결 재 올린 안건을 검토하여 결정함. —權(권)을 가진 상관.

決戰 결 전 마지막 승부를 결정하는 싸움. —을 앞둔 선수들의 다짐.

缺點 결 점 모자라서 흠이 되는 점. —이라고는 없는 완벽한 사람.

決定 결 정 할 일이나 취할 태도를 정함. —된 일은 실행에 옮긴다.

結晶 결 정 ①일정한 형태로 이루어진 고체. ②애써 이루어 놓은 보람있는 결과.

決濟 결 제 ①처결하여 끝냄. — 서류 ②거래 관계를 끝맺음. —할 대금.

結集 결 집 한데 모아서 뭉침. —한 군중.

結草報恩 결 초 보 은 남의 은혜에 대하여 깊이 느껴 감사하는 다짐의 비유.

結託 결 탁 뜻이 맞아 한 통속이 됨. 업자와 —한 공무원.

決鬪 결 투 최후 승부를 가리는 싸움. —를 벌이다.

決判 결 판 옳고 그름을 판정해 가림. —을 내다.

缺乏 결 핍 축이 나서 모자라거나 있어야 할 것이 없음. 비타민 C의 —. 자금의 —.

缺陷 결 함 완전하지 못하여 흠으로 되는 점. —을 깨닫다.

結合 결 합 합쳐져 하나로 뭉쳐짐. —體(체). 원자의 —.

結核 결 핵 결핵균의 기생으로 생긴 질병. 임파선 —

決行 결 행 결단을 내려 실행함. 암벽 등반을 —하였다.

結婚 결 혼 남녀가 부부 관계를 맺음. —한 남자.

兼務 겸 무 둘 이상의 일을 아울러서 맡아 봄. 경리를 —하는 서무과장.

兼備 겸 비 둘 이상의 것을 아울러 갖춤. 지덕(知德)을 —한 인재.

謙辭 겸 사 겸손하게 사양함. 또는 그렇게 하는 말. —의 말씀.

兼事兼事 겸 사 겸 사 어떤 일을 하면서 다른 일도 아울러.

兼床 겸 상 두 사람이 한 상에 마주 앉아 먹도록 차린 상. —을 한 조손.

謙遜 겸 손 잘난 체하지 않고 공손함. —한 태도.

謙讓 겸 양 겸손하게 사양함. —의 미덕(美德).

兼業 겸 업 본업 이외에 다른 사업을 아울러 함. —農家(농가)

慊然 겸 연 부끄럽고 열적어 어색함. —쩍은 얼굴로 바라보다.

兼用 겸 용 하나를 둘 이상의 용도로 씀. 냉난방 —의 에어컨.

兼任 겸 임 한 사람이 둘 이상의 직무를 맡아 봄. —강사(講師)

兼全 겸 전 여러 가지 좋은 점을 갖춤. 문무(文武)를 —한 인재.

兼職 겸 직 본직 외에 다른 직을 겸함. 또는 겸하여 보는 그 직.

謙稱 겸 칭 겸손하게 일컬음. 또는 그 말. 돈아(豚兒)는 아들의 —이다.

謙虛 겸 허 겸손하여 젠 체하는 티가 없음. —한 청년.

頃刻 경 각 시간적으로 매우 짧은 동안. 목숨이 —에 달렸다.

警覺 경 각 타일러 깨닫게 함. —心(심)을 불러 일으키다.

輕減 경 감 덜어 가볍게 함. 세금을 —하다.

耿介 경 개 대세에 휩쓸리지 않고 지조가 굳음. —한 인품.

景概 경치. 자연의 풍경.
경 개 산천(山川) —를 살펴보다.

梗槪 요점을 간추린 줄거리.
경 개 장편소설의 —.

輕擧 경솔하게 행동함. 또는 그런
경 거 행동. —妄動(망동)

敬虔 공경하는 마음으로 삼가는 태
경 건 도가 있음. —한 마음.

境界 지역과 지역이 맞닿는 한계.
경 계 나라의 —.

警戒 미리 조심함. 또는 타일러 주의
경 계 하게 함. —心(심)을 늦추지 아니하다.

硬膏 살갗에 붙이는 고약.
경 고 —劑(제)

警告 조심하라고 경계하여 미리 알
경 고 림. 태풍에 대비하라는 —.

輕工業 소비재를 생산하는 공업.
경 공 업 —이 발달하다.

經過 ①시간이 지나감. 시간의 —.
경 과 ②진행 과정. 사업의 —.

景觀 경치
경 관 금강산의 —.

警句 진리를 짤막하고 예리하게 표
경 구 현한 어구. 좌우명으로 삼는 —.

傾國之色 매우 뛰어나게 아름다운
경 국 지 색 여인. 양귀비는 —이었다.

景氣 경제나 거래의 형편. 또는 시
경 기 세. —가 좋다. —循環

競技 운동이나 기술의 승패를 겨룸.
경 기 —場(장). 운동 —

輕諾 가볍게 승낙함.
경 낙 —寡信(과신)

境內 경계의 안.
경 내 고궁의 —.

鏡臺 거울이 달린 화장대.
경 대 — 앞에 앉은 여인.

驚倒 너무 놀라서 넘어짐.
경 도 벼락 소리에 —하는 겁쟁이.

競落 경매에서, 최고액을 부른 사람
경 락 에게 입찰이 떨어지는 일.

經略 침략하여 차지한 곳을 다스림.
경 략 일체의 만주 —.

經歷 겪어 지내옴. 또는 지내온 그
경 력 생활. 화려한 —.

敬禮 경의를 나타내기 위한 인사.
경 례 —를 받다. 거수 —

敬老 노인을 공경함.
경 로 —堂(당). — 잔치

經路 ①지나는 길. 침입의 —.
경 로 ②일의 진행 과정. 발전 —

經綸 포부를 가지고 일을 처리하는
경 륜 방책. —을 쌓다. —이 없다.

經理 금전의 출납을 맡아보는 사무.
경 리 — 사원. —에 밝다.

競馬 말타기 경주.
경 마 —場(장)

輕妄 말과 행동이 가볍고 방정맞음.
경 망 —하게 굴다.

競賣 사려는 사람이 많을 때, 값을
경 매 가장 많이 부른 사람에게 팖.

輕蔑 깔보고 업신여김.
경 멸 —하는 눈치.

敬慕 공경하고 사모함.
경 모 —感(감). —心(심)

輕妙 경쾌하고 묘함.
경 묘 —한 선율. —한 필치.

景物 철을 따라 달라지는 풍경.
경 물 —詩(시)

輕微 극히 작아 대수롭지 않음.
경 미 —한 부상.

輕薄 언행이 진중하지 못하고 방정
경 박 맞음. —한 행동.

輕犯 가벼운 범죄.
경 범 —罪(죄) 처벌법.

警報 위험을 알리는 일정한 신호.
경 보 공습 —. 홍수 —

ㄱ

敬服 존경하여 복종하거나 감복함.
경 복   2의 언변에 ―하다.

經費 일을 경영하는 데 쓰는 비용.
경 비   ―의 과다 지출.

警備 경계하고 대비함.
경 비   ―兵(병). ―를 철저히 하다.

傾斜 비탈지거나 기울어진 상태.
경 사   ―面(면). ―가 급하다.

慶事 경축할 만한 기쁜 일.
경 사   ―가 겹치다.

經常 정상적으로 늘 하는 것.
경 상   ― 수입. ―費(비)

輕傷 가벼운 상처.
경 상   ―을 입다.

梗塞 막히어 통하지 않음.
경 색   ―된 정국(政局).

經書 역경·시경·서경의 삼경과 논
경 서   어·맹자·대학·중용의 사서.

硬性 단단한 성질.
경 성   ― 헌법.

經世 세상을 다스림.
경 세   ―濟民(제민)

輕率 언행이 가벼움.
경 솔   ―한 말. ―한 행동.

景勝 경치가 뛰어나게 좋음.
경 승   ―地(지)

輕視 가볍게 봄. 대수롭지 않게 여
경 시   김. 육체 노동을 ―하는 풍조.

更新 고쳐 새롭게 함.
경 신   기록을 ―하다.

驚愕 몹시 놀람.
경 악   ―할 일대 참사.

敬愛 공경하고 사랑함.
경 애   ―하는 은사.

┌─────────────────────────┐
│   **更의 두 자음** |
│ |
│ ①다시 갱 : 更生(갱생) |
│ ②고칠 경 : 更新(경신)·變更(변경) |
└─────────────────────────┘

敬語 존경하는 말씨. 높임말.
경 어   어른에게는 ―를 쓴다.

競演 노래나 연극·글 솜씨를 겨룸.
경 연   음악 ― 대회

經營 경리하고 운영함.
경 영   ―主(주). ―의 합리화 방안.

敬畏 공경하고 두려워함.
경 외   ―하는 스승.

境遇 ①어떤 사정이나 형편. 처한 ―.
경 우   ②어떤 조건에 놓일 때. ―에 따라.

敬遠 존경하나 꺼리어 멀리함.
경 원   ―하는 벗.

經緯 ①내용의 옳음과 그름. ―를 따지
경 위   다. ②날과 씨. 또는 경도와 위도.

經由 거쳐서 지나감.
경 유   대전을 ―하는 호남선.

輕油 원유나 콜타르를 증류할 때
경 유   생기는 기름. ―와 重油(중유).

輕音樂 오락성이 짙은 가벼운 대중
경 음 악   음악. ―을 듣다.

敬意 공경하는 마음.
경 의   ―를 표하다.

驚異 놀랍고 이상스럽게 여김.
경 이   ―로운 사실. ―의 눈.

耕作 논밭을 갈아 농사를 지음.
경 작   ―地(지). ― 농토

輕裝 단출한 차림새.
경 장   ―으로 여행을 떠나다.

競爭 서로 이기거나 앞서려고 겨룸.
경 쟁   ― 상대. 판매 ―

警笛 경계를 위해서 울리는 고동.
경 적   ―을 울리다. ― 소리

經典 유교나 종교의 교리를 적은 글.
경 전   불교의 ―을 읽다.

更正 바르게 고침.
경 정   ―豫算(예산)

更訂 변경하여 정정함.
경 정   ―한 한자어 사전.

經濟 경 제 생산·분배·소비 등의 활동. ─개발. ─力(력)

慶弔 경 조 기쁜 일과 궂은 일. ─相間(상문). ─事(사)

輕佻 경 조 언행이 방정맞음. ─浮薄(부박)

警鐘 경 종 위험한 일이나 잘못되는 일을 미리 경계하는 주의나 충고. ─을 울리다.

傾注 경 주 힘이나 기운을 한 곳에 기울임. 사업에 ─하는 정열.

競走 경 주 빠르고 더딤을 겨루는 달리기. 장거리 ─. 100m ─

輕重 경 중 가벼움과 무거움. ─을 달다. 죄의 ─을 따지다.

耕地 경 지 농작물을 심어 가꾸는 땅. ─ 면적. ─ 측량

境地 경 지 자기의 특성으로 이루어진 세계. 새로운 ─. 해탈의 ─.

硬直 경 직 굳어서 뻣뻣해지거나 완고해짐. ─된 사고 방식.

更迭 경 질 있는 사람을 내보내고 새 사람을 씀. 장관의 ─.

警察 경 찰 국민의 생명과 재산을 보호하고 사회의 안녕 질서를 유지하는 일.

敬天 경 천 하늘을 공경함. ─ 사상. ─愛人(애인)

驚天動地 경 천 동 지 세상을 놀라게 함. ─할 일.

傾聽 경 청 귀를 기울여 주의해서 들음. 숨을 죽이고 ─하다.

慶祝 경 축 기쁜 일을 축하함. ─ 연회. ─ 행사

景致 경 치 산수의 아름다운 풍경. ─가 아름답다.

驚蟄 경 칩 24절기의 하나. 우수와 춘분 사이인 양력 3월5일께 드는 절기.

敬稱 경 칭 공경하는 뜻으로 쓰는 말. 어른에게는 ─을 사용한다.

輕快 경 쾌 ①동작이 재고 날쌤. ②시원스럽고 가뜬함. ③시원스럽고 멋들어짐.

敬歎 경 탄 존경하여 감탄함. ─의 눈으로 바라보다.

驚歎 경 탄 놀랍게 여겨 감탄함. 관중들의 ─을 자아낸 묘기.

傾頹 경 퇴 기울어져 무너짐. ─한 건물.

鯨波 경 파 큰 파도의 비유. ─에 침몰한 고깃배.

景品 경 품 상품에 덤으로 주는 물건. ─券(권)

硬筆 경 필 펜·연필 등을 붓에 상대하여 이르는 말. ─로 쓴 글씨.

慶賀 경 하 경사스러운 일을 축하함. 고희(古稀)를 ─하는 연회.

經學 경 학 유교의 교리를 연구하는 학문. ─者(자)

競合 경 합 맞서 겨룸. ─을 벌인 입찰 공사.

傾向 경 향 사상·조류 등이 일정한 방향으로 기우는 일. 복고적 ─

經驗 경 험 겪어 보거나 해봄. 또는 그 과정에서 얻은 지식이나 기능. ─을 쌓다.

經穴 경 혈 뜸을 뜨거나 침을 놓는 자리. ─을 찾아 침을 놓는다.

經協 경 협 발전 도상국의 경제 발전을 돕기 위해 선진국이 협력하는 일.

警護 경 호 경계하고 보호함. 요인(要人)들의 신변 ─.

輕忽 경 홀 경솔하고 소홀함. ─한 사람.

硬化 경 화 단단하게 굳어짐. 動脈(동맥)─

硬貨 경 화 금속으로 만든 돈. 또는 달러 등의 외화와 바꿀 수 있는 돈.

景況 경 황 정신·경제·시간 등의 여유에서 얻는 흥취. ─이 없다.

ㄱ

季刊 철 따라 네 번 발간하는 일.
계 간 ─ 잡지

戒告 경계하여 알림.
계 고 ─狀(장)

溪谷 개울이 흐르는 골짜기.
계 곡 ─에서 흘러내리는 물.

桂冠詩人 영국의 국왕이 수여하는,
계 관 시 인 뛰어난 시인의 명예 칭호.

計巧 요리조리 생각하여 낸 꾀.
계 교 ─를 부리다.

計窮力盡 꾀와 힘이 다하여 더는
계 궁 역 진 어찌 해 볼 도리가 없음.

階級 신분·지위·관직 등의 등급.
계 급 ─打破(타파)

契機 어떤 일을 일으키는 기회.
계 기 역사적 ─로 삼다.

計器 저울·자·되 등의 측정하는 기구.
계 기 ─飛行(비행)

階段 충계. 인신하여, 일을 해 나가
계 단 는 순서. ─耕作(경작)

鷄卵 닭의 알. 달걀
계 란 ─有骨(유골)

計略 계책과 책략.
계 략 ─을 꾸미다.

計量 분량을 헤아림.
계 량 ─器(기)

溪流 산골에서 흐르는 시냇물.
계 류 ─를 따라 내려가다.

繫留 붙잡아 매어 놓음.
계 류 ─浮標(부표)

繼母 아버지의 후처.
계 모 ─ 밑에서 자란 아이.

啓蒙 가르치고 깨우쳐 줌.
계 몽 ─運動(운동)

啓發 재주와 슬기를 열어줌.
계 발 소질을 ─하다.

系譜 집안의 혈통과 역사를 쓴 책.
계 보 ─를 알아보다.

計算 셈을 헤아림.
계 산 ─書(서). ─을 끝내다.

繼續 끊어지지 아니하고 이어짐.
계 속 ─되는 이야기.

季嫂 아우의 아내.
계 수 ─와 형수.

繼承 뒤를 이어받음.
계 승 왕위를 ─하다.

啓示 ①깨우쳐 보여줌. ②사람으로는
계 시 알지 못할 일을 신이 알게 함.

契約 의무에 관한 사람 사이의 약속.
계 약 ─ 당사자. ─을 맺다.

戒嚴 국가의 비상 사태 때, 행정·사법권
계 엄 을 군대가 맡아 치안을 유지하는 일.

系列 ①계통을 이룬 배열. ②기업
계 열 사이의 결합 관계. ─ 회사

係員 계에서 사무를 보는 직원.
계 원 담당 ─

戒律 중이 지켜야 할 행동 규범.
계 율 ─을 지키다.

季節 춘하추동의 철.
계 절 ─의 변화.

階梯 ①진행되는 일의 순서나 절차.
계 제 ②무슨 일을 할 수 있는 기회.

計座 금융 기관에 저금하기 위하여
계 좌 개설하는 자리. 예금 ─

繼走 이어 달리기.
계 주 400m ─에서 우승하다.

計策 무엇을 이루기 위하여 짜는 대
계 책 책. ─을 세우다.

季秋 늦가을. 음력 9월.
계 추 ─의 단풍.

計測 계산하여 측정함.
계 측 정확한 ─이 가능하다.

階層 사람·사회의 이러저러한 이유
계 층 로 갈라진 집단. 인테리 ─

系統 ①일정한 차례를 따라 이어져
계 통 있는 통일된 조직. ②혈통

繼投 _{계 투} 야구에서, 다른 투수가 뒤를 이어받아 공을 던짐.

計畫 _{계 획} 미리 일의 방법과 내용을 짬. 또는 세운 그 내용. —을 세우다.

高價 _{고 가} 비싼 값. —의 외제품.

枯渴 _{고 갈} ①물이 마름. 시냇물의 —. ②물품·자원 등이 다하여 없어짐. 물자의 —.

顧客 _{고 객} 물건을 팔아주는 손님. —이 늘어나다.

高見 _{고 견} 훌륭한 의견. —을 말해 주시오.

高潔 _{고 결} 고상하고 결백함. —한 인품.

考古 _{고 고} 유적과 유물에 의하여 고대의 역사적 사실을 연구함. —學(학)

孤高 _{고 고} 현실을 떠나 홀로 고상함. —한 인물.

呱呱之聲 _{고 고 지 성} 아이가 태어나면서 처음 우는 소리.

考課 _{고 과} 벼슬아치나 선비들의 성적을 심사하여 우열을 정함. — 성적

高官 _{고 관} 지위가 높은 관리나 벼슬. —大爵(대작)

高校 _{고 교} 고등 학교의 준말. — 3년생.

故國 _{고 국} 고향인 나라. 곧 자기의 조국. —의 땅에 묻히다.

孤軍 _{고 군} 후원이 없는 외로운 군대. —奮鬪(분투)

古宮 _{고 궁} 오랜 유래가 있는 옛 궁궐. —을 산책하다.

高貴 _{고 귀} ①지체가 높고 귀함. —한 손님. ②훌륭하고 귀중함. —한 물품.

古今 _{고 금} 옛적과 지금. —에 드문 일.

高級 _{고 급} 높은 등급이나 계급. — 공무원. — 호텔

苦難 _{고 난} 괴로움과 어려움. —을 겪다.

苦惱 _{고 뇌} 고통스러운 번뇌. 깊은 —에 찬 얼굴.

孤單 _{고 단} 외롭고 단출함. —한 신세.

古談 _{고 담} 옛이야기 —과 전설.

高談 _{고 담} 고상한 말. —峻論(준론)

高踏的 _{고 답 적} 속세에 초연한. —인 행동.

古代 _{고 대} 옛 시대. —의 유물.

苦待 _{고 대} 몹시 기다림. —하던 소풍날.

高臺廣室 _{고 대 광 실} 규모가 크고 잘 지은 집. —에서 살다.

古都 _{고 도} 옛 도읍. 신라의 —인 경주.

孤島 _{고 도} 뭍에서 멀리 떨어진 외딴 섬. 絶海(절해)—

高度 _{고 도} 높이. 높은 정도. — 비행. —의 훈련.

孤獨 _{고 독} 의지할 곳 없이 외로움. —의 설움을 달래다.

鼓動 _{고 동} 뛰노는 심장의 운동. — 심장의 — 소리.

叩頭 _{고 두} 머리를 조아림. —謝罪(사죄)

高等 _{고 등} 등급이나 정도가 높음. — 기술

苦樂 _{고 락} 괴로움과 즐거움. —을 함께 하다.

古來 _{고 래} 옛날 이래. 옛날부터 —로 전해 오는 전설.

高冷地 _{고 랭 지} 표고 600m 이상에 있는 높고 한랭한 땅. — 채소

膏粱珍味 기름진 고기와 좋은 곡식
고 량 진 미 으로 만든 맛있는 음식.

考慮 생각하여 헤아림.
고 려 사정을 —하다.

高齡 나이가 많음. 또는 많은 나이.
고 령 90 —에도 건강한 노인.

稿料 원고를 써 준 데 대한 보수.
고 료 —를 받다.

固陋 고집이 세고 융통성이 없음.
고 루 —한 사람.

高樓巨閣 높고 큰 집.
고 루 거 각 —이 즐비하다.

高利 비싼 이자.
고 리 —를 주고 빚을 얻다.

孤立 외톨로 됨.
고 립 —無援(무원)

鼓膜 귀청. 귀 속의 엷은 막.
고 막 —을 찢을 듯한 소리.

高邁 인품·지식 등이 고상하고 뛰
고 매 어남. —한 인격. —한 식견.

高名 높은 명성.
고 명 —을 일찍이 듣다.

高明 식견이 높고 사리에 밝음.
고 명 —한 스승.

顧命 임금이 유언으로 뒷일을 부탁
고 명 함. 또는 그 부탁. —大臣(대신)

姑母 아버지의 자매.
고 모 —와 이모.

枯木 말라 죽은 나무.
고 목 —生花(생화)

鼓舞 힘을 내도록 용기를 북돋움.
고 무 —激勵(격려)

拷問 신체적 고통을 주며 심문하는
고 문 일. —致死(치사)

顧問 제기된 문제의 자문에 응하는
고 문 직책. — 변호사

古物 헌 물건. 옛날 물건.
고 물 —商(상)

苦悶 속을 태우며 괴로워함.
고 민 취업 문제로 —하다.

告發 제삼자가 범죄 사실을 신고함.
고 발 —人(인)

苦杯 실패나 패배의 쓰라린 경험의
고 배 비유. —를 마시다.

告白 숨긴 일이나 생각하는 바를 솔
고 백 직히 말함. 양심의 —.

告變 정권을 전복하려는 행위를 고
고 변 발함. —에 따른 숙청.

告別 이별을 알림.
고 별 — 인사(人事)

高峰 높은 산봉우리.
고 봉 —峻嶺(준령)

姑婦 시어머니와 며느리.
고 부 — 사이의 불화.

古墳 옛 무덤.
고 분 —壁畫(벽화)

告祀 행운을 신령에게 비는 제사.
고 사 —를 지내다.

考査 실력·성적을 시험해 봄.
고 사 기말 —

固辭 굳이 사양함.
고 사 총장의 자리를 —하다.

故事 일정한 유래와 결부된 옛일.
고 사 —成語(성어) 사전

枯死 나무나 풀이 말라 죽음.
고 사 —한 은행나무.

高山 높은 산.
고 산 —地帶(지대)

高尙 속되지 않고 품위가 있음.
고 상 —한 인격.

古色 ①낡은 빛깔. ②예스러운 모습
고 색 이나 풍치. —이 창연하다.

苦生 어렵고 힘들게 삶. 또는 그런
고 생 생활. — 끝에 낙이 온다.

古書 옛날 책. 또는 헌 책.
고 서 — 수집

高聲 높고 큰 목소리.
고 성 —이 오고간 회의장.

膏藥 헌 데나 곪은 데에 붙이는 약.
고 약 —을 바르다.

孤城落日 도움을 받지 못하는 외
고 성 낙 일 로운 형편의 비유.

高揚 높이 추키어 올림.
고 양 애국심을 —하다.

告訴 범죄 사실을 수사 기관에 신고
고 소 함. —를 취하하다.

苦役 몹시 힘들어 견디기 어려운 일.
고 역 —을 치르다.

苦笑 쓴웃음
고 소 —를 금치 못하다.

高熱 높은 열.
고 열 —에 시달리다.

高速 매우 빠른 속도.
고 속 — 도로

高溫 높은 온도.
고 온 —에 견디는 내열재.

固守 굳게 지킴.
고 수 자기 주장을 —하다.

雇用 삯을 받고 남의 일을 함.
고 용 — 계약

鼓手 북을 치는 사람.
고 수 —와 명창.

高原 고지에 있는 넓은 벌판.
고 원 개마 —

高僧 학덕이 높은 중.
고 승 사명당 같은 —.

固有 본디부터 지니고 있음.
고 유 —文化(문화)

考試 자격·성적을 매기기 위한 시
고 시 험. 국가 —

苦肉之計 자기의 희생까지도 무릅
고 육 지 계 쓰고 꾸미는 계책.

告示 널리 알리려고 게시함. 또는
고 시 그 게시. — 가격

高率 일정한 수준보다 높은 비율.
고 율 —의 이자.

姑息 일시적인 안정이나 한때의 미
고 식 봉. —的(적)인 방법. —之計(지계)

故意 일부러 하는 생각이나 태도.
고 의 —로 한 짓.

孤臣 임금의 신임을 받지 못하는 신
고 신 하. —冤淚(원루)

故人 죽은 사람. 또는 사귄 지 오래 된
고 인 사람. —이 되다. —의 뜻을 받들다.

苦心 몹시 애씀. 애를 태움.
고 심 — 끝에 내린 결론.

故障 기계·설비 등에 이상이 생기
고 장 는 일. —이 나다.

古雅 예스럽고 아치가 있음.
고 아 —한 맛.

高低 높낮이
고 저 —長短(장단)

孤兒 부모를 여읜 아이.
고 아 천애의 —.

古蹟 역사상의 유적.
고 적 — 답사

高雅 조촐하고 깨끗함.
고 아 —한 인품.

孤寂 외롭고 쓸쓸함.
고 적 —한 사람.

考案 새로운 안을 생각해 냄.
고 안 새로 —한 냉장고.

古典 고대의 문헌이나 작품.
고 전 —을 읽다.

高壓 강한 압력. 또는 높은 전압.
고 압 —的(적)인 태도. —線(선)

苦戰 힘들게 싸움. 또는 그런 싸움.
고 전 —을 면치 못하는 기업.

高額 많은 금액.
고 액 —券(권) 발행.

孤節 홀로 꿋꿋이 지키는 절개.
고 절 傲霜(오상)—

ㄱ

固定 ①정한 대로 변경하지 아니함.
고 정 ㅡ 자본 ②붙박이로 붙어 있음.

高調 감정이나 흥이 최고로 높아짐.
고 조 긴장감이 ㅡ된 분위기.

古拙 예스러우면서 졸하고 서투름.
고 졸 ㅡ한 그림.

姑從 고모의 아들딸.
고 종 ㅡ 사촌

考證 옛 문헌이나 유물 등을 통해 옛 사
고 증 물의 시대·가치·내용을 해명함.

告知 어떤 사실을 알림.
고 지 ㅡ 사항

高地 표고가 비교적 높은 땅.
고 지 ㅡ에서 재배하는 버섯.

痼疾 오래되어 고치기 어려운 병.
고 질 ㅡ이 된 심장병.

固執 주장을 끝까지 굽히지 않음.
고 집 끝까지 ㅡ을 부리다.

高次元 정도나 차원이 높은 것.
고 차 원 ㅡ의 세계.

固着 한 자리에 단단히 들러붙음.
고 착 ㅡ劑(제)

考察 생각하여 살핌.
고 찰 역사적 ㅡ

古參 오래 전부터 그 일을 해 온 사
고 참 람. ㅡ兵(병). ㅡ 사원

古鐵 헌 쇠.
고 철 ㅡ을 수집하다.

固體 일정한 부피와 모양을 가진 물
고 체 체. ㅡ 연료. ㅡ와 액체.

苦楚 괴로움과 어려움.
고 초 많은 ㅡ를 겪다.

苦衷 괴로운 심정.
고 충 ㅡ을 털어놓다.

鼓吹 고무하여 의기를 북돋움.
고 취 독립 정신을 ㅡ하다.

高層 높이 지은 여러 층.
고 층 ㅡ 건물

苦痛 괴로움과 아픔.
고 통 육체적 ㅡ.

苦鬪 어려움을 견디며 힘들게 싸움.
고 투 惡戰(악전)ㅡ

古風 옛 풍속이나 옛 풍취.
고 풍 ㅡ스러운 의상.

高下 ①많음과 적음. 나이의 ㅡ.
고 하 ②높음과 낮음. 직위의 ㅡ.

苦學 스스로 학비를 벌어서 공부함.
고 학 ㅡ으로 대학을 나오다.

高喊 크게 부르짖는 소리.
고 함 ㅡ을 지르다.

苦海 괴로운 인간 세상의 비유.
고 해 ㅡ에서 닦는 불도.

告解聖事 가톨릭 신자가 사제에게
고 해 성 사 지은 죄를 고백하는 일.

苦行 불교에서, 정신적 수련을 쌓기 위
고 행 하여 육체적 괴로움을 쌓는 일.

故鄕 태어나 자란 곳.
고 향 ㅡ 山川(산천)이 그립다.

膏血 몹시 고생하여 얻은 수익의
고 혈 비유. 백성의 ㅡ을 짜다.

高血壓 혈압이 정상보다 높은 현상.
고 혈 압 ㅡ과 저혈압.

古稀 70세.
고 희 ㅡ宴(연). ㅡ를 맞은 할아버지.

穀價 곡식의 값.
곡 가 ㅡ가 치솟다.

穀氣 낟알기
곡 기 ㅡ를 끊다.

曲馬 말을 가지고 부리는 재주.
곡 마 ㅡ團(단)

曲目 악곡의 이름.
곡 목 연주할 ㅡ.

穀物 벼·보리 따위의 곡식.
곡 물 ㅡ 도매상

曲線 굽은 선.
곡 선 ㅡ과 직선.

曲藝 _{곡 예} 재주를 부리는 연예. 서커스 —師(사)

曲折 _{곡 절} 이런저런 복잡한 사정. 무슨 —이라도 있느냐?

曲調 _{곡 조} 음악이나 노래의 가락. 경쾌한 —.

穀酒 _{곡 주} 곡식으로 빚은 술. —와 과실주.

曲直 _{곡 직} 옳고 그름. —을 가리다. 是非(시비)—

曲盡 _{곡 진} ①정성이 극진함. —한 사랑. ②자세하고 간곡함. —한 사연.

穀倉 _{곡 창} 곡식이 많이 나는 고장. 호남의 — 지대.

曲學阿世 _{곡 학 아 세} 바른 길이 아닌 학문으로 세상 사람에게 아첨함.

曲解 _{곡 해} 남의 말이나 태도를 좋지 않게 이해함. —로 인해 사이가 벌어지다.

困境 _{곤 경} 곤란한 처지. 딱한 사정. —에 처하다.

困窮 _{곤 궁} 가난하고 궁함. —한 처지. —한 살림.

困難 _{곤 란} 몹시 딱하고 어려움. —한 생활. —한 처지.

棍棒 _{곤 봉} 몽둥이 — 체조

困辱 _{곤 욕} 심한 모욕. 온갖 —을 치르다.

棍杖 _{곤 장} 죄인의 볼기를 치던 형구의 하나. —30대를 맞다.

昆蟲 _{곤 충} 파리·벌·나비·개미 따위의 벌레. — 채집

困惑 _{곤 혹} 곤란하여 어찌할 바를 모름. —스런 표정.

骨幹 _{골 간} 사물의 기본이 되는 부분. —을 이루다.

骨格 _{골 격} 뼈대. 사물의 기본이 되는 틀. 건물의 —.

滑稽 _{골 계} 익살 — 소설

骨董品 _{골 동 품} 오래되고 희귀한 기구나 미술품. —을 수집하다.

汨沒 _{골 몰} 한 가지 일에만 파묻힘. 연구에 —하다.

骨盤 _{골 반} 엉덩이 부분을 이루는 넓적한 뼈. —을 이루고 있는 뼈.

骨相 _{골 상} 얼굴이나 머리의 뼈의 생김새. —學(학)

骨髓 _{골 수} 뼛속에 들어 있는 연한 물질. —에 들다. —에 맺히다.

骨肉 _{골 육} ①뼈와 살. —에 사무치다. ②같은 살붙이. —之親(지친)

骨肉相殘 _{골 육 상 잔} 가까운 혈족의 사이끼리 서로 해침. —의 참극.

骨子 _{골 자} 중심적인 줄기를 이루는 요긴한 부분. 논설의 —를 적다.

骨材 _{골 재} 모래나 자갈. — 채취

骨折 _{골 절} 뼈가 부러짐. —이 되다.

骨節 _{골 절} 뼈마디 —이 쑤시다.

骨品 _{골 품} 신라 시대에 있었던 혈통에 따른 신분의 등급. 성골·진골 따위.

空間 _{공 간} 비어 있는 데나 빈 장소. 우주의 —. 생활 —

恐喝 _{공 갈} 두려움을 느끼게 하려고 을러댐. — 협박을 하다.

共感 _{공 감} 남의 의견에 같이 그렇다고 느낌. 친구의 의견에 —하다.

公開 _{공 개} 여러 사람에게 널리 터놓음. 죄상을 —하다.

攻擊 _{공 격} ①적을 침. 성을 —하다. ②남을 비난함. 약점을 —하다.

公卿 _{공 경} 삼공과 육경. —大夫(대부)

恭敬 공 경 삼가고 존경함.
스승을 —하다.

公告 공 고 국가 기관에서 공개적으로 널리 알림. 선거일을 —하다.

鞏固 공 고 아주 굳고 튼튼함.
—한 진지. —한 의지.

公共 공 공 국가나 사회에 관계되는 일.
— 기관. —의 질서.

工科 공 과 공학에 관한 학과.
—대학

公課 공 과 국가나 지방 자치 단체가 국민에게 의무적으로 세금을 물리는 일. —金

功過 공 과 공로와 허물.
—를 따지다.

公館 공 관 ①정부 고관의 관저. 총리 — ②대사관·공사관 등의 총칭. 해외 —

工具 공 구 물건을 만들거나 고치는데 쓰는 기구. — 상가

恐懼 공 구 몹시 두려워함.
—스러운 일.

空軍 공 군 비행기로 전투를 하는 군대.
— 기지. — 장교

公權 공 권 공법상의 권리.
—力(력)에 대한 도전.

空閨 공 규 남편 없이 혼자 지내는 방.
—를 지켜 온 과부.

公金 공 금 국가나 공공 단체의 돈.
— 횡령

工을 성부로 하는 한자의 음		
공	穴＋工→空 : 빌	공
	工＋力→功 : 공	공
	工＋攵→攻 : 칠	공
	工＋貝→貢 : 바칠	공
	홍－糸＋工→紅 : 붉을	홍
	강－水＋工→江 : 강	강
	항－工＋頁→項 : 조목	항

供給 공 급 요구에 따라 물품을 대줌.
수요와 —.

公器 공 기 사회 일반에 이용되는 기구.
신문은 사회적 —이다.

空氣 공 기 대기(大氣)
맑은 —를 마시다.

公納金 공 납 금 학생이 학교에 정기적으로 내는 돈. —을 내다.

工團 공 단 공업 단지의 준말.
— 부지

公團 공 단 공익을 위한 사업 단체.
연금 관리 —

公黨 공 당 국가적으로 인정을 받는 정당.
—으로서의 책무.

恭待 공 대 ①공손하게 대접함. 손님을 —하다. ②높임말을 씀. —하는 형.

功德 공 덕 공적과 덕행.
—을 기리다.

共同 공 동 둘 이상의 인원이 함께 함.
— 작업장. — 생활

空洞化 공 동 화 아무 것도 없이 텅 빔.
도심의 — 현상.

空欄 공 란 지면의 빈 자리.
—으로 남겨 둔 지면.

攻略 공 략 공격하여 점령함.
적진을 —하다.

功力 공 력 불도를 닦아서 얻은 공덕의 힘.
부처님의 —.

功勞 공 로 힘을 들여 이룬 공.
—를 세우다. 많은 —를 남기다.

空路 공 로 항공기가 다니는 길. 항공로
—로 돌아오는 국군.

公論 공 론 여럿이서 의논함. 또는 사회적인 여론. —이 많다. —이 돌다.

空論 공 론 실속이 없는 헛된 이론.
卓上(탁상)—

恐龍 공 룡 중생대에 존재했던 파충류.
—의 화석.

公理 ①일반에 통용되는 도리. ②추리·판
공 리 단·결론의 전제가 되는 기본 명제.

功利 공명과 이득.
공 리 —를 추구하다.

空理空論 실천이 따르지 않는 헛
공 리 공 론 된 이론. —을 일삼다.

公立 지방 자치 단체가 세워 운영함.
공 립 — 학교

公賣 공고해 입찰이나 경매로 팖.
공 매 — 처분

公明 사사로움이 없이 정당하고 명
공 명 백함. —正大(정대). — 선거

功名 공을 세워서 드러난 이름.
공 명 —에 뜻이 없다.

共鳴 남의 의견에 찬동하여 따르려
공 명 는 현상. 그들의 주장에 —하다.

公募 일반에게 널리 알려 모집함.
공 모 사원 —의 광고. 포스터 —

共謀 공동으로 꾀함.
공 모 —者(자). 범행을 —하다.

公務 국가나 공공 단체의 사무.
공 무 —를 집행하다. —員(원)

公文 공문서. 공무에 관계되는 서류.
공 문 —을 발송하다.

貢物 국가나 종주국에 바치던 특산
공 물 물. —을 바치다.

公民 국가나 자치 단체의 구성원.
공 민 —權(권)

攻駁 몹시 따지고 공격함.
공 박 부당한 주장을 —하다.

攻防 공격과 방어.
공 방 수 없이 되풀이된 —戰(전).

公倍數 둘 이상의 정수나 정식에
공 배 수 공통되는 배수.

空白 빈 곳이나 빈 구석.
공 백 —을 메우다. —期(기)

共犯 공동으로 죄를 지음. 또는 그
공 범 사람. —罪(죄)

工法 시공하는 방법.
공 법 첩단 —을 쓰다.

公法 국가와 국가, 국가와 개인과의
공 법 관계를 규정하는 법. 국제 —

工兵 토목과 건설의 일을 맡은 병과.
공 병 — 부대

公報 국가 기관이 일반에게 알리는
공 보 보고. — 활동의 강화.

公僕 공무원을 이르는 말.
공 복 국민의 —인 공무원.

空腹 음식을 먹지 않은 빈 배.
공 복 —에 먹는 약.

工夫 학문과 기술을 배우고 익힘.
공 부 열심히 —하다.

工費 공사에 드는 비용.
공 비 —의 절감.

公費 관청이나 공공 단체에서 쓰는
공 비 비용. —와 사비(私費).

工事 토목·건축 등에 관한 일.
공 사 아파트 신축 —.

公私 공적인 일과 사사로운 일.
공 사 —를 구분하다.

公社 국가 출자의 공기업.
공 사 한국 도로 —

公使 외국에 주재하는 외교관의 하
공 사 나. —館(관)

共産主義 재산과 생산 수단의 사
공 산 주 의 유를 부인하는 주의.

空想 실현될 수 없는 헛된 생각.
공 상 — 과학 소설

共生 서로 도우며 함께 어울려 삶.
공 생 —動物(동물). —植物(식물)

公席 공적으로 모인 자리.
공 석 —에서 해명하다.

空席 비어 있는 자리.
공 석 —이 생기다.

公設 국가나 공공 단체가 설립함.
공 설 — 운동장

功成身退 큰 공을 세우고 나서는
공 성 신 퇴 그 자리에서 물러남.

攻勢 공격하는 태세나 그 세력.
공 세 —를 늦추다. 평화 —

公訴 검사가 법원에 재판을 청구하
공 소 는 일. —기각. —제기. —시효

恭遜 어렴성이 있고 겸손함.
공 손 —한 태도.

攻守 공격과 수비.
공 수 —同盟(동맹)

空輸 비행기로 실어 나름.
공 수 구호품의 —. — 부대

空手票 은행 거래가 없거나 해약을
공 수 표 당한 사람이 발행한 수표.

空襲 미사일이나 항공기로 목표물을
공 습 폭격함. — 경보. —을 당하다.

公示 일반 사람에게 널리 알림.
공 시 —한 투표일. — 지가

公式 ①공적인 방식. ②틀에 박힌 형식.
공 식 ③기호로써 나타낸 수학의 법식.

功臣 나라에 공이 있는 신하.
공 신 開國(개국)—

公安 공공의 안녕과 질서.
공 안 —을 유지하다.

公約 ①공법상의 계약. 국제 —
공 약 ②공중에 선포한 약속. 선거 —

供養 음식 이바지를 함.
공 양 —을 드리다. 시부모 —

公言 대중 앞에서 공공연히 말함.
공 언 —한 내용.

工業 기계로써 물품을 만드는 산업.
공 업 — 국가. 가내 —

供與 제공하거나 이바지함.
공 여 차관을 —하다.

共譯 두 사람 이상이 공동으로 번역
공 역 함. 또는 그 번역. —한 소설.

公演 대중 앞에서 연극 등을 해보
공 연 임. — 장소. — 시간

空然 아무 까닭이 없음.
공 연 —한 짓. —히 가슴이 설레다.

公營 지방 자치 단체가 사업을 경영
공 영 함. — 주택

共榮 다 같이 번영함.
공 영 세계 —의 이상.

工藝 생활 용품에 미적인 장식을 가
공 예 하는 기예. —家(가). —品(품)

公用 국가나 공공 단체가 공적인
공 용 목적에 씀. — 건물

共用 공동으로 사용함.
공 용 남녀 —

公園 공중의 휴양과 위락을 위한 유
공 원 원지. 속리산 국립 —.

公有 국가나 공공 단체의 소유.
공 유 — 건물. —林(림)

共有 공동으로 소유함.
공 유 —物(물). —地(지)

公益 사회 전체의 이익.
공 익 — 단체. —을 앞세우다.

公人 국가나 사회를 위하여 일하는
공 인 사람. —으로서의 자세.

公認 국가나 공공 단체가 인정함.
공 인 — 중개사. — 회계사

工賃 품삯
공 임 비싼 —.

公子 지체 높은 집안의 젊은 아들.
공 자 貴(귀)—다운 풍모.

工作 ①물건을 만듦. — 기구
공 작 ②어떤 일을 계획함. 정치 —

公爵 오등작(五等爵)의 첫째 작위.
공 작 — 부인

工場 물품을 생산하는 곳.
공 장 —의 부지. 제지 —

共著 한 가지 저술을 두 사람 이상이 함
공 저 께 지음. 또는 그렇게 지은 저술.

公的 공공에 관한 것.
공 적 —인 활동. —인 용무.

公敵 국가나 사회의 적.
공 적   부정 부패는 사회의 —이다.

功績 공로의 실적.
공 적   —을 남기다.

公轉한 천체가 다른 천체의 주위를
공 전   도는 운동. — 주기

空前 이전에는 그런 일이 없음.
공 전   —絶後(절후)의 성과. —의 히트.

空轉 ①기계나 바퀴가 헛돎. —하는 바퀴.
공 전   ②진전이 없이 헛돎. —하는 국회.

工程 작업의 과정.
공 정   기술 —. 생산 —

公正 공평하고 올바름.
공 정   —한 심판. —去來(거래)

公定 국가나 공공 단체가 결정함.
공 정   —價(가)

共濟 서로 힘을 합하여 도움.
공 제   —組合(조합)

控除 받을 돈이나 물품에서 덜어냄.
공 제   월급에서 —하다.

共助 여럿이 함께 서로 도움.
공 조   — 체제. —를 구축하다.

共存 함께 존재함.
공 존   —共榮(공영)

功罪 공로와 죄과.
공 죄   —를 논하다.

公主 왕후가 낳은 딸.
공 주   —와 옹주(翁主).

公衆 사회의 여러 사람.
공 중   — 도덕. — 목욕탕

空中 지구 표면을 둘러싸고 있는 공
공 중   간. —戰(전). —에 떠 있다.

公證 법률 관계의 유무를 곡식으로
공 증   증명함. —人(인). —한 서류.

公知 세상 사람이 다 앎.
공 지   —의 事實(사실).

空地 빈 땅.
공 지   —를 이용하다.

公職 국가 기관이나 공공 단체의 직
공 직   무. —에서 물러나다.

工廠 ①철공장. ②무기나 탄약 등의
공 창   군수품을 제조·수리하는 공장.

公採 공개 채용의 준말.
공 채   —로 입사한 사원.

公債 국가나 지방 자치 단체의 채무.
공 채   —를 상환하다.

恐妻家 아내에게 눌려 기를 펴지
공 처 가   못하는 남편.

公薦 정당에서 선거에 출마할 사람
공 천   을 추천함. —을 받다.

公聽會 이해 관계자와 전문가의 의견
공 청 회   을 듣기 위한 모임. —를 열다.

功致辭 제가 잘한 듯이 낯을 내려
공 치 사   고 자랑함. 또는 그런 말.

空致辭 입으로만 하는 빈 말.
공 치 사   —를 듣다.

供託 채무를 벗기 위하여 금전·유가
공 탁   증권을 공중 기관에 맡김. —金(금)

共通 여러 사물에 다 같이 존재하거
공 통   나 관계됨. —의 관심사.

公判 형사 사건의 공개 재판.
공 판   —廷(정). —이 열리다.

共販 공동 판매의 준말.
공 판   —場(장)

公平 치우치지 않고 공정함.
공 평   —無私(무사)

公布 일반에게 널리 알림.
공 포   법률을 —하다.

空砲 헛 총.
공 포   —를 쏘다. —彈(탄)

恐怖 두렵고 무서움.
공 포   —에 떨다.

公表 세상에 널리 알림.
공 표   죄상을 —하다.

工學 공업의 이론·기술·생산에 관
공 학   한 학문. —박사. 기계 —

ㄱ

共學 한 학교에서 남녀가 같이 배움.
공 학 남녀 —

公翰 공적인 편지.
공 한 —을 보내다.

空閑地 놀고 있는 땅.
공 한 지 —에 심은 채소.

空港 항공기가 떠나고 와 닿는 곳.
공 항 —으로 나가 환영하다.

公海 모든 나라가 공통으로 쓸 수
공 해 있는 바다. —에서 나포한 해적.

公害 사람과 생물이 입는 해.
공 해 심각한 —. — 산업

空虛 ①실속이 없이 헛됨. —한 말.
공 허 ②쓸쓸하게 텅 빔. —한 벌판.

貢獻 이바지함
공 헌 사회에 —하다.

共和國 국민이 주권을 행사하는 나
공 화 국 라. 民主(민주)—

空豁 텅 비고 매우 넓음.
공 활 —한 가을 하늘.

恐慌 경제계가 큰 혼란에 빠지는 상
공 황 태. 경제 —에 빠지다.

功勳 나라를 위하여 두드러지게 세
공 훈 운 공로. —을 세우다. 혁혁한 —.

公休日 공적으로 정해 놓고 쉬는 날.
공 휴 일 —을 즐겁게 보내다.

果敢 결단성이 있고 용감함.
과 감 —한 결단.

過客 지나가는 나그네.
과 객 —이 들려준 말.

科擧 관원을 뽑기 위해 보이던 시험.
과 거 —에 급제하다.

過去 지나간 때. 또는 지나간 일.
과 거 —事(사). —를 되돌아보다.

過激 지나치게 격렬함.
과 격 —한 언동.

過恭 지나치게 공손함.
과 공 —이 비례라.

瓜年 결혼하기에 알맞은 여자의 나이.
과 년 —이 차다.

過多 지나치게 많음.
과 다 —한 비용.

果斷 딱 잘라 결정함.
과 단 —性(성). —을 내리다.

誇大 실제보다 크게 과장함.
과 대 —妄想(망상)

過大 지나치게 큼.
과 대 —評價(평가)

果刀 과일을 깎는 칼.
과 도 —를 놀리는 손.

過度 한도보다 지나침.
과 도 —한 욕심. —한 운동.

過渡期 다음 단계로 넘어가는 시기.
과 도 기 —의 현상. 역사적 —.

科落 과목 낙제의 준말.
과 락 —을 받다.

過勞 지나치게 일함.
과 로 —로 인해 쓰러지다.

科料 가벼운 범죄에 물리는 재산형.
과 료 —를 물다.

科目 학습 과정의 개별적 분야.
과 목 전공 —

寡默 말수가 적고 침착함.
과 묵 —한 사람.

寡聞 보고 들은 것이 적음.
과 문 —한 탓.

過門不入 문 앞을 지나면서 들르
과 문 불 입 지 아니함.

過敏 지나치게 예민함.
과 민 —한 반응. 신경이 —하다.

過密 지나치게 몰리어 빽빽함.
과 밀 —한 교실. —한 서울 인구.

過半 반이 넘음. 또는 반을 넘김.
과 반 —數(수)

寡婦 홀어미
과 부 — 사정은 —가 안다.

過分 분에 넘침.
과 분　—한 대접. —한 예우.

過拂 한도를 넘어서 지급함.
과 불　—한 액수.

過歲 설을 쇰.
과 세　— 안녕히 하셨습니까?

課稅 세금을 매김.
과 세　—率(율). —物件(물건)

過小 지나치게 작음.
과 소　—評價(평가)

過消費 분에 넘치게 소비함.
과 소 비　—의 풍조.

過速 정해진 속도를 넘어섬.
과 속　—은 교통 사고를 부른다.

果樹 과일나무
과 수　—園(원). —를 심다.

誇示 자랑스럽게 뽐내어 보임.
과 시　힘을 —하다.

過食 지나치게 많이 먹음.
과 식　—하지 말라.

過信 지나치게 믿음.
과 신　자기 역량을 —하다.

果實 식물의 열매. 과일
과 실　—酒(주). — 음료

過失 고의가 아닌 잘못.
과 실　—犯(범). — 책임

過言 지나친 말.
과 언　그 말은 —이 아니다.

課業 해야 할 업무.
과 업　— 완수. 주어진 —.

果然 알고 보니 참으로.
과 연　— 명언이다. — 그럴까?

過熱 지나치게 열을 가함. 또는 그
과 열　열. —로 인한 화재.

過誤 잘못. 허물
과 오　저지른 —. —를 뉘우치다.

課外 정해진 학과나 과업 밖.
과 외　—수업. —지도. — 활동

過慾 욕심이 지나침. 또는 지나친
과 욕　욕심. —이 화를 부른다.

過用 너무 지나치게 씀.
과 용　—한 접대비.

課員 한 과에 소속된 직원.
과 원　—단합 대회

過猶不及 지나침은 미치지 못함과
과 유 불 급　같음.

過飲 술을 지나치게 마심.
과 음　—은 몸을 망친다.

寡人 덕이 적은 사람이란 뜻으로,
과 인　임금이 자신을 일컫던 말.

過剩 필요한 수효보다 많아 남음.
과 잉　— 방위. — 생산

科場 과거를 보이던 곳.
과 장　—에 들어선 선비들.

誇張 실제보다 크게 떠벌림.
과 장　—하여 말하다.

過積 화물을 기준에 넘치게 실음.
과 적　— 차량

過程 사물이 변하여 진행하는 경로.
과 정　제품의 생산 —.

課程 일정 기간에 이수해야 하는 학
과 정　습의 범위. 박사 —을 이수하다.

課題 ①주어진 제목. 연구 —
과 제　②해결해야 할 문제. 당면 —

過重 ①너무 무거움. —한 부담.
과 중　②힘에 겨움. —한 노동.

果汁 과일에서 짜낸 즙.
과 즙　몸에 이로운 —.

過徵 규정보다 과다하게 징수함.
과 징　—한 세금.

過讚 지나치게 기림. 또는 그 칭찬.
과 찬　—의 말씀.

果菜 과실과 채소.
과 채　싱싱한 —.

過怠料 공법상의 의무 이행을 게을
과 태 료　리한 자에게 물리는 돈.

ㄱ

課標 과세의 표준.
관 표 —에 따른 세금의 부과.

科學 사회·자연·사유 발전에 관한 원리
과 학 를 연구하여 체계를 세우는 학문.

灌漑 논밭에 물을 끌어댐.
관 개 — 수로. — 용수

觀客 구경하는 손님.
관 객 —을 끌어 모으다.

關鍵 어떤 문제의 해결에 요긴한 요
관 건 소. 사태 해결의 —.

官界 관리들의 사회.
관 계 —에 발을 들여놓다.

關係 사물이나 현상 사이에 맺어지
관 계 는 서로의 연관. —를 맺다.

官公署 관청과 공서.
관 공 서 —에서 출장 나온 공무원.

觀光 다른 나라나 지방의 풍경·상
관 광 황 등을 구경함. — 여행

官權 정부나 관리의 권한.
관 권 —이 개입하다.

官紀 관리의 기율이나 기강.
관 기 —가 문란하다.

管內 관할하는 구역의 안.
관 내 —를 순찰하다.

觀念 생각이나 견해.
관 념 시간 —이 없다.

官能 생리적 기관의 작용.
관 능 —的(적)인 쾌감.

寬大 너그러움
관 대 —한 처분.

觀覽 연극·영화·운동 경기 등을
관 람 구경함. —客(객). —席(석)

關聯 서로 관계를 맺어 이어져 있음.
관 련 살인 사건에 —되다.

冠禮 남자가 성인이 될 때 올리는
관 례 의식. —를 치르다.

慣例 늘 해 내려오는 전례.
관 례 —에 따르다. 국제 —

貫祿 일정한 일에 대해 지니고 있는
관 록 경력이나 권위. —이 붙다.

官僚 관리. 벼슬아치
관 료 — 정치. — 사회

貫流 어떤 지역을 꿰뚫고 흐름.
관 류 서울을 —하는 한강.

官吏 공무원. 벼슬아치
관 리 —들의 청렴성.

管理 관할하며 처리함. 맡아 다스림.
관 리 —人(인). —費(비)

觀望 바라보거나 지켜 봄.
관 망 풍경을 —하다. 사태를 —하다.

灌木 키가 작은 나무.
관 목 —과 교목(喬木).

關門 국경이나 요새의 성문. 또는 일
관 문 의 초입. 서해의 —. —을 통과하다.

官報 정부에서 홍보하는 인쇄물.
관 보 —에 싣다.

官福 관리로 출세할 복.
관 복 —이 많다.

官費 관청에서 내는 비용.
관 비 — 유학생

觀相 사람의 상을 보고 수명·운명
관 상 을 판단하는 일. —을 보다.

觀象 기상·천문을 관측함.
관 상 —臺(대)

觀賞 보고 기리며 즐김.
관 상 —木(목). —用(용)

官署 관청. 관아
관 서 —에 불려 다니다.

寬恕 너그럽게 용서함.
관 서 —를 바랍니다.

官選 정부에서 뽑아 지명함.
관 선 — 이사(理事)

關稅 세관을 통과하는 물품에 물리
관 세 는 세금. —率(율). —를 물다.

慣習 전통적으로 세워진 생활상의
관 습 습관. 낡은 —의 타파.

關心 어떤 것에 쏠리는 마음.
관 심 —事(사). —을 끌다.

官衙 관원이 사무를 보는 곳.
관 아 —에 끌려 가다.

管樂器 입으로 불어서 소리를 내는
관 악 기 악기. —와 현악기.

關與 관계하여 참여함.
관 여 남의 일에 —하다.

官營 정부가 경영함.
관 영 — 요금. — 사업

官用 정부나 관청에서 씀.
관 용 — 차량

慣用 늘 습관적으로 씀.
관 용 —語(어)

寬容 너그럽게 받아들임.
관 용 —을 베풀다.

官運 관리로 출세할 운수.
관 운 —이 트이다.

官印 관청이나 관직의 도장.
관 인 —이 찍힌 문서.

官認 관청에서 인정함.
관 인 — 영어 강습소.

寬仁 마음이 너그럽고 어짊.
관 인 —大度(대도)

管掌 차지하여 맡아봄.
관 장 —하는 사무.

官災數 관청과 관련하여 재앙을 받
관 재 수 을 운수. —가 있다.

官邸 고관이 임기 중에 거처하는 집.
관 저 총리 —

觀戰 경기를 구경함.
관 전 축구 경기를 —하다.

關節 뼈와 뼈를 잇는 마디.
관 절 —炎(염). 무릎 —.

觀點 사물을 보고 판단하는 기본 출
관 점 발점. —이 다르다.

官製 정부나 국가 기관에서 만듦.
관 제 — 엽서

管制 관할하여 통제함.
관 제 —塔(탑). 보도를 —하다.

觀照 제삼자의 입장에서 관찰함.
관 조 인생을 —하다.

觀衆 구경하는 많은 사람.
관 중 —의 환호.

官職 관리의 직책이나 직무.
관 직 —이 박탈하다.

觀察 사물을 주의해서 살핌.
관 찰 세밀한 —. —力(력)

貫徹 뜻한 바를 기어이 이루어 놓음.
관 철 초지를 —하다.

官廳 국가의 사무를 처리하는 기관.
관 청 —에 드나드는 장사꾼.

觀測 자연 현상을 관찰하고 측정함.
관 측 —所(소). 위성 —. 천체를 —하다.

官治 국가의 행정 기관에서 직접 맡
관 치 아 하는 행정. —行政(행정)

貫通 꿰뚫어서 통함.
관 통 —傷(상). 시내를 —하는 도로.

管鮑之交 우의가 매우 깊고 친한
관 포 지 교 벗의 사귐.

管轄 일정한 권한으로 거느리어 다스림.
관 할 —權(권). — 지역

慣行 관례에 따라서 함.
관 행 —에 따르다.

貫鄕 시조가 태어난 곳. 본관
관 향 —이 어디인가?

官憲 관리. 또는 관청
관 헌 일제의 —에 붙잡혔다.

管絃樂 관악기와 현악기·타악기 등
관 현 악 을 연주하는 음악. —團(단)

冠婚喪祭 관례·혼례·상례·제례.
관 혼 상 제 성대하게 치르는 —.

恝待 업신여겨서 홀대함. 푸대접
괄 대 —를 받다.

刮目 눈을 비비고 다시 봄.
괄 목 —할 만한 발전.

ㄱ

恝視 업신여겨서 하찮게 대함.
괄 시 —를 당하다.

括弧 묶음표
괄 호 —를 치다. —를 열다.

狂犬 미친 개.
광 견 —病(병). —에 물리다.

光景 눈에 보이는 경치나 모습.
광 경 아름다운 —. 눈물겨운 —.

廣告 널리 알림.
광 고 —文(문). —欄(란). — 대행업.

狂氣 미친 증세.
광 기 —를 부리다.

光年 천문학에서 천체 사이의 거리를 나
광 년 타내는 단위. 1—은 약 94,630억km이다.

廣大 넓고 큼.
광 대 —한 들판.

狂亂 미친듯이 어지럽게 날뜀.
광 란 —의 도가니.

光臨 상대방의 찾아옴의 높임말.
광 림 —해 주셔서 감사합니다.

廣漠 아득하게 넓음.
광 막 —한 사막.

鑛脈 광석이 묻힌 줄기.
광 맥 —을 찾다.

光明 밝고 환한 빛.
광 명 —을 찾다.

鑛物 땅 속에 있는 천연의 무기물.
광 물 —性(성) 섬유. 채굴한 —.

廣範 범위가 넓음. 또는 넓은 범위.
광 범 —한 의견.

光復 잃었던 주권을 도로 찾음.
광 복 —節(절)

鑛夫 광산에서 일하는 사람.
광 부 —의 최저 임금.

狂奔 미친듯이 날치거나 뛰어다님.
광 분 전쟁 준비에 —하다.

鑛石 유용한 광물이 포함된 돌.
광 석 —을 채굴하다.

光線 빛. 빛의 줄기.
광 선 태양 —

光速 빛의 속도.
광 속 1초에 약 30만km로 나아가는 —.

狂信 맹목적으로 믿음.
광 신 —者(자)

曠野 끝없이 펼쳐진 넓은 벌판.
광 야 —를 달리다.

鑛業 광물을 채굴하는 사업.
광 업 —權(권)

廣域 넓은 구역. 넓은 지역.
광 역 — 경제. — 도시

光焰 빛과 불꽃. 또는 붉게 타오르
광 염 는 불꽃. —에 휩싸이다.

光榮 ＝榮光(영광)
광 영 졸업의 —을 지니다.

光源 스스로 빛을 내는 물체. 곧 태
광 원 양·등불·전등 따위.

光陰 세월. 또는 시간
광 음 —如流(여류)

廣義 넓은 뜻.
광 의 —와 협의(狹義).

狂人 미친 사람. 미치광이
광 인 —으로 행세하다.

廣場 넓은 마당.
광 장 역전 —. 대화의 —.

匡正 고쳐서 바로잡음.
광 정 나쁜 풍조를 —하다.

光彩 찬란하게 비치는 빛.
광 채 아름다운 —. —가 번득이는 눈.

狂態 미치광이같은 짓.
광 태 —를 부리다.

光澤 물체의 번쩍이는 윤기.
광 택 —이 나다. — 사진

廣狹 넓음과 좁음.
광 협 —長短(장단)

狂風 휘몰아치는 세찬 바람.
광 풍 —이 지나가다.

光學 빛의 현상을 연구하는 학문.
광 학 ― 기계

廣闊 지역이 매우 넓음.
광 활 ―한 영토. ―한 벌판.

光輝 환하게 빛남. 또는 그 빛.
광 휘 내온사인의 ―.

掛念 마음에 걸려 잊지 못함.
괘 념 지난 일은 ―치 말게.

掛圖 지도·그림 등을 족자처럼 만
괘 도 든 것. ―와 표본.

罫線 같은 간격으로 그은 선.
괘 선 ―紙(지)

掛意 마음에 두고 잊지 않음.
괘 의 ―치 말게.

掛鐘 벽이나 기둥에 걸게 된 시계.
괘 종 벽상의 ― 소리에 눈을 뜨다.

怪奇 이상야릇함
괴 기 ― 소설

怪談 괴상한 이야기.
괴 담 ―異說(이설)

怪力 이상할 정도의 센 힘.
괴 력 ―을 드러내다.

傀儡 꼭두각시
괴 뢰 ―政權(정권)

乖離 어그러져 동떨어짐.
괴 리 여론과 ―된 탁상 공론.

壞滅 완전히 파괴되어 멸망함.
괴 멸 ―된 적군.

怪物 괴상한 물건. 또는 괴이한 사
괴 물 람이나 동물. ―이 나타나다.

怪變 괴이한 변고.
괴 변 ―이라도 생긴 모양이다.

怪常 보통과 다르게 괴이함.
괴 상 ―한 병. ―한 일.

怪聲 괴이한 소리.
괴 성 ―을 지르다.

魁首 악당의 두목.
괴 수 도적의 ―.

怪異 이상야릇함
괴 이 ―한 소리. ―한 풍경.

怪疾 원인 불명의 괴상한 병.
괴 질 ―이 유행하다.

乖愎 성미가 별나고 까다로움.
괴 팍 ―한 성미.

怪漢 행동이 괴상한 사나이.
괴 한 ―이 불쑥 나타나다.

宏麗 굉장하고 아름다움.
굉 려 ―한 건물.

轟音 요란하게 울리는 큰 소리.
굉 음 ―이 들리다.

宏壯 크며 훌륭함. 또는 아주 대단함.
굉 장 ―한 집. ―한 폭음.

校歌 학교의 특성을 나타내는 노래.
교 가 ―를 합창하다.

橋脚 다리의 몸체를 받치는 기둥.
교 각 ―의 붕괴.

矯角殺牛 결점을 고치려다 오히려
교 각 살 우 일을 그르침.

交感 서로 같이 느끼는 느낌.
교 감 ― 신경. ―이 오고 가다.

校監 교장을 도와서 교무를 감독하는
교 감 직책. 또는 그 직책에 있는 사람.

皎潔 ①밝고 맑음. ―한 달빛.
교 결 ②깨끗하고 조촐함. ―한 마음.

較計 따지며 비교해 봄.
교 계 지나친 ―는 삼가라.

教科 가르치는 과목.
교 과 ― 과정. ―書(서)

教官 군사 교육이나 훈련을 맡아보
교 관 는 장교. 파견되어 온 ―.

皎皎 달이 휘영청 밝음.
교 교 ―한 달빛.

教區 포교 활동을 위해 설정한 구역.
교 구 또는 주교가 관할하는 구역.

教權 교사로서 가지는 권위와 권리.
교 권 ―을 확립하다.

ㄱ

驕氣 교기 교만한 태도나 기세.
―를 부리다.

教壇 교단 교실에서 강의하는 단.
―생활. ―에 서다.

交代 교대 서로 번갈아 듦.
―근무. ― 시간

教徒 교도 종교를 믿는 사람.
많은 ―를 모으다.

教導 교도 가르쳐 지도함.
학생을 ―하다.

橋頭堡 교두보 침략하기 위한 발판.
―를 확보하다.

攪亂 교란 뒤흔들어 어수선하게 함.
― 공작. 평화를 ―하다.

橋梁 교량 다리
한강에 놓인 ―.

教鍊 교련 가르쳐 단련시킴.
군사 ―

校了 교료 교정을 끝냄.
―紙(지)

交流 교류 서로 소개하거나 교환함.
문화의 ―.

教理 교리 종교의 원리.
―를 신봉하다.

交隣 교린 이웃 나라와 사귐.
― 정책

驕慢 교만 건방지고 방자함.
―한 태도. ―을 부리다.

喬木 교목 줄기가 굵으며 높이 자라는 나무. ―과 관목.

巧妙 교묘 ①재치 있고 약빠름. ―한 꾀.
②솜씨 있고 묘함. ―한 조각품.

校務 교무 학교의 운영에 관한 사무.
―에 심혈을 기울이다.

教務 교무 학생을 가르치는 데 관한 사무.
―室(실). ― 주임

交尾 교미 흘레
동물의 ―하는 시기.

僑民 교민 외국에 정착하여 사는 동포.
― 사회. ―會(회)

交配 교배 다른 종류의, 동물 사이의 교미나 식물 사이의 수분. ―種(종)

教範 교범 가르치는데 기준으로 삼거나 모범으로 삼는 법식.

校服 교복 학교에서 정한 제복.
―을 입지 않은 학생.

交付 교부 내어 줌.
증명서를 ―하다. ―金(금)

交分 교분 사귀는 정분.
―이 좋다.

巧詐 교사 속이는 재주가 교묘함.
―한 행위.

教師 교사 남을 가르치는 사람. 또는 초·중·고등 학교의 선생.

教唆 교사 못된 일을 하도록 남을 부추김.
―犯(범)

驕肆 교사 교만하고 방자함.
―한 짓.

絞殺 교살 목을 졸라 죽임.
죄인을 ―하다.

教書 교서 대통령이 의회에 보내는 정치에 관한 의견서. 연두 ―

交涉 교섭 상대방과 의논하여 절충함.
―을 벌이다. ― 단체

教勢 교세 종교의 형편이나 세력.
―를 늘리다.

教授 교수 학예를 가르침. 또는 대학에서 학생을 가르치고 연구하는 사람.

絞首 교수 목을 졸라 죽임.
―刑(형)

教習 교습 가르쳐 익히게 함.
운전 ―

教示 교시 가르쳐 보임. 또는 그 가르침.
―를 받들다.

交信 교신 통신을 주고받음.
―이 끊기다.

教室 학교에서 공부를 하는 방.
교 실 —에서 떠들지 말라.

教案 교수할 내용을 미리 짜 놓은 안.
교 안 —을 작성하다.

教養 사회 생활에 필요한 지식이나
교 양 품위. — 서적. —을 쌓다.

巧言 교묘하게 꾸며대는 말.
교 언 —令色(영색)

交易 나라 사이에서 물품을 사고 파
교 역 는 일. —이 활발하다.

校閱 원고나 초안의 잘못을 바로잡음.
교 열 —本(본). —을 끝내다.

郊外 도시 주변의 들판.
교 외 — 산책. —로 소풍을 나가다.

校外 학교의 밖.
교 외 — 활동

交友 벗을 사귐. 또는 사귀는 벗.
교 우 원만한 — 관계.

校友 같은 학교를 다니는 벗. 또는
교 우 같은 학교를 졸업한 졸업생.

教員 학생을 지도 교육하는 선생.
교 원 — 생활

交遊 서로 사귀어 왕래함.
교 유 —하는 선배.

教育 지식을 가르치며 품성을 길러줌.
교 육 — 방침. 가정 —

交誼 사귀는 정의.
교 의 오랜 —를 가지다.

教材 교육에 쓰이는 여러 가지 재료.
교 재 —費(비). —園(원)

交戰 무력으로 전투 행위를 함.
교 전 —國(국)

交接 흘레. 성교(性交)
교 접 —器(기)

校正 틀린 글자나 빠진 글자를 바로
교 정 잡아 고침. —을 끝내다.

校訂 출판물의 잘못된 글자나 글귀
교 정 를 바로잡아 고침. 校正과 통용.

校庭 학교의 운동장.
교 정 —에서 놀고 있는 학생.

矯正 잘못이나 결점을 바로잡음. 또는
교 정 굽거나 틀어진 것을 바로잡음.

交際 서로 사귐.
교 제 —하는 벗. —를 트다.

教祖 종교를 새로 연 사람.
교 조 불교의 —.

教條 교육하는 조목. 또는 종교상의
교 조 신조. —主義. 유교 경전의 —.

巧拙 ①교묘함과 졸렬함.
교 졸 ②익숙함과 서투름.

教主 한 종교 단체를 대표하는 지도
교 주 자. —로 추대하다.

校註 교정하고 주석을 닮.
교 주 사기(史記)의 —.

膠柱鼓瑟 고지식하여 조금의 융통
교 주 고 슬 성도 없음.

教旨 임금이 사품 이상의 문무관에
교 지 게 내리던 사령. —가 내리다.

校誌 학생들이 학교 안에서 편집하
교 지 여 발행하는 잡지. —의 발행.

教職 학생을 가르치는 직무.
교 직 —을 천직으로 여기다.

交叉 서로 엇걸림.
교 차 —하는 두 직선. —路(로)

膠着 아주 단단히 달라붙음.
교 착 — 상태

交替 대신하여 갈아 바꿈.
교 체 — 인원

校則 학교의 규칙.
교 칙 —을 잘 지키다.

狡獪 간사하고 능갈침. 교활함
교 쾌 —한 술책.

教卓 교단 위나 앞에 놓는 탁자.
교 탁 — 위에 늘어 놓은 교재.

嬌態 아양을 떠는 태도. 또는 아리
교 태 따운 태도. —를 부리다.

交通 교 통   사람이 왕래하거나 짐을 실어 나르는 일. ― 사고. ― 질서

教派 교 파   종교의 갈린 갈래. 종교의 분파. 조계종과 태고종의 두 ―.

教鞭 교 편   가르칠 때 쓰는 막대기. ― 생활. ―을 들다.

僑胞 교 포   외국에 사는 동포. 재일 ―. 해외 ―

校風 교 풍   그 학교 특유의 기풍. 전통의 ―을 이어가다.

教學 교 학   가르치는 일과 배우는 일. ―相長(상장)

交響曲 교 향 곡   관현악단의 연주를 위한 큰 규 모의 음악 작품. 베토벤의 ―.

交互 교 호   서로 어긋매낌. 또는 서로 엇 바꿈. ― 작용

教化 교 화   가르쳐 착한 길로 인도함. ― 사업. ―力(력)

交換 교 환   서로 바꿈. ― 가치. 의견을 ―하다.

狡猾 교 활   간사하고 능갈침. ―한 행동. ―한 웃음.

教會 교 회   예배당 장로 ―. ―에 나가다.

教誨 교 회   가르쳐서 잘못을 뉘우치게 함. ―를 늦추지 아니하다.

校訓 교 훈   학교의 교육 이념을 간명하게 나타낸 말. 교실에 써 붙인 ―.

教訓 교 훈   가르침. 앞으로의 지침이 될 만한 것. 역사의 ―. 선생님의 ―.

謳歌 구 가   기리어 노래함. 젊음을 ―하다.

口渴 구 갈   목이 마름. ―症(증). ―이 심하다.

口腔 구 강   입 안. ― 위생

求乞 구 걸   비럭질 남에게 ―하는 신세가 되다.

口訣 구 결   한문에 다는, 한자를 빌어 표 기하는 우리말. ―과 이두.

口徑 구 경   원통형으로 된 물체의 아가리 의 직경. 권총의 ―.

九曲肝腸 구 곡 간 장   상심이 쌓이고 쌓인 깊 은 마음속.

舊官 구 관   먼젓번에 재임하였던 벼슬아치. ― 사또. ―과 신관.

區區 구 구   ①제각기 다름. ―한 추측. ②구차하고 용렬함. ―한 마음.

救國 구 국   나라를 위기에서 구함. ― 운동. ―의 일념.

拘禁 구 금   붙잡아 가둠. 교도소에 ―하다.

救急 구 급   위급한 것을 구원함. ―藥(약). ―策(책)

球技 구 기   공으로 하는 운동 경기. ― 종목

構內 구 내   큰 건물이나 시설의 안. ― 식당. ― 매점

求道 구 도   도를 깨치려고 수도함. ―의 길에 정진하다.

構圖 구 도   예술적 작품을 만들기 위해 그 내용을 구상함. 또는 그 구상.

購讀 구 독   책·신문 따위를 사서 읽음. ―料(료). ― 신문

口頭 구 두   마주 대하여 입으로 하는 말. ―禪(선). ― 약속

句讀點 구 두 점   문장에서 쓰는 쉼표·마침 표 등의 부호. ―을 찍다.

舊臘 구 랍   지나간 해의 섣달. ―에 겪었던 일.

舊曆 구 력   음력 ― 동짓달.

口令 구 령   지휘자가 구두로 하는 간단한 명령. ― 소리. 소대장의 ―.

拘留 구 류   잡아서 가둠. ―한 피의자.

丘陵 언덕
구 릉 ― 지대

購買 물건을 사들임.
구 매 ―力(력). ―의 충동.

舊面 이전부터 아는 사람.
구 면 ―知己(지기)

究明 연구하여 밝힘.
구 명 문제의 핵심을 ―하다.

救命 목숨을 구함.
구 명 ―帶(대). ― 운동

俱歿 부모가 다 죽음.
구 몰 부모가 ―하다.

口味 입맛
구 미 ―를 잃다. ―가 당기다.

歐美 유럽과 미국. 또는 유럽주와
구 미 아메리카주. ―의 문화.

狗尾續貂 훌륭한 것 다음에 보잘
구 미 속 초 것 없는 것이 이어짐.

口蜜腹劍 말로는 친한 체하나 해
구 밀 복 검 칠 생각을 가짐.

驅迫 못견디게 몹시 굴어 학대함.
구 박 며느리를 ―하는 시어머니.

口辯 말재주. 언변
구 변 ―이 좋다.

區別 ①종류에 따라 가름. 암수의 ―.
구 별 ②차별함. 공과 사를 ―하다.

驅步 달음박질
구 보 ―로 운동장을 돌다.

區分 따로따로 구별하여 나눔.
구 분 시대 ―

口碑 입에서 입으로 전하여 내려옴.
구 비 ― 문학. ― 동화

具備 있어야 할 것을 다 갖춤.
구 비 ― 서류

驅使 자유자재로 다루어 씀.
구 사 영어를 능숙하게 ―하다.

九死一生 죽을 고비에서 용케 살
구 사 일 생 아남.

求償 배상이나 상환을 청구함.
구 상 ―權(권). ― 무역

具象 일정한 형상을 갖춘 사물.
구 상 ―畫(화)

構想 활동을 하거나 작품을 쓰기 위
구 상 해 계획하는 생각. 작품의 ―.

口尙乳臭 말과 행동이 유치함.
구 상 유 취 ―한 짓.

具色 여러 가지 물건을 고루 갖춤.
구 색 ―을 맞추다. ―이 맞다.

口舌 시비하고 비방하는 말.
구 설 ―數(수)에 오르다.

構成 얽어 짜서 이룸. 또는 이룬 그
구 성 것. ― 요소. 어휘의 ―.

救世 세상 사람을 구제함.
구 세 ―軍(군). ―主(주)

拘束 신체나 의사의 자유를 제한함.
구 속 ―力(력). ― 令狀(영장)

口誦 소리내어 외거나 읽음.
구 송 ―體(체) 고전 소설.

仇讐 원수
구 수 ―之間(지간)

鳩首 여럿이 머리를 맞대고 의논하
구 수 는 일. ― 회의

口述 말로 진술함.
구 술 ― 변론. ― 시험

舊習 예로부터 내려오는 관습.
구 습 ―에 젖어 있다.

舊式 옛날 격식. 낡은 양식이나 방
구 식 식. ― 자동차. ― 사고 방식.

口實 핑계. 변명할 거리.
구 실 ―로 삼다. ―을 내세우다.

求心 중심 방향으로 쏠림.
구 심 ―力(력). ―點(점)

具眼 견식을 갖추고 있음.
구 안 ―者(자)

求愛 이성의 사랑을 구함.
구 애 ―의 눈길을 보내다.

拘礙 거리낌
구 애 —되는 일. —받지 않는다.

舊約 ①구약 성서. ②예수가 나기 전에
구 약 하느님이 인간에게 하였다는 약속.

口語 보통 회화에 쓰는 말.
구 어 —와 문어(文語).

九牛一毛 썩 많은 가운데의 극히
구 우 일 모 적은 수.

久遠 까마득히 오래고 멂.
구 원 —한 역사.

救援 구하여 도와줌.
구 원 —의 손길을 기다리다.

拘引 잡아서 데리고 감.
구 인 —狀(장)

購入 물건을 사들임.
구 입 —한 물품.

口傳 말로 전함. 또는 말로 전해져
구 전 옴. —하는 전설.

口錢 흥정을 붙여주고 받는 돈.
구 전 —을 받다.

句節 한 토막의 글이나 말.
구 절 —마다 배어 있는 애국심.

舊情 옛정
구 정 —을 잊지 못하다.

救濟 불행한 처지나 어려운 형편에
구 제 서 벗어나도록 도와줌. 빈민 —

救助 구원하여 도와줌.
구 조 —船(선). 조난자 —

構造 전체를 이룬 짜임새.
구 조 건물의 —. 인체의 —

俱存 ①부모가 다 살아 있음.
구 존 ②고루 갖추어져 있음.

驅從 관원을 모시고 다니던 하인.
구 종 —別陪(별배)

九重宮闕 아무나 드나들 수 없게
구 중 궁 궐 겹겹이 막은 대궐.

苟且 ①매우 가난함. —한 살림.
구 차 ②떳떳하지 못함. —한 소리.

九泉 저승
구 천 —을 떠도는 원혼.

區廳 구의 행정 사무를 맡아보는 관
구 청 청. 동대문 —

具體的 현실적으로 존재하는.
구 체 적 —인 설명.

構築 구조물을 쌓아 만들거나 기초를
구 축 닦음. —한 토대. 사업 기반의 —

驅逐 몰아서 내쫓음. —艦(함). 일제를
구 축 —하기 위한 항일 운동.

救出 위험한 지경에서 구해냄.
구 출 부상자를 —하다.

驅蟲 해충 따위를 없애버림.
구 충 —劑(제)

拘置 구속하여 가둠.
구 치 —所(소)

毆打 사람을 때림.
구 타 — 사건. —한 사람.

舊態 묵은 모양이나 옛날의 모습.
구 태 —依然(의연). —를 벗다.

嘔吐 먹은 것을 게움.
구 토 —症(증). — 설사

舊派 묵은 체제를 따르는 파.
구 파 —와 신파.

舊板 출판물이나 신문의 묵은 판.
구 판 —과 신판.

購販場 조합에서, 물품을 공동으로
구 판 장 사다가 싸게 파는 곳.

具現 구체적인 사실로 나타나거나
구 현 나타냄. 복지 사회의 —

求刑 검사가 피고인의 형량을 판사에
구 형 게 요구함. 1년의 징역형을 —하다.

球形 공같이 둥근 형태.
구 형 —으로 된 지구의.

舊型 구식 형태.
구 형 —의 기관차.

口號 어떤 주장을 간결하게 표현한
구 호 말. —를 외치다.

救護 구하여 보살핌.
구 호 ―의 손길.

求婚 혼처를 찾거나 결혼을 청함.
구 혼 ― 광고

救荒 기근 때에 빈민을 구제함.
구 황 ― 식물

區劃 경계를 갈라 정함. 또는 가른
구 획 그 구역. ― 정리. 농지를 ―하다.

救恤 빈민이나 이재민에게 금품을
구 휼 주어 구제함. ―金(금). ― 사업

國家 나라
국 가 독립 ―. 민주주의 ―.

國境 나라와 나라의 경계.
국 경 ― 지대. ―을 지키다.

國慶日 법률로 정해 놓고 국가적
국 경 일 으로 경축하는 날.

國庫 국가가 중앙 은행에 개설한 계
국 고 좌. ―에서 지급하는 돈.

國交 나라와 나라 사이에 맺는 외교
국 교 관계. ―를 맺다.

國舅 임금의 장인.
국 구 ―로서의 체통.

國軍 나라의 군대. 우리 나라의 군
국 군 대. 용감한 ― 장병.

國權 나라의 권력. 국가의 통치권.
국 권 ―을 회복하다.

國技 그 나라의 독특한 기예나 운동.
국 기 택견은 우리의 ―이다.

國紀 나라의 기강.
국 기 ―의 해이.

國旗 나라를 상징하며 대표하는 깃발.
국 기 ―를 게양하다.

國難 나라의 재난.
국 난 ―을 극복하다.

國都 한 나라의 수도. 서울
국 도 고려의 ―는 개성이다.

國道 국가가 건설 · 관리하는 도로.
국 도 ―를 달리다.

國亂 국내에서 일어나는 변란.
국 란 ―을 평정하다.

局量 도량. 마음의 넓이.
국 량 ―이 좁다.

國力 국가의 정치 · 경제 · 문화 · 군
국 력 사 등의 힘. ―을 신장하다.

國祿 나라가 벼슬아치에게 주는 녹
국 록 봉. ―을 받다.

國論 나라 안의 공론.
국 론 ―을 통일하다. ―의 분열.

國利 나라의 이익.
국 리 ―民福(민복)

國立 국가가 설립함.
국 립 ― 도서관. ― 공원

局面 일이 되어 가는 형편.
국 면 새로운 ―. 어려운 ―을 타개하다.

國務 나라의 정무.
국 무 ― 위원. ― 총리

國民 일정한 나라의 국적을 가진 백
국 민 성. ―性(성). ― 소득. ―의 의무.

國防 외적에 대한 나라의 방비.
국 방 ―費(비). ―의 임무.

國法 나라의 법률.
국 법 ―을 지키다.

國步 나라의 운명.
국 보 ―艱難(간난)

國寶 국가가 법률로 지정하여 보호
국 보 하는 역사적 기념물이나 예술품.

局部 전체 속의 한 부분.
국 부 ― 마취

國富 한 나라의 경제력.
국 부 아담 스미스의 ―論(론).

國費 국가에서 지출하는 비용.
국 비 ― 유학생

國賓 나라의 공식적인 접대를 받는
국 빈 외국인. ―으로 초청하다.

國史 한 나라의 역사.
국 사 ―를 빛낸 인물.

ㄱ

國事 국 사 나랏일
—에도 사정이 있다.

國師 국 사 신라·고려·선초에 학덕이 높은 중에게 임금이 내리던 법계.

國產 국 산 나라 안에서 생산함. 또는 그 생산품. —品(품)

國喪 국 상 임금·왕후 등의 죽음.
—에 주산마 지키듯 한다.

國書 국 서 나라의 외교 문서.
—를 교환하다.

國選 국 선 국가가 선임함.
— 변호인

局勢 국 세 판국의 형세.
—가 불리하다.

國稅 국 세 국가가 징수하는 조세.
—와 지방세.

國勢 국 세 나라의 형세나 세력.
— 조사

局所 국 소 한정된 국부적인 곳.
— 마취

國手 국 수 바둑이나 장기를 그 나라 안에서 가장 잘 두는 사람.

國粹主義 국 수 주 의 다른 나라의 문물을 지나치게 배척하는 민족주의.

國是 국 시 국가의 이념이나 정책의 기본 방침. 조선은 척불숭유를 —로 삼았다.

國樂 국 악 한 나라의 고유 음악.
—을 전공한 사람.

國語 국 어 한 나라의 공용어. 또는 우리 나라의 말. — 교육

國譯 국 역 외국어로 된 글을 우리말로 번역함. 조선 왕조 실록의 —.

國營 국 영 나라에서 경영함. 또는 그 경영.
— 방송. — 사업.

國王 국 왕 나라의 임금.
—에게 바치는 충성.

局外 국 외 버려진 어떤 일에 관계되는 그 테 밖. —者(자). — 중립

國外 국 외 나라의 영토 밖.
—로 망명하다.

國運 국 운 나라의 운명.
—의 융창.

國威 국 위 나라의 위력.
—를 선양하다.

國有 국 유 국가의 소유.
—林(림). — 철도

國益 국 익 나라의 이익.
—을 앞세우다.

國葬 국 장 나라에서 장례를 지냄. 또는 그 장례. 고종의 —日(일).

國籍 국 적 나라의 국민으로서의 신분.
—을 밝히다. 이중 —

國展 국 전 대한민국 미술 전람회.
— 심사 위원

國定 국 정 나라에서 정함.
— 교과서

國政 국 정 나라의 정치.
— 감사. —의 쇄신.

國際 국 제 나라들 사이의 관계에 관련되는. — 사회. — 공항. — 회의

局地 국 지 한정된 일정한 지역.
— 전쟁. —風(풍)

國債 국 채 국가의 채무. 또는 국가가 발행하는 채권. —의 발행.

國策 국 책 나라의 정책.
— 회사

國體 국 체 국가의 제도와 체제.
군주제의 —.

國恥 국 치 나라의 치욕.
—民辱(민욕). —日(일)

國泰民安 국 태 민 안 나라가 태평하고 백성들의 생활이 편안함.

國土 국 토 나라의 영토.
— 방위의 의무.

國學 국 학 나라의 문물을 연구하는 학문.
—者(자)

局限 범위를 한 국부에 한정함.
국 한 한 문제에 —하여 토론하다.

國憲 나라의 근본이 되는 헌법.
국 헌 —을 준수하다.

國號 나라의 이름.
국 호 우리 나라의 —는 대한민국이다.

國花 나라를 상징적으로 대표하는
국 화 꽃. 우리 나라의 —는 무궁화다.

國會 국가의 입법 기관.
국 회 —의원. —의 개원.

軍歌 군인의 사기를 북돋우기 위하
군 가 여 지어서 부르는 노래.

軍警 군대와 경찰.
군 경 — 합동 수사반.

群鷄一鶴 무리 가운데서 유난히
군 계 일 학 뛰어난 사람.

軍國主義 군사력의 강화로 국위를
군 국 주 의 떨치려는 주의.

軍紀 군대의 규율이나 풍기.
군 기 —를 다잡다.

軍旗 군대의 각 단위 부대를 상징하
군 기 는 기. —를 앞세우고 행진하다.

軍機 군사상의 기밀.
군 기 —를 누설하다.

軍器 군사에 쓰이는 온갖 기구.
군 기 —庫(고)

軍納 군대에 필요한 물품을 납품함.
군 납 —業者(업자). —品(품)

軍團 둘 이상의 사단으로 이루어진
군 단 군대의 편성 단위.

軍談 전쟁 이야기.
군 담 — 소설

軍隊 장병으로 편성한 국가의 무장력
군 대 의 집단. — 생활. —에 간 아들.

群落 떼지어 있는 식물의 집단.
군 락 식물의 —을 이루다.

軍亂 군대가 일으킨 난리.
군 란 壬午(임오)—

軍糧 군대가 먹을 양식. 병량
군 량 —米(미). —을 확보하다.

軍令 군사상의 명령.
군 령 —을 어기다. —이 떨어지다.

君臨 어떤 분야에서 절대적인 권위
군 림 를 가지고 남을 압도함.

軍牧 군대에서, 크리스트교의 신앙
군 목 생활을 돌보는 목사나 신부.

軍務 군대에 관한 사무.
군 무 —員(원)

群舞 여러 사람이 어우러져 추는 춤.
군 무 농악대의 —.

軍番 군인마다 부여된 고유 번호.
군 번 —을 새긴 표찰.

軍閥 정치력을 가진 군인들의 파벌.
군 벌 —을 해체하다.

軍法 군대의 법률이나 규칙.
군 법 —회의

軍部 군사 행정을 담당한 기관.
군 부 —의 지시.

軍備 전쟁 수행을 위하여 갖춘 채비.
군 비 — 경쟁. — 축소

軍士 장교가 아닌 군인. 병사
군 사 용감한 —.

軍事 군대·전쟁에 관한 일.
군 사 — 분계선. — 동맹

群像 떼를 이룬 여러 사람의 형상.
군 상 고궁에 모여든 —.

窘塞 ①소용되는 것이 없거나 모자라서
군 색 딱하고 옹색함. ②자유롭지 못함.

群小 그다지 이름이 드러나지 않은
군 소 무리. — 작가. — 정당

軍屬 군무원의 옛날 용어.
군 속 —으로 일해 왔다.

軍需 군사상 필요로 함.
군 수 — 공장. —品(품)

君臣 임금과 신하.
군 신 —有義(유의)

ㄱ

軍樂 군 악 군대들이 연주하는 음악. —隊(대)

軍役 군 역 군대에서 군인으로 복무하는 일. —을 마치다.

軍營 군 영 군대가 주둔하는 곳. — 안에 있는 매점.

君王 군 왕 임금 —의 거둥.

軍用 군 용 군사 목적에 쓰임. — 열차. — 물자

群雄 군 웅 같은 시기에 일어난 많은 영웅. —割據(할거)

軍律 군 율 군대의 규율. —을 지키다.

軍醫 군 의 군대에서 근무하는 의사. —官(관)

軍人 군 인 육해공군 장병의 통칭. — 생활

君子 군 자 학덕이 높은 사람. —다운 풍도. —와 소인.

軍資 군 자 군대의 운용과 군사 행동에 필 요한 자금. —金(금)

軍政 군 정 점령군이 점령지에서 펴는 정 치. —을 펴다.

軍制 군 제 군의 관리·운영에 관한 제도. —를 고치다.

軍卒 군 졸 군사. 병사 많은 —을 모은 의병대.

君主 군 주 임금 —國(국). —의 전제.

群衆 군 중 한 군데 모인 많은 사람들. — 심리. —의 환호.

群集 군 집 떼를 지어 많이 모임. —한 인파.

群의 이형 동자

群=羣   群小=羣小 : 군소
        群衆=羣衆 : 군중

郡廳 군 청 군의 행정 관청. — 소재지

軍縮 군 축 군비의 축소. — 회의

軍艦 군 함 전투 작전에 쓰는 배. —을 격침하다.

軍港 군 항 해군의 전용 기지로 쓰는 항구. 마산에 있는 —.

軍靴 군 화 군인이 신는 구두. —에 짓밟히다.

屈曲 굴 곡 이리저리 굽어 꺾임. 또는 그 굽이. —이 심한 해안선.

屈服 굴 복 뜻을 굽혀 복종함. 권력에 —하다.

屈伸 굴 신 굽힘과 폄. 또는 굽혔다 폈다 함. — 운동

屈辱 굴 욕 억눌리고 업신여김을 받는 모 욕. —을 당하다. —的(적)인 언사.

屈折 굴 절 휘어 꺾임. —角(각). 광선의 —.

屈從 굴 종 뜻을 굽혀 복종함. 권력에 —하다.

屈指 굴 지 여럿 가운데서 손꼽을 만함. 세계 —의 대도시.

掘鑿 굴 착 땅을 파거나 바위를 뚫음. —機(기)

窮困 궁 곤 가난하여 생활이 어려움. —한 생활.

窮究 궁 구 깊이 파고 들어 연구함. 깊이 —하다.

宮闕 궁 궐 임금이 사는 대궐. —같은 집.

窮極 궁 극 극도에 달함. —的(적)인 목적. —에 이르다.

窮氣 궁 기 가난하고 구차한 기색. —가 낀 얼굴.

宮女 궁 녀 궁궐 안에서 임금을 시중드는 여자. 삼천 —가 몸을 던진 낙화암.

窮理 이리저리 깊이 생각함.
궁 리 처리 방법을 —하다.

窮迫 곤궁함이 절박함.
궁 박 —한 신세.

窮僻 외따로 떨어져 후미짐.
궁 벽 —한 산촌.

窮狀 곤궁한 상태.
궁 상 —을 떨다.

窮相 곤궁하게 생긴 얼굴. 또는 그런
궁 상 상. —맞은 꼴.

窮色 곤궁한 모습.
궁 색 옷차림에서 —이 드러나다.

弓術 활을 쏘는 기술.
궁 술 — 대회. —과 검술.

窮餘之策 막다른 골목에서 생각해
궁 여 지 책 낸 계책.

宮殿 궁궐. 임금이 사는 전각.
궁 전 화려하게 꾸민 —.

宮中 궁궐 안. 궐내.
궁 중 — 문학. — 음악

窮地 매우 어려운 지경.
궁 지 —에 몰아넣다.

宮體 궁녀들이 썼다는 한글의 글씨체.
궁 체 —로 쓰여진 편지.

窮態 곤궁한 상태. 궁상.
궁 태 —가 흐른다.

窮乏 곤궁하고 가난함.
궁 핍 —한 생활.

宮合 부부로서의 길흉을 사주로 알
궁 합 아보는 일. —을 맞춰보다.

躬行 제 스스로 행함.
궁 행 실천 —

宮刑 불알을 제거하던 고대의 형벌.
궁 형 —으로 불구가 된 몸.

勸告 타일러 권함.
권 고 — 사직. —文(문)

拳拳服膺 마음에 두어 깊이 새겨
권 권 복 응 정성스럽게 지킴.

權能 ①권력과 능력. 하느님의 —. ②권리를
권 능 주장하고 행사할 수 있는 능력.

權道 시기와 경우를 따라서 임시적
권 도 방법으로 일을 처리하는 방도.

卷頭 책의 첫머리.
권 두 —言(언)

權力 남을 강제로 복종시키는 힘.
권 력 —을 휘두르다.

權利 법률로 보호하는 자격이나 자
권 리 유. —를 행사하다. —와 의무.

勸勉 권하여 힘쓰게 함.
권 면 열심히 공부하라고 —하다.

權謀 그때그때의 형편에 따른 모략.
권 모 —術數(술수)

權門勢家 권세가 있는 집안.
권 문 세 가 —의 자제.

拳法 두 사람이 서로 주먹으로 치기도
권 법 하고 막기도 하는 격투의 법.

權柄 권력으로 남을 좌우할 수 있는
권 병 힘. —을 잡다.

權不十年 잡은 권세가 오래 가지
권 불 십 년 못함의 형용.

勸善 착한 일을 하도록 권함.
권 선 —懲惡(징악)

權勢 권력과 세력.
권 세 —를 누리다.

眷屬 자기 집안에 딸린 식구.
권 속 —을 데리고 고향을 떠나다.

眷率 거느리고 사는 집안 식구들.
권 솔 —이 몇이냐?

權臣 권세를 잡은 신하.
권 신 —의 발호. —의 농간.

圈外 테두리 밖.
권 외 당선 —에 머물다.

權威 일정한 부문에서 일정한 영향
권 위 을 끼칠 수 있는 위신. —者(자)

勸誘 권하거나 달래어 꾐.
권 유 금연을 —하다.

ㄱ

權益 권리와 이익.
권 익 —을 보호하다.

勸奬 권하고 장려함.
권 장 — 도서. 양돈을 —하다.

勸酒 술 마시기를 권함.
권 주 —歌(가)

拳銃 한 손으로 다루는 짧은 총.
권 총 —을 쏘다.

倦怠 게으름이나 싫증.
권 태 —期(기). —를 느끼다.

捲土重來 한 번 실패한 뒤에 힘을
권 토 중 래 회복하여 다시 착수함.

拳鬪 두 사람이 장갑을 낀 주먹으로
권 투 치고 막아 승부를 겨루는 운동.

勸學 학문을 하도록 권하여 장려함.
권 학 —文(문)

權限 권리나 권력이 미치는 범위.
권 한 —을 부여받다. —이 있다.

蹶起 분발하여 일어남.
궐 기 — 대회. —한 군중.

闕內 대궐의 안.
궐 내 —에 들어가다.

闕門 대궐의 문.
궐 문 —과 성문. —에 들어서다.

闕祀 제사를 지내지 아니함.
궐 사 —를 한 죄로움.

闕席 출석하여야 할 사람이 출석하
궐 석 지 아니함. — 재판

闕位 어떤 직위가 비어 있음.
궐 위 —가 된 도지사.

軌道 ①기차나 전차가 다니는 길.
궤 도 ②천체가 공전할 때 그리는 길.

潰滅 허물어져 없어지거나 망함.
궤 멸 —한 적.

軌範 본보기가 될 규범.
궤 범 문장 —

詭辯 그럴 듯하게 둘러대는 억지말.
궤 변 —을 늘어놓다. —家(가)

机上肉 자기로서는 어찌 할 수 없
궤 상 육 게 된 막다른 지경의 비유.

几筵 ①죽은 사람의 혼령을 위하여 차
궤 연 려 놓은 곳. ②영위를 놓는 자리.

軌跡 ①수레바퀴의 굴러간 자국.
궤 적 ②옛 사람의 행적. 성현의 —.

潰走 싸움에 져서 흩어져 달아남.
궤 주 —하는 적.

龜鑑 거울로 삼아 본받을 만한 모범.
귀 감 —으로 삼다. —이 되다.

龜甲 거북의 등딱지.
귀 갑 —에 새겨진 문자.

歸結 어떤 결말에 도달함. 또는 그
귀 결 결말. 당연한 —.

貴骨 ①귀하게 자란 사람. ②장차
귀 골 귀한 사람이 될 수 있는 골격.

貴公子 귀한 집에서 태어난 젊은이.
귀 공 자 —의 태를 부리다.

歸國 본국으로 돌아감.
귀 국 —하는 대로 연락을 하겠네.

貴金屬 금·은 따위의 귀중한 금속.
귀 금 속 —으로 치장한 부인.

歸納 구체적인 하나하나의 사실에서
귀 납 일반적 원리를 이끌어내는 일.

歸農 농사짓던 사람이 농촌을 떠났다가
귀 농 다시 농사를 지으려 돌아감.

歸隊 자기가 근무하는 부대로 돌아옴.
귀 대 휴가를 마치고 —하다.

歸路 돌아가거나 돌아오는 길.
귀 로 —에 들르겠다.

貴賓 귀한 손님.
귀 빈 —席(석)

歸省 부모를 뵈우려고 고향집에 돌아감.
귀 성 — 열차. —客(객)

歸屬 어디에 가 붙거나 딸림.
귀 속 — 재산

歸順 반항심을 버리고 순종함.
귀 순 —한 사람.

ㄱ

鬼神 죽은 사람의 영혼.
귀 신 ─같다. ─ 씨나락 까먹는 소리.

歸依 돌아가 의지하거나 의탁함.
귀 의 불교에 ─하다.

貴人 ①신분이나 지위가 높은 사람. ②임금
귀 인 의 후궁에게 내리던 종일품 품계.

歸一 ①다시 하나로 합쳐짐.
귀 일 ②한 가지 결과로 귀착됨.

鬼才 뛰어난 재주. 또는 그런 재주
귀 재 를 가진 사람. 음악계의 ─.

貴族 가문이나 신분이 높은 계급.
귀 족 ─ 계급. ─ 출신

貴重 아주 귀하고 중요함.
귀 중 ─品(품)

歸着 ①돌아가 닿거나 딸림.
귀 착 ②어떤 결말에 다다름.

貴賤 부귀와 빈천. 또는 귀함과 천함.
귀 천 직업에 ─은 없다.

歸趨 사물의 귀착할 바.
귀 추 ─가 궁금하다.

貴下 받는 사람의 이름 다음에 쓰는
귀 하 편지투의 용어.

歸航 배가 떠난 항구로 돌아오는 항
귀 항 해. ─하는 배.

歸港 배가 떠났던 항구로 돌아옴.
귀 항 ─하는 원양 어선.

歸鄕 고향으로 돌아가거나 돌아옴.
귀 향 ─ 차량으로 뒤덮인 고속 도로.

歸化 외국의 국적을 얻어 그 나라
귀 화 국민이 됨. ─民(민)

歸還 본디의 곳으로 돌아옴.
귀 환 무사히 ─하다.

規格 제품의 품질·대소 등의 일정
규 격 한 표준. ─에 맞는 제품.

規矩準繩 일상 생활에서 지켜야
규 구 준 승 할 법도.

糾明 사리를 따지고 밝힘.
규 명 원인을 ─하다.

規模 ①사물의 구조나 크기. ─가 크다.
규 모 ②씀씀이의 계획성. ─ 있는 살림.

閨房 안방. 부녀자가 거처하는 방.
규 방 ─ 가사. ─ 문학

規範 지켜야 할 법식이나 질서·제도.
규 범 도덕 ─. 행동 ─

閨秀 처녀. 미혼 여성.
규 수 아리따운 ─를 아내로 맞다.

規約 조직의 구성과 활동의 원칙 등
규 약 을 규정한 규칙. ─을 어기다.

規律 질서를 유지하기 위해 정해 놓
규 율 은, 지켜야 할 규범.

規程 규칙으로 정해 놓은 조문.
규 정 띄어쓰기의 ─.

規制 일정한 질서에 따른 통제.
규 제 수입 물품의 ─.

閨中 부녀자가 거처하는 곳.
규 중 ─ 처녀

糾察 적발하여 자세히 따짐.
규 찰 불법 행위의 ─.

規則 정해 놓은 질서에 관한 준칙.
규 칙 ─을 지키다. ─的(적)인 식생활.

糾彈 옳지 못한 사실을 폭로하여 공
규 탄 격함. 일제의 식민지 정책을 ─하다.

糾合 사람을 끌어 모음.
규 합 동지를 ─하다.

叫喚 소리를 질러 부르짖음.
규 환 阿鼻(아비)─

均等 차별이 없이 고름.
균 등 ─한 기회. ─한 사회.

均分 고르게 나눔.
균 분 ─한 상속. 이윤을 ─하다.

龜裂 ①갈라져서 터짐. 지반의 ─. ②친
균 열 분이나 정의에 틈이 나는 일.

均一 한결같이 고름.
균 일 값을 ─하게 매기다.

均霑 이익이나 혜택을 고르게 받음.
균 점 복지 혜택의 ─.

ㄱ

均齊 균형이 잡히어 고름.
균 제 ─美(미)

均衡 치우치거나 기울지 않고 고른
균 형 상태. ─이 잡히다.

極光 지구의 양극 공중에 나타나는
극 광 각이한 형태의 빛. ─이 비치다.

極口 갖은 말을 다하여.
극 구 ─ 칭찬하다.

克己 자기 사욕이나 사념을 눌러 이
극 기 김. ─復禮(복례). ─心(심)

極難 극히 어려움.
극 난 ─한 처지. ─한 형편.

極端 ①맨 그트머리. 두 ─.
극 단 ②극도에 달한 막다른 지경.

劇團 연극 상연을 전문으로 하는 단
극 단 체. ─의 일원으로 활동하다.

劇壇 연극인의 사회.
극 단 ─의 움직임.

極度 더할 수 없는 정도.
극 도 ─의 두려움. ─의 분노.

極東 아시아의 동북 지방.
극 동 ─ 지역

極樂 아미타불의 정토가 있다고 하
극 락 는 곳. ─ 세계. ─ 왕생

極力 있는 힘을 다함. 또는 있는 힘
극 력 을 다하여. ─ 만류하다.

極烈 몹시 열렬함.
극 렬 ─ 분자. ─한 반대.

克明 ①하나하나 꼼꼼하게 밝힘.
극 명 ②더할나위 없이 분명함.

克服 난관·고생 등을 이겨냄.
극 복 난관을 ─하다.

劇本 연극이나 영화의 대사와 동작,
극 본 무대 장치 등을 적은 대본.

極祕 매우 중요한 비밀.
극 비 ─ 문건. ─에 붙이다.

極貧 몹시 가난함.
극 빈 ─者(자)

極盛 몹시 왕성함.
극 성 ─을 부리다. ─期(기)

極甚 몹시 심함.
극 심 ─한 더위. ─한 피해.

極惡 몹시 악함.
극 악 ─無道(무도)한 무리.

劇藥 적은 분량으로 강한 작용을 나
극 약 타내는 약. ─ 처방

極言 극단적으로 말함. 또는 그런 말.
극 언 ─을 퍼붓다.

劇作家 연극의 각본을 쓰는 사람.
극 작 가 ─로 이름을 날렸다.

劇場 연극·영화를 보여 주는 곳.
극 장 야외 ─

劇的 연극처럼 첨예한 갈등을 가진.
극 적 ─인 장면.

極地 지구의 남극과 북극의 지역.
극 지 ─ 탐사

極盡 더할나위 없음.
극 진 ─한 대접을 받다.

極讚 매우 칭찬함. 또는 그런 칭찬.
극 찬 ─을 받다. ─을 아끼지 않다.

極致 더할나위 없는 최고의 경지.
극 치 미의 ─. 예술의 ─.

極限 궁극의 한계.
극 한 ─ 상황. ─에 이르다.

極寒 매우 심한 추위.
극 한 ─ 기후. ─을 무릅쓰다.

極刑 가장 무서운 형벌. 곧 사형
극 형 ─에 처하다.

近刊 최근에 출판된 간행물.
근 간 ─ 서적

近間 요사이. 요즈음
근 간 ─의 소식.

根幹 뿌리와 줄기. 또는 사물의 가
근 간 장 중요한 기본. 시장 경제의 ─.

根據 근본이 되는 거점.
근 거 ─ 없는 말. 판단의 ─.

勤儉 근 검 부지런하고 검소함.
—과 절약. —한 생활.

近景 근 경 가까이 보는 경치.
—과 원경.

謹啓 근 계 '삼가 아룁니다'의 뜻으로, 편지 첫머리에 쓰는 편지투의 말.

筋骨 근 골 근육과 뼈대.
—이 늠름한 대장부.

近郊 근 교 도시에 가까운 들이나 촌락.
—를 산책하다.

僅僅 근 근 겨우겨우
—이 목숨을 이어 나가다.

近年 근 년 가까운 요 몇 해 사이.
—에 보기 드문 일.

近代 근 대 얼마 지나지 않은 가까운 시대.
— 국가. — 문학

近來 근 래 요즈음
—에는 없었던 일.

斤兩 근 량 물건의 무게.
—이 얼마나 나가느냐?

筋力 근 력 ①근육의 힘.
②기력. —이 어떠하십니까?

勤勞 근 로 부지런히 일함.
— 시간. — 소득

近隣 근 린 가까운 이웃.
— 공원

勤勉 근 면 부지런히 힘씀.
—하고 성실한 사람.

勤務 근 무 일정한 직장에 적을 두고 일함.
— 성적. — 연한

近方 근 방 근처. 가까운 곳.
이 —에는 학교가 없다.

根本 근 본 ①사물의 본바탕. — 원리
②자라온 환경. —을 모르는 사람.

近似 근 사 아주 비슷함. 거의 같음.
추사의 필체와 —하다.

根性 근 성 깊이 뿌리박은 성질.
나쁜 —. 게으른 —.

近世 근 세 얼마 지나지 않은 가까운 시대.
— 조선의 석학.

僅少 근 소 얼마 되지 않고 아주 적음.
—한 차이.

勤續 근 속 한 직장에서 계속 근무함.
— 연수

近視 근 시 먼 데 것을 잘 보지 못하는 시력. —와 원시.

近臣 근 신 임금을 가까이서 모시는 신하.
—의 말을 믿다.

謹愼 근 신 언행을 삼가고 조심함.
—하는 생활 자세.

勤實 근 실 부지런하고 진실함.
—한 사람.

謹嚴 근 엄 점잖고 엄격함.
—한 태도.

近影 근 영 요즈음에 찍은 인물 사진.
저자의 —.

勤王 근 왕 임금에게 충성을 다함.
—兵(병)

根源 근 원 ①물줄기가 나오기 시작하는 곳.
②사물이 생겨나는 근본.

筋肉 근 육 힘살
— 주사. 얼굴 —

近因 근 인 직접적인 원인.
—과 원인.

近者 근 자 요사이. 요즈음
—에 일어난 일.

根絶 근 절 뿌리째 없애버림.
부정 부패의 —.

近接 근 접 가깝게 접근하거나 접촉함.
도시에 —한 농촌.

謹呈 근 정 삼가는 마음으로 드림.
논문집을 은사께 —하다.

謹弔 근 조 삼가 조상(弔喪)함.
—라 쓴 등불이 내걸린 상가.

近處 근 처 가까운 곳.
집 —에 있는 공원.

根治 병을 완전히 치료함.
근 치 해소병을 —하다.

近親 가까운 친척.
근 친 —이 없는 고단한 신세.

覲親 시집간 딸이 친정에 가서 어버
근 친 이를 뵘. —할 날을 받다.

勤怠 부지런함과 게으름. 또는 출근
근 태 과 결근. —를 알아보다.

謹賀 삼가 축하함.
근 하 —新年(신년)

近海 육지에 가까운 바다.
근 해 —의 항로. —의 양어장.

近況 요즈음의 형편.
근 황 자네의 —을 알고싶네.

金庫 돈이나 귀중품·서류 등을 넣
금 고 어 두는 궤. 마을 —. —에 보관하다.

禁錮 교도소에 가두고 노역을 시키
금 고 지 않는 형벌. —刑(형)

金科玉條 가장 귀중한 법으로 삼
금 과 옥 조 을 조문. —로 삼다.

金冠 황금으로 만든 관.
금 관 신라의 —.

金鑛 금을 캐내는 광산.
금 광 —을 발견하다.

金塊 금덩이
금 괴 밀수한 —.

金權 돈으로 말미암아 생기는 권력.
금 권 — 정치. — 만능

禁忌 꺼리어 싫어함.
금 기 — 사항. —를 깨다.

禁男 남자의 출입을 금함.
금 남 —의 비구니 사찰.

禁斷 어떤 행위를 엄하게 금함.
금 단 —의 열매.

金堂 본존을 모신 불당.
금 당 —을 대웅전이라고도 한다.

金蘭之交 정의가 매우 두터운, 벗
금 란 지 교 사이의 사귐.

禁獵 사냥을 금함.
금 렵 —區(구). —期(기)

禁令 어떤 행위를 못하도록 금하는
금 령 법령. —을 어기다.

金利 빌려 준 돈이나 예금의 이자.
금 리 —가 오르다. 연 4%의 —.

禁物 해서는 안 될 일.
금 물 방심은 —이다.

金箔 금을 얇은 종이처럼 늘인 것.
금 박 —을 입히다.

金髮 금빛이 나는 머리털.
금 발 —의 미인.

今番 이번
금 번 그를 만난 것은 —이 처음이다.

錦上添花 좋은 일에 또 좋은 일이
금 상 첨 화 더하여짐.

金石 쇠붙이와 돌. 굳고 단단함의
금 석 형용. —文(문). —之交(지교)

今昔之感 예와 이제의 너무도 심한 차
금 석 지 감 이를 보고 일어나는 느낌.

今世 지금의 세상.
금 세 —의 호걸.

金屬 쇠붙이
금 속 —聲(성). — 활자

禽獸 날짐승과 길짐승.
금 수 —만도 못한 놈.

禁輸 수입과 수출을 금함.
금 수 —물자. — 조치

錦繡江山 아름다운 강산. 곧 우리 나
금 수 강 산 라를 이르는 말. 삼천리 —.

琴瑟 ①거문고와 비파. ②부부간의
금 슬 애정. 금실. —이 좋다.

禁食 얼마동안 음식을 먹지 아니하
금 식 거나 먹지 못하게 함.

金額 돈의 액수.
금 액 막대한 —.

金言 귀중한 격언.
금 언 —과 속담.

禁煙 담배를 못 피우게 금함. 또는 의식
금 연 적으로 담배를 피우지 아니함.

金烏 해. 태양
금 오 —玉兎(옥토)

禁慾 욕구나 욕망을 억제하고 금함.
금 욕 —主義(주의)

金融 자금의 대차 거래.
금 융 — 기관. — 시장

金銀 금과 은.
금 은 — 보화. —房(방)

錦衣夜行 보람이 없는 행동을 자
금 의 야 행 랑스럽게 함.

錦衣還鄉 벼슬을 하거나 성공하여
금 의 환 향 고향으로 돌아옴.

今日 오늘
금 일 — 중으로 신청하라.

金字塔 크게 이루어 놓은 업적.
금 자 탑 찬란한 —을 쌓다.

金錢 돈
금 전 — 출납부

禁制品 법으로 수출입·매매·소유
금 제 품 를 금지한 물품.

禁足令 일정한 사람을 외출이나 출
금 족 령 입을 못하게 하는 명령.

禁酒 술을 못 마시게 금함. 또는 의
금 주 식적으로 술을 마시지 아니함.

禁止 하지 못하게 함.
금 지 출입 —. 통행 —

金枝玉葉 임금의 집안과 자손. 또
금 지 옥 엽 는 귀여운 자손.

禁治産 재산권의 행사를 못하게 하
금 치 산 는 법원의 처분. —者(자)

衾枕 이부자리와 베개.
금 침 —장. — 등의 혼수.

金牌 금으로 만든 상패. 금메달
금 패 —를 목에 걸다.

金品 돈과 물품.
금 품 —의 수수.

金風 가을바람
금 풍 —이 소슬한 들판.

禁婚 세자·세손의 비를 고르는 동안
금 혼 백성들의 결혼을 금함. —令(령)

金婚式 서양 풍습에서, 결혼 50주
금 혼 식 년을 기념하는 예식.

金貨 금으로 만든 돈.
금 화 — 본위 제도.

急減 갑자기 줄거나 줄임.
급 감 매출이 —하다.

急遽 급히 서둘러.
급 거 — 상경하다.

急激 급하고 격렬함.
급 격 —한 변화.

汲汲 어떤 일에만 마음을 골돌하게 씀.
급 급 돈벌이에 —한 나머지 잊고 있었다.

及其也 마침내. 필경에 가서는.
급 기 야 — 안보 문제에 눈을 돌리다.

急騰 물가가 갑자기 오름.
급 등 —한 물가.

急落 시세가 갑자기 뚝 떨어짐.
급 락 —한 증권 시세.

急冷 급히 식히거나 얼림.
급 랭 생선을 —하다.

給料 봉급. 보수
급 료 —를 받다.

急流 급하게 흐르는 물살. 또는 급
급 류 히 흐르는 물. —를 타다.

急賣 급히 팖.
급 매 —로 나온 가게.

急務 급히 해야 할 일. 서둘러야 할
급 무 일. —에 쫓기다.

急迫 눈앞에 닥쳐 아주 급함.
급 박 —한 상황.

急變 갑자기 달라지거나 변함.
급 변 —하는 세계 정세.

給付 내어 줌.
급 부 반대 —

急死 갑자기 죽음.
급 사 감전으로 —하다.

急煞 갑작스럽게 닥치는 재앙.
급 살 —을 맞다.

急逝 갑작스럽게 죽음. 또는 그 죽음.
급 서 —하신 은사.

急先務 급하게 먼저 해야 할 일.
급 선 무 우리의 —는 남북의 통일이다.

急性 갑자기 일어나거나 악화되는
급 성 성질. — 맹장염.

急所 몸이나 사물의 가장 중요한 부
급 소 분. —를 찔리다.

急速 급하고 빠름.
급 속 —한 시일. —한 변화.

給水 물을 공급함.
급 수 —車(차). — 제한

急襲 갑자기 습격함. 또는 그런 습격.
급 습 —에 놀란 적. 야음을 탄 —.

給食 식사를 제공함.
급 식 —量(량). 학교의 — 시설.

給養 음식물과 의복을 공급함.
급 양 — 기관. — 시설

給與 ①돈이나 물건을 줌. 제복을 —하다.
급 여 ②급료나 수당. —에서 세금을 공제하다.

級友 같은 학급에서 공부하는 벗.
급 우 —끼리 토론하다.

給油 자동차나 항공기에 연료를 공
급 유 급함. 주유소에서 —하다.

急電 급한 일을 알리는 전보나 전화.
급 전 —을 치다.

急錢 급히 쓸 돈.
급 전 —을 구하다.

急轉 갑자기 형편이 달라짐.
급 전 상황이 —하다. —直下(직하)

及第 과거에 합격함.
급 제 壯元(장원)—

急造 급히 만듦.
급 조 —한 야외 무대. —한 문서.

急增 갑자기 늘어나거나 불어남.
급 증 폭우에 —한 개울물.

急進 목적이나 이상을 이루고자 급
급 진 하게 서두름. — 세력

急行 급히 감. 또는 빨리 달리는 열차.
급 행 —料(료). — 열차

急回轉 급히 또는 빨리 회전함.
급 회 전 —하다 사고를 내다.

肯定 그렇다고 인정하거나 옳다고
긍 정 찬성함. —的(적)인 시각.

矜持 떳떳하게 여기는 자랑.
긍 지 한민족으로서의 —.

矜恤 가엾게 여겨 돌보아 줌.
긍 휼 빈민을 —하다.

棄却 제기된 안건이나 문제를 도로
기 각 물리침. — 처분. —한 안건.

基幹 기본이나 기초로 되는 중요한
기 간 부분. — 산업. — 요원

旣刊 이미 간행함.
기 간 — 도서

期間 일정한 동안.
기 간 휴가 —. 정해진 —.

飢渴 배가 고프고 목이 마름.
기 갈 —이 심하다.

紀綱 규율과 질서.
기 강 —이 해이해지다.

氣槪 씩씩한 기상과 굽히지 않는 의
기 개 지. 숭고한 —. 군인다운 —.

起居 일상적인 생활을 함.
기 거 — 동작

旣決 이미 결정함. 또는 이미 결재
기 결 가 남. — 서류

奇計 기묘한 계책이나 꾀.
기 계 —를 부리다.

器械 구조가 단순한 연장이나 기구.
기 계 의료 —

機械 유용한 일을 하도록 만든 장치.
기 계 방적 —. 정밀 —

忌故 기 고　기제사를 지내는 일. 또는 그 제사. —가 들다.

寄稿 기 고　원고를 출판 기관에 보냄. 또는 그 원고. —者(자). —한 글.

氣骨 기 골　기혈과 골격. 곧 호락호락하게 보이지 않는 체격. —이 장대하다.

起工 기 공　공사를 시작함. —式(식)

氣管 기 관　숨을 쉴 때에 공기가 통하는 호흡기의 일부. —支(지)

器官 기 관　특정한 생리 기능을 하는 생물체의 한 부분. 감각 —

機關 기 관　①일정한 활동을 하도록 장치한 기계. ②일정한 과업을 수행하는 조직체.

奇怪 기 괴　기이하고 괴상함. —한 일. —罔測(망측)

技巧 기 교　교묘하고 정교한 기술. —를 부리다. —派(파)

氣球 기 구　공중에 떠 있을 수 있도록 공기보다 가벼운 기체를 넣어 만든 장치.

崎嶇 기 구　①산이 험악함. ②사람의 삶에 순조롭지 못하고 가탈이 많음. —한 운명.

器具 기 구　세간·그릇·도구 등의 통칭. 실험 —. 운동 —

機構 기 구　①기계의 내부 구조. 동력 전달 —. ②단체의 유기적인 조직. 행정 —

棄權 기 권　권리를 행사하지 아니하고 버림. —者(자). —하지 않도록 독려하다.

飢饉 기 근　먹을 양식이 없어 굶주리는 현상. —이 들다.

基金 기 금　어떤 일에 쓰려고 모은 돈. 고아원 설립을 위한 —을 모으다.

器機 기 기　기구와 기계. 의료 —

機內 기 내　항공기의 안. — 방송. —食(식)

妓女 기 녀　=妓生(기생) —의 몸으로 수절하다.

紀念 기 념　뜻 깊은 일을 잊지 아니하고 회상함. =記念. —館(관). —碑(비)

技能 기 능　기술상의 재능. —工(공). —職(직) 공무원.

機能 기 능　①생물체의 활동력. 생리적 —. ②어떤 분야에서의 역할이나 작용.

奇談 기 담　이상하고 재미있는 이야기. 홍길동에 얽힌 —.

期待 기 대　어떤 일이 이루어지기를 바라고 기다림. —가 크다. —를 저버리다.

企圖 기 도　일을 꾸며내고 꾀함. 일제의 침략 —.

祈禱 기 도　신불에게 비는 일. 또는 그 의식. —를 드리다. —文(문)

起動 기 동　몸을 일으키어 움직임. 또는 그 동작. —을 하다. — 시간

機動 기 동　시기에 맞추어 제때에 빠르게 행동함. —力(력). — 부대. — 훈련

既得 기 득　이미 손에 넣음. —權(권)

技倆 기 량　기술상의 재주. 노련한 —.

器量 기 량　사람의 도량과 재간. 대인의 —.

氣力 기 력　일을 감당해 나갈 수 있는 힘. —이 대단하다.

岐路 기 로　갈림길 —에 서다.

記錄 기 록　①사실을 적음. 또는 그 글. ②가장 높은 수준. 세계 —

欺弄 기 롱　속이어 희롱하거나 업신여겨 농락함. =譏弄(기롱). —지거리

妓樓 기 루　창기를 두고 영업을 하던 집. —를 드나들던 난봉꾼.

氣流 기 류　대기 속의 공기의 흐름. —를 타고 날다.

起立 기 립　자리에서 일어섬. —하여 박수를 보내다.

ㄱ

騎馬 기 마 말을 탐. —兵(병). — 민족

欺瞞 기 만 남을 속여 넘김. — 행위. — 정책

期末 기 말 어느 기한이나 학기의 끝. —考查(고사)

企望 기 망 이루어지기를 바람. =期望 귀하의 건강을 —합니다.

欺罔 기 망 남을 속여 넘김. 남을 —하지 말라.

記名 기 명 이름을 적음. —投票(투표)

器皿 기 명 살림살이에 소용되는 그릇. — 집기

機務 기 무 비밀을 지켜야 할 기밀한 사무. —處(처). — 사령관

器物 기 물 살림살이에 쓰는 그릇이나 도구. —손괴죄

幾微 기 미 낌새나 눈치. =機微(기미) —를 채다. 이상한 —가 보이다.

機敏 기 민 눈치가 빠르고 동작이 날쌤. —한 행동.

機密 기 밀 드러내서는 안 되는 비밀. 군사 —. — 문서

奇薄 기 박 일이 뒤틀리고 수가 사나움. —한 운명.

基盤 기 반 기초로 되는 지반. —을 닦다. 정치적 —

奇拔 기 발 유달리 재치있게 뛰어남. —한 생각.

氣魄 기 백 씩씩한 기상과 진취적인 정신. —이 넘치는 젊은이.

技法 기 법 기술상의 방법. 경영 —

騎兵 기 병 말을 타고 싸우는 군사. —隊(대)

起伏 기 복 ①지세가 높았다 낮았다 함. ②세력이 성했다 쇠했다 함.

基本 기 본 사물의 기초·현상·이론의 기초와 근본. — 방침. — 문제

寄附 기 부 공공 사업에 재물을 내어놓음. —金(금). 구호 물품의 —.

氣分 기 분 대상이나 환경에 따라 생기는 감정. —이 좋다. 명절 —을 내다.

技士 기 사 ①국가 공무원의 한 직급. ②국가 기술 자격 등급의 하나.

記事 기 사 ①신문·잡지에 실린 글. ②사실을 기록함. 또는 그 사실.

騎士 기 사 ①말을 탄 무사. ②중세 유럽의 귀족 출신의 무사.

起死回生 기 사 회 생 죽을뻔 하다가 도로 살아남. —의 명약.

起床 기 상 잠자리에서 일어남. — 시간

氣象 기 상 지구를 둘러싼 기체에서 일어나는 현상. — 예보. — 관측

氣像 기 상 사람의 기개나 심정의 상태. 또는 그것이 드러난 모양. 활발한 —.

氣色 기 색 마음의 작용으로 나타나는 얼굴빛. 언짢은 —. 당황하는 —.

妓生 기 생 노래나 춤을 파는 것을 업으로 하던 여자. —오라비. — 퇴물

寄生 기 생 다른 동물이나 식물의 몸에 붙어서 살아감. —蟲(충)

奇聲 기 성 기이한 소리. —을 지르다.

旣成 기 성 이미 이루어졌음. —服(복). — 세대

期成 기 성 어떤 일을 이룰 것을 기약함. —會(회)

氣勢 기 세 기운차게 뻗치는 형세. —가 꺾이다. 당당한 —.

起訴 기 소 검사가 법원에 형사 사건의 심판을 요청함. — 유예

羈束 기 속 얽어 맴. 자유를 제약함. —力(력)

奇數 홀수
기 수 ―와 우수.

旗手 ①군대나 단체의 기를 드는 사람.
기 수 ②어떤 일에 앞장선 사람의 비유.

騎手 말을 탄 사람. 또는 경마에서
기 수 경주마를 타는 사람.

機首 항공기의 앞머리.
기 수 ―를 돌리다.

寄宿 남의 집이나 기관의 숙사에서
기 숙 거처함. ―舍(사). ―生(생)

技術 ①이론을 실천에 적용하는 수법.
기 술 ②어떤 일을 솜씨 있게 하는 재간.

記述 기록하여 서술함. 또는 그 기록.
기 술 ―한 내용.

旣述 이미 말하였음.
기 술 ―한 바와 같다.

奇襲 불의에 습격함.
기 습 적을 ―하다. 아군의 ―을 받다.

氣息 숨기운. 숨을 쉬는 일.
기 식 ―이 엄엄하다.

寄食 남의 집에서 먹고 지냄.
기 식 고모댁에서 ―을 하다.

其實 실지에 있어서.
기 실 ― 나도 모르겠다.

飢餓 굶주림
기 아 ―에 허덕이다.

器樂 악기로 연주하는 음악.
기 악 ―과 성악.

起案 문안을 작성함.
기 안 ―한 문서. 공문의 ―.

奇巖 모양이 기이하게 생긴 바위.
기 암 ― 괴석. ― 절벽

氣壓 대기의 압력.
기 압 ―計(계). ― 배치

期約 때를 정하여 약속함.
기 약 ―도 없이 이별하다.

記憶 잊지 아니하고 마음속에 간직
기 억 함. ―力(력). ―이 생생하다.

企業 경제 활동을 하는 사업.
기 업 ― 경영. ―體(체)

寄與 이바지함. 공헌함
기 여 교육계에 ―한 공로.

奇緣 기이한 인연.
기 연 ―으로 맺어진 두 사람.

機緣 ①부처의 교화를 받을 만한 인
기 연 연. ②어떤 기회에 맺어진 인연.

氣焰 호기로운 기세.
기 염 ―을 토하다.

技藝 기술에 관한 재주.
기 예 ―를 연마하다.

氣溫 대기의 온도.
기 온 낮은 ―. 우리 나라의 ―.

旣往 현재보다 이전. 또는 이왕에
기 왕 ―은 말하지 말게. ―之事(지사)

起用 사람을 뽑아 씀.
기 용 인재를 ―하다.

杞憂 쓸데없는 걱정.
기 우 그의 염려는 ―에 지나지 않는다.

祈雨 가물 때 비가 오도록 빎.
기 우 ―祭(제)

寄寓 일시적으로 몸을 의지하고 지냄.
기 우 한동안 친척집에서 ―하였다.

氣運 돌아가거나 되어가는 분위기.
기 운 세계 평화의 ―이 감지되다.

氣韻 글·글씨·그림 등에서 느껴지
기 운 는 운치. ―이 생동하다.

紀元 연대 계산의 출발점으로 삼는
기 원 해. ―前(전). ― 27년. 단군 ―

祈願 신불에게 빌고 원함.
기 원 행복을 ―하다.

起源 사물이 생긴 근원.
기 원 언어의 ―. ―이 같다.

紀律 응당 지켜야 할 규범. =規律
기 율 사회 생활의 ―.

奇異 이상야릇함
기 이 ―한 느낌.

ㄱ

起因 기 인
일이 일어나는 원인.
교통 질서의 문란에서 —한 사고.

忌日 기 일
사람이 죽은 날.
할머니의 —.

期日 기 일
기한의 날짜.
—이 닥치다. 예정 —

記入 기 입
적어 넣음.
상세한 내용을 —하다.

記者 기 자
기사를 취재하여 집필하는 사람.
신문 —. 취재 —

奇才 기 재
뛰어난 재주. 또는 그런 재주
를 가진 사람. —가 번득이다.

記載 기 재
문서·신문 등에 기록하여 실
음. 장부에 —하다.

器材 기 재
기계·기구·자재 등의 통칭.
소방 —. 의료 —

基底 기 저
사물의 뿌리나 밑바탕으로 되
는 기초. 정책의 —.

汽笛 기 적
증기로 소리를 내게 하는 신
호 장치. —을 울리다. — 소리

奇蹟 기 적
신기한 일. 또는 놀랄 만한 큰
성과. 한강의 —. —을 낳다.

氣絶 기 절
한때 정신을 잃어 숨이 막힘.
—하여 쓰러지다.

氣節 기 절
옳다고 믿는 일에 대해 굽힐
줄 모르는 지조. —이 있는 사람.

起點 기 점
처음으로 시작되는 출발점.
서울을 —으로 하는 경부선.

旣定 기 정
이미 정하여져 있음.
— 방침. — 사항

基調 기 조
①악곡의 바탕을 이루는 음조.
②사상·작품 등의 근본적인 경향.

旣存 기 존
이전부터 있음.
— 설비. — 시설

基準 기 준
기본이 되는 표준.
—을 세우다. —에 맞추다.

忌中 기 중
상중에 있음.
—의 상주.

起重機 기 중 기
무거운 물건을 달아 올려서
옮기는 기계.

寄贈 기 증
물품을 선물로 남에게 거저 줌.
—한 도서. —本(본)

旣知 기 지
이미 알고 있음.
—의 사실.

基地 기 지
①건축물을 세울 터. 공장 —
②활동의 근거지. 해군 —

機智 기 지
경우나 여건에 맞추어 움직이
는 지혜. —를 발휘하다.

氣盡 기 진
기력이 풀려서 다함.
—한 사람. —脈盡(맥진)

氣質 기 질
①기력과 체질. 강건한 —.
②기백과 성질. 진취적인 —.

汽車 기 차
증기의 힘으로 달리는 열차.
— 선로. — 여행

寄着 기 착
목적지로 가는 도중에 잠시 들
름. —地(지)

譏察 기 찰
범인을 잡기 위하여 수소문하
고 염탐함. —을 당하다.

起債 기 채
국가나 공공 단체가 채권을 발
행함. — 시장

氣體 기 체
공기나 가스 따위의 물체.
—와 액체.

起草 기 초
글의 초안을 잡음.
헌법을 —하다. —한 문건.

基礎 기 초
사물의 밑바탕.
—를 다지다. —知識(지식)

氣層 기 층
대기의 층.
—이 불안하다.

旗幟 기 치
일정한 목적을 위하여 내세우
는 주의나 사상. 개혁의 —.

寄託 기 탁
부탁하여 맡김.
구호품의 —. —物(물)

忌憚 기 탄
어렵게 여기거나 거북하게 여
겨 꺼림. — 없이 말해 보라.

奇特 기 특
신통하여 귀여움.
—한 아이.

氣泡 공기가 들어서 생긴 거품.
기 포 —가 올라오다.

起爆 화약이 폭발의 반응을 일으킴.
기 폭 — 장치. —劑(제)

氣品 고상하게 보이는 품위.
기 품 — 있는 용모.

氣稟 타고난 기질과 성품.
기 품 늠름한 —.

氣風 기백과 습성.
기 풍 진취적 —.

忌避 꺼리어 피함.
기 피 —者(자). 兵役(병역) —

期必 반드시 성취하기를 기약함.
기 필 승리를 —하다.

幾何 ①물체의 모양·크기·자리에 관하여
기 하 연구하는 수학의 한 갈래. ②얼마

飢寒 배고프고 추움.
기 한 —에 떨다.

期限 미리 정해 놓은 시기.
기 한 —을 지키다. —이 촉박하다.

氣陷 놀라거나 아프거나 하여 소리를
기 함 지르면서 정신을 잃음. —을 치다.

旗艦 함대를 지휘하는 사령관이 타
기 함 고 있는 군함. —에 탄 사령관.

氣合 비상한 힘을 나타내기 위한,
기 합 힘과 정신의 집중. —術(술)

寄航 항공기가 항행 중에 어느 공
기 항 항에 들름. —地(지)

寄港 항해 중인 배가 항구에 들름.
기 항 —地(지)

紀行 여행하는 동안에 보고·듣고·
기 행 느낀 것을 적은 기록. —文(문)

畸形 생물의 생김새나 구조가 정상
기 형 이 아닌 모양. —兒(아)

記號 어떤 뜻을 나타내는 부호.
기 호 수학 —. 음악 —

嗜好 즐기고 좋아함.
기 호 —品(품). —에 맞추다.

畿湖 경기도와 충청도.
기 호 — 지방

騎虎之勢 중도에서 그만두거나 물
기 호 지 세 러날 수 없는 형세.

旣婚 이미 결혼하였음.
기 혼 — 남자. — 여자

氣化 액체가 기체로 바뀜.
기 화 — 현상

機會 일이 이루어지기에 알맞거나 효
기 회 과적인 고비로 되는 때. —를 잡다.

企畫 일을 꾸며 계획함.
기 획 —한 일.

氣候 어느 지역의 기상 상태.
기 후 —帶(대). 온난한 —.

緊急 일이 아주 긴하고 급함.
긴 급 — 사태. — 피난

緊密 서로의 관계가 매우 가까움.
긴 밀 —한 관계.

緊迫 아주 긴장되게 절박함.
긴 박 —한 사태.

緊要 아주 필요함.
긴 요 —한 문제. —하게 쓰이다.

緊張 힘이나 주의를 집중함.
긴 장 —을 늦추다. —된 분위기.

緊縮 바짝 줄임.
긴 축 — 재정. — 예산

吉禮 ①나라에서 지내는 제향. ②관
길 례 례·혼례 등의 경사스런 예식.

吉夢 길한 일이 생길 듯한 조짐의 꿈.
길 몽 —을 꾸다.

吉祥 좋은 일이 있을 조짐.
길 상 —善事(선사)

吉兆 좋은 징조.
길 조 —가 나타나다.

吉凶 길한 일과 흉한 일. 또는 길함
길 흉 과 흉함. —禍福(화복)

ㄴ

那邊 어디
나 변　그 의도가 —에 있는가?

裸婦 벌거벗은 여자.
나 부　—의 사진.

螺旋 우렁이 껍질처럼 빙빙 틀린 모
나 선　양. —形(형). — 층층대.

懦弱 의지가 굳세지 못하고 약함.
나 약　—한 마음.

羅列 죽 벌여 놓음. 또는 죽 줄을 지음.
나 열　사실의 —. —해 놓은 전시품.

螺鈿 자개를 박아 붙여 장식한 공예.
나 전　— 칠기

裸體 벌거벗은 몸.
나 체　—畫(화)

羅針盤 지남철을 이용하여 만든,
나 침 반　방위를 잡는 기기.

落款 그림·글씨를 그리거나 쓴 사람이
낙 관　자필로 이름을 쓰고 도장을 찍음.

樂觀 낙천적인 세계관을 가지고 보
낙 관　거나 대함. —과 비관. —을 하다.

酪農 가축의 젖의 생산과 가공을 주
낙 농　로 하는 농업. —業(업). — 농가

落膽 뜻대로 되지 않아 기운이 풀림.
낙 담　—하지 말고 힘을 내게.

落落長松 가지가 축축 늘어진 큰
낙 락 장 송　소나무.

落雷 벼락이 떨어짐. 또는 그 벼락.
낙 뢰　—가 잦다.

落淚 눈물을 흘림.
낙 루　—하는 이산 가족들.

落馬 탔던 말에서 떨어짐.
낙 마　—한 기수.

落望 일이 실패되어 희망을 잃음.
낙 망　—이 크다. —을 모르는 사나이.

落榜 과거에 떨어짐.
낙 방　—한 선비.

落傷 떨어지거나 넘어져서 다침.
낙 상　—하여 운신을 못하다.

落書 장난으로 아무데나 함부로 글
낙 서　씨를 씀. —를 하지 말라.

落石 산 위나 벼랑에서 돌이 떨어짐.
낙 석　— 주의

落選 선거나 심사 등에서 떨어짐.
낙 선　—한 후보자.

落成 건축 공사가 다 되어 끝남.
낙 성　—式(식)

落水 처마 끝에서 떨어지는 물.
낙 수　—받이. —물 소리.

樂勝 손쉽게 승리함.
낙 승　—을 예상했던 경기.

落心 일에 실패하여 마음이 풀림.
낙 심　—千萬(천만). —하지 말라.

落葉 잎이 떨어짐. 또는 그 잎.
낙 엽　秋風(추풍)—. —樹(수)

落伍 대열에서 뒤떨어짐.
낙 오　—者(자). —하지 말라.

樂園 살기 좋은 즐거운 곳.
낙 원　地上(지상)—

烙印 불에 달구어 찍는 쇠도장.
낙 인　—이 찍히다.

落第 시험에 떨어지거나 진급하지
낙 제　못함. —生(생). —點(점)

落照 지는 해나 햇빛.
낙 조　—를 받으며 돌아오는 고깃배.

諾從 승낙하여 따름.
낙 종　그의 말에 —하다.

落塵 방사진. 원자 폭탄이 폭발할
낙 진　때 지상으로 떨어지는 물질.

落帙 질로 된 책 가운데서 빠져버린
낙 질 낱권. 完帙(완질)과 —.

落差 떨어지는 물의 위 아래의 높이
낙 차 의 차. —가 크다.

落着 일이 해결되어 끝이 남.
낙 착 예정대로 —되다.

落札 입찰한 사람 중에서 적격자에
낙 찰 게 돌아감. —價(가). —한 사람.

落薦 천거나 추천을 받지 못하고 떨
낙 천 어짐. 공천에서 —하다.

樂天的 모든 일을 즐거운 것으로 보며
낙 천 적 만족해 하는. —인 생활 자세.

落胎 죽은 태아를 낳음.=流産(유산)
낙 태 —한 어머니.

落下 위에서 아래로 떨어져 내림.
낙 하 —傘(산). —點(점)

落鄕 서울에서 시골로 내려가 삶.
낙 향 —살이하다. —한 선비.

落花 꽃이 떨어짐. 또는 떨어진 꽃.
낙 화 —流水(유수). —가 지다.

落後 뒤떨어짐
낙 후 —된 농촌. —한 경제.

欄干 층계·다리 등의 가장자리를
난 간 둘러막은 물건. —에 의지하다.

難堪 처지가 딱함. 또는 견디어내기
난 감 어려움. —한 처지에 놓이다.

難關 어려운 고비.
난 관 —을 타개하다.

難攻 공격하기 어려움.
난 공 —不落(불락)

難局 어려운 판국.
난 국 —을 벗어나다.

暖帶 연평균 온도가 13~20℃의 지대.
난 대 —林(림). — 지방

亂動 사리에 어그러지게 행동함. 또
난 동 는 그런 행동. —을 부리다.

煖爐 방 안을 따뜻하게 하는 기구.
난 로 —가 달다. —를 피우다.

暖流 수온이 높은 해류(海流).
난 류 —와 한류.

亂離 전쟁·분쟁으로 어지러운 사태.
난 리 임진년 —. —를 피우다.

亂立 질서 없이 제멋대로 나섬.
난 립 후보자 —

爛漫 ①한창 흐드러짐. 백화가 —하다.
난 만 ②의견의 나눔이 충분함. —한 토의.

難忘 잊기 어렵거나 잊을 수 없음.
난 망 刻骨(각골)—

亂脈 갈피를 잡기 어렵게 엉크러져
난 맥 있는 여러 가닥. —相(상)

亂舞 ①어지럽게 마구 춤을 춤. ②함
난 무 부로 여기저기 나타남의 비유.

難民 재난을 당하여 구원을 필요로
난 민 하는 사람. — 구호

亂發 ①총·활 등을 마구 쏘아 댐. ②화
난 발 폐·어음·증명서를 함부로 발행함.

爛發 꽃이 흐드러지게 한창 핌.
난 발 온갖 꽃이 —하다.

煖房 방을 따뜻하게 함.
난 방 — 공사. — 시설

亂射 총이나 활을 함부로 쏨.
난 사 권총을 —하다.

難産 힘들게 아이를 낳음. 또는 그런 해산.
난 산 일이 순조롭게 되지 아니함의 비유.

難澁 말이나 글이 어렵고 매끄럽지
난 삽 못함. —한 문장.

爛商 충분히 논의함.
난 상 — 토의

難色 어려워하거나 꺼리는 기색.
난 색 —을 보이다.

卵生 동물의 새끼가 알의 형태로 태
난 생 어남. — 동물

亂世 어지러운 세상.
난 세 —를 만나 구명도생하다.

卵巢 난세포를 만드는 자성 생식기
난 소 의 일부. —와 精巢(정소).

亂視 눈의 굴절력이 고르지 못하여
난 시　물체를 명확히 볼 수 없는 눈.

亂臣賊子 나라를 어지럽히는 신하와
난 신 적 자　부모에게 거역하는 자식.

欄外 난의 바깥쪽.
난 외　—에 기입하다.

難易 어려움과 쉬움.
난 이　시험 문제의 —度(도).

亂入 함부로 마구 들어가거나 들어옴.
난 입　—한 데모 군중.

卵子 ①암컷이 갖는 생식 세포.
난 자　②자방 안에서 씨가 될 부위.

亂刺 칼·창 등으로 함부로 마구 찌
난 자　름. —당한 상처.

亂雜 ①어지럽고 어수선함. —하게 흩어져
난 잡　있다. ②막되고 잡됨. —한 행동.

亂賊 임금에게 반기를 든 사람. 또는 세
난 적　상을 어지럽히는 도둑의 무리.

難題 풀거나 해결하기 어려운 일.
난 제　쌓인 —들을 말끔히 해결하다.

難處 이럴 수도 없고 저럴 수도 없
난 처　어 딱함. —한 일. —한 처지.

難聽 잘 듣지 못함. 또는 방송에서 전파가
난 청　장애를 받아 수신이 잘 되지 않는 일.

難治 병이 고치기 어려움.
난 치　—의 병.

亂打 함부로 마구 두들기거나 치거
난 타　나 함. 북을 —하는 고수.

亂鬪 여럿이 어우러져 때리고 치고
난 투　하는 싸움. —劇(극)

難破 항해 중인 배가 부서지거나 좌
난 파　초하는 일. —船(선)

亂暴 무엄하며 거칠고 사나움.
난 폭　—한 행동.

難航 장애가 많아 일이 순조롭지 못
난 항　함. —을 겪다.

難解 이해하거나 해석하기 어려움.
난 해　—한 글. —한 문제.

難兄難弟 서로 비슷비슷하여 그
난 형 난 제　우열을 정하기 어려움.

捺印 도장을 찍음.
날 인　계약서에 —하다.

捏造 거짓으로 꾸밈.
날 조　—한 증명서. 증거를 —하다.

南柯之夢 덧없는 세속적인 부귀
남 가 지 몽　영화의 비유.

南國 남쪽에 있는 나라.
남 국　—의 정취.

南極 지구의 남쪽 끝.
남 극　—光(광). — 지방

南男北女 우리 나라에서는 남쪽
남 남 북 녀　지방은 사나이가 잘나고
　　　　북쪽 지방은 잘 생긴 아름다운 여
　　　　자가 많다는 뜻으로 일러 오는 말.

南端 남쪽 끝.
남 단　제주도의 —.

南道 경기도의 이남 지방.
남 도　— 잡가

濫讀 닥치는 대로 마구 읽음.
남 독　정독과 —.

襤褸 옷이 더럽고 해져 지저분함.
남 루　또는 헌 누더기. 의복이 —하다.

男妹 오라비와 누이. 또는 오누이
남 매　의 좋은 —. 두 —.

濫發 함부로 발포하거나 발행함.
남 발　화폐의 —.

濫伐 산림의 나무를 함부로 벰.
남 벌　산림의 —을 금하다.

男寺黨 이곳저곳 돌아다니면서 노
남 사 당　래와 춤을 파는 사나이. —패

濫觴 사물 발생의 첫 출발.
남 상　현대 신문의 —.

藍色 남빛
남 색　— 치마

男性 남자
남 성　—과 여성. —美(미)

男兒 남자. 또는 사내아이
남 아 —다운 기상.

濫用 함부로 쓰거나 부림.
남 용 돈을 —하다. 권리를 —하다.

男優 남자 배우.
남 우 — 주연상

男裝 여자가 남자 복색을 함. 또는
남 장 그 차림. —을 한 여배우.

南征北伐 여기저기서 전쟁을 치르
남 정 북 벌 느라 편안한 날이 없음.

男尊女卑 남자를 높게 여기고 여
남 존 여 비 자를 낮게 봄. —의 사상.

南進 남쪽으로 나아감.
남 진 — 정책

南侵 남쪽으로 쳐들어감.
남 침 —해 온 북한 인민군.

男湯 남자들이 목욕하는 대중 목욕탕.
남 탕 —과 여탕.

男便 아내의 배우자.
남 편 —을 대신해서 왔다.

南下 남쪽으로 내려감.
남 하 철새가 —하는 시기.

南向 남쪽을 향함.
남 향 —한 집. —받이

男婚 아들의 혼사.
남 혼 —과 여혼.

濫獲 물고기나 짐승을 함부로 마구
남 획 잡음. —한 물고기.

納骨 화장한 유골을 일정한 곳에 모
납 골 심. —堂(당)

納期 납부하는 기한.
납 기 —를 넘기다.

納得 잘 헤아려 이해함.
납 득 —할 만한 논리. —을 시키다.

納涼 여름철에 더위를 피하여 선선
납 량 한 곳으로 가서 시원함을 즐김.

納付 세금이나 공과금을 냄.
납 부 —金(금). —한 세금.

納稅 세금을 바침.
납 세 — 기일. —者(자). — 의무

臘月 음력 섣달.
납 월 — 그믐날.

臘日 동지가 지난 뒤의 셋째 미일
납 일 (未日). —에 지내는 납향.

納入 세금·회비 따위를 바침.
납 입 —金(금). — 고지서

拉致 강제로 무리하게 붙들어 감.
납 치 —를 당하다. —한 사람.

納幣 혼인 때, 신랑집에서 신부집으
납 폐 로 보내는 예물.=納徵(납징)

納品 주문 받은 물품을 가져다 줌.
납 품 — 기일

納享 납일에, 그 한 해 동안의 여러
납 향 가지 일을 신에게 고하는 제사.

郎君 자기의 남편을 이르는 말.
낭 군 잘나도 내 — 못나도 내 —.

朗讀 글을 소리내어 읽음.
낭 독 논어를 —하다.

朗朗 소리가 맑고 또랑또랑함.
낭 랑 글 읽는 —한 소리.

浪漫 보다 아름다운 미래를 지향하는
낭 만 서정적이면서 낙천적인 상태.

朗報 반갑거나 기쁜 소식.
낭 보 우승했다는 —가 전해지다.

浪費 필요 이상으로 허투로 소비함.
낭 비 물자의 —. —를 없애다.

浪說 터무니없는 말이나 소문.
낭 설 —이 떠돌다. —에 현혹되다.

朗誦 유창하게 소리를 내어 읽음.
낭 송 詩(시)—

浪人 일정한 직업 없이 허랑하게 돌
낭 인 아다니는 사람. — 생활

娘子 처녀. 아가씨
낭 자 수를 놓는 —의 아리따운 모습.

狼藉 ①여기저기 흩어져 매우 어지러움.
낭 자 —한 술상. ②왁자하고 요란함.

狼狽 계획하거나 바라던 일이 실패함.
낭 패 —를 보다. —한 일.

內閣 국가 행정의 최고 집행 기관.
내 각 — 책임제. —本(본)

內艱 어머니의 상사.
내 간 —喪(상)

內簡 안편지
내 간 —體(체)

來客 찾아온 손님.
내 객 —을 환대하다.

內科 속병을 치료하는 의학의 한 분
내 과 과. — 전문의

耐久 오래 견딤.
내 구 —力(력). —性(성)

內規 내부적으로 시행하는 규정.
내 규 —를 정하다. —를 지키다.

內勤 직장 안에서 일함. 또는 그런
내 근 근무. — 사원. —과 외근.

內諾 정식으로가 아닌, 우선 하는 승
내 락 낙. —을 하다.

內亂 국내에서 일어난 난리.
내 란 —을 평정하다. —罪(죄)

來歷 ①지금에 이르기까지 지내온 과정이나
내 력 경력. ②과정을 거쳐 이루어진 까닭.

內陸 바다에서 멀리 떨어진 육지.
내 륙 — 기후. — 지방

內幕 속내
내 막 —을 모른다. —을 듣다.

內面 안쪽. 또는 마음속
내 면 — 생활. —으로 기뻐하다.

內務 ①나라 안의 행정 사무. ②한
내 무 기관에서의 내부의 사무.

內密 테 밖의 사람에게는 눈치 채이
내 밀 지 않을 만큼 감쪽같음.

來訪 방문해 옴.
내 방 —한 손님.

內服 ①약을 먹음. —藥(약)
내 복 ②속옷. —을 갈아 입다.

內部 ①안쪽 부분. — 수리
내 부 ②조직의 안. — 분열

內紛 내부의 분쟁.
내 분 —이 일어나다.

內分泌 몸 안에서 생긴 물질을 직접
내 분 비 혈액 속으로 배출하는 현상.

來賓 온 손님.
내 빈 —의 접대.

內査 ①비밀히 조사함. 또는 그 조사.
내 사 ②자체 내에서 하는 조사.

耐性 병원균의 약물에 대한 저항력.
내 성 —이 강해진 병균.

內省的 겉으로 잘 나타내지 않고 속
내 성 적 으로만 생각하는. —인 성격.

來世 죽어서 가는 저 세상.
내 세 —의 명복을 빌다.

內需 국내의 수요.
내 수 — 시장

來襲 습격하여 옴.
내 습 —한 적.

內侍 ①내시부의 관원. —의 아첨.
내 시 ②불알이 없는 사내.

內視鏡 몸 안을 살펴보는 의료 기구.
내 시 경 —으로 들여다 보다.

內申 어떤 일을 공개하지 않고 해당
내 신 기관에 알림. — 성적

內信 나라 안의 소식.
내 신 —과 외신.

內室 안방
내 실 —에 들어가다.

內實 내부가 충실함.
내 실 —을 기하다.

內心 속마음
내 심 —으로 감탄하다.

內約 남몰래 약속함. 또는 그 약속.
내 약 —한 결혼 상대.

內譯 자세한 명세.
내 역 물품 구입의 —.

內緣 법률상 부부로 인정될 수 없는
내 연 부부 관계. —의 처.

耐熱 높은 온도에서 변하지 않고 견
내 열 딤. — 금속. —性(성)

來往 오고 감. 왔다 갔다 함.
내 왕 —하는 사람. 편지의 —.

內外 ①안과 밖. —가 다르다.
내 외 ②부부. 금슬이 좋은 —.

內容 ①사물의 본질이나 의의. —과 형식.
내 용 ②사물의 속내. —도 모르면서 끼어들다.

內憂外患 나라 안팎에서 일어나는
내 우 외 환 근심과 걱정.

內柔外剛 속은 부드러우나 겉으론
내 유 외 강 굳세어 보임.

內粧 건물의 내부를 꾸며 장식함.
내 장 — 공사

內臟 가슴과 뱃속에 있는 모든 기관.
내 장 —病(병)

內定 마음속으로나 내부적으로 결정
내 정 함. 이미 —한 사람이 있다.

內政 국가 내부의 정치 문제.
내 정 — 간섭. — 문제

內情 내부의 사정.
내 정 —을 살피다.

內助 아내가 남편을 도움.
내 조 —하는 아내의 정성.

內從 고모의 자녀인 고종 사촌.
내 종 —兄弟(형제)

乃至 얼마에서 얼마까지. 또는 혹은
내 지 50 — 60의 연령층.

內通 비밀히 연계를 가짐. 또는 남
내 통 모르게 알림. 적과 —하다.

內帑金 임금이 사사로이 쓰는 돈.
내 탕 금 흉년에 —을 풀다.

內包 속에 지님.
내 포 결함을 —하다.

耐乏 부족함을 참고 견딤.
내 핍 — 생활

奈何 어찌하랴?
내 하 종무소식이니 —오.

耐寒 추위를 견디어 냄.
내 한 — 작물

內訌 조직 내부에서 일으킨 분쟁.
내 홍 —이 가라앉다.

耐火 불에 타지 아니하고 잘 견딤.
내 화 — 벽돌. — 구조

內患 ①아내의 병. —에 차도가 있는가?
내 환 ②집 안이나 나라 안의 걱정.

冷却 식혀서 차게 함. 또는 식어서
냉 각 차게 됨. —機(기). —水(수)

冷氣 찬 기운.
냉 기 —가 돌다.

冷淡 태도나 마음이 쌀쌀함.
냉 담 —한 어조. —한 표정.

冷待 쌀쌀하게 대접함. 또는 푸대접
냉 대 —를 받다.

冷凍 인공적으로 얼림.
냉 동 — 설비. —船(선)

冷冷 ①온도가 싸늘함. —한 공기.
냉 랭 ②태도가 쌀쌀함. —한 어조.

冷房 차가운 방. 또는 차게 한 방.
냉 방 — 장치

冷笑 쌀쌀한 태도로 비웃음. 또는 그
냉 소 러한 웃음. 얼굴에 —가 흐르다.

冷水 찬 물.
냉 수 —를 마시다. — 마찰

冷嚴 냉혹하고 엄격함.
냉 엄 —한 현실을 직시하라.

冷藏 차게 저장함.
냉 장 —庫(고). — 설비

冷戰 무력을 사용하지 않는, 적대적
냉 전 인 도전 행위. — 시대.

冷情 따뜻한 정이 없이 쌀쌀함.
냉 정 —한 사람. —하게 거절하다.

冷靜 감정에 사로잡히지 않고 침착함.
냉 정 —을 잃지 않았다.

冷菜 차게 하여 먹는 채.
냉 채 오이 —

冷徹 침착하고 사리에 밝음.
냉 철 —한 판단.

冷害 농작물이 찬 기후에 의하여 입
냉 해 는 해. —를 입다.

冷血 동물의 체온이 외기의 온도보
냉 혈 다 낮은 상태. — 동물. —漢(한)

冷酷 쌀쌀하고 혹독함.
냉 혹 —한 태도. —한 현실.

老境 늙바탕
노 경 —에 이르러 노욕이 생기다.

勞苦 힘들여 애쓰는 수고.
노 고 —를 무릅쓰다.

勞困 나른하고 고달픔.
노 곤 온 몸이 —하다.

露骨的 숨김없이 사실 그대로 드러
노 골 적 낸. —인 간섭. —인 표현.

老軀 늙은 몸.
노 구 —를 이끌고 왕림하시다.

老年 나이가 들어 늙은 때.
노 년 —期(기). —의 부인.

怒濤 노한 파도. 세찬 파도.
노 도 —와 같이 밀려 오다.

路毒 먼 길에 지치어 생긴 피로나 병.
노 독 —을 풀다.

勞動 육체적·정신적 노력을 들여
노 동 일함. 육체 —. 정신 —

魯鈍 미련하고 둔함.
노 둔 —한 사람.

擄掠 떼를 지어 돌아다니면서 재물을
노 략 약탈함. —질을 하다.

努力 힘을 씀. 또는 쓰는 그 힘.
노 력 —을 게을리하다. —한 보람.

勞力 노동력. 육체적·정신적 활동
노 력 의 힘. — 동원

老練 오랜 경험을 쌓아 능란함.
노 련 —한 솜씨.

老齡 늙은 나이.
노 령 80세의 —.

老妄 늙어서 부리는 망녕.
노 망 —을 부리다. —할 나이.

路面 길바닥의 표면.
노 면 평탄한 —. —이 얼어붙다.

老母 늙은 어머니.
노 모 —를 봉양하다.

老木 늙은 나무.
노 목 —이 쓰러지다.

勞務 ①육체적 노력으로 하는 근무.
노 무 ②노동 행정에 관한 사무.

路文 벼슬아치가 도착할 날짜를 미리
노 문 앞길에 알리는 공문. —이 오다.

路盤 선로의 상부 구조를 설치하기
노 반 위한 바닥. — 공사. — 정리

怒發大發 몹시 성을 냄.
노 발 대 발 —고함을 지르다.

路邊 길가
노 변 —의 나무 그늘에서 쉬다.

爐邊 화로나 난로의 주변.
노 변 — 담화

老兵 ①나이 많은 군인. ②어떤 일에
노 병 많은 경험을 쌓아 능숙한 사람.

老病 늙어 쇠약해서 생긴 병.
노 병 —으로 자리에 눕다.

奴婢 남자 종과 여자 종.
노 비 — 문서를 불태우다.

路費 여행하는 데 드는 돈.
노 비 —가 떨어지다.

勞使 노동자와 사용자.
노 사 —간의 합의.

路上 길
노 상 —에서 만난 사람. — 강도

怒色 노여운 안색.
노 색 —을 띤 아버지의 질책.

路線 ①정하여 놓고 통행하는 길. 버스 —
노 선 ②어떤 목적을 실현하기 위한 방향.

老成 오랜 경력을 쌓아 익숙함.
노 성 —한 사람.

老少 늙은이와 젊은이.
노 소 — 同樂(동락)

老衰 늙어서 쇠약함.
노 쇠 —期(기). —한 몸.

老熟 경험이 많아 익숙함.
노 숙 —한 직공.

露宿 한데서 잠. 한둔
노 숙 風餐(풍찬)—. —을 하는 실직자.

老僧 늙은 중.
노 승 —과 동승.

勞心焦思 애를 쓰며 속을 태움.
노 심 초 사 —하는 모습.

老弱 늙은이와 어린이. 또는 늙은이
노 약 와 약한 사람. 남녀 —. —者(자)

奴隷 인권이나 자유가 없이 남의 소
노 예 유물로서 부림을 당하던 사람.

勞賃 품삯. 노동 임금.
노 임 —을 받다. —이 오르다.

路資 여행하는 데 드는 돈.
노 자 —가 떨어지다.

勞作 많은 힘을 들여 지은 작품이나
노 작 저작. 불후의 —.

老壯 늙은이와 장년.
노 장 —層(층) 인사들.

老將 ①늙은 장수. ②오랜 경험과 훌
노 장 륭한 능력을 가진 권위 있는 사람.

露積 곡식을 한데에 쌓아둠. 또는
노 적 그 곡식더미. —가리

露店 한데에 벌여놓은 가게.
노 점 —商(상)

路程 갈 길의 거리. 또는 거쳐 지나
노 정 는 과정. —이 멀다. 험난한 —.

露呈 드러내어 보임.
노 정 —한 비밀.

露天 한데
노 천 — 극장. — 무대

露出 드러나거나 드러냄.
노 출 감정의 —. —된 비밀.

老態 늙어 보이는 모양.
노 태 —가 나다.

老婆 늙은 여자. 할멈
노 파 허리가 굽은 —.

老婆心 지나치게 염려하는 마음.
노 파 심 —에서 하는 말.

老廢 오래 되어 쓸모가 없음.
노 폐 —物(물). —한 나룻배.

路幅 길의 너비.
노 폭 —을 넓히다.

怒號 성내어 부르짖음. 또는 그 소
노 호 리. 군중의 —. 파도의 —.

老化 늙어가면서 심신의 기능이 약
노 화 해짐. — 방지

老患 늙은이의 병.
노 환 —이라서 염려를 놓을 수 없다.

老獪 의뭉하고 능갈침.
노 회 —한 늙은이.

鹵獲 전투 과정에서 적의 물품을 빼
노 획 앗음. —한 무기. —品(품)

虜獲 적을 사로잡음.
노 획 —한 적의 부대장.

老朽 낡아서 쓸모가 없음.
노 후 —한 병기. —한 배.

老後 늙은 뒤.
노 후 —의 생활.

鹿角 사슴의 뿔.
녹 각 —을 달여 먹다.

綠內障 안압이 높아져서 시력이 떨
녹 내 장 어지는 병. — 수술

碌碌 ①평범하고 하잘것없음.
녹 녹 ②만만하고 호락호락함.

綠末 녹두 가루.
녹 말 —로 만든 별식.

祿俸 나라에서 벼슬아치에게 연봉으
녹 봉 로 주던 곡식·베·돈 따위.

綠肥 녹 비   풀을 썩혀 만든 거름. ―로 토양을 개량하다.

綠色 녹 색   풀색. 초록색 ―으로 뒤덮인 들판.

綠水 녹 수   푸른 물. ― 靑山(청산)

鹿茸 녹 용   새로 돋은 사슴의 연한 뿔. 인삼 ―

綠陰 녹 음   푸르게 우거진 나무의 그늘. 서늘한 ―. ―이 짙어지다.

錄音 녹 음   소리를 기록함. 또는 기록한 그 소리. ― 방송. ― 장치

綠衣紅裳 녹 의 홍 상   연두 저고리와 다홍 치마. 곧 곱게 차려 입은 옷.

綠地 녹 지   풀이나 나무가 있는 땅. ―를 보전하다. 공원의 ―.

綠茶 녹 차   차나무의 잎으로 만든 차. ―를 마시다. ―와 홍차.

綠化 녹 화   나무를 심어 녹지로 만듦. ― 사업

錄畫 녹 화   재생할 수 있도록 테이프·디스크·필름에 그림을 기록하는 일.

論據 논 거   논설이나 이론의 근거. 명백한 ―. ―를 제시하다.

論告 논 고   검사가 범죄 사실과 법률의 적용에 대해 의견을 진술하는 일.

論功行賞 논 공 행 상   공적을 평가하여 상을 줌. 공정한 ―.

論壇 논 단   평론가들의 사회. ―의 화제가 되다.

論斷 논 단   평론하여 단안을 내림. 명확한 ―을 내리다.

論難 논 란   이러니저러니 시비하거나 비난함. 쓸데없는 ―은 그만하자.

論理 논 리   말이나 글에서의 조리. ―가 정연한 말.

論文 논 문   일정한 주제를 이론적으로 쓴 글. ―集(집). 학위 ―

論駁 논 박   결함이나 잘못을 들어 공격하여 말함. 정책을 ―하다.

論辨 논 변   옳고 그름을 논하여 밝힘. =論辯 ―을 잘하다.

論說 논 설   신문이나 잡지에서, 일정한 문제에 대하여 분석하고 논술하는 글.

論述 논 술   의견이나 사실을 논하여 서술함. ― 고사. ―이 잘 된 논문.

論外 논 외   논하는 대상의 범위 밖. ―로 돌릴 문제가 아니다.

論議 논 의   논란하여 토의함. 또는 그 토의. 여러 가지 ―가 있었다.

論爭 논 쟁   옳고 그름을 논하여 다툼. ―이 벌어지다.

論題 논 제   의론의 제목. 또는 논문이나 논술의 제목. ―에 대한 토론.

論調 논 조   논의하는 투. 논설의 경향. 신문의 ―. 과격한 ―.

論證 논 증   옳고 그름을 논하여 증명함. 또는 그 증명. 반박할 수 없는 ―.

論旨 논 지   논하는 말이나 글의 취지. ―를 정확히 알 수 없다.

論叢 논 총   논문을 모은 책. ―을 발간하다.

論評 논 평   논하여 비평함. 또는 그 비평. 시사 문제에 대한 ―.

農家 농 가   농사짓는 사람의 집. ― 소득

弄假成眞 농 가 성 진   장난삼아 한 짓이 참으로 한 것처럼 됨.

弄奸 농 간   남의 일을 그르치게 하려고 하는 간사한 짓. ―을 부리다.

農耕 농 경   논밭을 갈아 농사를 지음. ―地(지). ―期(기)

農奴 농 노   지주에게 예속되어 강제 노동을 당하던 농민. ―의 해방.

壟斷 농 단   ①시장을 이용하여 이익을 독점함. ②간교한 수단으로 이익을 독차지함.

弄談 농으로 하는 실없는 말.
농 담 ─을 걸다. ─調(조)

濃淡 빛깔이나 맛의 짙음과 옅음.
농 담 색의 ─. ─의 차이.

濃度 액체의 걸고 묽은 정도.
농 도 빨강의 ─.

籠絡 간교한 꾀로 남을 휘잡아 제
농 락 마음대로 놀림. ─을 당하다.

農幕 논밭 근처에 간단하게 지은 막.
농 막 ─을 지어 그곳에서 여름을 난다.

濃霧 짙은 안개.
농 무 ─가 끼다.

農民 농업이 생계 수단인 백성.
농 민 ─들의 하소연. ─ 운동

濃密 밀도가 짙음.
농 밀 색채가 ─하다.

農繁期 농삿일이 한창 바쁜 철.
농 번 기 ─를 맞은 농촌.

農夫 농사를 짓는 사람.
농 부 ─들의 일손을 돕다.

農産物 농업에서 생산되는 물건.
농 산 물 ─ 가격

籠城 ①성문을 닫고 지킴. ②어떤 목적
농 성 을 위해 그 자리를 굳게 지킴.

聾啞 귀머거리와 벙어리.
농 아 ─ 학교

農樂 징·꽹과리·소고 등으로 진
농 악 행하는 민속 음악. ─隊(대)

農藥 농작물의 병이나 해충을 예방하
농 약 거나 없애기 위해 쓰는 약품.

農業 농사짓는 일.
농 업 ─과 공업. ─ 정책

弄瓦之慶 딸을 낳은 경사.
농 와 지 경 ─을 보다.

農謠 농사에 관한 내용을 주제로 한 민
농 요 요. ─를 부르며 김매는 농부들.

農園 원예 작물을 가꾸는 농장.
농 원 ─의 수익을 증대하다.

農作 농사를 지음.
농 작 ─物(물)

農場 ①농업을 경영하는데 필요한 시설을
농 장 갖춘 곳. ②농사를 짓기 위한 땅.

弄璋之慶 아들을 낳은 경사.
농 장 지 경 ─을 보다.

農節 농사철
농 절 ─을 맞은 농촌.

弄調 농담하는 투. 농담조
농 조 ─로 한 말.

農酒 농사를 지을 때에 일꾼들이 먹도
농 주 록 빚은 술. ─를 한 잔씩 돌리다.

農地 농사를 짓는 땅. 농경지
농 지 ─ 개량. ─ 면적

農村 농민들이 모여 사는 마을.
농 촌 ─ 생활

濃縮 액체를 진하게 졸임.
농 축 ─ 우라늄

農閑期 농삿일이 그다지 바쁘지 아
농 한 기 니하여 겨를이 있는 시기.

農協 농업 협동 조합의 준말.
농 협 ─에서 빌린 돈.

農形 농작물의 잘 되고 못 된 형편.
농 형 ─은 풍작이다.

濃厚 ①매우 진함. 색이 ─하다.
농 후 ②경향이 뚜렷함. 혐의가 ─하다.

雷管 탄약을 발화시키는 장치.
뇌 관 ─을 터뜨리다.

磊落 자질구레한 일에 거리끼지 아
뇌 락 니하고 너그러움. ─한 성품.

腦裏 머리 속.
뇌 리 ─에 떠오른 지난 날들.

賂物 권력자에게 주는 부정한 금품.
뇌 물 ─을 받다. ─을 주다.

雷聲 우렛소리. 천둥소리
뇌 성 ─ 大名(대명). ─ 벽력

腦炎 뇌수에 생기는 염증.
뇌 염 급성 ─

牢獄 감옥
뇌 옥 —에 갇힌 몸.

腦溢血 뇌의 혈관이 터져 출혈이
뇌 일 혈 일어나는 일. ＝腦出血.

腦震蕩 머리에 강한 충격을 받아 일
뇌 진 탕 시적으로 정신을 잃는 일.

樓閣 사방이 트인, 다락집으로 지은
누 각 큰 집. 공중 —. 사상 —

陋見 좁은 소견. 남에게 대해 자기의
누 견 의견을 겸손하게 이르는 말.

累計 소계에 추가해 가면서 합해 계
누 계 산함. 또는 그렇게 셈한 합계.

累年 여러 해. ＝屢年(누년)
누 년 —에 걸친 풍작.

累代 여러 대.
누 대 — 이어온 가업.

漏落 기입되어 있지 않고 빠짐.
누 락 —이 있나 없나를 확인하다.

累卵 몹시 불안정하고 위태로운 상태
누 란 의 비유. —의 위기.

陋名 이름을 더럽힐 만한 억울한 평
누 명 판. —을 뒤집어 쓰다. —을 벗다.

累犯 전에 죄를 지은 사람이 다시
누 범 또 죄를 범함. 또는 그런 사람.

漏洩 물·냄새·비밀 등이 밖으로 샘.
누 설 비밀을 —하다.

漏水 ①물이 샘. —를 막다.
누 수 ②물시계의 물. —器(기)

漏濕 축축한 기운이 스미어 눅눅함.
누 습 —한 방. —한 땅.

陋屋 초라한 집. 자기 집을 겸손하
누 옥 게 이르는 말.

累積 포개어 쌓음. 또는 포개어 쌓
누 적 임. —된 폐해. —된 채무.

漏電 전기가 샘.
누 전 —을 막다.

累增 쌓이어 점점 늘어남.
누 증 적자의 —.

累進 ①등급·지위가 순차로 올라감. ②수량
누 진 의 증가에 따라 상대적으로 더 증가함.

屢次 여러 차례.
누 차 —에 걸쳐 주의를 환기하다.

陋醜 지저분하고 더러움.
누 추 —한 옷차림. —한 행동.

陋巷 지저분한 거리나 마을. 남에게
누 항 대한 자기가 사는 마을의 겸칭.

訥辯 더듬거리는 서투른 말솜씨.
눌 변 —이기는 하나 진심이 담긴 말이다.

肋骨 갈비뼈
늑 골 —이 부러지다.

凜凜 꿋꿋하고 의젓함.
늠 름 위풍이 —하다. —한 청년.

凌駕 훨씬 넘어섬.
능 가 타사를 —하는 생산 설비.

能動 스스로의 힘으로 행동함.
능 동 —的(적)인 활동.

能爛 일이 손에 익어 매우 익숙함.
능 란 —한 운전 솜씨.

能力 어떤 일을 감당할 수 있는 힘.
능 력 —을 발휘하다.

能率 일정한 동안에 할 수 있는 일
능 률 의 비율. —을 올리다. —을 내다.

凌蔑 깔보고 업신여김.
능 멸 남을 —하지 말라. —을 받다.

能辯 말을 능하게 잘함. 또는 능란
능 변 한 말솜씨. —家(가)

能事 맡아서 잘 해낼 수 있는 일.
능 사 빨리 하는 것만이 —가 아니다.

稜線 산등성이로 이어진 선.
능 선 —을 타고 고개를 넘다.

凌辱 ①업신여겨 욕을 보임.
능 욕 ②여자를 강간하여 욕보임.

陵遲處斬 지난날, 대역죄를 저지른
능 지 처 참 죄인에게 내리던 극형.

能通 능하게 통달함.
능 통 외국어에 —하다.

ㄷ

多角 여러 모. 또는 여러 방면이나
다 각 부분. —形(형). — 경영

多感 느낌이 많음. 또는 감수성이
다 감 풍부함. 多情(다정)—. —한 소녀.

多寡 수량의 많음과 적음.
다 과 —를 따지지 않는다.

茶菓 차와 과자.
다 과 —店(점). —會(회)

多難 어려움이 많음.
다 난 —했던 한 해를 보내다.

多年間 여러 해 동안.
다 년 간 —의 노력.

多能 여러 가지에 능함.
다 능 多才(다재)—한 사람.

多多益善 많으면 많을 수록 더욱
다 다 익 선 좋음. 재물이야 —이지.

多端 가닥이 많음.
다 단 공무가 —하다.

茶道 손에게 차를 대접하거나 차를
다 도 마실 때의 방법과 예의 범절.

多讀 책을 많이 읽음.
다 독 —과 정독.

多量 많은 분량.
다 량 — 생산. — 판매

多忙 매우 바쁨. 또는 바쁜 일이 많음.
다 망 —하신 터에 와 주셔서 감사합니다.

茶飯事 항다반으로 있는 일.
다 반 사 —로 여기다.

茶房 차를 파는 영업집.
다 방 — 출입이 잦다.

多方面 여러 방면. 여러 분야.
다 방 면 —에 재주가 있다.

多辯 말이 많음.
다 변 —家(가)

多福 복이 많음.
다 복 —한 사람.

多事多難 일도 많고 어려움도 많음.
다 사 다 난 —했던 지난 해.

多世帶 여러 세대.
다 세 대 —住宅(주택)

多少 ①많음과 적음. —를 불문하다.
다 소 ②조금. 얼마간. —의 차이.

多數 수효가 많음. 또는 많은 수효.
다 수 —의 의견. —決(결)의 원칙.

多濕 습기가 많음.
다 습 고온 —한 기후.

多額 많은 액수. 많은 금액.
다 액 —의 보상금.

多樣 빛깔·모양 등이 각가지로 많
다 양 음. —한 종류. —한 의견.

多元 요소나 근원이 여러 가지로 많
다 원 음. —論(론). —放送(반송)

多才 재주가 많음.
다 재 —多能(다능)한 사람.

多情 정이 많음. 또는 매우 정다움.
다 정 —한 사람. —한 사이.

多重 여러 겹.
다 중 —放送(방송). — 통신

多衆 많은 사람.
다 중 —의 의견.

多彩 여러 가지 빛깔·모양 등이 어울려
다 채 다양하고 호화스러움. —로운 행사.

多幸 일이 펴이게 되어 좋음.
다 행 —한 일.

多血質 쾌활하나 자극에 민감하여
다 혈 질 흥분하기 쉬운 성질.

單價 한 개의 가격.
단 가 —를 낮추다. —를 매기다.

短距離 짧고 가까운 거리.
단 거 리 ―경주

短劍 짤막한 검.
단 검 ―을 차다.

短見 짧은 식견이나 소견.
단 견 ―에 집착하다.

團結 한 덩이로 뭉침.
단 결 ―致(일치)―. ―의 힘을 과시하다.

段階 순차적인 과정.
단 계 마무리 ―. 준비 ―

斷交 교제를 끊음. 절교(絶交)
단 교 ―를 선언하다.

單騎 단 혼자의 기병.
단 기 ―匹馬(필마). ―로 적진에 돌진하다.

短期 짧은 기간.
단 기 ― 강습. ― 융자

團旗 단체를 상징하는 기.
단 기 청년단의 ―.

檀紀 단군의 즉위한 해.
단 기 ― 4338년

斷念 품었던 생각을 버림.
단 념 그만둘 생각은 ―하게.

短刀 짧은 칼.
단 도 ―로 찌르다.

單刀直入 요점이나 본론을 곧바로
단 도 직 입 말함. ―으로 말하다.

單獨 단 한 사람.
단 독 ― 회담. ―으로 처리하다.

斷頭 목을 자름.
단 두 ―臺(대)의 이슬로 사라지다.

段落 일정한 정도에서 일이 일단 끝
단 락 난 구획. 세 ―. ―을 짓다.

團欒 식구가 모두 즐겁고 구순함.
단 란 ―한 가정. ―한 분위기.

鍛鍊 ①몸이나 마음을 굳세게 함. 심신의 ―.
단 련 ②고통스러운 시달림. ―을 받다.

單幕劇 한 막으로 이루어진 연극.
단 막 극 ―과 장막극.

端末機 컴퓨터에서, 자료를 입력하
단 말 기 거나 출력하는 장치.

斷末魔 숨이 끊어질 때의 마지막
단 말 마 모질음을 쓰는 일.

斷面 ①절단한 면. 지층의 ―.
단 면 ②토막진 한 측면. 생활의 한 ―.

短命 목숨이 짧음. 또는 짧은 목숨.
단 명 19세의 ―으로 세상을 뜨다.

短文 짤막한 글.
단 문 ―을 짓다.

單發 ①총포의 한 발. ―에 명중시키다.
단 발 ②발동기를 하나만 장치한 것.

斷髮 머리털을 짧게 깎거나 자름.
단 발 ―머리. ―한 소녀.

單方 ①한 가지 약만을 쓰는 약방문.
단 방 ②신통한 효력이 나는 약. ―文

斷産 아이를 낳지 않거나 못 낳게 됨.
단 산 마흔 살에 ―을 하다.

壇上 단의 위.
단 상 ―에 올라서다.

單色 한 가지 빛깔.
단 색 ―版(판). ―畫(화)

但書 본문 다음에 但 자를 쓰고, 예
단 서 외를 제시하는 글.

端緒 ①실마리. ―를 얻다. ②사실이
단 서 진행되는 시초. 역사적 ―.

短簫 퉁소보다 조금 짧은 관악기.
단 소 ―를 불다.

團束 단단히 다잡음.
단 속 화기 ―. 음주 운전을 ―하다.

斷續 끊어졌다 이어졌다 함.
단 속 ―器(기). ―音(음)

斷水 수도물의 공급을 중단함.
단 수 ― 시간

單純 복잡하지 않고 간단함.
단 순 ―한 문제. ―한 일.

單式 ①단순한 방식. ― 부기. ― 인쇄
단 식 ②한 사람끼리 맞서는 방식. ― 탁구

斷食 일정한 동안 음식을 먹지 아니
단 식 함. ―농성. ―투쟁

單身 홀몸
단 신 ―으로 상경하다.

端雅 단정하고 아담함.
단 아 ―한 용모.

斷案 옳고 그름을 딱 잘라서 판단함.
단 안 또는 그 판단. ―을 내리다.

斷崖 낭떠러지
단 애 깎아지른 듯한 ―.

丹藥 먹으면 신선이 된다는 약.
단 약 月宮(월궁)의 ―.

單語 낱말
단 어 ―集(집). ―의 풀이.

斷言 딱 잘라서 말함.
단 언 ―할 근거.

端役 연극·영화 등에서 비중이 적
단 역 고 간단한 배역. 엑스트라

斷然 두말 할 것도 없이 확실하게.
단 연 ― 두각을 나타내다.

斷熱 열의 전도를 차단함.
단 열 ―材(재). ―벽돌

端午 음력 5월 5일의 명절.
단 오 ―부채. ―날의 그네뛰기.

單元 하나로 편성한 학습 단위.
단 원 ― 학습

團員 단체의 구성원.
단 원 응원단의 ―.

單院制 하나의 院으로 이루어진 의
단 원 제 회 제도. ―와 양원제.

單位 수·양·무게 등의 기본이 되
단 위 는 기준. 무게의 ―. ― 시간

單音 자음과 모음으로 이루어지는
단 음 낱낱의 소리. 홀소리

短音 짧게 나는 소리.
단 음 ―과 장음.

單一 단 하나. 또는 구성이 하나로
단 일 되어 있음. ― 민족. ―語(어)

單子 ①선물의 이름과 수량을 적은
단 자 목록. ②사주를 적은 종이.

丹粧 얼굴·옷차림 등을 곱게 꾸밈.
단 장 산뜻하게 ―을 하다.

短杖 짧은 지팡이.
단 장 ―을 짚으며 거니는 신사.

團長 단체의 우두머리.
단 장 응원단의 ―.

斷腸 창자가 끊어질 듯이 슬픔.
단 장 ―의 슬픔.

端的 곧바르고 명백한.
단 적 ―으로 말하라. ―인 예.

丹田 아랫배의 기해 부근.
단 전 ― 호흡

斷電 전기의 공급이 끊기거나 전기의
단 전 공급을 끊음. ― 사태

斷絶 관계를 끊음. =斷切(단절)
단 절 국교

短點 부족한 점. 결점
단 점 ―과 장점. ―을 고치다.

端正 얌전하고 조촐함.
단 정 ―한 옷차림. ―한 행실.

斷定 딱 잘라 결정함.
단 정 ―을 내리다. ―지어 말하다.

單調 같은 것만 되풀이되어 새로운 맛
단 조 이 없음. ―로운 선율. ―로운 생활.

短調 단음계로 된 곡조.
단 조 ―와 장조.

端坐 단정하게 앉음.
단 좌 ―하여 명상에 잠기다.

斷罪 죄를 처단함.
단 죄 ―할 날. 엄한 ―.

斷酒 마시던 술을 끊음.
단 주 ―하기로 결심하다.

但只 다만. 오직
단 지 ― 물는 말에만 답하라.

團地 같은 종류의 것을 집단적으로 형
단 지 성한 곳. 공업 ―. 주택 ―. 채소 ―

丹靑 옛날식 건물에 여러 가지 그
단 청 림이나 무늬를 그린 채색.

團體 같은 목적을 위하여 모인 집단.
단 체 ─ 행동. ─ 생활

短縮 짧게 줄임.
단 축 ─ 시간. 거리를 ─하다.

團聚 식구끼리 화목하게 한데 모임.
단 취 온 집안이 ─하여 지내다.

單層 단 하나의 층.
단 층 ─ 건물. ─ 주택

斷層 지층이 절단되어 엇먹은 현상.
단 층 ─面(면). ─湖(호)

短針 시계의 시를 가리키는 짧은 바
단 침 늘. ─은 6을 가리키다. ─과 장침

單稱 단 하나만을 나타내는 일컬음.
단 칭 ─과 복칭.

短波 파장이 10~100m인 전파.
단 파 ─ 방송.

短篇 짧은 시문이나 소설.
단 편 ─ 소설. ─ 작가

斷片 ①끊어진 조각. 석기의 ─.
단 편 ②토막진 일부분. 생활의 ─.

斷編 내용이 도막도막 떨어진 글.
단 편 ─殘簡(잔간)

短評 짤막한 비평.
단 평 촌철살인의 ─.

丹楓 붉거나 누르게 물든 나뭇잎.
단 풍 울긋불긋한 ─. ─놀이

團合 한데 뭉치어 힘을 합함.
단 합 ─된 모습. ─한 회원.

斷行 딱 결단하여 실행함.
단 행 기구의 개편을 ─하다.

單行本 독립된 한 권으로 출판한 책.
단 행 본 ─을 발간하다.

斷乎 실행하는 태도가 결단성이 있
단 호 고 엄격함. ─한 태도.

達觀 사물의 도리에 통달한 식견.
달 관 ─의 경지에 이르다.

達辯 막히는데 없이 잘 하는 말.
달 변 ─은 아니나 조리는 정연하다.

達成 뜻한 바를 이룸.
달 성 목적을 ─하다.

達人 사물의 이치에 통달한 사람.
달 인 ─大觀(대관)의 경지.

達通 사물의 이치에 정통함.
달 통 고금의 역사에 ─하다.

達筆 글이나 글씨를 잘 쓰는 일. 또
달 필 는 썩 잘 쓴 글씨.

擔當 일을 맡음. 또는 맡은 그 사람.
담 당 ─ 구역. ─者(자)

膽大 겁이 없고 용기가 대단함.
담 대 ─한 사람.

膽略 담력과 지략.
담 략 뛰어난 ─.

膽力 겁을 모르는 용감한 기운.
담 력 ─이 세다. ─이 크다.

談論 담화와 의논.
담 론 ─을 나누다.

淡泊 ①욕심이 없이 조출함. ─한 사람.
담 박 ②느끼하지 않고 산뜻함. ─한 맛.

擔保 채무자가 채권자에게 채무 변
담 보 제의 보증을 제공하는 일.

擔稅 납세의 의무를 짐.
담 세 ─ 능력. ─者(자)

談笑 웃으면서 이야기함.
담 소 ─를 나누다. ─自若(자약)

淡水 민물
담 수 ─魚(어). ─湖(호)

擔任 어떤 임무를 맡음.
담 임 ─ 교사. 학급 ─

禫祭 대상을 치른 다음 다음 달에
담 제 지내는 제사. ─를 지내다.

談判 쌍방이 판단을 짓기 위해 의견을
담 판 교환함. ─을 벌이다. ─을 짓다.

談合 남이 모르게 미리 의논하여 정
담 합 함. ─ 가격. ─ 행위

談話 담 화 ①서로 주고받는 이야기. ②일정한 문제에 대한 의견을 공식적으로 발표하는 말.

答禮 답 례 남에게서 받은 인사를 갚음. 또는 그 인사. —를 하다.

答訪 답 방 남의 방문을 받은데 대하여 그 답례로 방문함. 또는 그런 방문.

答辯 답 변 물음에 대하여 대답함. 또는 그 대답. —을 회피하다.

踏步 답 보 제자리 걸음. 또는 제자리에 머물러 있음. — 상태

答辭 답 사 축사 등에 대하여 대답으로 하 는 말. 간단한 —를 하다.

踏査 답 사 실지로 현장에 가서 조사함. 현지 —. —隊(대)

踏襲 답 습 전해 내려오는 그대로 본받아 함. 낡은 제도의 —.

答申 답 신 상부 기관이나 윗사람의 물음에 대해 의견을 말함. —書(서)

答信 답 신 회답으로 보내는 소식이나 통 신. —을 보내다. —이 오다.

答案 답 안 물음에 대한 대답 내용. —紙(지). —을 작성하다.

答狀 답 장 회답하는 편지. —을 보내다. —이 오다.

遝至 답 지 한 군데로 몰려듦. 고객이 —하다. —한 서신.

踏破 답 파 멀거나 험한 길을 걸어서 돌파 함. 지리산을 —하다.

當局 당 국 어떤 일을 직접 맡아 하는 기 관. 경찰 —. 행정 —. —者(자)

堂內 당 내 동성 동본의 유복친. 곧 팔촌 이내의 일가. —至親(지친)

糖尿 당 뇨 당이 많이 섞여 나오는 오줌. —病(병)

堂堂 당 당 ①겉모습이 의젓함. —한 체구. ②거 리낌 없고 떳떳함. —하게 싸워라.

當代 당 대 ①그 시대. —의 명필. ②사람의 일대. —에 부자가 되다.

當到 당 도 일정한 곳이나 정한 기일에 이름. 목적지에 —하다. 기일이 —하다.

唐突 당 돌 꺼리거나 어려워함이 없이 다 부짐. —한 아이. —하게 굴다.

當落 당 락 당선과 낙선. —이 판가름나다.

螳螂 당 랑 버마재비. 사마귀. —拒轍(거철)

黨略 당 략 정당의 계략. 黨利(당리)—

黨論 당 론 정당이나 당파의 의견이나 논 의. —이 결정되다. —이 갈리다.

黨利 당 리 정당의 이익. —黨略(당략)

當面 당 면 일이 눈앞에 닥침. —한 과제. —한 문제.

當務 당 무 어떤 사무나 근무를 맡음. 또 는 그 사무나 근무. —者(자)

當番 당 번 번의 차례에 당함. 또는 그 차례 에 당한 사람. 청소 —. —을 서다.

當否 당 부 마땅함과 그렇지 아니함. —를 가리다. —를 논하다.

糖分 당 분 설탕의 성분. —은 피로를 회복시킨다.

當分間 당 분 간 앞으로 얼마동안. — 쉬어라.

當社 당 사 이 회사. —에서 만든 제품.

當事 당 사 어떤 일에 직접 관계함. —者(자)

黨舍 당 사 정당의 사무소로 쓰는 건물. 천막 —. —를 옮기다.

當朔 당 삭 아이를 밴 여자가 아이를 낳을 달을 맞음. — 임산부

堂上 당 상 ①대청의 위. ②정삼품인 통정대 부·절충장군 이상의 벼슬. —官

當選 당 선 선거나 심사에 뽑힘. 국회의원에 —되다. —作(작)

黨首 정당의 우두머리.
당 수 —로 추대되다.

堂叔 오촌 아저씨. 종숙
당 숙 —母(모). —父(부)

唐詩 당나라 때의 시인이 지은 시.
당 시 —選(선)

當時 일이 있던 그때.
당 시 —의 정황. —를 회상하다.

當然 마땅히. 또는 마땅함
당 연 자네 말이 —하네. —한 귀결.

堂宇 크고 화려한 집. 또는 큰 집과
당 우 작은 집의 통칭.

黨員 당에 가입한 사람.
당 원 —證(증). —으로 가입하다.

當爲 마땅히 행해야 됨.
당 위 —性(성). — 법칙

當場 무슨 일이 생긴 바로 그 자리. 또
당 장 는 그 자리에서 곧. — 물러가라.

黨爭 당파의 싸움.
당 쟁 —이 끊이지 않는다.

黨政 정당과 정부. 또는 여당과 정부.
당 정 — 협의

當座貸越 예금 잔고 이상의 수표 발행에
당 좌 대 월 대해 은행이 지급하는 일.

當直 숙직이나 일직의 번을 듦. 또
당 직 는 그 사람. —者(자)

堂姪 오촌 조카. 종질
당 질 —女(녀). —婦(부)

撞着 말이나 행동이 앞뒤가 맞지 아
당 착 니함. 모순 —. 자가 —

當籤 제비에 뽑힘.
당 첨 —者(자). 복권에 —되다.

當初 애초. 또는 처음부터 도무지.
당 초 —의 계획. —에 이해할 수 없다.

黨派 당의 파벌.
당 파 — 싸움

堂下官 정삼품의 통훈대부·어모장군
당 하 관 이하의 벼슬이나 벼슬아치.

當該 바로 그것에 해당하는.
당 해 — 기관. — 사건

堂號 당우의 호.
당 호 오죽헌이란 —가 눈을 끈다.

當婚 결혼할 나이가 됨.
당 혼 —감. —한 딸.

唐慌 놀랍거나 다급하여 어쩔 줄 모
당 황 름. —하여 어쩔 줄을 모르다.

大家 어떤 부문에서의 권위자.
대 가 음악의 —. 동양화의 —.

大駕 임금이 탄 수레.
대 가 —를 호종하다. — 파천

代價 ①물건의 값으로 치르는 돈. ②한 일
대 가 에 대한 보수나 희생의 결과.

臺諫 사헌부와 사간원의 벼슬.
대 간 —의 자리에서 물러나다.

大喝 큰 소리로 꾸짖음.
대 갈 —一聲(일성)

大監 정이품 이상의 벼슬아치를 높
대 감 여 부르는 말. —마님

大綱 대체의 줄거리. 또는 세밀하지 아
대 강 니한 정도로. 사건의 —을 말하다.

大概 대체적인 사연. 또는 대체로
대 개 작품의 —. — 내일 출발한다.

大擧 ①규모가 큰 거사. 역사적인 —. ②많
대 거 은 사람이 한꺼번에. —몰려들다.

帶劍 ①검을 참. 또는 찬 그 검.
대 검 ②소총의 검구에 꽂는 칼.

對決 서로 맞서서 승부나 흑백을 겨
대 결 룸. 용호상박의 —.

大計 큰 계획.
대 계 百年(백년)—를 세우다.

大功 ①큰 공로. —을 세우다. ②아홉
대 공 달 동안 입는 복제. —親(친)

對空 공중 목표에 대항함.
대 공 — 사격. — 화기

大過 큰 허물. 큰 실수.
대 과 — 없이 임기를 마치다.

大觀 대관 전체를 널리 관찰함. 또는 그런 관찰. 정세를 —하다.

戴冠式 대관식 왕이 왕위에 오르면서 왕관을 쓰는 의식. —에 참석하다.

對句 대구 짝을 맞춘 글귀. —法(법)

大局 대국 큰 판국. 또는 대체의 판국. —의 이익. —的(적) 견지.

大國 대국 영토가 넓거나 경제력·군사력이 강한 나라. —의 오만.

對局 대국 바둑이나 장기를 마주 대하여 둠. —者(자). —을 지켜보다.

大君 대군 왕비가 낳은 왕자. 安平(안평)—

大權 대권 국가 원수가 그 나라를 통치하는 헌법상의 권한. —을 잡다.

大闕 대궐 궁궐. —을 드나들다.

代金 대금 물건의 값으로 치르는 돈. —을 받다. 매매 —

貸金 대금 돈을 빌려주거나 돈놀이를 함. 또는 그 돈. 高利(고리)—業(업)

大氣 대기 지구를 둘러싸고 있는 기체. — 오염

大器 대기 큰 일을 할 만한 뛰어난 인재. —晩成(만성)

待機 대기 기회를 기다림. — 장소. — 태세. — 발령

大企業 대기업 규모가 큰 기업. —과 중소 기업.

代納 대납 ①남을 대신하여 납부함. ②다른 물건으로 대신하여 냄.

對內 대내 내부나 국내에 대한 것. — 정세. —와 대외.

大多數 대다수 썩 많은 수. 또는 거의 모두. —의 국민.

大團圓 대단원 끝이나 최후의 장면. —의 막이 내리다.

大膽 대담 태도가 용감하고 담력이 셈. —한 말. —한 행동.

對談 대담 서로 마주 보고 얘기함. 또는 그 대화. —을 엿듣다. —을 나누다.

對答 대답 부름·물음 등에 응하는 말. 명확한 —. —이 없다.

代代 대대 거듭된 여러 대. —로 농사일에 종사하다.

大大的 대대적 일의 범위나 규모가 썩 큰. —인 개혁이 추진되다.

大德 대덕 ①넓고도 큰 덕. ②교종과 선종에서, 대사(大師)의 아래 법계.

大道 대도 ①큰길. —를 활보하다. ②큰 도리. 인륜 —. —를 깨닫다.

代讀 대독 대신해서 읽음. —者(자)

大同 대동 조금의 차이는 있으나 대체로 같음. — 단결. —小異(소이)

帶同 대동 함께 데리고 감. 수행원을 —하다.

擡頭 대두 머리를 쳐들고 나타남. 혁신 세력의 —.

對等 대등 서로 우열이 없이 맞먹음. —한 실력.

大略 대략 대체의 개략. 또는 대체로 —을 말하다. — 알고 있었다.

大量 대량 많은 분량이나 수량. — 생산

大殮 대렴 소렴 다음 날, 시신에 옷을 거듭 입히고 이불로 싸서 베로 묶는 일.

待令 대령 윗사람의 명령을 기다림. 비서가 —하다.

大路 대로 넓고 큰 길. 소로를 벗어나 —에 나서다.

大怒 대로 크게 성냄. 본음은 '대노'. —하신 할아버지.

對流 대류 가열된 유체는 위로 올라가고 그 자리에 낮은 온도의 유체가 들어가는 운동 현상.

大陸 지구 위의 큰 육지.
대 륙 아프리카 ─. ─間(간) 란도 미사일.

大陸棚 해안선에서 수심 약 200m
대 륙 붕 깊이까지의 바다의 밑부분.

代理 대신해서 일을 처리함. 또는
대 리 그렇게 일을 처리하는 사람.

對立 서로 맞섬.
대 립 노사간의 ─. 이해 관계의 ─.

大麻草 환각제로 쓰이는 삼의 이삭
대 마 초 이나 잎. ─를 피우다.

大望 큰 희망.
대 망 ─을 품다.

待望 기다리고 바람.
대 망 ─의 날이 다가오다.

對面 얼굴을 마주보고 대함.
대 면 첫 ─을 하다.

代名詞 사람이나 물건·곳·방향 등을
대 명 사 이름 대신 가리키는 단어.

大明天地 아주 환하게 밝은 세상.
대 명 천 지 ─에 그런 일도 있느냐?

對民 일반 시민을 상대로 함.
대 민 ─ 봉사 활동.

大拜 의정의 벼슬을 임명 받음.
대 배 ─의 성총을 입다.

大泛 ①까다롭지 아니함. ─한 사람.
대 범 ②애틋하지 않고 예사로움. ─한 척하다.

大便 사람의 똥.
대 변 ─을 보다.

代辯 남을 대신해서 그의 의견을 말함.
대 변 ─者(자). 중소 기업의 의견을 ─하다.

貸邊 복식 부기에서, 장부상의 계정
대 변 계좌의 오른쪽에 있는 부분.

大別 크게 나눔.
대 별 ─한 종목.

大兵 수효가 아주 많은 군대.
대 병 ─을 일으키다.

臺本 연극이나 영화를 제작하기 위하여
대 본 마련한 극작품. 연극 ─. 영화 ─

代父 카톨릭에서, 세례를 받을 때 신앙
대 부 의 증인이 되어 주는 남자 후견인.

貸付 돈이나 물건을 꾸어주거나 빌
대 부 려줌. ─金(금). 신용 ─

大部分 반이 훨씬 넘는 수효나 분량.
대 부 분 또는 거의 다. ─ 찬성하다.

大妃 선왕(先王)의 후비.
대 비 ─마마. 大王(대왕)─

對比 서로 비교함. 또는 그 비교.
대 비 힘을 ─하다.

對備 앞으로 있을 일에 대응하기 위하
대 비 여 미리 준비함. 수해에 ─하다.

大使 외국에 주재하면서 자기 나라를
대 사 대표하여 외교 활동을 하는 사람.

大事 결혼·회갑·초상 따위의 큰일.
대 사 ─를 치르다. ─에 낭패 없다.

大師 덕이 높은 중.
대 사 四溟(사명) ─

大赦 통치권자가 형의 선고 효과를 소
대 사 멸시키거나 삭감하는 일. ─令(령)

臺詞 배우가 각본에 따라 무대 위에
대 사 서 하는 말. ─를 외다.

大祥 사람이 죽은 지 두 돌이 되는
대 상 날 지내는 제사. 소상과 ─.

大賞 경연 대회에서, 가장 우수한 성
대 상 적을 낸 사람이나 단체에 주는 상.

代償 ①다른 물건으로 대신 물어줌.
대 상 ②남을 대신하여 갚아줌.

帶狀 띠처럼 좁다랗게 긴 모양.
대 상 ─ 포진. ─ 도시

隊商 사막 지방에서, 낙타에 짐을 싣고 떼
대 상 를 지어 먼 곳으로 다니는 상인들.

對象 ①어떤 일의 상대나 목표.
대 상 ②인식 활동이 행하여지는 객체.

大書 글씨를 크게 씀. 또는 크게 쓴
대 서 글씨. ─特筆(특필)

代書 남을 대신해서 서류 등을 씀.
대 서 ─業(업). ─所(소)

大選 대통령 선거.
대 선 —을 치르다.

大成 크게 이루거나 이루어짐.
대 성 기업가로 —하다.

大姓 겨레붙이의 수효가 많은 성.
대 성 —家門(가문)

大勢 진행되는 어떤 현상의 결정적
대 세 인 형세. —가 기울다. —을 살피다.

大笑 큰 소리로 웃음.
대 소 박장 —. 앙천 —

大乘 모든 인간을 깨달음에로 이끌어야
대 승 한다고 주장하는 불교의 교파.

大食 음식을 많이 먹음.
대 식 —家(가). —과 소식.

代身 남을 대리함.
대 신 아버지 — 내가 왔다.

大惡無道 아주 악독하여 인륜에 어
대 악 무 도 긋남. —한 놈.

代案 어떤 일을 대신하는 다른 안.
대 안 —을 내놓다.

對岸 강·바다 등의 건너편에 있는
대 안 기슭. —의 강 연덕. —之火(지화)

大洋 큰 바다.
대 양 —을 항해하다.

大業 큰 사업. 또는 나라를 세우는
대 업 큰 일. —을 이루다.

貸與 빌려 주거나 꾸어 줌.
대 여 — 양곡. —金(금)

大逆 왕권을 침범하거나 부모를 살
대 역 해하는 등의 큰 죄. —無道(무도)

代役 남이 하던 일을 대신하여 하는
대 역 역. —을 맡다.

對譯 원문에 번역문을 나란히 세워 번
대 역 역함. 또는 그런 번역. — 사전

隊列 대를 지어 늘어선 줄.
대 열 —에 들다. —에 합류하다.

大悟 크게 깨달음.
대 오 — 각성하다.

隊伍 편성된 대열.
대 오 —를 짓다. —를 인솔하다.

大王 위대한 왕. 또는 선왕의 존칭.
대 왕 세종 —. —大妃(대비)

對外 외부 또는 외국을 대함.
대 외 — 교섭. — 활동

代用 일정한 것의 대신으로 다른 것
대 용 을 씀. 또는 그 물건. — 연료

待遇 일정한 태도로 남을 대함.
대 우 —가 좋다. —가 극진하다.

隊員 대를 구성하는 사람.
대 원 신입 —. 등반 —

大院君 종친 중에서 왕위를 계승한
대 원 군 임금의 친아버지. 興宣—

貸越 당좌대월의 준말.
대 월 —金(금). —限(한)

對應 맞서 서로 응함.
대 응 —을 하지 않다. — 사격

大義 사람이 지켜야 할 큰 의리.
대 의 —名分(명분). —를 좇다.

大意 대체의 뜻. 대략적인 뜻.
대 의 —를 파악하다.

代議 선출된 의원이 국민을 대표하
대 의 여 정무에 참여함. —政治. —員

大人 ①아버지의 높임말. ②몸이 큰 사람.
대 인 ③말과 행동이 바르고 점잖은 사람.

對人 남을 대함.
대 인 — 관계. — 방어

大任 중대한 임무.
대 임 —을 맡다.

大慈 중생을 사랑하는 마음이 큼.
대 자 —大悲(대비)

大字報 큰 글자로 씌어진 대형의
대 자 보 벽신문이나 벽보. —가 나붙다.

大作 ①뛰어난 작품. ②내용이 방대하
대 작 고 규모가 큰 작품. —을 남기다.

對酌 마주 앉아 술을 마심.
대 작 —한 죽마고우.

大腸 큰창자
대 장 ―과 소장.

臺帳 일정한 양식으로 기록한 장부
대 장 나 원부. 토지 ―. 출납 ―

大藏經 모든 불경을 망라한 경전.
대 장 경 八萬(팔만)―

大丈夫 씩씩한 남자.
대 장 부 사내 ―. ―로 태어나다.

大抵 대체로 보아서.
대 저 ― 이는 무엇을 의미하느냐?

對敵 적을 대함. 또는 맞서서 겨룸.
대 적 ―할 상대가 없다.

大殿 임금이 거처하던 궁전.
대 전 ―마마. ― 상궁

大篆 한자의 팔체서의 하나.
대 전 ―과 소전.

大戰 대규모의 전쟁.
대 전 2차 세계 ―

待接 ①마땅한 예로써 대함. 사람―
대 접 ②음식을 차려 접대함. 저녁 ―

對照 ①서로 내용을 맞추어 봄. 원문을 ―하다.
대 조 ②서로 반대적으로 대비됨. ―的(적) 현상

對坐 마주 보고 앉음.
대 좌 말 없이 ―한 두 사람.

大罪 큰 죄. 중대한 죄.
대 죄 ―를 저지르다.

待罪 저지른 죄에 대한 처분을 기다
대 죄 림. 席藁(석고)―

大衆 사회의 일반 국민. 또는 많은
대 중 사람들. ―食堂(식당). ― 가요

對症 병의 증세에 대처함.
대 증 ― 요법

大旨 대강의 뜻. 대의(大意)
대 지 ―를 파악하지 못하다.

大地 넓고 큰 땅.
대 지 푸른 ―. 끝없는 ―.

大志 마음에 품은 큰 뜻.
대 지 ―를 품다.

垈地 집터로서의 땅.
대 지 ― 면적. ―를 마련하다.

對陣 ①두 편의 군사가 마주 진을 침.
대 진 ②경기를 하기 위해 마주 대하여 섬.

對質 무릎맞춤
대 질 ― 신문. ―을 시키다.

大差 큰 차이.
대 차 ― 없다. ―가 나다.

貸借 빌려 줌과 꾸어 옴.
대 차 ― 관계. ― 대조표

對策 어떤 일에 대하여 취하는 방책.
대 책 ―을 세우다.

對處 사태에 대하여 알맞은 조치를
대 처 취함. ―하는 솜씨.

帶妻僧 아내가 있는 중.
대 처 승 ―과 비구승.

對蹠 서로 정반대가 되는 일.
대 척 ―的(적)인 현상.

大捷 크게 이김. 또는 큰 승리.
대 첩 한산 ―. 행주 ―

大廳 몸채의 방과 방 사이에 있는
대 청 큰 마루. ―에 모여 앉은 친척.

大體 ①기본적인 큰 줄거리. ―를 모른다.
대 체 ②대관절. ― 어디서 온 사람이냐?

代替 다른 것으로 바꿈.
대 체 낡은 것을 새것으로 ―하다.

對替 어떤 계정의 금액을 다른 계정
대 체 에 옮겨 적는 일. ―計定(계정)

貸出 빚으로 꾸어 주거나 빌려 줌.
대 출 ―金(금). ― 한도

代充 대신 채워 넣음.
대 충 ― 자금. ― 인원

大醉 술에 몹시 취함.
대 취 독한 술에 ―하다.

代置 딴 것으로 바꾸어 놓음.
대 치 ―한 에어컨.

對峙 서로 맞서서 버팀.
대 치 ―한 적군.

對稱 대 칭 두 도형이 점·선·면을 사이에 두고 같은 거리에 마주 놓여 있는 일.

大通 대 통 일이나 운수가 크게 트임. 운수 ─. 만사 ─이다.

大統 대 통 왕위의 계통. ─을 잇다.

大腿 대 퇴 넓적다리 ─骨(골)

大破 대 파 크게 깨뜨리거나 쳐부숨. 관군을 ─한 동학군.

代播 대 파 모를 내지 못한 논에 다른 곡식의 씨를 뿌림. ─ 작물

大敗 대 패 크게 실패하거나 크게 짐. 한산도 전투에서 ─한 왜군.

大砲 대 포 ①포. ─를 쏘다. ②허풍·거짓말의 비유. ─를 놓다.

大幅 대 폭 ①천의 넓은 폭. ②크게. 썩 많이. ─ 인상한 요금.

代表 대 표 조직이나 단체를 대신하여 그 의사를 나타냄. 또는 그 사람.

大豊 대 풍 곡식이 잘된 풍년이나 풍작. 올해도 ─이다.

待避 대 피 위험이나 피해를 일시적으로 피함. ─를 시키다. ─所(소)

代筆 대 필 남을 대신해서 글을 씀. 또는 쓴 글이나 글씨. ─한 편지.

大河 대 하 큰 강. ─小說(소설)

帶下症 대 하 증 여자의 음부에서 흰 빛이나 붉은 빛의 분비액이 흘러 내리는 병.

大旱 대 한 큰 가뭄. ─不渴(불갈)

待合室 대 합 실 역이나 병원 등에 사람들이 기다리면서 쉬는 곳.

對抗 대 항 서로 맞서서 버팀. ─ 경기. 끝까지 ─하다.

大海 대 해 넓은 바다. ─를 항해하다.

大行 대 행 임금이나 후비가 죽은 뒤에 아직 시호를 정하기 전에 부르는 말.

代行 대 행 남을 대신해서 행함. ─ 기관. 업무를 ─하다.

大形 대 형 크기가 큰 것. ─ 경기장

大型 대 형 규격이나 규모가 큰 것. ─ 자동차. ─化(화)

隊形 대 형 대오나 대열의 형태. ─을 짓다.

對話 대 화 마주 대하여 이야기함. 또는 주고 받는 그 이야기. ─를 나누다.

大會 대 회 큰 회의나 집회. 궐기 ─. 체육 ─

宅內 댁 내 상대편의 집안에 대한 높임말. ─가 두루 무고하신가?

德氣 덕 기 어질고 후한 마음씨. 또는 그래 보이는 얼굴빛. ─가 드러나다.

德談 덕 담 앞으로 잘 되기를 축복하는 말. ─을 주고 받다.

德望 덕 망 덕행으로 얻은 명망. ─이 높다.

德目 덕 목 덕을 분류한 명목. 인간으로서 지켜야 할 ─.

德分 덕 분 고맙게 해 준 보람. 선생님 ─에 합격하다.

德性 덕 성 어질고 너그러운 품성. 부녀자의 어진 ─. ─을 기르다.

德業 덕 업 어질고 착한 업적이나 사업. 고인의 ─을 기리다. ─을 쌓다.

德育 덕 육 어진 도덕적 품성을 계발하는 교육. ─과 체육.

德政 덕 정 백성을 위한 어진 정치. ─을 펴다. ─을 기리다.

德澤 덕 택 긍정적 작용을 하였을 때의 그 보람. 염려하여 주신 ─.

德行 덕 행 어질고 착한 행실. 훌륭한 ─을 기리다.

都家 같은 장사를 하는 사람들이 모여
도 가 서 장사에 관한 의논을 하는 집.

道家 도교의 교리를 신봉하는 사람.
도 가 —가 말하는 무위자연의 경지.

都監 국장이나 국훈이 있을 때, 임시로 설
도 감 치되어 그 일을 관장하였던 관아.

圖鑑 같은 종류의 사항들의 사진이나 그
도 감 림을 모아서 알기쉽게 설명한 책.

渡江 강을 건넘.
도 강 —船(선). —證(증)

道界 행정 구역인 도의 경계.
도 계 경기도와 충청북도의 —.

陶工 도자기를 만드는 사람. 옹기장이
도 공 —의 손에서 빚어진 고려 청자.

道觀 ①도교의 사원. ②도사가 도를 닦
도 관 는, 산 속의 깨끗하고 으슥한 곳.

導管 액체·가슴 등을 통하는 관.
도 관 가스 —. 원유 —

倒壞 ①건축물이 무너짐. ②정부나 기관
도 괴 이 넘어지거나 그를 넘어뜨림.

道敎 노자의 도의 사상을 교리로 하
도 교 는 중국의 종교. — 사상

道具 ①어떤 작업을 할 때 쓰는 기구.
도 구 ②목적의 달성을 위해 이용하는 방법.

盜掘 무덤이나 광물 등을 몰래 파냄.
도 굴 —犯(범). —을 당하다.

刀圭 약을 뜨는 순가락. 인신하여,
도 규 의술. —家(가). —界(계)

鍍金 쇠붙이의 겉에 금은 등을 얇게
도 금 올림. — 기술. — 반지. — 불상

都給 일을 도거리로 맡거나 맡김.
도 급 — 계약. —으로 맡다.

陶器 질그릇이나 오지그릇.
도 기 —를 굽다.

盜難 도둑을 맞는 재난.
도 난 —을 당하다. —을 맞다.

到達 목적한 곳이나 수준에 다다름. 목적
도 달 지에 —하다. 일정한 수준에 —하다.

徒黨 불순한 분자들의 무리.
도 당 괴뢰 —. 반역 —

都堂 국가의 중요한 문제를 논의하던
도 당 곳. 또는 그 기관. —의 공론.

都大體 ①전체적으로 말해서. —어떻게 되느냐?
도 대 체 ②도무지. 전연. —갈피를 잡을 수 없다.

道德 사람으로서 지켜야 할 규칙과 규
도 덕 범. —性(성). —心. —君子(군자).

滔滔 ①흐르는 물이 막힘이 없고 기운참.
도 도 ②말하는 것이 힘차고 거침이 없음.

道樂 재미나 취미로 하는 일.
도 락 꽃 가꾸는 일을 —으로 삼다.

到來 닥쳐오거나 다가옴.
도 래 시기의 —. 새로운 시대가 —하다.

度量 너그러운 마음씨.
도 량 넓은 —.

道場 불도를 닦는 곳.
도 량 청정한 —.

跳梁 거리낌없이 함부로 날뜀.
도 량 깡패의 —이 심해지다.

度量衡 길이를 재며, 분량을 되며,
도 량 형 무게를 다는 일. —器(기)

徒勞 헛된 수고.
도 로 —에 그치다.

道路 사람이나 차가 다니는 길.
도 로 고속 —. —와 교량.

塗料 물건의 부식을 방지하거나 아름답
도 료 게 하기 위하여 겉에 바르는 물감.

盜壘 야구에서 주자가 틈을 타서 다음 베이
도 루 스까지 달려가는 일. —에 성공하다.

屠戮 참혹하게 마구 죽임.
도 륙 —을 내다.

道理 사람으로서 마땅히 행해야 할
도 리 바른 길. —에 맞다. —에 어긋나다.

倒立 물구나무서기
도 립 — 운동

道立 행정 구역인 도에서 설립함.
도 립 — 공원. — 병원

塗抹 ①겉에 발라서 본디의 것을 없애거나 가
도 말 림. — 연고 ②꾸며대거나 발라 맞춤.

逃亡 달아남
도 망 —者(자). —질치다.

悼亡 죽은 사람을 생각하고 슬퍼함.
도 망 —詩(시)

都賣 생산자로부터 대량으로 사들여
도 매 소매상에게 팖. —價(가). —商

圖面 건축물·기계·토지·임야 등
도 면 을 기하학적으로 그린 그림.

圖謀 일을 이루려고 꾀함.
도 모 이익을 —하다.

都目政事 해마다 관원의 성적을 따지
도 목 정 사 어 인사 문제를 결정하던 일.

到門 과거에 급제하여 홍패를 받아
도 문 돌아옴. — 잔치

渡美 미국으로 건너감.
도 미 — 유학생

道民 행정 구역인 도의 주민.
도 민 — 대회

賭博 노름
도 박 —꾼. —場(장)

挑發 상대방을 집적거려 일을 일으
도 발 킴. 전쟁 —. — 행위

徒輩 함께 어울려 같은 짓을 하는
도 배 무리. 不良(불량)—

塗褙 벽이나 천정에 종이를 바름.
도 배 — 장판. —紙(지)

道伯 관찰사. 오늘날의 도지사.
도 백 —이 도임하다.

盜伐 산의 나무를 몰래 벰.
도 벌 —한 나무. —을 막다.

盜癖 물건을 훔치는 버릇.
도 벽 —이 있다. —을 고치다.

徒步 발로 걸음.
도 보 — 여행. — 행진

到付 장수가 물건을 가지고 이곳저곳 돌
도 부 아다니며 파는 일. —꾼. — 장수

道士 도를 닦는 사람. 또는 어떤 일
도 사 에 도가 트인 사람의 비유.

倒産 ①파산함. ②아이를 낳을 때에
도 산 아이의 발이 먼저 나오는 일.

都散賣 도매와 산매.
도 산 매 —를 겸하다.

屠殺 가축 따위를 잡아 죽임.
도 살 —者(자). —場(장)

途上 어떤 일이 진행되고 있는 도중.
도 상 開發(개발)—國(국)

桃色 남녀 사이의 색정적인 것.
도 색 — 영화

圖生 살아 나가기를 꾀함.
도 생 구명 —. 근근 —하다.

島嶼 크고 작은 온갖 섬들.
도 서 — 지방. 무수한 —가 있는 남해.

圖書 서적. 또는 서적과 서화.
도 서 —館(관). — 목록

渡船 나룻배
도 선 —場(장)

導船 항구에 들어오는 배를 안전한 뱃
도 선 길로 인도함. 또는 그리하는 배.

導線 전류를 통하게 하는 쇠붙이의
도 선 줄. 구리 —.

圖說 그림을 넣어서 설명함. 또는
도 설 그 책. 식물 —

都城 서울. 또는 도읍 주위에 둘린
도 성 성곽. —을 지키다.

度數 도를 나타내는 수. 또는 횟수
도 수 —가 높은 술. —가 잦다.

徒手 맨손
도 수 — 체조

導水管 물을 끌어 들이는 관.
도 수 관 —을 보수하다.

道術 도가나 도사의 방술.
도 술 —을 부리다. —에 능하다.

蹈襲 해 내려온 방식을 그대로 따라
도 습 함. 옛날 풍속을 —하다.

都市 사람이 많이 모여 사는 곳.
도 시   공업 ―. 신흥 ―. ―와 농촌.

都是 도무지. 전연
도 시   ― 알 수 없는 일이다.

圖示 그림이나 도표로 그려서 보임.
도 시   ―한 정부의 기구.

徒食 하는 일 없이 먹기만 함.
도 식   無爲(무위)―

塗飾 칠을 하여 꾸밈.
도 식   지붕을 ―하다.

圖式 사물의 구조나 관계를 나타낸
도 식   그림이나 양식. ―을 그리다.

都心 도시의 중심.
도 심   ― 지대

圖案 일정한 모양으로 그려낸 그림.
도 안   우표 ―

陶冶 ①도자기를 구워 만드는 일과 금속을
도 야   주조하는 일. ②잘 가르치거나 훈련함.

跳躍 뛰어오름
도 약   ― 경기

堵列 많은 사람이 죽 늘어섬.
도 열   ―한 군중. ―하여 맞다.

稻熱病 벼에 생기는 병의 한 가지.
도 열 병   ―을 예방하는 약.

倒影 수면에 거꾸로 비친 그림자.
도 영   호수에 비친 산의 ―.

陶藝 도자기를 구워 만드는 기술.
도 예   ― 작품

度外視 상관하거나 문제로 삼거나
도 외 시   하지 아니함. 여론을 ―하다.

盜用 남의 것을 허가 없이 몰래 씀.
도 용   이름을 ―하다.

桃源境 아름다운 곳. 인신하여, 이상
도 원 경   향. ―에서 놀다.

都邑 서울
도 읍   ―을 정하다.

道義 도덕적인 의리.
도 의   ―心(심). ―的(적)인 책임.

道人 =道士(도사)
도 인   ―이 나타나 길을 일러주다.

到任 지방관이 임지에 이름.
도 임   ―한 신관 사또.

導入 끌어들이거나 받아들임.
도 입   신진 기술의 ―.

陶磁器 질그릇 · 오지그릇 · 사기그
도 자 기   릇의 총칭. ― 공장

道場 무술(武術)을 익히는 곳.
도 장   태권도 ―

塗裝 물체의 거죽을 곱게 바르거나
도 장   칠함. ―工(공). ― 공사를 맡다.

圖章 인장(印章)
도 장   ―을 새기다. ―을 찍다.

到底 ①아주 대단하고 깊음. 정성이 ―하다.
도 저   ②아무리 하여도. ―히 이해할 수 없다.

盜賊 도둑
도 적   ―을 잡다. ―의 무리.

挑戰 싸움을 돋우어 걺.
도 전   ― 행위. 세계 기록에 ―하다.

道政 한 도의 행정 업무.
도 정   ―을 파악하다.

道程 길의 이수. 또는 여행의 경로.
도 정   ―標(표). ―이 적혀 있는 지도.

搗精 곡식을 찧거나 쓿음.
도 정   ― 공장. ―米(미). ―料(료)

徒弟 고용되어 일을 해 주면서 일을
도 제   배우는 사람. ― 제도

賭租 농토를 부치는 대가로 내는 현
도 조   물. ―를 물다. ―를 받다.

逃走 달아남. =逃亡(도망)
도 주   ―한 범인.

途中 ①길을 가는 중간. ― 하차
도 중   ②일이 진행되는 과정. 강의 ―

賭地 일정한 대가를 내고 이용하는
도 지   남의 논밭이나 땅. ―논

到着 일정한 곳에 다달음.
도 착   ― 시간. ―地(지)

倒錯 거꾸로 뒤바뀜.
도 착　前後(전후) ―

圖讖 미래의 길흉에 관하여 예언하는
도 참　술수. 또는 그런 내용을 적은 책.

到處 가는 곳마다의 여러 곳.
도 처　―靑山(청산). ―에 널려 있는 음식점.

度牒 나라에서 중에게 내주던 신분증.
도 첩　―을 받다.

道薦 감사가 자기 도 안에서 학식이 높은 사
도 천　람을 임금에게 추천하던 일. ―進士

盜聽 몰래 훔쳐 들음.
도 청　― 장치

道廳 도의 행정 사무를 보는 곳.
도 청　京畿(경기) ―

導體 열이나 전기를 전하는 물체.
도 체　半(반)―. 不(부)―

屠畜 가축을 잡아 죽임.
도 축　―場(장). 하루에 ―하는 소.

導出 어떤 판단이나 결론을 이끌어
도 출　냄. ―된 결론.

陶醉 ①거나하게 술이 취함. ②마음이
도 취　쏠리어 열중함. 음악에 ―하다.

倒置 뒤바꾸어 놓거나 뒤바뀜.
도 치　문장 성분의 ―.

搗砧 종이나 피륙을 다듬이질하여
도 침　반드럽게 하는 일. ―을 맞다.

塗炭 몹시 곤란하고 고통스러운 지경.
도 탄　민생이 ―에 빠지다.

淘汰 환경에 적합하지 않게 된 생물
도 태　이 사라져 버리는 현상. 자연 ―

都統 도합. 또는 도무지
도 통　― 무슨 말인지 모르겠다.

道通 사물의 도리를 환하게 깨달아
도 통　앎. ―한 사람.

道統 도학을 전하는 계통.
도 통　―을 잇다.

圖版 인쇄물에 실리는 그림.
도 판　―의 제작을 끝내다.

道袍 보통의 예복으로 입는 남자의
도 포　웃옷. ― 입고 논 썰기.

圖表 사물의 수량이나 계통을 그림
도 표　으로 나타낸 표. ―를 만들다.

逃避 도망하여 피함.
도 피　―한 용의자.

刀筆吏 아전을 낮추어 이르는 말.
도 필 리　원이 ―의 말에 현혹되다.

渡河 강을 건넘. 도강(渡江).
도 하　― 작전. ―할 지점.

道學 유교 도덕에 관한 학문. 또는
도 학　성리학. ―君子(군자). ―者(자)

都合 모두 합한 것. 또는 모두 합하여.
도 합　― 얼마나 되느냐?

圖解 그림으로 설명함. 또는 그런
도 해　설명. ―를 붙이다.

圖形 그림의 모양. 또는 점·선·면
도 형　이 모여 이루어진 꼴. 평면 ―

倒婚 형제 자매 중 동생이 먼저 결
도 혼　혼하는 일. ―은 삼가야 하네.

桃花 복숭아꽃
도 화　―가 만개하다.

圖畫 그림을 그림. 또는 그려놓은
도 화　그림. ―紙(지). ―를 그리다.

導火線 ①불을 댕기는 심지.
도 화 선　②사건을 일으키는 계기.

都會 =都市(도시)
도 회　―地(지). ―病(병)

毒感 지독한 감기. 유행성 감기.
독 감　―에 걸리다.

獨居 홀로 살거나 홀로 지냄.
독 거　― 老人(노인)을 돌보다.

讀經 경문을 소리내어 읽음.
독 경　― 소리

獨寡占 독점과 과점.
독 과 점　― 상품. ― 사업

毒氣 독의 기운. 또는 사납고 모진
독 기　기운. ―를 품은 말투. ―어린 시선.

篤農家 농사일에 착실하고 부지런
독 농 가 한 사람. 부지런한 ―.

獨斷 혼자만의 생각으로 결단함. 또
독 단 는 그런 판단. ―的인 행위.

獨對 단 둘이 만남.
독 대 대통령을 ―하다.

督勵 감독하며 격려함.
독 려 사원을 ―하다.

獨力 혼자의 힘.
독 력 ―으로 생계를 꾸려나가다.

獨立 ①남에게 의존하지 아니함. ― 생활
독 립 ②나라가 자주권을 가짐. ― 국가

獨舞臺 경쟁하거나 대항할 상대가
독 무 대 없을 정도의 독차지판.

毒物 독성이 있는 물질이나 약. 인
독 물 신하여, 악독한 사람의 비유.

獨房 혼자서 쓰는 방.
독 방 ―을 쓰다.

獨白 연극에서 배우가 혼자서 하는
독 백 대사. 주인공의 ―. ―하듯 말하다.

獨步 남이 따를 수 없이 유일하게
독 보 존재함. ―的(적)인 존재. ―의 경지.

讀本 어떤 분야에 대한 입문서.
독 본 한문 ―. 글짓기 ―

獨不將軍 잘난체하다가 따돌림을
독 불 장 군 받는 사람.

毒蛇 독이 있는 뱀.
독 사 ―에 물리다.

毒殺 독을 먹여 죽임.
독 살 ―을 당하다.

毒煞 모질고 사나운 기운.
독 살 ―을 부리다. ―스러운 눈매.

獨床 외상
독 상 ―을 받다. ―을 차리다.

獨相 의정 세 사람 가운데 두 사람은 없이
독 상 혼자서 겸무함. ―으로 1년을 지내다.

讀書 책을 읽음.
독 서 ―三昧(삼매). ―의 계절.

獨善 자기만이 옳다고 생각함.
독 선 ―에 빠지다. ―的(적)인 행동.

獨先生 한 집안의 아이만을 맡아서
독 선 생 가르치는 선생. ―을 두다.

毒舌 독살스러운 말이나 욕설.
독 설 ―을 퍼붓다. ―을 늘어놓다.

毒性 독이 들어 있는 성질.
독 성 ―이 강하다.

毒素 독이 있는 화합물. 또는 해로
독 소 운 요소. ― 조항. 사회의 ―.

讀誦 소리를 내어 읽거나 외움.
독 송 경전을 ―하다.

毒手 남을 해치려는 악독한 손아귀.
독 수 ―를 뻗치다. ―에 걸리다.

獨守空房 남편 없이 혼자 지냄.
독 수 공 방 ― 긴긴 밤을 어이 지새랴?

獨食 혼자서 먹거나 차지함.
독 식 이익을 ―하다.

篤信 종교 따위를 깊이 믿음.
독 신 ―者(자)

獨身 형제 자매나 배우자가 없는 홀
독 신 몸. ―으로 지내다. ― 여성

篤實 마음이 도탑고 정성스러움.
독 실 ―한 신자.

獨也靑靑 홀로 지조나 절개를 지
독 야 청 청 켜 언제나 변함이 없음.

毒藥 독이 있는 약.
독 약 ―을 먹다.

讀音 한자의 음.
독 음 정확한 ―.

獨子 외아들
독 자 無妹(무매) ―

獨自 자기 혼자.
독 자 ―性(성). ―的(적)인 행동.

讀者 책·신문 따위를 읽는 사람.
독 자 ―欄(란)

獨酌 혼자서 술을 마심.
독 작 ―과 대작.

獨裁 모든 권력을 쥐고 제 마음대로
독 재 처리함. — 국가. 일당 —

督戰 전투를 독려함.
독 전 —隊(대). —하는 부대장.

獨占 혼자서 차지함.
독 점 — 가격. — 기업

毒種 악독한 사람이나 짐승의 씨알
독 종 머리. 삵은 짐승 중에도 —이다.

毒酒 몹시 독한 술.
독 주 —를 연거푸 마시다.

獨走 혼자 달림. 또는 독자적으로
독 주 행동함. —를 막다.

獨奏 악기를 혼자서 연주함.
독 주 피아노 —

篤志 인정이 많고 친절한 마음.
독 지 —家(가)

瀆職 자기의 직책을 더럽힘.
독 직 — 행위

獨唱 혼자서 노래를 부름.
독 창 — 가수. —과 합창.

獨創 혼자의 힘으로 새로운 것을 만들
독 창 거나 고안해 냄. —性(성). —的(적)

毒草 독이 있는 풀. 또는 독한 담배.
독 초 —를 뽑아내다. —를 피우다.

督促 빨리 하도록 재촉함.
독 촉 —狀(장). 성화같이 —하다.

讀祝 제례 때 축문을 읽음.
독 축 초헌을 하고 —을 하다.

毒蟲 독이 있는 벌레.
독 충 —에 물리다.

毒針 독을 내쏘는 기관. 또는 독을
독 침 바른 침. 벌은 —을 가지고 있다.

獨特 특별나게 다름.
독 특 —한 구상. —한 성격.

讀破 책을 끝까지 다 읽음.
독 파 삼국지를 —하다.

禿筆 몽당붓
독 필 —로 쓴 글씨.

獨學 스승이 없이 혼자서 공부함.
독 학 —으로 대학에 들어가다.

讀解 글을 읽고 뜻을 이해함.
독 해 —力(력). 원전을 —하다.

讀後感 작품이나 글을 읽은 뒤의
독 후 감 느낌. —을 쓰다.

墩臺 평지보다 좀 높직하고 평평한
돈 대 땅. — 위에 지은 정자.

敦篤 인정이 많고 도타움. =敦厚
돈 독 정의가 —하다.

敦睦 정의가 두텁고 구순함.
돈 목 집안의 —을 꾀하다.

頓首 머리가 땅에 닿도록 꾸벅임.
돈 수 —再拜(재배)

豚兒 남에게 자기 아들을 낮추어 이
돈 아 르는 말. —와 혼약함이 어떠하오?

頓悟 갑자기 깨달음.
돈 오 —와 점오.

豚肉 돼지고기
돈 육 —으로 만든 요리.

頓絶 편지나 소식이 딱 끊어짐.
돈 절 소식이 —하다.

敦厚 인정이 많고 후함.
돈 후 정의가 —하다.

突擊 돌진하여 쳐 들어감.
돌 격 —隊(대). — 명령

突起 오똑하게 내밀거나 도드라짐.
돌 기 —한 바위.

突發 뜻밖의 일이 갑자기 일어남.
돌 발 — 사건. —的(적)인 행동.

突變 갑작스럽게 달라짐.
돌 변 안색이 —하다. —하는 정세.

突然 갑자기. 별안간
돌 연 — 변이. — 바람이 휘몰아치다.

突兀 높이 솟아서 우뚝함.
돌 올 —한 산봉우리.

突入 세찬 기세로 갑자기 뛰어듦.
돌 입 전진에 —하다.

突進 _{돌 진} 거침없이 나아감. 적진을 향해 —하다.

咄嗟間 _{돌 차 간} 순식간 —에 전세가 뒤집히다.

突出 _{돌 출} ①쑥 내밀거나 불거짐. —한 반도. ②갑작스레 튀어나옴. 적이 —하다.

突破 _{돌 파} ①뚫고 나감. 난관을 —하다. ②기준·기록을 지나서 넘음. 기록 —

突風 _{돌 풍} 갑자기 세차게 부는 바람. —이 일다.

同價紅裳 _{동 가 홍 상} 이왕이면 마음에 드는 걸로 골라잡자는 뜻.

同感 _{동 감} 똑같이 느낌. 또는 그런 느낌이나 생각. 나도 —한다.

同甲 _{동 갑} 나이가 같음. 또는 같은 나이. 나와 너는 —이라 했지?

同居 _{동 거} 같이 한 집에서 삶. — 가족

同格 _{동 격} 같은 자격이나 지위. 또는 같은 격식. —의 벗.

凍結 _{동 결} ①물이 얼어붙음. ②자금이나 자산의 사용·이동을 금지함. 자산 —

同庚 _{동 경} 같은 나이. —의 벗.

憧憬 _{동 경} 마음에 두고 생각하거나 그리워함. —하는 이상향. —하는 여인.

冬季 _{동 계} 겨울철. —올림픽. — 휴가

動悸 _{동 계} 심장의 고동이 심하여 가슴이 울렁거림. 심장의 —.

同苦同樂 _{동 고 동 락} 괴로움도 즐거움도 함께 함. —을 해 온 친구.

瞳孔 _{동 공} 눈동자 —反射(반사)

銅鑛 _{동 광} 구리를 캐는 광산. 또는 구리가 섞여 있는 광산. —을 찾다.

東歐 _{동 구} 동구라파. 동유럽 —와 서구. —의 여러 나라.

洞口 _{동 구} 동네 어귀. —에 서 있는 느티나무.

洞窟 _{동 굴} 넓은 굴. — 미술. —에 들어 가다.

東宮 _{동 궁} 왕세자나 황태자. —에 딸린 나인.

同級 _{동 급} 같은 등급. 또는 같은 학급. —生(생)

同氣 _{동 기} 형제와 자매. —의 정. —間(간)의 우애.

同期 _{동 기} 같은 기. 또는 같은 시기. — 同窓(동창). —生(생)

動機 _{동 기} 어떤 사태나 행동을 일으키게 하는 계기. 직접적 —. 범행의 —.

銅器 _{동 기} 구리 그릇. — 시대

同年 _{동 년} ①같은 해. —同月(동월) ②같은 나이. —輩(배)

同等 _{동 등} 자격·권리·처지 등이 같음. —한 권리. —의 대우를 받다.

動亂 _{동 란} 폭동·전쟁 등으로 사회가 어지러워지는 일. 6·25 —을 겪다.

棟梁 _{동 량} 기둥과 들보. 또는 한 나라나 한 집을 책임질 만한 사람의 비유.

動力 _{동 력} 기계를 움직이는 힘. —計(계). —線(선)

同列 _{동 렬} ①같은 줄. —에 서다. ②같은 위치나 수준. —에 놓다.

同僚 _{동 료} 같은 직장이나 같은 부문에서 함께 일하는 사람. 직장 —

同類 _{동 류} 같은 무리. 같은 종류. — 의식. —의 식물.

洞里 _{동 리} 마을 하늘 아래 첫 —가 우리 마을이다.

動脈 _{동 맥} 심장에서 나오는 피를 몸의 각 부문에 보내는 혈관. — 경화

同盟 _{동 맹} 같은 목적을 위하여 함께 행동하기로 약속하는 일. — 파업. — 휴교

冬眠 동물의 겨울잠.
동 면　—에서 깨어나다.

同名異人 같은 이름을 가진 다른
동 명 이 인 사람. —이 많다.

童蒙 아직 장가들지 아니한 아이.
동 몽　—先習(선습)을 배우다.

同門 같은 문하.
동 문　—受學(수학)

東問西答 물음에 대하여 얼토당토
동 문 서 답 않은 대답을 함.

動物 움직여 다닐 수 있고 감각할
동 물 수 있는 생물. —圓(원). —과 식물.

同伴 길을 가거나 일을 할 때 같이
동 반 짝을 함. —者(자). 부인을 —하다.

東班 문관의 반열.
동 반　—과 西班(서반).

東方 ①동녘. 동쪽. —과 西方(서방).
동 방 ②동쪽 지방. — 예의지국.

洞房 신방. 또는 침실
동 방　—華燭(화촉)

同榜及第 대과에, 같은 때에 함께
동 방 급 제 급제함. —한 사람.

同輩 같은 또래의 사람.
동 배　—間(간)의 정의.

同病相憐 곤란한 처지에 있는 사람들끼
동 병 상 련 리 서로 딱하게 여기고 동정함.

冬服 겨울에 입는 옷.
동 복　—과 하복.

同腹 한 어머니에게서 태어난 동기.
동 복　—과 이복. —兄弟(형제)

同封 두 가지 이상을 한데 넣거나
동 봉 싸서 봉함. —한 편지.

東奔西走 바쁘게 이리저리 뛰어다
동 분 서 주 님. 밤낮 없이 —하다.

凍死 얼어 죽음.
동 사　—者(자)

動詞 사람이나 사물의 움직임이나
동 사 작용 등을 나타내는 단어.

動産 움직이거나 옮길 수 있는 재산.
동 산　—과 부동산.

東床 남의 새 사위를 점잖게 이르는
동 상 말. —禮(례)

凍傷 추위에 얼어서 살가죽이 상하는
동 상 일. —에 걸리다.

銅像 구리로 만든 사람이나 동물의
동 상 형상. 이순신 장군의 —.

銅賞 금 · 은 · 동으로 등급을 가를
동 상 때의 삼등상. —을 받다.

同床異夢 겉으로는 같이 행동하면서
동 상 이 몽 속으로는 딴 생각을 함.

同色 ①같은 빛깔. 초록은 —이다.
동 색 ②같은 파벌. — 친구

同壻 자매의 남편끼리, 형제의 아내끼리의
동 서 관계. 또는 그런 관계에 있는 사람.

同棲 부부 아닌 남녀가 부부로 한
동 서 집에서 같이 삶. — 생활

東西 동쪽과 서쪽.
동 서　—南北(남북). —古今(고금)

同席 자리를 같이 함. 또는 같은 자
동 석 리. —하는 기회를 얻다.

銅線 구리줄
동 선　—전선으로 깐 —.

冬扇夏爐 필요로 하는 때가 지나
동 선 하 로 서 쓸모없이 된 것.

同性 남녀 자웅의 같은 성.
동 성　—愛(애). —과 이성.

同姓 같은 성.
동 성　—同本(동본). —은 백대지친이다.

同聲 ①같은 목소리. — 합창 ②같은
동 성 의견이나 견해. 異口(이구)—

同數 같은 수.
동 수　—의 인원.

同乘 탈것에 함께 탐.
동 승　—한 이웃 사람.

同時 같은 시간. 같은 때.
동 시　—에 뒤를 돌아보다.

童詩
동 시
어린이의 정서나 동심의 세계를 표현한 시. —와 동요.

童心
동 심
어린이의 순진한 마음. —의 세계.

東亞
동 아
동아시아의 준말. 곧 우리나라·중국·일본을 포함하는 아시아의 동북 지역.

童顏
동 안
나이 든 사람의 천진스런 어린이 같은 얼굴. 혈색이 좋은 —의 노인.

冬安居
동 안 거
중이 음력 10월 16일부터 이듬해 정월 보름날까지 수도하는 일.

東洋
동 양
동부 아시아. — 문화. —과 서양.

同業
동 업
①같은 종류의 영업. ②영업을 같이 함. 또는 그 영업. —者(자)

冬溫夏淸
동 온 하 정
겨울에는 따뜻하게, 여름에는 서늘하게, 부모를 잘 섬김.

動搖
동 요
①흔들리고 움직거림. 선체의 —. ②확고하지 못하고 흔들림. 마음의 —.

童謠
동 요
어린이들이 즐겨 부르는 노래. 또는 어린이들의 정서를 표현한 노래.

動員
동 원
①필요한 인원·물자 등을 출동시킴. ②일정한 일에 나서도록 발동시킴.

同音
동 음
같은 소리. 같은 음. —異義語(이의어)

同義
동 의
같은 뜻. —語(어)

同意
동 의
의견이나 의사를 같이함. 수정안에 —하는 사람.

動議
동 의
토의할 문제를 제기함. 또는 그 제의. 긴급 —

同異
동 이
같은 것과 다른 것. —를 변별하다.

同人
동 인
어떤 목적을 위하여 모인, 뜻을 같이 하는 사람. — 잡지

動因
동 인
발생이나 변화에 직접 작용하는 원인. 사회 발전의 —.

同一
동 일
똑같음 — 수법. —한 내용.

同字
동 자
같은 글자. —異音(이음)

童子
동 자
나이가 어린 사내아이. —보살

瞳子
동 자
눈동자 검은 —.

動作
동 작
몸놀림 —이 민첩하다.

動的
동 적
움직이는. 움직임이 있는. — 상태. —인 표현.

銅錢
동 전
구리로 만든 돈. —을 주조하다.

冬節
동 절
겨울철 —의 별미. —과 하절.

同點
동 점
같은 점수. —을 받은 사람.

東漸
동 점
점차 동쪽으로 옮음. 西勢(서세)—

同接
동 접
같은 곳에서 함께 학문을 닦음. 또는 그런 사람. — 친구

同情
동 정
남의 어려운 형편을 딱하고 가엾게 여김. —心(심). —을 베풀다.

動靜
동 정
일이 움직이거나 벌어지는 과정의 상태. 그의 —을 살피다.

童貞
동 정
한 번도 성교를 하지 아니한 순결성. —을 지키다.

同調
동 조
①같은 가락이나 음률. ②남의 의견에 찬동하여 보조를 같이 함.

同族
동 족
같은 겨레. 같은 민족. —相殘(상잔)

同種
동 종
같은 종류. —의 돼지. —의 물건.

同志
동 지
뜻을 같이 함. 또는 그런 사람. —愛(애)

冬至使
동 지 사
해마다 동짓달에 우리 나라에서 중국으로 보내던 사신.

同質
동 질
같은 성분이나 성질. 또는 같은 물질. —多像(다상). —的(적)

同參 함께 참가함.
동 참　노동 운동에 —하다.

同窓 한 학교에서 같이 공부한 관계. 또
동 창　는 그런 관계의 사람. —生. —會

胴體 머리·팔·다리·꼬리 등을
동 체　제외한 몸통. 비행기의 —.

動體 액체와 기체의 통칭. =流體
동 체　고체와 —.

冬蟲夏草 벌레의 번데기나 애벌레에 기
동 충 하 초　생하여 자라는 버섯의 일종.

同寢 남녀가 잠자리를 같이 함.
동 침　—한 여인.

動蕩 얼굴 생김이 두툼하고 아름다움.
동 탕　—한 자태.

凍太 얼린 명태.
동 태　—찌개

動態 움직이거나 변해 가는 상태.
동 태　적의 —를 살피다.

凍土 언 땅. 얼어붙은 땅.
동 토　—帶(대)

同派 같은 종파나 유파.
동 파　—의 일가. —에 속하다.

銅版 구리 평면에 새긴 인쇄 원판.
동 판　—畫(화)

同胞 같은 민족.
동 포　七千萬(칠천만) —. —愛(애)

東風 동쪽에서 불어오는 바람.
동 풍　—과 서풍. — 닷 냥이라.

東學 천도교(天道敎)
동 학　—軍(군). —黨(당)

凍害 얼어서 해를 입는 일.
동 해　—를 입다. — 방지

同行 혈통상의 같은 항렬.
동 항　—의 연장자.

同鄉 한 고향.
동 향　— 사람. —의 친구.

東向 동쪽으로 향함. 또는 동쪽 방향.
동 향　—집

動向 움직이는 경향.
동 향　사상의 —. 학계의 —.

東軒 지방 관아에서 수령들이 공사를 처
동 헌　리하던 대청. —에서 원님 칭찬하듯.

同形 같은 모양. 같은 형식.
동 형　— 배우자. —의 사물.

同好 같은 취미를 가지고 함께 좋아
동 호　함. —人(인). —會(회)

同化 다른 사물이나 현상을 닮아서
동 화　그 성질이 같아짐. — 작용

童話 어린이들을 위하여 지은 이야기.
동 화　— 작가. —劇(극)

頭角 머리 끝.
두 각　—을 나타내다.

頭巾 천으로 된 머리에 쓰는 건.
두 건　—을 쓰다.

頭腦 뇌. 머릿골
두 뇌　—가 명석하다.

斗落 마지기. 논밭의 면적을 나타내
두 락　는 단위. 논 두—.

頭領 동아리를 거느리는 우두머리.
두 령　산적의 —.

頭目 우두머리
두 목　도적의 —. 불량배의 —.

杜門不出 집 안에만 틀어박혀 세상
두 문 불 출　밖으로 나가지 아니함.

頭尾 머리와 꼬리. 또는 첫머리와 끝.
두 미　—가 없다.

頭髮 머리털
두 발　—을 자르다.

豆腐 콩을 갈아 만든 음식의 일종.
두 부　콩밭에 가서 — 찾는다.

頭狀 사람의 머리와 비슷한 모양.
두 상　—花(화). —花序(화서)

頭緒 일의 차례나 갈피.
두 서　—가 없다.

頭韻 시행의 첫머리에 다는 운.
두 운　—과 脚韻(각운).

豆乳 콩을 갈아서 만든 우유 같은
두 유 액체. —와 牛乳(우유).

頭音 음절의 첫소리.
두 음 —法則(법칙)

杜絶 교통이나 통신이 끊어짐.
두 절 통신이 —되다.

頭註 본문 위쪽 난 밖에 단 주.
두 주 —와 각주.

斗酒不辭 말술도 사양하지 않을
두 주 불 사 만큼 주량이 큼.

杜撰 틀린 곳이 많거나 전거가 정확
두 찬 하지 못한 저술.

痘瘡 천연두
두 창 —을 앓다.

頭瘡 머리에 나는 온갖 부스럼.
두 창 —에 시달리다.

頭痛 머리가 아픈 증세.
두 통 심한 —. —에 시달리다.

斗護 두둔하여 보호함.
두 호 —를 받다. —를 입다.

鈍感 감각이 무딤.
둔 감 냄새에 —하다. 유행에 —하다.

遁甲 술법을 써서 마음대로 자기 몸을 다
둔 갑 른 형상으로 화하게 함. —術. —藏身

臀部 엉덩이
둔 부 풍만한 —.

遁辭 책임을 회피하거나 모순으로부
둔 사 터 빠져 나가려고 꾸며 대는 말.

遁世 현실 사회에서 도피함.
둔 세 —家(가). — 사상

鈍才 둔한 재주. 또는 재주가 둔한
둔 재 사람. —와 英材(영재).

屯田 군대가 군량을 얻기 위하여 농
둔 전 사를 짓던 밭. —을 개간하다.

鈍重 ①덜퍽지고 육중함. —한 전동기.
둔 중 ②둔하고 무거움. —한 폭음.

屯聚 여러 사람이 한 곳에 모여 있
둔 취 음. —한 무리.

鈍濁 ①굼뜨고 흐리터분함. —한 성질.
둔 탁 ②웅성깊고 탁함. —한 소리.

鈍化 둔하게 됨.
둔 화 성장이 —하다.

得男 아들을 낳음.
득 남 —禮(례). —턱을 내다.

得達 목적한 곳에 다닫게 됨.
득 달 목적지에 —하다.

得道 도를 깨달음.
득 도 —한 중.

得隴望蜀 흡족함을 모르고 계속
득 롱 망 촉 욕심을 부림.

得勢 세력을 얻음.
득 세 —한 야당. —한 양반.

得失 얻음과 잃음. 이득과 손실.
득 실 —을 따지다.

得音 노래나 음악의 곡조가 아름다
득 음 운 지경에 이름. —한 국악인.

得意 바라던 것이 이루어져 의기가
득 의 오름. —滿面(만면). —한 기색.

得點 점수를 얻음. 또는 얻은 점수.
득 점 — 없이 무승부로 끝나다.

得罪 잘못을 저질러 죄가 됨.
득 죄 조상에게 —하다.

得票 찬성의 표를 얻음. 또는 그 표.
득 표 과반수 —로 당선되다.

等價 동등한 가치나 가격.
등 가 —物(물)

等距離 같은 거리.
등 거 리 —外交(외교)

等高線 지도에서, 같은 높이에 있는
등 고 선 지점을 연결하여 나타낸 선.

登科 과거에 급제함.
등 과 少年(소년)—

登校 학생이 학교에 출석함.
등 교 —길. — 시간

騰貴 물가가 뛰어오름.
등 귀 물가의 — 현상.

登極 임금이 왕위에 오름.
등 극 　一한 새 임금.

等級 높고 낮음이나 좋고 나쁜 차이를
등 급 　매긴 급수. 一이 낮다. 一이 오르다.

登記 권리·재산 등을 공식적인 대
등 기 　장에 올림. 一우편. 一簿(부)

登壇 ①단 위에 오름. 一한 연사. ②어떤
등 단 　분야에 등장함. 문단에 一하다.

燈臺 ①뱃길에 세운, 신호등이 있는 시
등 대 　설. ②나아갈 길을 밝혀주는 것.

騰騰 뽐내는 의기가 아주 높음.
등 등 　기세가 一하다.

騰落 값이 오르고 내리는 일.
등 락 　물가의 一. 주가의 一.

登錄 공식 장부에 정식으로 올림.
등 록 　一을 마감하다. 一金(금)

登攀 높은 곳을 기어 오름.
등 반 　一隊(대). 산악을 一하다.

謄本 원본을 베끼거나 복사한 서류.
등 본 　호적 一. 등기부 一

等分 똑 같게 나눔. 또는 그 분량.
등 분 　三一하다.

謄寫 원본에서 옮겨 베낌.
등 사 　一한 서류.

登山 산에 오름.
등 산 　一家(가). 一길

等屬 그러한 것들.
등 속 　책장과 옷장 一

等數 등급이나 순위에 따라 정한 차
등 수 　례. 一를 매기다. 一에 들다.

等式 두 수나 두 식을 같음표[=]로 묶
등 식 　어 그 값이 같음을 나타내는 식.

等身 사람의 키와 같은 높이.
등 신 　一大(대). 一佛(불)

燈心 등불을 켜는 심지.
등 심 　一을 돋우다.

等溫 온도가 같거나 일정함.
등 온 　一線(선). 一동물

等外 정한 등급의 밖.
등 외 　一品(품). 一로 밀려나다.

登用 인재를 뽑아 씀.
등 용 　인재를 一하다.

登龍門 입신 출세하는 관문. 또는
등 용 문 사람이 영달하게 되는 일.

登院 국회의원이 국회에 출석함.
등 원 　一한 의원.

燈油 등불을 켜는 데 쓰는 기름.
등 유 　一의 값이 오르다.

燈盞 기름을 담아 불을 켜는 그릇.
등 잔 　一 밑이 어둡다.

登場 ①무대나 연단에 나타남. ②어떤
등 장 　활동 분야에 임무를 띠고 나타남.

登梓 글씨나 그림을 판에 새김.
등 재 　문집을 一하다.

登載 ①신문이나 잡지 따위에 실음.
등 재 　②대장이나 장부에 올림.

登程 여행길에 오름. 또는 길을 떠남.
등 정 　유럽 여행에 一하다.

登第 과거에 급제함.
등 제 　18세에 一한 수재.

等差 등급의 차이.
등 차 　一가 나다. 一를 줄이다.

登廳 관청에 출근함.
등 청 　一길. 一이 늦다.

燈燭 등불과 촛불.
등 촉 　一을 밝히다.

登板 야구에서, 투수가 투구할 자리
등 판 에 나타남. 투수가 一하다.

燈下不明 가까이에서 일어나는 일
등 하 불 명 을 도리어 잘 모름.

等閑 어떤 일에 관심이 없거나 무심
등 한 　함. 맡은 일에 一하다.

等號 두 수나 식이 서로 같음을 나
등 호 타내는 '='으로 적는 부호.

燈火可親 가을에는 밤에 등불을
등 화 가 친 밝혀 글 읽기에 좋음.

馬脚 말의 다리. 인신하여, 숨기려던
마 각 정체. —이 드러나다.

馬具 말을 타거나 부리거나 할 때에
마 구 쓰이는 기구. —를 갖추다.

馬廐間 말을 기르는 집.
마 구 간 —에 말을 매다.

魔窟 악마의 소굴.
마 굴 —을 벗어나다.

馬券 경마에서 우승이 예견되는 말에
마 권 돈을 걸고 사는 표. —을 사다.

魔鬼 요사스런 귀신.
마 귀 —가 들다.

魔女 여자 마귀. 또는 마력을 지닌
마 녀 여자. —의 출현.

馬力 동력이나 공률의 단위.
마 력 1—은 746W의 전력에 상당한다.

魔力 까닭을 알 수 없는 이상한 힘.
마 력 —을 지니다.

摩滅 갈려서 닳아 없어짐.
마 멸 기계의 —.

磨耗 갈리어 닳아서 없어지거나 작
마 모 아짐. —率(율). —된 기계.

魔法 요술
마 법 —師(사)

馬夫 말을 부리는 사람.
마 부 —가 부리는 말.

痲痺 몸의 한 국부나 장기의 기능이
마 비 상실되는 일. 심장—

馬上 말의 등 위.
마 상 —客(객). —才(재)

魔手 음험하고 흉악한 손길.
마 수 —에서 벗어나다.

馬術 말을 잘 타거나 잘 부리는 재
마 술 주. —이 뛰어나다.

魔術 요술
마 술 —師(사). —을 부리다.

磨崖 석벽을 쪼아 갈고 글자나 그림
마 애 을 새김. —佛(불)

痲藥 마취약
마 약 —중독. —을 밀수하다.

魔王 마귀의 우두머리. 불교에서, 정법을 해
마 왕 치고 중생의 수도를 방해하는 귀신.

痲衣 삼베 옷.
마 의 —太子(태자)

馬耳東風 남의 말을 귀담아 듣지 아
마 이 동 풍 니하고 지나쳐 흘려버림.

痲雀 실내 오락 도구의 한 가지.
마 작 —으로 세월을 보내다.

馬賊 말을 탄 도적의 무리.
마 적 —이 출몰하던 만주 벌판.

馬蹄 말굽
마 제 —石(석). —形(형) 자석

磨製 갈아서 만듦.
마 제 —石器(석기)

馬車 말이 끄는 수레.
마 차 —를 몰다.

摩擦 ①두 물체가 닿아서 비벼짐. 또는
마 찰 맞대고 문지름. ②둘 사이의 알력.

摩天樓 하늘에 닿을 듯이, 수십 층
마 천 루 으로 된 높은 건축물.

痲醉 약물로 감각이나 정신을 일시
마 취 적으로 잃게 하는 일. —藥(약)

馬牌 역말을 징발하는 표로 쓰거나, 어사
마 패 가 신분증으로 대용하던 둥근 패.

痲布 삼베
마 포 —로 지은 여름 옷.

馬匹 말. 또는 말의 수를 셀 때의
마 필 말. 얼마 안 되는 —.

幕間 막 간 연극에서 막과 막의 사이. 인신하여, 일의 사이. ―劇(극). ―을 이용하다.

莫強 막 강 더할 수 없이 강함. ―한 군사력.

莫大 막 대 더할 나위 없이 크거나 많음. ―한 손실. ―한 인력.

莫論 막 론 가리고 따져 말할 것 없이. 이유 여하를 ―하고 ……

幕僚 막 료 참모총장이나 사령관에게 딸리어 참모의 일을 하는 군인.

寞寞 막 막 ①괴괴하고 쓸쓸함. 山川이 ―하다. ②안타깝고 외로움. ―한 심사.

漠漠 막 막 넓고 멀어 아득함. 앞길이 ―하다.

幕舍 막 사 임시로 간단하게 지은 집. 군인들이 ―를 짓고 경비를 하다.

莫上莫下 막 상 막 하 낫고 못하다고 할 수 없을 정도로 차이가 없음.

莫說 막 설 하던 말을 그만둠. 부질없는 이야기는 ―하라.

莫甚 막 심 더할 수 없이 심함. ―한 피해를 입다. 후회가 ―하다.

莫逆 막 역 서로 뜻이 맞아 지내는 사이가 썩 가까움. ―한 친구. ―之友(지우)

漠然 막 연 ①아득함. 실형성이 없는 ―한 이야기. ②똑똑하지 못하고 어렴풋함. ―한 생각.

莫重 막 중 더할 수 없이 소중함. ―한 임무. ―大事(대사)

幕後 막 후 막의 뒤. 인신하여, 배후 ―교섭. ―에서 조종하다.

挽歌 만 가 죽은 사람을 애도하는 시가나 노래. 또는 상엿소리

萬感 만 감 여러 가지의 느낌. ―이 교차하다.

萬康 만 강 매우 편안함. 윗사람의 안부를 물을 때 쓰는 말. 기력이 ―하시온지요?

滿腔 만 강 마음속에 가득 참. ―의 사의를 표하다.

滿開 만 개 =滿發(만발) ―한 개나리.

萬頃 만 경 지면이나 수면이 넓디넓음의 형용. ―滄波(창파)

萬古 만 고 ①오랜 세월을 통하여. ―不變(불변) ②세상에 그 유가 없는. ―의 영웅.

萬口 만 구 여러 사람의 입. ― 칭송. ―成碑(성비)

萬國 만 국 세계의 모든 나라. ―旗(기). ― 박람회

萬機 만 기 ①정치상의 여러 가지 중요한 기틀. ②임금이 보는 여러 가지 정무.

滿期 만 기 기한이 다 참. ― 제대. ―가 돌아오다.

滿喫 만 끽 잔뜩 배불리 먹고 마심. 인신하여, 욕망을 한껏 만족시킴. 자유를 ―하다.

萬難 만 난 온갖 고난. 온갖 어려움. ―을 극복하다.

晚年 만 년 늙은 시기. 또는 늙은 나이. ―에 이르러서도 기력이 왕성하다.

萬年 만 년 썩 많은 햇수. 인신하여, 늘 변함이 없는 상태. ―雪(설). ―筆(필). ― 과장

萬能 만 능 ①온갖 일에 다 능통함. ②온갖 일을 다 할 수 있음. 황금 ―의 시대.

萬端 만 단 온갖. 여러 가지. 또는 여러 가지로. ― 정회. ―으로 타이르다.

漫談 만 담 재미있고 익살스러운 말로 사회를 비판하고 풍자하는 이야기. ―家

萬代 만 대 아주 오래 이어지는 세대. 千秋―. ―子孫(자손)―. ―不易(불역)

萬籟 만 뢰 자연계에서 일어나는 온갖 소리. ―가 괴괴하다.

滿了 만 료 기한이나 한도가 차서 끝남. 임기 ―. 시효의 ―.

滿壘 만 루 야구에서, 주자가 누상에 꽉 참. ― 홈런

挽留 만 류 붙잡고 말림. 권하여 말림. 국회의원 출마를 ―하다.

萬里 _{만 리} 썩 많은 이수. 또는 썩 먼 거리. — 타향. —長城(장성)

滿滿 _{만 만} 넘칠 만큼 가득 차거나 넉넉함. 자신 —한 말. 여유 —한 태도.

滿面 _{만 면} 온 얼굴. 또는 얼굴에 가득하게 나타남. — 희색. 수심이 —하다.

滿目荒凉 _{만 목 황 량} 눈에 뜨이는 모든 것이 거칠고 처량함.

萬無 _{만 무} 만에 하나도 없음. 곧 절대로 없음. 거짓말할 리는 —하다.

萬物 _{만 물} 세상에 있는 온갖 물건. 인간은 —의 영장이다.

萬般 _{만 반} 갖출 수 있는 모든 것. 또는 온갖. —의 준비. —의 대책.

滿盤珍羞 _{만 반 진 수} 상에 가득히 차린 진기하고 맛있는 음식.

滿發 _{만 발} 꽃이 활짝 다 핌. 百花(백화)—. —한 들꽃.

萬邦 _{만 방} =萬國(만국) 세계 —에 알리다.

萬病 _{만 병} 온갖 병. —通治(통치)의 영약.

晩福 _{만 복} 늘그막에 누리는 복. —이 있다.

萬福 _{만 복} 온갖 복. 많은 복. —을 빌다.

滿腹 _{만 복} 음식을 먹어 배가 잔뜩 부름. —感(감)을 느끼다.

萬不得已 _{만 부 득 이} 정말로 어찌할 수 없어서. — 약속을 어기다.

萬分多幸 _{만 분 다 행} 정말로 아주 다행함. 너가 도와 주어 —이었다.

萬事 _{만 사} 여러 가지의 온갖 일. —亨通(형통). 세상 —

輓詞 _{만 사} =輓章(만장) —를 짓다.

滿朔 _{만 삭} 해산할 달이 다 참. —이 되다.

滿山 _{만 산} 가득 차 있는 온 산. —에 진달래가 붉게 피다.

萬象 _{만 상} 온갖 물건의 형상. 森羅(삼라)—

滿船 _{만 선} 짐이나 사람을 배에 가득 실음. —의 기쁨을 안고 돌아온 어선.

晩成 _{만 성} 늦게야 이루어짐. 大器(대기)—

慢性 _{만 성} 병이 급하지도 않고 속히 낫지도 않는 성질. — 질환. —과 急性.

萬歲 _{만 세} ①=萬代(만대) ②=萬年(만년) ③경축하고 환호하는 말. 대한민국 —

萬壽 _{만 수} 오래오래 삶. 건강을 축원할 때 쓰는 말. —無疆(무강)하옵소서.

萬乘 _{만 승} 1만대의 수레. 인신하여, 천자. —天子(천자). —之國(지국)

晩時 _{만 시} 일정한 때에 뒤늦음. —之歎(지탄)이 없지 않다.

滿身 _{만 신} 온몸 — 창이의 몸.

萬若 _{만 약} =萬一(만일) —의 경우를 생각하라.

蔓延 _{만 연} 식물의 줄기가 널리 뻗음. 인신하여, 병이 널리 번져 퍼짐.

蠻勇 _{만 용} 함부로 날뛰는 용맹. —을 부리다. —을 삼가다.

滿員 _{만 원} 정원의 수가 다 참. — 버스

滿月 _{만 월} ①보름달. —을 보다. ②=滿朔(만삭)

萬有引力 _{만 유 인 력} 우주의 온갖 물체가 서로 끌어 잡아당기는 힘.

萬人 _{만 인} 썩 많은 사람. —同樂(동락). —之上(지상)

萬一 _{만 일} ①혹시나 하는 미심스러운 경우. —의 사태. ②혹 그러한 경우에는.

萬丈 _{만 장} 1만 길. 한 없이 높음의 형용. 氣高(기고)—. 千仞(천인)—의 절벽.

輓章 _{만 장} 죽은 이를 애도하는 글. 또는 그 글을 천에 적어 기처럼 만든 것.

滿場 _{만 장} 사람들로 가득 찬 회장. 또는 그 모든 사람들. —致(일치)로 가결하다.

滿載 _{만 재} 짐 따위를 가득 실음. 짐을 —한 화물차.

萬全 _{만 전} 조금도 허술한 데가 없이 아주 안전함. —을 기하다. —之策을 세우다.

滿點 _{만 점} 규정한 최고 점수. 100점 —. —을 받다.

滿庭 _{만 정} 뜰에 차서 가득함. 또는 온 뜰. —桃花(도화)

滿朝 _{만 조} 온 조정에 가득 참. 또는 온 조정. —百官(백관)

滿潮 _{만 조} 밀물이 꽉 차게 들어 왔을 때. — 시각

滿足 _{만 족} ①마음이 흐뭇함. —한 미소를 짓다. ②흡족하게 여김. —感(감)

萬鍾祿 _{만 종 록} 썩 많은 봉록. —을 누리다.

萬座 _{만 좌} 자리에 차서 가득함. 또는 그 사람들. —한 여러분. —를 웃기다.

晩餐 _{만 찬} 손님을 청하여 함께 하는 저녁 식사. —을 베풀다.

滿醉 _{만 취} 술에 잔뜩 취함. —한 사람.

漫評 _{만 평} 체계 없이 생각나는 대로 비평함. 또는 그런 비평. 시사 —

漫筆 _{만 필} 체계 없이 부드러운 필치로 이야기 삼아 쓴 글. —과 만화.

晩學 _{만 학} 늦은 나이에 공부함. —徒(도)

萬壑 _{만 학} 첩첩이 겹쳐진 깊은 골짜기. —千峰(천봉)

蠻行 _{만 행} 야만적인 행동. —을 저지르다.

漫畫 _{만 화} 사물의 특징을 재미있게 과장하여 그린 그림. —家. — 영화

萬化方暢 _{만 화 방 창} 봄날에 온갖 생물이 나서 한창 자람.

挽回 _{만 회} 바로잡아 이전 상태를 회복함. —할 수 없는 타격을 입다.

末期 _{말 기} 일정한 기간의 끝장이 되는 시기. — 암환자. 일제 —

末年 _{말 년} ①일생의 말기. —을 편안히 보내다. ②말엽의 마지막 몇 해 동안.

末端 _{말 단} ①맨 끄트머리. 전깃줄의 —. ②조직의 아랫자리. — 사원

末路 _{말 로} ①한평생의 끝장. 독립 투사의 —. ②망하여 가는 마지막길. 일제의 —.

末尾 _{말 미} 끝 부분. 편지의 —에 적은 당부.

末伏 _{말 복} 입추 뒤에 드는, 삼복의 하나. —이 지나가다.

抹殺 _{말 살} ①있는 사실을 없앰. 고유 문화의 —. ②부정하거나 무시함. 내 의견이 —되다.

末席 _{말 석} 맨 끝자리. 또는 맨 아랫자리. —에 앉다. —과 上席(상석).

末世 _{말 세} 쇠퇴하여 끝판이 된 세상. —가 되었다고 한탄하다.

抹消 _{말 소} 적혀 있는 것을 지워서 없앰. — 등기. 장부에서 —하다.

末葉 _{말 엽} 어떤 시대의 마지막 시기. 고려 —. 15세기 —

末日 _{말 일} 그 달의 마지막 날. 그믐날 4월 —

末梢 _{말 초} 나뭇가지의 끝에서 갈리어 나간 가는 가지. 인신하여, 사물의 끝 부분.

忘却 _{망 각} 잊어버림. 자기의 책임을 —하다.

網巾 _{망 건} 상투를 한 사람이 머리카락이 흩어지지 않게 머리에 쓰는 물건.

亡國 _{망 국} ①망한 나라. —의 유민. ②나라를 망침. 또는 나라가 망함. —의 죄인.

罔極 _{망 극} 은혜나 슬픔의 정도가 그지없음. 성은이 —하다.

忘年會 망 년 회 연말에 그 해를 보내는 뜻 으로 베푸는 연회.

望臺 망 대 망을 보기 위하여 세운 대. —에 오르다.

妄動 망 동 분별없이 함부로 행동함. 또는 그 런 행동. 輕擧(경거)—. —을 삼가다.

網羅 망 라 흩어져 있는 것을 모아서 포함 시킴. 각계 대표를 —하다.

亡靈 망 령 죽은 이의 넋. —을 위무하다.

望樓 망 루 망을 보기 위하여 세운 다락집. —에 오르다.

茫漠 망 막 ①그지없이 넓고 멂. —한 사막. ②뚜 렷하지 않고 아득함. 앞일이 —하다.

網膜 망 막 눈알의 가장 안쪽에 있는 막. —炎(염)

茫茫 망 망 ①아득하게 넓고 멂. —大海 ② 막연하고 아득함. 앞일이 —하다.

亡命 망 명 정치적 탄압을 피하여 외국으로 옮김. — 생활. —의 길을 떠나다.

妄發 망 발 망녕된 언동으로 조상을 욕되게 함. 또는 그런 언동. —을 하다.

亡父 망 부 죽은 아버지. —의 유지.

亡夫 망 부 죽은 남편. —를 그리는 청상 과부.

網紗 망 사 그물 같이 성기게 짠 깁. —를 친 창.

妄想 망 상 이치에 닿지 않는 망녕된 생각. 헛된 —에서 깨어나다.

亡身 망 신 말이나 행동을 잘못하여 신분과 명예를 손상시킴. —을 당하다.

亡失 망 실 잃어버림. 신분증을 —하다.

忘我 망 아 어떤 일에 몰두하여 자기 자신 을 잊어버림. —의 경지.

亡羊補牢 망 양 보 뢰 소 잃고 외양간 고친다. 사 후에 대책을 세움의 비유.

妄言 망 언 망녕된 말. —을 되풀이하다.

茫然 망 연 ①아득함. 살길이 —하다. ②아무 생각 없이 멍함. —自失(자실)

望外 망 외 바라던 이상으로 뜻밖의. —의 기쁨.

望雲之情 망 운 지 정 객지에서 어버이를 그리 위하는 마음.

望遠 망 원 멀리를 바라봄. — 렌즈. —鏡(경)

忘恩 망 은 은혜를 잊음. —背義(배의)

望祭 망 제 먼 곳에서 조상의 무덤이 있는 쪽을 향하여 지내는 제사.

亡兆 망 조 망할 조짐. —가 들다.

望族 망 족 명망이 있는 집안. 영남의 —인 ○○李氏(이씨).

忙中閑 망 중 한 바쁜 가운데에 잠시 짜낸 겨를. —을 즐기다.

罔知所措 망 지 소 조 당황하거나 급하여 갈팡 질팡 어쩔 줄을 모름.

罔測 망 측 정상적인 상태에서 어그러져 어처구니가 없음. —한 말.

望鄉 망 향 고향을 바라보고 그리워함. — 歌

妹家 매 가 시집간 누이의 집. —에 다녀오다.

賣却 매 각 팔아버림. —한 집.

媒介 매 개 중간에서 관계를 맺어줌. —體(체). — 작용

枚擧 매 거 낱낱이 들어서 말함. —할 겨를이 없다.

賣官賣職 매 관 매 직 재물을 받아 먹고 벼슬 을 시킴. —을 일삼다.

賣國 매 국 사리 사욕을 위해 나라를 팔아 먹음. —奴(노). — 행위

買氣 상품을 사려고 하는 기운.
매 기 좀처럼 —가 사라지지 않는다.

每年 해마다
매 년 — 찾아오는 태풍.

罵倒 몹시 욕하며 꾸짖음.
매 도 정상배라고 —하다.

賣渡 팔아 넘김.
매 도 — 증서. 집을 —하다.

梅毒 생식기를 통해 전염하는 성병
매 독 의 이름. —에 걸리다.

魅力 매혹하게 하는 힘.
매 력 — 있는 목소리.

魅了 사람의 마음을 호리어 사로잡
매 료 음. 청중을 —하다.

埋立 ①우묵한 땅을 메움. —地(지)
매 립 ②＝埋築(매축). — 공사

賣買 팔고 사고 하는 일.
매 매 — 계약. — 가격

埋沒 파묻힘. 또는 파묻음
매 몰 집이 —되다. —된 논밭.

賣物 팔 물건.
매 물 —이 나오다.

每番 번번이
매 번 — 승리를 거두다.

埋伏 몰래 숨어 있음.
매 복 — 정찰. —한 군인.

每事 하나하나의 모든 일.
매 사 —에 조심하라.

買上 물건을 사들임.
매 상 추곡을 —하다.

埋設 땅 속에 묻어 설치함.
매 설 지뢰를 —하다. 가스관의 —.

枚數 매로 셀 수 있는 수효.
매 수 —를 세다.

買收 ①물건을 사들임. —한 추곡. ②꾀어서
매 수 자기 편으로 끌어들임. 돈에 —되다.

買受 물건을 사서 넘겨 받음.
매 수 기계를 —하다.

買食 음식을 사서 먹음.
매 식 —하는 날이 많다.

梅實 매화나무의 열매.
매 실 —酒(주)

煤煙 그을음이 섞인 연기.
매 연 —에 오염된 공기.

梅雨 해마다 초여름에 계속되는 장
매 우 마. —期(기)

每月 다달이. 또는 그달 그달.
매 월 — 내는 사글세.

每日 날마다. 또는 하루하루
매 일 — 하는 공부.

買入 물건을 사들임.
매 입 —者(자). — 원가

埋葬 죽은 이를 땅에 묻음. 인신하여, 어떤 사
매 장 람을 사회에서 용납하지 않고 따돌림.

埋藏 땅 속에 묻혀 있음.
매 장 —量(량). —된 지하 자원.

賣場 물건을 파는 곳.
매 장 농산물의 직거래 —.

買占 사재기
매 점 —을 단속하다. —賣惜(매석)

賣店 물건을 파는 가게.
매 점 구내 —

妹弟 누이동생의 남편.
매 제 姉兄(자형)과 —.

每週 주마다. 또는 한 주일 한 주일.
매 주 — 고향을 다녀온다.

賣盡 상품이나 표가 다 팔림.
매 진 입장권이 —되다.

邁進 씩씩하게 나아감.
매 진 앞을 바라보고 —하다.

每次 차례마다
매 차 — 무사히 통과하다.

媒體 정보 전달의 수단으로 쓰이는
매 체 것. 언론 —. 보도 —

埋築 강가나 바닷가를 메워서 뭍을
매 축 만듦. — 공사

賣春 매 춘 여자가 돈을 받고 정조를 파는 짓. ―婦(부)

賣出 매 출 물건을 내다 팖. ―額(액)

煤炭 매 탄 석탄(石炭) ―窯(요)

媒婆 매 파 중매장이 할멈. ―를 통해 청혼하다.

買辦資本 매 판 자 본 외국 자본의 앞잡이 노릇을 하여 이익을 얻는 자본.

賣票 매 표 차표나 입장권 따위를 팖. ―口(구). ―員(원)

妹兄 매 형 손윗누이의 남편. ―과 妹弟(매제).

魅惑 매 혹 남을 호리어 현혹시킴. ―的인 웃음. 청중을 ―시킨 연주회.

梅花 매 화 매화나무의 꽃. 또는 매화나무 ― 옛 등걸에 봄철이 돌아오니 …

每回 매 회 한 회마다. 또는 매번 ― 만나는 사람.

脈絡 맥 락 혈관의 계통. 인신하여, 사물의 잇닿아 있는 연관. ―이 닿다.

麥嶺 맥 령 보릿고개 ―을 겨우 넘기다.

脈脈 맥 맥 끊어짐이 없이 줄기차게. ―이 이어온 민족 정기.

脈搏 맥 박 동맥의 율동적인 움직임. ―이 뛰다. ―이 빠르다.

麥酒 맥 주 엿기름을 원료로 하여 만든 음료. ―瓶(병). ― 공장

驀進 맥 진 아주 힘차게 나아감. 적진으로 ―하는 전차.

麥秋 맥 추 보리가 익어서 거두어 들일 때. 곧 음력 4~5월. ―를 기다리는 농가.

猛犬 맹 견 사나운 개. ―에게 물리다.

猛攻 맹 공 맹렬한 공격. ―을 가하다.

孟冬 맹 동 초겨울. 또는 음력 10월. ―의 날씨.

萌動 맹 동 어떤 생각이나 일이 일어나기 시작함. 의혹이 ―하다.

猛烈 맹 렬 기세가 몹시 세참. ―한 공격. ―한 바람.

盲目 맹 목 보지 못하는 눈. 또는 어두운 눈. ―的(적)인 행위

盟邦 맹 방 동맹을 맺은 나라. 동맹국 미국은 우리의 ―이다.

盟誓 맹 서 굳게 약속함. 또는 그런 약속이나 다짐. 굳은 ―. 하느님께 ―하다.

猛省 맹 성 단단히 반성함. 잘못을 ―하다.

猛獸 맹 수 사나운 짐승. ―같이 날뛰다.

盲信 맹 신 맹목적으로 믿음. ―者(자). 종교를 ―하다.

盲啞 맹 아 장님과 벙어리. ― 학교

萌芽 맹 아 식물의 새싹. ―期(기)

盟約 맹 약 맹세하여 약속함. 또는 그런 약속. ―을 지키다.

猛威 맹 위 맹렬한 위력. 사나운 기세. ―를 떨치다.

盲人 맹 인 소경 ― 교육. ― 학교

盲腸 맹 장 대장과 소장 사이에 붙어 있는 창자. ―炎(염). ― 수술

猛將 맹 장 용맹한 장수. ― 밑에 약졸 없다.

盲點 맹 점 주의를 기울이는데도 지나쳐 버리기 쉬운 점. 법의 ―을 악용하다.

盲從 맹 종 맹목적으로 따름. 권력에 ―하다.

盟主 맹 주 동맹의 중심 인물이나 중심 국가. ―로서의 역할.

猛進 맹진 힘차게 앞으로 나아감.
적진을 향해 —하다.

孟秋 맹추 초가을. 또는 음력 7월.
—의 날씨.

孟春 맹춘 초봄. 또는 음력 정월.
—의 추위.

猛打 맹타 세차게 때리거나 공격함.
—를 퍼붓다.

猛鬪 맹투 사납게 싸움. 또는 맹렬하게
하는 싸움. —를 벌이다.

猛爆 맹폭 맹렬하게 폭격함. 또는 그런
폭격. 적의 요새에 대한 —.

孟夏 맹하 초여름. 또는 음력 4월.
—의 더위.

猛虎 맹호 사나운 호랑이.
—와 같은 기세. —出林(출림)

盟休 맹휴 同盟休學(동맹 휴학)의 준말.
—를 단행하다.

面愧 면괴 남을 대하기가 부끄러움.
—하여 고개를 숙이다.

面灸 면구 =面愧(면괴)
자네 보기가 —스럽다.

面談 면담 서로 만나서 이야기함.
—을 요청하다. —한 시간.

面對 면대 상대편과 마주 대함.
직접 —해서 의논하다.

面刀 면도 ①수염을 깎는 일. —를 하다.
②면도칼. 수염을 —로 밀다.

勉勵 면려 ①애써 노력함. —한 보람.
②남을 고무하여 노력하게 함.

冕旒冠 면류관 임금의 정복에 갖추던 관.
—을 쓰다.

面面 면면 여러 사람의 얼굴들.
—을 돌아보다. —이 인사하다.

綿綿 면면 죽 잇달아 끊임이 없음.
5천년의 —한 역사.

面貌 면모 ①얼굴 모양. 부친을 닮은 —.
②상태나 모습. —를 일신하다.

面目 면목 ①체면. 낯. —이 없다. —이 서다.
②태도나 모양. —을 일신하다.

綿密 면밀 세밀하고 찬찬함.
—한 준비. 계획을 —하게 세우다.

面駁 면박 마주보고 꾸짖어 나무람.
—을 주다. 남을 —하지 말라.

面壁 면벽 벽을 향하고 앉아 참선하는 일.
—十年(십년)에 도를 깨닫다.

面紗布 면사포 신부가 결혼식 때에 머리에
쓰는 물건. —를 쓴 신부.

面上 면상 얼굴의 위. 또는 얼굴 바닥.
—의 땀을 닦다. —을 때리다.

面相 면상 ①얼굴의 생김새. 잘 생긴 —.
②얼굴의 상. —이 좋다.

免稅 면세 세금을 면제함.
— 조치. —店(점) —品(품)

面識 면식 얼굴을 알 정도의 알음.
—이 있는 사람. —犯(범)

眠食 면식 ①자는 일과 먹는 일. ②손윗사람에
게 자기의 일상 생활을 이르는 말.

免新 면신 새로 부임한 관원이 전부터 있
는 관원들에게 한 턱 내던 일.

面約 면약 서로 만나서 약속함.
—하여 정혼하다.

免疫 면역 전염병에 걸리지 않게 되어 있
는 상태. —이 생기다.

面積 면적 넓이
논의 —. —이 넓다.

面前 면전 ①대하여 보고 있는 앞. —에서
꾸짖다. ②눈앞. —에 박두하다.

面折 면절 면대하여 몹시 꾸짖음.
—廷爭(정쟁)

面接 면접 =面對(면대)
— 시험

免除 면제 의무나 책임을 벗어나게 해 줌.
병역 —. 채무 —

綿製品 면제품 솜을 원료로 하여 만든 물품.
—과 피혁 제품.

面從 보는 앞에서만 복종함.
면 종 —腹背(복배)

面腫 얼굴에 난 부스럼이나 종기.
면 종 —이 나다.

免罪 죄를 면함. 또는 죄를 면해 줌.
면 죄 —하여 석방하다.

免職 직무에서 물러나게 함.
면 직 — 처분

綿織 무명실로 짬.
면 직 —物(물). —과 毛織(모직).

免責 책임을 면함.
면 책 — 사유. — 특권

免賤 천민의 신분을 벗고 평민이 됨.
면 천 노비를 —시키다.

免醜 여자의 얼굴이 추하다 할 정도
면 추 는 면함. 겨우 —라 할 만하다.

勉學 학문에 힘씀.
면 학 —精進(정진)한 보람.

免許 ①일정한 기술 자격. 운전 — ②일
면 허 정한 권리를 허가하여 줌. 영업 —

免禍 화를 면함.
면 화 무오사화에서 —한 선비들.

棉花 =木花(목화)
면 화 —씨

面會 만나 봄.
면 회 —를 사절하다. —를 가다.

滅共 공산 세력을 멸함.
멸 공 — 정신

滅菌 균을 죽여 없앰.
멸 균 — 소독

滅亡 망하여 없어짐.
멸 망 —한 나라.

滅門 한 집안 사람을 다 죽여 없앰.
멸 문 —之禍(지화)를 당하다.

蔑視 업신여김. 깔보아 무시함.
멸 시 —의 눈. —를 당하다.

滅族 한 가족이나 종족을 멸망시킴.
멸 족 —之禍(지화)

滅種 씨가 없어짐. 또는 씨를 없애
멸 종 버림. — 위기의 식물.

名家 이름 있는 집안. 문벌이 좋은
명 가 집안. —의 자제. —의 후예.

明鏡 맑은 거울.
명 경 —을 들여다 보다.

明鏡止水 잡념과 가식·허욕이 없이 아
명 경 지 수 주 맑고 깨끗한 마음의 비유.

名曲 이름난 악곡.
명 곡 —을 감상하다.

名公巨卿 정승·판서 등의 이름난
명 공 거 경 높은 벼슬아치들.

名官 이름난 수령.
명 관 —이라는 칭송을 듣다.

名妓 이름난 기생.
명 기 평양의 —. 삼남의 —.

明記 분명히 기록함.
명 기 —해 둔 장부.

銘記 명심하여 기억함.
명 기 6·25 동란 때의 일을 —하다.

明年 내년. 밝아오는 해.
명 년 —에는 대학에 진학한다.

名單 관계자의 이름을 적은 문서.
명 단 —을 작성하다. 참가자의 —.

明斷 명확하게 판단함. 또는 그 판단.
명 단 —을 내리다.

名談 격에 어울리게 썩 잘한 이야기.
명 담 좌중의 이목을 끈 —.

名答 격에 맞게 썩 잘한 대답.
명 답 어리석은 물음에 대한 —.

회의(會意)에 대하여

日〔해 일〕+月〔달 월〕→明〔밝을 명〕

해와 달이 있는 곳은 늘 밝다. 그
래서, 日과 月 두 자를 결합하여 明
자를 만들고, 이를 '밝을 명' 자로
쓰기로 했다. 이렇게 한자를 만드는
원리를 '회의'라 한다.

明堂 앞으로 좋은 일이 많이 생기게
명 당 된다는 묏자리나 집터. ― 자손

命途 =命數(명수)
명 도 ―가 기박하다.

明朗 ①밝고 환함. ―한 아침.
명 랑 ②유쾌하고 활발함. ―한 사람.

明麗 새뜻하게 아름다움.
명 려 山川(산천)이 ―하다.

命令 윗사람이 지시를 내림. 또는
명 령 그 지시. ―이 내리다. ―을 어기다.

明瞭 분명하고 똑똑함.
명 료 ―한 결론. ―한 대답.

名利 명예와 이익.
명 리 ―를 좇다.

名馬 이름난 좋은 말.
명 마 ―를 알아보다.

名望 명성과 인망.
명 망 ―이 높다. ―을 날리다.

命脈 생명. 인신하여, 가장 요긴한
명 맥 부분. ―을 잇다. ―을 틀어쥐다.

明滅 불이 켜졌다 꺼졌다 함. 또는
명 멸 별빛이 깜박임. ―하는 네온사인.

命名 이름을 지어 붙임.
명 명 소수서원이라고 ―하다.

明明白白 아주 명백함.
명 명 백 백 ―한 사실.

明眸 밝은 눈동자.
명 모 ―皓齒(호치)

名目 ①지목하여 부르는 이름. ―이 다르다.
명 목 ②표면상의 이유나 구실. ―을 대다.

名文 썩 잘 지은 글.
명 문 당대의 ―. ―大作(대작)

名門 ①문벌이 좋은 집안. ―巨族 ②전
명 문 통이 있는 이름난 학교. ― 대학.

命門 명치
명 문 ―이 막히다.

明文化 문서로 명확하게 밝힘.
명 문 화 ―한 계약 조건.

名物 ①그 지방에 이름난 물건. 강화― ②남다
명 물 른 특징이 있어서 인기가 있는 사람.

明媚 맑고 아름다움.
명 미 ―한 山川(산천). ―한 풍경.

明敏 영리하고 민첩함.
명 민 ―한 소년. 천성이 ―하다.

明白 아주 뚜렷하고 분명함.
명 백 ―한 사실. ―한 증거. ―한 태도.

冥福 죽은 뒤의 행복.
명 복 ―을 빌다.

名簿 관계자의 이름·주소 등을 적
명 부 은 장부. 동창회 ―

命婦 봉작을 받은 부인의 통칭.
명 부 內(내)―와 外(외)―.

冥府 저승. 또는 저승에서 죽은 사람
명 부 을 심판한다는 곳.

名分 ①신분에 따라 지켜야 할 도리. 大義―
명 분 ②내세우는 이유나 구실. ―이 없다.

名士 명성이 있는 사람. 또는 이름
명 사 난 선비. 각계각층의 ―.

名詞 사물의 이름을 나타내는 품사.
명 사 ―와 형용사.

名山 이름난 산.
명 산 ―大川(대천). 금강산은 ―이다.

名産物 어떤 지방의 이름난 산물.
명 산 물 강화의 ―인 화문석.

名産地 명산물이 나는 곳.
명 산 지 풍기는 인삼의 ―다.

冥想 고요한 마음으로 깊이 생각함.
명 상 또는 그 생각. ―에 잠기다.

名色 어떤 목적으로 불리는 이름.
명 색 ―이 호텔이지 여관보다 못하다.

明晳 분명하고 똑똑함.
명 석 ―한 두뇌.

名聲 세상에 널리 알려진 좋은 평판.
명 성 ―이 자자하다. ―을 떨치다.

明細 분명하고 자세함. 또는 그 문
명 세 서. ―書(서). 금전 출납의 ―.

名所 _{명 소} 자연 경관이나 고적 등으로 이름난 곳. 내 고장의 ─를 소개하다.

名手 _{명 수} 뛰어난 솜씨를 가진 사람. 장기의 ─. 줄타기의 ─.

命數 _{명 수} 타고난 수명. 또는 운명과 신수. ─가 짧다. 타고난 ─.

名勝 _{명 승} 이름난 자연 경치. 또는 그런 곳. ─地(지). ─ 고적. 천하의 ─.

名僧 _{명 승} 학문과 덕행이 높아서 이름난 중. ─을 찾아가다.

名詩 _{명 시} 이름난 시. 또는 썩 잘 지은 시. ─選(선). ─를 감상하다.

明示 _{명 시} 명확하게 제시함. 응모 자격을 ─하다.

明視 _{명 시} 사물을 똑똑하게 봄. ─ 거리

名實 _{명 실} 이름과 실상. ─相符(상부)

銘心 _{명 심} 마음에 깊이 새겨 둠. ─不忘(불망). 깊이 ─하다.

明暗 _{명 암} 밝음과 어둠. ─이 교차하다.

名藥 _{명 약} 약효가 좋은 이름난 약. 암 치료에 소문난 ─.

明若觀火 _{명 약 관 화} 불을 보듯 더할나위 없이 명확함. ─한 일.

名言 _{명 언} ①이치에 맞는 훌륭한 말. 천하의 ─. ②유명한 말. ─을 남기다.

名譽 _{명 예} 사회적으로 인정을 받는 떳떳한 이름이나 자랑. ─를 떨치다.

命運 _{명 운} =運命(운명) 조국의 ─을 걸다.

明月 _{명 월} 밝은 달. 空山(공산) ─. ─이 만공산하다.

名人 _{명 인} 어떤 분야의 기예가 뛰어난 사람. 판소리의 ─.

名日 _{명 일} 음력으로 해마다 일정하게 지키며 민속적으로 즐기는 날.

明日 _{명 일} =來日(내일) ─ 오전 9시에 만나자.

名作 _{명 작} 이름난 작품. 불후의 ─을 남기다.

名匠 _{명 장} 이름난 장인. 고려 청자를 구운 ─.

名將 _{명 장} 이름난 장군. 임란 때의 ─ 이순신 장군.

名節 _{명 절} ①=名日(명일). 추석 ─ ②명분과 절의. ─을 지키다.

銘旌 _{명 정} 죽은 사람의 품계·관직·본관·성씨를 적은 천으로 만든 기.

命題 _{명 제} 어떤 문제에 대한 일정한 판단이나 주장을 말로 표현한 것.

冥助 _{명 조} 신이나 부처의 도움. 부처의 가호와 ─.

明紬 _{명 주} 고치에서 켠 섬유로 무늬 없이 짠 피륙. ─ 바지. ─ 고름 같다.

命中 _{명 중} 목표물에 바로 들어 맞음. 또는 바로 마침. 화살이 과녁에 ─하다. ─率(율)

名札 _{명 찰} =名牌(명패) ─을 달다.

名刹 _{명 찰} 유명한 절. ─이 자리잡은 절경.

明察 _{명 찰} 명확하게 살핌. 전후 사정을 ─하십시요.

名唱 _{명 창} 노래를 썩 잘 부르른 사람. ─이라는 정평. 남도 ─

明哲 _{명 철} 사리에 환하게 밝음. ─한 사람. ─한 분석.

名稱 _{명 칭} 일컫는 이름. 갖가지 악기의 ─.

明快 _{명 쾌} 말이나 글의 조리가 명백하여 시원스러움. ─한 대답.

明太 _{명 태} 우리 나라 동해에서 많이 잡히는 바닷물고기의 한 가지. ─덕

名牌 _{명 패} 이름이나 직위를 적은 패. 책상 위에 있는 ─.

名筆 뛰어나게 잘 쓴 글씨. 또는 글씨를
명 필 잘 쓰기로 이름난 사람. 천하의 —.

名銜 ①성명·직업 등을 적은 종이쪽. ②
명 함 남을 높여 그의 이름을 이르는 말.

明賢 이름난 현인.
명 현 —들의 어록.

名畫 ①유명한 그림. 세계의 —.
명 화 ②유명한 영화. — 감상

明確 명백하고 확실함.
명 확 —한 말. —한 태도.

冒耕 임자의 허락 없이 남의 땅에
모 경 농사를 지음. —하는 사람.

母系 어머니의 계통.
모 계 — 사회. 父系(부계)와 —.

謀計 계책을 꾸밈. 또는 꾀한 계책.
모 계 어떤 —를 쓸 지 알 수 없다.

耗穀 환자를 받을 때에, 축이 날 것을 예상
모 곡 하고 한 섬에 몇 되씩 더 받던 곡식.

毛骨 털과 뼈.
모 골 —이 송연하다.

母校 자기가 배우고 졸업한 학교.
모 교 —의 은사.

母國 외국에 가 있을 때에 자기의
모 국 조국을 이르는 말. —語(어)

募金 기부금을 모음.
모 금 —額(액). — 운동을 벌이다.

母女 어머니와 딸.
모 녀 —가 함께 여행을 떠나다.

某年 아무 해.
모 년 — 某月(모월) 某日(모일)

冒瀆 말이나 행동으로 더럽혀 욕되
모 독 게 함. — 행위

冒頭 글이나 말의 첫머리.
모 두 —에서 한 말. — 진술

謀略 사실을 왜곡하거나 속임수를 써
모 략 서 꾸미는 꾀. — 중상. 흑제와 —.

謀利 부당한 방법으로 이익만을 꾀함.
모 리 — 간상배. —輩(배)

謀免 일이나 책임에서 꾀나 수단을
모 면 써서 벗어남. 책임을 —하다.

侮蔑 업신여겨 깔봄.
모 멸 —을 받다. —感(감)을 느끼다.

某某 아무아무
모 모 — 인사. 가 추천한 사람.

謀反 왕실을 전복할 것을 꾀함.
모 반 —罪(죄). —한 역도.

毛髮 사람의 머리털이나 몸에 난 털.
모 발 —을 깎다.

模倣 다른 것을 본뜨거나 본받음.
모 방 — 예술. —만을 일삼다.

模範 본받아 배울 만한 본보기.
모 범 — 학생. —으로 삼다.

母法 부령·시행령·규칙 등의 근거
모 법 가 되는 법률. —에 근거하다.

募兵 병사를 모집함.
모 병 —한 병정.

謀士 ①일을 잘 꾀하여 이루게 하는 사람.
모 사 ②남을 도와 계책을 세우는 사람.

謀事 일을 꾀함. 또는 그 일.
모 사 —꾼. 중대한 —를 꾸미다.

模寫 본떠서 그림.
모 사 —하여 그린 그림. —本(본)

謀殺 꾀를 써서 사람을 죽임.
모 살 —犯(범)

摸索 더듬어 찾음.
모 색 暗中(암중)—. 새로운 방법을 —하다.

母性 어머니인 여성.
모 성 —愛(애). —의 보호.

毛細血管 동맥과 정맥 사이를 잇
모 세 혈 관 는 가느다란 혈관.

矛盾 서로 대립하거나 배제하는 상태.
모 순 — 撞着(당착). 서로 —되는 현상.

某氏 아무개의 높임말.
모 씨 —의 부탁을 받다.

貌樣 겉으로 나타나 보이는 생김새
모 양 나 형상. —이 곱다. —이 사납다.

謀逆 반역을 꾀함.
모 역 　─ 행위. ─에 가담한 자.

茅屋 띠로 지붕을 이은 집.
모 옥 　초야에 묻혀 ─에서 살다.

侮辱 깔보아 욕되게 함.
모 욕 　─을 당하다. ─을 주다.

母乳 어머니의 젖.
모 유 　─로 키운 아이.

模擬 실제를 본떠서 그와 비슷하게
모 의 　시험적으로 해보는 일. ─ 시험

謀議 어떤 일을 꾀하여 의논함.
모 의 　범죄를 ─하다.

母子 어머니와 아들.
모 자 　─ 단 두 식구가 사는 집.

帽子 머리에 쓰는 쓰개.
모 자 　─를 쓰다. 여름 ─

母情 어머니의 자식에 대한 정.
모 정 　남다른 ─. ─과 父情(부정).

模造 본떠서 만듦.
모 조 　─品(품)

某種 그 어떤 종류.
모 종 　─의 사건.

毛織 털실로 짬.
모 직 　─物(물). ─과 綿織(면직).

募集 널리 구하여 모음.
모 집 　신입생 ─. ─ 요강

謀策 계책을 꾸밈. 또는 그 계책.
모 책 　─을 쓰다.

某處 아무 곳.
모 처 　─에서 만나기로 하다.

母體 ①어미되는 몸. ─의 건강 상태.
모 체 　②바탕이나 기본이 되는 본체.

暮秋 늦가을
모 추 　─의 정경.

暮春 늦봄
모 춘 　화창한 ─의 날씨.

母親 어머니
모 친 　─喪(상). 자네 ─께서 찾으신다.

母胎 ①어미의 태내. ─에 있는 태아. ②
모 태 　사물의 발생 근거가 되는 밑바탕.

毛布 담요
모 포 　─를 덮다. ─를 깔다.

毛皮 털이 붙어 있는 가죽.
모 피 　─를 가공하다.

毛筆 털붓
모 필 　─과 연필.

謀陷 나쁜 꾀로 남을 곤궁에 빠뜨림.
모 함 　─에 빠지다. 친구를 ─하다.

謀害 꾀를 써서 남을 해침.
모 해 　중상과 ─.

冒險 위험을 무릅씀.
모 험 　─家(가). ─談(담)

模型 ①실물을 모방하여 만든 물건. ②같
모 형 　은 형태의 물건을 만들기 위한 틀.

模糊 어물어물하여 분명하지 아니함.
모 호 　─한 태도. ─한 말.

慕華 중국의 문물·사상을 사모함.
모 화 　─ 사상

母后 임금의 어머니.
모 후 　단종의 ─.

牧歌 목동이 부르는 노래. 인신하여, 전원
목 가 　생활을 주제로 한 서정적인 시가.

木刻 나무에 그림·글자를 새김.
목 각 　─板(판). ─ 활자

目擊 자기의 눈으로 직접 봄.
목 격 　─談(담). ─한 사실.

木工 ①목재로 물건을 만드는 일.
목 공 　─所(소). ─ 기계 ②=木手(목수)

目睹 =目擊(목격)
목 도 　─한 광경.

牧童 풀을 뜯기며 가축을 치는 아이.
목 동 　─들의 피리 소리.

木蓮 잎이 나오기 전에 꽃이 피는,
목 련 　관상용의 낙엽 교목. ─花(화)

目禮 눈인사
목 례 　─를 보내다.

木壚 선술집에서 쓰는, 좁고 길다란
목 로 널빤지로 만든 상. —집. — 주점

目錄 ①어떤 물품의 이름을 적은 것.
목 록 도서 —. 상품 —. ②＝目次(목차)

木馬 어린아이들이 타고 놀게 만든,
목 마 말 모양의 놀이 기구.

木綿 ①＝木花(목화)
목 면 ②무명. —布(포)

牧民 임금이나 원이 백성을 다스리는
목 민 일. —官(관). —心書(심서)

目不識丁 무식함. 일자무식
목 불 식 정 —의 눈 뜬 소경.

目不忍見 눈으로는 차마 볼 수가
목 불 인 견 없음. —의 참상.

牧使 크고 중요한 고을의, 병권을
목 사 가진 원. 忠州(충주)—

牧師 개신교에서, 예배를 지도하고
목 사 교회를 관리하는 교직.

木石 나무나 돌. 인신하여, 감정이
목 석 거의 없는 사람. —같은 사람.

木船 나무로 만든 배.
목 선 —과 鐵船(철선).

目送 작별하고 가는 사람을 말 없이
목 송 눈으로 바라보면서 보냄.

木手 목재로 가구나 기구를 만들거나
목 수 건축을 하는데 종사하는 기술자.

牧羊 양을 침. 또는 양을 방목함.
목 양 —犬(견). —者(자)

沐浴 머리를 씻고 몸을 씻음. 곧 물로
목 욕 온몸을 씻는 일. — 재계. —湯(탕)

木偶 나무로 만든 사람의 형상.
목 우 —人(인)

牧者 ①양을 치는 사람. 가축을 방
목 자 목하는 사람. ②＝牧師(목사)

牧場 일정한 시설을 갖추고 가축을
목 장 치는 곳. 또는 방목지. — 주인

木材 건축·가구 제작 등에 쓰이는
목 재 재료로서의 나무. —商(상)

目的 지향하거나 실현하려고 하는
목 적 목표나 방향. —地. —을 달성하다.

牧笛 목동이 가축을 치며 부는 피리.
목 적 — 소리

目前 ①눈앞. —에서 일어난 일. ②가까운
목 전 앞날. —에 다가온 수능 시험.

木製 나무를 재료로 하여 만듦.
목 제 — 가구

木造 나무를 재료로 하여 만들거나
목 조 지음. — 건물. —船(선)

木彫 나무를 재료로 한 조각.
목 조 —品(품). — 불상

目次 목록이나 조항의 차례.
목 차 머리말 다음에 있는 —.

木柵 나무 울타리.
목 책 —을 두른 목장.

目睫 시간적으로나 공간적으로 매우
목 첩 가까움. 혼인날이 —에 박두하다.

牧草 가축에게 먹이는 풀.
목 초 — 재배. —를 저장하다.

牧畜 목장을 가지고 가축을 치는 일.
목 축 —場(장). —業(업)

目測 눈대중으로 재는 일.
목 측 —으로 거리를 재다.

木枕 나무 토막으로 만든 베개.
목 침 —을 베다.

木鐸 중이 염불할 때 두드리는 기구. 인신
목 탁 하여, 세상 사람을 인도할 만한 사람.

木炭 숯
목 탄 —을 피우다.

木版 나무에 글·그림을 새긴 인쇄
목 판 용 판. —本(본). — 인쇄

目標 행동을 통해 이루려고 하는 것.
목 표 —를 세우다. —한 지점.

木皮 나무 껍질.
목 피 草根(초근)—

目下 목전의 형편 아래. 또는 바로
목 하 지금의. —의 국제 정세.

木型 목 형 주형을 만드는 데 쓰는, 나무로 만든 모형. —ㄱ(공)

木花 목 화 피륙이나 실의 원료를 얻기 위해 재배하는 농작물의 한 가지.

木靴 목 화 문무 관복을 입을 때 신었던, 검은 녹비로 목을 길게 만든 신.

牧會 목 회 개신교에서, 목사가 교회 일을 맡아서 신앙 생활을 지도하는 일.

沒却 몰 각 마음에 두지 아니함. 염치를 —한 행위.

沒覺 몰 각 깨달아 알지 못함. 본분을 —한 행위.

沒骨 몰 골 볼품이 없게 된 얼굴 꼴이나 모양새. —이 사납다. 초라한 —.

沒年 몰 년 사람의 죽은 해. 또는 죽은 해의 나이. 生年(생년)과 —.

沒溺 몰 닉 무슨 일에 깊이 빠지거나 열중함. 연구에 —하다.

沒頭 몰 두 한 가지 일에 깊이 열중함. 사업에 —하다. 연구에 —하다.

沒落 몰 락 사회적으로나 경제적으로 쇠하여 망해 감. —한 양반. 가세의 —.

沒死 몰 사 모두 다 죽음. 교통 사고로 한 가족이 —하다.

沒殺 몰 살 모두 다 죽임. —을 당하다.

沒常識 몰 상 식 상식이 통 없음. —한 언행.

沒收 몰 수 법에 의하여 국가가 개인의 일정한 소유물을 강제로 빼앗음.

沒我 몰 아 어떤 일에 열중하여 스스로를 잊고 있는 상태. —의 경지.

沒廉恥 몰 염 치 염치가 없음. —한 인간. —한 처사.

沒人情 몰 인 정 인정이 전혀 없음. —한 사람. —하게 거절하다.

沒入 몰 입 무슨 일에 열중함. 독서삼매에 —하다.

沒知覺 몰 지 각 지각이 전혀 없음. —한 언동. —한 사람.

沒敗 몰 패 여지 없이 짐. 또는 여럿이 모두 다 짐. —를 당하다.

歿後 몰 후 사람이 죽은 뒤. — 30년의 세월이 지나다.

朦朧 몽 롱 ①달빛이 흐릿함. —한 달빛. ②가물가물 어렴풋함. —한 의식.

蒙利 몽 리 저수지·보 등 관개 시설로 부터 물을 받음. — 면적. — 구역

蒙昧 몽 매 어리석고 사리에 어두움. —人(인). —한 사람.

夢寐 몽 매 잠을 자며 꿈을 꿈. —間(간)에도 잊지 못하다.

濛濛 몽 몽 비·연기·안개·먼지 등이 자욱함. —한 포연. —한 안개.

夢想 몽 상 실현성이 없는 헛된 생각. 부질없는 —. —家(가)

夢泄 몽 설 남자가 잠을 자면서 성적인 흥분을 느껴 사정하는 일.

夢遊病 몽 유 병 자다가 갑자기 일어나서 깨었을 때와 같은 짓을 하다가 다시 자는 버릇.

蒙恩 몽 은 은혜를 입음. —을 잊지 못하다.

夢兆 몽 조 꿈의 징조. —가 나타나다.

蒙塵 몽 진 임금이 난리를 피하여 다른 곳으로 떠남. 선조가 의주로 —하다.

蒙學 몽 학 ①어린이의 글공부. — 훈장 ②몽고어에 관한 학문.

朦昏 몽 혼 痲醉(마취) —藥(약). —劑(제)

夢幻 몽 환 꿈과 환상. 곧 허황한 생각. —境(경)

墓碣 묘 갈 무덤 앞에 세우는 비. —銘(명)

妙計 묘 계 =妙策(묘책) 좋은 —를 생각해 내다.

妙技 교묘한 재주.
묘 기 ―를 발휘하다. ―百出(백출)

廟堂 의정부(議政府)의 딴이름.
묘 당 ―의 논의를 거쳐 주청하다.

墓道文字 묘표·묘지·묘비·묘갈
묘 도 문 자 등에 새긴 글.

妙齡 주로 여자의, 스물 안팎의 나이.
묘 령 ―의 아가씨.

妙理 묘한 이치.
묘 리 주역(周易)의 ―.

渺茫 넓고 멀어서 까마아득함.
묘 망 ―한 평야.

苗木 키우기 위한 어린 나무의 모.
묘 목 각종 ―을 생산하다.

妙味 미묘한 맛이나 재미.
묘 미 낚시의 ―를 체득하다.

妙方 ①교묘한 방법. ―을 생각해 내다.
묘 방 ②효험이 있는 처방. ―을 알고 있다.

墓碑 무덤 앞에 세우는 비석.
묘 비 ―를 세우다.

描寫 어떤 대상을 예술적으로 서술하
묘 사 거나 그림. 자연 ―. 현실을 ―하다.

墓所 무덤이 있는 곳.
묘 소 ―를 벌초하다.

妙數 바둑이나 장기에서, 다른 사람이 헤
묘 수 아리지 못할 묘한 수. 대마를 살릴 ―.

妙術 기묘한 술법.
묘 술 ―을 부리다.

妙案 묘한 방안.
묘 안 ―이 생각나지 않는다.

妙藥 효험이 신통한 약.
묘 약 현재로서는 암에 대한 ―이 없다.

墓域 묘소로서 정한 구역.
묘 역 선산의 ―을 둘러보다.

杳然 알 길이 없이 가마아득함.
묘 연 소식이 ―하다.

廟宇 신위를 모셔 두는 집.
묘 우 ―를 세우다. 서원의 ―.

墓祭 무덤에서 지내는 제사.
묘 제 추석에 ―를 지내다.

墓地 무덤이 있는 땅.
묘 지 ―를 정하다.

墓誌 죽은 사람의 성명·행적·생몰
묘 지 연월일·자손록 등을 적은 글.

妙策 기묘한 계책.
묘 책 ―을 생각해 내다.

妙諦 오묘한 진리.
묘 체 불경의 ―.

描出 어떤 대상이나 현상을 예술적
묘 출 으로 그려냄. 화폭에 ―하다.

苗板 못자리
묘 판 ―에 벼씨를 뿌리다.

苗圃 묘목을 심어서 기르는 밭.
묘 포 ―를 가꾸다.

墓表 무덤 앞에 세우는 푯돌. =墓標.
묘 표 ―를 세우다.

墓穴 송장을 묻는 굿.
묘 혈 ―을 파다.

廟號 임금이 죽은 뒤에 그 신주를 종
묘 호 묘에 넣고, 정해 붙이는 칭호.

無價 값을 칠 수 없을 만큼 귀중함.
무 가 ―의 보물.

無可奈 어찌 할 수가 없음.
무 가 내 ―로 나를 끌고 가다.

無間 사귀어 지내는 사이가 허물없
무 간 음. ―하게 지내다.

無疆 얼마라는 한정이 없음. 끝이 없
무 강 음. 萬壽(만수)―하옵소서.

無蓋 지붕·뚜껑·덮개가 없음.
무 개 ―車(차)

巫覡 무녀와 박수. 무당
무 격 ―의 굿.

無缺 결함이나 흠 잡을 데가 없음.
무 결 完全(완전)―

無故 아무런 연고나 사고가 없음.
무 고 가족이 모두 ―하다.

無辜 아무런 잘못이 없음.
무 고 ―한 백성.

誣告 없는 죄를 꾸며서 고소함.
무 고 ―罪(죄). ―한 사람.

貿穀 이익을 보고 팔려고 곡식이나
무 곡 쌀을 몰아서 사들임. ―商(상)

舞曲 춤을 출 때에 맞추어 추도록
무 곡 연주하는 악곡.

無骨蟲 뼈가 없는 벌레. 인신하여,
무 골 충 줏대가 없는 사람의 비유.

武功 싸움터에서 세운 공로.
무 공 혁혁한 ―을 세우다.

武科 무관을 뽑던 과거.
무 과 ―에 급제하다.

武官 군사에 관한 일을 맡은 관리.
무 관 文官(문관)과 ―.

無冠 일정한 지위가 없음.
무 관 ―의 제왕.

無關 관계나 상관이 없음.
무 관 나와는 ―한 일이다.

無關心 관심이 없음. 또는 관심을
무 관 심 가지지 아니함. ―한 태도.

無怪 괴상스러울 것이 없음.
무 괴 ―한 말.

無垢 몸과 마음이 깨끗함.
무 구 순진 ―한 어린이.

無窮 다하는 끝이 없음.
무 궁 ―한 행복. 조국의 ―한 발전.

無窮無盡 한이 없고 다함이 없음.
무 궁 무 진 ―한 힘. ―한 자원.

無菌 세균이 없음.
무 균 ― 발아. ― 병실

無極 ①동양 철학에서, 태극의 맨 시초
무 극 의 상태. ②끝 닿는 데가 없음.

無根 근거가 없음.
무 근 사실 ―. ―之説(지설)

無給 급료나 급여가 없음.
무 급 ― 휴가. ―으로 봉사하다.

武器 ①전쟁에 쓰이는 기구. ②무엇을 실시
무 기 하거나 이루기 위한 강력한 수단.

無期 일정한 기한이 없음.
무 기 ― 징역. ― 연기

無機 생명이나 활력을 가지고 있지
무 기 않음. ―物(물). ― 화합물

無氣力 몸으로 활동할 수 있는 의
무 기 력 지와 힘이 없음. ―한 사람.

無記名 이름을 쓰지 않음.
무 기 명 ― 투표

無難 ①어려울 것이 없음. ―한 일.
무 난 ②탈 잡힐 것이 없음. ―한 내용.

無男獨女 아들이 없는 사람의 외
무 남 독 녀 동딸. ―를 시집보내다.

巫女 여자 무당.
무 녀 ―와 박수.

無念 감정의 움직임이 없음.
무 념 ―無想(무상)

無能 재능이나 능력이 없음.
무 능 ―한 사람.

武斷 무력이나 위압으로 일을 단행함.
무 단 ― 정치. ― 통치

無端 아무런 까닭이 없음.
무 단 ―히 시비를 걸어 오다.

無斷 사전에 아무런 연락이나 허락
무 단 이 없음. ― 결근. ― 출입

舞臺 연극·음악·무용 등을 하기 위해
무 대 만든 장소. 인신하여, 활동 장소.

武道 ①무예와 무술. ―를 닦다.
무 도 ②무인이 지켜야 할 도의.

無道 지켜야 할 도리를 어기여 막됨.
무 도 ―한 만행.

舞蹈 서양식 춤.
무 도 ―會(회)

無毒 독성이 없음.
무 독 ―한 버섯.

無等 그 위에 더할 나위 없이.
무 등 ― 좋아하다. ―好人(호인)

無量 한량이 없음. 또는 헤아릴 수 없
무 량 이 많음. —壽(수). 감개가 —하다.

無慮 자그마치. 또는 대략
무 려 — 10만의 군중이 모이다.

武力 군사상의 역량. 군사력
무 력 — 간섭. — 시위

無力 힘이 없음. 능력이나 세력이
무 력 없음. —한 사람.

無廉 염치가 없음.
무 렴 —한 짓.

無禮 예의가 없음.
무 례 —한 말. —한 사람.

無賴漢 일정한 직업 없이 방탕하고
무 뢰 한 불량한 짓을 하는 사람.

無料 값이나 삯이 없이 거저임.
무 료 — 봉사. — 입장. — 치료

無聊 ①지루하고 심심함. —한 나날.
무 료 ②부끄럽고 열적음. —한 표정.

武陵桃源 사람들이 화목하고 행복
무 릉 도 원 하게 살 수 있는 곳.

無理 ①이치에 맞지 않고 억지스러움. ②
무 리 힘에 겨운 일을 억지로 함. —한 운동.

撫摩 어루만지고 달래면서 타이름.
무 마 피해자의 반발을 —하다.

無望 가망이 없음.
무 망 —한 사업에 손을 대다.

無妹獨子 딸이 없는 집안의 외아
무 매 독 자 들. —로 자라다.

無免許 면허가 없음.
무 면 허 — 운전. — 영업

無名 ①이름이 없음. — 용사의 무덤. ②이름
무 명 이 널리 알려져 있지 아니함. — 작가

無名指 약손가락
무 명 지 —에 낀 반지.

無謀 뒷일을 헤아리는 신중함이 없
무 모 음. —한 짓. —하게 날뛰다.

舞文曲筆 함부로 사실과 다른 글
무 문 곡 필 을 써서 세상을 농락함.

無味 ①맛이나 재미가 없음. —한 내용.
무 미 ②취미가 없음. —한 생활.

無味乾燥 글이나 그림, 분위기가 딱딱
무 미 건 조 하여 운치나 재미가 없음.

武班 무관의 반열. 무관의 벼슬.
무 반 文班(문반)과 —.

無妨 거리낄 것이 없이 괜찮음.
무 방 너가 무슨 짓을 하든 나는 —하다.

無法 ①질서가 없음. —天地(천지)
무 법 ②예법이 없음. —한 언동.

無邊 가이 없음. 끝간데 없음.
무 변 —의 광야. —의 대해.

無病 몸에 병이 없음.
무 병 —長壽(장수)

武夫 병사. 무인
무 부 文士(문사)와 —.

無分別 분별이 없음.
무 분 별 —한 행동.

無不干涉 남의 일에 함부로 간섭
무 불 간 섭 하지 아니함이 없음.

無不通知 무슨 일이든 다 통하여
무 불 통 지 모르는 것 없이 죄다 앎.

武備 =軍備(군비)
무 비 —를 갖추다.

無比 썩 뛰어나서 견줄 만한 것이
무 비 없음. —의 용맹성을 과시하다.

無非 아니 그러한 것이 없이 모두.
무 비 아들 삼형제가 — 장군감이야.

武士 무예를 익히고 군사에 종사하
무 사 는 사람. —와 文士(문사).

無事 걱정할 만한 일이 없음. 또는 사고
무 사 없이 편안함. —태평. —히 다녀오다.

無私 사사로움이 없음.
무 사 公平(공평)—

無似 닮지 않음. 같지 않음.
무 사 —한 자식.

無嗣 =無後(무후)
무 사 —한 집.

無産 재산이 없음.
무 산 ― 계급

霧散 안개가 흩어짐. 또는 안개가 걷히듯
무 산 자취도 없이 사라짐. 계획이 ―되다.

無上 그 이상 없음.
무 상 ―의 영광으로 생각하다.

無常 ①덧없음. 인생의 ―을 느낀다. ②그대로
무 상 있지 않고 늘 변함. 변화가 ―하다.

無償 보상이 없이 거저임.
무 상 ― 분배

無想無念 모든 잡념을 떠나 마음
무 상 무 념 이 빈 듯이 담담한 상태.

無色 ①아무런 빛깔도 없음. ― 투명한 유리.
무 색 ②면목이 없어 부끄러움. ―하기 짝이 없다.

無生物 돌이나 물처럼 생명이나 생
무 생 물 활 기능이 없는 물체.

無線 전선이 없음.
무 선 ― 전화. ― 송신

無性 하등 동물에서 성의 구별이 없
무 성 음. ― 생식. ― 세대

茂盛 우거져 성하거나 성하게 자람.
무 성 ―한 나무. 초목이 ―하는 여름.

無聲 소리가 없음.
무 성 ― 영화

無誠意 성의가 없음.
무 성 의 ―한 태도. ―한 사람.

無所不知 무엇이든지 알지 못하는
무 소 부 지 것이 없이 죄다 앎.

無所屬 아무 정당에도 들어 있지 않
무 소 속 음. ― 국회의원.

無消息 소식이 없음.
무 소 식 ―이 회소식이다.

無水 물기가 없음.
무 수 ― 알코올. ― 탄산소다

無數 셀 수 없이 많음.
무 수 ―한 별.

無順 정해진 차례가 없음.
무 순 좌석 ―

巫術 무당이 신령이나 영혼과 교감하여
무 술 점을 치거나 병을 고치거나 하는 일.

武術 총칼을 쓰고 말을 달림과 같은
무 술 군사에 관한 재주. ―을 닦다.

無時 일정한 때가 없음.
무 시 ―로 드나들다.

無視 존재나 값어치를 알아주지 않
무 시 거나 업신여김. ―를 당한 느낌.

無識 ①아는 것이 없음. ―한 소견. ②우
무 식 악스럽고 미욱스러움. ―하게 먹다.

武臣 무관인 신하.
무 신 文臣(문신)과 ―.

務實 실생활에 실속이 있도록 힘써
무 실 실행함. ―의 사조.

無心 ①감정이나 의식이 없음. ―한 구름. ②
무 심 걱정하거나 관심함이 없음. ―한 사람.

無雙 서로 견주어 짝할 만한 것이
무 쌍 없음. 대담 ―하다. 용맹 ―한 사람.

無我 나를 잊고 마음이 어딘가에 쏠
무 아 림. ―夢中(몽중). ―의 경지.

舞樂 춤을 곁들인 아악.
무 악 ―으로 흥을 돋우다.

無顔 부끄러워 낯을 제대로 못 듦.
무 안 ―한 마음.

貿易 외국과의 상업의 유통·매매에 관
무 역 한 경제적 활동. ―商(상). ― 수지

無煙 연기가 나지 아니함.
무 연 ―炭(탄). ― 화약

無緣 인연이 없음.
무 연 ― 분묘. ― 중생

憮然 실망하거나 낙담하여 멍하니
무 연 있음. ―히 머리를 떨구고 있다.

無鹽食 간을 치지 않고 싱겁게 만
무 염 식 든 음식. 환자가 먹는 ―.

武藝 ＝武術(무술)
무 예 ―를 익히다.

誣獄 허물이 없는 사람을 허물이 있는 듯이
무 옥 꾸며서 관가에 고발하여 일으킨 옥사.

無慾 욕심이 없음.
무 욕 —의 경지.

武勇 무예와 용맹. 또는 굳세고 용맹
무 용 스러움. —談(담)

舞踊 춤
무 용 —家(가). —服(복)

武運 전쟁에서 이기고 지는 운수.
무 운 —을 빌다.

武威 무력의 위세.
무 위 —를 떨치다.

無爲 아무 일도 하는 일이 없음.
무 위 —徒食(도식)

撫育 잘 돌보아 사랑하여 기름.
무 육 —之恩(지은)

無依無托 의탁할 곳이 전혀 없음.
무 의 무 탁 —한 고아.

無意味 아무 뜻이 없음. 또는 아무
무 의 미 런 값어치가 없음. —한 토론.

無意識 ①의식이 없음. ②자기가 하
무 의 식 고 있는 일을 깨닫지 못함.

無醫村 의사나 의료 시설이 없는 마
무 의 촌 을. —에서 봉사 활동을 하는 의사.

無二 둘이 없음. 또는 다시 없음.
무 이 唯一(유일)—한 벗.

無異 조금도 다를 것 없이.
무 이 모두가 — 금수야.

無益 아무 이로울 것이 없음.
무 익 —한 말. 몸에 —한 술.

武人 무예를 닦아 군사에 종사하는
무 인 사람. —들이 정권을 잡다.

拇印 손도장
무 인 —을 찍다.

無人 사람이 없음. 또는 사람이 살고
무 인 있지 않음. — 우주선. —島(도)

無賃 삵돈을 치르지 않음.
무 임 — 승차

無資格 자격이 없음.
무 자 격 —者(자). — 의사

無慈悲 딱하게 여기거나 사정을 보아
무 자 비 줌이 없이 냉혹함. —한 숙청.

無子息 자녀가 없음.
무 자 식 —이 상팔자라.

無作爲 일부러 꾸미는 일을 하지
무 작 위 아니함. —로 추첨하다.

無酌定 ①작정한 것이 없이. ②좋고 나
무 작 정 쁨을 헤아림이 없이. —화를 내다.

武將 무관으로서의 장수.
무 장 —다운 용맹.

武裝 전쟁을 위한 무기나 장비를 갖춤.
무 장 또는 갖춘 그 무기나 장비.

無敵 대적할 적이나 상대가 없음.
무 적 —의 용사.

無電 무선 전신·무선 전화의 준말.
무 전 —을 치다. —을 받다.

無錢 가진 돈이 없음.
무 전 — 여행. — 取食(취식)

無情 인정이나 동정심이 없음.
무 정 —한 사람. —한 세월.

無精卵 홀알
무 정 란 —과 수정란.

無政府 정부가 없음. 인신하여, 질
무 정 부 서가 없는 혼란한 상태.

無際 넓고 멀어서 끝이 없음.
무 제 —望(일망)—의 바다.

無制限 제한이 없음. 또는 제한이
무 제 한 없이. — 받아들이다.

無條件 조건이 없음. 또는 조건 없이.
무 조 건 — 반대하다. — 용서하다.

無罪 죄가 없음. 또는 허물이 없음.
무 죄 — 판결. —한 놈 뺨치기.

無主 임자가 없음.
무 주 —孤魂(고혼). —空山(공산)

無重力 중량을 느끼지 못함.
무 중 력 — 상태

拇指 엄지손가락
무 지 —로 무인을 찍다.

無地 한 빛깔로 되어 무늬가 없음.
무 지 —의 옷감.

無知 ①아는 것이 없음. —의 소치. ②감
무 지 때 사납고 우악함. —하게 생긴 얼굴.

無盡 다함이 없음. 또는 한이 없이.
무 진 — 애를 쓰다.

無盡藏 다함이 없이 굉장하게 많음.
무 진 장 —한 지하 자원.

無差別 아무런 차별이 없음.
무 차 별 — 폭격

無慚 매우 열적음.
무 참 —해 하는 표정.

無慘 비할 바 없이 참혹함.
무 참 —히 죽이다. —하게 살해되다.

無臭 냄새가 없음.
무 취 無色(무색)—의 기체.

無恥 부끄러움이 없음.
무 치 厚顔(후안)—한 사람.

無頉 병이나 연고가 없음.
무 탈 객지에서 —하게 지내느냐?

無投票 투표하지 아니함.
무 투 표 — 당선

無敗 전투나 경기에서 진 일이 없음.
무 패 3전 —의 전적.

無表情 이렇다 할 아무런 표정이
무 표 정 없음. —한 얼굴.

無風地帶 ①바람이 없는 지대. ②아무런
무 풍 지 대 말썽이나 갈등이 없는 환경.

無限 한도나 한정이 없음.
무 한 —한 공간. —大(대)의 행복감.

無害 해로움이 없음.
무 해 인체에 —한 식료품.

無血 피를 흘림이 없음.
무 혈 — 점령. — 혁명

無嫌疑 혐의가 없음.
무 혐 의 —로 드러나다.

無形 형상이나 형체가 없음.
무 형 —의 압력을 받다. — 문화재

無效 효력·효험·효과가 없음.
무 효 백약이 —다. —가 되다.

無後 대를 이을 아들이 없음.
무 후 —한 집.

武勳 =武功(무공)
무 훈 혁혁한 —을 세우다.

無休 쉬는 날이 없음.
무 휴 연중 —

撫恤 불쌍히 여기면서 위로하고 물
무 휼 질로 도움. 이재민을 —하다.

舞姬 춤 추는 일을 직업으로 하는
무 희 여자. —들의 춤사위.

墨客 글씨를 쓰거나 그림을 그리는
묵 객 예술인. 詩人(시인) —

默念 죽은 이를 추모하여 눈을 감고
묵 념 말 없이 생각함. —을 올리다.

默契 말 없는 가운데 우연히 서로
묵 계 뜻이 맞음. 서로 —가 이루어지다.

默考 말 없이 잘 생각함.
묵 고 深思(심사)—

默過 잘못을 알고도 모른 체하고 그
묵 과 대로 넘김. —할 수 없다.

默禱 말 없이 마음속으로 빎.
묵 도 —하고 있는 여인의 모습.

默讀 소리를 내지 않고 속으로 글을
묵 독 읽음. —과 音讀(음독).

默禮 말 없이 고개만 숙이는 절.
묵 례 —를 할 뿐 말이 없다.

默默 말이 없이 잠잠함.
묵 묵 —히 앉아 있다. —不答(부답)

默祕權 자기에게 불리한 진술을 거부
묵 비 권 할 수 있는 권리. —을 행사하다.

默殺 가만히 내버려 두고 문제로 삼
묵 살 지 아니함. 상대의 의견을 —하다.

默想 눈 감고 말 없이 가만히 생각
묵 상 함. —에 잠기다.

墨守 제 의견을 굳게 지킴.
묵 수 제 주장을 —하다.

默示 말이나 행동으로 나타내지 아니하고
묵 시 은근히 자기의 뜻을 나타내 보임.

默視 말 없이 잠자코 눈여겨 봄.
묵 시 숨을 죽이고 —하고 있는 관중.

默言 말하지 아니함.
묵 언 —牌(패)

默認 모르는 체하고 내버려 둠으로써
묵 인 슬며시 승인함. 어물어물 —해 주다.

默寂 잠잠하고 고요함.
묵 적 —한 산사의 밤.

默從 말 없이 복종함.
묵 종 —하는 불평분자들.

默重 말수가 적고 몸가짐이 진중함.
묵 중 —하신 아버지.

墨香 향기로운 먹 냄새.
묵 향 —이 풍기는 서실.

墨刑 이마에 자자를 하는 형벌.
묵 형 —을 당하다.

墨畫 먹물로 그리는 동양화.
묵 화 —를 그리는 화가.

門間 출입문이 있는 곳.
문 간 —방. —채

文匣 서류나 문구 등을 넣어 두는
문 갑 방세간. —에 넣어 둔 계약서.

門客 ①권세 있는 집을 드나드는 사람
문 객 이나 식객. ②일가 친척의 사위.

文件 공적인 성격을 띤 문서나 서류.
문 건 기밀 —. —을 발송하다.

聞見 듣거나 보거나 하여 얻은 지식.
문 견 —을 넓히다.

文庫 ①책을 보관하는 곳. ②보급하기
문 고 위해 총서 형식으로 간행하는 책.

文藁 어느 한 사람의 시문을 모아
문 고 놓은 원고. —를 책으로 펴내다.

文科 ①인문 과학 분야를 연구하는
문 과 학과. ②문관을 뽑던 과거.

文官 군사 이외의 행정 업무를 맡아 보는
문 관 관리. 또는 문과 출신의 버슬아치.

文敎 문화와 교육.
문 교 — 정책

文驕 학식을 믿고 부리는 교만.
문 교 —를 부리다.

文句 글의 구절.
문 구 관용으로 쓰는 —.

文具 문방구. 학용품이나 사무 용품.
문 구 —商(상)

文壇 문필가의 사회.
문 단 —에 오르다. —에서 이름을 떨치다.

問答 묻고 대답하고 함. 또는 물음
문 답 과 대답. —式(식). —을 하다.

門徒 이름난 학자의 제자.
문 도 퇴계 —. 율곡 —

紊亂 도덕이나 질서가 어지러움.
문 란 —한 풍기. 질서가 —하다.

文例 문장의 보기로 든 예.
문 례 서간문의 —.

門樓 문 위에 세운 다락집.
문 루 —에서 바라보다.

文理 ①글의 뜻을 깨달아 아는 힘. —가 나다.
문 리 ②사물을 깨달아 아는 힘. —가 환하다.

文脈 연결되어 있는 문장의 전후 관
문 맥 계. —이 닿다.

文盲 글을 모르는 사람.
문 맹 — 퇴치

文面 문장에 나타난 뜻.
문 면 —으로 짐작한다.

文名 글을 잘 한다는 명성.
문 명 —을 날리다.

文明 사회의 발전과 물질 문화의 수
문 명 준. —한 나라. —의 이기.

文廟 공자를 모신 사당.
문 묘 —에 배향하다.

文武 문사와 무사. 또는 문관과 무
문 무 관. —兼全(겸전). —百官(백관)

文物 정치·경제·문화의 총칭.
문 물 — 제도

文班 문관의 발열.
문 반 　—과 武班(무반).

文房具 학용품과 사무용품의 통칭.
문 방 구 　—를 파는 가게.

門閥 가문의 사회적 신분이나 지위.
문 벌 　—이 좋은 집 자제.

文法 말의 구성이나 운용상의 규칙.
문 법 　비교 · 국어의 —.

問病 앓는 사람을 찾아보고 위문함.
문 병 　—客(객). —을 다녀오다.

問喪 초상집에 가서 함께 슬퍼하면
문 상 　서 위로함. —을 하다. —客(객)

門生 문하에서 배우는 제자.
문 생 　율곡의 —.

文書 문건이나 서류.
문 서 　—를 보관하다.

文飾 ①겉만 그럴 듯하게 꾸밈.
문 식 　②글을 아름답게 꾸밈.

文臣 문관인 신하.
문 신 　—과 武臣(무신).

文身 살갗을 바늘로 찔러 먹물을 넣
문 신 　음. 또는 그렇게 만든 몸.

文案 문서나 문장의 초안.
문 안 　작성한 —.

問安 웃어른께 안부를 물음. 또는
문 안 　그 인사. — 편지. —을 드리다.

文弱 글만 숭상하고 실천에는 나약함.
문 약 　—한 선비.

紋樣 무늬의 모양.
문 양 　아름다운 —.

文藝 문학과 예술. 또는 학문과 예술.
문 예 　— 사조. — 작품

文藝復興 16세기에 유럽에서 일어난
문 예 부 흥 　문예에 관한 혁신 운동.

門外漢 어떤 일에 직접 관계가 없
문 외 한 　거나 전문가가 아닌 사람.

文友 글로 사귄 벗.
문 우 　사귀는 —.

文運 학문이나 예술의 발달하는 형세.
문 운 　융성한 —.

門運 한 가문의 운수.
문 운 　쇠미한 —.

文苑 =文壇(문단)
문 원 　—의 샛별.

文意 글의 뜻. =文義(문의)
문 의 　—를 파악하다.

問議 물어서 의논함.
문 의 　— 사항. —한 문제.

文人 문필이나 문학에 종사하는 사람.
문 인 　—과의 교제.

門人 문하에서 가르침을 받은 제자.
문 인 　퇴계의 —.

聞一知十 하나를 듣고 열을 앎.
문 일 지 십 　지극히 총명함의 비유.

文字 ①글자. 상형 — ②한자로 된 성
문 자 　구나 숙어. —를 쓰다.

文章 글. 또는 글을 잘하는 사람.
문 장 　—家(가). 천하 — 소동파.

門前 문 앞.
문 전 　—乞食(걸식). —成市(성시)

問題 ①해답 · 해명을 요구하는 질문. ②
문 제 　해결을 요하는 일이나 과업. 경제 —

問罪 죄를 캐어 물음.
문 죄 　엄히 —하다.

門中 동성 동본의 가까운 집안.
문 중 　이씨 —. 김씨 —

文集 한 사람의 글을 모은 책.
문 집 　—을 간행하다.

文彩 아름다운 광채. 반짝이는 광채.
문 채 　또는 무늬. 빛나는 —.

問責 잘못을 추궁함.
문 책 　—을 당하다. 책임자의 —.

文體 ①문장의 양식. ②필자의 문장
문 체 　표현상의 개적인 특징. 유려한 —.

問招 죄인을 신문함.
문 초 　—를 하다. —를 받다.

文套 글의 특징적인 투.
문 투　편지글의 —.

門牌 집 주인의 주소·성명을 적어 문
문 패　에 다는 패. —가 없다. —를 달다.

文風 ①글을 쓰는데 지켜야 할 수법.
문 풍　②글을 숭상하는 풍습.

門風 ①한 문중에 전해 오는 범절이나 풍
문 풍　습. 아름다운 —. ②문바람. —紙(지)

文筆 ①글과 글씨. —에 능하다. ②글을
문 필　짓거나 글씨를 쓰는 일. — 생활

門下 학문의 가르침을 받는 스승의
문 하　아래. 퇴계의 —에서 학문을 닦다.

文學 정서나 사상을 언어로 표현한 예
문 학　술. —徒(도). 고전 —. —을 전공하다.

文翰 =文筆(문필)
문 한　—家(가)

文獻 자료가 될 기록.
문 헌　역사적 —. 고대의 —.

文衡 조선 시대의 대제학을 이르는
문 형　말. —을 지낸 정경세.

文豪 매우 뛰어난 문학가.
문 호　조선 후기의 —.

門戶 ①드나드는 문. —를 개방하다.
문 호　②집안. —를 빛내다. 한미한 —.

文化 생활 수준을 높인, 인류가 달성
문 화　한 성과. — 수준. 민족 —

門會 문중 일가의 모임.
문 회　—를 열다.

問候 웃어른의 안부를 물음.
문 후　아버님께 —하다.

物價 물건의 가격.
물 가　—가 오르다. 소비자의 체감 —.

物件 물질적인 모든 대상.
물 건　귀중한 —. 쓸 만한 —.

物故 죄 지은 사람이 죽음. 또는 죽
물 고　임을 당함. —가 나다. —를 내다.

物權 특정한 물건을 지배하고 그 이
물 권　익을 누리는 권리. — 행위

勿禁帖 관아에서 금한 일을 특별히
물 금 체　하도록 허가하여 주던 문서.

物動量 물자가 유동하는 양.
물 동 량　—이 늘다. —을 조사하다.

物量 물건의 수량.
물 량　— 공세

勿論 더 말할 것도 없이.
물 론　너는 — 이 사실을 알고 있겠지.

物理 사물의 이치.
물 리　—를 연구하다.

物望 사람들이 높이 우러러 보는 명
물 망　망. —에 오르다.

物名 물건의 이름.
물 명　—을 일일이 적다.

物目 물품의 목록.
물 목　예단 —

物物交換 물건과 물건을 직접 서로
물 물 교 환　맞바꾸는 일. —의 시대.

物色 ①사람이나 물건을 고름. 뙤터를 —하
물 색　다. ②까닭이나 형편. —을 모르는 사람.

勿失好機 모처럼 만난 좋은 기회
물 실 호 기　를 놓치지 말라.

物心 물질과 마음. 물질적인 것과
물 심　정신적인 것. — 양면으로 돕다.

物我 외물과 자아. 또는 객관과 주관.
물 아　—一體(일체)

物外 속세를 벗어난 바깥.
물 외　—閒人(한인)

物慾 물건을 탐내는 마음.
물 욕　—이 많다. —에 사로잡히다.

物議 이러쿵저러쿵 하는 여러 사람
물 의　의 평판이나 논의. —를 일으키다.

物資 여러 가지의 물건이나 자료.
물 자　— 구입. —를 공급하다.

物的 물질이나 물건에 관한.
물 적　— 손실. — 증거

物情 ①실정이나 형편. —을 잘 알다.
물 정　②인심이나 심정. —이 소연하다.

物主 ①밑천을 대는 사람. ②노름판에서 애
물 주　기패를 상대로 하여 패를 잡는 사람.

物證 물적인 증거.
물 증　—을 찾지 못하다.

物質 ①공간을 차지하는 물건. — 세계
물 질　②물체를 구성하는 요소. 방사성 —

物體 형체를 가진 대상.
물 체　자연계의 온갖 —.

物票 물건을 보내거나 맡긴 증거로
물 표　삼는 표. —를 제시하고 물건을 찾다.

物品 쓰일 가치가 있는 물건.
물 품　— 구매 대장. —의 보관.

物豊 물품이 풍족함.
물 풍　—한 고장.

物貨 물품과 재화.
물 화　—의 유통.

味覺 혀에서 느끼는 맛의 감각.
미 각　—이 예민하다. —과 후각.

眉間 두 눈썹의 사이.
미 간　—을 찌푸리다.

美感 아름다움에 대한 느낌.
미 감　—을 느끼는 그림.

未開 문화적 수준이나 소양의 정도
미 개　가 낮음. —한 시대. —한 사람.

未決 아직 결정이나 해결을 하지 못하
미 결　였거나 하지 않았음. — 문제의 처리.

米穀 쌀. 또는 쌀을 비롯한 여러 가
미 곡　지 곡식. —商(상). — 생산지

美觀 아름다운 볼품.
미 관　—을 해치다. 거리의 —.

微官 지위가 낮은 관리.
미 관　—末職(말직)

未久 얼마 오래지 않아 곧.
미 구　—에 먼동이 트기 시작하다.

迷宮 쉽게 해결되지 않는 복잡하게
미 궁　얽힌 상태. 사건이 —에 빠지다.

未及 아직 미치지 못함.
미 급　국민 소득 2만 달러에는 —하다.

美技 뛰어난 기술. 또는 훌륭한 연기.
미 기　줄타기 —에 넋을 잃다.

美男 얼굴이 잘 생긴 남자.
미 남　—과 美女(미녀).

未納 세금이나 요금 따위를 아직 내지
미 납　않음. —한 세금. 등록금을 —하다.

美女 잘 생긴 여자. 아름다운 여자.
미 녀　—와 美男(미남).

未達 어떤 수준이나 한도에 이르지
미 달　못함. 정원 —. 수준 —

美談 사람을 감동시킬 아름다운 이
미 담　야기. 숨은 —을 공개하다.

未踏 아직 아무도 발을 들여놓지 않
미 답　음. 前人(전인)—의 원시림.

美德 아름다운 덕행. 또는 착한 마
미 덕　음씨. 겸양의 —.

微動 조금 움직임. 또는 약간의 움
미 동　직임. —도 하지 아니하다.

迷亂 정신이 혼미하여 어지러움.
미 란　정신이 —하다.

糜爛 썩거나 헐어서 문드러짐.
미 란　—한 살갗.

未來 ①앞으로 올 때. —의 주인공. ②앞으
미 래　로의 전망이나 앞길. 보람찬 —.

微量 아주 적은 분량.
미 량　—의 독극물.

美麗 아름답고 고움.
미 려　—한 자색. —한 문장.

微力 역량이 변변치 못함. 또는 적은
미 력　힘. —이나마 힘을 보태겠다.

未練 딱 잘라 단념하지 못하는 마음.
미 련　—을 떨쳐 버리다. —이 남다.

迷路 한번 들어가면 빠져 나오기 힘
미 로　든 길. —에 빠지다. —에 들다.

微粒子 자디잔 입자.
미립자　— 포자. — 병원체.

未滿 일정한 수량에 차지 못함.
미 만　6살 —의 어린이.

彌滿 사방에 꽉 퍼져 그들먹함.
미 만 수심이 —한 안색.

迷妄 사리에 어두워 갈피를 잡지 못
미 망 하고 헤맴. —을 뚫다.

未亡人 남편을 여의고 혼자 된 여
미 망 인 자. —의 외로운 삶.

未明 날이 샐 무렵. 새벽녘
미 명 —에 길을 떠나다.

美名 그럴듯하게 내세운 명분.
미 명 균형 발전이란 — 아래 추진하다.

美貌 아름다운 용모.
미 모 —의 젊은 여성.

迷夢 꿈 속 같은 흐릿하고 얼떨떨한
미 몽 상태. —에서 깨어나다.

美妙 아름답고 묘함.
미 묘 —한 필치. —한 피리소리.

微妙 뚜렷이 드러나지는 않으면서 야
미 묘 릇하게 묘함. —한 표정. —한 관계.

微物 벌레 등의 동물. 인신하여, 변변
미 물 치 못한 사람. —만도 못한 인간.

微微 아주 보잘것없이 작음.
미 미 —한 존재. 세력이 —하다.

微服 신분을 감추기 위해 입는 초라
미 복 한 옷. —으로 잠행하다.

彌縫 임시 변통으로 얼버무려 꾸며
미 봉 댐. —策(책)을 쓰다.

未備 아직 다 갖추고 있지 못함.
미 비 조건이 —하다. 자료가 —하다.

美辭麗句 표현이 아름다운 말과
미 사 여 구 글귀. —를 늘어놓다.

未詳 아직 자세하게 알지 못함.
미 상 작자 —의 고대 소설.

未嘗不 아닌게 아니라.
미 상 불 — 반갑지 않을 수 없다.

美色 여자의 아리따운 용모.
미 색 —을 과시하다.

微生物 현미경으로나 볼 수 있는
미 생 물 아주 작은 생물.

微細 아주 가늘고 작음.
미 세 —한 입자.

微小 아주 작음.
미 소 —한 분량.

微笑 빙긋이 웃음. 또는 그러한 웃음.
미 소 —를 띄우다. —를 짓다.

美少年 얼굴이 예쁘게 생긴 소년.
미 소 년 홍안의 —.

美俗 아름다운 풍속.
미 속 良風(양풍) —

未收 아직 거두어 들이지 못함.
미 수 —金(금)

未遂 목적한 바를 아직 이루지 못함.
미 수 —犯(범). —罪(죄)

米壽 88세. '米'자를 파자하면 '八十
미 수 八'이 되기에 이르는 말.

眉壽 오래 사는 수명.
미 수 —를 누리소서.

未熟 ①과실이 덜 익음. —한 과일. ②일
미 숙 에 익숙하지 못함. 솜씨가 —하다.

美術 빛깔이나 모양으로 아름다움을
미 술 표현하는 예술. —界(계). —品(품)

微視的 맨눈으로는 볼 수 없을 정
미 시 적 도로 몹시 작은. —인 세계.

美食 맛있고 좋은 음식.
미 식 —家(가)

迷信 그릇된 신앙.
미 신 —타파

未審 일이 분명하지 않음.
미 심 —한 점. —쩍은 일.

迷兒 길 잃은 아이.
미 아 — 수용소

微弱 미미하고 약함.
미 약 세력이 —하다.

未然 아직 그렇게 되지 아니함.
미 연 사고의 — 방지.

微熱 그다지 높지 않은 신열.
미 열 —이 나다. —과 오한.

微溫 미지근함. 또는 그런 온도.
미 온 ―的(적)인 대책.

未完 아직 완성하지 못함.
미 완 ―의 작품.

美容 얼굴이나 머리를 곱게 꾸미는
미 용 일. ―師(사). ―術(술)

米飮 묽은 쌀죽.
미 음 ―을 쑤다. ―을 먹다.

微吟 시가를 나직이 읊조림.
미 음 ―緩步(완보)

美人 용모가 썩 아름다운 여자.
미 인 ―薄命(박명). 뛰어난 ―.

美粧院 얼굴·머리·손톱 등을 아름답게
미 장 원 다듬어 주는 영업을 하는 집.

美的 미에 관한.
미 적 ―인 감각. ― 범주

未定 아직 작정하지 못함.
미 정 ―의 여행지.

未濟 아직 끝나지 않았거나 해결되
미 제 지 않았음. ― 사건이 많다.

未足 아직 넉넉하지 못함.
미 족 ―한 생활.

美洲 아메리카주
미 주 ―로 유학을 떠나다.

美酒 맛 좋은 술.
미 주 ―佳肴(가효)

未曾有 아직까지 있어 본 적이 없음.
미 증 유 ―의 큰 홍수.

未知 아직 알려지지 않음.
미 지 ―의 세계.

未知數 어떻게 될지 알 수 없음.
미 지 수 결과는 ―다.

未盡 아직 다 끝내지 못함.
미 진 ―한 이야기는 다음에 하자.

微震 진도 1에 해당하는 지진의 세기.
미 진 ―과 强震(강진)

微賤 신분이나 지체가 아주 낮음.
미 천 ―한 집안에서 태어나다.

美醜 아름다움과 추악함. 또는 미인
미 추 과 추부. ―의 분간.

未就學 아직 학교에 들어가지 못함.
미 취 학 ―아동

美稱 아름답게 일컫는 이름.
미 칭 ―과 愛稱(애칭)

媚態 아양을 떠는 태도.
미 태 ―를 부리다.

美風 아름다운 풍속.
미 풍 ―良俗(양속)

微風 솔솔 부는 바람. 산들바람
미 풍 ―이 불다.

未畢 아직 끝내지 못함.
미 필 병역 ―者(자).

美學 미적 현상을 연구하는 학문.
미 학 ―的(적)인 가치.

尾行 몰래 뒤를 밟음.
미 행 범인을 ―하다.

微行 임금이나 고관이 민정을 살피
미 행 기 위해 미복으로 넌지시 다님.

迷惑 무엇에 홀려서 제 정신을 차리
미 혹 지 못함. 민심을 ―하다.

未婚 아직 결혼하지 않음.
미 혼 ― 남녀. ―의 여성.

美化 ①아름답게 꾸밈. 환경 ―②실제 이상
미 화 으로 아름답게 표현함. 죽음을 ―하다.

美貨 미국의 화폐. 달러
미 화 ―로 바꾸다.

未洽 흡족하지 못함.
미 흡 ―한 점이 많다.

美姬 예쁜 여자. 미인
미 희 ―와 어울려 춤을 추다.

民家 일반 국민의 살림집.
민 가 ―에서 하룻밤을 묵다.

民間 일반 국민들 사이. 서민 사회
민 간 ― 자본. ―에 널리 퍼지다.

敏感 신경이 예민함.
민 감 ―하게 반응하다.

民國 국민이 주권을 가진 나라.
민 국 　大韓(대한)—

民權 국민의 기본적인 권리.
민 권 　—의 신장. — 운동

民譚 민간 설화.
민 담 　전해 오는 —.

民度 국민의 생활이나 문화의 수준.
민 도 　—가 높다. —가 낮다.

民亂 백성들이 일으킨 폭동이나 반
민 란 　란. —이 일어나다.

民望 백성에게서 받는 신망.
민 망 　—이 대단하다.

憫惘 답답하고 딱해서 안타까움.
민 망 　—스레 바라보다. —히 여기다.

泯滅 형적이 아주 없어짐.
민 멸 　—한 고적.

民泊 민가에서 묵음.
민 박 　—을 하다.

民放 민간 자본으로 경영하는 방송.
민 방 　국영 방송과 —.

民防衛 피해나 침공을 막기 위해 민간
민 방 위 　인이 펴는 방위 활동. — 훈련

民法 신분·재산 등의 사권에 관한
민 법 　법률. —과 刑法(형법).

民兵 민간인으로 조직된 군대.
민 병 　—隊(대)

民事 사법상의 법률 관계에서 일어
민 사 　나는 일. — 소송법. — 사건

民生 국민의 생활.
민 생 　—苦(고). — 문제

民選 국민의 선거로 뽑음.
민 선 　— 시장. — 도지사. — 위원

民聲 백성들의 목소리. 곧 국민의
민 성 　여론. —에 귀를 기울이다.

民俗 민간의 풍속.
민 속 　—村(촌). — 신앙. —놀이

敏速 민첩하고 빠름.
민 속 　동작이 —하다.

民需 민간의 수요.
민 수 　—品(품). —가 늘어나다.

民心 민중의 마음. 백성의 마음.
민 심 　—이 天心(천심)이다.

民營 민간이 경영함.
민 영 　— 사업. —과 官營(관영).

敏腕 일을 재치있고 빠르게 처리하
민 완 　는 수완. —家(가). — 기자

民窯 민간에서 사사로이 도자기를
민 요 　굽던 가마. 官窯(관요)와 —.

民謠 민중의 생활 속에서 발생하여
민 요 　전해지는 노래. —風(풍)의 노래.

民擾 ＝民亂(민란)
민 요 　—를 만나 쫓겨난 원.

民怨 국민의 원망.
민 원 　—을 사다. —이 하늘을 찌르다.

民願 국민의 소원이나 청원.
민 원 　—室(실). — 사무

民意 국민의 의사.
민 의 　—를 묻다. —를 따르다.

民政 민간인에 의한 정치.
민 정 　—과 軍政(군정).

民情 백성들의 생활 실정.
민 정 　—을 살피다.

民族 같은 지역에 살며, 같은 말·역사·
민 족 　문화를 공유하는 사람들. — 문화

民主 나라의 주권이 국민에게 있는
민 주 　일. —국가. —主義(주의)

民衆 나라나 사회를 이루고 있는 일
민 중 　반 사람들. —의 소리. — 예술

民智 국민의 슬기나 지식.
민 지 　—가 발달하다.

敏捷 몸놀림이 재빠르고 날램.
민 첩 　—한 행동. —하게 움직이다.

民村 상사람이 많이 사는 마을.
민 촌 　—과 班村(반촌).

民弊 민간에 폐가 되는 일.
민 폐 　—가 심하다. —를 끼치다.

民風 민간의 풍속.
민 풍　순후한 ―.

敏慧 재빠르고 슬기로움.
민 혜　―한 아내를 맞다.

民話 민간에 구전되어 오는 이야기.
민 화　―를 모아 책으로 펴내다.

敏活 민첩하고 활발함.
민 활　―한 행동.

密告 남몰래 일러바침.
밀 고　범인을 ―하다.

密談 남몰래 나누는 이야기.
밀 담　―을 나누다.

密度 일정한 넓이나 부피에 얼마나 배
밀 도　게 들어 있는가의 정도. 인구 ―

密屠殺 허가 없이 가축을 잡음.
밀 도 살　―한 소.

蜜蠟 밀. 벌개를 이루는 물질.
밀 랍　―은 초를 만드는데 필요하다.

密獵 허가 없이 몰래 사냥함.
밀 렵　―을 단속하다.

密林 나무가 빽빽하게 들어선 수풀.
밀 림　태고연한 ―.

密賣 허가 없이 몰래 팖.
밀 매　아편을 ―하다. 마약 ―

密密 아주 배게 빽빽함.
밀 밀　수목이 ―하다.

密報 은밀히 알림. 또는 그 보고.
밀 보　적의 동향을 ―하다.

密封 단단히 붙여 꼭 봉함.
밀 봉　―한 편지. 물건을 ―하다.

蜜蜂 꿀벌
밀 봉　―을 치는 양봉업자.

密使 비밀히 파견하는 사자.
밀 사　―를 파견하다.

密生 썩 배게 남.
밀 생　―한 관목의 숲.

密書 비밀히 보내는 편지나 문서.
밀 서　―를 휴대하다.

密輸 불법으로 외국과 무역함.
밀 수　―船(선). ―入(입)

密植 식물을 배게 심음.
밀 식　볏모를 ―하다.

密室 남이 모르게 비밀히 쓰는 방.
밀 실　― 외교. 지하의 ―.

密約 남몰래 약속함. 또는 그 약속.
밀 약　―한 내용. ―이 들통나다.

密語 비밀히 말함. 또는 비밀히 하
밀 어　는 말. ―로 속삭이다.

蜜月 신혼의 즐거운 한 달.
밀 월　― 여행

密接 서로 떨어지기 어려울 정도로
밀 접　관계가 긴밀함. ―한 관계.

密偵 비밀 스파이.
밀 정　―을 보내어 염탐케하다.

密造 허가 없이 몰래 제조함.
밀 조　―酒(주). 마약을 ―하다.

密酒 허가 없이 몰래 만든 술.
밀 주　―를 팔다. ―를 단속하다.

密旨 임금의 비밀 명령.
밀 지　―를 받들고 해외에 나가다.

密集 빈틈없이 빽빽하게 들어섬.
밀 집　주택이 ―한 지역.

密着 빈틈없이 단단히 달라붙음.
밀 착　―되어 떨어지지 아니하다.

密通 ①형편을 몰래 알려줌. ②부부 아
밀 통　닌 남녀가 남몰래 관계를 맺음.

密派 몰래 파견함.
밀 파　―한 간첩.

密閉 틈이 안 나게 꼭 막거나 닫음.
밀 폐　― 장치. ―한 문.

密航 불법적으로 항행함. 또는 그
밀 항　항행. ―船(선). ―者(자)

密行 몰래 다님. 또는 은밀히 어떤
밀 행　곳으로 감. 중국에 ―하다.

密會 몰래 모이거나 만남. 또는 그
밀 회　런 모임. ―를 가지다. ―를 열다.

ㅂ

迫擊 바짝 덤벼들어 공격함.
박 격 ―砲(포)

薄待 푸대접
박 대 ―를 받다.

薄德 덕이 적음.
박 덕 ―한 사람.

迫頭 가까이 닥쳐 옴.
박 두 ―한 기일.

博覽 책을 많이 읽거나 널리 봄.
박 람 ―強記(강기)

迫力 세차게 밀고 나가는 힘.
박 력 ― 있는 사나이.

薄利 적은 이익.
박 리 ―多賣(다매)

撲滅 모조리 때려잡아 없앰.
박 멸 해충을 ―하다.

薄命 운명이 기박함.
박 명 ―한 일생.

薄暮 땅거미
박 모 ―에 길을 떠나다.

博聞 널리 들어 많이 앎.
박 문 ―強記(강기)

博物館 유물·기념물·예술품을 수
박 물 관 집하여 보관·전시하는 시설.

薄福 복이 없음.
박 복 ―한 사람.

薄俸 얼마 안 되는 적은 봉급.
박 봉 ―으로 꾸려 나가는 살림살이.

薄氷 얇게 언 얼음.
박 빙 ―을 밟는 듯하다.

博士 가장 높은 학위의 이름.
박 사 문학―. 공학 ―

撲殺 때려 죽임.
박 살 ―을 내다.

薄色 못생긴 얼굴. 또는 그러한 여자.
박 색 ―과 미색(美色).

拍手 손뼉을 침.
박 수 우뢰같은 ― 소리.

博識 아는 것이 많음.
박 식 ―한 사람.

博愛 모든 사람을 널리 사랑함.
박 애 ― 정신

薄弱 굳세지 못하고 약함.
박 약 ―한 의지.

拍子 악곡의 리듬을 이루는 기본 단
박 자 위. ―를 맞추다.

拍掌 손바닥을 마주 침.
박 장 ―大笑(대소)

迫切 인정이 없고 야박함.
박 절 ―한 처사.

薄情 인정미가 적음.
박 정 ―한 사람.

剝製 새나 짐승의 가죽을 벗겨서 만
박 제 든 표본. 올빼미 ―

薄酒 자기가 남을 대접하는 술.
박 주 ―라도 한 잔 나누세.

迫眞 표현이 실제나 실황과 같음.
박 진 ―感(감)이 넘치다.

拍車 말을 탈 때 구두 뒤축에 대는
박 차 물건. ―를 가하다.

剝奪 남의 재물이나 권리를 빼앗음.
박 탈 자유의 ―. 권리의 ―.

薄土 메마른 땅.
박 토 ―를 부치다. ―를 일구다.

薄片 얇은 조각.
박 편 암석의 ―.

博學 널리 여러 가지를 배운 것이
박 학 많음. ―多聞(다문)

迫害 부당한 짓으로 괴롭히거나 해
박 해 를 입힘. 일제로부터 받은 ─.

博奕 장기와 바둑.
박 혁 ─을 즐기다.

反感 반발하거나 반항하는 감정.
반 감 ─을 사다.

半減 반으로 줄어듦.
반 감 흥미가 ─되다.

反擊 되받아 공격함.
반 격 ─을 개시하다.

半徑 반지름
반 경 ─과 직경.

反骨 권위나 권력 등에 의도적으로
반 골 저항하는 기골. 또는 그런 사람.

反共 공산주의를 반대함.
반 공 ─ 사상을 부추기던 시대.

反旗 반란을 일으키며 드는 기.
반 기 ─를 들다.

返納 되돌려 줌.
반 납 빌린 책을 ─하다.

反對 찬성하지 않거나 서로 등짐.
반 대 ─ 의견. ─ 방향

半島 삼면이 바다에 둘러싸인 육지.
반 도 韓(한)─

叛徒 반란을 꾀하는 무리.
반 도 ─들을 격퇴하다.

半導體 도체와 절연체의 중간 정도
반 도 체 의 성질을 가진 물체.

反動 진보적 움직임에 반대되는 보
반 동 수적인 성향. ─ 세력. ─ 분자

反騰 내렸던 시세가 갑자기 오름.
반 등 주가가 ─하다.

叛亂 반항하여 난리를 일으킴.
반 란 ─을 진압하다.

返戾 돌려보냄. 도로 돌려줌.
반 려 ─한 공품.

伴侶 짝이 되는 벗.
반 려 인생의 ─.

反論 반대하는 논설.
반 론 ─을 펴다.

反面 반대되는 쪽. 또는 반대로
반 면 체력이 강한 ─ 의지가 약하다.

反目 서로 미워함.
반 목 ─이 잦다.

反問 되받아 물음. 또는 그런 질문.
반 문 짐짓 모른척 ─하다.

反駁 남의 의견에 반대하여 논박함.
반 박 ─하는 글.

反撥 반대되는 방향으로 반항함.
반 발 시민들의 ─을 사다.

半白 희끗희끗하게 반쯤 센 머리.
반 백 ─의 늙은이.

反復 되풀이함
반 복 ─하여 연습하다.

半分 절반으로 나눔.
반 분 ─한 유산.

反比例 한 양이 커지면 다른 양이
반 비 례 그와 같은 비로 작아지는 일.

反射 빛·소리·전파 등이 되돌아 옴.
반 사 ─ 광선. 빛의 ─.

班常 양반과 상사람.
반 상 ─의 구별.

半生 반평생. 일생의 반.
반 생 남은 ─은 뜻있게 살자.

半生半死 거의 죽게 된 상태.
반 생 반 사 ─의 경지.

盤石 너럭바위. 매우 견고한 것의
반 석 비유. ─ 위에 올려놓다.

反省 언행의 잘잘못을 돌이켜 살핌.
반 성 ─하는 기색이 없다.

返送 되돌려 보냄.
반 송 ─된 물품.

半熟 반쯤 익음. 또는 반쯤 익힘.
반 숙 ─한 달걀.

半身 온몸의 절반.
반 신 ─像(상). ─ 마비

返信 회답하는 편지나 통신.
반 신 ─料(료)

半信半疑 한편으로는 믿고 다른
반 신 반 의 한편으로는 의심함.

半額 절반의 값.
반 액 정가의 ─.

叛逆 나라나 민족을 배반함.
반 역 ─罪(죄)

班列 품계나 신분의 차례.
반 열 정승의 ─에 오르다.

反映 ①빛이 반사하여 비침. ②영향이
반 영 다른 것에 미치어 나타남. 여론의 ─.

半月 반달. 또는 한 달의 절반.
반 월 ─形(형). ─刊(간)

反應 자극에 따라 일어나는 움직임.
반 응 시민들의 ─. ─ 속도

搬入 물건을 날라 들임.
반 입 ─量(량)

班長 한 반을 대표하는 사람.
반 장 1학년 1반 ─.

反戰 전쟁을 반대함.
반 전 ─ 운동

反轉 일의 형세가 뒤바뀜.
반 전 ─의 기회. 사태가 ─되다.

斑點 얼룩얼굴하게 박힌 점.
반 점 얼굴에 있는 ─.

反正 있는 임금을 폐하고 새 임금을
반 정 세움. 仁祖(인조) ─

半製品 완제품의 재료로 쓰기 위하
반 제 품 여 가공한 제품.

伴奏 노래·기악의 연주 때 다른 악기
반 주 로 화성을 돕는 연주. 피아노 ─

飯酒 식사에 곁들여서 마시는 술.
반 주 ─를 곁들이다.

反證 상대 주장이 거짓임을 밝히는
반 증 증거. ─을 들다.

飯饌 주식을 먹을 때 곁들여 먹는
반 찬 음식. 맛있는 ─.

絆瘡膏 연고를 피부에 붙이는 데
반 창 고 쓰는 경고. ─를 붙이다.

反體制 기존의 체제를 개혁하려고 꾀
반 체 제 하는 일. ─ 운동. ─ 인물

反芻 새김질. 되풀이 음미함의 비유.
반 추 ─ 동물. 지난날 세월을 ─하다.

搬出 운반해 냄.
반 출 전시품 ─. ─證(증)

反則 규칙을 어김. 규칙에 어긋남.
반 칙 ─으로 경고를 받다.

半破 반쯤 부서짐.
반 파 ─된 가옥.

反哺 새끼 까마귀가 먹이를 물어다
반 포 가 어미 까마귀에게 먹임.

頒布 세상에 널리 폄.
반 포 훈민정음의 ─.

反哺之孝 어버이를 지극히 섬기는
반 포 지 효 효성.

返品 물건을 도로 돌려 보냄. 또는
반 품 그 물건. ─이 창고에 쌓이다.

反抗 순종하지 않고 맞섬.
반 항 ─心(심). ─하는 척.

反核 핵무기의 실험·제조·사용을
반 핵 반대함. ─ 운동.

反響 음파가 장애물에 부딪쳐 되울
반 향 리는 일. ─을 불러일으키다.

返魂 장사지낸 뒤 신주를 모시고 집
반 혼 으로 돌아옴. ─祭(제)

返還 도로 돌려줌.
반 환 빌려 본 책을 ─하다.

發覺 숨겼던 일이 드러나 알게 됨.
발 각 정체가 ─되다.

發刊 책을 박아서 펴냄.
발 간 월간 잡지를 ─하다.

發見 알려지지 않은 것을 찾아냄.
발 견 위대한 ─. 신대륙 ─.

發光 빛을 냄.
발 광 ─ 동물. ─體(체)

發狂 미친 증세가 일어남.
발 광 ―을 하듯 날뛰다.

發福 운이 트이어 복이 닥침.
발 복 今時(금시) ―. ―之地(지지)

拔群 여럿 가운데서 특별히 뛰어남.
발 군 ―의 성적을 올리다.

拔本 뿌리나 근본을 뽑아 버림.
발 본 ―塞源(색원)

發掘 땅에 묻혀 있는 물건을 파냄.
발 굴 유물의 ― 작업.

發憤 단단히 결심하여 결기를 냄.
발 분 ―忘食(망식)

發券 은행권·채권 등을 발행함.
발 권 ― 은행

發射 총이나 활을 쏨.
발 사 기관총 ―. 로켓 ―

發給 증명서 등을 만들어 줌.
발 급 ―한 주민등록증.

發散 밖으로 퍼져서 흩어짐.
발 산 광채를 ―하다. 젊음을 ―하다.

勃起 음경이 커지며 불끈 일어남.
발 기 ― 부전에 특효가 있는 약.

發祥 상서로운 조짐이 나타남.
발 상 ―地(지)

發起 남 먼저 어떤 일을 하자고 주
발 기 장함. ―人(인) 대회

發想 새로운 생각이 떠오름.
발 상 좋은 ―. 새로운 ―.

發端 일이 벌어지는 계기가 되는 실
발 단 마리. 사건의 ―.

發生 생겨남
발 생 인류의 ―. 사건의 ―.

發達 사물이 피어나서 더 성장함.
발 달 지능의 ―. 사회의 ―.

發說 말을 꺼냄.
발 설 ―하지 말라.

發動 ①동력을 일으킴. ―을 걸다. ②움
발 동 직이기 시작함. 호기심이 ―하다.

跋涉 산을 넘고 물을 건너서 길을
발 섭 감. ―이 극난하다.

潑剌 약동하는 기세가 활발함.
발 랄 생기 ―한 젊은이.

發聲 소리를 냄.
발 성 ―器(기). ― 연습

發令 법령·사령·명령 등을 내림.
발 령 인사 ―. 공습 경보 ―

發送 편지나 물건을 보냄.
발 송 ―人(인). 우편물 ―

發露 겉으로 드러남.
발 로 애국심의 ―.

發穗 이삭이 팸.
발 수 ―期(기)

發賣 상품을 팖.
발 매 상품의 ―. ― 금지

發信 서신·전신을 보냄.
발 신 ―人(인). ―地(지)

發明 새로운 기계나 물건을 만들어
발 명 냄. ―家(가). ―王(왕)

發芽 싹이 트거나 싹이 나옴.
발 아 종자의 ―.

跋文 책의 본문 끝에 발행 경위를
발 문 쓴 글. 서문(序文)과 ―.

發惡 옳고 그름을 가리지 않고 악을
발 악 씀. 계속되는 ―.

勃發 어떤 일이나 사건이 일어남.
발 발 6·25 동란의 ―.

發案 어떤 안을 생각해 냄.
발 안 ―者(자)

發兵 군사를 일으킴.
발 병 ―符(부)

發癌 암이 생김.
발 암 ― 물질

發病 병이 남.
발 병 ―의 경위를 알아보다.

發言 말을 함.
발 언 ―權(권). ―者(자)

發熱 열을 냄. 또는 체온이 높아짐.
발 열 —體(체). —量(량)

發源 물이 흘러내리는 근원.
발 원 백두산에서 —하는 압록강. —地(지)

發願 바라고 원하는 생각을 냄.
발 원 —文(문)

發育 발달하여 자람.
발 육 —期(기). —不全(부전)

發音 말의 소리를 냄.
발 음 —기호. 정확한 —.

發議 의안을 내놓음.
발 의 공동으로 —하다.

發靷 상여가 장지를 향해 떠남.
발 인 —祭(제)

發作 어떤 증세가 갑자기 일어남.
발 작 잔질이 —하다.

發展 더 좋은 상태로 옮아 감.
발 전 —을 거듭하는 기술.

發電 전기를 일으킴.
발 전 —機(기)

發情 암컷이 성적 충동을 일으킴.
발 정 —한 암소. —期(기)

發程 길을 떠남.
발 정 —할 날짜.

發足 새로 사업을 시작함.
발 족 새로 —한 연구회.

發注 물건을 주문함.
발 주 —한 물품.

發疹 피부에 도드라기가 돋음.
발 진 —熱(열)

發進 비행기 따위가 떠나 나아감.
발 진 —기지

發車 기차 · 버스 따위가 출발함.
발 차 — 시간

發着 출발과 도착.
발 착 — 시간표

拔萃 필요한 부분만을 가려 뽑음.
발 췌 요점을 —하다.

拔擢 여러 사람 가운데서 뽑아 씀.
발 탁 인재를 —하다.

發破 폭발물로 암석 따위를 깨뜨림.
발 파 — 작업

發砲 포나 총을 쏨.
발 포 — 명령

發表 세상에 널리 알림.
발 표 —會(회). 합격자 —.

發行 책 · 신문 따위를 펴냄.
발 행 — 부수

發現 드러나 보임. 또는 드러나게 함.
발 현 애국 사상의 —.

發扈 권세를 마음껏 부리며 날뜀.
발 호 토호(土豪)의 —.

發火 불이 일어나거나 타기 시작함.
발 화 — 지점

發效 효력이 발생함.
발 효 조약이 —하다.

醱酵 효모의 작용으로 화학적 분해
발 효 가 일어남. — 사료

發揮 떨쳐 드러냄.
발 휘 실력을 —하다.

勃興 갑자기 일어나서 왕성해짐.
발 흥 발해국의 —.

傍系 직계에서 갈려 나간 계통.
방 계 —친족. — 회사

防共 공산주의의 침입을 막음.
방 공 — 사상

防空 항공기로부터의 공격을 막음.
방 공 —壕(호). — 훈련

放課 정해진 그 날의 수업을 마침.
방 과 — 후의 보충 수업.

傍觀 상관하지 않고 곁에서 보기만
방 관 함. —者(자). —만 하고 있다.

膀胱 오줌통
방 광 —結石(결석). —炎(염)

芳年 꽃다운 젊은 나이.
방 년 — 20세의 처녀.

放尿 오줌을 눔.
방 뇨　대로에서 ―하는 취객.

放談 거리낌없이 생각나는 대로 말
방 담　함. 신년 ―

尨大 규모나 양이 엄청나게 큼.
방 대　―한 양. ―한 계획서.

方途 일을 치러 갈 방법.
방 도　요긴한 ―. 경제 성장의 ―.

防毒 독기를 막음.
방 독　―面(면). ― 마스크

放浪 정처 없이 떠돌아다님.
방 랑　― 시인 김삿갓. ―者(자)

放流 흘려 보냄.
방 류　생활 하수의 ―.

放漫 야무지지 못하고 엉성함.
방 만　―한 경영.

方面 어떤 장소나 지역. 또는 분야
방 면　부산 ―. 문학 ―

放免 가두었던 사람을 풀어줌.
방 면　죄인을 ―하다.

芳名 남의 성명의 높임말.
방 명　―錄(록)

放牧 가축을 놓아 기름.
방 목　―場(장)

訪問 남을 찾아 봄.
방 문　―客(객). 가정 ―

坊坊曲曲 골골샅샅
방 방 곡 곡　―에서 일어난 독립 운동.

方伯 관찰사. 요즈음의 도지사.
방 백　守令(수령) ―

傍白 관객에게만 들리게 하는, 등장
방 백　인물이 저 혼자서 하는 말.

防犯 법죄가 생기지 않도록 막음.
방 범　― 대원. ― 초소

方法 일을 처리하는 수단.
방 법　훌륭한 ―. ―이 잘못되다.

防腐 썩지 않도록 함.
방 부　―劑(제)

彷彿 거의 비슷함.
방 불　대낮을 ―케 하는 조명.

防備 미리 막아서 지킴.
방 비　― 대책. ―를 강화하다.

房事 남녀가 잠자리하는 일.
방 사　―가 잦다.

放射 바퀴살 모양으로 내뻗침.
방 사　―線(선). 빛을 ―하다.

放肆 제멋대로 굴어 어렴성이 없음.
방 사　―한 언동.

放飼 가축을 놓아서 기름.
방 사　닭을 ―하다.

放生 생물을 놓아서 살려줌.
방 생　보살들이 ―에 나섰다.

房貰 방을 빌려 쓰는 대가로 내는
방 세　돈. ―를 올리다.

放送 전파를 통해 소리나 영상을 내
방 송　보냄. ―局(국). 라디오 ―

防水 새거나 스며드는 물을 막음.
방 수　―가 잘된 건물.

放水 물을 흘려 보냄.
방 수　―路(로). ―量(량)

防濕 습기를 막음.
방 습　―劑(제)

方式 정해진 형식이나 방법.
방 식　사고 ―. 생활 ―

放心 마음을 놓음.
방 심　―은 절대 금물이다.

方案 일을 처리할 방법이나 계획.
방 안　좋은 ―을 모색하다.

傍若無人 거리낌없이 함부로 행동
방 약 무 인　함. ―의 태도.

防禦 적의 공격을 막음.
방 어　―線(선). ― 진지

方言 사투리
방 언　제주도 ―.

放言 거리낌없이 함부로 말함.
방 언　―高論(고론)

防疫 전염병을 예방함.
방 역 ─ 대책. ─을 강화하다.

放熱 열을 내보냄.
방 열 ─器(기)

放映 텔레비전으로 영상을 내보냄.
방 영 ─된 일일 연속극.

方位 사방을 기준으로 하여 나타내는
방 위 위치. ─角(각). ─線(선)

防衛 막아서 지킴.
방 위 ─ 산업. ─線(선)

防音 밖의 소리가 새어들지 않게 막
방 음 음. ─ 장치

放任 간섭하지 않고 내버려 둠.
방 임 ─ 상태로 놓아두다.

放恣 삼가는 태도가 없이 건방짐.
방 자 ─한 언행. ─하게 굴다.

方丈 ①절의 주지. ②총림을 대표하는
방 장 고승. 해인사 ─으로 들어가다.

防災 재해를 방지함.
방 재 ─ 대책. ─ 훈련

紡績 실을 뽑음.
방 적 ─ 공장. ─ 기계

放電 전류를 밖으로 흘려 내보냄.
방 전 ─器(기)

傍點 글자 옆이나 왼쪽에 찍는 점.
방 점 ─을 찍다.

方正 언행이 바르고 의젓함.
방 정 ─한 품행.

方程式 모르는 수가 들어 있는 등식.
방 정 식 ─을 풀다.

防除 병충해를 막아서 예방함.
방 제 ─ 작업

傍祖 6대조 이상 되는 직계 아닌 조
방 조 상. 이순신 장군은 나의 ─이다.

幇助 거들어 도와줌.
방 조 ─罪(죄)

防潮堤 육지로 밀려드는 조수를 막
방 조 제 기 위하여 쌓은 둑.

放縱 거리낌없이 함부로 행동함.
방 종 ─한 생활.

旁註 본문 옆에 단 주해.
방 주 ─를 달다.

傍證 범죄의 증명에 간접적으로 도
방 증 움이 되는 증거.

防止 어떤 일·현상이 일어나지 못
방 지 하게 막음. ─ 대책. 도난 ─

紡織 피륙을 짬.
방 직 ─ 공장. ─ 기계

方策 방법과 꾀.
방 책 좋은 ─을 강구하다.

防柵 울타리
방 책 ─을 둘러 치다.

防諜 적의 스파이 활동을 막음.
방 첩 ─ 부대

傍聽 회의나 재판을 옆에서 들음.
방 청 ─客(객). ─席(석)

芳草 향기로운 풀.
방 초 녹음 ─ 승화시라.

方寸 마음속
방 촌 ─의 刃(인).

防築 ①둑을 쌓음. ─ 공사
방 축 ②둑. 방죽. 높은 ─.

放逐 쫓아냄
방 축 간신을 ─하다.

放出 ①밖으로 내보냄. 에너지를 ─하
방 출 다. ②물자나 자금을 풀어 놓음.

防蟲 해충의 피해를 막음.
방 충 ─網(망). ─劑(제)

放置 내버려 둠.
방 치 ─해 둔 오폐물.

方針 일을 처리해 나갈 방향과 계획.
방 침 ─을 정하다. 기본 ─

防彈 탄알을 막음.
방 탄 ─ 조끼. ─車(차)

放蕩 주색 잡기에 빠져 행실이 좋
방 탕 지 못함. ─한 생활.

防牌 ①창·칼 등을 막는 무기. ②방패막
방 패　이로 앞장세울 만한 인물의 비유.

方便 형편에 따라 일을 처리할 수
방 편　있는 수단과 방법. 임시 —

防風 바람을 막음.
방 풍　—林(림)

放學 학기가 끝난 뒤에 수업을 일정
방 학　기간 쉬는 일. 여름 —. — 숙제

防寒 추위를 막음.
방 한　—帽(모). —服(복)

妨害 헤살을 놓아 해를 끼침.
방 해　영업 —. 공무 —罪(죄)

方向 어떤 방위를 향한 쪽.
방 향　— 감각. 동쪽 —

芳香 꽃다운 향기.
방 향　국화의 —.

防護 위험을 막아서 보호함.
방 호　— 시설

放火 불을 지름.
방 화　—犯(범)

彷徨 이리저리 헤매며 떠돌아다님.
방 황　—하는 실직자.

排擊 공격하여 물리침.
배 격　사대주의를 —하다.

背景 ①뒷쪽의 경치. 산을 —으로 찍은 사진.
배 경　②뒤를 돌봐 주는 힘. 든든한 —.

排球 네트 위로 공을 넘기는 경기.
배 구　— 선수

拜金 돈을 지나치게 중히 여김.
배 금　—主義(주의)

配給 물품을 여럿에게 나누어 줌.
배 급　—品(품)

非를 성부로 하는 한자		
비	非+心→悲 : 슬플　비	
	言+非→誹 : 헐뜯을 비	
배	手+非→排 : 물리칠 배	
	非+車→輩 : 무리　　배	

排氣 공기·가스 등을 밖으로 내보냄.
배 기　— 가스. —管(관)

背囊 등에 지도록 만든 주머니.
배 낭　— 여행

排尿 오줌을 몸 밖으로 내보냄.
배 뇨　—溝(구)

配達 가져다 몫몫이 돌려줌.
배 달　우편 —. 신문 —

配當 몫몫이 나누어 줌.
배 당　—金(금). 할 일을 —하다.

配慮 이리저리 마음을 씀.
배 려　선생님의 지극한 —.

拜禮 절을 함.
배 례　부처님께 —하다.

拜命 명령이나 임명을 삼가 받음.
배 명　이조판서를 —하다.

背叛 의리나 신의를 저버림.
배 반　—者(자). 신의를 —하다.

配本 책을 몫지어 돌려줌.
배 본　—을 끝내다.

配付 나누어 줌.
배 부　입시 원서를 —하다.

配分 몫몫이 갈라 줌.
배 분　—한 이익금.

背山臨水 산을 등지고 앞에는 강
배 산 임 수　이 흐르는 땅의 형세.

拜上 삼가 올림. 편지 사연을 다 쓰고
배 상　자기 이름 다음에 쓰는 말투.

賠償 남에게 입힌 손해를 물어줌.
배 상　—金(금). —額(액)

背書 어음 뒷면에 권리에 관한 내용
배 서　을 적음. —한 어음.

陪席 어른을 모시고 자리를 같이함.
배 석　정상 회담에 —한 장관.

配線 전선을 끌어 설치함.
배 선　전기 — 공사.

排泄 인체 밖으로 노폐물을 내보냄.
배 설　—物(물)

配所 귀양살이를 하는 곳.
배 소 —에서 풀려나다.

配屬 어떤 곳에 배치됨.
배 속 —된 부대.

倍數 어떤 수의 갑절 되는 수.
배 수 3—. 5—

配水 상수도의 물을 보내줌.
배 수 —管(관). —池(지)

排水 안에 있는 물을 밖으로 내보냄.
배 수 —口(구). — 시설

配食 음식을 몫몫이 나누어 줌.
배 식 — 담당

背信 신의를 저버림.
배 신 —者(자). — 행위

陪審 재판 심리에 배석함.
배 심 —員(원). — 제도

胚芽 초목이 싹눈으로 자라는 부분.
배 아 —米(미)

拜謁 웃어른을 만나 뵘.
배 알 여왕을 —하다.

培養 ①식물·세균을 기름. 병균의 —.
배 양 ②사람을 유능하게 기름. 인재 —

配役 영화 등에서 배우가 맡은 구실.
배 역 —을 정하다.

配列 일정한 차례로 죽 늘어놓음.
배 열 가나다 순으로 —하다.

背泳 등헤엄
배 영 100m — 경주

排外 외국의 사람·문물·사상 등을
배 외 배척함. — 사상

俳優 극이나 영화에 출연하는 사람.
배 우 또는 광대. 유명한 — 이름.

配偶 부부를 이루는 짝.
배 우 —者(자)

配位 부부가 다 죽었을 때의 그 아내.
배 위 —와 고위(考位).

排律 여섯 구 이상의 대구를 늘어
배 율 놓은 한시의 체. 절구와 —.

背恩忘德 입은 은덕을 저버림.
배 은 망 덕 —한 사람.

背任 임무를 어김.
배 임 —罪(죄)

倍前 전보다 더 한층.
배 전 —의 노력을 기울이다.

配電 전력을 나누어 보냄.
배 전 —線(선)

褙接 여러 겹 포개어 붙임.
배 접 —한 종이.

配定 나누어 몫을 정함.
배 정 —한 인원. —한 시간.

排除 물리쳐 제거함.
배 제 —된 소외 제층.

排斥 반대하여 밀어 내침.
배 척 사이비 종교를 —하다.

排出 불필요한 것을 밖으로 내보냄.
배 출 —되는 가스.

輩出 인재가 잇따라 나오거나 내보냄.
배 출 인재를 —하다.

背馳 반대 방향으로 어긋남.
배 치 정책에 —되는 여론.

配置 사람·물품을 알맞은 자리에
배 치 나누어 놓음. 인원 —. 좌석 —

排他 남을 반대하여 내침.
배 타 —心(심). —的(적) 경제 수역.

胚胎 ①아이나 새끼를 뱀. ②어떤
배 태 일이 일어날 원인이 생김.

配布 일반에게 널리 나누어 줌.
배 포 —한 광고지.

配匹 부부의 짝. 배우자
배 필 —로 맞다. 天定(천정)—

配合 여러 가지를 일정한 비율로 섞
배 합 음. — 비료. 색의 —.

配享 공신의 신주를 종묘에, 학덕이 있
배 향 는 사람을 문묘나 서원에 모심.

徘徊 목적 없이 이리저리 쏘다님.
배 회 거리를 —하는 실업자.

背後 등뒤. 또는 정면으로 나서지
배 후 아니한 뒤편. —에서 조종하다.

百家爭鳴 여러 사람이 자유롭고
백 가 쟁 명 활발하게 논쟁함.

百計 온갖 꾀. 여러 가지 계책.
백 계 —無策(무책)

白骨 살은 썩고 남은 뼈.
백 골 —難忘(난망)

百果 온갖 과실.
백 과 五穀(오곡) —

百科 많은 학과. 모든 분야.
백 과 — 사전

百官 모든 관원.
백 관 文武(문무)—

百年 많은 나달. 오랜 세월.
백 년 —佳約(가약). —大計(대계)

百代 이어져 온 여러 대.
백 대 —之親(지친)

百萬長者 재산이 썩 많은 부자.
백 만 장 자 —의 아들.

伯母 큰어머니
백 모 —와 숙모.

白眉 여럿 중에서 가장 뛰어난 사람. 또
백 미 는 많은 것 중에서 가장 뛰어난 것.

白髮 허옇게 센 머리털.
백 발 —이 성성한 노인.

百發百中 백 번 쏘아 백 번을 다
백 발 백 중 맞춤.

百方 여러 방면. 또는 온갖 방법.
백 방 —의 노력. —으로 수소문하다.

白兵戰 서로 맞붙어서 싸우는 싸움.
백 병 전 —이 벌어지다.

白을 성부로 하는 한자의 음
백 〔 人+白→伯 : 맏 　백
〔 白+鬼→魄 : 넋 　백
박 〔 手+白→拍 : 칠 　박
〔 白+辶→迫 : 닥칠 박

伯父 큰아버지
백 부 —와 숙부.

百分率 100분의 1을 단위로 하여
백 분 율 나타내는 비율.

白雪 흰 눈.
백 설 —이 흩날리다.

百姓 국민. 일반 시민.
백 성 —을 괄보는 정치.

白首 허옇게 센 머리.
백 수 —兩堂(양당)

白熟 고기나 생선을 간하지 않고 삶
백 숙 음. 영계 —

伯氏 남의 맏형의 높임말.
백 씨 —와 계씨(季氏).

百藥 온갖 약.
백 약 —이 무효로다.

白眼視 업신여겨서 흘겨봄.
백 안 시 —하여 따돌리다.

白衣 ①흰 옷. —의 천사.
백 의 ②벼슬하지 않은 사람. — 종군

白日夢 헛된 공상.
백 일 몽 —이 깨어지다.

白日場 글짓기 대회.
백 일 장 —을 보러 가다. —에서 장원하다.

伯爵 오등작의 셋째 작위.
백 작 — 부인

百戰百勝 싸울 때마다 꼭 이김.
백 전 백 승 —의 용장.

百折不屈 어떤 어려움도 견디어
백 절 불 굴 냄. —의 의지.

白晝 대낮
백 주 — 대낮. — 혜성

伯仲 ①맏이와 둘째. ②우열이 없이
백 중 서로 어금지금함. —之勢(지세)

百尺竿頭 위험이나 어려움이 아주
백 척 간 두 극도에 달함.

百出 여러 가지로 많이 나옴.
백 출 의견이 —하다.

白痴 뇌의 활동이 완전하지 못한 병.
백 치 또는 그런 사람. — 천재

百八煩惱 108 가지의 번뇌.
백 팔 번 뇌 —를 씻다.

白話 중국의 구어(口語).
백 화 —文(문)

百貨店 규모가 큰 종합 상점.
백 화 점 —에 진열된 상품.

煩惱 마음으로 괴로워함. 또는 그
번 뇌 괴로움. 백팔—

煩多 번거롭게 많음.
번 다 —한 가간사. —한 업무.

煩悶 마음이 답답하여 괴로워함.
번 민 취업 문제로 —하다.

飜覆 이리저리 뒤집어 엎거나 고침.
번 복 증언을 —하다.

繁盛 한창 성하게 일어나 퍼짐.
번 성 자손이 —하다. 숲이 —하다.

繁殖 붇고 늘어서 많이 퍼짐.
번 식 가축의 —. —力(력)

飜案 ①안건을 뒤집음. ②남의 작품을
번 안 원안으로 하여 고쳐 지음. — 소설

翻譯 어떤 언어로 된 글을 다른 언
번 역 어의 글로 옮김. —한 소설.

繁榮 번성하고 영화롭게 됨.
번 영 —하는 대한민국.

飜意 가졌던 의사를 뒤집음.
번 의 —를 거듭하다.

煩雜 한데 뒤섞여 어수선함.
번 잡 —한 명동 거리.

番地 토지를 나누어서 매겨 놓은 땅
번 지 의 번호. —數(수)

繁昌 번화하고 창성함.
번 창 사업이 —하다.

番號 차례를 나타내는 숫자.
번 호 좌석 —

繁華 번성하고 화려함.
번 화 —街(가)

罰金 벌로 내는 돈.
벌 금 —을 물리다.

伐木 나무를 벰.
벌 목 —場(장)

罰點 잘못을 벌로 따져 매긴 점수.
벌 점 —을 받다.

閥族 나라에 많은 공을 세우고 높
벌 족 은 벼슬을 많이 한 집안.

罰酒 벌로 억지로 먹이는 술.
벌 주 —를 마시다.

伐採 산판의 나무를 벰.
벌 채 —허가. —한 나무.

罰責 가벼운 죄를 지은 사람에게 꾸
벌 책 짖는 것으로 가볍게 벌을 줌.

伐草 무덤의 풀을 깎음.
벌 초 어머니 산소에 가서 —를 하다.

罰則 처벌을 규정한 규칙.
벌 칙 —을 적용하여 퇴장을 명하다.

凡骨 평범한 사람.
범 골 —이 아니다.

汎國民的 국민 전체에 관계되는.
범 국 민 적 —인 행사.

氾濫 ①큰물이 넘쳐 흐름. 홍수의 —.
범 람 ②많이 나돎. 사치품의 —.

凡例 일러두기
범 례 —를 읽어 보라.

犯法 법을 범함.
범 법 —者(자). — 행위

凡夫 평범한 사람.
범 부 그도 —에 지나지 않았다.

凡事 모든 일. 또는 예사로운 일.
범 사 —에 조심하라.

凡常 평범하고 예사로움.
범 상 —한 일. —한 사람.

帆船 돛단배
범 선 바람을 받은 —.

凡俗 평범하고 속됨.
범 속 —한 생각.

凡失 대수롭지 않은 실수.
범 실 ―을 범하다.

梵語 산스크리트어. 인도의 옛날 말.
범 어 ―로 된 불경.

凡庸 평범하고 용렬함.
범 용 ―한 사람.

範圍 무엇의 미치는 한계.
범 위 ―가 넓다. 활동 ―

凡人 평범한 사람. 보통 사람.
범 인 ―을 능가하는 정력.

犯人 죄를 범한 사람.
범 인 ― 체포. ―을 찾다.

凡節 법도에 맞는 모든 질서나 절차.
범 절 인사 ―

犯罪 죄를 범함. 또는 그 범한 죄.
범 죄 ―人(인). ―를 짓다.

範疇 같은 종류의 대상·현상 들의
범 주 부류. 별개의 ―에 속한 일.

犯則 규칙을 어김.
범 칙 ―金(금)

汎稱 넓은 범위로 부르는 이름.
범 칭 영남은 경상남북도의 ―이다.

凡打 야구에서, 안타가 되지 못한
범 타 평범한 타격. ―에 그치다.

犯行 범죄가 되는 행위.
범 행 ― 동기. ―을 저지르다.

法鼓 절에서 예불할 때나 의식을 거
법 고 행할 때에 치는 큰 북.

法官 사법권을 행사하는 재판관.
법 관 ― 생활

法規 법적인 규범. 또는 법률상의
법 규 규정. ―를 지키다.

法堂 불상을 모시고 설법하는 전각.
법 당 ― 안에서 새어 나오는 염불 소리.

法度 법률과 제도. 또는 생활상의
법 도 예법. ― 있는 생활. ―를 지키다.

法令 법률과 명령.
법 령 ―의 반포.

法律 모든 법.
법 률 ―家(가). ―案(안)

法網 범죄자를 제재할 수 있는 법.
법 망 ―에 걸리다.

法名 중이 된 사람에게, 종문에서
법 명 새로 지어주는 이름.

法務 법률에 관한 사무.
법 무 ― 행정

法門 불법으로 들어서는 문.
법 문 ―에 들어서다.

法服 ①법관이 법정에서 입는 옷.
법 복 ②중이 입는 옷.

法式 법도(法度)와 양식(樣式).
법 식 예전 ―대로 행하다.

法案 법률의 원안이나 초안. 법률안
법 안 ―을 국회에 제출하다.

法悅 진리를 깨달았을 때 느끼는 기
법 열 쁨. ―을 느끼다.

法院 사법권을 행사하는 기관.
법 원 지방 ―. 고등 ―

法益 법률적으로 보호되는 이익.
법 익 ―說(설)

法人 법률상의 인격이 주어진 주체.
법 인 公(공)―과 私(사)―. ―稅(세)

法典 체계를 세워 엮은 법률집.
법 전 ―을 뒤지는 변호사.

法廷 재판정. 법관이 재판을 하는 곳.
법 정 ―에 들어서는 피고인.

法定 법령으로 규정함.
법 정 ― 가격. ― 대리. ― 대리인. ― 관리

法曹 법관. 법률가
법 조 ―人(인). ―界(계)

法條 법률의 조문.
법 조 ― 경합

法帖 체법이 될 만한 글씨나 잘 쓴
법 첩 글씨를 모아 엮은 책.

法治 법률에 의하여 나라를 다스리
법 치 는 일. ― 국가. ―主義(주의)

法則 규범. 또는 현상들 사이에 객관
법 칙 적으로 존재하는 필연적인 관계.

法統 불법의 전통. 또는 바른 계통.
법 통 ―을 잇다.

法學 법률을 연구하는 학문.
법 학 ―徒(도). ― 박사

法會 승려와 신도가 모여 불사를 행하는
법 회 모임. 또는 불법을 강설하는 모임.

碧溪 물빛이 푸르르게 보이는 맑은
벽 계 시내. ―水(수)

碧空 파란 하늘.
벽 공 ―에 걸린 달.

劈頭 사물의 첫머리. 또는 일의 시
벽 두 작되는 때. 신년 ―

霹靂 벼락
벽 력 ―같은 소리. 뇌성 ―

壁報 벽이나 게시판에 써 붙이는 글.
벽 보 ―를 읽다.

僻書 흔하지 않은, 내용이 이상한 책.
벽 서 그의 장서 중에는 ―도 있다.

僻姓 흔히 볼 수 없는 썩 드문 성.
벽 성 '皇甫(황보)'는 ―이다.

碧眼 검은 자위가 파란 눈.
벽 안 ― 금발의 미인.

辟除 지위 높은 사람이 길을 나설 때
벽 제 여러 사람의 통행을 금하던 일.

僻字 자주 쓰이지 않는 괴벽한 글자.
벽 자 이 옥편에는 ―는 싣지 않았다.

僻地 궁벽한 곳.
벽 지 ―에서 근무하는 교사.

壁紙 벽에 바르는 도배지.
벽 지 색깔이 연한 ―.

僻村 궁벽한 마을.
벽 촌 ―에도 버스가 다닌다.

碧海 짙푸른 바다.
벽 해 桑田(상전)―

壁畫 건물·무덤의 벽에 그린 그림.
벽 화 고구려 고분의 ―.

變格 정격에서 벗어난 불규칙한 격식.
변 격 정격(正格)과 ―.

邊境 국경에 가까운 지대.
변 경 나라의 ―을 지키다.

變更 다르게 고침. 바꾸어 고침.
변 경 ―한 교통 규칙.

變故 재변이나 사고.
변 고 ―를 당하다.

變怪 재변으로 될 만한 괴이한 일.
변 괴 이런 ―가 또 있겠느냐?

便器 대소변을 받아 내는 용기.
변 기 윗목에 ―를 놓아 두다.

變德 변하기 잘하는 마음이나 태도.
변 덕 ―을 부리다. ―을 떨다.

變動 바뀌어 달라짐.
변 동 기후의 ―. 물가의 ―.

變亂 변고로 일어난 소란.
변 란 위급한 ―이 일어나다.

辯論 ①사리를 따지어 옳고 그름을 말함.
변 론 ②소송 당사자가 법정에서 하는 진술.

辨理士 특허·상표 등의 등록이나 출
변 리 사 원의 사무를 대행해 주는 사람.

辨明 ①옳고 그름을 가리어 밝힘. ②잘못에
변 명 대한 구실을 대며 그 이유를 말함.

變名 이름을 바꿈. 또는 바꾼 그 이
변 명 름. ―을 하고 피해 다녔다.

變貌 모양이 달라짐. 또는 달라진
변 모 그 모양. 새롭게 ―한 서울.

變味 음식의 맛이 변함.
변 미 ―가 된 음식.

邊方 국경에 가까운 지대.
변 방 ―을 지키던 장군.

辯과 辨의 구별		
辯	말잘할 **변** :	辯論(변론)
		辯護(변호)
辨	분별할 **변** :	辨別(변별)
	갚을 　**변** :	辨償(변상)

辨別 옳고 그름을 가리어 앎.
변 별 —力(력)을 기르다.

變服 평상시와 달리 옷을 차려 입음.
변 복 —하고 침입한 도둑.

便祕 똥이 잘 누이지 않는 병.
변 비 —症(증). —가 심하다.

辯士 ①말을 잘 하는 사람.
변 사 ②강연이나 연설을 하는 사람.

變死 변고로 죽음.
변 사 — 사건

辨償 끼친 손해를 갚음.
변 상 —한 액수.

邊塞 변경에 있는 요새.
변 새 —를 지키던 수졸(戍卒).

變色 ①색깔이 변함. ②얼굴빛이 달
변 색 라짐. —을 하고 대들다.

辨說 잘잘못을 가려서 설명함.
변 설 —者(자)

辯舌 입담 있게 잘하는 말.
변 설 유창한 —.

變性 성질이 달라짐.
변 성 — 매독. — 알코올

變聲 목소리가 변함.
변 성 —期(기)

變姓名 성명을 바꿈. 또는 바꾼 그 성명.
변 성 명 —을 하고 객지로 떠나다.

便所 뒷간. 화장실
변 소 —에 간 친구.

變速 속도를 바꿈.
변 속 — 장치

變數 바뀔 수 있는 수량을 나타내는
변 수 문자. 상수(常數)와 —.

變身 몸의 모양을 바꿈.
변 신 —術(술)

變心 마음이 변함.
변 심 —한 애인.

變壓 압력이나 전압을 바꿈.
변 압 —器(기)

變異 성질이나 모양이 달라짐.
변 이 생물의 —와 자연 도태.

變裝 옷차림·모양 따위를 다르게
변 장 꾸밈. —術(술). 노인으로 —하다.

變轉 이리저리 자꾸 달라짐.
변 전 —하는 세상.

變節 절개·절의를 지키지 아니함.
변 절 —者(자). —한 과부.

辨濟 빚을 갚음.
변 제 —한 액수.

變造 내용이나 모양을 고쳐서 만듦.
변 조 —한 여권.

辨證法 사유·사회·자연의 운동과 발전
변 증 법 을 인식하는 과학적 방법.

變質 질이 변함.
변 질 —된 의약품. —된 사상.

變遷 변하여 바뀜.
변 천 사회의 —. 시대의 —.

變則 달라진 규칙. 보통과는 다른
변 칙 방식. — 경영. —的(적)인 방식.

變態 정상적이 아닌 상태로 달라짐. 또는
변 태 달라진 그 상태. — 심리. — 성욕

變通 ①돈·물품을 돌려 씀. ②경우와 형
변 통 편에 따라서 융통성 있게 처리함.

變革 급격한 변화.
변 혁 사회 제도의 —. 일대 —이 일어나다.

變形 형태가 달라짐. 또는 그 형태.
변 형 —된 서울의 모습.

辯護 유리하게 주장하여 옹호함.
변 호 —權(권). —士(사)

變化 형태나 성질이 변하여 달라짐.
변 화 —無常(무상). 물리적 —

變換 형태나 성질이 바뀜.
변 환 — 장치

別個 구별이 되는 딴 것.
별 개 — 문제. —의 사실.

別居 따로 나가서 삶.
별 거 —를 선언한 부부.

瞥見 얼른 스쳐 봄.
별 견 —한 그녀의 미색(美色).

別故 특별한 사고. 또는 별다른 까닭.
별 고 — 없이 지내느냐?

別途 다른 용도. 또는 딴 방도나 방면.
별 도 —의 지시. —의 적립금.

別淚 이별을 슬퍼하여 흘리는 눈물.
별 루 —를 삼키며 헤어지다.

別名 ①딴 이름. ②그 사람의 특징을
별 명 나타내어 남들이 부르는 이름.

別般 따로 달리하는 것. 또는 별다르
별 반 게. —의 대책. — 다르지 않다.

別世 이 세상을 떠남. 사망함
별 세 —한 고인의 업적.

瞥眼間 눈 깜짝할 짧은 동안.
별 안 간 — 일어난 일.

別莊 본집 외에 때때로 가 묵는 집.
별 장 속리산에 있는 —.

別種 별다른 딴 종.
별 종 —의 돼지.

別差 별다른 차이.
별 차 —가 없다.

別冊 따로 된 책.
별 책 — 부록

別添 따로 덧붙임.
별 첨 —한 서류.

別表 따로 붙인 표나 도표.
별 표 여행 일정은 —를 보라.

兵家 군사학에 정통한 사람.
병 가 —常事(상사)

病暇 병으로 말미암아 얻는 휴가.
병 가 —를 얻어 여행을 떠나다.

病苦 병으로 인한 고통.
병 고 —에 시달리다.

病故 병으로 인한 사고.
병 고 한 사람의 —도 없었다.

病骨 병을 자주 앓는 허약한 몸.
병 골 어려서는 —이었다.

兵權 군대를 통솔 지휘하는 권력.
병 권 —을 한 손에 쥐다.

病菌 병을 일으키는 세균.
병 균 —이 침입하다.

兵器 전쟁에 쓰이는 모든 기구.
병 기 —庫(고). —廠(창)

併記 함께 나란히 적음.
병 기 한자를 —하다.

病棟 병원 안의 입원실로 쓰는 건물.
병 동 내과 —. 제3 —

兵略 군사상의 책략.
병 략 —家(가)

兵力 군대의 힘.
병 력 사단 —

病歷 지금까지 앓았던 병의 종류·
병 력 원인, 치료 과정이나 결과.

並列 나란히 늘어서거나 벌여 세움.
병 렬 — 연결

病理 병의 원인·발생·과정에 관한
병 리 이론. —學(학)을 전공하다.

並立 둘 이상이 함께 나란히 섬.
병 립 —할 수 없는 두 세력.

病魔 병을 악마에 비유하여 이르는
병 마 말. —에 시달리다.

病名 병의 이름.
병 명 —을 확인하지 못한 질병.

兵務 병사에 관한 사무.
병 무 — 행정

併發 두 가지 이상이 한꺼번에 일어
병 발 남. 딴 병이 —하다.

兵法 군사로써 전쟁을 하는 방법.
병 법 —書(서). 신출귀몰한 —.

兵符 임금과 병권을 가진 관원이 나
병 부 누어 가지던 부신. 발병부.

兵備 군사상의 준비. 군비(軍備)
병 비 —가 튼튼하다.

兵士 군사. 또는 사병
병 사 용감한 —.

兵事 병역·군대·전쟁에 관한 일.
병 사 ― 업무

病死 병으로 죽음.
병 사 ―한 노숙자.

病床 앓아 누워 있는 자리.
병 상 ―에서 일어나지 못하다.

病席 앓아 누워 있는 자리.
병 석 ―에 누워 지내다.

竝設 둘 이상을 한 군데에 아울러
병 설 설치함. ― 학교

病勢 병의 형세.
병 세 ―가 악화되다.

病身 병든 몸. 또는 불구자
병 신 ―이 되다.

病室 환자가 따로 거처하는 방.
병 실 ―이 부족하다.

病弱 병으로 몸이 약함.
병 약 ―한 몸.

兵役 군에 입대하여 복무하는 일.
병 역 ― 의무

兵營 일정한 규모의 병사가 주둔하
병 영 는 곳. ― 생활

竝用 둘 이상을 함께 아울러 씀.
병 용 한글과 한자의 ―.

病院 병의 치료나 예방 업무를 하는
병 원 곳. 종합 ―. ―에 입원하다.

病原 병을 일으키는 원인.
병 원 ―菌(균)

病者 앓는 사람.
병 자 ―를 돌보다. 입원한 ―.

兵籍 군인의 소속·신분 등의 공적
병 적 사항을 기록한 장부.

兵丁 군인. 병사
병 정 늙은 ―.

竝存 함께 아울러 존재함.
병 존 보수파와 진보파의 ―.

兵卒 =軍士(군사)
병 졸 장수와 ―.

竝進 함께 나란히 나아감.
병 진 ― 운동

兵站 무기·탄약·군량의 보급·수송의
병 참 일을 하는 병과. ― 기지

病蟲害 병과 해충으로 인한 피해.
병 충 해 ― 방지 대책.

併稱 함께 아울러서 일컬음.
병 칭 설악산은 금강산과 ―하는 명산이다.

併呑 남의 영토를 강제로 통합함.
병 탄 약소국을 ―하다.

病弊 병통과 폐단.
병 폐 여러 가지 ―가 있다. ―를 바로잡다.

屛風 바람을 막기 위한 가리개.
병 풍 ―을 두르다. 산수화 ―

併合 하나로 합침.
병 합 두 기관을 ―하다.

病害 병으로 말미암은 농작물의 피해.
병 해 ―를 입다.

竝行 함께 아울러 행하거나 함께 나
병 행 란히 진행됨. 이론과 실천의 ―.

兵火 전쟁으로 말미암아 일어난 화재.
병 화 ―에 소실된 고궁.

病患 병의 높임말.
병 환 아버님의 ―이 오래 가다.

寶鑑 귀중한 본보기가 될 만한 책.
보 감 東醫(동의)―

補強 보충하여 더 강하게 함.
보 강 역량의 ―. ― 공사

保健 건강을 지켜나가는 일.
보 건 ― 시설. ― 체조

寶劍 보배로운 검.
보 검 ―을 빼어 들다.

補缺 결원이 생긴 자리를 채움.
보 결 ―生(생). ― 선수

報告 알리어 말함. 또는 그 알리는
보 고 글. ―文(문). 전후 사정을 ―하다.

寶庫 유용한 자원이 많이 나는 곳.
보 고 쌀의 ―. 인류 문화의 ―.

保管 맡아서 관리함.
보 관 ―하고 있는 물품.

報國 나라의 은혜에 보답함.
보 국 盡忠(진충)―의 마음을 다지다.

輔國 충성을 다하여 나랏일을 도움.
보 국 ―安民(안민). ― 충신

補闕 빈 자리를 채움.
보 궐 ― 선거

保菌 병균을 몸에 지님.
보 균 ―者(자)

普及 널리 퍼지거나 널리 쓰이게 함.
보 급 상품의 ―. 과학 지식의 ―.

補給 금품을 계속적으로 대어 줌.
보 급 ―路(로). ―品(품)

報答 입은 은혜를 갚음.
보 답 ―할 길을 찾다.

步道 사람이 걸어다니는 길.
보 도 ―와 차도.

報道 어떤 소식을 널리 알림. 또는
보 도 그 소식. 신문 ―. ― 기사

堡壘 적의 침입을 막기 위한 진지.
보 루 ―를 쌓다.

保留 결정하거나 처리하지 않고 뒤
보 류 로 미룸. 결정을 ―하다.

寶物 보배로운 물건.
보 물 ―로 간직하고 있다.

步兵 육군의 병종의 하나.
보 병 ― 부대. ― 장교

報復 앙갚음
보 복 ―을 결심하다.

褓負商 봇짐장수와 등짐장수.
보 부 상 ―의 경제력.

菩薩 ①부처의 다음 가는 성인. 관세
보 살 음 ― ②불교를 믿는 여성.

補償 끼치거나 입은 손해를 물어줌.
보 상 ―金(금)

保釋 보증금을 받고 일시 석방함.
보 석 ―을 허가하다.

寶石 아름다운 광채가 나는 귀중한
보 석 돌. ―商(상). ― 목걸이

保稅 관세의 부과를 보류함.
보 세 ― 구역. ― 창고

保守 낡은 것을 지켜 나가려 하는 일.
보 수 ―와 진보. ―黨(당)

補修 낡은 것을 손질하여 수리함.
보 수 ― 공사. ―한 교량.

報酬 노력에 대한 대가(代價).
보 수 ―를 받다. 얼마 안 되는 ―.

保身 자기의 한 몸을 보전함.
보 신 ―術(술). ―주의

補身 몸을 보함.
보 신 녹용으로 ―하다.

保安 사회의 안녕 질서를 보전함.
보 안 ―官(관). ―燈(등)

補藥 몸을 보하는 약.
보 약 ―을 많이 먹다.

保養 편히 쉬면서 몸을 잘 기름.
보 양 ―地(지)

補陽 몸의 양기를 도움.
보 양 ―劑(제)

補語 문장의 용언의 불완전함을 기
보 어 워주는 말. ―와 목적어.

保溫 일정한 온도를 유지함.
보 온 ―瓶(병). ― 장치

補完 모자라는 것을 채워 완전하게
보 완 함. 설계도를 ―하다.

保佑 보호하고 도움.
보 우 하느님이 ―하다.

保衞 보호하여 지킴.
보 위 국가의 ―.

寶位 왕위. 임금의 자리.
보 위 ―에 오르다.

保有 보전하여 가지고 있음.
보 유 기록 ―者(자). 기계의 ― 대수.

補遺 빠진 것을 보충함.
보 유 백과사전을 ―하다.

保育 보 육 어린아이를 보호하여 기름.
—院(원)

報恩 보 은 은혜를 갚음.
結草(결초)—

補任 보 임 어떤 직책을 맡겨 임명함.
—된 자리.

保障 보 장 일이 지장 없이 잘 되도록 보호함. 안전을 —하다.

保全 보 전 온전하게 보호하여 지킴.
목숨을 —하다. 환경의 —.

補塡 보 전 보태어 채움.
손해를 —하다.

步調 보 조 ①걸음걸이의 속도. —를 맞추다.
②함께 일이 진행될 때의 상태.

補助 보 조 보태어 도움.
—金(금). 국가의 —를 받다.

保存 보 존 잘 간수하여 남아 있게 함.
— 상태. 영구 —

補佐 보 좌 웃사람의 사업을 도움.
회장을 —하는 부회장.

保證 보 증 남의 신분이나 행위를 인증하여 책임짐. —人. —金. —을 서다.

補職 보 직 어떤 직무에 보임됨. 또는 그 직무. —을 받다. —이 무어냐?

補聽器 보 청 기 잘 들리지 않는 사람이 잘 듣기 위해 귀에 꽂는 기구.

步哨 보 초 경비를 하거나 망을 보는 일.
—를 서다. —兵(병)

補充 보 충 부족한 것을 보태어 채움.
—隊(대). — 질문

普通 보 통 별나지 않고 두루 통함.
— 교육. — 선거

普遍 보 편 모든 것에 두루 미치거나 통함.
—的(적) 법칙. — 타당성.

步幅 보 폭 걸음과 걸음 사이의 폭.
—이 크다.

輔弼 보 필 임금을 보좌함. 또는 그 사람.
어린 임금을 —하다.

保合 보 합 물가·주가가 큰 변동 없이 대체로 일정한 수준을 유지하는 일.

步行 보 행 걸어 가거나 걸어 다님.
—이 어렵다. 직립 —

保險 보 험 재해나 사고로 인한 손해에 대해 보상하는 일. —金(금). —회사

補血 보 혈 약을 써서 몸의 혈액을 도움.
—劑(제)

保護 보 호 잘 보살펴 돌보아 지킴.
미아의 —. 천년 기념물 —.

復刊 복 간 정간·폐간물을 다시 간행함.
신문의 —.

覆蓋 복 개 하천을 덮게로 덮어 씌움.
— 공사. 청계천을 —하다.

復古 복 고 도로 옛날 그대로 돌아감.
—主義(주의). —風(풍)의 옷.

復校 복 교 휴학·퇴학한 학생이 학교에 다시 다님. —를 한 학생.

復舊 복 구 본래의 상태를 회복함.
— 공사. —된 서울 거리.

復權 복 권 박탈 당했던 권리를 회복함.
사면으로 —되다.

福券 복 권 제비를 뽑아서 맞추면 일정한 상품을 타게 되는 표. — 당첨

復歸 복 귀 제자리로 돌아감.
— 명령을 받은 부대.

復碁 복 기 바둑을 다 두고 나서, 다시 처음부터 그 순서대로 놓아 봄.

復黨 복 당 탈당하거나 제명됐던 사람이 소속했던 당에 다시 들어감.

福德房 복 덕 방 부동산 거래 중개소.
— 주인. —에서 소개하다.

複道 복 도 건물 안을 다니도록 만든 통로.
—를 지나가다.

福樂 복 락 행복과 안락.
—을 누리다.

福祿 복 록 타고난 복과 벼슬아치의 녹. 곧 복되고 영화로운 삶.

複利 이자에 이자를 계산한 이자.
복 리 **—를 일삼는 사채업자.**

福利 행복과 이익.
복 리 **국민의 — 증진.**

伏魔殿 비밀리에 나쁜 일을 꾀하는
복 마 전 무리들이 모이는 곳.

腹膜 내장을 싸고 있는 막.
복 막 **—炎(염)**

覆面 얼굴을 싸서 가림.
복 면 **— 강도. —을 한 사나이.**

復命 사명을 띤 사람이 일을 마치고
복 명 돌아와 그 결과를 보고함.

服務 직무를 맡아 처리함.
복 무 **— 기간. — 규정**

伏兵 요긴한 길목에 군인을 숨겨 둠. 또
복 병 는 숨겨둔 그 군인. **—을 조심하라.**

腹部 배의 부분.
복 부 **— 수술**

複寫 그림·사진·문서를 기계로 그
복 사 대로 찍음. **—機(기)**

輻射 열이나 전자기파가 사방으로
복 사 방사되는 현상. **—熱(열)**

服色 옷의 빛깔과 꾸밈새.
복 색 **신분에 따라 달리한 —.**

伏線 남모르게 세워두는 준비.
복 선 **—을 깔아 두다.**

複線 겹줄로 된 선로.
복 선 **—軌道(궤도)**

複姓 두 글자로 된 성.
복 성 **제갈공명의 성은 —이다.**

復讐 원수를 갚음.
복 수 **—心(심). —의 일념.**

複數 둘 이상의 단위로 된 수효.
복 수 **—와 단수.**

復習 배운 것을 다시 익힘.
복 습 **—과 예습.**

服飾 의복과 장신구. 또는 옷의 꾸
복 식 밈새. **— 디자인**

複式 ①둘 이상으로 된 방식.
복 식 ②복식 경기. **—과 단식.**

腹案 마음속에 품은 생각이나 계획.
복 안 **—을 말하라.**

複眼 여러 개의 홑눈으로 이루어진
복 안 눈. **—과 단안.**

服藥 약을 먹음.
복 약 **— 시간**

服役 ①병역에 복무함. **—을 마친 군인.**
복 역 ②징역을 삶. **— 중인 죄수.**

服用 약을 먹음.
복 용 **—하는 약.**

復元 원래대로 회복함.
복 원 **경복궁의 —.**

復位 도로 제 자리에 들어 앉음.
복 위 **단종의 —를 꾀한 사육신.**

福音 하느님이 인간에게 준 계시.
복 음 **하느님의 —을 전하다.**

服膺 교훈 등을 마음에 새겨두어 잊
복 응 지 아니함. **拳拳(권권) —**

複雜 뒤섞여 어수선함.
복 잡 **—한 거리. —한 계산.**

服裝 옷차림
복 장 **간편한 —.**

複製 그대로 본떠서 만듦.
복 제 **—한 그림. —版(판)**

服從 명령이나 요구를 그대로 따라
복 종 좇음. **명령에 —하다.**

福酒 제사를 지낸 뒤, 제관들이 제사
복 주 에 쓴 술을 나누어 마시는 일.

福祉 누리는 행복.
복 지 **— 국가, — 시설**

復職 물러났던 직임에 다시 돌아감.
복 직 **—한 교수.**

復唱 명령이나 지시를 듣고 그 자리에
복 창 서 그 말을 소리내어 다시 말함.

卜債 점을 치는 값으로 주는 돈.
복 채 **—를 많이 놓다.**

腹痛 배앓이
복 통 　—을 일으키다.

復學 휴학·정학 등으로 학교를 다니지
복 학 　않던 학생이 다시 학교를 다님.

複合 둘 이상이 하나로 합치거나 합
복 합 　쳐짐. — 비료. —的(적)인 원인.

本家 본집. 또는 친정집
본 가 　—에서 지내는 제사.

本據地 생활이나 활동의 터전으로
본 거 지 　삼는 곳. 활동의 —.

本格的 제 궤도에 올라 매우 적극
본 격 적 　적인. —인 장마의 시작.

本貫 =貫鄕(관향)
본 관 　너의 —을 아느냐?

本能 ①동물의 선천적 능력. ②무의식적이
본 능 　며 억제할 수 없는 동물적인 충동.

本來 본디
본 래 　—부터 지녔던 아름다움.

本領 ①근본이 되는 강령.
본 령 　②본디부터 지니고 있는 성질.

本論 말이나 글에서 서론이나 결론
본 론 　외의 기본이 되는 부분.

本末 일의 처음과 나중. 또는 사물
본 말 　의 근본과 여줄거리. —의 전도.

本俸 기본 봉급.
본 봉 　—과 수당.

本部 기관이나 단체의 중심 조직.
본 부 　해군—. 공군 —

本分 ①지켜야 할 신분. —을 지키다.
본 분 　②의무로 마땅히 해야 할 책임.

本社 ①회사의 중심이 되는 조직이
본 사 　있는 곳. ②이 회사.

本色 ①본래의 색깔. ②본래의 생김새.
본 색 　③본래의 특색. —을 들어내다.

本是 어떤 일의 시초. 또는 처음부터
본 시 　—부터 논의되던 문제.

本心 본마음
본 심 　—을 드러내다.

本業 근본으로 되는 직업.
본 업 　—과 부업.

本然 처음부터 가지고 있는.
본 연 　—의 모습.

本源 주장되는 근원.
본 원 　—的(적)인 해결.

本位 기본으로 삼는 표준.
본 위 　흥미—의 소설.

本意 본래의 진정한 뜻.
본 의 　— 아니게 폐를 끼치다.

本人 당자인 그 사람. 또는 자기
본 인 　—의 의견을 들어보자.

本籍 호적이 있는 곳.
본 적 　—地(지)

本錢 밑천으로 들인 돈.
본 전 　—을 뽑다.

本店 ①기업체의 본부.
본 점 　②이 상점. 또는 자기의 상점.

本質 내재하는 근본적인 성질.
본 질 　사건의 —. —的(적)인 문제.

本體 본바탕. 또는 사물의 정체.
본 체 　—界(계). —論(론)

本土弗 군표(軍票)에 상대하여, 미
본 토 불 　국의 달러를 이르는 말.

封建 천자가 제후에게 토지를 나누어
봉 건 　주어 나라를 세우게 함. — 제도

封庫罷職 학정을 베푸는 원을 파면하
봉 고 파 직 　고 광고를 봉쇄하던 일.

奉公 국가·사회를 위해 진력함.
봉 공 　滅私(멸사)—

俸給 직장인에게 정기적으로 주는 보
봉 급 　수. — 생활. —을 받다.

蜂起 벌떼처럼 일어남.
봉 기 　무장—. 농민 —

奉讀 받들어 읽음.
봉 독 　주신 글월을 —하였습니다.

俸祿 벼슬아치에게 주는 봉급. 녹봉
봉 록 　—을 받다.

奉命 임금의 명령을 받듦.
봉 명　—使臣(사신)

逢變 변을 당함. 또는 그 변.
봉 변　뜻하지 않은 —을 당하다.

封墳 무덤을 만듦. 또는 그 무덤.
봉 분　흙을 쌓아 —을 만들다.

奉仕 노력이나 힘으로 남을 보살피
봉 사　어 돌봄. — 활동. 의료 —

奉祀 조상의 제사를 받듦.
봉 사　—孫(손). 4대

奉送 ①받들어 배웅함. 역까지 —하다.
봉 송　②정중히 운반함. 성화 —

封鎖 외부와 연락을 못하게 막음.
봉 쇄　진입로의 —. 港灣(항만)의 —.

烽燧 봉화. 사변이 났을 때 신호로
봉 수　올리던 불. —臺(대)

奉安 신주나 화상을 받들어 모심.
봉 안　사당에 —한 신주. 불상을 —하다.

奉養 받들어 모시고 섬김.
봉 양　부모를 —하다.

奉迎 웃어른을 맞이함.
봉 영　임금을 —하다. — 절차

封印 봉한 자리에 도장을 찍음. 또
봉 인　는 찍은 그 도장. —한 서류.

鋒刃 창이나 칼의 날.
봉 인　번쩍이는 —.

蜂蝶 벌과 나비.
봉 접　꽃밭에서 난무하는 —.

奉呈 받들어 올리거나 드림.
봉 정　신임장 —. 기념 논문집 —.

縫製 재봉틀이나 손으로 바느질하여
봉 제　만듦. — 공장

封紙 종이 주머니.
봉 지　과자 —. 설탕 —

奉職 공무에 종사함.
봉 직　공무원으로 6년간 —하다.

逢着 어떤 일에 부닥침.
봉 착　곤란한 처지나 환경에 —하다.

奉唱 엄숙한 마음으로 노래를 부름.
봉 창　애국가 —.

封窓 벽을 뚫어 구멍을 내고 종이를
봉 창　바른 창. 자다가 — 두드린다.

奉祝 공경하는 마음으로 축하함.
봉 축　— 행사

封套 편지 등을 넣는 종이 봉지.
봉 투　—를 붙이다. 이중 —

封緘 편지를 봉함. 또는 그 편지.
봉 함　— 엽서. 밀봉한 —.

縫合 실로 꿰맴. 수술한 자리를 꿰맴.
봉 합　절개한 자리를 —하다.

奉行 시키는 대로 받들어 행함.
봉 행　지시에 따라 —한 축제.

奉獻 물건을 받들어 바침.
봉 헌　—한 물품.

烽火 사변이 났을 때 신호로 올리던
봉 화　불. —臺(대). —가 오르다.

奉還 외국에 있는 것을 모시고 돌아
봉 환　옴. 독립 열사의 유해를 —하다.

附加 주되는 것에 붙이어 더함.
부 가　—稅(세). — 가치

浮刻 돋을새김. 또는 특징지어 두드
부 각　러지게 함. 인물의 내면을 —하다.

俯瞰 높은 곳에서 아래를 굽어 봄.
부 감　—圖(도)

富強 부유하고 힘이 셈.
부 강　—한 나라.

剖檢 사인을 밝히기 위해 시체를 해
부 검　부하여 검사함. 시신 —

否決 일정한 안건을 가하지 아니하다
부 결　고 결정함. —된 안건. 가결과 —.

音를 성부로 하는 한자		
배 [	土+音→培 : 북돋을 배	
	人+音→倍 : 곱	배
부 [	音+邑→部 : 떼	부
	音+刀→剖 : 쪼갤	부

ㅂ

父系 아버지의 혈통.
부 계 ― 사회. ―와 모계.

訃告 초상이 났다고 알리는 통지.
부 고 ―를 받다. ―를 보내다.

賦課 ①세금을 매겨 부담시킴. 세금의 ―.
부 과 ②책임·임무를 맡게 함. 임무의 ―.

剖棺斬屍 묻은 관을 파내 쪼개고
부 관 참 시 송장의 목을 벰.

浮橋 배다리
부 교 ―로 한강을 건너다.

富國 나라를 부유하게 함. 또는 부
부 국 유한 나라. ― 强兵(강병)

夫君 남편의 높임말.
부 군 ―을 섬기는 어진 아내.

府君 죽은 남자 조상이나 죽은 아버
부 군 지의 높임말.

富貴 재산이 많고 신분이 높음.
부 귀 ― 공명. ― 영화

附近 가까운 곳.
부 근 ― 일대. 학교 ―.

賦金 일정한 기간마다 일정하게 붓
부 금 는 돈. 주택 ―. 割(할)―.

負笈 공부하러 객지로 나감.
부 급 ―從師(종사)

附記 본문에 덧붙이어 적음. 또는 적
부 기 은 그 기록. 주의 사항을 ―하다.

簿記 출납을 일정한 규칙에 따라 장부
부 기 에 기입하는 일. ― 장부. 복식 ―

婦女 부인. 여자
부 녀 ―會(회). ―들의 놀이.

不斷 계속 잇대어 끊임이 없음.
부 단 ―한 노력. ―한 전진.

負擔 어떤 의무나 책임을 짐. 또는 그
부 담 의무나 책임. ―이 많다. 정신적 ―.

不當 사리에 맞지 않거나 정당하지
부 당 않음. ―한 간섭. ―한 이론. ― 이득

附帶 기본이 되는 것에 덧붙임.
부 대 ― 시설. ― 조건

部隊 일정한 규모로 편성된 군인 집
부 대 단. ― 이동. 공수 ―

不渡 수표나 어음의 지불을 받을 수
부 도 없게 되는 일. ―수표. ―가 나다.

埠頭 배를 대도록 설비해 놓은 장소.
부 두 인천항 ―

部落 동리. 마을
부 락 자연 ―. ―民(민)

浮浪 일정한 주소나 직업이 없이 떠
부 랑 돌아 다님. ―筆(배). ―子弟(자제)

浮力 물체를 뜨게 하는 힘.
부 력 ―을 가진 뗏목.

附錄 본문의 끝에 첨가한 기록.
부 록 ―으로 꾸민 연대표.

部類 몇 가지 부분으로 구별하여 나누
부 류 어 놓은 종류. 세 개의 ―로 나누다.

駙馬 임금의 사위.
부 마 ―都尉(도위). ―로 간택되다.

副木 상처 보호용 버팀목.
부 목 팔에 ―을 대다.

部門 분류해 놓은 개별적인 영역이
부 문 나 부분. 사회 과학 ―. 체육 ―

夫婦 남편과 아내.
부 부 ― 생활. 신혼 ―

部分 전체를 몇으로 나눈 개별적인
부 분 단위. ― 월식. 전체와 ―.

副使 정사를 돕는, 정사의 다음인
부 사 사신. 정사와 ―.

副詞 용언을 수식하는 품사.
부 사 ―와 수식어.

父喪 아버지의 상사.
부 상 ―을 당하다.

扶桑 동해 속의 해가 뜨는 곳에 있
부 상 다는 상상의 나무.

負傷 상처를 입음.
부 상 ―兵(병). ―을 입다.

副賞 주되는 상에 곁붙이로 주는 상.
부 상 본상과 ―. ―으로 받는 돈.

部署 관공서나 기업체에서 사무의 기능
부 서 에 따라 갈라 놓은 단위. 영업 —

副署 대통령이 서명한 문서에 국무
부 서 총리와 국무위원이 서명함.

附設 덧붙이어 시설함.
부 설 대학 — 연구소

敷設 철도·교량·지뢰 등을 설치함.
부 설 철도 —. 지뢰 —

附屬 주가 되는 기관에 딸려 붙음.
부 속 — 병원. — 건물

附隨 주되는 것에 붙어 따름.
부 수 — 비용. —的(적)인 조건.

部首 한자 분류의 기준으로 삼는, 옥편
부 수 을 찾는 길잡이 구실을 하는 글자.

部數 책이나 신문의 수를 세는 단위
부 수 인 부의 수. 발행 —

扶植 뿌리를 박아 심음.
부 식 세력의 —.

副食 주식에 곁들어 먹는 음식.
부 식 —費(비)

腐植 흙 속의 유기물이 썩는 일.
부 식 —土(토)

腐蝕 ①썩고 벌레가 먹음. ②쇠나 암석
부 식 이 화학적 변화를 일으키는 현상.

符信 증인을 찍은 나무나 종이 쪽을 둘로
부 신 쪼개서 뒷날의 증거로 삼았던 물건.

不實 내용이 충실하지 못함.
부 실 — 기업

腐心 근심이나 걱정으로 마음을 썩임.
부 심 정국 타개에 —하다

扶養 생활 능력이 없는 가족의 생활
부 양 을 돌봄. — 가족

浮揚 가라앉거나 침체된 것이 떠오름.
부 양 경기의 —策(책).

附言 덧붙여서 말함. 또는 그 말.
부 언 —해서 말하면……

副業 본업 외에 하는 일.
부 업 — 농가. —으로 하는 양돈 사업.

附與 지니도록 줌.
부 여 권리를 —하다.

附逆 나라에 반역하는 일에 가담함.
부 역 — 행위. —者(자)

賦役 국가나 공공 단체가 국민에게
부 역 의무적으로 지우는 노역.

敷衍 덧붙여서 알기 쉽게 설명을 늘
부 연 어놓음. — 설명

富饒 재산이 많고 넉넉함.
부 요 —한 생활.

附庸 작은 나라가 큰 나라에 딸려
부 용 붙음. —國(국)

浮雲 뜬구름
부 운 —같이 떠도는 신세.

府院君 왕의 장인이나 정일품 공신
부 원 군 에게 내리던 작호.

部位 어떤 국부의 자리.
부 위 수술한 —.

富裕 재물이 많고 넉넉함.
부 유 —한 생활.

腐儒 아주 완고하여 진취성이나 쓸
부 유 모가 없는 선비.

訃音 사람이 죽었다는 기별.
부 음 —이 전해지다.

副應 기대나 요구를 따라 응함.
부 응 기대에 —하도록 노력하겠다.

附議 토의에 부침.
부 의 — 안건

賻儀 초상집에 부조로 보내는 돈이
부 의 나 물품. —金(금)

富益富 부자일수록 더욱 부자가 됨.
부 익 부 — 빈익빈의 부조리.

夫人 남의 아내의 높임말.
부 인 — 동반으로 놀러 오게.

否認 인정하지 아니함.
부 인 사실을 —하다.

婦人 결혼한 여자.
부 인 가정 —. 중년 —.

ㅂ

赴任 임명된 직장으로 감.
부 임 ─ 인사. 새로 ─한 군수.

副作用 약이 가지고 있는 치료적 작용
부 작 용 이외에 생기는 작용. ─이 있다.

副葬品 장사 지낼 때에 시체와 함께 묻는,
부 장 품 죽은 사람이 생전에 애용하던 물품.

符籍 악귀를 쫓고 재앙을 물리친다고 하여
부 적 지니는 괴상한 글자를 쓴 종이쪽.

符節 사신이 지니고 신표로 삼았던,
부 절 옥으로 만든 부신.

不正 올바르지 않음. 옳지 않음.
부 정 ─을 저지르다. ─ 행위

不定 정해져 있지 않음. 일정하지
부 정 않음. 주거가 ─한 떠돌이.

不貞 여자로서 행실이 깨끗하지 못
부 정 함. ─한 여자.

否定 그렇다고 인정하지 않음.
부 정 기존의 학설을 ─하다.

副題 주제에 덧붙이는 제목. 부제목
부 제 ─를 달다.

扶助 남의 큰일에 물질적으로 도와
부 조 주는 일. 상호 ─의 미풍.

不足 ①한도나 표준에 모자람. 기술 ─
부 족 ②마음에 흐뭇하지 않음. ─한 생각.

部族 씨족의 공동 연합체. 또는 종족
부 족 ─ 국가. ─ 사회

不知 알지 못함.
부 지 ─의 소치.

扶持 오래 견디어 배김.
부 지 생명을 ─하다. ─해 온 건강.

不振 활동이 활발하지 못함.
부 진 ─한 사업. ─한 성적.

附着 떨어지지 않게 들어붙음.
부 착 ─根(근). ─力(력)

負債 남에게 진 빚.
부 채 ─를 갚다. ─를 지다.

部處 정부 기관의 부와 처.
부 처 ─ 간의 협조.

附則 법률·규칙의 본 조문을 보충
부 칙 하기 위하여 덧붙인 조항.

父親 아버지
부 친 ─과 모친. ─喪(상)

浮沈 ①물에 떴다 잠겼다 함. ②시세·
부 침 세력 등이 성하였다 쇠하였다 함.

付託 남에게 어떤 일을 해달라고 청
부 탁 하여 맡김. ─을 들어주다.

腐敗 ①썩어서 못 쓰게 됨. 음식물의 ─.
부 패 ②타락하여 못 쓰게 됨. ─한 정체.

否票 반대의 뜻을 나타내는 표.
부 표 ─를 던지다. 가표와 ─.

部品 기계·기구의 부속품.
부 품 ─ 생산 공장.

負荷 짐을 짐. 또는 그 짐.
부 하 ─된 사명.

部下 계급이나 직급이 아래인 사람.
부 하 ─를 거느리다. ─ 직원

符合 둘이 서로 꼭 들어맞음.
부 합 사실과 ─하다.

符號 어떤 뜻을 나타내는 기호.
부 호 문장 ─

富豪 재산이 많고 세력이 있는 사람.
부 호 ─들의 횡포.

附和 주관이 없이 남의 의견에 불좇
부 화 음. ─雷同(뇌동)

浮華 허영심에 들떠 겉치레만 화려함.
부 화 ─한 생활.

孵化 동물이 알에서 깸. 또는 알을
부 화 깸. 인공 ─. ─場(장)

復活 죽었다가 다시 살아남.
부 활 예수의 ─. ─節(절)

浮黃 오래 굶주려서 몸이 누렇게 되
부 황 는 병. ─이 나다.

復興 쇠약했던 것이 다시 흥함.
부 흥 ─期(기). 문예 ─

北極 지축의 북쪽 끝.
북 극 ─星(성). ─圈(권)

北邙山 사람이 죽어서 파묻히는 곳.
북 망 산 —에 갈 신세.

北伐 북쪽의 나라를 침.
북 벌 — 정책. 南征(남정) —

北上 북쪽으로 올라오거나 올라감.
북 상 태풍이 —하다.

北洋 북쪽 바다.
북 양 — 어업

北緯 적도 북쪽의 위도.
북 위 — 38°

北進 북쪽으로 나아감.
북 진 — 정책

北韓 한국의 북부.
북 한 남한과 —.

分家 가족의 일부가 딴살림을 차림.
분 가 —한 아우.

分揀 옳고 그름, 좋고 나쁨 등을 알
분 간 아서 가림. 지척을 —하기 어렵다.

憤慨 그럴 수는 없다고 매우 분하게
분 개 여김. —한 아우.

憤激 몹시 노엽고 분한 감정이 북받
분 격 쳐 오름. —한 군중. —을 참다.

粉骨碎身 목숨을 걸고 있는 힘을
분 골 쇄 신 다함. —한 독립 투사.

分科 전문 분야별로 나누어 놓은 부
분 과 문. — 위원회

分權 권력이나 권리를 나눔.
분 권 지방 — 시대.

紛糾 복잡하게 얽히어 생긴 말썽.
분 규 —를 해결하다.

分岐 나뉘어져 여러 갈래로 갈라짐.
분 기 —點(점)

分期 한 해를 석 달씩 넷으로 나누
분 기 어 놓은 기간. 三四—

北의 두 자음

①북녘 북 : 北上(북상)·北進(북진)
②패할 패 : 敗北(패배)

憤氣 분한 생각이나 기운.
분 기 —를 가라앉히다.

奮起 분발하여 일어섬.
분 기 —한 농민들.

分納 몇 번에 나누어서 납부함.
분 납 등록금을 —하다.

憤怒 분하여 몹시 성을 냄.
분 노 —에 찬 목소리. —를 삭이다.

糞尿 똥과 오줌.
분 뇨 — 처리장

分斷 나누어 갈라 끊거나 자름.
분 단 — 국가. 남북의 —. —된 조국.

分擔 갈라서 맡거나 갈라서 맡김.
분 담 —金(금). 업무 —

分黨 정당이나 패가 갈라짐.
분 당 —의 위기를 맞다.

紛亂 분잡하고 어수선함.
분 란 —한 도시 거리.

分量 수량의 많고 적음이나 부피의
분 량 크고 작은 정도. —이 많다.

分類 종류를 따라 가름.
분 류 —한 품종. 도서 —

分離 따로 나뉘어져 떨어짐. 또는
분 리 따로 떼어냄. 쓰레기 — 수거.

分立 서로 갈라져서 따로 섬.
분 립 三權(삼권) —

分娩 아이를 낳음.
분 만 —室(실). —한 아기.

憤懣 분하고 답답함.
분 만 —한 심경.

粉末 가루
분 말 — 커피. — 우유

奔忙 몹시 바쁨.
분 망 —한 나날을 보내다.

分明 ①또렷함. 기억이 —하다. ②틀
분 명 림없이 확실함. —치 않은 원인.

墳墓 무덤
분 묘 호화 —

噴霧器 물·약 따위를 뿜어내는 기
분 무 기 구. —로 파리약을 치다.

奮發 마음을 단단히 먹고 기운을 냄.
분 발 맡은 일에 더욱 —하다.

奔放 관습·규범에 상관하지 않고
분 방 제멋대로 설침. 자유 —

分配 몫몫이 나누어 가름.
분 배 유산의 —. 이익의 —.

分辨 서로 다름을 가리어 알아냄.
분 변 형과 아우를 —치 못하겠다.

分別 서로 다른 것을 구별하여 가름.
분 별 진위를 —하다.

分福 분수와 복. 타고난 복.
분 복 —에 넘치는 일.

吩咐 아랫사람에게 내리는 명령.
분 부 —를 내리다. —를 받들다.

紛紛 떠들썩하고 수선수선함.
분 분 —한 세상. 백설이 —히 날리다.

分泌 세포가 일정한 성분을 가진 물질을
분 비 만들어 내보내는 일. —物(물)

憤死 분한 나머지 죽음.
분 사 —한 독립 운동가.

噴射 액체나 기체를 뿜어 내보냄.
분 사 —器(기). 살충제를 —하다.

分散 따로따로 흩어지거나 흩어지게 함.
분 산 인구의 — 정책. 빛의 —.

焚書 책을 불사름.
분 서 —坑儒(갱유)

分析 구성하고 있는 개별적 요소를
분 석 갈라냄. —과 종합.

粉碎 가루같이 잘게 부스러뜨림.
분 쇄 —機(기). 광석의 —.

分數 제몸에 알맞은 일정한 한도.
분 수 —를 지키다. —에 넘치다.

噴水 물을 뿜어 올리는 설비.
분 수 —臺(대)

分水嶺 물이 갈라져서 흐르는 경계
분 수 령 가 되는 산마루나 산맥.

分乘 차·배 등에 나뉘어서 탐.
분 승 두 대의 버스에 —하다.

粉食 곡식의 가루로 만든 음식.
분 식 —을 권장하다.

分身 부처나 보살이 여러 가지 모습으로
분 신 이승에 나타나는 일. 또는 그 모습.

焚身 자기의 몸을 스스로 불사름.
분 신 — 자살

紛失 물건을 잃어버림.
분 실 — 신고. —物(물)

分野 어디에 딸린 범위나 부문.
분 야 문학의 한 —. 전공 —

分讓 얼마를 갈래내어 넘겨줌.
분 양 아파트 —. 씨닭을 —하다.

分業 한 가지 제품의 공정을 여러
분 업 부문별로 나누어 함. —化(화)

分裂 갈라져 나뉨.
분 열 세포 —. 정당의 —된 모습.

分外 분수에 지나침.
분 외 —의 환대를 받다.

雰圍氣 주위로부터 감촉되는 느낌.
분 위 기 화기애애한 —. 살벌한 —.

粉乳 가루로 만든 우유.
분 유 —를 먹이다. 탈지 —

分子 ①물질의 가장 작은 입자. —量(량)
분 자 ②인간의 개체. 열성 —. 불평 —

紛雜 많은 사람이 북적거려 시끌시
분 잡 끌함. —한 장터.

分掌 일을 부문별로 나누어 맡음.
분 장 사무 —

扮裝 배우가 등장 인물에 어울리게 꾸
분 장 미어 차리는 일. 도사로 —하다.

盆栽 식물을 화분에 심어서 가꿈.
분 재 —에 취미를 붙이다.

紛爭 복잡하게 얽힌 다툼질.
분 쟁 국제 —. —을 중재하다.

奮戰 힘을 떨치어 싸움.
분 전 —하였으나 아깝게도 졌다.

奔走 몹시 바쁨. 또는 바삐 돌아다님.
분 주 ─한 나날. ─히 뛰어다니다.

盆地 산이나 고원으로 둘러싸인 우
분 지 묵한 평지. ─에 자리잡은 대구.

噴出 세차게 내뿜음.
분 출 용암의 ─. ─物(물)

憤痛 몹시 분하여 마음이 아픔.
분 통 ─을 터뜨리다.

奮鬪 있는 힘을 다하여 싸움.
분 투 ─努力(노력)

分派 여러 갈래로 나뉘어져 갈라짐.
분 파 또는 그 갈래. ─主義(주의)

憤敗 분하게 짐.
분 패 ─의 눈물을 삼키다.

分布 흩어져 퍼져 있음.
분 포 ─圖(도). 유적이 ─해 있는 지역.

分割 갈라서 나눔.
분 할 구토의 ─. ─ 상황

分解 개개의 부분으로 갈라냄.
분 해 기계를 ─하다.

焚香 향을 피움.
분 향 ─ 재배. 영전에 ─하다.

分化 하나이던 것이 여러 갈래로 나
분 화 뉘어짐. ─ 작용

噴火 화산이 폭발하여 불을 내뿜음.
분 화 ─口(구)

不可 가하지 아니함.
불 가 ─한 일.

不可能 가능하지 아니함.
불 가 능 ─한 일.

不可分 나누려고 해도 나눌 수 없음.
불 가 분 ─의 관계.

不可不 아니할 수 없어서 마땅히.
불 가 불 ─ 내가 손을 대야겠다.

不可思議 추측조차 할 수 없게 이
불 가 사 의 상야릇함. ─한 일.

不可避 피할 수 없음.
불 가 피 ─한 일.

不可抗力 사람의 힘으로는 저항할
불 가 항 력 수 없는 힘.

不感症 남녀가 성교할 때 쾌감을
불 감 증 느끼지 못하는 병증.

不潔 깨끗하지 않음.
불 결 ─한 화장실.

不敬 경의를 표함이 없이 무례함.
불 경 ─스런 언동.

佛經 불교의 교리를 적은 책.
불 경 ─ 공부

不顧廉恥 염치를 돌아보지 아니함.
불 고 염 치 ─하고 밀고 들어가다

不恭 공손하지 아니함.
불 공 ─한 언사.

佛供 부처에게 공양을 드리는 일.
불 공 ─을 드리다.

不過 어떤 수량·정도·상태에 지
불 과 나지 못함. 하나의 형식에 ─하다.

佛敎 석가모니를 받드는 종교.
불 교 ─ 문화. ─ 미술

不具 신체의 한 부분이 온전하지 못
불 구 함. ─의 몸. ─者(자)

不拘 무엇에 구애되지 아니함.
불 구 비가 오는데도 ─하고 길을 떠나다.

不屈 버티고 굽히지 않음.
불 굴 百折(백절)─의 의지.

不軌 마땅히 좇을 도리에 어긋남.
불 궤 ─之心(지심)

不吉 길하지 않음.
불 길 ─한 예감. ─한 징조.

不能 할 수 없음.
불 능 해결이 ─한 일.

佛堂 불상을 안치한 전당.
불 당 ─ 앞을 쓸다.

佛徒 불교를 믿는 신도.
불 도 ─의 도량.

不良 성질이나 질이 좋지 못하고 나
불 량 쁨. ─ 소년. ─品(품)

不老長生 늙지 않고 오래 삶.
불 로 장 생 —의 영약.

不倫 인륜에 어긋남.
불 륜 —의 관계를 맺다.

不利 이롭지 못함.
불 리 —한 조건. —한 전황.

不滿 마음에 차지 않음.
불 만 —의 소리. —이 많다.

不眠症 잠이 잘 오지 않는 병증.
불 면 증 —에 시달리다.

不滅 없어지거나 멸망하지 아니함.
불 멸 —의 위업. 永生(영생) —

不明 밝혀지지 않아서 알 수 없음.
불 명 원인 —. 행방 —

不名譽 명예스럽지 못함.
불 명 예 —에 제대. —를 씻다.

不毛 초목이 자라지 않음.
불 모 —의 땅. — 지대

不問 묻지 아니함.
불 문 —에 부치다. —可知(가지)

不文律 성문법이 아닌 관습법.
불 문 율 —로 굳어지다.

不美 추잡스러워 아름답지 못함.
불 미 —한 일. —스러운 소문.

不敏 슬기롭지 못하고 둔함.
불 민 —한 탓. —한 자식.

不法 법에 어긋남.
불 법 —을 저지르다. — 행위

佛法 부처의 가르침.
불 법 —을 강론하다.

不變 변하지 아니함.
불 변 —의 진리. 永久(영구) —

不服 복종하지 아니함.
불 복 명령에 —하다.

不死 죽지 아니함.
불 사 —不滅(불멸). —鳥(조)

佛事 부처를 위하는, 절에서 행하는
불 사 일. —를 일으키다.

不死鳥 ①피닉스 ②굴하지 않고 끝까지 이
불 사 조 겨내는 투지를 가진 사람의 비유.

不詳 상서롭지 못함.
불 상 —事(사). —한 조짐.

佛像 부처의 소상이나 화상.
불 상 약사 여래의 —.

不誠實 성실하지 못함.
불 성 실 —한 생활 자세.

不世出 좀처럼 세상에 나타나지 않
불 세 출 을 만큼 뛰어남. —의 영웅.

不遡及 과거로 거슬러 올라가지 아
불 소 급 니함. —의 원칙.

不遜 언동이 공손하지 아니함.
불 손 —한 태도.

不純 ①순수하지 못함. —物(물)
불 순 ②참되지 아니함. —한 동기.

不順 ①온순하지 못함. —한 태도.
불 순 ②순조롭지 못함. —한 날씨.

不時 뜻하지 아니한 때에 갑자기.
불 시 —著(착). —에 찾아온 손님.

拂拭 말끔히 씻어 없앰.
불 식 의혹을 —하다.

不信 믿지 아니함.
불 신 — 풍조

不信任 신임하지 아니함.
불 신 임 — 결의

不安 마음이 놓이지 아니함.
불 안 —한 마음. —한 나날.

不夜城 대낮같이 밝고 번화한 곳.
불 야 성 —을 이루다.

不穩 ①온당하지 아니함. —한 사상.
불 온 ②평온하지 아니함. —한 정세.

不遇 때를 만나지 못하여 불행함.
불 우 —한 일생.

不應 응하지 아니함.
불 응 요구 조건에 —하다.

不意 뜻밖
불 의 —에 나타나다. —의 사변.

不義 의리나 정의에 어그러지는 일.
불 의 —를 미워하다.

不妊 임신하지 못함.
불 임 —症(증).

拂入 치를 돈을 넣음.
불 입 —金(금).

佛前 부처의 앞.
불 전 —에 올린 공양.

不着 ①도착하지 아니함. 항공기의 —.
불 착 ②입지 아니함. 구명 조끼의 —.

不察 똑똑히 살펴보지 못한 잘못.
불 찰 나의 —로 일어난 일.

不參 참석하거나 참가하지 아니함.
불 참 정기 총회에 —한 회원.

不撤晝夜 밤낮을 가리지 아니함.
불 철 주 야 —로 공부하다.

不聽 듣지 아니함. 또는 들어주지
불 청 아니함. 내 말을 —하다.

不請客 청하지 않았는데 찾아온 손.
불 청 객 —이 찾아오다.

不肖 못나고 어리석은 사람.
불 초 —한 이 자식을 용서하소서.

不忠 충성스럽지 아니함.
불 충 —한 신을 벌하소서.

不測 ①미리 헤아릴 수 없음. —한
불 측 일. ②괘씸하고 엉큼함. —한 짓.

不治 병을 고칠 수 없음.
불 치 —의 병.

不寢番 밤에 잠을 자지 않고 번을
불 침 번 섬. 또는 그 사람. —을 서다.

不快 못 마땅하여 기분이 좋지 아니
불 쾌 함. —感(감). —한 일.

佛陀 부처
불 타 —의 자비.

不通 통하지 아니함.
불 통 전화의 —. 언어의 —.

不特定 특별히 정하지 아니함.
불 특 정 —의 대다수.

不便 편하지 않음.
불 편 —한 교통. —한 사이.

不偏不黨 어느 편으로도 치우치지
불 편 부 당 아니하고 공평함.

不平 불만이 있어 못마땅하게 여김.
불 평 —을 늘어놓다. — 분자

拂下 기관에서 물건을 일반인에게
불 하 팔아 넘김. —한 땅.

不汗黨 행패를 부리는 무리.
불 한 당 —의 우두머리.

不幸 행복하지 못함.
불 행 —한 일.

不況 경기가 활발하지 못함.
불 황 —을 이겨내다.

不孝 효성스럽지 아니함.
불 효 —한 자식.

不朽 영원토록 변하거나 없어지지
불 후 아니함. —의 명작.

崩壞 허물어져 무너짐.
붕 괴 댐의 —.

朋黨 주의나 이해를 같이하는 사람
붕 당 들끼리 모인 동아리.

繃帶 상처 부위를 감아매는 소독한
붕 대 천. —를 감다.

崩御 임금의 죽음.
붕 어 고종의 —.

朋友 벗. 친구
붕 우 —有信(유신)

鵬程 앞으로 가야 할 머나먼 길.
붕 정 —萬里(만리)

鼻腔 코 안.
비 강 —과 인두.

卑怯 비열하고 겁이 많음.
비 겁 —한 사람. —한 짓.

比肩 어깨를 나란히 함. 곧 서로 정
비 견 도가 비슷한 상태에 있음.

祕訣 ①알려지지 아니한 묘한 방법.
비 결 ②앞날의 운명을 적은 기록.

ㅂ

祕境 비 경 사람이 가 본 적이 없거나 사람들에게 잘 알려지지 아니한 곳.

備考 비 고 어떤 내용에 참고가 될 만한 사항을 덧붙여 적어 놓은 기록.

非公開 비 공 개 공개하지 아니함. —회의

非公式 비 공 식 공식이 아님. —的(적)인 방문.

非課稅 비 과 세 세금을 매기지 아니함. —통장

悲觀 비 관 ①세상살이를 슬픈 것으로 여김. ②일이 잘 안 될 것으로 봄.

比較 비 교 서로 견주어 봄. 좋고 나쁨을 —하다.

比丘 비 구 남자 중. —와 비구니.

比丘尼 비 구 니 여자 중. —만 있는 절.

卑屈 비 굴 줏대가 없고 치뜰. —한 행동.

悲劇 비 극 ①불행한 결말로 끝맺는 극. ②비통한 극적인 사건. 6·25의 —.

卑近 비 근 일상 생활과 가까움. —한 예를 들다.

非難 비 난 남의 결점이나 잘못을 책잡아 서 나쁘게 말함. —하는 소리.

泌尿器 비 뇨 기 오줌을 만들어 배설하는 기관. —科(과)

非但 비 단 다만 — 우리만의 문제가 아니다.

肥大 비 대 ①살이 찌고 큼. —한 몸. ②기관의 조직이 커짐. —해진 기구.

比等 비 등 서로 비슷함. 체력이 —하다.

沸騰 비 등 ①물이 끓어 오름. — 온도 ②물끓듯 일어남. —하는 여론.

悲戀 비 련 슬픈 결과로 끝나는 남녀의 사랑. —의 주인공.

比例 비 례 두 양이 같은 비율로 늘거나 줆. —하는 두 수.

非禮 비 례 예가 아님. 과공이 —라.

肥料 비 료 거름 — 공장. 화학 —

非理 비 리 이치나 도리에 어그러지는 일. —를 저지르다. —를 캐다.

肥滿 비 만 살이 쪄서 뚱뚱함. —症(증). —한 사람.

飛沫 비 말 날아 흩어지는 물방울. 폭포수의 —.

備忘 비 망 잊지 않기 위해 준비해 두는 일. —錄(록)

非命 비 명 제 명대로 살지 못하는 목숨. —에 가다. —橫死(횡사)

悲鳴 비 명 외마디 소리를 지름. 또는 그 소리. —을 지르다. —을 울리다.

碑銘 비 명 비에 새긴 글. 고인의 행적을 적은 —.

非武裝 비 무 장 무장하지 않음. —지대

祕密 비 밀 알려지지 않았거나 알려서는 안 될 일의 속내. —이 새다.

祕方 비 방 ①공개하지 않은 방법. ②남에게 알려지지 아니한, 특효가 있는 약방문.

誹謗 비 방 남을 헐뜯어 욕함. —과 중상.

非番 비 번 번을 설 날이 아님. 오늘은 —이다.

非凡 비 범 보통 수준에서 뛰어남. —한 솜씨. —한 인물.

祕法 비 법 남이 모르는 특수한 방법. 무슨 —이라도 있느냐?

悲報 비 보 슬픈 기별. 장모가 죽었다는 —.

婢僕 비 복 종. 노비 —을 해방시킨 선각자.

悲憤 슬프고도 분함.
비 분 —慷慨(강개). —의 눈물.

妃嬪 비와 빈.
비 빈 —을 거느리고 거동하다.

祕史 세상에 드러나지 아니한 역사
비 사 적 사실. 궁중 —

非常 예사롭지 아니하고 특별함.
비 상 — 대책. — 소집

祕書 기밀 문서나 사무를 맡아보는
비 서 사람. 또는 그 직책. —室(실)

碑石 빗돌
비 석 —에 새겨진 고인의 무용담.

卑俗 천하여 품위가 없음.
비 속 —한 말투.

卑屬 혈통상 자기보다 지위가 낮은
비 속 친족. —과 존속.

匕首 잘 드는 단도.
비 수 —로 찌르다. —같이 예리하다.

卑濕 바닥이 낮아서 습함.
비 습 —한 땅.

肥濕 살이 쪄서 습기가 많음.
비 습 —한 체질.

悲哀 슬픔과 설움.
비 애 인생의 —.

飛躍 높이 뛰어오름. 인신하여, 다음의 높
비 약 은 단계로 빨리 나아감. 논리의 —.

卑語 상스럽고 천한 말.
비 어 —는 쓰지 말자.

卑劣 품위가 없고 천함.
비 열 —한 사람. —한 언행.

肥沃 땅이 걸고 기름짐.
비 옥 —한 땅.

弗을 성부로 하는 한자

불 ┌ 人+弗→佛 : 부처 불
　　└ 手+弗→拂 : 털　불

비 ┌ 弗+貝→費 : 쓸　비
　　└ 水+弗→沸 : 끓을 비

費用 어떤 일을 하는데 드는 돈.
비 용 많은 —이 들다.

否運 막혀서 곤란한 처지에 빠진 운
비 운 수. —을 행운으로 바꾸다.

悲運 슬픈 운수.
비 운 —의 공주. 민족적 —.

非違 법에 어긋남. 또는 그 일.
비 위 — 사실을 폭로하다.

脾胃 ①비장과 위. ②받아 삭여 내거나
비 위 상대하여 내는 성미. —를 맞추다.

比喩 비슷한 성질을 가진 다른 사물·
비 유 현상을 끌어대어 설명함. —의 수법.

比率 둘 이상의 수량을 비교할 때의
비 율 비. —이 높다.

祕藏 몰래 감추어 둠.
비 장 —의 고려 청자.

悲壯 슬프고도 그 의기가 씩씩함.
비 장 —한 목소리. —한 얼굴.

菲才 재주가 없음. 또는 변변치 못
비 재 한 재주. 淺學(천학)—

匪賊 떼를 지어 다니며 남의 재물을
비 적 약탈하는 도적.

祕傳 비밀히 전하여져 내려옴. 또는
비 전 비밀히 전하여 내려오는 것.

鼻祖 시조. 어떤 일을 가장 먼저 시
비 조 작한 사람.

批准 전권 위원이 체결·서명한 조약
비 준 을 책임 기관이 공적으로 승인함.

比重 어떤 것 가운데서 차지하는 크기나
비 중 중요성. 교육비의 —. 그의 역할과 —.

悲慘 슬프고 처참함.
비 참 —한 광경.

悲愴 슬프고 마음이 아픔.
비 창 —한 표정.

卑賤 신분이나 지위가 낮고 천함.
비 천 —한 신분.

備蓄 미리 대비하여 저축해 둠.
비 축 —米(미).

備置 갖추어 둠.
비 치 ―한 도서. 구명 보트의 ―.

悲嘆 슬퍼하며 탄식함.
비 탄 ―에 잠기다.

悲痛 몹시 슬프고 가슴이 아픔.
비 통 ―한 심정.

批判 잘못이나 결점을 지적함. 또는
비 판 그 지적. ―力(력). 날카로운 ―.

批評 옳고 그름을 따지어 논평함.
비 평 ―家(가)

備品 갖추어 두고 쓰는 제구.
비 품 ―을 소중히 다루다.

卑下 남을 업신여기어 깔봄.
비 하 상대를 ―하는 말.

非行 도리나 법에 어긋나는 짓.
비 행 ― 청소년. ―을 저지르다.

飛行 공중을 날아다님.
비 행 ―機(기). ― 물체

庇護 감싸고 보호함.
비 호 ― 세력. 추종자를 ―하다.

飛虎 나는 듯한 날쌘 범.
비 호 ―같이 덤벼 들다.

祕話 숨은 이야기.
비 화 성공 ―. 궁중 ―

飛火 튀는 불똥. 또는 불똥이 옮겨
비 화 붙음. 부정 사건의 ―를 차단하다.

悲話 슬픈 이야기.
비 화 단종에 얽힌 ―.

備荒 기근이나 흉년에 대처하여 준
비 황 비함. 또는 그 준비. ― 작물

貧困 ①가난하고 군색함. ―한 가정.
빈 곤 ②내용이 텅 빔. 지식의 ―.

貧窮 가난하고 곤궁함.
빈 궁 ―한 농촌.

頻度 같은 현상이나 일이 반복되는
빈 도 도수. 사용 ―. 잦은 ―.

貧民 가난한 백성.
빈 민 ―窟(굴). ―을 구휼하다.

頻發 자주 일어남.
빈 발 ―하는 교통 사고.

頻繁 매우 잦음.
빈 번 ―한 왕래. 출입이 ―하다.

貧富 가난함과 넉넉함.
빈 부 ―의 격차.

瀕死 거의 죽을 지경에 이름.
빈 사 ―의 상태.

貧弱 ①가난하고 무력함. ―한 농민. ②보
빈 약 잘것 없고 변변치 못함. ―한 내용.

貧賤 가난하고 천함.
빈 천 ―之交(지교)

嚬蹙 눈살을 찌푸리고 얼굴을 찡그
빈 축 림. ―을 사다.

貧寒 가난하여 집안이 쓸쓸함.
빈 한 ―한 생활.

貧血 몸에 있는 피의 적색소의 분량
빈 혈 이 적어지는 현상. ―症(증)

氷菓 얼음과자
빙 과 ―類(류)

聘母 장모. 아내의 친정 어머니.
빙 모 빙부와 ―.

聘父 장인. 아내의 친정 아버지.
빙 부 ―와 빙모.

氷山 극지방의 바다에 떠 있는 얼음
빙 산 덩어리. ―의 일각.

氷雪 얼음과 눈. 인신하여, 청렴과
빙 설 결백의 비유. ―에 뒤덮인 극지방.

憑藉 ①남의 세력에 의지함. ②말막음으
빙 자 로 핑계를 댐. 또는 그러한 핑계.

聘丈 남을 높이어 그의 장인을 이르
빙 장 는 말. ―께서 오셨다면서.

氷點 물이 얼기 시작하거나 얼음이
빙 점 녹기 시작할 때의 온도.

氷板 얼음판. 또는 얼음으로 덮인
빙 판 땅바닥. ―에서 미끄러지다.

氷河 극지대에서 얼음덩이가 강과
빙 하 같이 흐르는 것. ―期(기)

ㅅ

史家 _{사 가} 역사를 연구하는 사람. 역사가 —의 역사관.

舍監 _{사 감} 기숙생들의 생활을 보살피는 사람. — 선생

事件 _{사 건} 세상의 이야깃거리가 될 만한 일. 강도 —. 유괴 —

射擊 _{사 격} 총·대포·활 등을 쏨. —場(장). —의 명수.

私見 _{사 견} 자기 개인의 생각이나 의견. —임을 전제로 한 말.

死境 _{사 경} 죽게 된 지경. —을 헤매다.

四季 _{사 계} 봄·여름·가을·겨울의 네 철. —의 구별이 뚜렷하다.

斯界 _{사 계} 이 사회. 이 분야. —의 권위자.

史庫 _{사 고} 여말에서 선초까지, 나라의 중요한 문헌을 보관하던 서고.

事故 _{사 고} 뜻밖에 일어난 궂은 일. 교통 —. —가 나다.

思考 _{사 고} 생각하고 궁리함. — 방법. 건전한 —.

四顧無親 _{사 고 무 친} 의지할 만한 사람이 전혀 없음. —의 고아.

沙工 _{사 공} 배를 부리는 사람. —이 많으면 배가 산으로 올라간다.

謝過 _{사 과} 잘못에 대해 용서를 빎. —의 편지.

史觀 _{사 관} 역사에 대한 견해. 唯物(유물)—

邪敎 _{사 교} 사회에 해를 끼치는, 요사스러운 종교. —에 현혹되다.

社交 _{사 교} 사회적으로 하는 교제. —界(계). —에 능란하다.

四君子 _{사 군 자} 동양화의 소재로 즐겨 쓰이는 매화·난초·국화·대나무.

社規 _{사 규} 회사의 규칙. —를 지키다.

史劇 _{사 극} 역사적 사건이나 인물을 소재로 하여 만든 연극이나 방송극.

士氣 _{사 기} 굴하지 않는 사람의 씩씩한 기세. —를 북돋우다. — 振作(진작)

詐欺 _{사 기} 나쁜 꾀로 남을 속임. —를 당하다. —罪(죄)

邪念 _{사 념} 바르지 아니하고, 그릇된 생각. —을 버리다.

思念 _{사 념} 깊은 생각. 또는 근심하는 생각. 온갖 —에 잠기다.

師團 _{사 단} 1~2만 명의 병사로 짜여지는 군대의 편성 단위. — 병력

社團法人 _{사 단 법 인} 법인으로서 인정 받은 집합체. —과 재단법인.

私談 _{사 담} 사사로이 하는 이야기. —은 삼가해 주시요.

祠堂 _{사 당} 신주를 모셔 놓은 집. — 양자. —에 모신 신주.

事大 _{사 대} 약한 자가 강한 자를 섬김. — 사상. —主義(주의)

使徒 _{사 도} 신성한 사업을 수행하는 사람. 평화의 —.

邪道 _{사 도} 올바르지 못한 길. 정도와 —.

師道 _{사 도} 스승으로서 지켜야 할 도리. —의 확립.

査頓 _{사 돈} 혼인한 두 집의 서로의 사이에서 부르는 말. — 남 나무란다.

思慮 _{사 려} 신중하게 생각함. 또는 그런 생각. —가 깊다.

死力 죽을 힘. 필사적인 노력.
사 력 ─을 다하다.

邪戀 남녀 사이의 떳떳하지 못한 사
사 련 랑. ─의 주인공.

司令 군대를 지휘·통솔하는 일이나
사 령 직책. ─官(관). ─塔(탑)

使令 각 관아에서 심부름하던 사람.
사 령 ─과 관노.

辭令 임명이나 해임에 대한 발령.
사 령 ─狀(장)

事例 일의 전례나 실례.
사 례 구체적인 ─를 들다.

謝禮 감사의 뜻을 나타내는 인사.
사 례 ─金(금). 후한 ─를 받다.

史料 역사 연구에 필요한 문헌이나
사 료 유물. ─를 모으다.

思料 생각하여 헤아림.
사 료 ─ 있는 사람.

飼料 가축을 기르는 먹이.
사 료 ─ 식물. ─ 공장

士類 선비의 무리.
사 류 양반 ─

私利 개인의 이익.
사 리 ─私慾(사욕)을 채우다.

舍利 부처나 고승의 유골.
사 리 ─塔(탑)

事理 일의 이치.
사 리 ─를 따지다. ─에 어긋나다.

士林 유도를 닦는 선비. 또는 그들
사 림 의 사회. ─의 의견.

私立 개인이 설립하여 운영함.
사 립 ─ 학교

砂漠 모래로 뒤덮인 넓은 벌판.
사 막 사하라 ─

死亡 사람이 죽음. 또는 사람의 죽
사 망 음. ─率(률). ─ 신고

四面 전후 좌우의 모든 방면.
사 면 ─이 꽉 막히다.

赦免 죄를 용서하여 형벌을 면제함.
사 면 ─의 특전.

四面楚歌 적에게 포위된 고립 무
사 면 초 가 원의 상태.

死滅 죽어 없어짐.
사 멸 ─된 사물.

使命 맡겨진 임무.
사 명 ─을 완수하다.

思慕 생각하고 그리워함.
사 모 ─의 정.

紗帽 사로 만든, 벼슬아치가 쓰던
사 모 모자. ─ 관디. ─에 갓끈이다.

似夢非夢 꿈을 꾸는지 깨어 있는
사 몽 비 몽 지 어렴풋한 상태.

事務 문서나 장부를 다루는 일.
사 무 ─를 보다. 행정 ─. ─室(실)

死文 효력이 없어진 법령.
사 문 ─이 된 법률.

斯文亂賊 유교 사상에 어긋나는
사 문 난 적 언행을 하는 사람.

事物 일과 물건.
사 물 갖가지 ─.

事半功倍 노력은 적게 들이고 얻
사 반 공 배 은 성과는 큼.

事犯 형벌을 받아야 할 행위.
사 범 경제 ─. 선거 ─

師範 남의 스승이 될 만한 모범.
사 범 ─ 교육

司法 법률을 적용해 심판하는 국가
사 법 의 작용. ─權(권). ─ 재판

私法 개인 사이의 권리·의무를 규
사 법 정한 법률. 공법과 ─.

事變 ①큰 변고. ②국가 사이의 전투 행위.
사 변 ③경찰력으로 진압할 수 없는 소란.

思辨 깊이 생각하여 도리를 분별함.
사 변 ─을 요하지 않는 일.

死別 죽어서 이별함.
사 별 ─한 아내.

士兵 장교가 아닌 병사.
사 병 —들의 사기를 북돋우다.

私兵 지난날, 권세를 가진 개인이 사사
사 병 로이 양성하여 거느리던 병사.

社報 회사가 회사원을 대상으로 발
사 보 행하는 신문이나 잡지.

私服 관복이나 제복이 아닌 평상복.
사 복 — 형사

私腹 개인의 이익이나 욕심.
사 복 —을 채우다.

寫本 원본을 그대로 옮기어 베낀 문
사 본 서나 책. 이력서의 —. 졸업장 —.

師父 스승과 아버지. 또는 스승을
사 부 높이어 일컫는 말.

師傅 스승
사 부 —로써 일러주신 좌우명.

詞賦 운자를 달아서 지은 글.
사 부 —에 뛰어난 글재주.

四分五裂 여러 갈래로 분열되어
사 분 오 열 이리저리 흩어짐.

私費 개인이 쓰는 사사로운 비용.
사 비 —로 유학길에 오르다.

師事 스승으로 섬김.
사 사 퇴계를 —하다.

賜死 중죄를 지은 사람에게, 임금이 독약
사 사 을 내려 스스로 먹고 죽게 하던 일.

事事件件 모든 일. 또는 일마다
사 사 건 건 — 트집을 잡는다.

四捨五入 반올림
사 사 오 입 4.5를 —하면 5가 된다.

射殺 총이나 활로 쏘아 죽임.
사 살 —한 적.

史上 역사의 발전 과정에서.
사 상 — 초유의 일.

死傷 죽음과 부상. 또는 죽거나 다침.
사 상 —者(자)

思想 생각. 또는 사물·현상에 대한
사 상 견해. —家(가). 온건한 —.

沙上樓閣 기초가 견고하지 못한
사 상 누 각 것의 비유.

思索 사물의 이치를 깊이 생각함.
사 색 —에 잠기다. 가을은 —의 계절이다.

死生 죽음과 삶.
사 생 — 결단. —同苦(동고)

寫生 실물이나 실경을 그대로 본떠
사 생 그림. —畫(화)

私生兒 부부가 아닌 남녀 사이에서
사 생 아 태어난 아이. —를 낳다.

史書 역사적 사실을 적은 책.
사 서 —를 섭렵하다.

辭書 단어를 모아 일정한 순서로 배
사 서 열하고 주석을 해놓은 책.

私書函 우체국에 설치되어 있는 가
사 서 함 입자 전용의 우편물함.

私席 사사로운 자리.
사 석 —에서 한 말.

死線 죽을 고비.
사 선 —을 넘어온 이북 동포.

斜線 비스듬하게 그은 선.
사 선 —을 긋다.

私設 개인이 사사로이 시설함. 또는
사 설 그 시설. — 운동장. — 단체

社說 신문이나 잡지에서 그 사의 기본
사 설 방침에 따라 내세우는 논설.

事勢 일이 되어가는 형편.
사 세 —가 불리하다.

些少 하잘것없이 작거나 적음.
사 소 —한 일.

死守 죽음을 무릅쓰고 지킴.
사 수 6.25 때 낙동강을 —하였던 장병.

射手 총포나 활을 쏘는 사람.
사 수 名(명)—로 이름을 날렸다.

私淑 직접 가르침을 받지는 아니하였으나
사 숙 마음속으로 그 사람을 본받아서 배움.

四時 봄·여름·가을·겨울의 네 철.
사 시 —장철. — 아름다운 하늘.

似是而非 얼핏 보기엔 옳은 듯하
사 시 이 비 지마는 사실은 그름.

私食 교도소나 유치장에 갇힌 사람에게
사 식 사비로 들여 보내는 음식.

私信 개인의 사사로운 편지.
사 신 —을 보내다.

使臣 임금의 명을 받고 외국에 사절
사 신 로 가는 신하. — 행차

史實 역사에 있었던 일.
사 실 —에 근거한 기록.

事實 실제로 있는 일. 또는 실제로
사 실 명백한—. —과 다르다.

寫實 사물을 있는 그대로 나타냄.
사 실 —主義(주의). —派(파)

私心 사욕을 채우려는 마음.
사 심 — 없이 하는 충고.

邪心 도리에 어긋나는 사사스러운
사 심 마음. —을 버려라.

邪惡 간사하고 악독함.
사 악 —한 마음. —한 무리.

賜額書院 임금이 이름을 지어준
사 액 서 원 서원. 도산서원은 —이다.

賜藥 임금이 죄지은 신하에게 먹고
사 약 죽을 약을 내림. 또는 그 약.

斜陽 지는 해. 또는 그 햇빛. 인신하여,
사 양 차차 몰락해 가는 일. — 산업

辭讓 겸손하여 응하지 않거나 받지
사 양 아니함. —之心(지심)

死語 과거 역사적으로는 존재하였으
사 어 나, 현재는 쓰이지 않는 말.

事業 목적과 계획을 가지고 추진하
사 업 는 일. — 계획. 육영 —

事緣 일의 사정과 까닭.
사 연 —을 알아보다.

辭緣 말이나 편지의 내용.
사 연 여쭙고 싶은 —.

査閱 조사하거나 검열하기 위하여
사 열 훑어봄. —臺(대). 의장대를 —하다.

社屋 회사의 건물.
사 옥 — 이전

社外 회사의 밖.
사 외 — 이사

私慾 자기의 이익만을 차리는 욕심.
사 욕 —에 눈이 멀어지다.

私用 사사로이 씀. 또는 그렇게 쓰
사 용 는 물건. —하는 물건. —과 공용.

使用 ①물건을 씀. 기구의 —. —權(권)
사 용 ②사람을 부림. —人(인)

社運 회사의 운명.
사 운 —을 걸고 투자하다.

寺院 절
사 원 — 건축

社員 회사에 근무하는 사람.
사 원 — 친목회. 신문사 —

私有 개인의 소유. 또는 개인이 소
사 유 유함. — 재산. —林(림)

事由 일의 까닭.
사 유 —를 묻다. —를 밝히다.

思惟 생각함
사 유 사람은 —하는 동물이다.

飼育 짐승을 기름.
사 육 —하는 돼지. — 동물

謝恩 받은 은혜에 대해 고마움의 뜻
사 은 을 나타냄. — 숙배

謝意 감사하는 마음.
사 의 심심한 —를 표하다.

辭意 사임할 의사.
사 의 —를 표명하다.

死因 죽은 원인.
사 인 —을 조사하다.

私人 사삿사람
사 인 —과 공인.

私印 개인의 도장.
사 인 —과 관인.

辭任 맡고 있던 직무를 그만두고
사 임 물러남. 장관직을 —하다.

使者 명령을 받아 심부름을 하는 사
사 자 람. ―를 보내다.

死藏 활용하지 않고 저장해 둠.
사 장 ―한 자료.

社長 회사의 대표자.
사 장 신문사 ―. 회사 ―

詞章 시가와 문장.
사 장 ―派(파). ―에 뛰어나다.

私財 개인의 재산.
사 재 ―를 털어 학교를 세우다.

私邸 개인의 사사로운 저택.
사 저 ―와 관저.

史的 역사의 발전 과정에서.
사 적 ―인 고찰.

史蹟 역사상 남아 있는 유적.
사 적 ―을 답사하다.

私的 개인의 사사로운.
사 적 ―으로 만나다. ― 소유물.

事蹟 사업의 남은 자취.
사 적 고려 시대의 ―.

私田 개인 소유의 논밭.
사 전 ―과 공전.

事典 일이나 사건을 모아 풀이한 책.
사 전 百科(백과)―

事前 일이 생기기 전. 또는 일을 시
사 전 작하기 전. ―에 연락을 주게.

辭典 낱말의 뜻을 풀이한 책.
사 전 ― 편찬. 국어 ―

使節 한 나라의 대표로서 외국에 파
사 절 견되는 사람. 외교 ―

謝絶 사양하여 받아들이지 아니함.
사 절 면회 ―

私情 개인의 사사로운 정.
사 정 ―이 없다. ―을 두다.

事情 일의 형편이나 까닭.
사 정 ―이 다르다. 말 못할 ―이 있다.

査定 조사하거나 심사하여 결정함.
사 정 가격 ―. 등급 ―

射程 탄환의 발사점과 낙하점과의
사 정 거리. ― 거리

射精 남성 생식기에서 정액을 내쏨.
사 정 ―管(관)

司祭 가톨릭에서 주교·신부 등의
사 제 성직자. ―의 집전.

私製 개인이 사사로이 만듦.
사 제 ― 폭탄. ― 엽서

舍弟 남에게 대하여 자기의 아우를
사 제 이르는 말. 사형과 ―.

師弟 스승과 제자.
사 제 ―間(간)의 정의. ― 동행

思潮 어떤 시대의 사상의 흐름.
사 조 문예 ―. 시대 ―

詞藻 ①문장의 수사. ②시가와 문장.
사 조 ③시문을 짓는 재능.

蛇足 쓸데없는 군더더기.
사 족 ―을 달다.

士卒 사관과 군졸. 또는 병사
사 졸 용맹스런 ―.

詞宗 시문에 뛰어난 사람.
사 종 ―으로 우러름을 받다.

謝罪 죄나 잘못에 대해 용서를 빎.
사 죄 깊이 ―하다. 백배 ―하다.

四柱 생년월일의 간지.
사 주 ― 팔자. ―가 세다.

使嗾 남을 부추겨 어떤 일을 하게 함.
사 주 불량배를 ―하다.

査證 외국인의 입국을 허가한다는
사 증 증명. 비자. 입국 ―

四肢 두 팔과 두 다리.
사 지 ―가 멀쩡하다.

死地 죽은 곳. 또는 살아 남을 가망이
사 지 없는 위험한 곳. ―로 몰아넣다.

司直 재판. 또는 재판관
사 직 ― 당국

社稷 ①나라에서 제사지내던 토지신과
사 직 오곡신. ②국가. 조정. 종묘 ―

辭職 _{사 직} 직무를 내놓고 물러감. —書(서). —한 사원.

寫眞 _{사 진} 사진기로 찍은 형상. —을 찍다. 결혼 —

寺刹 _{사 찰} 절 —의 경내.

査察 _{사 찰} 조사하고 살핌. 세무—. 핵—

私債 _{사 채} 개인의 채무. 개인끼리의 빚. — 시장. —권자

社債 _{사 채} 주식회사가 자금을 조달하기 위하여 발행하는 채권. — 발행

四寸 _{사 촌} 아버지·어머니의 형제나 자매의 아들딸. — 동생. 고종 —. 外(외)—

思春期 _{사 춘 기} 이성에 대한 감정을 느끼기 시작할 만한 젊은 시기.

詐取 _{사 취} 남을 속여 금품을 빼앗음. —한 금품.

奢侈 _{사 치} 분수에 넘치게 호사함. —한 생활. —를 부리다.

事親 _{사 친} 어버이를 섬김. —之道(지도)

詐稱 _{사 칭} 거짓으로 속여 이름. 직명을 —하다.

事態 _{사 태} 일의 벌어진 상태. 긴급한 —. —를 수습하다.

舍宅 _{사 택} 사업체나 기관에 근무하는 사람들을 위하여 지은 살림집.

私通 _{사 통} 부부가 아닌 남녀가 몰래 정을 통함. —한 여인.

四通八達 _{사 통 팔 달} 길이 이리저리 여러 군데로 통함. —의 거리.

辭退 _{사 퇴} ①그만두고 물러남. 장관직을 —하다. ②사양하며 물리침. 공천을 —하다.

死鬪 _{사 투} 죽을 힘을 다하여 싸움. —를 벌이다.

邪慝 _{사 특} 요사스럽고 간특함. —한 말.

賜牌 _{사 패} 임금이 공신에게 노비나 토지를 내려주던 일. —地(지)

師表 _{사 표} 세상 사람의 모범이 될 사람. 우리의 —로서 받들 인물.

辭表 _{사 표} 사임하겠다는 뜻을 적은 서면. —를 내다. —를 받다.

事必歸正 _{사 필 귀 정} 일은 반드시 바른 데로 돌아감.

史學 _{사 학} 역사를 연구하는 학문. —界(계)의 태두.

私學 _{사 학} 사설 교육 기관. —의 육성.

事項 _{사 항} 일의 항목. 주의 —. 특기 —

詐害 _{사 해} 남을 속여 해를 입힘. — 행위

射倖 _{사 행} 요행을 바람. —心(심). — 행위

麝香 _{사 향} 사향노루의 사향주머니의 분비물을 말린 것. — 청심환

死刑 _{사 형} 범인의 생명을 끊는 형벌. —을 선고하다. —囚(수)

士禍 _{사 화} 선비들이 입는 화. 乙巳(을사) —

史禍 _{사 화} 역사의 기록으로 말미암아 입는 화. —로 부관참시된 김종직.

仕宦 _{사 환} 벼슬살이를 함. —家(가). —에 뜻을 두다.

使喚 _{사 환} 심부름을 하는 사람. —을 부리다. — 아이

死活 _{사 활} 죽음과 삶. 또는 죽기와 살기. —이 걸린 문제.

司會 _{사 회} 회의나 예식을 집행함. —者(자). 결혼식의 —를 보다.

社會 _{사 회} 인간이 모여서 생활하는 세계. — 생활. 국제 —

事後 _{사 후} 일이 끝난 뒤. 일을 끝낸 뒤. — 보고. — 조처

削減 깎아서 줄임.
삭 감　예산을 ―하다.

索莫 황폐하여 쓸쓸함. =索寞(삭막)
삭 막　―한 겨울 들판.

朔望 음력 초하루와 보름. 또는 상중인 집
삭 망　에서 초하루와 보름에 지내는 전.

削髮 머리털을 깎음.
삭 발　―하고 입산하다.

削除 깎아서 지우거나 없앰.
삭 제　첨가와 ―. ―한 부분.

削奪官職 죄를 지은 사람의 벼슬
삭 탈 관 직　과 품계를 뗌.

朔風 겨울철에 북쪽에서 불어오는 바
삭 풍　람. ―이 휘몰아치다.

山間 산과 산 사이.
산 간　― 벽지

散見 여기저기에서 눈에 띄어 봄.
산 견　위인전에서 ―되는 명구.

産故 아이를 낳는 일.
산 고　곧 ―가 있을 것 같다.

産苦 아이를 낳느라 겪는 고통.
산 고　― 끝에 득남하다.

山高水長 어진이의 덕행이 높고
산 고 수 장　깊의 형용.

産卵 알을 낳음.
산 란　―期(기)

散亂 흩어져 어지러움.
산 란　마음이 ―하다.

山林 산과 숲. 또는 산에 있는 숲.
산 림　―綠化(녹화)

散漫 흩어져서 어수선함.
산 만　―한 분위기. 주의가 ―하다.

山脈 길게 이어 뻗은 산줄기.
산 맥　태백 ―. 소백 ―

産母 아이를 낳은 어머니.
산 모　―의 뒷바라지.

散文 운율에 구애받지 않고 자유롭
산 문　게 쓴 문장. ―詩(시). ―과 운문.

産物 ①어떤 곳에서 생산되는 물건.
산 물　②어떤 일의 결과로 생겨난 것.

酸味 신맛
산 미　―가 난다.

散發 여기저기서 드문드문 일어남.
산 발　―的(적)인 데모.

散髮 머리카락을 풀어 엉크러뜨림.
산 발　―한 머리. ―한 귀신.

散步 이리저리 거닐며 다님.
산 보　교외로 ― 나온 연인.

酸性 산의 성질.
산 성　― 비료. ― 식품

山勢 산의 형세.
산 세　―가 험하다.

山所 무덤이 있는 곳. 또는 무덤
산 소　― 등에 꽃이 피다.

酸素 맛·냄새·빛깔이 없는 비금속
산 소　원소의 하나. ―호흡

山水 산과 물. 곧 자연의 경치.
산 수　―畵(화)

算數 셈법
산 수　― 공부

産室 ①아이를 낳는 방. ②어떤 일
산 실　을 꾸미거나 이루어 내는 곳.

散失 흩어져 잃어버림.
산 실　―된 도서.

産兒 아이를 낳음.
산 아　― 제한

山岳 크고 작은 산들.
산 악　―기후. ― 지대

産業 물건을 생산하는 모든 사업.
산 업　― 공해. ― 박람회

産月 아이를 낳을 달.
산 월　―이 다가오다.

散佚 흩어져서 더러 빠져 없어짐.
산 일　―되어 묻혀 있던 도서.

山莊 산 속에 있는 별장.
산 장　―의 가을.

ㅅ

産災 산업 재해의 준말.
산 재 　—보험에 들다.

散在 여기저기 흩어져 있음.
산 재 　—해 있는 다도해의 섬.

山賊 산 속에 있는 도둑.
산 적 　—을 만나다.

山積 할 일이나 물건이 산더미처럼
산 적 　쌓임. —해 있는 의안.

山頂 산꼭대기
산 정 　—에 오르다.

算定 계산해서 정함.
산 정 　퇴직금을 —하다.

産地 생산되어 나오는 곳.
산 지 　— 표시. — 가격

散策 바람을 쐬면서 이리저리 거닒.
산 책 　교외를 —하다.

山川 ①산과 내. —草木(초목)
산 천 　②자연. —景槪(경개)

産出 물건이 생산됨. 또는 물건을
산 출 　생산함. 석유의 —國(국).

算出 일정한 수치를 계산해 냄.
산 출 　소요되는 공사비를 —하다.

産婆 임부의 해산을 돕는 여인.
산 파 　—를 부르다. —役(역)

散票 투표에서, 표가 한 사람에게
산 표 　모이지 않고 여럿에게 흩어짐.

山河 산과 강. 또는 자연
산 하 　조국의 —.

傘下 어떤 기구나 조직의 관할 아래.
산 하 　— 단체

山海 산과 바다.
산 해 　—珍味(진미)

散華 전쟁터에서 꽃처럼 죽어감.
산 화 　—한 전우들.

酸化 산소와 화합하는 반응.
산 화 　—物(물). — 활습

散會 모임을 헤침. 모임이 끝나고
산 회 　사람들이 흩어짐. —를 선포하다.

産後 아기를 낳은 뒤.
산 후 　— 조리

殺菌 세균을 죽임.
살 균 　— 소독. —劑(제)

殺氣 독살스러운 기운. 또는 사납고
살 기 　무시무시한 기운. —가 번득이다.

殺伐 거동이나 분위기가 무시무시함.
살 벌 　—한 분위기.

殺傷 죽이거나 다치게 함.
살 상 　—者(자). 적을 —하다.

殺生 사람이나 짐승을 죽임.
살 생 　—有擇(유택). —을 삼가다.

撒水 물을 뿌림.
살 수 　—車(차)

殺戮 사람을 마구 죽임. 원음은 '살
살 육 　육'. —之變(지변)

殺意 사람을 죽이려는 의사.
살 의 　—를 품다. —가 가득하다.

殺人 사람을 죽임.
살 인 　—이 나다. —罪(죄)

殺蟲 해충을 약 따위로 죽임.
살 충 　—劑(제)

撒布 흩어서 뿌림.
살 포 　소독약을 —하다.

殺風景 ①풍경이 멋적거나 스산함. ②
살 풍 경 　분위기나 광경이 무시무시함.

殺害 사람을 죽여 해침.
살 해 　—犯(범)

三角洲 하천에서 흘러 내린 흙이
삼 각 주 　강 어귀에 쌓여서 된 땅.

三綱 유교적 도덕의 기본이 되는
삼 강 　세 가지 덕목. —五倫(오륜)

三綱(삼강)의 덕목

君爲臣綱 : 임금은 신하의 벼리가 되고,
父爲子綱 : 아비는 아들의 벼리가 되고,
夫爲婦綱 : 남편은 아내의 벼리가 된다.
벼리 : 가장 중심이 되는 역할의 비유.

三公 의정부의 영의정·좌의정·우
삼 공 의정의 세 정승. ─六卿(육경)

三權 입법·사법·행정의 세 권한.
삼 권 ─分立(분립)

森羅萬象 우주의 온갖 사물과 현
삼 라 만 상 상. 우주의 ─.

森林 빽빽하게 우거져 있는 나무
삼 림 숲. ─ 지대. ─浴(욕)

三昧 오직 한 가지 일에만 정신을 집
삼 매 중하는 일심불란의 경지. ─境(경)

三寶 불교에서, 부처·불경·중을 이
삼 보 르는 말. ─加持(가지)

三伏 초복·중복·말복의 가장 무더
삼 복 운 시기. ─ 더위

三三五五 여기저기 떼를 지어 다
삼 삼 오 오 니는 서너네댓 사람.

森嚴 무시무시하게 엄숙함.
삼 엄 ─한 경계.

三日天下 잠간 동안 정권을 잡았
삼 일 천 하 다가 밀려 나가는 일.

三尺童子 철 모르는 어린애.
삼 척 동 자 ─도 다 아는 사실.

颯爽 바람이 시원하여 마음이 상쾌함.
삽 상 ─한 가을철.

插入 끼워 넣거나 꽂아 넣음.
삽 입 ─한 조항. ─句(구)

插畫 글에 곁들이는 그림.
삽 화 ─를 그리다.

商街 상점이 많이 늘어선 거리.
상 가 전자 ─. 지하 ─

喪家 초상이 난 집.
상 가 ─에 문상을 가다.

象嵌 나무·사기 등의 파낸 자리에 딴
상 감 재료를 틀어박는 일. ─ 청자

相見禮 공식적으로 서로 만나보는
상 견 례 예. ─를 가지다.

上京 시골에서 서울로 올라감.
상 경 ─할 채비를 하다.

商界 상업하는 사람들의 사회.
상 계 ─를 주름잡다.

上古 아주 오랜 옛날.
상 고 ─ 시대

上告 제2심 판결에 대한 상소.
상 고 ─審(심)

商賈 장수. 장사하는 사람.
상 고 ─輩(배). ─船(선)

詳考 자세하게 참고하거나 검토함.
상 고 ─해 보다.

上空 높은 하늘. 높은 공중.
상 공 ─에 떠 있는 구름. 서울의 ─.

商工 상업과 공업.
상 공 ─ 회의소

上官 상급 관리. 윗자리의 관리.
상 관 ─의 명령.

相關 ①서로의 관계. ─ 관계
상 관 ②남의 일에 간섭함. ─하지 말라.

商圈 상업의 세력권.
상 권 ─을 넓히다.

商權 상업상의 권리.
상 권 ─을 장악하다.

常軌 떳떳하고 바른 길.
상 궤 ─를 벗어나다.

相剋 서로 화합하지 못하고 충돌하
상 극 는 관계. 두 사람은 ─이다.

常勤 늘 일정 시간을 근무함.
상 근 ─理事(이사)

賞金 상으로 주는 돈.
상 금 500만원의 ─을 받다.

上級 단계·학년·직위가 위인 등급.
상 급 ─ 법원. ─生(생). ─ 학교

想起 지난 일을 돌이켜 생각함.
상 기 6·25 때의 일을 ─하다.

詳記 자세히 기록함. 또는 그 기록.
상 기 ─해 놓은 관찰 기록.

上納 나라에 조세를 바침.
상 납 ─米(미)

想念 마음속에 품는 생각.
상 념　착잡한 —에 잠기다.

上段 위의 단.
상 단　—에 꽂힌 책.

上達 웃사람에게 여쭈어 알려드림.
상 달　下意(하의)—

相談 서로 상의하거나 의논함.
상 담　진학 —. 전화 —

商談 거래상에 관한 이야기.
상 담　—이 이루어지다.

相當 ①알맞거나 어지간함. —한 보수. ②
상 당　대단한 정도에 가까움. —한 재산.

相對 ①서로 마주 대함. —하지 않겠다.
상 대　②서로 마주 겨룸. 시합할 — 림.

常道 ①변하지 않는 떳떳한 도리.
상 도　②늘 지켜야 할 도리.

商道 상업인으로서 지켜야 할 도리.
상 도　—에 어긋나다.

想到 생각이 미침.
상 도　그 일을 —할 때마다 즐겁다.

上等 높은 등급. 또는 좋은 품질.
상 등　—席(석). —品(품)

上騰 물가 따위가 오름.
상 등　—하는 물가. 주가가 —하다.

詳覽 자세히 봄.
상 람　그 편지를 —해 보게.

上樑 쪼구미 위에 마룻대를 올려 놓
상 량　음. —文(문). —式(식)

商量 헤아려서 잘 생각함.
상 량　좀더 —해 보게.

常例 일반적으로 있는 예.
상 례　—에서 벗어나다.

喪禮 상제로 있는 동안에 행하는 모
상 례　든 예절. 혼례와 —.

常綠 식물의 잎이 사철 푸름.
상 록　—樹(수). — 관목

詳論 자세히 의논함.
상 론　자네와 —할 일이 있네.

上流 ①발원지에 가까운 곳. 한강 — ②
상 류　신분·지위·경제력이 높은 계층.

上陸 배에서 내려 육지로 올라감.
상 륙　— 작전. 남해안에 —한 태풍.

相面 처음으로 서로 만나봄.
상 면　처음 —한 사람.

上命 임금의 명령. 또는 상부의 명령.
상 명　—을 거역하다.

尙武 무예를 숭상함.
상 무　—의 정신.

常務 ①일상의 보통 업무. ②상무
상 무　이사·상무 위원의 준말.

雙務 당사자 쌍방이 지는 의무.
쌍 무　—계약

常民 상사람. 편민
상 민　—의 자식. 양반과 —.

上半 절반으로 나눈 윗부분.
상 반　—期(기). —身(신)

相反 서로 반대되거나 어긋남.
상 반　—되는 의견. 利害(이해)—

雙方 양쪽. 양방(兩方)
쌍 방　— 과실

喪配 아내를 여읨.=喪妻(상처)
상 배　—의 슬픔.

賞罰 상과 벌.
상 벌　—을 엄격하게 하다.

商法 ①장사하는 방법. ②상거래에
상 법　대해 규정한 법. —과 민법.

雙璧 우열을 가리기 어려운 뛰어난
쌍 벽　둘. —을 이루다.

詳報 자세히 보도함. 또는 그 보도.
상 보　이라그 정세의 —.

常服 평상시에 입는 옷.
상 복　— 차림으로 외출하다.

喪服 상중에 상제나 복인이 입는 예
상 복　복. —을 입다.

上峰 가장 높은 산봉우리.
상 봉　한라산 —.

相逢 서로 만남.
상 봉 모녀의 一. 이산 가족이 一하다.

上奉下率 부모를 봉양하며 처자를
상 봉 하 솔 거느림. 一의 무거운 책임.

上部 ①물체의 윗부분. 탑의 一.
상 부 ②조직의 윗기관. 一의 지시.

相扶相助 서로서로 도움.
상 부 상 조 一의 미덕.

雙墳 합장하지 아니하고 같은 자리
쌍 분 에 나란히 쓴 두 무덤.

常備 늘 준비해 둠.
상 비 一藥(약)

上司 윗등급의 관아나 윗계급의 사람.
상 사 一의 명령.

相似 서로 비슷함.
상 사 一한 아파트. 一한 성질.

相思 서로 생각함. 또는 남녀가 서로
상 사 사모함. 一病(병). 一 일념

常事 흔히 있는 일. 예삿일
상 사 한 번 실수는 병가 一.

商社 영업하는 상회나 회사.
상 사 一를 차리다.

喪事 초상이 난 일.
상 사 一가 나다.

想像 마음속으로 그려봄. 또는 그 생
상 상 각. 一을 해 보다. 一의 날개를 펴다.

相生 서로 상대를 감싸안아 생산적인
상 생 관계를 유지하는 일. 一의 정치.

上書 편지나 글을 웃어른에게 올림.
상 서 어머님 전 一

相生(상생)의 본뜻

五行說(오행설)에서 이르는 다음의 관계.
　金生水 : 쇠는 물을 낳고,
　水生木 : 물은 나무를 낳고,
　木生火 : 나무는 불을 낳고,
　火生土 : 불은 흙을 낳고,
　土生金 : 흙은 쇠를 낳는다.

祥瑞 즐겁고 길한 일이 있을 기미.
상 서 一로운 조짐.

上席 윗자리
상 석 一에 앉다.

商船 상업상 목적에 쓰이는 배.
상 선 여객선과 一. 一 회사

常設 항상 설비하여 둠.
상 설 一 운동장. 一 전시관

詳說 자세히 설명함.
상 설 헌법을 一한 책.

詳細 자상하고 세밀함.
상 세 一한 보도. 一히 해설하다.

上疏 임금에게 글을 올림.
상 소 一文(문)

上訴 상급 법원에 재심리를 청구함.
상 소 一권자. 一 법원

相續 유산을 물려받음.
상 속 一權(권). 一稅(세). 一 재산

相殺 주고받을 셈을 서로 비김.
상 쇄 대차를 一하다.

上手 높은 솜씨나 수. 또는 그런 사람.
상 수 바둑에서는 나보다 一이다.

上壽 보통 사람보다 썩 많은 나이.
상 수 一를 누리다.

雙手 두 손.
쌍 수 一를 들어 환영하다.

上水道 맑은 물을 관을 통해 보내
상 수 도 는 시설. 一와 하수도.

上旬 초하루부터 열흘까지의 사이.
상 순 사월 一. 一과 中旬(중순).

商術 장사하는 솜씨.
상 술 一이 능하다.

詳述 자세히 설명하여 말함.
상 술 一한 내용.

常習 늘 하는 버릇.
상 습 一犯(범)

上昇 위로 올라감.
상 승 一 기류

相乗 둘 이상의 수를 서로 곱함.
상 승 — 작용

常時 보통 때. 평상시
상 시 —에 먹은 마음 취중에 난다.

常識 일반적으로 알아야 할 보통의
상 식 지식. —이 없다. —的(적)인 문제.

上申 상급자에게 의견이나 사정을
상 신 아룀. —書(서). 개편안을 —하다.

喪失 잃어버림
상 실 권리의 —.

喪心 맥이 빠짐.
상 심 —이 크다.

傷心 속을 썩임.
상 심 너무 —하지 말게.

象牙 코끼리의 어금니.
상 아 — 도장. — 물뿌리

象牙塔 학문을 연구하는 곳. 곧 대
상 아 탑 학. 꺼지지 않는 —의 불.

商業 상품의 매매 · 유통에 관한 경
상 업 제 활동. — 도시. — 자본

喪輿 시체를 실어 나르는 제구.
상 여 —를 메다. —꾼

賞與金 상으로 주는 돈.
상 여 금 —을 받다.

上演 연극을 무대 위에 올려 일반에
상 연 게 보임. — 순서. —料(료)

上映 영화를 돌림.
상 영 — 시간. —하는 영화.

上午 오전
상 오 — 8시

常溫 일정한 온도. 평균 온도.
상 온 —에서 보관하다.

常用 일상 생활에 늘 씀.
상 용 — 한자. —語(어)

上位 높은 위치나 지위.
상 위 여성 — 시대. —圈(권)

相違 서로 어긋남.
상 위 —한 의견.

相應 서로 응함. 서로 맞아 어울림.
상 응 시대에 —하는 사고.

上衣 저고리
상 의 —를 벗다. —下裳(하상)

上意 임금의 뜻. 또는 웃사람의 뜻.
상 의 —下達(하달)

相議 서로 의논함.
상 의 직원과 —하여 정하다.

相異 서로 다름.
상 이 —한 성격. —點(점)

傷痍 부상을 당함.
상 이 — 군인. — 용사

常人 상사람
상 인 — 계급

商人 장수. 장사하는 사람.
상 인 —들의 모임.

常任 일정한 임무를 늘 계속하여 맡
상 임 음. — 위원

箱子 나무나 종이로 만든 물건을 넣
상 자 어 두는 그릇. 나무 —. 탄약 —

相殘 서로 다투고 싸움.
상 잔 骨肉(골육)—

上場 주식을 증권 거래소에 등록함.
상 장 — 종목. —株(주)

喪章 거상 중에 있거나, 조상하는 뜻
상 장 을 나타내려고 옷에 다는 표.

賞狀 상으로 주는 증서.
상 장 —을 받다.

上梓 출판하기 위하여 책을 박음.
상 재 문집을 —하다.

相爭 서로 다툼.
상 쟁 同族(동족)—의 비극.

上典 종에 대하여 그 주인을 이르는
상 전 말. 문서 없는 —.

桑田碧海 자연이나 사회의 심한
상 전 벽 해 변천의 비유.

商店 물건을 파는 가게.
상 점 —을 내다.

相接 서로 한데 닿음.
상 접 피골이 ―하다.

上程 토의할 안건으로 회의에 내놓음.
상 정 ―된 안건.

常情 누구나가 가지고 있는 보통의
상 정 인정. 人之(인지)―

喪制 ①부모나 승중 조부모의 거상 중에
상 제 있는 사람. ②상례에 관한 제도.

喪祭 상례와 제례.
상 제 冠婚(관혼)―

相從 서로 의좋게 지냄.
상 종 ―할 사람이 못된다.

上座 ①윗자리. ②중들을 거느리고
상 좌 절의 사무를 관리하는 중.

上奏 임금에게 의견을 아룀.
상 주 ―文(문)

常住 한 곳에 늘 삶.
상 주 ―하는 서울의 인구.

喪主 주장이 되는 상제.
상 주 ―보고 제삿날 다툰다.

象徵 추상적인 관념이나 내용을 구체
상 징 적인 사물로써 나타냄. ―的(적)

上策 가장 좋은 대책이나 방책.
상 책 참는 것이 ―이다.

喪妻 아내가 죽어 홀아비가 됨.
상 처 ―하고 홀아비가 된 사람.

傷處 다친 자리. 또는 피해를 받은
상 처 흔적. ―가 나다. ―를 입다.

上體 몸의 윗도리.
상 체 ―가 휘다.

賞春 봄 경치를 구경하며 즐김.
상 춘 ―客(객)

相衝 어울리지 않고 서로 부딪침.
상 충 이해가 ―하다.

上層 ①위층. 아파트의 ―.
상 층 ②계급·신분이 높은 사람들.

相値 서로 어긋나거나 마주침.＝相
상 치 馳(상치). 일이 ―되다.

爽快 마음이 시원하고 거뜬함.
상 쾌 ―한 마음. ―한 아침.

狀態 사물·현상이 처하여 있는 형
상 태 편이나 모양. 건강 ―

相通 서로 통함.
상 통 ―하는 점. 기맥이 ―하다.

傷痛 마음이 괴롭고 아픔.
상 통 ―한 마음.

常套 늘 하는 버릇.
상 투 ― 수단. ―語(어)

賞牌 상으로 주는 패.
상 패 우승 ―를 받다.

商標 일정한 도안을 그려 상품을 특
상 표 징 짓는 표지. ―를 붙이다.

商品 팔고 사고 하는 물건.
상 품 ―의 유통. ―을 생산하다.

賞品 상으로 주는 물품.
상 품 ―을 받다. ―을 타다.

相避 가까운 친척의 남녀가 성적 관
상 피 계를 맺는 일. ― 붙다.

上下 ①위아래. ―2층으로 된 건물.
상 하 ②윗사람과 아랫사람. ― 노소

上限 윗쪽으로 올라갈 수 있는 최고
상 한 한도. ―價(가). ―線(선)

傷害 남의 몸에 상처를 입힘.
상 해 ―罪(죄). ―를 입다. ― 보험

詳解 자세히 풀이함. 또는 그 해석.
상 해 ―한 해설서.

霜害 서리로 인한 피해.
상 해 ―와 냉해.

上向 아래쪽에서 위쪽을 향함. 또는
상 향 시세가 오름세를 나타냄.

上弦 음력 7, 8일 경에 뜨는 달.
상 현 ―달

象形 물체의 모양을 본뜸.
상 형 ―文字(문자)

相互 서로
상 호 ―의 이익. ― 견제하다.

ㅅ

商號 상점이나 회사의 호칭.
상 호　—權(권). 부르기 쉬운 —.

商魂 이익을 좇는 상인의 마음가짐.
상 혼　알팍한 —.

喪魂 몹시 놀라서 얼이 빠짐.
상 혼　落膽(낙담)—

償還 갚거나 돌려주거나 물어줌.
상 환　— 공채. 외채를 —하다.

狀況 일이 되어가는 형편.
상 황　진행 —. —을 파악하다.

商況 상업상의 형편.
상 황　—이 활발하다.

上廻 어떤 기준이나 수량을 웃돎.
상 회　섭씨 30도를 —하는 무더위.

商會 몇 사람이 모여 장사를 경영하
상 회　는 기업체. —를 운영하다.

賞勳 상과 훈장. 또는 공을 기리어
상 훈　상을 줌. 빛나는 —.

傷痕 다친 자리에 남은 흔적.
상 흔　얼굴에 있는 —.

色狂 색에 미친 사람.
색 광　—症(증)

色魔 여색에 빠져 도리에 벗어나는 행
색 마　동을 하는 사람. —로 돌변한 사나이.

色盲 빛깔을 구별 못하는 상태. 또는 그
색 맹　런 사람. —은 군에 입대할 수 없다.

色目 조선 시대의 사색 당파의 파벌.
색 목　—이 다르다.

色相 ①색의 특징. 다양한 —의 옷. ②불교
색 상　에서, 육안으로 볼 수 있는 형상.

色素 물체에 빛깔이 나게 하는 물체.
색 소　천연 —

色慾 육체적인 정욕.
색 욕　—에 눈이 먼 오입쟁이.

索引 글자나 단어 · 항목을 빨리 찾아
색 인　볼 수 있도록 엮어 놓은 목록.

色情 색욕의 감정.
색 정　—에 끌리다. —의 세계.

色調 ①빛깔의 강약 · 농담 등의 차이. ②태
색 조　도나 표현에서 드러나는 의도나 맛.

色彩 빛깔
색 채　아름다운 —. 서정적 —.

索出 찾아냄
색 출　범인의 —.

色漆 색을 칠함.
색 칠　—을 한 종이.

色鄕 ①미인이 많이 나는 고을.
색 향　②기생이 많기로 이름난 고을.

生家 자기가 태어난 집.
생 가　—와 양가. —의 아버님.

生硬 부드러운 맛이 없어 꺽꺽함.
생 경　—한 문장.

生計 살아갈 방도나 형편.
생 계　—費(비). —가 어렵다.

生光 빛이 남. 또는 낯이 남.
생 광　—스러운 일.

生氣 활발하고 생생한 기운.
생 기　—가 돌다. —를 잃다.

生年月日 태어난 해와 달과 날.
생 년 월 일　—을 말해 보라.

生動 생기있게 살아 움직임.
생 동　—感(감). —하는 봄.

省略 일부분을 줄이거나 뺌.
생 략　—한 글. 존칭을 —하다.

生涼 가을의 서늘한 기운이 생김.
생 량　—이 되다.

生老病死 나고 늙고 병들고 죽고
생 로 병 사　하는 네 가지 고통.

生理 생물체가 살아가는 데 있어서 일어
생 리　나는 기능과 작용. — 기관. —痛(통)

生埋葬 ①사람을 산 채로 묻음. ②허물
생 매 장　을 덮어씌워 사회에서 몰아냄.

生面 처음으로 대하는 얼굴.
생 면　—不知(부지)

生命 ①목숨. ②어떤 사물 · 현상의 기능
생 명　에 있어서 본질적인 것. 정치적 —

生母 자기를 낳아 준 어머니.
생 모 —와 양모.

生沒 사람의 태어남과 죽음.
생 몰 —年(년)

生物 생명을 가지는 유기체.
생 물 —界(계). —體(체)

生放送 실황 방송.
생 방 송 —과 녹화 방송.

生父 자기를 낳아 준 아버지.
생 부 —와 양부.

生死 삶과 죽음.
생 사 —를 같이하다.

生絲 삶지 아니한 명주실.
생 사 —로 짠 비단.

生産 ①물건을 만들어 냄. — 가격 ②아
생 산 이나 새끼를 낳음. 아들을 —하다.

生殺 살리기도 하고 죽이기도 함.
생 살 — 여탈의 권력.

生色 남의 앞에 떳떳하게 나설 수
생 색 있는 체면. —을 내다. —이 나다.

生鮮 말리거나 절이지 아니한 물고기.
생 선 —국. — 가게

生成 생기어 이루어짐.
생 성 —物(물). — 연대

生疎 ①친숙하지 못하여 낯이 섦.
생 소 ②숙달하지 못하여 서투름.

生水 자연 그대로의 깨끗한 물.
생 수 — 장수. —받이

生時 ①태어난 시간. ②자지 아니하고 깨어
생 시 있을 때. ③사람이 살아 있는 동안.

生食 음식물을 날로 먹음.
생 식 —하는 사람. —과 화식.

生殖 생물이 자기와 같은 생물을 만
생 식 들어 냄. —器(기). —不能(불능)

生辰 생일의 높임말.
생 신 어머님 —

生涯 ①살아 있는 한평생 동안.
생 애 ②생활 형편. 또는 생계

生藥 천연으로 산출되는 자연물을 그대
생 약 로 쓰거나 약간의 가공을 한 약재.

生業 살아 나가기 위하여 가지는 직
생 업 업. 양돈을 —으로 삼다.

生員 ①나이 많은 선비를 이르던 말.
생 원 ②소과의 생원과에 합격한 사람.

生育 낳아서 기름. 또는 살아서 자람.
생 육 벼의 — 기간.

生日 세상에 태어난 날.
생 일 —에 잘 먹으려고 이레를 굶는다.

生長 나서 자람.
생 장 식물의 — 기간.

生前 살아 있는 동안.
생 전 —의 공덕을 기리다.

生存 살아 있음.
생 존 — 경쟁. —者(자)

甥姪 누이의 아들.
생 질 —婦(부). —女(녀)

生菜 날로 무친 나물.
생 채 오이 —. 무 —

生體 살아 있는 몸.
생 체 —실험. — 검사

生態 생물의 생활 상태.
생 태 — 변화. —系(계)

生捕 산 채로 잡음.
생 포 —한 토끼.

生必品 일상 생활에 꼭 필요한 물품.
생 필 품 동이 난 —. —을 비축하다.

生花 살아 있는 나무나 풀에서 꺾은
생 화 꽃. —와 조화.

生還 살아서 돌아옴.
생 환 —한 6·25 때의 전사.

生活 ①살아 가거나 활동함. 일상 —
생 활 ②살림살이. — 도구. — 수준

書架 책을 꽂아 두는 시렁.
서 가 —에 꽂혀 있는 책.

書簡 편지
서 간 —文(문). 한 통의 —.

逝去 사람이 죽음.
서 거 ―한 지 오래 되다.

西經 서쪽의 경선(經線).
서 경 ― 18도

敍景 경치를 글로 적음.
서 경 ―詩(시)

書庫 책을 넣어 두는 곳.
서 고 ―에 있는 책.

序曲 ①오페라·발레 등의 첫머리에 연주
서 곡 하는 악곡. ②진행 과정의 첫머리.

瑞光 ①상서로운 빛.
서 광 ②좋은 일이 있을 조짐.

曙光 ①해가 떠오를 때의 빛. ②희
서 광 망대로 성공할 가능성의 비유.

西歐 서구라파. 곧 서유럽
서 구 ―와 동구.

西紀 서력 기원.
서 기 ― 2004년

瑞氣 상서로운 기운.
서 기 ―가 어리다.

書堂 글방
서 당 ―개 삼년에 풍월을 한다.

西道 황해도와 평안도.
서 도 ― 잡가

書道 붓글씨를 쓰는 일.
서 도 ―에 전념하다.

序頭 어떤 차례의 첫머리.
서 두 ―를 꺼내다.

序論 본문 앞에 서술하는 본론의 도
서 론 입 부분. ―과 본론.

庶流 서자의 계파나 계통.
서 류 적류와 ―.

書類 문서
서 류 ―를 작성하다.

胥吏 구실아치
서 리 ―들의 농간.

署理 직무를 대리함. 또는 대리하는
서 리 그 사람. 국무총리 ―

書林 책을 파는 가게. 책방
서 림 고서만 다루는 ―.

序幕 ①연극의 첫 막. 연극의 ―.
서 막 ②일의 발단. 우주 여행의 ―.

書面 글씨를 쓴 지면. 또는 일정한 내용을
서 면 적은 문서. ―으로 보고하다. ― 결의

書名 책 이름.
서 명 ― 목록

署名 자기 이름을 적음.
서 명 ― 운동. ― 날인

庶母 아버지의 첩.
서 모 ―를 학대하다. 생모와 ―.

庶務 관청이나 단체의 일반적인 사무.
서 무 ― 과장

序文 머리말
서 문 ―을 쓰다.

庶民 일반 평민.
서 민 도시의 ―層(층).

西班 무관의 반열.
서 반 ―과 동반.

書法 글씨를 쓰는 법.
서 법 ―을 익히다.

書癖 글 읽기를 즐기는 버릇.
서 벽 ―이 있는 사람.

西部 어떤 지역의 서쪽 부분.
서 부 ― 해안 지대. ― 전선

書肆 =書店(서점)
서 사 ―에서 구한 희귀본.

書辭 편지의 사연.
서 사 ―에 드러난 딱한 사정.

敍事 사실을 그대로 서술함.
서 사 ―文(문). ―詩(시)

書生 ①유학을 닦는 사람. 백면 ― ②남의
서 생 집 일을 도우면서 공부하는 사람.

序說 머리말 삼아 쓴 설명.
서 설 ―과 본론.

瑞雪 상서로운 눈.
서 설 ―이 내리다.

敍述 순서를 따라 말하거나 적음.
서 술 ―방식. ―한 내용.

序詩 ①서문 대신 싣는 시. ②긴 시
서 시 에서 머리말 구실을 하는 부분.

書式 문서를 작성하는 형식.
서 식 일정한 ―이 있다.

棲息 짐승이 깃들여 삶.
서 식 조류의 ― 상태.

書信 편지
서 신 ― 왕래가 잦다.

誓約 맹세하고 약속함.
서 약 ―한 일의 실행.

西洋 유럽과 미주의 여러 나라.
서 양 ―과 동양. ―式(식). ―畫(화)

序言 머리말
서 언 ―에서 밝힌 책의 내용.

庶孽 서자와 그 자손.
서 얼 입신 출세의 길이 막혔던 ―.

西域 중국의 서쪽에 있는 나라들.
서 역 ―의 文物(문물).

序列 일정한 차례로 이루어진 순서.
서 열 ―에 따라 승진하다.

書藝 붓글씨로써 표현된 예술.
서 예 ―家(가). ―에 정진하다.

書院 선현을 모셔 제사하고, 선비들이
서 원 모여 학문을 연구하는 곳. 도산 ―

誓願 맹세하여 소원을 세움. 또는
서 원 그 소원. ―力(력)

庶子 첩에게서 난 아들.
서 자 ―와 적자.

書齋 책을 쌓아 두고 공부하는 방.
서 재 ―에 틀어박힌 연구가.

書籍 책
서 적 고금의 ―.

緖戰 첫번째의 전쟁이나 경기.
서 전 ―에서 우승을 차지하다.

書店 책을 파는 가게. 책방
서 점 ―에 나온 신간 도서.

抒情 ①사상·감정을 그려냄. ―詩(시)
서 정 ②정서적 감정. ―이 흐르는 농촌.

庶政 나라의 온갖 정사.
서 정 ―을 쇄신하다.

書誌 고서에 관한 내용·가치 등을
서 지 밝힌 기록. ―學(학)

書札 편지
서 찰 ―을 보내다.

書冊 책
서 책 ―을 끼고 유학길에 오르다.

書帖 잘 쓴 글씨를 모아 꾸민 책.
서 첩 ―으로 글씨 공부를 하다.

書體 글씨체
서 체 추사의 ―.

庶出 첩의 소생.
서 출 적출과 ―.

庶派 서자의 자손.
서 파 ―를 홀대하다.

書評 책에 대한 평.
서 평 ―을 쓰다.

敍品 카톨릭에서 주교·사제를 임명
서 품 하는 절차. ―式(식)

西風 서쪽에서 불어 오는 바람.
서 풍 ―이 불다.

西學 서양의 학문. 또는 천주교
서 학 ―을 배척하다.

書翰 편지
서 한 ―紙(지). ―을 받다.

徐行 천천히 가거나 몲.
서 행 ― 운전

書畫 글씨와 그림.
서 화 ―展(전). ―의 수집.

石刻 돌에 새김.
석 각 ―장이. ―畫(화)

夕刊 저녁 신문.
석 간 ― 신문. 조간과 ―.

石澗 돌이 많은 산골짜기를 흐르는
석 간 시내. ―水(수)

席藁待罪 석 고 대 죄 죄과에 대한 처분을 기다림. —라도 해야겠다.

石棺 석 관 돌로 만든 관. —墓(묘)

席卷 석 권 거침없이 빠르게 휩쓺. =席捲 세계 시장을 —하다.

石器 석 기 돌로 만든 기구. — 시대

釋放 석 방 가두었던 사람을 내어 보냄. 무죄 —

惜別 석 별 이별을 애틋하게 여김. —의 정을 나누다.

石佛 석 불 돌부처 —과 金銅佛(금동불).

碩士 석 사 대학원에서 주는 학위 이름. — 과정. — 학위

石室 석 실 돌방 —墳(분)

夕陽 석 양 서쪽으로 기우는 태양. —빛. —판

釋然 석 연 의심이나 노여움이 확 풀림. 의혹이 —히 풀리다.

錫杖 석 장 중이 짚고 다니는 지팡이. —이 머물다.

石材 석 재 건축의 재료로 쓰이는 돌. — 생산

夕照 석 조 저녁나절의 햇빛. —가 하늘을 물들이다.

石造 석 조 돌로 건축하거나 제조함. — 건물

石柱 석 주 돌기둥 —로 세운 극락전.

席次 석 차 좌석이나 성적의 차례. —가 오르다.

石築 석 축 ①돌로 쌓아 만듦. — 공사 ②돌로 쌓은 옹벽. —이 무너지다.

石塔 석 탑 돌탑 대웅전 앞의 —.

惜敗 석 패 애석하게 짐. 축구 경기에서 —하다.

碩學 석 학 학식이 많은 큰 학자. 정다산은 조선 후기의 —이다.

先覺 선 각 남보다 먼저 깨달음. 또는 그런 사람. —者(자)

選擧 선 거 여럿 가운데서 골라 뽑음. —區(구). —權(권). 비밀 —

先見 선 견 닥쳐 올 일을 앞질러 내다보고 앎. —之明(지명)

先決 선 결 다른 문제보다 먼저 해결함. — 문제

仙境 선 경 ①신선이 산다고 하는 곳. ②경치가 좋고 그윽한 곳.

宣告 선 고 ①선언하여 알림. ②판결을 언도함. 집행 유예의 —.

仙骨 선 골 뛰어나게 잘난 풍골. — 풍채의 헌헌장부.

先公後私 선 공 후 사 공사는 먼저하고 사삿일 은 나중에 함.

宣敎 선 교 종교를 선전하여 널리 폄. —師(사). — 활동

先驅 선 구 어떤 분야에서 맨 앞장을 서서 나감. 또는 그 사람. —者(자)

選球眼 선 구 안 야구에서 타자가, 투수가 던지는 공을 가리는 능력.

先金 선 금 먼저 치르는 돈. —을 내다.

先給 선 급 값이나 삯을 먼저 치러 줌. —金(금). —한 물품대.

善男善女 선 남 선 녀 ①불교를 정성껏 믿는 남녀. ②아주 순결한 남녀.

先納 선 납 기한 전에 미리 바침. —金(금). —한 사용료.

仙女 선 녀 선경에 산다는 여인. 天上(천상)의 —.

船團 선 단 어떤 목적에 따라 조직된 배의 무리. 수송 —. 참치잡이 —.

先代 조상의 대. 또는 이전 시대.
선 대 ―의 유물.

先導 앞장서서 인도함.
선 도 ―的(적)인 역할.

善導 올바른 길로 이끌어 감.
선 도 학생들의 ―에 힘쓰다.

煽動 어떤 행동에 나서도록 남을 부
선 동 추김. 군중을 ―하다.

先頭 맨 앞장.
선 두 군중의 ―에 서다.

善良 어질고 착함.
선 량 ―한 사람. ―한 국민성.

選良 국회의원
선 량 ―을 뽑다.

先例 이전부터 해 내려오는 예.
선 례 ―를 따르다.

線路 ①레일을 깐 길. 철도 ― ②전
선 로 기·전화를 위해 늘어 놓은 줄.

善隣 이웃과 사이좋게 지냄.
선 린 ―우호의 관계. ― 정책

羨望 부러워하며 바람.
선 망 ―과 동경의 대상이 되다.

鮮明 산뜻하고 또렷함.
선 명 ―한 인상. ―한 색채.

宣撫 민심을 어루만져 안정시킴.
선 무 ― 공작. ―使(사)

膳物 선사로 보내는 물건.
선 물 ―을 받다. ―을 주다.

船尾 고물
선 미 선수와 ―.

先民 선대의 사람.
선 민 ―들의 자취.

船舶 배
선 박 ― 검사. 정박한 ―.

先發 먼저 출발함.
선 발 ―隊(대)

選拔 많은 가운데서 골라 뽑음.
선 발 ―한 선수.

善防 상대편의 공격을 잘 막아냄.
선 방 ―한 골키퍼.

先輩 ①같은 분야에서 자기보다 앞선 사
선 배 람. ②같은 학교를 앞서 나온 사람.

選別 골라서 갈라냄.
선 별 ―한 종자.

先鋒 맨 앞장. 또는 앞장선 사람.
선 봉 ―隊(대). ―將(장). ―에 나서다.

先拂 대금이나 보수를 먼저 줌.
선 불 ―한 품삯.

先妣 돌아간 어머니.
선 비 ―의 기일.

先史時代 문헌상의 기록이 없는
선 사 시 대 원시 시대.

宣誓 여러 사람 앞에서 맹세함.
선 서 선수 ―. 대통령의 취임 ―.

先手 ①장기나 바둑을 먼저 두는 일.
선 수 ②상대자보다 먼저 손을 쓰는 행동.

船首 이물
선 수 ―와 선미.

選手 경기에 뽑히어 출전하는 사람.
선 수 야구 ―. 축구 ―

先勝 첫판을 먼저 이김.
선 승 한국 시리즈에서 ―하다.

船室 배 안에 있는 방.
선 실 아담하게 꾸민 ―.

善心 착한 마음.
선 심 ―을 쓰다.

善惡 선과 악. 착한 일과 악한 일.
선 악 ―相半(상반). ―을 가리다.

仙藥 먹으면 장생불사한다는 영약.
선 약 또는 효험이 뛰어난 약.

先約 먼저 약속함. 또는 그 약속.
선 약 ―이 있다.

宣揚 명성·권위 등을 널리 들날림.
선 양 국위를 ―하다.

禪讓 임금이 왕위를 물려줌.
선 양 태조가 정종에게 ―하다.

宣言 선포하여 말함.
선 언　獨立(독립)—書(서)

嬋娟 아리땁고 고움.
선 연　—한 자태.

先烈 나라를 위해 죽은 열사.
선 열　—들의 피의 대가.

先塋 조상의 무덤.
선 영　— 명당 바람이 난다.

善用 유익하게 잘 씀.
선 용　여가를 —하다.

船員 선박의 승무원. 뱃사람
선 원　원양 어선의 —. — 수첩

旋律 소리의 고저장단이나 그 어울림.
선 율　멜로디. 명랑한 —.

善意 선량한 의사. 또는 좋게 보는 마음.
선 의　—로 해석하다. —에서 나온 말.

先人 ＝先親(선친)
선 인　—이 남긴 유산.

善人 착한 사람.
선 인　—과 악인.

先任 어떤 직책에 먼저 있었음. 또
선 임　는 먼저 있었던 사람. — 과장

選任 사람을 가려 임무를 맡김.
선 임　임원을 —하다.

先人觀 미리 마음속에 형성되어 있
선 입 관　는 관념. 아무런 —도 없다.

船積 배에 화물을 실음.
선 적　—한 화물.

船籍 배의 소속지를 나타내는 적.
선 적　태극 —의 배.

宣傳 대중에게 널리 알림.
선 전　— 포스터

宣戰 전쟁을 선포함.
선 전　—布告(포고)

善戰 실력 이상으로 잘 싸움.
선 전　강적과의 경기에서 —하였다.

先占 남보다 먼저 차지함.
선 점　—한 자리.

善政 백성을 잘 다스리는 정치.
선 정　—을 베풀다.

煽情 색정을 자극하여 일으킴.
선 정　—的(적)인 영화.

選定 가려서 정함.
선 정　품종의 —.

禪定 참선하여 정신을 통일함.
선 정　—에 들다.

先制 선수를 쳐서 누름. 또는 기선
선 제　을 잡음. — 공격

先祖 먼 윗대의 조상.
선 조　—들이 남겨 준 문화 유산.

船主 배의 임자.
선 주　—와 선원.

先知者 ①먼저 깨달아 아는 사람. ②예수의
선 지 자　강림과 하느님의 뜻을 예언한 사람.

先進 발전 수준에 있어 앞서 있음.
선 진　—國(국). — 이론. — 사회

選集 대표적인 작품을 가려 모은 책.
선 집　한국 문학 —

先着 먼저 도착함.
선 착　—順(순)

先唱 ①먼저 주창함. ②노래나 구호를
선 창　먼저 부르거나 앞장서 외침.

船艙 배를 대는 곳에 다리처럼 만든
선 창　시설. —에서 짐을 나르다.

善處 형편에 따라 잘 처리함.
선 처　이번 일의 —를 바란다.

先天 날 때부터 몸에 지니고 있는 것.
선 천　—病(병). —性(성)

先哲 옛날의 현인.
선 철　—의 가르침.

銑鐵 무쇠
선 철　—과 강철.

船體 배의 몸체.
선 체　—를 인양하다.

選出 여럿 가운데서 뽑아냄.
선 출　학생회장 —. 국회의원 —.

先取 남보다 먼저 취득함.
선 취 ―특권. ―點(점)

先親 돌아간 아버지.
선 친 ―의 유훈.

選擇 골라서 뽑음.
선 택 取捨(취사)―. 좋은 품종을 ―하다.

船便 배편
선 편 ―에 짐을 보내다. ―이 끊어지다.

宣布 선언하여 공포함.
선 포 계엄령을 ―하다.

仙風 신선같은 풍채.
선 풍 ―道骨(도골)

旋風 ①회오리바람 ②갑작스럽게 일어
선 풍 나는 놀라운 일. ―的(적)인 인기.

扇風機 바람을 일으키는 기계.
선 풍 기 ―를 돌리다.

船荷 배에 실은 짐.
선 하 ―를 부리다. ―主(주)

先行 ①먼저 감. 또는 앞서 감. 시대에
선 행 ―하다. ②먼저 행함. ― 조건

善行 착한 행실.
선 행 ―과 악행. ―을 기리다.

先賢 옛날의 현인. 선철(先哲)
선 현 ―의 가르침.

鮮血 선지피. 몸에서 갓 흘러나온
선 혈 붉은 피. ―이 낭자하다.

選好 여럿 중에서 특별히 가려서 좋
선 호 아함. 아들을 ―하다.

旋回 둘레를 빙빙 돎.
선 회 비행기가 ―하다 착륙하다.

先後 앞과 뒤. 먼저와 나중.
선 후 ―倒錯(도착)

選後評 문예 작품을 고르고 나서,
선 후 평 심사 위원이 하는 평.

雪景 눈이 내리거나 덮인 경치.
설 경 아름다운 ―을 바라보다.

設計 토목·건축 등을 셈잡아 계획을
설 계 짬. ―圖(도). ―者(자). ―士(사)

說敎 ①교리를 해설함. 목사의 ―. ②타이르
설 교 는 말을 늘어놓음. 아버지의 ―.

說得 알아듣도록 깨우쳐 말함.
설 득 ―力(력)이 없다.

設令 가령. 가정하여
설 령 ― 내가 안다 하더라도……

設立 시설하여 세움.
설 립 학교를 ―하다.

說明 내용을 밝히어 말함.
설 명 유창한 ―. 경위를 ―하다.

設問 물음을 냄.
설 문 ― 조사

說法 불법(佛法)을 설명함.
설 법 ―을 듣다.

說服 알아듣도록 말하여 자기 의견
설 복 에 따르게 함. 반대자를 ―하다.

雪峰 눈으로 덮인 산봉우리.
설 봉 ―에 오르다.

雪膚 눈같이 흰 살갗.
설 부 ―花容(화용)

設備 시설을 베풀어 갖춤. 또는 그 시
설 비 설. ―費(비). 공장 ―를 마무리하다.

泄瀉 물찌똥을 눔. 또는 그 똥.
설 사 ―藥(약). ―를 하다.

雪山 눈이 쌓인 산.
설 산 ―을 바라보다.

說往說來 서로 말이 왔다 갔다 하
설 왕 설 래 며 옥신각신함.

雪辱 욕된 일을 씻음.
설 욕 ―戰(전)

雪原 눈으로 덮여 있는 벌판.
설 원 ―이 펼쳐진 북극.

舌戰 말다툼
설 전 ―이 벌어지다.

設定 베풀어 정함.
설 정 권리와 의무의 ―. 행정 구획의 ―.

設置 베풀어 둠.
설 치 방음벽 ―. 부속 기관을 ―하다.

雪恥 치욕을 씻음.
설 치　패전의 분함을 ―하다.

攝取 ①영양분을 빨아 드림. 양분 ―
섭 취　②받아 들임. 서양 문화의 ―.

說破 듣는 이가 충분히 알아듣도록
설 파　밝혀 말함. 자초지종을 ―하다.

聖歌 종교적 성격의 노래.
성 가　― 합창단. ―會(회)

雪寒風 눈 위로 불어오는 찬 바람.
설 한 풍　―이 휘몰아치다.

聲價 좋은 평판.
성 가　세계적 ―를 받다.

雪害 눈이 많이 내림으로써 받는 피
설 해　해. ―를 입다.

性感 성교할 때 느끼는 쾌감.
성 감　―이 둔하다. ―帶(대)

舌禍 말로 말미암아 입는 화.
설 화　―를 입다.

性格 ①각자가 가지고 있는 특유의 성질. ②
성 격　사물 현상이 지니고 있는 특유한 성질.

說話 이야기. 신화·전설·동화·우
설 화　화 등의 통칭. ― 문학

聖經 ①종교적 교리를 적은 책.
성 경　②성인이 지은 책. ―賢傳(현전)

閃光 번쩍거리는 빛.
섬 광　푸른 ―. ―이 빛나다.

成功 목적한 바를 이루어냄.
성 공　―한 사례. ―을 축하하다.

纖巧 섬세하고 공교함.
섬 교　―한 솜씨.

成果 이루어 놓은 좋은 결과.
성 과　빛나는 ―.

殲滅 여지없이 무찔러 없앰.
섬 멸　소탕 ―. 적을 ―하다.

城郭 내성과 외성.
성 곽　― 도시. ―을 쌓다.

纖纖 가냘프고 여림.
섬 섬　―玉手(옥수). ―弱質(약질)

性交 남녀가 육체적 관계를 가지는
성 교　일. ―가 잦다.

纖細 ①가늘디 가늚. ―한 가락.
섬 세　②살살하고 세밀함. ―한 감정.

性敎育 성장기의 아이들에게 성에 관
성 교 육　한 지식·도덕을 가르치는 일.

纖維 생물체를 이루는, 실 모양의
섬 유　물체. 화학 ―. ― 공장

成句 둘 이상의 단어가 어우러져 하나
성 구　의 완결된 뜻을 나타내는 글귀.

涉歷 여러 가지 일을 많이 경험함.
섭 력　쓰고 단 일들을 ―하다.

成群 무리를 짓거나 떼를 이룸.
성 군　―作黨(작당)

涉獵 여러 가지 책을 많이 읽음.
섭 렵　동서 고금의 고전을 ―하다.

聖君 지덕이 뛰어난 임금.
성 군　―이 나와 태평 성대를 이루다.

攝理 우주를 다스리는 신의 뜻.
섭 리　자연의 ―. 신의 ―.

誠金 정성으로 내는 돈.
성 금　불우 이웃 돕기 ―. ―을 내다.

攝生 건강한 몸을 유지하도록 생활
섭 생　함. ―을 잘하다. ―에 신경을 쓰다.

性急 성질이 급함.
성 급　―하게 서둘다. ―한 사람.

攝氏 온도를 재는 단위의 한 가지.
섭 씨　― 26°

性器 남녀의 생식기.
성 기　불구의 ―.

涉外 외부와 연락하며 교섭함.
섭 외　― 활동

性機能 성생활과 관련된 신체 각
성 기 능　기관의 기능.

攝政 임금을 대리하여 나라를 다스
섭 정　림. 대원군의 ―.

成年 만 20세 이상의 나이.
성 년　―式(식)

盛年 원기가 왕성한 한창때.
성 년 —期(기).

性能 기계의 성질과 능력.
성 능 —이 좋다.

聖堂 천주교의 교회당.
성 당 —에 들어서다.

盛大 흥성흥성하고 굉장함.
성 대 —한 의식. —한 잔치.

盛代 나라가 융성하고 평화로운 시대.
성 대 太平(태평)—

聲帶 목청
성 대 — 모사

成德 덕을 닦아 일가를 이룸.
성 덕 —君子(군자)

盛德 크고 훌륭한 덕.
성 덕 —을 기리다.

聖德 성인의 덕. 또는 임금의 덕.
성 덕 —을 기리다.

成道 석가모니가 음력 12월 8일에 보
성 도 리수 아래에서 도를 깨달은 일.

聲量 목소리의 울리는 양.
성 량 —이 크다. —이 풍부하다.

聖慮 임금이 하는 염려.
성 려 신들의 불충이오니 —를 거두소서.

誠力 정성과 힘. 또는 성실한 노력.
성 력 —을 다하다.

聖靈 크리스트교에서, 신자의 영적 생
성 령 활의 근본적인 힘이 되는 본체.

成禮 혼례식을 거행함.
성 례 작수·날을 받아 —하다.

城樓 성곽의 군데군데에 있는 망루.
성 루 —에서 바라보다.

性理學 송(宋)나라 때의 유학. 주자가 대
성 리 학 성하였다 하여 朱子學이라고도 함.

成立 이루어짐
성 립 계약의 —. 회의가 —되다.

聲望 명성과 덕망.
성 망 —이 높다.

姓名 성과 이름.
성 명 —不知(부지)의 사람.

性命 천성과 천명. 또는 목숨
성 명 —을 보전하다.

聲明 일정한 사실이나 문제에 대한
성 명 공식적인 발표. —書. —을 내다.

聖母 예수의 어머니인 마리아.
성 모 — 마리아

省墓 조상의 산소를 찾아봄.
성 묘 — 행렬이 이어지는 한식날.

成文 법률 등을 문장으로 표현함.
성 문 — 헌법. —法(법). —化(화)

城門 성곽의 문.
성 문 —을 굳게 닫아 걸다.

性味 마음결. 또는 성결과 비위.
성 미 —가 가시다. —를 부리다.

性癖 굳어진 버릇. 또는 성미
성 벽 강직한 —.

城壁 성곽의 벽.
성 벽 —을 쌓다. —에 기어 오르다.

性別 남녀의 구별. 또는 암수의 구별.
성 별 —의 차이.

性病 생식기에 생기는 병.
성 병 —에 걸리다.

成服 상제나 복인이 처음으로 상복
성 복 을 입는 일. — 뒤에 약방문.

成分 ①물체를 구성하는 바탕이 되는 원소.
성 분 ②전일체를 이루는 것의 한 부분.

成佛 번뇌를 해탈하여 부처가 됨.
성 불 —하소서.

成事 일을 이루어냄. 또는 일이 이루
성 사 어짐. —在天(재천). 계약이 —되다.

盛事 성대한 일.
성 사 민족의 —. 나라의 —.

星霜 한 해 동안의 세월.
성 상 10개 —. —이 바뀌다.

聖書 =聖經(성경)
성 서 —의 말씀.

盛世
성 세
나라가 융성하고 세상이 태평
한 시대. 太平(태평) —

盛衰
성 쇠
성함과 쇠함.
興亡(흥망)—

星宿
성 수
모든 별자리의 별들.
日月(일월)—. —列張(열장)

成熟
성 숙
①열매가 익음. 벼가 —하다.
②발전하여 무르익음. 여건이 —하다.

姓氏
성 씨
사람의 성의 높임말.
그대의 —을 알고 싶소.

誠實
성 실
정성스럽고 참됨.
—한 마음. —한 사람.

誠心
성 심
정성스러운 마음.
—誠意(성의). —껏 돕다.

聲樂
성 악
사람의 음성에 의한 음악.
—家(가). —을 전공하다.

成語
성 어
완결된 의미를 나타내는 단어
의 결합. 故事(고사)—

盛漁期
성 어 기
물고기가 많이 잡히는 시기.
—를 맞다. 명태의 —.

盛業
성 업
사업이 번창함. 또는 번창하는
사업. —中(중)의 음식점.

聖域
성 역
신성한 지역. 또는 손을 댈 수
없는 분야. 법의 적용에 —은 없다.

聖王
성 왕
거룩한 임금. =聖君(성군)
—의 출현으로 태평성대를 이루다.

性慾
성 욕
성교를 하고싶어 하는 욕망.
—을 억누르다.

聲優
성 우
목소리만으로 출연하는 배우.
—의 흉내를 내다.

星雲
성 운
구름처럼 보이는 별의 집단.
은하계의 안과 밖에 있음.

盛運
성 운
왕성하게 잘 되어 가는 운수.
—을 맞은 IT 업체.

聖雄
성 웅
뛰어나게 훌륭한 영웅.
— 이순신 장군.

成員
성 원
조직체를 구성하는 인원.
— 미달로 유회하다.

聲援
성 원
사기나 기세를 북돋우어 주는
응원. 지지와 —을 보내다.

聖恩
성 은
임금의 은혜.
—을 입다. —에 보답하다.

聲音
성 음
목소리. 음성
남녀의 —에 차이가 있다.

誠意
성 의
정성스러운 뜻.
—를 다하다.

成人
성 인
성년이 된 사람.
— 교육

聖人
성 인
지혜와 덕이 높아 인류의 스승
이 될 만한 사람. 공자는 —이다.

成長
성 장
①생물이 자라남. 묘목의 —.
②규모가 커짐. 경제 —.

盛裝
성 장
옷을 화려하게 차려 입음. 또
는 그런 차림. —한 미인.

成赤
성 적
분을 바르고 연지를 찍는 일.
곱게 —을 한 신부.

成績
성 적
사업이나 공부한 결과로 얻은
실적. —이 오르다. 우수한 —.

性的
성 적
성에 관계되는.
— 매력. — 충동

聖戰
성 전
성스러운 전쟁.
조국을 지키는 —.

性情
성 정
성질과 마음씨.
온순한 —.

聲調
성 조
목소리의 가락.
—를 고르다.

成腫
성 종
부스럼이 곪음.
—하지 않은 헌데.

星座
성 좌
별자리
—圖(도). 오리온 —

城址
성 지
성을 쌓았던 자리.
잡초가 우거진 —.

聖地
성 지
거룩하고 신성스런 땅.
—巡禮(순례)

聖旨
성 지
임금의 뜻.
—을 받들다.

聖職 거룩한 직분. 또는 종교적 직분.
성 직 　—者(자)

性質 ①타고난 기질. 얌전한 —. —을 부리다.
성 질 ②사물·현상이 지니는 특성. 문제의 —.

盛饌 푸짐하게 잘 차린 음식.
성 찬 　—을 베풀다.

省察 반성하여 살핌.
성 찰 　자기 —. 깊은 —.

城砦 성과 진터.
성 채 　—를 쌓다.

聖體 ①임금의 몸. ②카톨릭에서 이
성 체 르는, 예수의 몸과 피.

聖寵 임금의 은총.
성 총 　—을 입다.

成蟲 엄지벌레
성 충 　—과 유충.

成就 목적한 대로 일을 이룸.
성 취 　所願(소원)—

成層 포개져 층을 이룸. 또는 그 층.
성 층 　—圈(권). —岩(암)

聖誕節 예수가 태어난 날. 크리스
성 탄 절 마스. — 예배. —을 맞다.

聲討 책임이나 잘못을 비판하여 공
성 토 격함. — 대회. 정부 시책을 —하다.

成敗 성공과 실패.
성 패 　—를 좌우하다.

性暴力 성적인 행위로 남에게 육체
성 폭 력 적·정신적 손상을 입히는 일.

性品 성질과 품성.
성 품 　너그러운 —.

城下 성 밑.
성 하 　—之盟(지맹)

盛夏 한여름
성 하 　—炎熱(염열)

姓銜 성명(姓名)의 높임말.
성 함 　—이 뉘신지요?

性行 성질과 행실.
성 행 　—이 바르다.

盛行 매우 성하게 유행함.
성 행 　—하는 할인 판매.

性向 성질의 경향.
성 향 　남에게 아첨하려는 —이 있다.

聖賢 성인과 현인.
성 현 　—의 말씀.

成形 일정한 형체를 만듦.
성 형 　— 수술. — 외과

星火 ①별찌. 또는 매우 작은 불꽃.
성 화 ②대단히 급한 일. —같다.

聖火 올림픽 기간 중 켜 두는 제전
성 화 의 불. — 봉송. —臺(대)

盛況 성대한 상황.
성 황 　—을 이루다.

世家 여러 대를 계속하여 나라의 중
세 가 요한 자리에 있는 집안. 名門—

勢家 세력가. 또는 세력을 부리는 집.
세 가 　— 자제. 權門(권문) —

世間 사람이 사는 세상.
세 간 　—에 떠도는 소문.

說客 유세를 일삼는, 말을 잘하는
세 객 사람. 춘추 전국 시대의 —.

世界 ①지구 위의 모든 나라들. —의 평화.
세 계 ②무한한 공간이 우주. 미지의 —.

細工 잔손이 많이 가는 수공.
세 공 　金銀(금은)—. —品(품)

歲貢 해마다 정해 놓고 백성에게서
세 공 받아들이던 공물. —을 바치다.

稅關 국제 교역에서 화물의 단속이나 관세
세 관 의 징수 등의 일을 맡아 하는 관청.

世交 대대로 사귀어 오는 정분.
세 교 　—가 있다. —가 두텁다.

勢窮力盡 형세는 궁하고 힘은 다
세 궁 역 진 하여 꼼짝할 수 없게 됨.

細菌 단세포의 미생물.
세 균 　— 무기. — 바이러스

稅金 국민이 국가에 의무적으로 바
세 금 치는 돈. —을 내다. —을 징수하다.

世紀 ①100년을 단위로 세는 기간. 21—
세 기 ②역사적 시대. 새로운 —가 열리다.

洗腦 새로운 사상을 주입시킴.
세 뇌 — 교육

世代 ①약 30년의 차이를 두는 대.
세 대 ②같은 시대의 비슷한 연령층.

世帶 한 살림을 이루고 있는 가구.
세 대 다섯 —. —主(주)

勢道 ①정치상의 권세. —로 정권을 좌우하다.
세 도 ②세력을 쓸 수 있는 권세. —를 부리다.

勢力 ①남을 누를 수 있는 힘. —圈(권)
세 력 ②어떤 속성을 가진 집단. 국우 —

洗練 ①군더더기가 없이 잘 다듬어져
세 련 있음. ②서투른 데가 없이 미끈함.

洗禮 ①크리스트 교인이 되는 사람에게 베
세 례 푸는 의식. ②일을 치르면서 받는 단련.

世祿 대대로 나라에서 받는 녹봉.
세 록 —之臣(지신)

世論 사회의 여론.
세 론 —에 귀를 기울이다.

勢利 세력과 이익.
세 리 —에 눈이 멀어지다.

洗面 얼굴을 씻음.
세 면 —器(기). —場(장)

歲暮 세밑. 연말
세 모 —에 귀향하겠다.

細目 상세한 조목.
세 목 —에서 구체적으로 밝히다.

稅務 세금의 부과나 징수에 관한 사
세 무 무. — 공무원. — 행정

細密 자세하고 꼼꼼함.
세 밀 —한 내용. —한 계획.

貰房 돈을 받고 빌려주는 방.
세 방 —에서 살다.

歲拜 섣달 그믐이나 정초에 인사로
세 배 하는 절. —돈. —를 다니다.

稅法 조세에 관한 법규.
세 법 —을 개정하다.

細部 세세한 부분.
세 부 —문제

細分 잘게 나누거나 가름.
세 분 —한 각 항목.

歲費 ①국가 기관의 1년 동안의 경비.
세 비 ②국회의원이 받는 보수.

世上 사람이 살고 있는 곳이나 활동하
세 상 는 영역. —이 넓다. —人心(인심)

世世 =代代(대대)
세 세 —相傳(상전)

歲歲 해마다. 또는 돌아오는 그해
세 세 그해. —年年(연년)

細細 ①아주 자세함. —한 관심. ②잘
세 세 디 잘아 보잘것없음. —한 사정.

世俗 세상의 풍속.
세 속 —을 따르다. —이 변하다.

洗手 낯을 씻음.
세 수 —대야. —를 하다.

稅收 조세의 징수로 얻는 수입.
세 수 —의 증대.

世襲 대대로 물려받음.
세 습 — 재산. —한 지위.

歲時 일 년 중의 절기나 계절에 따
세 시 른 때. — 풍속

細心 마음을 씀이 자세하고 찬찬함.
세 심 —한 배려.

稅額 세금의 액수.
세 액 과다한 —을 부과하다.

世業 대대로 물려서 내려오는 직업.
세 업 —을 물려받다.

世緣 세상의 인연.
세 연 —을 끊지 못하다.

稅源 세금을 매기는 근원인 소득이
세 원 나 재산. —을 찾다.

歲月 흘러가는 시간.
세 월 —이 여류하다. —이 없다.

稅率 세금을 매기는 비율.
세 율 높은 —. —을 낮추다.

歲入 세 입 한 회계 연도의 수입 총액.
—과 세출.

世子 세 자 대를 이을 왕자.
—宮(궁). —嬪(빈)

細作 세 작 간첩
—이 암약하다.

世傳 세 전 여러 대를 전해 내려옴.
—之物(지물)

世情 세 정 세상의 사정이나 물정.
—을 모르다. —에 밝다.

洗劑 세 제 물건에 묻은 기름때를 씻어내는데 쓰는 화합물. 세척제

稅制 세 제 조세에 관한 제도.
—를 개편하다.

世尊 세 존 부처의 높임말.
석가 —

歲饌 세 찬 ①세배꾼을 대접하는 음식. ②세밑에 선사하는 물건. —을 받다.

洗滌 세 척 깨끗하게 씻거나 빪.
—器(기). —劑(제)

歲初 세 초 정월의 초승.
—에 놀러갔네.

歲出 세 출 한 회계 연도의 지출 총액.
세입과 —.

細則 세 칙 기본 규칙을 다시 세분한 규칙.
—을 정한다.

世稱 세 칭 세상에서 흔히 일컬음. 또는 그 명칭. — 일류 대학.

洗濯 세 탁 빨래
—機(기). — 장소

世態 세 태 세상의 상태나 형편.
— 인심. —가 많이 변했다.

世波 세 파 세상 풍파.
—에 시달리다.

細胞 세 포 생명체를 구성하는 가장 기본적인 단위. — 분열

歲況 세 황 설을 쇠는 정황.
올 —은 어떠한가?

小家 소 가 첩. 또는 첩의 집.
본가와 —.

燒却 소 각 불에 살라 버림.
—한 문서. —場(장)

所感 소 감 마음에 느낀 바.
—을 말하라.

小康 소 강 소란하던 분란이 고자누룩함.
— 상태로 접어들다.

紹介 소 개 ①양편 사이에서 새로운 관계를 맺어 줌. ②모르는 사실을 알도록 하는 설명.

疎開 소 개 밀집 상태를 흩어 벌림.
공습을 피해 —한 도시 사람.

疎隔 소 격 사귐이 멀어져서 왕래가 막힘.
—感(감). —하게 지내다.

所見 소 견 가지는 바의 의견이나 생각.
—을 말하다. —머리가 좁다.

消遣 소 견 ①하는 일 없이 세월을 보냄. ②마음을 붙여 심심찮게 시간을 보냄.

小功 소 공 상사에 다섯 달 동안 입는 복제.
—親(친)

所管 소 관 맡아서 관리하는 바.
— 사무

所關 소 관 관계하는 바.
—事(사)

巢窟 소 굴 나쁜 짓을 하는 무리가 활동하는 근거지. 도둑의 —.

消極的 소 극 적 앞서 나가려 하지 않고 비활동적인. —인 태도.

遡及 소 급 과거로 거슬러 올라가서 미치게 함. — 효과. —하여 실시하다.

所期 소 기 마음속으로 바라고 기다린 바.
—의 목적을 달성하다.

小女 소 녀 여자가 웃어른에게 자기를 이르는 말. —의 불찰이옵니다.

少女 소 녀 계집아이. 성년이 못된 여자.
—風(풍). —의 부푼 꿈.

少年 소 년 사내아이. 성년이 못된 남자.
— 시절

消毒 병균을 열이나 약으로 죽임.
소 독 ―器(기). ―法(법). ―藥(약)

騷動 소란스럽게 떠들어대는 일.
소 동 ―을 일으키다.

所得 이익으로 되는 수입.
소 득 ―稅(세). ―額(액)

消燈 등불을 끔.
소 등 ― 시간

騷亂 시끄럽고 어수선함. 또는 왁자
소 란 하고 야단스러움. ―을 피우다.

疏略 소홀하고 간략함.
소 략 ―한 처리. 내용이 ―하다.

少量 적은 분량.
소 량 ―의 독극물.

小殮 시신에 옷을 입히고 이불로 싸
소 렴 는 일. ―과 대렴.

所論 논하는 바.
소 론 ―의 요지.

疏漏 꼼꼼하지 못하여 얼뜨고 거칢.
소 루 ―한 일 처리.

小粒 작은 알맹이. 작은 낱알.
소 립 ―의 종자.

所望 바라는 바.
소 망 ―대로 이루어지다.

素望 평소의 바람.
소 망 ―을 이루다.

小賣 물건을 직접 소비자에게 팖.
소 매 ―商(상). 도매와 ―. ―價(가)

小麥 밀
소 맥 ―粉(분). ―麵(면)

消滅 사라져 없어짐.
소 멸 시효의 ―. 차이의 ―.

掃滅 싹 쓸어 없앰.
소 멸 침입한 적을 ―하다.

燒滅 불에 타서 없어짐. 또는 태워
소 멸 없앰. ―되어 버린 문화 유산.

召命 신하를 부르는 임금의 명령.
소 명 ―을 받다.

消耗 써서 없애거나 자꾸 줄어져 없
소 모 어짐. ―品(품). ―量(량)

昭穆 사당에 신주를 두는 차례. 주벽의
소 목 왼쪽을 昭, 오른쪽을 穆이라 한다.

素描 채색을 하지 않고 형태와 명암
소 묘 만을 그린 그림. 데생.

所聞 입에 오르내리며 퍼진 말.
소 문 ―이 떠돌다. 근거 없는 ―.

疏密 성김과 빽빽함.
소 밀 ―이 고르지 않다.

素朴 ①꾸밈이나 거짓이 없이 순진함.
소 박 ②치레 없이 수수함. ―한 생활.

疏薄 남편이 아내를 멀리하거나 박대함.
소 박 ―을 맞다. 조강지처를 ―하다.

小盤 자그마한 밥상.
소 반 외다리 ―

素飯 고기 반찬을 갖추지 아니한 밥.
소 반 ―이지만 맛있게 들게.

消防 불이 나지 않도록 단속하며,
소 방 불난 것을 끄는 일. ―署(서)

小便 오줌
소 변 ―을 보다

素服 하얗게 차린 옷. 또는 그런 옷
소 복 차림. ― 단장. ―을 한 여인.

消費 돈이나 물건을 써서 없앰.
소 비 ―者(자). ―材(재) 생산

掃射 총을 비질하듯 휘둘러 쏨.
소 사 기총 ―

燒死 불에 타서 죽음.
소 사 ―한 시체.

所産 생산되는 바. 또는 생산되는
소 산 물건. ―이 많다. 활동의 ―.

小祥 사람이 죽은 지 한 돌 만에 지
소 상 내는 제사. ―과 대상.

昭詳 분명하고 자세함.
소 상 ―한 내용. ―하게 말하다.

小生 윗사람에게 자기를 낮추어 이르
소 생 는 말. ―은 이만 물러가겠습니다.

所生 낳은 아들이나 딸.
소 생 전처의 ─.

蘇生 거의 죽어가던 상황에서 다시
소 생 살아남. ─의 기쁨. ─의 힘.

小說 인간의 삶에 있을 법한 일을, 작가의
소 설 상상력으로 꾸민 문학의 한 형식.

所屬 일정한 조직체나 어떤 부류에
소 속 속함. 또는 속한 곳. ─한 부대.

訴訟 법률상의 판결을 법원에 요구하
소 송 는 일이나 그 절차. ─을 제기하다.

掃灑 먼지를 쓸고 물을 뿌림.
소 쇄 깨끗이 ─하다.

小數 수학에서 절대값이 1보다 작은
소 수 실수. ─點(점)

少數 적은 수효.
소 수 ─의 의견. ─黨(당)

素數 1보다 크고, 1과 자신의 수 외에는
소 수 똑 떨어지게 나눌 수 없는 정수.

蕭瑟 으스스하고 쓸쓸함.
소 슬 ─한 가을 바람.

小乘 수행에 의하여 해탈을 꾀하는
소 승 불교 교리의 한 갈래. ─ 불교

少時 젊었을 때.
소 시 ─부터 남다른 데가 있었다.

小食 음식을 적게 먹음.
소 식 ─家(가). ─을 하다.

消息 안부. 또는 기별
소 식 ─이 감감하다. 반가운 ─.

所信 믿는 바. ─을 피력하다. ─을 굽히
소 신 지 아니하다.

燒身 자기의 몸을 스스로 불살음.
소 신 ─ 공양

燒燼 몽땅 타버리거나 태워버림.
소 신 6·25 때 ─된 절.

小室 작은 집. 첩
소 실 ─ 소생. ─을 두다.

消失 사라져 없어지거나 잃어버림.
소 실 ─이 많다. ─이 적지 아니하다.

燒失 불에 타서 잃어버림.
소 실 ─된 건물.

小心 대담하지 못하고 조심성이 많음.
소 심 ─한 태도. ─한 성격.

小兒 어린아이
소 아 ─ 마비. ─科(과)

小額 작은 단위의 금액.
소 액 ─券(권)

少額 적은 액수.
소 액 ─의 보조금.

素養 평소에 닦아 쌓은 교양.
소 양 ─이 있다. ─이 풍부하다.

搔癢 가려운 데를 긁음.
소 양 ─感(감). ─症(증)

疎外 사귀는 사이가 멀어져 따돌림.
소 외 ─感(감). ─된 느낌.

所要 필요하거나 요구되는 바.
소 요 ─ 시간. ─量(량)

逍遙 한가롭게 이리저리 거니는 일.
소 요 또는 거닐며 다님. ─散懷(산회)

騷擾 요란스러운 소동.
소 요 ─를 일으키다. ─罪(죄)

所用 쓸 데. 쓰이는 바. 또는 쓸 물건.
소 용 ─이 없다. ─에 닿다.

所願 원하는 바.
소 원 ─成就(성취). ─을 이루다.

疎遠 지내는 사이가 스스럽고 버성김.
소 원 ─해진 느낌.

訴願 하소연하여 청원함.
소 원 ─이 들어오다.

所爲 하여 놓은 일이나 짓.
소 위 그의 ─가 틀림없다.

所謂 이른바
소 위 ─ 국회의원이란 자가 그런 짓을…

所有 자기의 것으로서 가짐.
소 유 ─權(권). ─物(물)

消音 소리가 들리지 않게 함.
소 음 ─器(기)

騷音 시끄러운 소리.
소 음 —공해.

所以 까닭
소 이 사람이 존귀함의 —.

小人 간사하고 도량이 좁은 사람.
소 인 —輩(배). —이 들끓는 정치판.

消印 지워버린다는 표로 도장을 찍
소 인 음. 또는 그 도장. —이 없다.

素因 근본적인 까닭.
소 인 —을 알아보다.

騷人 시인과 문사.
소 인 —墨客(묵객)

消日 ①하는 일 없이 세월을 보냄. ②마음
소 일 을 붙이어 심심찮이 시간을 보냄.

所任 맡은 바 임무.
소 임 —을 감당하다. —이 무겁다.

小作 남의 땅을 빌려 농사를 지음.
소 작 —權(권). —農(농)

少壯 젊고 기운이 왕성함.
소 장 —派(파)

所掌 맡아보는 바.
소 장 — 업무

所藏 자기의 것으로 간직함.
소 장 —하고 있는 도서.

消長 쇠하여 사라지는 일과 성하여
소 장 늘어나는 일. 계절적인 —.

訴狀 관청에 내는 청원서.
소 장 —이 들어오다.

所在 ①있는 곳. —를 모른다. —地(지)
소 재 ②있는 바. 책임 —

素材 ①가공하지 아니한 본래의 재료. ②예
소 재 술 작품의 바탕이 되는 생활 자료.

小篆 한자의 팔체서의 하나.
소 전 —과 대전.

小節 ①대수롭지 않은 자질구레한 예절.
소 절 ②대의가 아닌 지엽적인 절의.

所定 정해진 바.
소 정 — 시일. — 인원

掃除 쓸고 닦아 깨끗이 함.
소 제 교실을 —하다.

塑彫 형상을 흙으로 빚거나 나무로
소 조 조각해 냄. 불상을 —하다.

蕭條 호젓하고 쓸쓸함.
소 조 가을의 —함이 스며든다.

疏拙 데면데면하고 서투름.
소 졸 —한 솜씨.

所從來 지내온 내력.
소 종 래 —를 따지어 묻다.

小註 잔주
소 주 —를 달다.

疏註 본문에 대한 주해.
소 주 —를 달다.

燒酒 담근 술을 고아 얻은 술의 일종.
소 주 —를 고다. —를 내리다.

所重 매우 귀중함.
소 중 —한 물건. —하게 여기다.

所持 몸에 지님. 또는 지닌 것.
소 지 —人(인). —品(품)

素志 본디 품은 뜻.
소 지 —를 견지하다.

燒紙 신령 앞에서 비는 뜻으로 희고 얇은 종
소 지 이를 불살라서 공중으로 올리는 일.

消盡 다 써서 없어짐.
소 진 기력이 —하다.

燒盡 다 타 없어짐.
소 진 —된 집.

素質 ①본디부터 갖추어져 있는 성질.
소 질 ②나면서부터 가지고 있는 재능.

召集 사람을 불러서 모음.
소 집 비상 —. —에 응하다.

蔬菜 재배하여 부식물로 쓰는 풀.
소 채 —를 가꾸다.

小妾 결혼한 여자가 남편에게 자기
소 첩 를 낮추어 겸손하게 일컫는 말.

所請 청하거나 바라는 바.
소 청 당신의 —은 무엇이오?

訴請 하소연하여 청함.
소 청 불리한 처분의 취소를 —하다.

小銃 개인이 어깨에 메고 다니며 쏠
소 총 수 있게 만든 총. —手. —을 메다.

訴追 ①검사가 공소를 제기함. ②국회가 탄핵을
소 추 의결하여 헌법재판소에 파면을 구함.

所出 논밭에서 나는 곡식의 양.
소 출 —이 좋다. 많은 —을 내다.

所致 어떤 까닭으로 이루어진 바.
소 치 무능의 —임을 깨닫다.

銷沈 기세나 기운이 사그러지고 까
소 침 라짐. 의기 —해진 친구.

疎脫 수수하고 털털함.
소 탈 —한 마음. —한 웃음.

小貪大失 작은 것을 탐내다가 큰
소 탐 대 실 것을 잃음. —의 어리석음.

掃蕩 쓸 듯이 모조리 무찔러 없앰.
소 탕 —戰(전). 적을 —하다.

沼澤 늪과 못.
소 택 —地(지). — 식물

疎通 막힘이 없이 서로 통함.
소 통 감정의 —. 전화의 —.

搔爬 몸의 조직의 일부를 긁어 떼어
소 파 내는 일. —手術(수술)

小包 물건을 일정한 크기로 싸서 부
소 포 치는 우편. — 우편

小幅 좁은 폭. 또는 좁은 범위.
소 폭 주가의 — 하락. —의 개각.

小品 규모가 작은 예술 작품.
소 품 — 한 점을 보냅니다.

所行 하여 놓은 일이나 짓.
소 행 누구의 —인지 알 수 없다.

所向 향하는 곳.
소 향 —無敵(무적)

小形 작은 형태.
소 형 — 자동차. — 경기장

疎忽 데면데면하고 대범함. 또는 탐탁
소 홀 지 않게 여기는 태도가 있음.

消化 ①먹은 음식을 삭여서 내림. —不良(불량)
소 화 ②배운 지식·기술을 자기의 것으로 만듦.

消火 불을 끔.
소 화 —器(기). —栓(전)

召喚 법원이 피고인에게 언제 어디
소 환 로 오라고 명령함. —狀(장)

召還 일을 마치기 전에 돌아오도록
소 환 불러 들임. —制(제)

疎闊 ①성격이 어설픔. —한 성격. ②사
소 활 귀는 사이가 버성김. —하게 지내다.

所懷 마음에 품고 있는 회포.
소 회 —가 남다르다. —의 일단을 말하다.

續刊 중단했던 신문·잡지를 다시 계
속 간 속하여 간행함. —되는 여성 잡지.

續開 휴회했던 회의를 계속하여 엶.
속 개 회의을 —하다.

速決 빨리 결정하거나 결단함.
속 결 —의 장단점. 速戰(속전) —

俗界 세속의 사람들이 사는 세상.
속 계 —를 버리고 절에 들어가다.

速攻 상대편에게 방어의 틈을 주지 않고
속 공 재빨리 공격함. —으로 제압하다.

屬國 다른 나라에 예속되어 있는 나
속 국 라. —과 자주 독립국.

速記 글씨를 빨리 적음.
속 기 —錄(록). —術(술)

速斷 빨리 판단함. 또는 그런 판단.
속 단 —을 내리다. —하지 말라.

速達 빠르게 배달함. 또는 빨리 도달
속 달 함. — 우편

俗談 널리 퍼져 사용되는, 간략하면서
속 담 도 교훈적인 말. —에 담긴 뜻.

速答 빨리 대답함.
속 답 —을 기다리네.

速度 진행하는 것의 빠른 정도.
속 도 —計(계). —가 빠르다. — 위반

速讀 글을 빨리 읽음.
속 독 —法(법)

ㅅ

續落 물가나 시세가 계속하여 떨어
속 락 짐. 주가가 —하다.

贖良 몸값을 받고 종을 놓아 주어
속 량 양민이 되게 함. —된 노비.

速力 속도를 이루는 힘.
속 력 —을 내다. —을 놓다.

俗物 속된 물건이나 속된 사람.
속 물 —근성

束縛 일정한 행위를 자유롭게 하지 못하
속 박 게 강압적으로 제한함. 자유의 —.

速步 뛰지 않는 정도에서 빨리 걷는
속 보 걸음. —로 옆을 지나가다.

速報 빨리 알림. 또는 빨리 알리는
속 보 보도. 뉴스 —. —板(판)

續報 앞의 보도에 이어서 알림. 또
속 보 는 그 보도. 사건의 —를 내보내다.

速射 총을 빠른 속도로 쏨.
속 사 —砲(포)

俗說 속된 견해나 학설.
속 설 —과 정설.

俗姓 중이 되기 전에 속세에서 쓰던
속 성 성. 스님의 —.

速成 빨리 이루어지거나 이룸.
속 성 — 방법. — 재배

屬性 사물이 갖춘 근본적인 특성이나
속 성 사물의 고유한 성질. 생물의 —.

俗世 일반 사회. 또는 현실 사회.
속 세 —를 버리고 입산하다.

束手無策 어찌 할 방책이 없이 꼼
속 수 무 책 짝 못하게 됨.

俗樂 판소리·잡가·민요 따위의 민
속 악 속 음악. —과 아악.

俗語 속된 말.
속 어 방송에서는 —를 쓰지 말자.

俗緣 속세에서 맺은 인연.
속 연 —을 끊다.

俗人 속된 사람. 또는 중이 아닌 일
속 인 반 사람. —의 티를 내다.

俗字 정자가 아닌, 획이 간단해진
속 자 통속적으로 흔히 쓰는 한자.

速戰 전투나 경기에서 신속하게 몰아쳐
속 전 싸우는 일. 또는 그런 전투나 경기.

贖錢 죄를 면하려고 바치던 돈.
속 전 —을 내고 풀려나다.

贖罪 저지른 죄를, 재물을 내거나
속 죄 선행을 쌓아 때워서 없애버림.

屬地 어떤 나라에 딸린 땅.
속 지 —主義(주의)

續出 잇달아 나오거나 생겨남.
속 출 낙오자가 —하다.

俗稱 통속적으로 일컫는 명칭.
속 칭 — 구두쇠로 불리는 근검한 사람.

俗態 세련되지 못한 품격이 낮은 태
속 태 도나 모양. —를 벗다.

續編 먼저 나온 책이나 영화의 내용
속 편 을 이어서 만든 책이나 영화.

續行 잇달아서 행함.
속 행 회의를 —하다.

續絃 아내를 여읜 뒤 다시 새 아내
속 현 를 맞음의 비유. —을 하다.

速效 빨리 나타나는 효과.
속 효 —를 보다.

損壞 부서지거나 부숨.
손 괴 —罪(죄). —된 가옥.

孫女 아들의 딸.
손 녀 —를 데리고 산보하다.

損傷 ①깨지거나 상하게 함. 도구를 —하다.
손 상 ②더럽혀 상하게 함. 명예를 —하다.

遜色 서로 견주어 보아서 뒤떨어지
손 색 는 점. 조금의 —도 없다.

損失 축나거나 잃어버리거나 밑져서 손
손 실 해를 봄. 또는 그 손해. —이 크다.

損益 손실과 이익.
손 익 — 계산서. —을 따지다.

損害 양적으로나 질적으로 나빠져 해롭게 되
손 해 는 일. 또는 경제적으로 밑지는 일.

率先 남보다 앞서서 먼저.
솔 선 —수범. —하여 이웃돕기에 나서다.

率直 거짓이나 숨김이 없이 바르고
솔 직 곧음. —하게 말하라. —한 심정.

頌歌 공덕을 기리는 노래. 또는 경축
송 가 할 내용을 가진 장엄한 노래.

送稿 원고를 보냄.
송 고 —한 날짜.

悚懼 죄송스럽고 두려움.
송 구 —스런 마음.

送舊迎新 묵은 해나 가는 사람을 보내고
송 구 영 신 새해나 오는 이를 맞음.

送金 돈을 부쳐 보냄.
송 금 —수표

送年 한 해를 보냄.
송 년 —號(호). — 인사

送達 받을 사람에게 보내어 줌.
송 달 —된 소포.

頌德 공덕을 칭송함.
송 덕 —碑(비)

誦讀 소리를 내어 읽음. 또는 외어
송 독 읽음. 독립선언서를 —하다.

送料 물건을 보내는데 드는 요금.
송 료 소포의 —.

松柏 소나무와 잣나무.
송 백 —操(조). —이 푸르다.

送別 떠나가는 사람을 작별하여 보냄.
송 별 —의 말. —의 아쉬움.

訟事 소송하는 일.
송 사 —가 나다. —를 일으키다.

頌辭 공덕을 기리는 말.
송 사 송덕비에 새겨진 —.

送水管 수도물을 보내는 관.
송 수 관 30km에 이르는 —.

頌詩 공덕을 기리는 시.
송 시 —를 읊다.

送信 정보나 전보 등의 통신을 보냄.
송 신 —機(기). —所(소)

竦然 두려워서 오싹 소름이 끼치는
송 연 듯함. 모골이 —하다.

松葉 솔잎
송 엽 —酒(주)

送迎 사람을 배웅하거나 맞이함.
송 영 —臺(대)

送油 원유를 보냄.
송 유 —管(관)

送狀 물품을 보내는 사람이 받을 사람에
송 장 게 증표로서 보내는 물품 명세서.

送電 발전소에서 전력을 보냄.
송 전 —線(선). —塔(탑)

松竹 소나무와 대나무.
송 죽 —之節(지절). —같은 절개.

松津 소나무에서 분비되는 끈끈한
송 진 수지. — 경고

送廳 경찰에서 조사한 범죄 혐의자를
송 청 그 조서와 함께 검찰청으로 보냄.

頌祝 칭송하고 축하함.
송 축 —하는 모임.

松蟲 솔잎을 갉아 먹는 해충.
송 충 —이 같잎 먹으면 떨어진다.

送致 다른 데로 보내어 이르게 함.
송 치 —된 피의자.

送還 도로 돌려보냄.
송 환 포로 —. 밀입국자를 —하다.

碎鑛 유용한 광물을 분리해 내기 위
쇄 광 해 광석을 부숨. —機(기)

鎖國 외국과의 통상을 거부하고 국교
쇄 국 를 하지 않음. — 정책. —主義(주의)

殺到 많은 사람이나 사물이 한꺼번에
쇄 도 한 군데로 몰려듦. 주문이 —하다.

殺의 두 자음		
①	죽일 살 : 殺人(살인)	
	없앨 살 : 抹殺(말살)	
②	줄일 쇄 : 相殺(상쇄)	
	매우 쇄 : 殺到(쇄도)	

人

灑落 쇄 락　몸이나 기분이 깨끗하고 개운함. 정신이 —하다.

碎氷 쇄 빙　얼음을 깨뜨림. —船(선)

碎石 쇄 석　돌을 깨뜨려 부숨. —機(기)

灑掃 쇄 소　물을 뿌리고 비질을 함. 뜰을 —하다.

刷新 쇄 신　묵은 것을 버리고 새롭게 함. 서정을 —하다.

衰亡 쇠 망　쇠퇴하여 멸망함. —期(기)

衰微 쇠 미　쇠퇴하여 미약함. 왕권이 —해지다.

衰弱 쇠 약　쇠하여 약함. —한 몸. 신경 —

衰運 쇠 운　쇠하여지는 운수. —이 들다.

衰殘 쇠 잔　몹시 쇠하여 약해짐. 기력이 —하다.

衰盡 쇠 진　쇠하여 다 됨. 기력이 —하다.

衰退 쇠 퇴　쇠하여 점점 나빠짐. =衰頹(쇠퇴). 침체와 —. 미풍양속의 —.

數間 수 간　집의 두서너 간. —草屋(초옥)

收監 수 감　교도소에 가둠. 교도소에 —하다. — 생활

手匣 수 갑　두 손목에 걸쳐서 채우는 자물쇠. —을 채우다.

受講 수 강　강의나 강습을 받음. —生(생). — 신청

收去 수 거　거두어 감. 쓰레기를 —하다.

手巾 수 건　얼굴을 닦는 데 쓰는 천. —으로 얼굴을 닦다.

受檢 수 검　검사나 검열을 받음. — 대상자

手決 수 결　자기 성명 밑에 하는 일정한 표지. —을 두다.

水耕栽培 수 경 재 배　성장에 필요한 양분을 녹인 물로 식물을 가꾸는 일.

水系 수 계　여러 가닥이 모여서 같은 물줄기를 이루는 계통. 漢江(한강) —

受戒 수 계　불교에서, 계율을 받음. —하고 재가승이 되다.

手工 수 공　①잔손질이 드는 품. —이 많이 든다. ②품삯. —이 얼마냐?

手工業 수 공 업　손과 간단한 도구를 사용해서 생산하는 공업. 家內—

首魁 수 괴　악당의 우두머리. =魁首(과수) 도둑의 —.

羞愧 수 괴　부끄럽고 창피함. —無面(무면)

手交 수 교　문서 따위를 직접 전하여 줌. 각서를 —하다.

修交 수 교　나라와 나라 사이의 교제를 맺음. 외국과 —를 트다. — 조약

守舊 수 구　낡은 제도·도덕·풍습 등을 지킴. —派(파). — 세력

水軍 수 군　바다를 지키는 군대. 해군 —을 거느리다. — 절도사

水宮 수 궁　물 속에 있다는 상상의 궁전. —歌(가)

收金 수 금　받을 돈을 거두어 들임. — 사원. —한 돈.

首級 수 급　싸움터에서 베어 얻은 적의 머리. —을 베다. —을 올리다.

需給 수 급　수요와 공급. 생필품의 — 계획.

首肯 수 긍　옳다고 인정함. 사실을 —하다. —이 안 된다.

手記 수 기　자기의 생활이나 경험을 적은 기록. —를 적다. 생존자의 —.

羞氣 수 기　수줍고 부끄러워하는 기색. —를 띤 얼굴빛.

受難 재난을 당함.
수 난 —을 당하다. —의 역사.

收納 돈이나 물품을 받아 거두어 들
수 납 임. 금전 —. — 기관

修女 천주교에서 독신으로 수도하는
수 녀 여자. —院(원)

數年 두서너 해.
수 년 —이 지나다. —이 걸리다.

首腦 한 단체나 기관에서 지도적인
수 뇌 위치에 있는 사람. — 회담. —部

數多 수가 많음.
수 다 —한 사람.

手段 ①어떤 목적을 이루기 위한 방법.
수 단 ②어떤 일을 꾸미거나 처리하는 방법.

收單 여럿의 이름을 적은 단자를 거
수 단 두어 들임. —한 종친들의 명부.

手當 본봉 외에 따로 주는 보수.
수 당 —을 받다. 특근 —

水道 맑은 물을 보내는 시설.
수 도 —管(관). —물을 마시다.

首都 중앙 정부가 있는 도시.
수 도 우리 나라의 —인 서울. —圈(권)

修道 도를 닦음.
수 도 —에 정진하다. —僧(승)

受動 다른 것으로부터 작용을 받음.
수 동 능동과 —. —的(적)인 자세.

修羅場 싸움이나 기타의 일로 큰 혼
수 라 장 란 상태에 빠진 곳. —이 되다.

受諾 요구를 받아들여 승낙함.
수 락 제시 조건을 —하다.

水卵 달걀의 반숙 요리.
수 란 —을 뜨다.

收攬 사람들의 마음을 거두어 잡음.
수 람 민심을 —하다.

水量 물의 분량.
수 량 —計(계). —이 풍부하다.

數量 수효와 분량.
수 량 —이 많다.

秀麗 뛰어나게 아름다움.
수 려 —한 경치. —한 용모.

水力 물의 힘.
수 력 — 발전

修練 심신을 단련함.
수 련 —을 쌓다. —醫(의)

收斂 ①돈이나 물건을 추렴하여 거두어 모음.
수 렴 ②의견을 한 데로 모음. 의견을 —하다.

垂簾 발을 드리움. 또는 그 발.
수 렴 —聽政(청정)

狩獵 사냥
수 렵 —期(기). — 시대

守令 원. 한 고을의 수장.
수 령 —方伯(방백). 각 고을의 —.

受領 받아들임. =領收(영수)
수 령 —證(증). 우편물을 —하다.

首領 한 당파나 무리의 우두머리.
수 령 위대한 —. 산적의 —.

樹齡 나무의 나이.
수 령 — 천 년의 은행나무.

水路 물길
수 로 —와 유로. 관개용 —.

收錄 모아서 기록하거나 실음.
수 록 —한 작품. 2만 단어를 —한 사전.

水雷 물 속에서 폭발하여 적선을 파
수 뢰 괴하는 폭탄. — 발사

受賂 뇌물을 받음.
수 뢰 —한 액수. —罪(죄)

修了 정해진 학과 과정을 마침.
수 료 —式(식). 3학년 —

戍樓 적의 동정을 살피기 위해 성
수 루 위에 지은 망루. —에 오르다.

水流 물의 흐름.
수 류 —雲空(운공). —를 따라 가다.

手榴彈 손으로 던져서 터지게 하는
수 류 탄 폭탄. —을 던지다.

水陸 바다와 육지. 또는 수로와 육로.
수 륙 — 양용의 전차.

水利 ① 물의 이용. ㅡ 사업 ② 수상 운
수 리 송의 편리. ㅡ가 좋다.

受理 받아서 처리함.
수 리 사표를 ㅡ하다.

修理 고장난 곳을 손보아 고침.
수 리 지붕을 ㅡ하다.

數理 수학의 이론이나 이치.
수 리 ㅡ에 밝다. ㅡ 물리학

樹林 나무가 우거진 숲.
수 림 ㅡ 속의 별장.

樹立 국가·정부·제도 등을 세움.
수 립 대한민국의 ㅡ. 계획을 ㅡ하다.

水魔 수해를 악마에 비유한 말.
수 마 ㅡ가 할퀴고 간 평야.

睡魔 졸음을 마력에 비유한 말.
수 마 ㅡ가 엄습하다.

數萬 여러 만. 또는 썩 많은 수.
수 만 ㅡ의 군중.

收買 거두어 사들임.
수 매 ㅡ價(가). 추곡을 ㅡ하다.

水脈 땅 속을 흐르는 물의 줄기.
수 맥 ㅡ을 찾다.

水面 물의 표면.
수 면 ㅡ에 뜬 꽃잎.

睡眠 ① 잠을 잠. 또는 잠. ㅡ 부족
수 면 ② 활동을 멈추고 있음. ㅡ 상태

受命 명령을 받음.
수 명 ㅡ於天(어천). ㅡ法官(법관)

壽命 ① 생명을 이어가는 기간. 평균 ㅡ
수 명 ② 사용할 수 있는 기간. 냉장고의 ㅡ.

受侮 모욕을 당함.
수 모 ㅡ가 심하다. ㅡ를 당하다.

樹木 살아 서 있는 나무.
수 목 ㅡ이 울창하다.

水沒 물 속에 잠김.
수 몰 ㅡ 지구. ㅡ된 마을.

水墨 빛이 엷은 먹물.
수 묵 ㅡ畫(화). ㅡ을 치다.

水門 수량을 조절하는 문. 물문
수 문 ㅡ을 열다.

守門 궁문이나 성문을 지킴.
수 문 ㅡ軍(군). ㅡ將(장)

首尾 처음과 끝.
수 미 ㅡ가 한결같다. ㅡ相應(상응)

水盤 꽃을 꽂거나 수석을 놓아두는,
수 반 운두는 낮고 바닥은 평평한 그릇.

首班 행정부의 우두머리.
수 반 행정 ㅡ

隨伴 뒤좇아 따름.
수 반 당뇨병에 ㅡ되는 합병증.

水防 수해를 막는 일.
수 방 ㅡ 대책을 세우다.

手配 범인을 잡으려고 수사망을 폄.
수 배 ㅡ중인 범인.

垂範 모범을 보임.
수 범 率先(솔선)ㅡ

手法 일을 처리하는 솜씨나 방법.
수 법 교묘한 ㅡ. 온갖 ㅡ을 다 쓰다.

水邊 물가
수 변 ㅡ의 식물.

修補 헐었거나 망가진 부분을 손질
수 보 하여 고침. ㅡ한 집.

收復 잃었던 땅을 도로 찾음.
수 복 서울을 ㅡ한 날.

壽福 오래 사는 일과 복을 누리는 일.
수 복 ㅡ康寧(강녕). ㅡ을 누리다.

首富 으뜸가는 부자. =甲富(갑부)
수 부 대전의 ㅡ.

水分 물기
수 분 ㅡ을 없애다.

守分 본분을 지킴.
수 분 ㅡ으로 인망을 얻다.

受粉 수술의 꽃가루를 암술이 받음.
수 분 ㅡ 작용. 인공 ㅡ

守備 적의 공격을 지켜 막음.
수 비 ㅡ隊(대). ㅡ陣(진)

手寫 글을 손수 베끼어 씀.
수 사 一本(본). 고문헌을 一하다.

修辭 말을 아름답게 꾸미거나 정연하
수 사 게 다듬는 일. 一法. 一의 기교. 一學

搜査 범인을 찾고 증거를 수집함.
수 사 一 기관. 一網(망)을 펴다.

數詞 수효나 차례를 나타내는 품사.
수 사 양수사와 서수사로 구별됨.

數朔 두서너 달.
수 삭 一이 걸리다.

水産 강이나 바다에서 나는 산물.
수 산 一物(물). 一業(업)

水上 ①물의 위. 一 경기. 一 경찰
수 상 ②흐르는 물의 상류. 一 마을

手上 손위.
수 상 一과 수하.

手相 손금에 나타난 그 사람의 운수.
수 상 一을 보다.

受像 텔레비전이 영상을 전파로 받
수 상 아 형상을 나타냄. 一機(기)

受賞 상을 받음.
수 상 一者(자). 一作(작)

首相 내각의 우두머리. 또는 영의정
수 상 내각. 영국의 一.

殊常 보통과는 달리 이상함.
수 상 一한 행동. 一하게 여기다.

授賞 상을 줌.
수 상 一式(식)

隨想 그때그때 떠오르는 생각.
수 상 一錄(록)

穗狀 이삭 모양.
수 상 一花序(화서)

愁色 근심스러운 기색이나 기운.
수 색 一이 가득한 얼굴.

搜索 뒤져서 찾음.
수 색 가택 一. 一網(망)

水石 물과 돌. 또는 자연 경치.
수 석 一을 그린 동양화.

首席 맨 윗자리나 제일 높은 자리.
수 석 一 합격. 一 대표.

壽石 관상용의 자연석.
수 석 一을 모으다.

修繕 해어지거나 낡은 것을 손보아
수 선 고침. 一한 옷. 구두를 一하다.

守成 옛 사람이나 조상이 이루어 놓
수 성 은 사업을 이어 지킴.

守城 성을 지킴.
수 성 一軍(군)

水洗 물로 씻음.
수 세 一式(식) 화장실.

水勢 물이 흘러내리는 힘이나 형세.
수 세 강물의 一.

收稅 세금을 거두어 들임.
수 세 一 성적. 一官(관)

守勢 방어하는 태세. 또는 그 세력.
수 세 一와 공세.

搜所聞 세상에 떠도는 소문을 더듬
수 소 문 어 찾음. 행방을 一하다.

手續 절차(節次)의 일제 때 말.
수 속 出國(출국)一

輸送 사람이나 짐을 실어 나름.
수 송 一量(량). 一業(업)

授受 주고 받고 함.
수 수 뇌물 一

手數料 어떤 일을 맡아서 처리해 준
수 수 료 데 대한 삯. 一를 물다. 一를 받다.

袖手傍觀 팔짱을 끼고 보고만 있음.
수 수 방 관 一하는 태도.

手術 ①신체를 째어서 하는 치료 방법.
수 술 ②결함을 근본적으로 고침의 비유.

收拾 ①흩어진 것을 거두어 모음. ②어
수 습 지러운 마음이나 사태를 바로잡음.

修習 학문이나 기능을 배워 몸에 익
수 습 힘. 一 기자. 一 사원

隨時 그때그때. 또는 언제든지. 때
수 시 때로. 一로 방문하다. 一 변통

修飾　①겉모양을 꾸밈. ②체언이나
수 식　용언을 꾸미거나 한정함. —語

數式　수나 양을 나타내는 숫자나 문
수 식　자를 계산 기호로 연결한 것.

受信　①신호나 통신을 받음. —器 ②거래
수 신　하는 상대방의 신용을 받음. — 업무

修身　착하고 바르도록 몸과 마음을
수 신　닦음. — 제가 치국 평천하.

水心　강이나 호수의 한가운데.
수 심　—에 떠 있는 나룻배.

水深　강·바다 따위의 물의 깊이.
수 심　—이 깊다.

愁心　근심하는 마음.
수 심　—이 지다. —이 가득한 얼굴.

獸心　짐승과 같은 마음.
수 심　人面(인면)—

水壓　물의 압력.
수 압　—機(기). — 시험

樹液　나무에서 분비되는 액체.
수 액　고로쇠나무의 —.

收養　고아나 남의 자식을 맡아서 기
수 양　름. —아들. —딸

修養　몸과 마음을 단련하여 지식과
수 양　품성을 닦아 높임. —을 쌓다.

守禦　적의 침입을 지켜서 막음.
수 어　—使(사). —廳(청)

水魚之交　떨어질 수 없이 특별히
수 어 지 교　친근한 사이나 교분.

受業　학업이나 기술의 가르침을 받음.
수 업　同門(동문)—을 한 벗.

修業　학문이나 기예를 닦음.
수 업　배우 —. 작가 —

授業　학문이나 기술을 가르침.
수 업　— 시간

授與　증서·상장·상품·훈장 따위를 줌.
수 여　훈장을 —하다. 졸업장을 —하다.

水域　강이나 바다의 일정한 구역.
수 역　어로 금지 —.

晬宴　생일 잔치.
수 연　아버님의 —에 초청하다.

粹然　꾸밈이 없이 의젓하고 천진스
수 연　러움. —히 앉아 있다.

壽宴　장수를 축하하는 잔치. 보통 환갑 잔
수 연　치를 이른다. —詩(시). —을 베풀다.

鬚髥　입가·턱·빰에 길게 나는 털.
수 염　—이 나다. —이 길다.

水泳　헤엄
수 영　—服(복). —場(장)

水營　수군절도사의 군영.
수 영　全羅(전라) —

羞惡　자기의 잘못을 부끄러워하고 남
수 오　의 잘못을 미워함. —之心(지심)

水溫　물의 온도.
수 온　동해안의 —.

手腕　일을 다루고 치러 나가는 솜씨
수 완　나 수단. —이 좋다. —家(가)

壽夭　오래 삶과 일찍 죽음.
수 요　—長短(장단)

需要　재화를 얻고자 하는 요구.
수 요　—와 공급. —者(자)

收用　국가적으로 필요하여, 개인의
수 용　재산을 징수하여 씀. 土地—

收容　일정한 곳에 받아들임.
수 용　—所(소). 환자 —. — 능력

受容　받아들임
수 용　반대 의견을 —하다.

殊遇　특별한 대우.
수 우　—에 감격하다.

水運　사람이나 짐을 물길로 실어 나
수 운　르는 일. —과 육운.

水源　물이 흘러나오는 근원.
수 원　—地(지). —池(지)

誰怨誰咎　남을 원망하거나 나무랄
수 원 수 구　것이 없음.

水位　일정한 기준면에서 잰 수면의
수 위　높이. 위험 —. —가 높아지다.

守衞 기관이나 직장의 경비를 맡아
수 위 서 봄. 또는 그 사람. ―室(실)

首位 직위·등급에서의 첫째 자리.
수 위 ―를 차지하다.

授乳 어린아이나 새끼에게 젖을 먹
수 유 임. ―期(기)

須臾 잠시
수 유 ―라도 잊어서는 안 될 금언.

手淫 스스로 성기를 자극하여 성적 쾌
수 음 감을 느끼는 일. 마스터베이션

樹陰 나무 그늘.
수 음 ―에서 낮잠을 자다.

酬應 남의 요구에 응함.
수 응 현실에 ―하는 자세.

囚衣 죄수가 입는 옷.
수 의 ―를 입은 죄수.

壽衣 염습할 때에 시신에 입히는 옷.
수 의 윤달에 ―를 마련하다.

隨意 제 마음대로 함.
수 의 ―계약

獸醫 가축의 병을 고치는 의사.
수 의 애완견의 병을 ―에게 맡기다.

收益 거두어 들인 이익.
수 익 많은 ―을 올리다.

修人事 ①인사를 차림. ―를 나누다.
수 인 사 ②사람으로서 할 일을 다함.

受任 임무나 위임을 받음.
수 임 ―한 일.

收入 벌어들이거나 거두어들임. 또
수 입 는 그 돈. ―金(금). ―과 지출.

輸入 외국의 물건을 사들임.
수 입 ―商(상). ―과 수출.

酬酌 서로 말을 주고 받음. 또는 그
수 작 말. ―을 걸다.

水葬 송장을 강이나 바다에 던져 장
수 장 사지내는 일. ―과 화장.

收藏 거두어서 깊이 간수함.
수 장 ―하고 있는 고적.

水災 홍수로 인한 재해.
수 재 ―民(민). ―와 화재.

秀才 재주가 빼어난 사람.
수 재 ―로 소문나다.

收載 원고를 수집하여 신문이나 잡
수 재 지에 실음. ―한 기사.

手迹 손수 쓴 필적.
수 적 아버님의 ―을 모으다.

數的 숫자상의.
수 적 ― 우위. ―인 열세.

水戰 물 위에서 하는 전투.
수 전 山戰(산전)― 다 겪다.

守錢奴 한번 손에 들어간 돈은 좀처
수 전 노 럼 내놓지 않는 인색한 사람.

手顫症 손이 공연히 벌벌 떨리는 병.
수 전 증 숟가락질을 할 수 없는 ―.

守節 절의나 정절을 지킴.
수 절 ―과부. ―과 변절.

秀絶 빼어나게 훌륭함.
수 절 ―한 경치. ―한 작품.

水晶 무색 투명한 석영의 한 가지.
수 정 ―과 같은 맑은 냇물. ―簾(렴)

受精 암수의 생식 세포가 서로 합치
수 정 는 현상. 人工(인공)―

修正 바로잡아서 고침.
수 정 원고의 ― 가필. ―案(안)

修訂 서적 등의 내용의 잘못을 바로
수 정 잡고, 빠진 것을 기워 넣음.

輸精管 남성의 생식기인 정소에서 만들
수 정 관 어진 정액을 정낭으로 보내는 관.

手製 손으로 만듦. 또는 그 물건.
수 제 ―品(품). ― 폭탄.

水槽 물을 담아 두는 큰 통.
수 조 ―에 물을 담다. ―船(선)

水藻 물 속에서 자라는 일년생 풀의
수 조 한 가지. ―와 부유 식물.

手足 ①손과 발. ―汗(한) ②손발처럼
수 족 요긴하게 부리는 사람의 비유.

人

水族 물 속에서 사는 동물.
수 족 —館(관)

數種 몇 가지 종류.
수 종 —의 비밀 서류.

樹種 나무의 종류.
수 종 — 교체

隨從 따라 좇음. 또는 그 사람.
수 종 —者(자). —하는 하인.

數罪 ①여러 가지의 죄. —俱發(구발)
수 죄 ②범죄 행위를 들추어 열거함.

受注 물건을 주문 받음.
수 주 —와 發注(발주).

水準 일이나 물건의 어느 일정한 표
수 준 준이나 정도. 문화—. —이 높다.

水中 물 속.
수 중 — 고혼. — 탐사

手中 손 안. 또는 자기 권력이나 세
수 중 력의 안. —안에 있다. —에 들다.

壽則多辱 오래 살다 보면 그만큼
수 즉 다 욕 욕되는 일도 많음.

水蒸氣 기체 상태에 있는 물.
수 증 기 — 증류

收支 수입과 지출.
수 지 —가 맞다. — 결산

守直 밤을 새면서 직장이나 물건을
수 직 지킴. 또는 그 사람. —을 서다.

垂直 수평면에 직각의 방향으로 드
수 직 리운 상태. —線. —으로 드리우다.

壽職 해마다 정월에 80살 이상의 관원과
수 직 90살 이상의 백성에게 주던 벼슬.

水質 물의 성질이나 성분.
수 질 — 검사. — 오염

收集 거두어 모음.
수 집 쓰레기를 —하다.

蒐集 여러 가지 재료를 찾아서 모
수 집 음. 고전 —. 원고 —

水彩畫 그림 물감을 물에 개거나
수 채 화 풀어서 그리는 서양식 그림.

瘦瘠 몸이 여위어 파리함.
수 척 —한 아내의 얼굴.

手帖 가지고 다니면서 메모할 수 있는
수 첩 조그만 공책. —을 꺼내어 메모하다.

守廳 높은 벼슬아치의 시중을 듦.
수 청 —을 들다.

水草 ①물풀. ②물과 풀. —를 따라서
수 초 이동하는 유목민.

收縮 어떤 물건이 줄어들거나 오그라
수 축 듦. 심장의 —. 통화의 —.

修築 집이나 다리·방죽 따위를 고쳐
수 축 짓거나 쌓거나 함. 교량을 —하다.

輸出 외국으로 상품을 실어 내보냄.
수 출 —品(품). —과 수입.

受取 받아서 가짐.
수 취 —人(인)

羞恥 부끄러움
수 치 —心(심). —를 모르는 사람.

數値 계산이나 계측을 하여 얻은 수.
수 치 — 예보. 소음의 —.

守則 지켜야 할 일들을 정한 규칙.
수 칙 안전 —

水沈 물에 가라앉거나 잠김.
수 침 —한 논밭.

受託 부탁이나 위탁을 받음.
수 탁 —物(물). — 판매

收奪 강제로 빼앗음.
수 탈 —한 재물.

搜探 수사하고 탐지함.
수 탐 비위 사실을 —하다.

受胎 아이를 뱀.
수 태 —한 지 두 달이 되었다.

羞態 부끄러워하는 태도.
수 태 여자다운 —. —를 머금다.

手澤 손이 닿았던 책이나 물건에 남아
수 택 있는 손때. 아버님의 —이 있는 책.

水筒 먹을 물을 넣어 가지고 다닐
수 통 수 있도록 만든 작은 통.

水平 기울지 않은 평면을 이룬 상태.
수 평 ─面(면). ─ 보기. ─ 거리

水泡 물거품. 인신하여, 헛된 것의
수 포 비유. ─로 돌아가다.

水疱 살가죽에 물이 잡혀 부르터 오
수 포 른 부위. ─疹(진). ─瘡(창)

手票 현금 대신 발행하는 돈표.
수 표 보증 ─

隨筆 생각나는 대로 쓰는 산문.
수 필 ─家(가). ─集(집)

手下 손아래. 또는 손아랫사람.
수 하 ─의 사람.

受學 학문을 배움. 또는 수업을 받음.
수 학 同門(동문)─한 벗.

修學 학업을 닦음.
수 학 ─ 여행

數學 수량 및 공간 도형의 성질 등에
수 학 관하여 연구하는 학문. 응용 ─

收合 거두어 모아서 합침.
수 합 ─한 수재 의연금.

水害 홍수로 인한 재해.
수 해 ─ 대책. ─를 입다.

樹海 울창한 산림의 광대함을 바다에 비
수 해 유하여 이르는 말. ─를 이루다.

修行 행실을 닦음.
수 행 ─에 전념하다.

遂行 맡은 일이나 계획한 일을 해냄.
수 행 맡은 임무를 ─하다.

隨行 윗사람을 따라 감.
수 행 ─員(원). ─하는 비서.

受驗 시험을 침.
수 험 ─生(생). ─ 장소

輸血 다른 사람의 혈액을 환자에게
수 혈 주입함. 자기의 피를 ─하여 주다.

受刑 죄인이 형벌을 받음.
수 형 ─者(자)

受惠 혜택을 받음.
수 혜 ─者(자)

守護 지키어 보호함.
수 호 ─神(신). 조국을 ─한 용사.

修好 서로 사이좋게 지냄.
수 호 ─ 조약

水火 물과 불. 인산하여, 괴로움의
수 화 비유. ─不通(불통)

手話 벙어리가 손짓으로 하는 말.
수 화 ─로 의사를 통하다.

受話 전화를 받음.
수 화 ─器(기)

收穫 ①농작물을 거두어 들임. ─量
수 확 ②성과의 비유. ─ 없이 끝나다.

收賄 뇌물을 받음.
수 회 ─罪(죄)

數爻 물건의 수.
수 효 ─를 알아보다.

殊勳 특수한 공훈.
수 훈 ─을 세우다.

熟考 곰곰히 생각함.
숙 고 深思(심사)─

宿根 이듬해에 다시 새싹이 돋는 뿌
숙 근 리. ─草(초)

淑女 정숙하고 교양 있는 여자.
숙 녀 紳士(신사) ─ 여러분.

熟達 어떤 일에 익숙하여 훤함. 또는 익숙
숙 달 하게 됨. 농삿일에 ─하다. ─한 기능공.

熟讀 익숙해지도록 읽음.
숙 독 ─한 고전.

熟練 능숙하도록 손에 익음.
숙 련 ─工(공). ─度(도)

宿望 오래 전부터 품고 있는 희망.
숙 망 민족적 ─.

熟面 낯이 익은 얼굴. 낯익은 사람.
숙 면 결혼식장에는 ─이 많았다.

熟眠 잠이 깊이 듦.
숙 면 ─ 상태

宿命 날 때부터 타고난 운명.
숙 명 ─論(론). ─的(적)인 만남.

叔母 숙부의 아내. 작은어머니
숙 모 숙부와 ㅡ.

宿泊 남의 집이나 여관에서 머무름.
숙 박 ㅡ料(료). ㅡ業(업)

宿病 오래 가지고 있는 병.
숙 병 ㅡ을 고치다.

叔父 아버지의 동생. 작은아버지
숙 부 ㅡ와 숙모.

宿舍 숙박하는 집.
숙 사 ㅡ를 정하다.

夙昔 좀 오래된 옛날. =宿昔(숙석)
숙 석 ㅡ의 원한.

夙成 나이보다 올됨.
숙 성 ㅡ한 아이.

熟成 무르익음. 또는 알맞게 맛이 듦.
숙 성 ㅡ한 포도주. ㅡ된 변혁의 기운.

宿所 머물러 묵는 곳.
숙 소 ㅡ를 정하다.

熟習 익숙하게 익힘.
숙 습 ㅡ難當(난당)

熟視 눈여겨 자세히 봄.
숙 시 만난 이산 가족을 ㅡ하다.

宿食 자고 먹고 함. 또는 그 일.
숙 식 ㅡ費(비). ㅡ을 제공하다.

熟語 단어가 합하여 하나의 말로서
숙 어 하나의 뜻을 나타내는 말.

肅然 조용하고 엄숙함.
숙 연 ㅡ한 분위기.

宿營 군대가 병영 밖에서 머물러 지
숙 영 냄. ㅡ地(지). 민가에서 ㅡ하다.

宿怨 오래 전부터 가지고 있는 원한.
숙 원 ㅡ을 풀다.

宿願 오래 전부터 가지고 있던 소원.
숙 원 ㅡ을 달성하다.

熟議 충분히 토의함.
숙 의 머리를 맞대고 ㅡ하다.

宿敵 오래 전부터의 적.
숙 적 ㅡ을 만나다.

肅正 엄숙히 바로잡음.
숙 정 군기를 ㅡ하다.

宿題 ①예습이나 복습을 목적으로 하는
숙 제 과제. ②앞으로 해결을 요하는 문제.

熟知 익히 앎.
숙 지 ㅡ의 사실.

宿直 밤을 새면서 직장이나 물건을 경비
숙 직 함. 또는 그 사람. ㅡ을 서다. ㅡ室(실)

叔姪 작은아버지와 조카.
숙 질 ㅡ間(간)에 나누는 정담.

肅淸 부정적 대상을 깨끗이 치워 없
숙 청 앰. ㅡ을 당한 박헌영.

宿滯 오래 묵은 체증.
숙 체 ㅡ가 내려가다.

宿醉 전날 마신 술이 깨지 않은 취기.
숙 취 ㅡ未醒(미성)

宿弊 오래된 폐단.
숙 폐 ㅡ를 바로잡다.

叔行 아저씨뻘의 항렬.
숙 항 ㅡ과 질항.

宿虎衝鼻 괜히 건드려서 우환거리
숙 호 충 비 나 화를 자초함.

宿患 오래 묵은 병.
숙 환 ㅡ으로 고생하다.

夙興夜寐 밤낮을 가리지 않고 부
숙 흥 야 매 지런히 일함의 형용.

旬刊 열흘에 한 번씩 내는 신문이나
순 간 잡지. ㅡ 잡지

瞬間 눈 깜짝할 동안. 곧 아주 짧
순 간 은 동안. ㅡ風速(풍속). 마지막 ㅡ.

純潔 조금도 더러운 티가 없이 깨끗
순 결 함. ㅡ한 마음.

巡警 경찰관의 제일 아래 계급.
순 경 ㅡ으로 채용하다.

殉敎 믿는 종교를 위해 목숨을 바침.
순 교 ㅡ者(자). ㅡ 정신

殉國 조국을 위하여 목숨을 바침.
순 국 ㅡ先烈(선열)

純金 순 금 다른 금속이 섞이지 않은 순수
한 금. ― 반지

純度 순 도 순수한 정도.
―가 높은 금.

巡邏 순 라 수직하는 군대가 그 경내를 순
찰하던 일. ―軍(군). ―를 돌다.

淳良 순 량 성질이 순박하고 착함.
―한 백성.

巡禮 순 례 종교상의 성지를 찾아다니면서
참배함. ―者(자). 성지 ―

順流 순 류 물이 순탄하게 흐름. 또는 그
흐름. ―를 따라 내려가다.

順理 순 리 도리에 순종함. 또는 마땅한
이치나 도리. ―로 타이르다.

脣亡齒寒 순 망 치 한 이해 관계가 밀접하여 한 쪽의
멸망이 다른 쪽의 위기가 됨.

純毛 순 모 순수한 털실이나 모직물.
―로 짠 피류.

淳朴 순 박 순진하고 소박함. =淳樸(순박)
―한 사람. ―한 인간미.

瞬發力 순 발 력 순간적으로 움직일 수 있는
근육의 힘. ―이 강하다.

巡訪 순 방 차례로 방문함.
―外交(외교). 유럽 각국을 ―하다.

巡杯 순 배 술잔을 돌림. 또는 돌리는 술
잔의 회수. 술이 두 ― 돌다.

純白 순 백 순수하게 흼.
―色(색). ―한 위생복.

順番 순 번 차례로 돌아오는 당번.
―이 되다. ―을 기다리다.

旬報 순 보 열흘에 한 번씩 펴내는 신문.
―와 月報(월보).

殉死 순 사 임금이나 남편의 뒤를 따라 스
스로 죽음. ―한 열부.

純色 순 색 다른 색이 섞이지 않은 순수한
색. ―의 양복.

順産 순 산 탈없이 순하게 아이를 낳음.
―한 산부.

順序 순 서 차례
―를 지키다. 토의 ―

巡狩 순 수 임금이 나라 안을 순행함.
―碑(비)

純粹 순 수 ①조금도 다른 것의 섞임이 없음. ②
딴 마음이나 사욕이 없음. ―한 마음.

順順 순 순 거역하지 않고 태도가 온순함.
―히 따르다.

諄諄 순 순 타이르는 태도가 친절함.
―히 타이르다.

巡視 순 시 순회하면서 살펴봄.
―船(선). 경내를 ―하다.

瞬息間 순 식 간 몹시 짧은 동안.
―에 일어난 일.

順延 순 연 정해 놓은 날을 차례로 다음
날로 미룸. 경기 일정을 ―하다.

順位 순 위 차례에 따른 위치.
―를 정하다.

順應 순 응 순순히 응함. 또는 자체를 적응시
킴. 요구에 ―하다. 환경에 ―하다.

純益 순 익 순수한 이익.
―金(금)

純一 순 일 순수하고 한결같음.
―한 애정.

殉葬 순 장 고대에, 왕이나 귀족이 죽었을 때
그의 신하나 종을 함께 묻던 일.

純全 순 전 ①순수하고 온전함. ―한 금. ②의
심할 여지가 없음. ―한 거짓말.

殉節 순 절 절개를 지키어 죽음.
―한 부녀.

純正 순 정 순진하고 바름. 또는 순수하고
참됨. =醇正(순정). ―한 동심.

純情 순 정 순결한 애정.
―을 고백하다.

順調 순 조 탈이나 말썽이 없이 잘 되어
나감. ―롭게 진행되다.

純種 순 종 딴 종이 섞이지 않은 순수한 종.
―과 잡종.

順從 순순히 복종함.
순 종　명령을 —하다.

殉職 맡은 바 직무를 수행하다가 죽
순 직　음. —한 경관.

純眞 순박하고 참다움.
순 진　—한 처녀. —한 마음.

順次 돌아오는 차례.
순 차　—로 말하다. —的(적)인 해결.

巡察 순회하면서 살핌.
순 찰　—隊(대). —船(선)

馴致 ①짐승을 길들임. —한 멧돼지.
순 치　②차차 어떠한 상태에 이르게 함.

順坦 ①길이 평탄함. —한 길. ②탈
순 탄　이 없이 순조로움. —하였던 일생.

順風 순조롭게 부는 바람. 또는 가려는
순 풍　쪽으로 부는 바람. —에 돛을 달다.

巡航 배를 타고 각처로 돌아다님.
순 항　지중해를 —하다.

巡行 관할 구역 안을 돌아다님.
순 행　관찰사가 각 고을을 —하다.

巡幸 임금이 나라 안을 돌아다니며 지방의
순 행　정치와 백성의 생활을 살펴보던 일.

順行 순서에 따라 진행됨.
순 행　—同化(동화). — 운동

純化 잡것을 버리고 깨끗하게 함.
순 화　=醇化(순화). 언어의 —.

順和 순하고 화기로움.
순 화　—로운 말.

馴化 새로운 환경에 길들여짐.
순 화　—한 산양.

循環 쉬지 않고 주기적으로 반복하
순 환　여 돎. 혈액 —. — 계통

巡廻 여러 곳을 차례로 돌아다님.
순 회　—大使(대사). 지방 — 공연.

醇厚 순박하고 후함.
순 후　—한 인심.

術家 음양이나 복서·점술에 정통한
술 가　사람. —의 말을 맹신하다.

術法 술수에 관한 법.
술 법　요망한 —. —을 배우다.

術數 ①음양·복서 따위에 관한 이치.
술 수　②무슨 일을 도모하려는 꾀나 방법.

述語 주어의 움직임이나 성질·상태 등
술 어　을 나타내는 말. 서술어의 준말.

術策 무슨 일을 도모하려는 꾀나 방
술 책　법. 음흉한 —. —을 쓰다.

述懷 마음속에 서린 생각을 말함.
술 회　심경을 —하다.

崇高 갸륵하고 고상함.
숭 고　—한 정신. —한 지조.

崇慕 숭배하여 사모함.
숭 모　애국 열사를 —하다.

崇拜 높이어 우러러 공경함.
숭 배　—하는 인물.

崇奉 숭배하여 받듦.
숭 봉　불교를 —하다.

崇佛 불교를 숭상함.
숭 불　고려의 — 정책.

崇尙 높이어 소중히 여김.
숭 상　삼강 오륜을 —한 조선 시대.

崇仰 높여 우러러 봄.
숭 앙　—을 받다.

崇嚴 숭고하고 엄숙함.
숭 엄　—한 광복의 기쁨.

崇儒 유교를 숭상함.
숭 유　斥佛(척불)—

瑟瑟 바람소리가 우수수하여 쓸쓸함.
슬 슬　—한 가을바람.

膝下 보살핌을 받는 부모의 아래.
슬 하　—에서 자라다. —를 떠나다.

襲擊 불의에 적을 공격함.
습 격　—을 받다. —을 감행하다.

習慣 버릇
습 관　좋은 —을 붙이다.

濕氣 축축한 기운. 습한 기운.
습 기　—가 돌다.

濕度 공기 중에 수증기가 포함되어
습 도 있는 정도. —가 높다. —計(계)

拾得 남이 잃어버린 물건을 주움.
습 득 —物(물). 노상에서 귀중품을 —하다.

習得 배워서 자기 것으로 만듦.
습 득 새로운 기술을 —하다.

習性 버릇으로 된 성질.
습 성 생활 —. 나쁜 —

習俗 습관이 돼버린 풍속.
습 속 옷차림을 단정히 하는 —.

習熟 익히어 익숙해짐.
습 숙 실무에 —하다.

襲用 그전대로 답습하여 씀.
습 용 —하고 있는 공무원의 임용 제도.

拾遺 ①남이 잃어버린 것을 주움.
습 유 ②빠진 글을 뒤에 보충함.

濕潤 습기가 많아 축축함.
습 윤 — 기후. 공기가 —하다.

習作 연습하기 위하여 시험 삼아 지음.
습 작 또는 그 작품. —期(기). —品(품)

濕症 습기로 인하여 생기는 병.
습 증 —에 걸리다.

濕地 습기가 많은 땅.
습 지 —帶(대). —에 자라는 식물.

昇降 오르내림.
승 강 —機(기). —口(구)

乘降 타고 내리고 함.
승 강 —場(장)

乘客 배나 차·항공기 등을 타는 손
승 객 님. —의 안전 대책.

昇格 격을 높임. 또는 격이 높아짐.
승 격 전문 대학을 대학으로 —하다.

勝景 뛰어나게 좋은 경치.
승 경 금강산의 —.

承繼 뒤를 이음.
승 계 권리를 —하다.

昇級 등급이 오름. 급수가 올라감.
승 급 =陞級. 2급에서 1급으로 —하다.

勝機 이길 수 있는 기회.
승 기 —를 잡다.

承諾 청하는 바를 들어줌.
승 낙 —을 받다.

昇段 단수가 오름.
승 단 8단에서 9단으로 —하다.

僧侶 중.
승 려 —들이 불공을 드리다.

勝率 시합 따위에서 이긴 비율.
승 률 —이 높다.

勝利 경쟁이나 싸움에서 이김.
승 리 —者(자). 축구 경기에서 —하다.

乘馬 말을 탐.
승 마 —隊(대)

僧舞 중춤.
승 무 —를 선보이다.

僧兵 중으로 조직된 군대. 서산 대사는
승 병 —을 일으켜 왜적에 대항하였다.

勝報 이겼다는 보고나 보도.
승 보 —가 날아오다.

承服 승낙하여 좇음.
승 복 그의 충고에 —할 수 없었다.

承奉 윗사람의 명령을 받듦.
승 봉 아버님의 명을 —하다.

勝負 이김과 짐. =勝敗(승패)
승 부 —가 나다. —가 없다.

勝算 이길 만한 타산.
승 산 —이 없다.

丞相 옛날 중국에서, 천자를 도와 나
승 상 라를 다스리던 벼슬. 정승

乘船 배를 탐.
승 선 —한 여행객. —과 하선.

乘勢 유리한 형세나 기회를 탐.
승 세 —를 놓치지 아니하다.

勝訴 소송에서 이김. 재판에 이김.
승 소 —와 패소.

乘勝長驅 싸움에 이긴 기세를 타
승 승 장 구 고 멀리까지 몰아침.

承顔 생전에 얼굴을 뵘.
승 안 —한 증조부.

乘夜 밤을 탐.
승 야 — 도주

勝運 이길 운수.
승 운 —이 따르지 않는다.

承恩 ①임금에게 은혜를 입음. ②여자
승 은 가 임금과 잠자리를 함께 함.

承認 그렇다고 인정함. 또는 그리하
승 인 라고 인정함. —을 받다.

勝因 싸움에서 이긴 원인.
승 인 —을 살펴보다. —과 패인.

勝者 이긴 사람. 이긴 편.
승 자 —도 패자도 없다.

勝戰 싸움에 이김.
승 전 —의 소식. —碑(비)

承重 아버지의 지위를 대신하여 할
승 중 아버지의 제사를 받듦. —喪(상)

昇進 지위가 오름.
승 진 과장이 부장으로 —하다.

乘車 차를 탐.
승 차 —券(권)

昇天 하늘에 오름.
승 천 —入地(입지). —하는 천사.

勝敗 이김과 짐. =勝負(승부)
승 패 —를 겨루다.

昇遐 임금이나 왕비가 세상을 떠남.
승 하 —한 선왕.

昇華 ①고체가 바로 기체로 변함. ②어떤
승 화 상태에서 더 높은 상태로 높아짐.

市街 도시의 거리.
시 가 —地(지). —戰(전)

市價 시장에서 형성되는 상품의 가격.
시 가 —와 생산가.

時價 그때의 가격.
시 가 —보다 비싸다.

媤家 시집. 남편의 집이나 집안.
시 가 —와 친정.

詩歌 가사를 포함한 시문학을 통틀
시 가 어 이르는 말.

時刻 ①흐르는 시간의 한 순간. 해 뜨는
시 각 —. ②짧은 동안. —을 다투다.

視角 어떤 사물이나 일을 보는 각도.
시 각 —을 달리하다.

視覺 눈으로 보는 감각.
시 각 —교육

時間 ①때의 길이. 네 — 걸리다. ②무엇을
시 간 하기로 되어 있는 때. 점심 —

侍講 임금이나 세자에게 경서를 강론
시 강 하던 일. —官(관). —院(원)

時計 시간을 재는 기계.
시 계 —를 보다. 괘종 —

視界 시력이 미치는 범위.
시 계 —가 트이다. —가 흐리다.

施工 공사를 시행함.
시 공 — 회사. —에 들어가다.

時空 시간과 공간.
시 공 —을 초월하다.

試官 과거의 시험관.
시 관 —이 과장에 들어서다.

詩句 시의 구절.
시 구 —가 떠오르다.

時局 국가나 사회의 현재 정세.
시 국 —이 불안하다. —觀(관)

試掘 광산이나 유전을 시험삼아 파
시 굴 봄. 유전의 —權(권).

試金石 사물을 판단하는 표준.
시 금 석 성패를 좌우할 —.

時急 시간을 두고 다툴 만큼 절박함.
시 급 —한 문제.

時期 일이나 현상이 진행되는 때.
시 기 —尙早(상조). 성장할 —.

時機 적당한 기회. 알맞은 때.
시 기 —를 엿보다. —를 놓치다.

猜忌 샘하여 미워함.
시 기 —하는 마음. —하는 사람.

侍女 시중 드는 여자.
시 녀 —를 보내 안부를 여쭈다.

詩壇 시인들의 사회.
시 단 —에 대뷔하다.

示達 지시나 명령을 문서로 내려보냄.
시 달 명령을 —하다.

時代 ①역사적으로 구분한 기간. 三國
시 대 — ②지금 처한 시기. —의 선구자.

試圖 시험삼아 꾀하여 봄.
시 도 반격을 —하다.

始動 발동을 걸거나 기계를 돌리기
시 동 시작함. — 장치. —을 걸다.

視力 물체를 보는 눈의 능력.
시 력 —이 좋다. — 검사

試練 겪기 어려운 단련이나 고비.
시 련 —을 겪다. —에 부딪치다.

時論 ①그 시대나 시기의 여론. ②당
시 론 시에 일어난 사건에 관한 평론.

詩論 시에 대한 이론이나 평론.
시 론 선진적인 —.

市立 시에서 세워 운용함.
시 립 — 공원. — 병원

始末 일의 처음과 끝.
시 말 —書(서)를 쓰다.

諡望 시호를 정할 때에 세 가지 시호를
시 망 미리 정하여 임금에게 보고하던 일.

媤母 시어머니
시 모 —와 며느리의 갈등.

侍墓 부모의 거상 중에 무덤 옆에서
시 묘 막을 짓고 거처하는 일.

始務 새해 들어 업무를 시작함.
시 무 —式(식)

時務 당시의 중요한 일.
시 무 —를 의논하다.

詩文 시가(詩歌)와 산문(散文).
시 문 —集(집). —書畫(서화)

市民 시에 사는 주민. 또는 성인이
시 민 된 국민. —權(권). — 생활

始發 첫 출발점으로 하여 출발함.
시 발 —驛(역). — 시간

示範 모범을 보임.
시 범 — 경기. —을 보이다.

侍病 병자 곁에서 시중드는 일.
시 병 극진한 —.

時報 ①시간에 대한 보도. 라디오 —
시 보 ②그때그때의 시사에 대한 보도.

諡福 카톨릭에서, 신앙심이 깊었던 신자
시 복 에게 '복자'의 칭호를 내리는 일.

侍奉 부모를 모시어 받듦.
시 봉 구고의 —을 잘하다.

詩賦 시와 부.
시 부 —에 능하다.

施肥 농작물에 거름을 줌.
시 비 —量(양). 토질에 따른 —.

是非 ①옳고 그름. —를 따지다. ②옳고
시 비 그름을 따지는 말다툼. —를 걸다.

柴扉 사립문
시 비 —를 닫아 걸다.

詩碑 시를 새긴 비.
시 비 —를 세우다.

示唆 암시하여 넌지시 알려줌.
시 사 —하는 바가 많다.

時祀 가을에 조상 무덤에 가서 지
시 사 내는 제시. =時祭. —를 지내다.

時事 현재 사회의 움직임이나 사건.
시 사 — 평론. —性(성)이 짙다.

試寫 영화를 개봉하기에 앞서 관계자
시 사 가 모여 상영해 보는 일. —會

施賞 상을 줌.
시 상 —式(식)

詩想 시를 짓는데 필요한 착상이나
시 상 구상. —이 떠오르다.

侍生 윗사람에게 '자기'를 낮추어 이
시 생 르는 말. —이 한 말씀 올리겠습니다.

詩書 ①시경과 서경. —百家語
시 서 ②시와 글씨. —에 능하다.

視線 시 선 ①눈초리. —을 던지다. ②주의나 관심. —이 집중되다.

詩仙 시 선 천재적인 시인. 이백(李白)을 일컫는 말. —과 詩聖(시성).

施設 시 설 도구·장치 등을 설비하거나 구조물을 베풂. —物(물). 복지 —

詩聖 시 성 고금에 뛰어난 위대한 시인. 두 보(杜甫)를 일컫는 말.

時勢 시 세 ①변해가는 시대의 모습. —를 거스 르다. ②그때의 물건 값. 안정된 —.

時俗 시 속 그 시대의 인정이나 풍속. 성인도 —을 따른다.

時速 시 속 한 시간을 단위로 하는 평균 속도. — 100km로 달리다.

侍率 시 솔 윗어른을 모시고 아랫사람을 거느림. —하는 가족.

媤叔 시 숙 시아주버니. 남편의 형제. —이 두 분 계시다.

施術 시 술 의사가 수술을 함. 위암 환자를 —하다.

試乘 시 승 차·배 등의 탈것을 시험삼아 타봄. 새 차를 —하다.

時時刻刻 시 각 각 시간이 가는 대로. —으로 변하는 국제 정세.

試食 시 식 맛을 봄. 맛이 어떤지 —을 해 보다.

屍身 시 신 송장. 주검 —을 거두어 묻다.

試案 시 안 시험적으로 만든 안. 경제 개발 계획의 —을 만들다.

視野 시 야 ①시력이 미치는 범위. —를 가리다. ②식견이나 판단의 범위. —를 넓히다.

始業 시 업 학업이나 작업 등의 일을 시작 함. —式(식)

施與 시 여 물품을 베풀어 줌. —物(물)

弑逆 시 역 부모나 임금을 죽임. —罪(죄)

試演 시 연 연극·음악 등을 일반에게 공개 하기 전에 시험삼아 상연해 봄.

市營 시 영 시에서 경영함. — 버스. — 아파트

時運 시 운 시대나 때의 운수. —을 만나다.

示威 시 위 위력을 보임. 이라크 파병을 반대하는 —.

侍衛 시 위 임금을 모시고 호위함. —隊(대). 좌우에서 —하다.

試飲 시 음 시험삼아 마셔 봄. 새로 내놓을 술을 —해 보다.

是認 시 인 옳다고 인정하거나 그러하다고 인정함. 제 잘못을 —하다. —과 부인.

詩人 시 인 시를 전문으로 잘 짓는 사람. —墨客(묵객)

始作 시 작 ①사물이나 현상의 처음. ②처음 으로 하거나 쉬었다가 다시 함.

試作 시 작 시험적으로 만들어 봄. 새 모델을 —해 보다.

市場 시 장 매매의 거래가 이루어지는 곳. 동대문 —. —을 개척하다.

時節 시 절 ①철. 계절. 꽃피는 —. ②사람의 일 생 중의 어느 한 동안. 어린 —.

時點 시 점 흐르는 시간 상의 어느 한 점. 사건이 일어난 —.

視點 시 점 사물이나 일을 보는 관점. —을 달리하다.

市井 시 정 사람이 모여 사는 곳. —輩(배). — 소설

市政 시 정 시의 행정. 서울의 —에 관한 홍보.

是正 시 정 그릇된 것을 바로잡음. 차별 대우를 —하다.

施政 시 정 정치를 베풂. 나라를 다스림. — 연설

詩情 시 정 시적인 정서. —을 자아내다.

時祭 ①철을 따라 1년에 네 번 지내는
시 제 종묘의 제사. ②=時祀(시사)

試製 시험적으로 만듦.
시 제 —品(품)

始祖 한 겨레나 씨족의 맨 처음 조상.
시 조 단군은 우리 겨레의 —이다.

時調 우리 겨레 고유의 정형시.
시 조 —를 읊다. 평—와 엇—.

始終 처음과 끝. 또는 처음부터 끝까
시 종 지. —貫(일관). —웃기만 한다.

施主 절이나 중에게 물건을 바침. 또
시 주 는 그 사람. 절에 많은 —를 하다.

市中 도시의 안.
시 중 —에 나도는 밀수품. — 금리

詩集 시를 모아서 엮은 책.
시 집 —을 내다.

時差 ①두 곳의 시간의 차. —를 극복하
시 차 다. ②시간 상의 차이. —를 두다.

視察 실지로 직접 보면서 살핌.
시 찰 현지 —. 산업 단지를 —하다.

施策 어떤 정책을 실시함. 또는 실시
시 책 하는 그 정책. 정부 —을 따르다.

市廳 시의 행정 사무를 맡은 관청.
시 청 서울 —. — 직원

視聽 눈으로 보고 귀로 들음.
시 청 —料(료). 텔레비전을 —하다.

屍體 주검
시 체 —를 매장하다.

時體 그 시대의 유행이나 풍습.
시 체 —에 따른 옷차림. — 물건

詩體 시의 체재나 형식.
시 체 정형시의 —.

始初 맨 처음.
시 초 일의 —. 시비의 —.

試錐 탐사를 위해 시험적으로 땅 속
시 추 을 뚫음. — 작업

詩軸 시를 적은 두루마리.
시 축 —을 쓰다.

侍寢 임금을 모시고 잠.
시 침 —을 든 궁녀

時針 시계에서, 시를 가리키는 짧은
시 침 바늘. —과 분침.

侍湯 약으로 어버이의 병구완을 함.
시 탕 —을 게을리하지 않았다.

市販 시중에서 팖.
시 판 —에 들어가다.

時評 시사(時事)에 관한 평론.
시 평 —을 통해 민심을 살피다.

詩評 시에 대한 비평.
시 평 —을 신문에 싣다.

時弊 당시에 나타나고 있는 폐단.
시 폐 —를 바로잡다.

詩風 시에 나타난 독특한 기풍.
시 풍 상징주의적 —. 낭만적 —.

侍下 부모를 모시고 있는 가정 환경.
시 하 층층 —. 구경 —

時限 정해 놓은 시간의 한계.
시 한 —이 닥치다. — 폭탄

試合 서로 승부를 겨룸.
시 합 국제 —

弑害 임금이나 부모를 죽임.
시 해 — 사건

施行 실지로 행함.
시 행 — 기한. —令(령)

時享 ①음력 2·5·8·11월에 사당에
시 향 지내는 제사. ②=時祀(시사)

試驗 ①지식·기술의 정도를 알아보는 일.
시 험 ②사물의 성질·성능을 검사해 보는 일.

諡號 임금·고관·유현이 죽은 뒤에 그들
시 호 의 업적을 칭송하여 추증하는 이름.

詩畫 시와 그림. 또는 시를 곁들인
시 화 그림. —展(전)

時效 어떤 행위에 대한 권리와 의무·
시 효 책임 등이 존속하는 법적 기간.

時候 춘하추동 사철의 절후.
시 후 혹한의 —가 화창한 봄으로 변하다.

詩興 시흥 시상이 일어나는 흥취. —이 일다. —이 도도하다.

食客 식객 남의 집에 얹히어 하는 일 없이 밥을 얻어 먹고 지내는 사람.

識見 식견 학식과 견문. —이 높다. —을 넓히다.

食頃 식경 한 끼의 밥을 먹을 만한 잠깐 동안. 한 —이나 지나다.

食困症 식곤증 음식을 먹은 뒤에 정신이 흐릿하고 몸이 나른해지는 증세.

食口 식구 한 집에서 함께 살며 조석을 같이 하는 사람. 딸린 —가 많다.

食券 식권 식당에서 식사를 찾아 먹도록 되어 있는 표. —을 사다.

食器 식기 음식물을 담는 그릇. —를 씻다. —를 소독하다.

式年 식년 과거를 보이던 지지가 子·卯·午·酉의 해. —科(과). —試(시)

食單 식단 음식의 종류와 값을 적은 차림표. —을 보여주다.

食堂 식당 음식을 만들어 파는 가게. —車(차). — 주인

食代 식대 먹은 음식의 값으로 치르는 돈. —를 받다.

食道 식도 목에서 위까지의 사이에 있는 소화 기관. —癌(암)

食道樂 식도락 여러 가지 음식을 먹어 보는 것을 재미나 취미로 삼는 일.

食糧 식량 먹을 양식. — 문제. —의 부족을 겪는 북한.

食料品 식료품 음식의 재료로 되는 물품. — 가공 공장.

食母 식모 남의 부엌일을 맡아보는 여자. —를 둔 부잣집.

植木 식목 나무를 심음. —日(일)

植物 식물 나무·풀·이끼류 등의 생물. —과 동물.

植民 식민 예속된 나라에 본국의 국민을 이주시키는 일. —地(지). — 정책

識別 식별 알아서 구별함. 정확하게 —하다.

食費 식비 식사의 비용. 한 달 —를 치르다.

式辭 식사 식을 거행할 때에 주최자 측에서 인사로 하는 말.

食事 식사 끼니로 음식을 먹음. 또는 그 음식. — 시간. —가 끝나다.

食床 식상 밥상 —에 마주 앉다.

食傷 식상 음식물을 먹은 직후에 배앓이나 구토·설사 따위가 나는 병.

食生活 식생활 먹는 일과 관련된 생활. —을 간편하게 하다.

食性 식성 음식을 좋아하거나 싫어하는 성미. —이 변하다. 까다로운 —.

食少事煩 식소사번 소득은 별로 없으면서 늘 바쁘게 지냄.

食率 식솔 집안에 딸린 식구. 많은 —을 거느리다.

食水 식수 마실 수 있는 물. —難(난). —를 공급하다.

植樹 식수 나무를 심음. — 조림 사업.

式順 식순 의식을 거행하는 차례. —에 따라 애국가 제창을 하다.

食言 식언 약속한 말을 지키지 않음. —이 잦다. —하지 말라.

食鹽 식염 소금 —水(수)

食慾 식욕 음식을 먹고 싶어하는 욕심. —不振(부진). —이 왕성하다.

食用 식용 먹을 것으로 씀. — 식물. — 작물

食飮 식음 먹고 마심. —을 전폐하다.

食邑 임금이 왕족이나 공신에게 조세
식 읍 를 받아 쓰도록 떼어 준 고을.

食餌 먹이
식 이 ―요법. ―전염

植字 골라 뽑은 활자를 원고에 맞추
식 자 어 인쇄판에 꽂는 일. ―工(공)

識者 학식이 있는 사람.
식 자 ―層(층). ―로 자처하다.

識字憂患 글자 개나 아는 것이 도
식 자 우 환 리어 근심을 사게 됨.

式場 의식을 거행하는 장소.
식 장 결혼 ―. ―에 들어서다.

食前 아침밥을 먹기 전. 또는 끼니를
식 전 먹기 전. ― 바람. ―에 복용하라.

食中毒 상한 음식물을 먹어서 생기
식 중 독 는 급성 중독. ―에 걸리다.

食指 집게손가락
식 지 엄지와 ―.

食滯 먹은 음식물이 잘 소화되지 않
식 체 는 증세. ―가 내려가다.

食醋 시면서도 약간 감칠 맛이 있는
식 초 액체로 된 조미료.

食卓 여러 사람이 둘러 앉아서 음식
식 탁 을 차려 놓고 먹는 탁자.

食貪 음식을 욕심껏 탐냄.
식 탐 ―을 하다.

食品 음식의 재료로 되는 물품.
식 품 ― 가게. ― 공업

食醢 흰 밥을 엿기름 가루에 삭혀서
식 혜 꿀물을 탄, 전래 음료의 하나.

食後景 배가 불러야 좋은 줄을 앎.
식 후 경 금강산도 ―.

新刊 새로 간행함. 또는 그 간행물.
신 간 ―이 나오다.

神經 사람이나 동물의 몸에서 자극을
신 경 전달하는 기능을 하는 조직.

申告 공적인 기관에 일정한 사실을
신 고 보고함. 전입 ―. 출생 ―

辛苦 고생스럽게 애를 씀. 또는 그 고
신 고 생이나 고통. 간난 ―. ―를 겪다.

新曲 새로 지은 곡.
신 곡 ―을 발표하다.

新穀 햇곡식
신 곡 ―의 출하. ―과 구곡.

新官 새로 임명된 관리. 또는 새로
신 관 부임한 관리. ― 사또. ―과 구관.

新舊 새것과 헌것.
신 구 ― 사상. ― 세대

神權 ①신의 권능. ②신에게서 받은 권
신 권 력. 곧 성직자가 행사하는 직권.

新規 새로운 규정이나 규모.
신 규 ― 사업. ― 채용

神技 신묘한 기술.
신 기 ―를 보여주다. ―에 가깝다.

神奇 신비롭고 기이함.
신 기 ―한 요술.

新奇 새롭고 기이함.
신 기 ―한 상품.

新記錄 새로운 기록.
신 기 록 ―을 세우다.

新年 새해
신 년 ―을 맞다. ―辭(사)

信念 굳게 믿는 마음.
신 념 ―을 가지다.

神壇 신령에게 제사를 올리는 단.
신 단 ―을 마련하다.

神堂 신령을 모셔 놓은 집.
신 당 ―이 있는 고갯마루.

新黨 새로 조직한 정당.
신 당 ―을 조직하다.

新大陸 남북 아메리카, 또는 오스
신 대 륙 트레일리아를 이르는 말.

信徒 종교를 믿는 사람들.
신 도 불교 ―

神道碑 종이품 이상의 벼슬을 한 사람의
신 도 비 묘 앞의 큰 길가에 세우는 비석.

人

神童 재주가 특별히 뛰어난 아이.
신 동 어려서는 —이란 말을 들었다.

辛辣 수단이 몹시 각박하고 날카로움.
신 랄 —한 비평. —히 지적하다.

新郎 갓 결혼하였거나 당장 결혼할
신 랑 남자. —감을 고르다. —과 신부.

新涼 초가을의 서늘한 기운.
신 량 —入郊(입교)

神靈 ①신이나 사람의 영혼.
신 령 ②신기하고 영묘함. —스런 일.

新綠 초여름의 새 잎이 띤, 연하게
신 록 푸른 빛. —이 짙어가는 계절.

信賴 믿고 의지함.
신 뢰 —感(감). —를 보내다.

信望 믿음과 기대.
신 망 —이 두텁다. —을 받다.

新面目 아주 달라진 새로운 면목.
신 면 목 —을 보이다.

身命 몸과 목숨.
신 명 —을 바쳐 충성하다.

神明 ①하늘과 땅의 신령. 天地(천지)—
신 명 ②신령스럽고 사리에 밝음. —한 사람.

神妙 신기하고 묘함.
신 묘 —한 거문고 솜씨.

訊問 관계자를 불러 직권으로 캐물음.
신 문 — 조서. 피고인을 —하다.

新聞 소식을 전하는 정기 간행물.
신 문 — 기자. —소설. 일간 —

信物 신표가 될 만한 물건.
신 물 거울을 —로 주다.

臣民 군주국에서의 벼슬아치와 백성.
신 민 —의 도리를 다하다.

新房 첫날밤을 치르기 위해 꾸민 방.
신 방 —을 차리다. —에 들다.

身邊 몸이나 몸의 주위.
신 변 —의 안전. —이 위태롭다.

身病 몸의 병.
신 병 —을 치료하다.

新兵 새로 군에 입대한 병사.
신 병 — 훈련소

臣服 신하가 되어 복종함.
신 복 —을 다짐한 오랑캐.

信服 믿고 복종함.
신 복 —하는 부하.

信奉 옳다고 믿고 받듦.
신 봉 —者(자). 불교를 —하다.

神父 카톨릭에서, 사제의 서품을 받
신 부 은 성직자. 주교와 —.

新婦 갓 결혼하였거나 당장 결혼할
신 부 여자. —감. — 화장. 신랑과 —.

身分 개인의 사회적 지위나 법률상
신 분 의 지위. 공무원 —. —을 보장하다.

神祕 어림하여 알기 어렵게 신기함.
신 비 태고의 —. —로운 우주.

信憑 믿고 의거함.
신 빙 —할 만한 자료.

紳士 예절과 신의를 갖춘 교양 있는
신 사 남자. — 숙녀. —답게 행동하다.

辛酸 고생스럽고 을씨년스러움.
신 산 —한 살림.

神算 신묘한 계략.
신 산 —의 묘책.

身上 한 사람의 일신과 관련된 형편.
신 상 — 명세서. —에 관한 이야기.

神像 신의 형상을 나타낸 그림이나
신 상 조각. 신전에 모신 —.

信賞必罰 상벌을 규정대로 엄격하
신 상 필 벌 고 분명하게 함.

神色 남의 건강 상태를 나타내는 얼굴
신 색 빛의 높임말. —이 좋아지신 것 같다.

新生 새로 세상에 생겨나거나 태어남.
신 생 — 국가. —兒(아)

神仙 고통이나 죽음이 없이 산다는
신 선 상상상의 사람. —놀음. —圖(도)

新鮮 ①새롭고 산뜻함. —한 공기.
신 선 ②싱싱함. —한 채소.

新設 새로 설립하거나 설비함.
신 설 ―한 학교. ― 운동장

神聖 거룩하고 존엄함.
신 성 ―한 의무. ―한 의식.

身世 일신상의 처지와 형편.
신 세 처량한 ―. ―타령

新世代 새로운 세대.
신 세 대 기성 세대와 ―. 구세대와 ―.

迅速 몹시 빠름.
신 속 ―한 사무 처리. ―한 배달.

身手 사람의 겉모양의 생김새.
신 수 ―가 훤하다.

身數 일신의 운수. 사람의 운수.
신 수 ―가 사납다. ―가 트이다.

辛勝 경기 따위에서 힘겹게 이김.
신 승 한 점 차로 ―하다.

新式 새로운 형식이나 방식.
신 식 ― 교육. ―과 구식.

申申 되풀이하여 간곡히. 자상하고
신 신 간곡히. ― 당부. ― 부탁.

信實 믿음직하고 진실함.
신 실 ―한 사람.

信心 믿는 마음. 또는 신앙심.
신 심 ―이 확고하다.

新案 새로운 고안.
신 안 ― 특허

信仰 종교를 믿고 받듦.
신 앙 ―心(심). ― 고백.

新約 ①신약 성서. ②하느님이 예수
신 약 를 통하여 신자들에게 한 약속.

新藥 한약에 대하여, 현대 의학적 방
신 약 법으로 조제한 약을 이르는 말.

身恙 몸의 병. =身病(신병)
신 양 ―이 있다.

身言書判 인물 선택의 표준인 신
신 언 서 판 수·말씨·글씨·판단력.

身熱 병으로 인하여 몸에 생기는 열.
신 열 ―이 있다.

新銳 새롭고 뛰어나거나 성능이 우
신 예 수함. 바둑계의 ―. ―機(기)

信用 믿음성에 대한 평가.
신 용 ―이 있다. ―이 떨어지다.

神韻 신비스러운 운치.
신 운 ―이 생동하다.

身元 개인의 성장 과정과 관계되는
신 원 자료. ― 보증. ―을 알아보다.

伸冤 원통한 일을 품.
신 원 ―雪恥(설치). ―의 상소를 올리다.

神位 신령이 의지하는 신주나 지방.
신 위 ―를 모시다.

呻吟 병이나 괴로움으로 앓는 소리
신 음 를 냄. ―하는 환자.

信義 믿음과 의리.
신 의 ―를 저버리다.

神人 신과 사람.
신 인 ―共怒(공노)할 일.

新人 어떤 분야에 새로 진출하여 활
신 인 동하는 사람. ― 가수. ― 감독

信任 믿고 맡김. 또는 그런 믿음.
신 임 ―狀(장). ―을 받다.

新任 새로 임명함. 또는 그 사람.
신 임 ― 장관. ― 대사

新入 어떤 단체나 조직에 새로 들어
신 입 옴. ―生(생). ― 사원

信者 종교를 믿는 사람.
신 자 불교 ―

身長 사람의 키.
신 장 180cm의 ―.

伸張 늘이고 넓힘.
신 장 인권 ―. 국력을 ―하다.

腎臟 콩팥
신 장 ― 결석

新裝 새롭게 꾸밈.
신 장 ― 개업

神殿 신령을 모신 전각.
신 전 ―에 모신 신상.

新接 살림을 새로 장만하여 차림.
신 접 ―살림. ―살이

新正 새해의 정월.
신 정 ―에는 윷놀이를 한다.

新訂 책의 내용을 새로 고침.
신 정 ― 교과서

新情 새로 사귄 새 정.
신 정 ―이 좋기로 구정만 할까?

信條 굳게 믿고 있는 조목.
신 조 생활의 ―로 삼다.

新造 새로 만듦.
신 조 ―船(선). ―語(어)

新種 새로 발견하거나 새롭게 개량
신 종 한 생물의 품종. ―벼

神主 죽은 사람의 위패.
신 주 ― 양자. ― 모시듯 하다.

新株 주식회사가 새로 발행하는 주식.
신 주 ― 모집을 공고하다.

愼重 조심성이 많고 정중함.
신 중 ―한 태도.

新進 새로 진출함.
신 진 ― 세력. ― 작가

新陳代謝 묵은 것은 없어지고 새
신 진 대 사 것이 대신 생김.

新撰 새로 책을 지음.
신 찬 ―한 국어 교과서.

新參 ①벼슬아치가 처음으로 관아에
신 참 출근함. ②새로 들어옴. ― 사원

新天地 새로운 세상.
신 천 지 ―가 열리다.

申請 기관이나 단체에 청구하거나
신 청 청원함. ―書(서). 물품을 ―하다.

身體 사람의 몸.
신 체 ― 검사. ―를 단련하다.

新體詩 갑오 개혁 이후에 서양시의
신 체 시 영향을 받아 나타난 시.

伸縮 늘어남과 줄어듦.
신 축 ―性(성)을 가진 옷감.

新築 새로 건축하거나 축조함.
신 축 ― 공사. ―한 아파트.

新春 새봄
신 춘 만물이 소생하는 ―.

新出 새로 세상에 나옴. 또는 그 인
신 출 물이나 물건. ―내기

神出鬼沒 나타났다 사라졌다 하는 변
신 출 귀 몰 화가 많아 헤아릴 수 없음.

申飭 단단히 타일러서 경계함.
신 칙 유학을 떠나는 아들을 ―하다.

信託 일정한 목적에 따라 재산의 관리
신 탁 와 처분을 남에게 위탁하는 일.

神通 ①신묘하게 조예가 깊음. ―力(력)
신 통 ②약효가 빠르고 신기함. ―한 약.

新派 ①새로 생긴 갈래. ②20세기 초에
신 파 우리 나라에서 생겨난 연극 형태.

新版 출판물의 새 판. 또는 새 책.
신 판 개정 ―. ― 추향전

信標 뒷날에 보고 서로 표적이 되게
신 표 하기 위하여 주고 받는 물건.

臣下 임금을 섬겨 벼슬하는 사람.
신 하 ―로서의 의리.

神學 기독교 교리를 연구하는 학문.
신 학 ―을 전공하다.

新型 전에 없던 새로운 형태.
신 형 ― 자동차. ― 카메라

信號 약속된 부호·표지·빛깔 등으로
신 호 지시를 하는 일. 교통 ―. ―燈. ―彈

新婚 갓 결혼함.
신 혼 ― 부부. ― 여행

神話 고대 사람들의 생각이 담겨 있는
신 화 자연·사회에 관한 옛이야기.

新興 새로 일어남.
신 흥 ― 공업국. ― 재벌. ― 세력

失脚 발을 헛디딤. 인신하여, 있던
실 각 지위에서 쫓겨남. ―한 정치인.

實感 실제로 체험하는 듯한 느낌.
실 감 ―나게 설명하다.

失格　자격을 잃음.
실 격　—을 당한 운동 선수. —과 합격

實果　먹을 수 있는 초목의 열매. =
실 과　果實(과실). —汁(즙)

失權　권리나 권세를 잃음.
실 권　—株(주). —과 복권.

實權　실지로 행사할 수 있는 권력이
실 권　나 권리. —을 장악하다.

失期　시기를 잃음.
실 기　—한 농작물.

失機　기회를 놓침.
실 기　—하지 않도록 하라.

實技　실제의 기능이나 기술.
실 기　— 시험

實記　사실을 있는 그대로 적은 기록.
실 기　6·25 동란 때의 —.

室內　방의 안.
실 내　— 장식. —의 온도.

失德　덕망을 잃음.
실 덕　—한 임금.

實力　①실제의 능력. —을 쌓다.
실 력　②무력이나 완력. —을 행사하다.

失禮　예의에 벗어남. 또는 그런 언동.
실 례　—를 무릅쓰다.

實例　실제로 있었던 예.
실 례　—를 들다.

實錄　①사실대로 적은 기록. ②한 임금
실 록　의 사적을 연대순으로 적은 기록.

實利　실제의 이익.
실 리　—를 따지다. —와 명분.

失望　희망을 잃음.
실 망　—이 크다.

失名　작품을 지은 사람의 성명이 전하
실 명　여지지 아니하여 알 길이 없음.

失明　시력을 잃음.
실 명　—한 사람.

實務　실제의 업무.
실 무　— 능력. —에 밝다.

實物　①실제의 인물. — 크기의 사진.
실 물　②주식·상품 등의 현품. — 거래

實費　실지로 드는 비용.
실 비　—로 계산하다.

實事　사실로 있는 일.
실 사　—求是(구시)

實査　실지로 조사하거나 검사함.
실 사　재고 상품을 —하다.

實狀　실제의 상태.
실 상　—을 보도하다.

實相　실제의 모양.
실 상　—과 假相(가상).

失色　놀라서 얼굴빛이 달라짐.
실 색　大驚(대경)—한 좌중.

失性　정신에 이상이 생김.
실 성　—한 사람.

失勢　세력을 잃음.
실 세　—와 득세. —한 양반.

實勢　①실제의 세력. 현 정권의 —.
실 세　②실제의 시세. — 금리. — 시세

失笑　저도 모르는 사이에, 또는 참아야
실 소　할 자리에서 웃어버림. —를 자아내다.

失手　부주의로 인하여 잘못함.
실 수　한 번 —는 병가의 상사라.

實數　실제의 수효.
실 수　—가 얼마나?

實習　실제로 해 보고 익힘.
실 습　— 시간. —地(지)

失時　때나 시기를 놓침.
실 시　—한 농작물.

實施　실제로 시행함.
실 시　예방 접종을 —하다.

失神　정신을 잃음.
실 신　—한 할머니.

失語　말할 수 있는 기능을 잃음.
실 어　—症(증)

失言　말에 실수함. 또는 실수한 말.
실 언　취중에 —을 하다.

人

失業 직업을 잃음.
실 업　　—者(자). — 보험

實業 생산·경제에 관한 사업.
실 업　　— 교육. —家(가)

失戀 연애에 실패함.
실 연　　—을 당하다.

實演 실지로 해 보이거나 공연함.
실 연　　마술을 —하다.

實用 실제로 씀.
실 용　　— 가치. —주의. —化(화)

失意 뜻이나 의욕을 잃음.
실 의　　—에 빠지다. —에 찬 나날.

實益 실제의 이익.
실 익　　—이 있다.

室人 남에게 대하여 자기의 아내를
실 인　　겸손하게 이르는 말.

失人心 남에게 인심을 잃음.
실·인·심　　—한 사람.

實在 실지로 존재함.
실 재　　—의 인물.

實積 실제의 용적이나 면적.
실 적　　—을 재다.

實績 실제의 업적이나 공적.
실 적　　영업 —. —을 높이 사다.

失傳 전해 오던 고적이나 무덤 등을
실 전　　알 수 없게 됨. —한 무덤.

實戰 실제의 전투나 시합.
실 전　　—에 참여하다.

失點 경기에서 점수를 잃음. 또는
실 점　　그 점수. —을 만회하다.

失政 정치를 잘못함. 또는 그 정치.
실 정　　—을 규탄하다.

實情 실제의 사정이나 정세.
실 정　　—을 모른다. —을 파악하다.

實定法 현실적으로 시행하고 있는
실 정 법　　성문법. —에 의한 처벌.

實際 실지의 경우.
실 제　　—의 상황. —的(적)인 가능성.

失足 발을 헛디딤.
실 족　　—하여 넘어지다.

實存 실제로 존재함.
실 존　　— 인물. —주의

失踪 종적을 잃어 소재나 생사를 모
실 종　　르게 됨. —者(자). — 신고

實證 사실로써 증명함. 또는 그 사실.
실 증　　무죄임을 —하다. 뚜렷한 —.

失地 잃은 영토.
실 지　　—를 회복하다.

實地 실제의 처지나 경우.
실 지　　—의 상황.

失職 직업을 잃음.
실 직　　—者(자)

實職 실무를 보던 문무관의 벼슬.
실 직　　—祿(록)

實質 실제의 본바탕.
실 질　　— 소득. — 임금

失策 잘못된 계책.
실 책　　—을 범하다.

實踐 실제로 실행함.
실 천　　—에 옮기다. 계획대로 —하다.

實體 실제의 물체. 또는 진정한 모습.
실 체　　—를 파악하다. — 자본

失墜 신용·권위 따위를 잃음.
실 추　　—된 권위.

實測 실제로 측량함.
실 측　　—한 면적.

實彈 실제의 총탄이나 포탄.
실 탄　　—을 쏘다.

實態 있는 그대로의 상태.
실 태　　오염 —. — 조사

實吐 사실을 거짓 없이 말함.
실 토　　숨겨 오던 사실을 —하다.

失敗 잘못하여 헛일이 됨.
실 패　　—는 성공의 어머니다.

實學 17세기 후반에, 성리학을 비판
실 학　　하고 일어난 학문과 사상. —派

實害 실 해 실질적인 손해.
—를 보다. —를 입다.

實行 실 행 실지로 행함.
계획을 —에 옮기다.

實驗 실 험 연구 대상에 변화를 일으키게 하여 그 현상을 관찰하고 관측함.

實現 실 현 실제로 나타나거나 나타냄.
꿈을 —하다. 남북 통일의 —.

實刑 실 형 실제로 받는 체형.
—을 선고하다.

失火 실 화 실수로 불을 냄.
—와 방화. —罪(죄)

實話 실 화 실제로 있었던 이야기.
— 문학. —集(집)

實況 실 황 실제의 상황.
— 방송

失效 실 효 효력을 잃음.
—한 권리.

實效 실 효 실제의 효력.
—를 거두다.

深刻 심 각 ①깊이 새김. 비문을 —하다.
②정도가 깊거나 혹독함. —한 재정난.

心境 심 경 이런저런 느낌을 가진 마음의 상태. —을 토로하다. 복잡한 —.

心悸亢進 심 계 항 진 심장병으로 심장의 두근거림이 빨라지는 일.

深谷 심 곡 깊은 골짜기.
—에 핀 꽃.

心垢 심 구 불교에서, 번뇌를 이르는 말.
—를 털어버리다.

心筋 심 근 심장의 벽을 이루는 근육.
— 경색증

心琴 심 금 어떤 자극에 울리는 마음결.
—을 울리다.

心氣 심 기 마음으로 느끼는 기분.
—가 불편하다.

心機 심 기 마음의 움직임.
—轉(일전)

甚難 심 난 매우 어려움.
—한 일.

甚大 심 대 대단히 큼.
—한 영향. 손실이 —하다.

深度 심 도 깊은 정도. 깊이
— 있는 토론을 하다.

深得 심 득 깊이 체득함.
묘미를 —하다.

心亂 심 란 마음이 어수선함.
—하여 어찌할 바를 모르다.

深量 심 량 일에 대하여 깊이 헤아림.
그들의 사정을 —하다.

心慮 심 려 마음으로 염려함.
—를 끼치다.

深慮 심 려 깊이 염려함. 또는 그 염려.
— 숙고를 바란다.

心力 심 력 마음과 힘.
—을 다하다.

心靈 심 령 ①마음. 정신. ②육체를 떠나 존재한다는 마음의 주체.

心理 심 리 마음이 작용하는 상태.
— 묘사. — 소설

審理 심 리 법관이 판결에 필요한 조사를 함.
사실 —. —를 진행하다.

深謀 심 모 깊이 꾀함. 또는 그런 꾀.
—遠慮(원려)

審問 심 문 조사하기 위하여 자세히 따져 서 물음. —을 계속하다. —을 받다.

審美 심 미 미와 추를 분별하여 살핌.
—眼(안)

尋訪 심 방 방문하여 찾아봄.
친구의 —을 반겨 맞다.

心腹 심 복 ①가슴과 배. —痛(통) ②믿을 수 있는 부하. —을 보내 부르다.

心事 심 사 마음에 생각하는 바의 일.
—를 털어놓다.

心思 심 사 마음. 또는 심술궂은 마음.
—가 산란하다. 놀부 —

深思 깊이 생각함.
심 사 　—熟考(숙고)

深謝 깊이 사례함. 또는 깊이 사죄함.
심 사 　따뜻한 친절을 —하옵니다.

審査 내용을 검토하여 사정함.
심 사 　— 위원. 응모 작품을 —하다.

深山 깊은 산.
심 산 　—幽谷(유곡)

心象 마음속에 떠오르는 상. 이미지
심 상 　새로이 —.

心喪 거상이나 복을 입을 사람이 아닌
심 상 　데 상제나 복인처럼 근신하는 일.

心想 마음속의 생각.
심 상 　무슨 —으로 하는 말이냐?

尋常 보통이어서 예사로움.
심 상 　—한 사람. —치 않은 분위기.

心緒 생각의 갈피.
심 서 　—가 흩어지다.

心性 본디부터 타고난 마음씨.
심 성 　—이 고운 사람.

心術 남을 해치거나 남이 잘못되는 것
심 술 　을 좋아하는 마음보. —을 부리다.

心身 마음과 몸.
심 신 　—의 단련. —이 피로하다.

心神 마음과 정신.
심 신 　— 박약자. —이 불안하다.

深深 깊고 깊음.
심 심 　—山谷(산곡)

深夜 깊은 밤.
심 야 　— 방송. — 영업

心弱 마음이 약함.
심 약 　—한 사람.

深淵 깊은 못. 인신하여, 빠져 나오기
심 연 　어려운 깊은 구렁. —에 빠지다.

心熱 심화로 인하여 생기는 열.
심 열 　—이 나다.

深奧 아주 깊고 오묘함.
심 오 　—한 이론.

深遠 헤아릴 수 없을 만큼 깊고 멂.
심 원 　—한 사상. —한 학설.

審議 심사하고 토의함.
심 의 　— 기관. —한 안건.

心臟 염통. 인신하여, 비위나 마음.
심 장 　— 마비. —이 강하다.

心情 마음에 품은 생각이나 감정.
심 정 　—을 털어놓다. 만나고 싶은 —.

心中 마음속
심 중 　—에 있는 말.

深重 ①생각이 깊고 태도가 신중함.
심 중 　②중대하고 심각함. —한 병세.

心證 주관적인 확신.
심 증 　—이 가다.

心志 마음에 지니는 뜻.
심 지 　—가 굳건하다. —가 나약하다.

甚至於 심하다 못해 나중에는.
심 지 어 　— 욕설까지 퍼붓다.

心醉 한 가지 방면으로 마음이 쏠리
심 취 어 　 열중함. 문학에 —하다.

深層水 호수나 바다의 깊은 속층의
심 층 수 　물. —를 끌어 올리다.

審判 ①심리하여 판결함. ②경기에서
심 판 　승부를 판정함. 또는 그 사람.

深海 깊은 바다.
심 해 　—魚(어). —線(선)

心血 온 정성과 정력.
심 혈 　—을 기울이다.

深化 정도를 깊게 함.
심 화 　— 학습. 갈등이 —되다.

心懷 마음속에 품고 있는 생각.
심 회 　피로운 —. —를 읊은 시.

十常八九 거의 예외 없이 그렇게 될
십 상 팔 구 　것이란 추측을 나타내는 말.

十匙一飯 여럿이 힘을 합하면 한 사
십 시 일 반 　람은 구제할 수 있음.

十字架 크리스트교에서 쓰는 十자
십 자 가 　모양의 표. —를 지다.

○

雅潔 단아하고 고결함.
아 결 ―한 인품.

亞卿 판서나 판윤인 경에 버금가는
아 경 참판·좌우윤의 벼슬.

俄館 조선 말기에 러시아 공사관을
아 관 이르던 말. 고종의 ― 파천.

亞灌木 싸리와 같은 관목과 풀의
아 관 목 중간 상태인 식물.

阿膠 갖풀
아 교 ―質(질). ―로 붙이다.

亞喬木 교목보다 키는 작으나 생김
아 교 목 새가 교목과 같은 식물.

我軍 우리 편의 군대. 또는 우리 편
아 군 의 선수. ―의 승리.

餓鬼 염치를 돌아보지 아니하고 먹
아 귀 을 것이나 탐하는 사람의 비유.

兒女子 어린이와 여자. 또는 여자
아 녀 자 ―의 도리.

雅淡 조촐하고 산뜻함.
아 담 ―한 문화 주택.

兒童 어린아이
아 동 ― 문학. ―走卒(주졸)

我等 우리들
아 등 ―은 이에 자주민임을 선언하노라.

雅量 너그럽고 깊은 도량.
아 량 ―이 있다. ―을 베풀다.

亞流 으뜸에 다음 가는 유. 또는 그
아 류 유의 사람. ―의 인물.

我慢 자기를 자랑하고 남을 가볍게
아 만 여기는 마음. ―을 피우다.

兒名 어릴 때의 이름.
아 명 ―과 冠名(관명).

蛾眉 미인의 아름다운 눈썹.
아 미 ―를 숙이고 바라보다.

阿彌陀佛 서방 정토에 있다는 부
아 미 타 불 처의 이름.

阿房宮 진나라 시황제의 궁전 이
아 방 궁 름. 으리으리한 집의 비유.

阿附 남의 비위를 맞추며 알랑거림.
아 부 ―하는 무리.

餓死 굶어 죽음.
아 사 ―者(자). ― 지경에 이르다.

牙城 ①주장이 있는 주되는 성. ②조직
아 성 이나 세력의 근거지의 비유.

亞聖 성인의 다음 가는 성인이란 뜻
아 성 으로, 맹자를 가리키는 말.

阿世 세상 사람들에게 아첨하여 세
아 세 상 사람의 뜻을 붙좇음. 曲學―

阿修羅場 피비린내나는 격렬한 싸
아 수 라 장 움이 벌어진 곳.

雅樂 국가의 정식 음악으로 제정하
아 악 여 쓴 음악. ―과 俗樂(속악).

雅言 아취 있는 바른 말.
아 언 ―과 俗言(속언).

兒役 영화나 연극에서의 어린아이의
아 역 역. 또는 그 역을 맡은 연기자.

亞鉛 청백색의 금속 원소의 한 가지.
아 연 ― 도금. ― 철판

啞然 너무 놀라서 어안이 벙벙함.
아 연 ―失色(실색)

亞熱帶 열대와 온대의 중간 기후대.
아 열 대 ― 기후. ―林(림)

阿諛 ＝阿諂(아첨)
아 유 ―苟容(구용)

衙前 지방 관아에 딸린 구실아치.
아 전 ―의 농간이 심했던 조선 시대.

我田引水 제 논에 물 대기. 곧 자기에
아 전 인 수 게만 유리하도록 하려 함.

我執 아 집   자기 중심의 생각에 사로잡힘. —을 버리다.

阿諂 아 첨   남의 환심을 사려고 알랑거리는 짓. =阿諛(아유). —을 하다.

雅趣 아 취   고아한 취미나 정취. —가 있다.

阿片 아 편   덜 익은 양귀비의 진액을 모아 말린 마약. — 중독

亞獻 아 헌   제사를 지낼 때에, 둘째 번으로 술잔을 올림. —官(관)

雅號 아 호   문인·예술가들의 호. 김정희의 —.

惡感 악 감   남에 대한 나쁜 감정. —을 품다.

樂曲 악 곡   음악의 곡조. — 이름

樂劇 악 극   음악을 주로 하여 상연하는 연극. —團(단)

樂器 악 기   음악을 연주하는 데 쓰는 기구. —의 소리.

樂團 악 단   음악 연주를 목적으로 조직한 단체. —의 지휘자.

惡談 악 담   악의를 품고 남을 저주하는 말. —을 퍼붓다.

惡黨 악 당   악한 도당. 또는 그 무리의 사람. —의 괴수.

樂隊 악 대   여러 가지 악기로 편성된 연주 집단. —를 사열하다.

惡德 악 덕   도덕상으로 보아 악한 행동. — 고리업자. — 행위

惡毒 악 독   악하고 독함. —한 사람. —한 행위.

惡辣 악 랄   악독하고 잔인함. —한 만행.

握力 악 력   손아귀로 물건을 쥐는 힘. —計(계)

惡劣 악 렬   조건이 매우 나쁨. —한 기후 조건.

惡靈 악 령   원한을 품고 재앙을 내린다는 악한 영혼. —이 꿈에 나타나다.

惡魔 악 마   악독한 마귀. 인신하여, 매우 악독한 짓을 하는 사람. —의 소굴.

惡名 악 명   악하다는 소문이나 평판. —이 높다.

惡夢 악 몽   꿈자리가 사나운 불길한 꿈. —을 꾸다.

惡法 악 법   국민에게 해를 끼치는 법률. —을 개정하다.

樂譜 악 보   오선지에 음악의 가락을 기호로 기록한 것. —를 보고 연주하다.

岳父 악 부   아내의 친정 아버지. =丈人(장인). —와 岳母(악모).

樂士 악 사   악기로 음악을 연주하는 사람. —席(석)

惡喪 악 상   젊어서 부모보다 앞서서 죽은 사람의 상사. —과 好喪(호상).

樂想 악 상   악곡에 대한 작곡가의 구상. 또는 악곡에 나타난 주제.

惡性 악 성   ①모질고 악독한 성질. — 루머 ②고치기 어려운 성질. —貧血

樂聖 악 성   크게 뛰어난 음악가. — 베토벤.

握手 악 수   인사로 둘이 서로 손을 마주 잡음. 또는 그리하는 일. —를 나누다.

惡習 악 습   나쁜 버릇이나 풍습. —을 고치다. —을 타파하다.

惡役 악 역   영화·연극에서 악인으로 나오는 배역. —을 맡다.

惡緣 악 연   불행한 인연. 좋지 않은 인연. —을 맺다.

愕然 악 연   너무도 놀라 정신이 아찔함. —失色(실색)

惡의 두 자음

①악할   악 : 善惡(선악)
②미워할 오 : 憎惡(증오)

惡用 나쁜 목적으로 이용함.
악 용 법을 —하다.

惡運 사나운 운수.
악 운 —이 겹치다.

惡意 남을 해치려는 나쁜 마음.
악 의 —를 품다. —가 없다.

樂章 ①악곡을 이루는 하나하나의 장.
악 장 ②궁중의 제례 때 부르던 노래.

惡材 나쁜 결과를 가져 오는 요인.
악 재 —로 작용하다.

惡戰 불리한 상황에서 하는 힘드는
악 전 싸움. —苦鬪(고투)

惡政 백성을 해롭게 하는 정치.
악 정 —에 시달리다.

惡條件 나쁜 조건.
악 조 건 —을 무릅쓰다.

惡疾 고치기 어려운 병.
악 질 —이 도지다.

惡質 질이 나쁨. 또는 그러한 사람.
악 질 — 모리배. — 상인

齷齪 ①아주 이악함. —하게 살아가다.
악 착 ②잔인하고 지독함. —한 일.

惡妻 성질이 고약한 아내.
악 처 열 효자가 —만 못하다.

惡天候 좋지 않은 날씨.
악 천 후 —를 무릅쓰다.

惡臭 고약한 냄새.
악 취 —가 풍기다.

惡評 좋지 않게 평판함. 또는 그 평
악 평 판. —하는 사람. —이 나돌다.

惡筆 잘 쓰지 못하는 글씨.
악 필 —과 달필.

惡漢 나쁜 짓을 하는 놈. 악한 놈.
악 한 —들의 습격을 받다.

惡行 나쁜 행실.
악 행 —을 저지르다.

惡化 나쁜 방향으로 변화됨. 또는 나빠짐.
악 화 병세가 —하다. 국제 정세의 —.

惡貨 지금의 가격이 법정 가격보다 떨어
악 화 지는 화폐. —가 양화를 구축하다.

安康 편안하고 건강함.
안 강 그 동안 —하셨습니까?

安居 중이 일정 기간 한 곳에 머무르
안 거 면서 수행하는 일. 夏—와 冬—.

案件 토의하거나 연구할 대상으로
안 건 내놓은 사항. — 심의. 중요한 —.

眼鏡 시력을 돕거나 눈을 보호하기 위하여
안 경 쓰는 기구. —을 쓰다. 色— 제 눈에 —.

眼界 눈으로 바라볼 수 있는 범위.
안 계 —가 트이다.

眼科 눈병을 치료하는 의학의 한 분
안 과 과. — 전문의

眼光 눈의 정기.
안 광 —이 번쩍번쩍 빛나다.

眼球 눈알
안 구 돌출한 —.

案內 어떤 사람을 인도하거나 어떤
안 내 내용을 소개함. —員(원). — 책자

安寧 몸이 건강하고 마음이 편안함.
안 녕 —하십니까? —秩序(질서)

眼帶 아픈 눈을 싸매거나 가리는 데
안 대 쓰는 물건. —를 하다.

安堵 마음을 놓음.
안 도 —感(감). —의 한숨을 쉬다.

安樂 편안하고 즐거움.
안 락 — 의자. —한 생활. —死(사)

眼力 눈으로 사물을 보는 힘. =視
안 력 力(시력). —이 흐려지다.

顔料 ①색을 내는 데 쓰는 미세한
안 료 가루. ②그림물감이나 칠감.

按摩 몸을 주무르고 두드려 혈액 순
안 마 환을 잘 되게 하는 일.

安眠 편안하게 푹 잠.
안 면 — 방해

顔面 ①낯. 얼굴. — 근육 ②서로 얼굴이
안 면 나 알 만한 정도의 친분. —이 있다.

眼目
안 목
사물을 분별하는 식견.
—이 높다. 예전의 —과는 다르다.

按舞
안 무
무용의 동작을 구상하고 창작
하는 일. —를 맡다.

按撫
안 무
백성의 형편을 살펴서 어루만
져 위로함. —使(사)

安民
안 민
백성을 편안히 살게 함.
輔國(보국)—

按排
안 배
제 자리 제 차례에 알맞게 벌
여 놓음. 좌석을 —하다.

安保
안 보
안전 보장(安全保障)의 준말.
—理(리)에 상정하다.

安否
안 부
편안과 편안하지 아니함. 또는 그
소식이나 그에 대한 인사. —를 묻다.

安分
안 분
편안한 마음으로 제 분수를 지
킴. —知足(지족)

安貧
안 빈
가난하고 궁하여도 절개를 지키며 편
안한 마음으로 지냄. —樂道(낙도)

顔色
안 색
얼굴빛
—을 바꾸다. —이 변하다.

按手
안 수
크리스트교에서 성직자가 신도의
머리 위에 손을 얹고 기도하는 일.

安息
안 식
편안하게 쉼.
—日(일). —處(처)

安信
안 신
①안부를 묻는 편지.
②편안히 잘 있다는 소식.

安心
안 심
마음을 편안히 가짐. 또는 마음
을 놓음. —을 하다. —할 수 없다.

眼壓
안 압
안구 내부의 압력.
—을 재다.

眼藥
안 약
눈병을 치료하는 약.
—을 넣다.

安穩
안 온
①조용하고 편안함. —한 가정.
②날씨가 따뜻하고 잔풍함. —한 날.

安危
안 위
안전함과 위험함.
국가의 —. —를 염려하다.

安易
안 이
편안하고 쉬움.
—한 생각. —한 생활.

安逸
안 일
①한가하고 편안함. —한 생활. ②좋게
되겠거니 하고 관심이 적음. —한 생각.

安葬
안 장
잘 묻어 장사지냄.
국립 묘지에 —하다.

鞍裝
안 장
말의 등에 얹어서 사람이 타기
편리하게 만든 물건. —을 지우다.

安全
안 전
고장이나 지장 또는 위험성이
없음. — 대책. — 지대

案前
안 전
높으신 어른이 앉아 있는 자리의 앞.
어느 —이라고 함부로 말하느냐?

眼前
안 전
눈앞
—의 이익에 몰두하다.

安定
안 정
편안하게 자리가 잡히거나 자
리를 잡음. 사회의 —. 마음의 —.

安靜
안 정
마음이나 정신이 편안하고 고요함.
—을 취하다. —이 필요하다.

安存
안 존
성질이 안온하고 얌전함.
성미가 —하고 얌전하다.

安住
안 주
자리를 잡고 편안히 삶.
—할 곳을 찾다.

眼中
안 중
생각하고 있는 범위나 보는 안.
—에 두지 아니하다. —에도 없다.

眼疾
안 질
눈병
—에 고추가루. —에 노랑수건.

安着
안 착
무사히 도착함. 또는 한 곳에
착실히 자리잡음. —된 생활.

案出
안 출
어떤 계획이나 안을 생각해 냄.
좋은 방법을 —해 내다.

安置
안 치
①일정한 장소에 모심. 불상의 —.
②귀양간 죄인을 가두어 둠. 위리 —

安打
안 타
야구에서, 진루할 수 있게 친 공.
—를 치다.

眼下無人
안 하 무 인
교만하고 방자하여 모든
사람을 업신여김.

雁行
안 행
남의 형제를 높여 이르는 말.
—이 몇 분인가?

謁過
알 과
찾아 볼 사람의 집 앞을 지나
면서도 찾아보지 않고 지나감.

軋轢 알력 —이 조장되다. —과 갈등.
의견이 서로 충돌하는 일.

幹旋 알 선 남의 일을 주선하여 줌.
— 업체. 직장을 —하다.

謁聖 알 성 임금이 문묘에 참배함.
—科(과). —及第(급제)

謁見 알 현 지체가 높은 분을 뵘.
왕을 —하다.

暗去來 암 거 래 법으로 매매가 금지된 물건
을 몰래 팔고 사고 하는 일.

暗記 암 기 보지 않고 외어서 기억함.
—力(력). —한 글.

暗澹 암 담 어두컴컴하고 쓸쓸함. 또는 어둡고
막막함. 천지가 —하다. —한 앞길.

暗默 암 묵 자기 의사를 밖으로 나타내지 아
니함. —裡(리)에 합의가 이루어지다.

岩盤 암 반 암석으로 이루어진 지반.
—을 뚫다.

岩壁 암 벽 깎아지른 듯이 솟은 바위.
—을 기어 오르다. — 등반

暗算 암 산 머리 속으로 계산함. 또는 그리
하는 계산. —과 필산.

暗殺 암 살 사람을 몰래 죽임.
요인을 —하다.

岩石 암 석 바위
—層(층). — 사막

暗誦 암 송 글을 보지 않고 욈.
적벽부를 —하다.

暗示 암 시 넌지시 깨우쳐 줌.
민족의 앞날을 —하다.

暗室 암 실 광선이 들어오지 못하게 한 캄
캄한 방. —에서 사진 현상을 하다.

暗暗裏 암 암 리 남이 모르는 가운데에.
—에 일을 꾸미다.

暗夜 암 야 어두운 밤.
—를 무릅쓰고 길을 떠나다.

暗躍 암 약 비밀히 활동함.
—하는 고정 간첩.

闇弱 암 약 분개가 흐리고 대가 약함.
—한 어린 왕을 보필하다.

暗雲 암 운 먹구름. 곧 좋지 못한 일이 일어날
듯한 현상이나 정세. —이 드리우다.

暗鬱 암 울 어두컴컴하고 답답함. 또는 암
담하고 침울함. —한 현실.

庵子 암 자 큰 절에 딸린 작은 절. 또는 중이
임시로 거처하며 도를 닦는 집.

暗葬 암 장 남의 묘지나 금산에 몰래 매장
함. =暗埋葬(암매장)

暗中摸索 암 중 모 색 어림만 대고 무엇을 찾아
내거나 알아내려고 함.

暗礁 암 초 물 속에 있는 보이지 않는 바위. 인
신하여, 활동에서의 숨은 장애물.

暗鬪 암 투 서로 적의를 품고 드러나지 않
게 싸움. 두 파가 —를 벌이다.

暗行 암 행 자기의 정체를 숨기고 돌아다님.
—御史(어사)

暗香 암 향 그윽하게 풍기는 향기.
난초의 —.

岩穴 암 혈 바위굴. 석굴
—之士(지사)

暗號 암 호 남이 모르게 쓰는 신호나 부호.
—를 판독하다. —를 대다.

暗黑 암 흑 어둡고 캄캄함. 인신하여, 암담
한 사회의 상태. —天地. —街(가)

壓卷 압 권 여럿 가운데에서 제일 잘 지은
글이나 책. —으로 꼽히는 시.

壓倒 압 도 월등하게 우세하여 남을 눌러
버림. 무서운 위력에 —를 당하다.

壓力 압 력 ①내리 누르는 힘. —計 ②심리적
으로 압박하는 힘. 정치적 —을 받다.

押留 압 류 특정의 재물이나 권리를 임의로 행사하
지 못하게 공권력으로써 금지하는 일.

壓迫 압 박 자유로운 행동이나 의사를 펴지
못하게 억누름. —을 받다. —이 없다.

壓死 압 사 눌려서 죽음.
—를 당하다. 일가족이 —한 참사.

壓殺 눌러서 죽임. 인신하여, 상대방의
압 살 의사나 행동을 힘으로 눌러 막음.

押送 죄인이나 피의자를 다른 곳으로 감
압 송 시하며 데려감. 범인을 서울로 ―하다.

押收 개인이나 단체의 소유물을 국가 기
압 수 관이 강제로 몰수함. ― 수색 영장

壓勝 압도적으로 이김.
압 승 선거에서 ―하다. ―을 거두다.

壓延 돌아가는 롤러 사이에 가열한
압 연 금속을 넣어 눌러 펴 늘임. ―機

押韻 한시를 지을 때 운을 닮.
압 운 한시에서의 ―과 平仄(평측).

押印 찍힌 자리가 도드라지도록 만든
압 인 도장. 또는 그런 도장을 찍음.

押釘 손가락으로 눌러서 박는 쇠못.
압 정 ―을 박다.

壓政 권력으로 국민을 억압하는 정치.
압 정 ―에 시달리다.

壓制 억압하고 강제함.
압 제 독재 정권의 ―에서 풀려나다.

壓搾 눌러서 짬. 또는 압력을 가하여
압 착 더 단단하게 만드는 일. ―機(기)

壓縮 ①압력을 가하여 부피를 줄임. ― 공기
압 축 ②내용을 요약하여 줄임. ―한 논지.

仰見 우러러 봄.
앙 견 한번 ―하기를 원하옵니다.

仰達 우러러 말씀을 드림.
앙 달 소회를 ―하옵니다.

昂騰 물건 값이 뛰어오름. =騰貴(등
앙 등 귀). 물가의 ―을 억제하다.

仰望 우러러 바람.
앙 망 선처를 ―하옵니다.

仰慕 우러러 사모함.
앙 모 은사를 ―하다.

怏宿 원한을 품고 서로 미워하는 사이.
앙 숙 ―이었던 시뉘와 올케.

仰視 존경하는 마음으로 우러러 봄.
앙 시 ―해 온 은사.

快心 앙갚음을 하려는 마음.
앙 심 ―을 먹다. ―을 품다.

快快 마음에 시쁘거나 야속하여 앙
앙 앙 심이 있음. ―不樂(불락). ―之心

昂揚 정신이나 의욕·사기 등을 드
앙 양 높임. 애국심을 ―하다.

仰願 우러러 원함.
앙 원 만수무강을 ―하옵니다.

仰天 하늘을 우러러 쳐다봄.
앙 천 ―大笑(대소)

仰請 우러러 청함.
앙 청 왕림하시기를 ―하옵니다.

仰祝 우러러 축하함.
앙 축 회갑을 ―하옵니다.

殃禍 지은 죄악으로 말미암아 받는
앙 화 재앙. ―가 미치다. ―를 받다.

哀乞 애처롭게 사정하여 빎.
애 걸 ―伏乞(복걸). 용서해 달라고 ―하다.

愛校 제 학교를 사랑함.
애 교 ―心(심)

愛嬌 남에게 귀엽게 보이는 말이나
애 교 행동. ―가 많다. ―를 부리다.

愛國 자기 나라를 사랑함.
애 국 ―心(심). ―歌(가). ―志士(지사)

哀悼 사람의 죽음을 슬퍼함.
애 도 ―의 뜻을 전하다.

愛讀 즐겨 읽음.
애 독 ―者(자). ―하는 책.

哀樂 슬픔과 즐거움.
애 락 喜怒(희로)―. ―을 맛보다.

哀憐 가엾이 여기고 사랑함.
애 련 ―의 정.

愛戀 사랑하고 그리워함.
애 련 ―의 순정.

隘路 좁고 험한 길. 인신하여, 일의 진
애 로 행을 가로막는 장애. ―가 많다.

曖昧 사리가 희미하고 분명하지 못
애 매 함. ―한 태도. ―모호하다.

哀慕 슬퍼하며 사모함.
애 모 　―하는 마음.

愛慕 사랑하고 그리워함.
애 모 　―의 정.

愛撫 사랑하여 어루만짐.
애 무 　―를 받다.

愛物 사랑하여 소중히 여기는 물건.
애 물 　애용하는 ―.

愛民 백성을 사랑함.
애 민 　―하는 위정자.

哀史 개인이나 국가의 슬픈 역사.
애 사 　端宗(단종)―

哀詞 사람의 죽음을 슬퍼하여 지은 글.
애 사 　―를 낭독하다.

哀想 슬픈 생각. 슬픈 감상.
애 상 　―을 띤 노랫가락.

哀傷 사람의 죽음을 슬퍼하여 마음을
애 상 　상함. 또는 그런 일. ―의 감정.

哀惜 슬프고 아까움.
애 석 　―한 일을 당하다.

愛惜 사랑하고 아깝게 여김. 또는 서
애 석 　운하고 아까움. ―해 하는 마음.

愛誦 어떤 글을 좋아하여 즐겨 욈.
애 송 　―하는 시.

哀愁 슬픈 시름. 또는 서글픈 마음.
애 수 　―를 자아내다. ―에 잠기다.

皚皚 희디흼
애 애 　―한 白雪(백설).

靄靄 ①구름이나 안개가 자욱이 끼어 있음.
애 애 　②부드럽고 포근함. 和氣(화기)―

愛煙 담배를 즐겨 피움.
애 연 　―家(가)

愛玩 사랑하며 즐겨 데리고 놂.
애 완 　―犬(견). ― 동물

愛慾 사랑과 욕심. 또는 사랑에 대
애 욕 　한 욕망. 이성에 대한 ―이 불붙다.

愛用 좋아하여 소중히 씀.
애 용 　우리 겨레가 ―하는 우리말.

哀願 애처롭게 사정하며 간절히 원
애 원 　함. 용서해 달라고 ―하다.

愛育 귀여워하며 소중히 기름.
애 육 　―한 희귀 동물.

愛人 ①사랑하는 사람. ―이 있는 처녀.
애 인 　②남을 사랑함. ―如己(여기)

哀子 아버지가 살아 있는 아들이, 어머니를 여
애 자 　읜 상제가 되었을 때 자신을 이르는 말.

愛藏 소중히 간직함.
애 장 　―하고 있는 도서.

哀切 기가 막히게 애처롭고 슬픔.
애 절 　―한 이야기.

愛情 사랑하는 마음.
애 정 　―을 품다. ―을 느끼다.

哀調 슬픈 곡조. 애절한 가락.
애 조 　―를 띤 피리소리.

愛族 겨레를 사랑함.
애 족 　愛國(애국)―의 정신.

愛酒 술을 좋아함.
애 주 　―家(가)

愛重 사랑하고 소중히 여김.
애 중 　자식을 ―히 기르다.

愛憎 사랑함과 미워함. 또는 사랑과
애 증 　미움. ―厚薄(후박). ―이 교차하다.

愛之重之 매우 사랑하고 소중히
애 지 중 지 　여김. ― 키운 아들딸.

愛着 어떤 일이나 물건을 사랑하여 그
애 착 　것을 떨쳐버리지 못하는 마음.

愛唱 즐겨 부름.
애 창 　―曲(곡). ―하는 십팔번.

哀冊文 임금이나 왕비의 죽음을 슬퍼하
애 책 문 　여 지은 글. 유림에서 올린 ―.

愛妻 아내를 사랑함. 또는 사랑하는
애 처 　아내. ―家(가)

愛妾 사랑하는 첩.
애 첩 　세도가의 ―.

愛聽 즐겨 들음.
애 청 　음악 방송을 ―하다.

愛親 어버이를 사랑함.
애 친 ―敬長(경장)의 미덕.

愛稱 정답게 부르는 호칭. 또는 귀엽
애 칭 게 불리는 이름. 복동이라는 ―.

愛他 남을 사랑함.
애 타 ―心(심). ―主義(주의)

哀痛 몹시 슬퍼함. 또는 몹시 슬픔.
애 통 =哀慟(애통). ―해 하는 마음.

愛鄉 고향을 사랑함.
애 향 ―心(심)

愛好 좋아하고 즐김.
애 호 ―家(가). 음악을 ―하다.

愛護 사랑하며 보호함.
애 호 山林(산림)―. 동물을 ―하다.

哀話 슬픈 이야기.
애 화 눈물겨운 ―.

哀歡 슬픔과 기쁨.
애 환 서민들의 ―이 담긴 이야기.

愛恤 불쌍히 여겨 은혜를 베풂.
애 휼 백성을 ―하다.

厄年 운수가 사나운 해.
액 년 올해는 ―이라고 말한다.

額面 돈이나 유가 증권에 표시된 액수. 인신하
액 면 여, 말이나 글에서 표현된 그대로의 사실.

額數 돈의 머릿수.
액 수 ―가 맞아 떨어지다.

厄運 재액을 당할 운수.
액 운 ―이 들다. ―을 피하다.

額子 사진이나 그림을 끼우는 틀.
액 자 사진 ―. ―를 걸어 놓다.

液汁 배어나거나 짜낸 물.
액 즙 ―을 내다.

液體 일정한 형태를 가지지 않는 유
액 체 동하는 물체. ― 연료. 固體(고체)와 ―.

液化 기체나 고체가 액체로 됨.
액 화 ― 천연 가스

夜間 밤 사이. 밤 동안.
야 간 ― 작업. ― 훈련

夜景 밤경치
야 경 서울의 ―.

夜警 밤에 경비함. 또는 그 경비.
야 경 ―을 돌다.

夜光 밤에 내는 빛. 인신하여, 달
야 광 ― 시계. ― 도료. ―珠(주)

野圈 야당과 야당을 지지하는 세력
야 권 의 범위. ―의 인사. 여권과 ―.

夜勤 밤에 근무함.
야 근 ― 수당

冶金 광석에서 금속을 뽑아냄.
야 금 ―術(술)

野禽 야생의 날짐승.
야 금 家禽(가금)과 ―.

夜氣 밤 공기의 차고 눅눅한 기운.
야 기 ―를 쐬다.

惹起 어떠한 일이나 사건을 끌어 일
야 기 으킴. ―한 문제. 여론이 ―되다.

野談 야사의 이야기.
야 담 ―家(가)

野黨 정권을 잡고 있지 아니한 정당.
야 당 與黨(여당)과 ―.

夜讀 밤에 글을 읽음.
야 독 晝耕(주경)―

野蠻 문화의 정도가 낮고 미개함. 또
야 만 는 도의심이 없고 난폭함. ―人

野望 야심을 품은 욕망.
야 망 ―을 품다. ―을 버리다.

野薄 야멸치고 박정함.
야 박 ―한 인심.

野의 여러 가지 새김	
①들	야 : 平野(평야)
②민간	야 : 野黨(야당)
③구역	야 : 視野(시야)
④미개할	야 : 野蠻(야만)
⑤야할	야 : 野卑(야비)
⑥분에넘칠 야	: 野心(야심)

夜半 자정 무렵. 한밤중
야 반 ― 도주

野卑 야하고 비루함. ＝野鄙(야비)
야 비 ―한 말.

野史 민간에서 사사로히 기록한 정
야 사 사가 아닌 역사. 正史(정사)와 ―.

野山 들에 있는 나지막한 산.
야 산 ―에 핀 야생화.

野生 산과 들에서 절로 생장함.
야 생 ― 동물. ― 식물

野俗 인정머리 없고 쌀쌀함. 또는 섭섭하
야 속 고 한스러움. ―한 사람. ―한 세상.

野性 교양이 없는 거친 성질.
야 성 ―的(적)인 본능.

野獸 산야에서 서식하는 짐승.
야 수 ―의 본성.

夜襲 밤에 습격함.
야 습 ―을 감행하다. 불의의 ―을 받다.

野乘 ＝野史(야사)
야 승 大東(대동)―

夜食 밤에 음식을 먹음. 또는 그 음
야 식 식. ―을 나누어 주다.

野心 야망을 채우려는 욕심. 또는 이악스럽
야 심 게 해 보려는 욕망. ―家. ―을 품다.

野營 ①야외에 친 군영. ― 훈련 ②야
야 영 외에 천막을 치고 하는 생활.

野外 ①시가에서 좀 떨어진 들. ―에 나가다.
야 외 ②한데. ― 극장. ― 무대. ― 공연

野慾 야심을 품은 욕심.
야 욕 정치적 ―. ―을 채우다.

冶遊 주색에 빠져 방탕하게 놂.
야 유 ―郞(랑)

野遊 들놀이
야 유 ―會(회)

揶揄 남을 빈정거리며 놀림. 또는
야 유 그런 언동. ―를 퍼붓다.

夜陰 밤의 어두움.
야 음 ―을 틈타다.

野人 시골 사람. 또는 벼슬을 하지
야 인 않은 사람. ― 생활

野積 물건을 한데다 쌓음.
야 적 ―場(장). ―을 한 화물.

野戰 들에서 하는 전투.
야 전 ―軍(군). ― 병원

野地 산이 적고 들판이 많은 지대.
야 지 ― 사람. ―와 산중.

夜叉 두억시니. 또는 사람을 해치
야 차 는 못된 귀신. ―와 惡鬼(악귀).

野菜 채소. 남새. 또는 들에서 나는
야 채 나물. ―를 즐겨 먹다. ― 장수

夜學 밤에 글을 배움. 또는 야간 학
야 학 교. ―에 다니다. ―生(생)

野合 ①야망을 이루기 위해 서로 어울
야 합 림. ②부부 아닌 남녀가 사통함.

夜行性 낮에는 활동하지 아니하고
야 행 성 밤에 활동하는 성질. ― 동물

夜話 밤에 모여서 하는 이야기.
야 화 ―로 지새는 겨울밤.

野花 들꽃
야 화 이름 없는 ―.

野話 민간에 떠도는 이야기.
야 화 흥미 진진한 ―.

夜會 밤에 모이는 사교를 위한 모임.
야 회 ―服(복)

若干 얼마 되지 아니함. 또는 조금
약 간 ―의 선물. ― 붉은 색.

弱骨 몸이 약한 사람. 또는 그런 골
약 골 격. ―로 생기다.

藥果 ①기름에 띄워 지진 유밀과의 한 가지.
약 과 ②그만하기로 다행한 일. 그 정도는―다.

約款 조약에 정한 낱낱의 조목.
약 관 ―에 따른 원조.

弱冠 젊은 나이. 20세의 남자.
약 관 ―에 장원 급제하다.

藥局 ＝藥房(약방)
약 국 ―에서 약을 사다.

略記 약 기 간략하게 적음.
─개요를 ─하다.

略圖 약 도 간단하게 그린 그림이나 도면.
─를 그리다. 서울의 ─.

躍動 약 동 생기 있고 활발하게 움직임.
─感(감). ─하는 대한민국.

略歷 약 력 개략적인 경력.
─을 소개하다.

藥令 약 령 봄과 가을에 서던 한약재의 시
장. 大邱(대구) ─. ─이 서다.

藥理 약 리 생체 안에 들어간 약이 생물체
에 주는 영향. ─ 작용

藥物 약 물 약이 되는 물질.
─로 치료하다. ─에 중독되다.

藥房 약 방 약을 파는 가게. =藥局(약국)
─에 감초.

藥方文 약 방 문 한약을 짓기 위하여 약재의
이름과 그 분량을 적은 종이.

約分 약 분 분모와 분자를 공약수로 나누어
더 간단한 분수로 만드는 일.

略史 약 사 중요한 사실만 간추려 간단히
적은 역사. 고구려 ─

藥師 약 사 의사의 처방에 따라 약을 조
제·판매하는 사람. ─ 자격증

略說 약 설 간략하게 설명함. 또는 그 설명.
─과 詳説(상설).

弱勢 약 세 약한 세력.
적의 ─를 노리다. 强勢(강세)와 ─.

弱小 약 소 약하고 작음.
─國(국). ─民族(민족)

約束 약 속 어떤 일에 대하여 상대방과 서로 정하
여 둠. 또는 정한 그 사항. ─을 지키다.

藥水 약 수 약물. 약효가 있는 자연수.
온천과 ─. ─터

略述 약 술 간략하게 서술하거나 말함.
─한 전후 사정.

略式 약 식 간략한 형식이나 방식.
─ 명령. ─ 재판

略語 약 어 준말. 간략하게 줄인 말.
─를 많이 쓴다.

藥用 약 용 약으로 씀.
─ 식물

弱肉強食 약 육 강 식 강한 자가 약한 자를 잡
아 먹음. ─의 추세.

弱者 약 자 힘이나 세력이 약한 사람.
强者(강자)와 ─. ─를 편들다.

略字 약 자 획수를 줄여 간단히 쓴 한자.
─와 俗字(속자).

藥材 약 재 약으로 되는 재료. =藥種(약종)
─로 쓰는 야생초.

弱點 약 점 ①부족하거나 약한 점. ②뒤가 켕기
거나 떳떳하지 못한 점. ─을 잡다.

約定 약 정 약속하여 정함.
─한 내용. ─한 날짜. ─書(서)

藥劑 약 제 조제한 약.
─師(사).

約條 약 조 조건을 붙여 약속함. 또는 그 조
건. ─한 대로 실행하다.

藥種 약 종 =藥材(약재)
─商(상)

藥酒 약 주 맑은 술. 또는 약으로 쓰는 술.
─와 탁주.

藥指 약 지 넷째손가락. 약손가락
반지를 낀 ─.

躍進 약 진 세차고 빠르게 전진하거나 발
전함. ─을 위한 준비 작업.

弱質 약 질 허약한 체질. 또는 그런 체질
의 사람. ─이 살인 낸다.

若此 약 차 이와 같음.
─ ─한 일.

弱體 약 체 허약한 몸. 또는 약한 조직체.
─ 내각

藥草 약 초 약재로 쓰는 풀.
─를 캐다.

略取 약 취 우격다짐으로 빼앗음.
─ 유괴죄. ─한 재물.

略稱 간단하게 생략해서 일컬음. 또는 그 이
약 칭 름. 정신 문화 연구원의 —은 정문연이다.

掠奪 폭력을 써서 강제로 빼앗음.
약 탈 —한 재물.

藥湯 한약을 달임. 또는 달인 그 물.
약 탕 —罐(관). —器(기)

藥品 약. 또는 약제
약 품 북한에 보내는 —.

略解 간략하게 풀이함. 또는 그 풀이.
약 해 —와 詳解(상해).

略號 간단하게 나타내기 위하여 정해
약 호 놓은 기호. —로 의사를 전하다.

約婚 결혼하기로 약속함.
약 혼 — 반지. —과 破婚(파혼). —式(식)

弱化 힘이나 세력이 점점 약해짐.
약 화 —된 세력.

藥效 약의 효력.
약 효 —가 나다.

良家 양민의 집. 또는 교양이 있는
양 가 집안. —의 자녀.

兩家 양쪽 집.
양 가 —의 부모.

養家 양자로 들어간 집.
양 가 — 아버지. 生家(생가)와 —.

陽刻 글씨나 그림을 도드라지게 새김.
양 각 —과 陰刻(음각).

量感 조각이나 회화 등에서 표현된
양 감 대상물에서 느껴지는 입체감.

養鷄 닭을 기름.
양 계 —業(업). —場(장)

糧穀 양식으로 쓰는 곡식.
양 곡 —商(상). — 창고

兩國 두 나라.
양 국 —의 정상이 만나다.

洋弓 서양식의 활. 國弓(국궁)과 —. 올
양 궁 림픽에 출전할 — 선수.

兩極 ①북극과 남극. ②음극과 양극.
양 극 ③두 극단. —으로 갈라지다.

陽氣 ①볕의 기운. —를 받다. ②활발한
양 기 기운. ③남자의 정력. —가 좋다.

養女 수양딸
양 녀 —와 養子(양자). —를 얻다.

兩端 ①양쪽 끝. ②재래식 혼례 때 쓰는,
양 단 붉은 빛깔과 푸른 빛깔의 두 채단.

兩斷 하나를 두 토막으로 끊음.
양 단 —刀(일도)—. —된 우리 국토.

讓渡 권리나 물건을 남에게 넘겨줌.
양 도 권리를 —하다. 재산을 —하다.

養豚 돼지를 기름.
양 돈 —業(업). —場(장)

羊頭狗肉 겉으로는 그럴듯하게 내세우나
양 두 구 육 속은 음흉한 딴 생각이 있음.

兩得 한꺼번에 두 가지 이익을 얻음.
양 득 —擧(일거)—

陽曆 태양을 기준으로 하여 만든 역
양 력 서. — 6월25일. —과 陰曆(음력).

養老 노인을 위로하고 봉양함.
양 로 —院(원). — 보험

揚陸 ①물 속에 잠긴 물건을 건져 올림.
양 륙 ②배에 실은 짐을 육지에 부림.

兩立 두 세력이 서로 대립함.
양 립 —한 여론.

洋襪 실로 짠 서양식 버선.
양 말 —을 신다.

兩面 양쪽. 또는 두 방면.
양 면 — 거울. — 전술

揚名 이름을 드날림.
양 명 立身(입신)—

羊毛 양의 털.
양 모 —로 짠 모직물.

養母 양자로 들어간 집의 어머니.
양 모 養父(양부)와 —.

兩眉間 두 눈썹 사이.
양 미 간 —을 찌푸리다.

良民 선량한 백성.
양 민 —을 학살하다.

兩班 문반과 무반의 계급. 또는 그
양 반 계급에 딸린 사람. ㅡ 자제

兩方 두 방향. 두 방면. 또는 양쪽
양 방 左右(좌우)ㅡ. ㅡ이 합의하다.

養兵 군사를 양성함.
양 병 10만 ㅡ을 주창한 율곡.

讓步 사양하여 물러나거나, 사양하
양 보 여 의견을 굽힘. ㅡ의 정신.

洋服 서양식으로 만든 의복.
양 복 韓服(한복)과 ㅡ. ㅡ을 입다.

養蜂 꿀벌을 침.
양 봉 ㅡ業(업). ㅡ家(가)

養父 양자로 들어간 집의 아버지.
양 부 ㅡ와 養母(양모).

兩分 둘로 가르거나 나눔.
양 분 국토가 ㅡ되다.

養分 영양이 되는 성분.
양 분 ㅡ을 섭취하다.

陽傘 햇볕을 가리기 위해 쓰는 우산
양 산 모양의 물건. ㅡ을 쓴 부인.

量産 다량으로 생산함.
양 산 ㅡ 체제를 갖추다.

樣相 사물의 모양이나 상태.
양 상 전체의 ㅡ이 드러나다.

梁上君子 도둑을 점잖게 이르는
양 상 군 자 말. ㅡ의 누명을 벗다.

養生 건강 관리를 잘하여 오래 살기
양 생 를 꾀함. ㅡ法(법)

良書 내용이 좋은 책.
양 서 ㅡ를 탐독하다.

兩西 해서와 관서. 곧 황해도와 평
양 서 안도. ㅡ地方(지방)

兩棲 뭍과 물의 양쪽에서 삶.
양 처 ㅡ 동물

兩性 남성과 여성. 웅성과 자성.
양 성 ㅡ 생식

陽性 ①볕을 좋아하는 성질. ②병의 진단
양 성 에서 특정한 반응을 나타내는 성질.

養成 인재를 길러냄.
양 성 과학 인재의 ㅡ.

良俗 좋은 풍속.
양 속 美風(미풍) ㅡ

兩手 ①두 손. ②장기에서, 한 말이 두 말
양 수 을 잡을 수 있는 수. ㅡ兼將(겸장)

揚水 물을 길어 올림.
양 수 ㅡ機(기). ㅡ 시설

讓受 남에게서 넘겨 받음.
양 수 ㅡ한 어음.

良順 어질고 숙부드러움.
양 순 ㅡ한 사람. ㅡ해 보이다.

良識 건전한 식견과 판단력.
양 식 ㅡ 있는 언동.

洋式 서양식
양 식 ㅡ 가옥

洋食 서양 음식. 서양 요리.
양 식 韓食(한식)과 ㅡ.

樣式 일정한 모양과 방식.
양 식 생활 ㅡ. 건축 ㅡ

養殖 사람이 인공적으로 길러서 번
양 식 식시킴. ㅡ김. ㅡ 어업. ㅡ場(장)

糧食 ①먹는 식량. ②영양분과 같은 구실
양 식 을 하는 지식이나 기능. 정신적 ㅡ.

良心 도덕적 책임감을 느끼는 마음.
양 심 ㅡ의 가책을 받다.

兩岸 강의 양쪽 기슭.
양 안 ㅡ의 절벽.

量案 소재지·등급·면적·소유주 등을 적
양 안 은, 조선 시대의 논밭의 측량 대장.

良藥 효험이 있는 약.
양 약 ㅡ은 입에는 써도 병에는 좋다.

洋藥 서양 의술에 의해 만든 약.
양 약 ㅡ局(국). 漢藥(한약)과 ㅡ.

洋洋 ①물이 가이 없이 너름. ㅡ한 바다.
양 양 ②앞날의 희망이 많고 큼. 前途ㅡ

揚揚 신이 나서 뽐내는 태도가 있음.
양 양 의기가 ㅡ하다.

養魚 물고기를 기름.
양 어 —場(장)

讓與 자기 것을 남에게 넘겨줌.
양 여 재산권을 —하다.

洋屋 서양식으로 지은 집.
양 옥 韓屋(한옥)과 —.

洋擾 서양인의 침입에 의해 일어난
양 요 난리. 丙寅(병인)—. 辛未(신미)—

兩用 한 가지 사물로 두 가지 용도
양 용 에 씀. 수륙 —의 장갑차.

兩院 이원제 국가의 상원과 하원.
양 원 —制(제)

兩位 ①존대할 사람의 내외분.
양 위 ②불교에서, 죽은이의 부부.

讓位 임금이 자리를 물려줌.
양 위 고종이 순종에게 —하고 물러나다.

養育 부양하여 기름.
양 육 고아를 —하다. —費(비)

良醫 병을 잘 고치는 의사.
양 의 —의 진료를 받다.

洋醫 서양 의학을 전공한 의사.
양 의 漢醫(한의)와 —.

攘夷 외국 사람을 얕보고 배척함.
양 이 대원군의 — 정책.

良人 ①착한 사람. 선량한 백성. ②부부 사
양 인 이에서 상대편을 가리켜 일컫는 말.

兩人 두 사람.
양 인 —의 의견을 고루 듣다.

兩者 ①양쪽 사람. —의 요구 조건.
양 자 ②두 사물. —擇—(택일)

量子 더 나눌 수 없는 최소 단위.
양 자 — 물리학. —力學(역학)

養子 양아들
양 자 —로 삼다.

養蠶 누에를 침.
양 잠 — 농가. —業(업)

羊腸 ①양의 창자. ②양의 창자처럼
양 장 꼬불꼬불한 길의 비유. 九曲—

洋裝 ①여자의 서양식 옷차림. —을 한 미인.
양 장 ②책을 서양식으로 장정함. — 제본

洋裁 양복이나 서양식 옷의 재단과
양 재 재봉. —師(사)

量的 양으로 따지는. 양의 범주에
양 적 속하는. —인 성장. — 변화

釀造 발효 작용을 이용하여 술·간장
양 조 을 담가서 만듦. —業. —酒. —場

兩主 부부
양 주 — 싸움은 칼로 물 베기.

洋酒 서양에서 들어온 술. 또는 서양식 양
양 주 조법으로 빚은 술. —의 수입이 줄어들다.

良知 선천적으로 타고난 지혜.
양 지 —良能(양능)

陽地 볕이 잘 드는 땅.
양 지 —가 음지 되다. — 바른 곳.

諒知 살펴서 앎. 헤아려서 앎.
양 지 —하시기 바랍니다.

良質 좋은 바탕. 좋은 품질.
양 질 —의 원유.

諒察 사정을 헤아려 살핌.
양 찰 —하시기 바랍니다.

良妻 착한 아내. 훌륭한 아내.
양 처 賢母(현모) —

陽春 음력 정월의 딴이름. 또는 따
양 춘 뜻한 봄철. —佳節(가절). —和氣

兩側 ①두 편. —의 의견을 듣다.
양 측 ②양쪽의 옆. 도로 —의 가드레일.

兩親 아버지와 어머니. 부모
양 친 — 봉양에 정성을 쏟다.

養親 부모를 봉양함.
양 친 — 공양을 잘하다.

兩便 상대되는 두 편.
양 편 — 길녘. —의 의견.

良品 질이 좋은 물건.
양 품 —과 不良品(불량품).

洋品 서양에서 수입하거나 서양식으
양 품 로 만든 잡화. —店(점)

良風 좋은 풍속이나 풍습.
양 풍 —美俗(미속)

洋風 서양풍. 또는 서양식 생활 양
양 풍 식이나 풍습. —에 물들다.

涼風 서늘한 바람. 또는 남서풍
양 풍 —이 불다.

諒解 사정을 헤아려 너그러이 이해함.
양 해 —하시기 바랍니다. —覺書(각서)

洋行 서양과의 무역을 전문으로 하
양 행 는 상점. 또는 상사(商社)

量刑 법관이 재판에서 어느 정도의 형
양 형 벌을 매길 것인가를 헤아려 정함.

良好 성질·품질·성적 등이 좋음.
양 호 —한 성적. 설비가 —하다.

養護 기르고 보호함.
양 호 — 교사. — 시설

良貨 실제 가격과 법정 가격과의 차가
양 화 적은 화폐. 악화가 —를 구축한다.

陽畫 명암이 실제와 같은 사진.
양 화 —와 陰畫(음화).

御駕 임금이 타는 수레.
어 가 —가 거둥하다. —를 호종하다.

語感 말소리나 말씨에서 느껴지는
어 감 느낌. —이 좋다.

語句 말의 구절.
어 구 —의 배열.

漁具 고기잡이에 쓰는 도구나 기구.
어 구 —를 손질하다.

魚群 물고기의 떼.
어 군 — 탐지기

語氣 말을 할 때의 말의 기운.
어 기 —가 부드럽다.

語訥 말이 굳어 떠듬거림.
어 눌 —한 말.

魚頭肉尾 물고기는 대가리, 짐승의 고
어 두 육 미 기는 꼬리 부분이 맛이 좋음.

語鈍 말이 둔함.
어 둔 —한 말투의 재외 교포.

語遁 대답하는 말이 군색하고 억지
어 둔 스러움. —한 변명.

漁獵 고기잡이와 사냥. 또는 고기잡
어 렵 이. —時代(시대)

漁撈 물고기를 잡거나 수산물을 채취
어 로 하는 일. —權(권). —水域(수역)

語錄 위인의 말이나 짧은 글을 모은
어 록 기록. 朱子(주자)—

魚雷 물 속에서 발사하여, 적의 함
어 뢰 선을 폭파하는 폭발물. —艇(정)

魚類 물고기에 속한 종류.
어 류 深海(심해)—

魚網 물고기를 잡는 그물. =漁網
어 망 —을 손질하다. —에 걸린 물고기.

御命 임금의 명령.
어 명 —이 내리다. —을 전하는 승지.

語文 말과 글. 언어와 문장.
어 문 ——致(일치). —學(학)

魚物 식품으로 쓰는 물고기.
어 물 —廛(전)

漁民 어업에 종사하는 사람.
어 민 —들의 생활 보호.

語法 말의 표현에 관한 법칙. 또는
어 법 말로써 표현하는 방법.

漁夫 직업적으로 고기잡이를 하는 사
어 부 람. =漁父(어부). — 생활

漁夫之利 양편이 다투는 통에 엉
어 부 지 리 뚱한 제삼자가 이를 봄.

語不成說 말이 사리에 맞지 않아
어 불 성 설 말 같지 않음.

御史 임금의 명으로 지방에 파견되
어 사 던 임시 벼슬. 暗行(암행)—

御賜 임금이 돈이나 물품을 내림.
어 사 —劍(검). —花(화)

語塞 ①경위에 몰리어 답변할 말이 없음.
어 색 ②멋적고 쑥스러움. —한 표정.

漁船 고깃배
어 선 遠洋(원양)—. —이 정박한 항구.

語勢 말에서 느껴지는 힘.
어 세 긴장한 듯한 ―.

語順 어법에 맞게 단어를 늘어 놓는
어 순 차례. ―이 잘못되다.

魚市場 수산물을 파는 시장.
어 시 장 남대문 ―

於焉間 어느덧. 어느 사이.
어 언 간 ― 10년의 세월이 지나가다.

漁業 고기잡이를 하거나 수산물을 양
어 업 식하거나 하는 사업.―權.―자원

漁翁 고기잡이를 하는 늙은이.
어 옹 낚싯줄을 드리우고 있는 ―.

御用 권력을 잡은 사람에게 아첨하
어 용 는 사람. ― 학자. ― 단체

語源 낱말이 성립된 유래와 기원.
어 원 ― 사전. ―을 캐다.

魚肉 ①물고기와 짐승의 고기. ②남에게
어 육 도륙이 되거나 짓밟힘의 비유.

語音 말의 소리.
어 음 ―이 분명하다.

御衣 임금이 입는 옷.
어 의 王冠(왕관)과 ―.

御醫 대궐 안의 시의.
어 의 ―를 보내 진맥케 하다.

語義 말의 뜻.
어 의 ―를 알아보다.

漁場 고기잡이하는 곳.
어 장 ―이 형성되다. 세계적인 ―.

御前 임금의 앞.
어 전 ― 회의. ―에 부복하다.

御製 임금이 지은 글.
어 제 ― 訓民正音(훈민정음)

御題 임금이 보이던 과거의 글제.
어 제 ―를 내리다.

語調 말할 때 소리내는 가락이나 투.
어 조 격앙된 ―. 침착한 ―.

魚族 물고기의 종족.
어 족 회유 ―. 난류성 ―

御酒 임금이 내리던 술.
어 주 ―를 내리다.

漁村 어부들이 모여 사는 마을.
어 촌 農村(농촌)과 ―.

語套 말투
어 투 명랑한 ―. 불손한 ―.

語弊 말의 폐단이나 결점. 또는 남의
어 폐 오해를 받기 쉬운 말. ―가 있다.

御筆 임금이 쓴 글씨.
어 필 ―閣(각). 英祖(영조)의 ―.

語學 언어를 연구하는 학문.
어 학 ―徒(도). ―者(자)

魚缸 물고기를 기르는 데 쓰는 항아
어 항 리. ―에서 놀고 있는 금붕어.

漁港 어업의 시설을 갖춘 항구.
어 항 ―에 정박한 어선.

瘀血 피가 한 곳에 몰려 있는 증상.
어 혈 또는 그 피. ―진 자리.

漁況 고기잡이의 상황.
어 황 ―이 좋다.

漁獲 수산물을 잡거나 채취함.
어 획 ―高(고). ―量(량)

語彙 단어. 또는 쓰고 있는 단어의 총
어 휘 체. 고유 ―. 한자 ―. ―가 풍부하다.

臆斷 억측하여 판단함.
억 단 남의 의중을 ―하지 말라.

億臺 억으로 셀 만큼의 많은 금액.
억 대 ―의 기부금을 내다.

抑留 신체의 자유를 억제하여 붙잡
억 류 아 둠. ― 생활

億萬 썩 많은 수.
억 만 ―年(년). ―長者(장자)

臆說 근거도 없이 짐작으로 하는 말.
억 설 ―에 불과하다.

抑壓 남의 자유를 구속하고 강제로 내
억 압 리누름. 일체의 ―에서 벗어나다.

抑揚 말을 할 때의 말소리가 높아지기
억 양 도 하고 낮아지기도 하는 어조.

抑鬱 분하고 답답함.
억 울 —한 누명. —한 일.

抑制 감정이나 진행되는 현상을 억누름.
억 제 감정을 —하다. 수입을 —하다.

億兆 억과 조. 곧 셀 수 없을 만큼
억 조 썩 많은 수. —蒼生(창생)

抑止 억눌러서 그만두게 함.
억 지 핵 개발을 —하다.

臆測 근거나 이유가 없는 추측.
억 측 —에 지나지 않는 말.

焉敢生心 어찌 감히 그런 마음을
언 감 생 심 먹을 수 있으랴?

言權 말할 권리. 발언권(發言權)의
언 권 준말. 남의 —을 무시하다.

言及 어떤 문제에 말이 미침. 또는
언 급 어떤 문제와 관련하여 말함.

言動 말과 행동. =言行(언행)
언 동 —을 삼가다.

言路 말을 할 수 있는 길.
언 로 —를 막다.

言論 말이나 글로써 자기의 주장·견해
언 론 등을 발표하는 일. —界. —의 자유.

言明 말이나 글로써 자기의 의사나
언 명 태도를 밝힘. 해야 할 뜻을 —하다.

言文 말과 글.
언 문 —一致(일치)

諺文 한글. 훈민정음을 얕보고 이르
언 문 던 말. — 편지. —風月(풍월)

言辯 말솜씨. 말재주
언 변 청산유수와 같은 —.

言辭 말. 말씨
언 사 불손한 —.

言聲 말하는 소리. =語聲(어성)
언 성 —이 높다.

言約 말로 약속함. 또는 그 약속.
언 약 —를 지키다. 내일 만나기로 —하다.

言語 의사 전달 수단으로서의 말.
언 어 —不通(불통). — 장애.

言語道斷 너무도 이치에 맞지 않
언 어 도 단 아 말할 수가 없음.

言外 직접 말하지 않은, 말 밖에 담
언 외 겨 있는 부분. —에 풍기는 뜻.

言爭 말다툼
언 쟁 —을 벌이다.

言中有骨 말은 순한 듯하나 속뜻엔 남
언 중 유 골 을 찌르는 뼈가 담겨 있음.

言質 상대자가 한 말을 꼬집어서 증
언 질 거로 삼음. —을 잡다. —을 주다.

言必稱 말할 때마다 반드시. 또는 말할
언 필 칭 때마다 말함. — 개혁을 말하다.

諺解 한문을 우리말로 번역함.
언 해 杜詩(두시) —. —本(본)

言行 말과 행실.
언 행 —이 일치하다. —錄(록)

嚴格 매우 엄함.
엄 격 —한 규율. —한 검사.

嚴禁 엄하게 금지함.
엄 금 出入(출입)을 —하다.

嚴斷 엄하게 처벌함.
엄 단 밀수범을 —하다.

嚴冬 매우 추운 겨울.
엄 동 —雪寒(설한)

嚴命 엄하게 명령함. 또는 그 명령.
엄 명 —을 내리다.

嚴密 엄하고 세밀하여 빈틈이 없음.
엄 밀 —하게 준비하다. —히 말하다.

嚴罰 엄하게 처벌함. 또는 그 벌.
엄 벌 —에 처하다. 밀수범을 —하다.

嚴父 엄한 아버지.
엄 부 —와 慈母(자모)

嚴選 엄격히 고름.
엄 선 —한 선수. —한 종자.

嚴守 엄격하게 지킴.
엄 수 규율을 —하다.

嚴修 의식을 엄숙하게 치름.
엄 수 장례식을 —하다.

嚴肅 엄 숙 ①정중하고 위엄이 있음. —한 태도. ②장엄하고 정숙함. —한 분위기.

掩襲 엄 습 별안간 습격하거나 불의에 습격함. 적진을 —하다.

嚴侍下 엄 시 하 홀로 된 아버지만 모시고 있는 처지. —와 慈侍下(자시하).

奄奄 엄 엄 숨이 끊어질 듯한 매우 약한 상태에 있음. 기식이 —하다.

嚴嚴 엄 엄 매우 엄함. 잘못을 —히 나무라다.

儼然 엄 연 ①누구도 부인할 수 없게 뚜렷함. —한 현실. ②의젓하고 음전함. —한 표정.

嚴正 엄 정 엄격하고 공정함. —한 심사. —한 판결.

儼存 엄 존 엄연히 존재함. 정의가 —하는 사회.

嚴重 엄 중 엄격하고 정중함. 또는 사정 없이 엄함. —한 처벌. —한 경계.

嚴懲 엄 징 엄중히 징벌함. 반역죄를 —하다.

嚴妻侍下 엄 처 시 하 아내에게 쥐여 사는 남 편의 처지.

嚴親 엄 친 자기 아버지를 남에게 이르는 말. —과 慈親(자친).

掩蔽 엄 폐 보이지 않게 덮어 숨김. —物(물). 사실을 —하다.

掩護 엄 호 덮거나 가리어 보호함. — 사격. 공격 부대를 —하다.

業界 업 계 상업이나 산업 등에서 일하는 사람들의 사회. —에 떠도는 소문. 해운 —

業苦 업 고 전생의 악행으로 말미암아 받는 고통. —를 수행으로 이겨내다.

業務 업 무 직업이나 생업으로 하는 일. —를 방해하다. — 시간

業報 업 보 전생에 지은 악업의 갚음. —를 받다.

業因 업 인 불교에서, 미래에 선악의 과보를 받을 원인이 되는 지금의 행위.

業者 업 자 기업이나 영업을 하는 사람. —들 끼리 친목을 도모하다.

業績 업 적 사업에서 거둔 공적. 큰 —을 남기다.

業種 업 종 직업이나 영업의 종류. 서비스 —. —別(별) 친목회.

業主 업 주 기업이나 영업을 하는 주인. —의 승인을 받다.

業體 업 체 기업체·사업체의 준말. —의 주소.

餘暇 여 가 겨를 —를 선용하다. —를 즐기다.

如干 여 간 웬만한. 어지간한. 또는 웬만큼. 보통으로. — 힘드는 일이 아니다.

旅客 여 객 여행하는 사람. —機(기). —船(선). — 안내

與件 여 건 주어진 조건. —이 유리하다.

女傑 여 걸 대장부다운 여자. 호걸스러운 여자. —다운 풍모.

濾過 여 과 액체에 들어 있는 불순물을 걸러서 받아 냄. — 장치

旅館 여 관 보수를 받고 여객을 묵게 하는 영업집. —에 들다.

如舊 여 구 변함이 없이 옛날 그대로임. 江山(강산)은 —하다.

女軍 여 군 여자 군인. 또는 여자만으로 편성된 군대. — 장교. — 창설

女權 여 권 여자의 권리. —을 신장하자는 운동.

旅券 여 권 외국 여행을 승인하는 증명서. —을 발급하다. — 소지자

與圈 여 권 여당의 세력 안에 드는 사람이나 단체. —의 동향. —과 야권.

餘技 여 기 취미 삼아 익힌 기술이나 재간. 그림 그리는 일을 —로 삼다.

餘年 여 년 죽을 때까지의 나머지 세월. —이 얼마 남지 않았다.

餘念 하는 일 외의 일에 쏟는, 딴 생
여 념 각. —이 없다.

旅團 대개 2개 연대로 이루어지는, 군대
여 단 편성의 단위. — 병력을 파견하다.

餘談 용건(用件) 이외의 이야기.
여 담 —에 흐르다.

與黨 정권을 잡고 있는 정당.
여 당 —과 野黨(야당).

旅毒 여행으로 말미암아 생긴 피로
여 독 나 병. —을 풀다. —이 나다.

如來 부처를 이르는 이름의 하나.
여 래 석가 —. 약사 —

餘力 아직 남아 있는 힘.
여 력 —이 없다.

旅路 여행하는 길.
여 로 오랜 —에 지치다.

餘錄 어떤 기록에서 빠진 사실의 기
여 록 록. =餘滴(여적). 6·25동란 —

輿論 여러 사람의 공통된 의견이나
여 론 평론. —을 반영하다. — 조사

女流 전문적인 기능을 가진 여자.
여 류 — 文人(문인). — 작가

廬幕 상제가 거처하는, 궤연 옆이나 무덤
여 막 근처에 지은 막. 3년을 —에서 지내다.

麗末 고려의 말기.
여 말 —과 鮮初(선초). —의 충신.

輿望 많은 사람의 기대.
여 망 —에 부응하다.

黎明 새벽. 인신하여, 희망의 빛이
여 명 비치는 때. —期. —이 다가오다.

餘命 앞으로 살아갈 남은 생명.
여 명 —이 얼마 남지 않았다.

黎民 일반 백성.
여 민 —이 도탄에 빠지다.

與民同樂 임금이 백성과 더불어
여 민 동 락 다 같이 즐김.

如反掌 손바닥을 뒤집는 것처럼, 일
여 반 장 이 매우 쉬움.

餘白 글자나 그림이 없는 빈 자리.
여 백 —을 메우다. —이 많다.

與否 그러함과 그렇지 아니함.
여 부 —가 없다. 출석의 —.

餘分 소요되는 양을 넘는 분량.
여 분 —이 있다. —이 없다.

旅費 여행에 드는 비용.
여 비 출장 —. —가 모자라다.

女史 결혼한 여자나 사회적 활동에 참가하
여 사 고 있는 여자를 대우하여 이르는 말.

餘事 그리 긴요하지 않은, 여가에
여 사 하는 일. —로 한 장난에 불과하다.

如常 여느 때와 다름이 없음.
여 상 심신이 —하다. —한 안색.

女色 여자의 자색. 또는 여자와의 성
여 색 적 관계. 아리따운 —. —을 탐하다.

餘生 앞으로 남은 세월의 삶.
여 생 —을 보내다. —을 즐기다.

女性 여자
여 성 — 운동가. —과 男性(남성).

餘勢 남은 세력이나 기세.
여 세 —를 몰아 공격하다.

旅愁 객지에서 겪는 쓸쓸한 느낌이나
여 수 호젓한 생각. —를 달래다.

與受 주고 받음. 주고 받고 함.
여 수 —가 분명하다.

女僧 여자 중. 비구니
여 승 —과 男僧(남승).

女息 딸자식
여 식 —이 출가하다.

女神 여성의 신.
여 신 신화에 나오는 —.

與信 고객에게 돈을 빌려주는 일.
여 신 — 업무. —과 수신.

餘燼 타고 남은 것. 인신하여, 무슨 일
여 신 이 끝난 뒤에도 남아 있는 영향.

如實 사실과 같음.
여 실 —히 보여주다. —히 증명하다.

與野 여당과 야당.
여 야 —의 영수 회담.

閭閻 백성들의 살림집이 모여 있는
여 염 마을. —家(가). —집 살림살이.

女王 여자 임금.
여 왕 신라 때의 —.

餘韻 아직 가시지 않은 운치.
여 운 —을 남기다.

餘裕 넉넉하여 남음이 있음.
여 유 — 인력. — 있는 마음.

餘音 소리가 그친 뒤에도 남아 있는
여 음 음향. —이 귀에 쟁쟁하다.

如意 마음먹고 바라던 바와 같음.
여 의 —치 아니하다.

女人 여자
여 인 젊은 —.

如一 처음부터 마지막까지 한결같음.
여 일 시종이 —하다.

餘日 앞으로 남아 있는 날.
여 일 혼인날까지는 —이 얼마 안 남았다.

女裝 남자가 여자와 같은 차림을 함.
여 장 —한 배우. 男裝(남장)과 —.

旅裝 나그네의 행장.
여 장 —을 꾸리다. —을 풀다.

餘滴 남은 먹물. 인신하여, 餘錄(여록)
여 적 —欄(란)

如前 전과 다름이 없음.
여 전 —히 잘 지내느냐?

旅程 여행하는 노정.
여 정 —에 오르다. 외로운 —.

麗朝 고려 왕조.
여 조 —의 역사.

餘罪 주된 죄 외의 다른 죄.
여 죄 —를 캐다.

餘地 남은 땅. 또는 일이나 생각의
여 지 여유. —가 많다. 의문의 —가 없다.

餘震 큰 지진 뒤를 이어 일어나는
여 진 작은 지진. —이 일어나다.

女唱 여자가 부르는 노래. 또는 남자가 부르
여 창 던 노래를 여자의 음조로 부르는 소리.

旅窓 객지에서 거처하는 방의 창.
여 창 —에 비친 보름달.

餘他 나머지의 다른 것.
여 타 —의 문제.

女湯 여자만이 사용하는 목욕탕.
여 탕 —과 男湯(남탕).

餘波 어떤 일의 뒤에 남아 미치는
여 파 영향. 당쟁의 —. 전쟁의 —.

餘弊 뒤에까지 미치는 폐단.
여 폐 —가 가시지 않았다.

餘風 ①센 바람이 지난 뒤에 부는 바
여 풍 람. ②남아 있는 풍습이나 풍모.

女必從夫 아내는 반드시 남편의
여 필 종 부 뜻을 좇아야 함.

如何 어떠함
여 하 노력 —에 따라 성과가 달라진다.

餘恨 남은 원한.
여 한 —을 풀다. —이 없다.

閭巷 =閭閻(여염)
여 항 —의 부녀자.

旅行 객지에 나다니는 일.
여 행 — 안내. —을 떠나다.

餘響 아직 남아 있는 음향이나 영향.
여 향 —이 있다.

餘薰 뒤에까지 남아 있는 향기.
여 훈 —이 감돌다.

餘痕 남아 있는 흔적.
여 흔 —이 아직도 있다.

두음법칙에 따른 한자음

　국어로서의 한자어의 독음은 두음
법칙에 따라 읽고, 표기한다.

老人：로인 → 노인
女湯：녀탕 → 여탕
歷史：력사 → 역사
利潤：리윤 → 이윤

餘興 모임의 자리에서, 흥을 돕기
여 흥 위한 오락. —에 신명이 나다.

逆境 순조롭지 않은 곤란하고 불행
역 경 한 처지. —을 이겨낸 의지.

逆攻 공격을 당하던 편에서 맞받아 공
역 공 격함. 또는 그 공격. —을 펼치다.

譯官 통역을 맡았던 관원. 또는 사역
역 관 원의 관원. 대대로 —을 지낸 가문.

驛館 역참에 있었던 여관집.
역 관 —에서 하룻밤을 묵다.

役軍 일정한 분야에서 중요한 역할
역 군 을 하는 일꾼. 산업 전선의 —.

疫鬼 전염병을 퍼뜨린다는 귀신.
역 귀 —을 내몰다.

力技 일정한 규격의 무거운 물건을
역 기 들어올리는 운동 경기. — 선수

域內 일정한 구역의 안.
역 내 — 무역

歷年 ①여러 해를 지남. 또는 지낸 그
역 년 햇수. ②한 왕조가 존속한 햇수.

力農 힘써 농사를 지음.
역 농 —家(가)

歷代 대대로 이어 온 그 여러 대.
역 대 — 왕조. — 총장

力道 =力技(역기)
역 도 — 선수

逆徒 반역자의 무리.
역 도 萬古(만고)의 —. —를 단죄하다.

力動的 힘차고 활동적인.
역 동 적 —인 모습.

力量 사업이나 활동을 해낼 수 있는
역 량 능력. —을 발휘하다.

歷歷 환히 알 수 있게 분명함.
역 력 그때의 광경이 눈앞에 —히 떠오르다.

逆流 거슬러 흐르거나 거슬러 올라감. 또는
역 류 그런 물. 시대의 흐름에 —하다.

逆謀 반역을 꾀함. 또는 그런 모의.
역 모 —의 죄명. —를 꾀하다.

譯文 번역한 글.
역 문 原文(원문)과 —.

歷訪 여러 곳을 차례로 방문함.
역 방 우방국들을 —하다.

譯本 번역한 책.
역 본 삼국사기의 —.

力不足 힘이 모자람.
역 부 족 —한 일. —을 느끼다.

力士 육체적 힘이 뛰어나게 센 사람.
역 사 —로 이름을 떨치다.

役事 건축·토목 따위의 공사.
역 사 제방을 쌓는 —.

歷史 사회나 사물이 발전해 온 자취. 또는
역 사 그 기록. 인류의 —. —에 길이 남을 일.

轢死 차에 치어 죽음.
역 사 — 사건

驛舍 역으로 쓰는 건물.
역 사 南原驛(남원역)의 —.

逆産 해산할 때에 태아의 발이 먼저
역 산 나오는 일. 또는 그러한 해산.

逆算 이미 한 계산과 반대로 하는
역 산 계산. —法(법)

易書 점에 관하여 적은 책.
역 서 —에 밝은 점쟁이.

曆書 책력
역 서 —에 따른 절후.

力說 자기 의견을 강력히 주장함.
역 설 환경 보전을 —하다. 남북 통일을 —하다.

逆說 표현상으로는 모순되나 실제 내
역 설 용은 진리를 나타내는 말. —法

易姓 나라의 왕조가 바뀜.
역 성 —革命(혁명)

驛勢圈 어느 역 때문에 수송 수요가
역 세 권 늘어날 것으로 기대되는 범위.

逆水 거슬러 흐르는 물.
역 수 —를 이용하다.

逆順 거꾸로 된 차례.
역 순 — 사전

譯述 번역하여 저술함.
역 술 ―한 三國志(삼국지).

逆襲 공격해 오는 적을 이쪽에서 반대
역 습 로 습격함. ―해 오는 적. ―을 당하다.

亦是 ①또한. 나 ― 그를 믿는다. ②예
역 시 상한 대로. ― 너의 짓이었구나.

譯詩 시를 번역함. 또는 번역한 그 시.
역 시 ―가 원시보다 더 훌륭하다.

逆心 반역하려는 마음.
역 심 ―을 품다.

域外 일정한 구역의 밖.
역 외 ―資金(자금)

逆用 반대로 이용함.
역 용 상대의 계략을 ―하다.

驛員 역의 업무에 종사하는 직원.
역 원 大田驛(대전역)의 ―.

歷任 차례로 여러 직위를 지냄.
역 임 정부의 요직을 ―하다.

譯者 번역한 사람.
역 자 ―를 소개하다.

力作 힘을 쏟아 만든 작품.
역 작 필생의 ―.

力著 힘들여 지은 저작.
역 저 권위 있는 ―.

逆賊 나라나 임금을 반역하는 자.
역 적 ―을 타도하다. ―으로 몰리다.

逆轉 형세나 순위가 뒤바뀜.
역 전 ―勝(승). 전세가 ―되다.

歷戰 여러 차례의 전투를 겪음.
역 전 ―의 용사.

驛傳 일정한 구간을 달려 바통을 다음 주
역 전 자에 넘겨주는 일. ― 경주. ― 마라톤

力點 중요하게 여겨 힘을 들이는 점.
역 점 ―을 두다.

逆情 언짢거나 마땅찮아 내는 성.
역 정 ―을 내다. ―이 나다.

歷程 거쳐 지나가는 노정.
역 정 인생 ―. 험난했던 ―.

逆潮 배가 가는 방향이나 바람이 부는
역 조 방향과 반대 방향으로 흐르는 조류.

逆調 일이 나쁜 방향으로 되어 가는
역 조 상태. 무역의 ― 현상.

力走 힘껏 달림.
역 주 마라톤 전 코스를 ―하다.

譯註 번역과 주석. 또는 번역자가
역 주 붙인 주석. ―를 참고하다.

易地思之 처지를 바꾸어서 생각함.
역 지 사 지 ―를 해 보라.

力盡 힘이 다 지침.
역 진 氣盡(기진)―

驛站 역말을 갈아 타던 곳.
역 참 ―에서 하룻밤을 쉬다.

力投 힘껏 던짐.
역 투 ―를 했으나 패전 투수가 되다.

力鬪 힘껏 싸움.
역 투 ―의 용사.

逆風 거슬러서 부는 바람.
역 풍 ―과 順風(순풍).

易學 주역을 연구하는 학문.
역 학 ― 연구에 열중하다.

曆學 역법에 관한 학문.
역 학 ―에 밝다.

役割 구실. 소임
역 할 맡은 ―을 다하다.

譯解 번역하여 풀이함.
역 해 주역을 ―하다.

力行 힘써 행함.
역 행 務實(무실)―. ―한 보람.

逆行 반대 방향으로 나아감. 또는 시대의
역 행 흐름을 거스름. 시대의 흐름에 ―하다.

逆婚 형제 자매 사이에서 동생이 먼
역 혼 저 혼인하는 일. ―을 꺼리다.

逆效果 바라던 바와는 반대되는 효
역 효 과 과. ―를 가져 오다.

戀歌 사랑하는 정을 읊은 노래.
연 가 애절한 ―.

年刊 1년에 한 번씩 간행함. 또는
연 간 그런 간행물. — 잡지

年間 한 해 동안.
연 간 4— 모은 잡지. — 계획

年鑑 1년 동안의 사건이나 통계를 모아,
연 감 1년에 한 번 내는 간행물. 미술 —

延建坪 건물의 각 층의 바닥 평수를
연 건 평 합계한 평수. — 300평의 건물.

連結 잇대어 맺음. 또는 서로 관계를
연 결 맺도록 잇댐. 차량을 —하다.

連繫 서로 관련하여 관계를 맺음.
연 계 또는 그 관계. 경제적인 —.

軟膏 지방 · 바셀린 · 글리세린 등을
연 고 섞어서 만든 고약. 페니실린 —

緣故 ①까닭. 무슨 —로 한 짓이냐?
연 고 ②맺어진 관계. —者(자)를 찾다.

軟骨 연하고 탄력이 있는 뼈.
연 골 —과 硬骨(경골).

年功 여러 해 동안 근무한 공로.
연 공 —加俸(가봉). —序列(서열)

鉛管 납으로 만든 파이프.
연 관 —으로 된 가스관.

聯關 둘 이상의 사람이나 사물 사이에
연 관 서로 관계를 맺어 이어져 있음.

硏究 깊이 생각하고 사리를 따져 봄.
연 구 —室(실). —員(원). 天文을 —하다.

演劇 무대에서 극작품의 내용을 배우
연 극 들이 재현하는 예술. —과 영화.

年金 정부나 단체가 일정 기간 개인에
연 금 게 해마다 지급하는 돈. 국민 —

軟禁 신체의 자유를 구속하지 않는
연 금 감금. 가택 —

鍊金 쇠붙이를 불림.
연 금 —術(술). —術師(술사)

延期 정한 기한을 물림.
연 기 출발을 —하다. 지불을 —하다.

煙氣 불이 탈 때에 나타나는 뿌연
연 기 기체. 불 안 땐 굴뚝에 — 날까?

演技 연극이나 영화에서 배우가 맡은 배역
연 기 의 성격이나 행동을 나타내는 재주.

連記名 둘 이상의 이름을 잇대어
연 기 명 적음. — 投票(투표)

年內 그 해 안.
연 내 —에 해결할 문제.

年年 해마다
연 년 —生(생). —이 증가하다.

演壇 강연이나 연설을 하는 사람이
연 단 서는 단. —에 선 연사.

年代 지나온 시대를 햇수로 나눈 것.
연 대 —를 알아보다. —順(순)

連帶 공동으로 책임을 지기로 하고
연 대 연결됨. — 보증. — 책임

聯隊 3개 대대로 이루어지는 군대
연 대 편성의 단위. — 병력

年度 사무 처리를 위해 구분한 1년
연 도 동안의 기간. 회계 —

沿道 한길 가.
연 도 —에 늘어선 환영 인파.

蠕動 ①벌레가 구물구물 움직임.
연 동 ②위벽이나 장벽의 수축 운동.

年頭 그 해의 첫머리.
연 두 —敎書(교서). —辭(사)

燃燈節 석가모니가 태어난 사월 초
연 등 절 파일. 성대한 — 행사.

連絡 ①둘 사이에 연계를 지음. —이 닿다.
연 락 ②상대편에게 정보를 알림. —을 받다.

年齡 나이
연 령 —別(별). —層(층)

年例 해마다 행해 내려오는 전례.
연 례 — 행사

年老 나이가 많아서 늙음.
연 로 —하신 부모.

燃料 땔감
연 료 —費(비). 액화 —

連累 남의 범죄 행위에 관련이 있게
연 루 됨. —者(자). —의 혐의를 받다.

年輪 연 륜 ①나이테. ②오랜 동안의 경험이나 노력으로 이루어진 숙련의 정도. —이 짧다.

年利 연 리 1년을 단위로 계산하는 이율. — 5%

聯立 연 립 여러 정당의 대표가 연합하여 이룸. — 내각. — 정부

研磨 연 마 학문이나 기술을 힘써 배우고 닦음. 기술의 —. 학문을 —하다.

煙幕 연 막 ①군사 행동을 숨기려고 피우는 연기. ②사실을 엄폐하려고 엉너리치는 일.

年末 연 말 그 해의 끝 무렵. 세밑 — 결산. —에 귀성하겠다.

聯盟 연 맹 개인이나 개별적인 단체가 모여 이룬 연합체. 국제 적십자사 —

連綿 연 면 끊이지 않고 계속 이어짐. —히 이어온 역사.

延命 연 명 겨우 목숨을 이어 살아감. 草根木皮(초근 목피)로 —하다.

連名 연 명 두 사람 이상의 이름을 잇달아 씀. —한 진정서.

戀慕 연 모 간절히 그리워함. —의 정.

緣木求魚 연 목 구 어 당치 않거나 안 될 일을 하려 함. —의 어리석음.

煙霧 연 무 연기와 안개. —가 자욱하다.

燕尾服 연 미 복 남자가 입는 사양식 예복의 이름. 모닝코트. —을 차려 입은 신랑.

憐憫 연 민 가련하고 불쌍하게 여김. —의 정을 금할 수 없다.

延發 연 발 정해진 날짜나 시간보다 늦게 떠남. 한 시간 —하다.

連發 연 발 ①연달아 일어남. 교통 사고가 —하다. ②총·포·활 등을 잇달아 쏨. — 장치

聯邦 연 방 둘 이상의 나라가 하나의 주권 국가를 이루고 있는 나라. — 제도

年輩 연 배 나이가 서로 비슷한 또래. 같은 —들이 모이다.

沿邊 연 변 국경·도로·강가를 따라 있는 지방. 철도 —. 낙동강 —

鍊兵 연 병 병사를 훈련함. —場(장)

年報 연 보 1년 동안의 사실이나 사업에 관하여 매 년 한 번씩 내는 보고 형식의 간행물.

年譜 연 보 사람의 한평생의 사적을 햇수의 차례에 따라 적은 기록.

年俸 연 봉 1년을 단위로 하여 계산하는 봉급. — 5,000만원

連峰 연 봉 죽 이어져 있는 산봉우리. 지리산의 —.

年賦 연 부 갚아야 할 돈을 해마다 얼마씩 나누어 내는 일. —金(금)

緣分 연 분 인간 관계에서의 어떤 필연적 인 인연. 천생 —. —이 닿다.

延拂 연 불 대금의 지불을 얼마 동안 늦춤. — 수출

演士 연 사 연설하는 사람. —가 등단하다. —를 초빙하다.

練祀 연 사 부재모상(父在母喪)에서 어머니의 소상을 한 달 앞당겨서 지내는 제사.

年産 연 산 1년 동안에 생산하는 총량. — 100만 대를 생산하다.

年上 연 상 서로 비교하여 나이가 많음. —의 처녀와 결혼하다.

聯想 연 상 하나의 관념이 그와 관련되는 다른 관념을 불러 일으키는 심리 작용.

連署 연 서 두 사람 이상이 잇대어 서명함. —한 탄원서.

戀書 연 서 연애 편지. —를 주고받고 하다.

宴席 연 석 연회하는 자리. —에 참가하다. —을 베풀다.

連席 연 석 여러 사람이나 단체가 동등한 자격으로 자리를 같이함.

演說 연 설 청중 앞에서 의견을 말함. — 내용. 축하 —. 대표 —

軟性 무르거나 연한 성질.
연 성　─과 硬性(경성).

年歲 나이의 높임말.
연 세　─가 높은 어른.

年少 나이가 어림.
연 소　─한 사람.

延燒 불길이 다른 곳에 번져서 탐.
연 소　이웃 건물에 ─한 불길.

燃燒 불에 탐.
연 소　─한 가옥. 불완전 ─

連續 끊이지 아니하고 죽 계속됨.
연 속　─되는 강추위.

連鎖 사슬처럼 맞물려 잇닿음. 또는 서로
연 쇄　잇닿아 관련을 짓는 사슬. ─店. ─반응

年收 1년 동안의 총수입.
연 수　─1억에 못 미치는 중소기업.

年數 햇수
연 수　근무─가 10년이 되다.

硏修 학문 등을 연구하여 닦음.
연 수　─ 사원. 어학 ─

演習 반복하여 익힘. 또는 실제로 하
연 습　는 것처럼 하면서 익힘. ─ 경기

練習 익숙해지도록 되풀이하여 익힘.
연 습　─ 문제. ─帳(장)

連勝 계속해서 이김. 연거퍼 이김.
연 승　連戰(연전)─

軟式 야구·테니스 등에서 연구(軟球)를
연 식　사용하는 경기. ─과 硬式(경식). ─ 야구

蓮實 연밥. 연꽃의 열매.
연 실　─돌쩌귀

沿岸 바다·강·호수의 가로 잇대어
연 안　있는 지대. ─ 주민. ─ 지대

戀愛 남녀간에 서로 그리워하고 사
연 애　랑하는 일. ─ 소설. ─ 결혼

軟弱 부드럽고 약함.
연 약　─한 마음. ─한 힘.

演繹 일반적인 명제에서 개별적인 명
연 역　제를 이끌어 내는 일. 귀납과 ─.

戀戀 안타까울 정도로 그리움.
연 연　─不忘(불망)

演藝 음악·무용·연극 등을 관중 앞
연 예　에서 공연하는 일. ─人. ─ 공연

淵源 사물의 근원.
연 원　─을 찾다.

年月日 어느 해, 어느 달, 어느 날
연 월 일　임을 이르는 말. 출생 ─

緣由 일의 까닭. 사유
연 유　─를 묻다.

演義 사실을 부연하여 재미있게 설
연 의　명함. 또는 그러한 책. 三國志─

戀人 사랑하는 사람. 연애의 상대자.
연 인　─과 함께 여행을 떠나다.

延人員 한 가지 일에 든 총인원을 하루에
연 인 원　한 일로 잡아 계산한 총 인원수.

連日 여러 날을 계속함. 또는 날마
연 일　다 계속하여. ─ 불벌이 내리쬐다.

連任 임기가 끝난 사람이 연이어 그 자리
연 임　에 임명되거나 선출됨. ─을 금지하다.

連作 ①한 땅에다 같은 작물을 해마다 재배함.
연 작　②한 작품을 여러 회로 나누어 발표하는 일.

年長 서로 비교하여 나이가 많음.
연 장　10년이나 ─인 사람. ─者(자)

延長 길이나 시간을 본디보다 늘이
연 장　어 길게 함. ─戰. 시간을 ─하다.

連載 한 편의 글을 여러 차례로 나누어 신문
연 재　이나 잡지에 계속 실음. ─ 소설. ─ 만화

硯滴 벼룻물을 담는 조그만 그릇.
연 적　청자 ─

戀敵 연애의 경쟁자가 되는 사람.
연 적　─을 시기하다.

年前 몇 해 전.
연 전　─에 한 번 만난 적이 있다.

連戰 계속해서 여러 번 싸움.
연 전　─連勝(연승)

連接 서로 잇닿음.
연 접　─해 있는 의류 가게.

聯政 연립 정부의 준말.
연 정 —을 구성하다.

戀情 이성 간에 서로 그리워하는 마
연 정 음. —을 품다.

年條 ①종사한 햇수. —가 오랜 사람.
연 조 ②역사나 유래. 오랜 —를 가지다.

連坐 여러 사람이 자리를 잇대어 앉
연 좌 음. — 시위

緣坐 부자·형제·숙질의 죄로 죄 없
연 좌 이 벌을 받음. —制(제)의 폐지.

演奏 악기를 써서 음악을 들려 줌.
연 주 —家(가). 바이올린을 —하다.

年中 한 해 동안.
연 중 —無休(무휴). — 행사

年次 ①나이의 차례. —別(별)로 앉다.
연 차 ②해의 차례. —大會(대회)

延着 정한 시간보다 늦게 도착함.
연 착 기차가 —을 하다.

研鑽 학문을 깊이 연구하고 닦음.
연 찬 수년간 —한 실력을 발휘하다.

年淺 나이가 어림. 또는 햇수가 오
연 천 래지 아니함. —한 나이.

延滯 기한을 넘김. 또는 일정한 기
연 체 한이 지나도록 지체함. —料(료)

年初 그 해의 첫머리.
연 초 —에 들어서면서 경기가 좋아지다.

演出 극이나 영화를 만들기 위하여
연 출 배우를 지도함. —家. 연기와 —.

年齒 나이의 높임말.
연 치 같은 —의 친구.

煉炭 무연탄을 굳혀 만든 연료.
연 탄 — 가스. —을 배달하다.

煙筒 양철로 둥글게 만든 굴뚝.
연 통 난로에 —을 달다.

連判狀 두 사람 이상이 연명하여 도
연 판 장 장을 찍은 문서. —을 돌리다.

連敗 계속해서 짐.
연 패 連戰(연전)—

連霸 운동 경기에서 연거퍼 우승함.
연 패 3—의 기쁨을 누리다.

年表 역사상의 사실을 발생한 연대의
연 표 차례로 적은 표. 年代表의 준말.

鉛筆 흑연으로 심을 넣어 만든 필기
연 필 도구. —을 깎다.

年下 나이가 아래임.
연 하 —의 女人(여인).

年賀 신년을 축하함.
연 하 —狀(장)

煙霞 안개와 놀. 인신하여, 자연의
연 하 경치. —가 펼쳐 있는 바다.

年限 정해진 햇수.
연 한 수업 —. —이 차다.

聯合 둘 이상의 조직체가 공동의 목적
연 합 아래 한데 어우름. —國. — 함대

沿海 ①바다에 잇닿은 지대. — 기후
연 해 ②연안에 가까운 바다. — 어업

連行 수사관이 용의자를 데려감.
연 행 피의자를 —하다.

宴享 지난 날, 국빈을 대접하던 잔치.
연 향 —을 베풀다.

沿革 사물이 변천해 온 내력.
연 혁 —史(사). —이 오래다.

年號 임금이 임금의 자리에 오른 해부터 물러설
연 호 때까지의 기간에 붙이는 연대적인 칭호.

軟化 단단한 것이 무르게 됨.
연 화 —와 硬化(경화).

蓮花 연꽃
연 화 —國(국). —燈(등)

宴會 축하나 환영 등을 위해 여러 사람이
연 회 모여 베푸는 잔치. 신년—. —를 베풀다.

然後 그러한 뒤.
연 후 식이 끝난 —에 잔치를 베풀었다.

連休 쉬는 날이 이틀 이상 연속됨. 또는 그런
연 휴 휴일. 이번 —에는 고향을 다녀올 예정이다.

列強 강대한 힘을 가진 여러 나라.
열 강 세계 —의 각축장.

列舉 하나씩 들어서 말함.
열 거   주의 사항을 ―하다.

熱狂 몹시 흥분하여 미친듯이 날뜀.
열 광   ―하는 청중.

列國 여러 나라.
열 국   세계의 ―.

熱氣 ①뜨거운 기운. ―를 내뿜다.
열 기   ②흥분한 분위기. 관중들의 ―.

烈女 절개가 곧은 여자. =烈婦(열부)
열 녀   ―門(문). ―碑(비)

熱帶 연평균 기온이 20℃ 이상인 곳.
열 대   ―林(림). ―와 寒帶(한대).

熱帶夜 야간의 최저 기온이 25℃
열 대 야   이상인 밤. ―로 잠을 설치다.

列島 줄지어 늘어선 여러 섬들.
열 도   일본 ―. 쿠릴 ―

劣等 보통 수준보다 뒤떨어져 못함.
열 등   ―感(감). ―한 상품.

悅樂 기뻐하고 즐거워함.
열 락   ―의 나날을 보내다.

閱覽 훑어 봄.
열 람   신문을 ―하다. ―室(실)

熱量 물체가 지닌 열의 분량.
열 량   ―計(계)

熱烈 흥분하는 정도가 더할나위없이
열 렬   강함. ―히 환영하다.

熱望 열렬하게 바람.
열 망   ―하던 배우 생활.

涅槃 번뇌를 해탈한 불교의 최종 이상
열 반   의 경지. 인신하여, 죽음. ―에 들다.

熱辯 열렬한 변론.
열 변   ―을 토하다.

閱兵 군대를 정렬시켜 놓고 사열함.
열 병   ―式(식)

熱病 높은 신열이 나는 병.
열 병   ―을 앓다.

烈婦 =烈女(열녀)
열 부   ―를 표창하다.

烈士 나라를 위하여 절의를 지키다
열 사   가 죽은 사람. 愛國(애국)―

熱砂 햇볕을 받아 뜨거워진 모래. 곧
열 사   몹시 더운 사막 지대. ―의 나라.

熱射病 몸 안에 열이 많이 생기고 밖으로
열 사 병   열을 발산하지 못할 때 생기는 병.

熱誠 열렬한 정성.
열 성   ―분자. ―을 다하다.

列聖朝 역대 임금의 시대.
열 성 조   ―의 성덕.

劣勢 상대편보다 세력이 떨어져 약함.
열 세   ―와 우세. ―를 만회하다.

熱心 어떤 일에 골똘히 힘을 씀. 또
열 심   는 그런 마음. ―히 일하다.

劣惡 품질이나 처한 형편이 몹시 나
열 악   쁨. ―한 제품. ―한 근무 조건.

熱愛 열렬하게 사랑함. 또는 그런
열 애   사랑. ―중인 두 남녀.

熱演 열정적으로 연기를 함. 또는
열 연   그런 연기. 주연을 맡아 ―하다.

熱意 열성을 다하는 마음.
열 의   대단한 ―를 보이다.

列傳 여러 사람의 전기를 한데 모아
열 전   차례로 기록한 책. 史記(사기)―

熱戰 있는 힘을 다해 겨루는 경기.
열 전   ―을 벌이다.

熱情 열렬한 정열.
열 정   ―을 기울이다.

熱中 한 가지 일에만 정력을 쏟음.
열 중   기술 연마에 ―하다.

列車 여러 개의 객차나 화차를 연결하
열 차   여 운행하는 기차. ―에 몸을 싣다.

熱唱 열을 다하여 노래를 부름.
열 창   ―으로 청중을 휘어잡다.

熱湯 끓는 물이나 국.
열 탕   ―에 소독하다. =에 밥을 말다.

熱風 열기가 있는 뜨거운 바람.
열 풍   사막의 ―.

熱血 더운 피. 곧 열렬한 의기.
열 혈 　―男兒(남아). ―漢(한).

烈火 맹렬하게 타는 불.
열 화 　―같이 화를 내다.

熱火 ①격한 열정. ―같은 성원.
열 화 ②급한 화증. ―가 치밀다.

廉價 싼 값.
염 가 　― 판매

廉潔 청렴하고 결백함.
염 결 　―한 선비 정신.

鹽氣 염분이 섞인 축축한 기운.
염 기 　―가 많다.

念念不忘 자꾸 생각이 나서 잊지 못
염 념 불 망 함. ― 잠을 이루지 못하다.

念頭 머리 속의 생각.
염 두 　―에 두다. ―에 없다.

炎涼世態 권세가 있을 때엔 붙좇고, 권
염 량 세 태 세를 잃으면 푸대접하는 인심.

念慮 앞일에 대하여 여러 가지로 걱
염 려 정함. 또는 그런 걱정. ―가 없다.

染料 물감
염 료 　― 식물. ―와 顔料(안료).

艶聞 연애나 정사에 관한 소문.
염 문 　―을 뿌리다. ―을 퍼뜨리다.

染病 전염병. 또는 장티푸스
염 병 　―에 까마귀 소리. ―에 걸리다.

艶福 여자가 잘 따르는 복.
염 복 　―이 많다.

鹽分 물질에 함유된 소금기.
염 분 　―이 많다.

念佛 부처의 공덕을 기리면서 나무아미
염 불 타불을 부르는 일. 노는 입에 ―하기.

廉의 세 새김

①청렴할 렴 : 廉恥(염치)

②값쌀 　렴 : 廉價(염가)

③살필 　렴 : 廉探(염탐)

鹽酸 염화수소의 수용액.
염 산 　― 가스. ― 모르핀

染色 물을 들임.
염 색 　―한 실. ―體(체)

厭世 세상이 덧없고 괴로와서 싫어
염 세 짐. ―家(가). ―主義(주의)

鹽素 냄새가 독한 황록색의 기체.
염 소 　―酸(산). ―산 나트륨

念誦 마음속으로 부처를 생각하며
염 송 불경을 욈. 불경을 ―하다.

殮襲 주검을 씻긴 뒤에 수의를 입히
염 습 고 염포로 묶는 일. ―을 마치다.

厭惡 마음에 싫어서 미워함.
염 오 　―의 감정. ―를 일으키다.

念願 늘 염두에 두고 바람. 또는 그 바
염 원 라는 바. 한결같은 ―. ―을 세우다.

鹽藏 소금에 절여 저장함.
염 장 　―한 물고기.

鹽田 소금을 만들기 위하여 바닷물을
염 전 끌어들여 논밭처럼 만든 곳.

艶情 남녀간의 애정.
염 정 　―小說(소설)

念珠 보리수 열매를 실에 꿴, 염불할 때에 손
염 주 가락으로 돌려 수효를 세는 기구. 百八―

炎症 몸의 어느 한 부분이 덥고 붉
염 증 어지며 붓고 아픈 증세.

厭症 싫증
염 증 　―이 나다. ―을 내다.

染織 피륙에 물을 들임.
염 직 　―한 옷감.

炎天 몹시 더운 날씨.
염 천 七月―

廉恥 체면과 부끄러움을 아는 마음.
염 치 　―가 없다. ―를 차리다.

廉探 사정이나 형편을 몰래 살핌.
염 탐 　―꾼. 적정을 ―하다.

鹽化 염소와 화합함.
염 화 　―金(금). ― 마그네슘

拈華微笑 말로 하지 않고 마음에
염 화 미 소 서 마음으로 전하는 일.

獵犬 사냥개
엽 견 —을 앞세우고 사냥에 나서다.

獵官 재물이나 연줄로 벼슬자리를
엽 관 구함. —과 모리배.

獵奇 아주 기이한 사물에 호기심을 가지고
엽 기 유달리 흥미를 느끼는 일. —的인 사건.

葉書 우편 엽서(郵便葉書)의 준말.
엽 서 친구가 보낸 —를 받다.

葉煙草 잎담배
엽 연 초 — 생산지

葉錢 조선 말기에 썼던 동전.
엽 전 —풀이

葉茶 차나무의 잎을 달여 만든 차.
엽 차 —를 마시다.

獵銃 사냥에 쓰는 총.
엽 총 —으로 사냥을 하다.

詠歌 노래를 읊음.
영 가 —舞蹈(무도)

令監 ①남자 노인. ②남편을 부르는 말. ③종
영 감 이품·정삼품의 관원을 이르던 높임말.

靈感 문득 떠오르는 기발한 생각.
영 감 예술적 —. —이 떠오르다.

英傑 뛰어나게 영민한 인물.
영 걸 수많은 —이 배출되다.

永劫 불교에서, 영원한 세월.
영 겁 —과 찰나.

永訣 죽은 사람과의 영원한 이별.
영 결 —式(식). —終天(종천)

靈界 영혼의 세계. 또는 인간의 정
영 계 신 세계. —와 肉界(육계).

榮枯 번영함과 쇠퇴함.
영 고 —盛衰(성쇠)

領空 영토와 영해 위의 하늘.
영 공 —을 침범하다.

領官 대령·중령·소령의 총칭.
영 관 —과 尉官(위관).

榮光 빛나는 명예.
영 광 조국의 —. —을 안다.

永久 길고 오램.
영 구 — 보존. — 불변의 진리.

靈柩 시체를 넣은 관.
영 구 —車(차)

靈几 상가에서 영위를 모셔 놓은 교
영 궤 의와 상. —를 차리다.

令旗 군대에서 군령을 전하러 가는 군
영 기 사가 들고 가던, '슈'자를 붙인 기.

靈氣 신령스럽게 느껴지는 기운.
영 기 —가 서린 백두산.

嶺南 조령의 남쪽인 경상도 지방.
영 남 — 선비들이 모이다.

領內 영토·영해·영공의 안.
영 내 —를 경계하다.

營內 병영의 안.
영 내 — 거주. —와 營外(영외).

營農 농업을 경영함.
영 농 —資本(자본)

英斷 지혜롭고 결단성 있는 판단.
영 단 —을 내리다.

令達 하부 기관에 예산을 배정함.
영 달 예산을 —하다.

榮達 벼슬이 높아지고 신분이 귀하
영 달 여짐. —의 길이 열리다.

令堂 상대방 어머니에 대한 존칭. =
영 당 萱堂(훤당)·慈堂(자당)

影堂 ①절에서 고승의 화상을 모셔 두는
영 당 사당. ②왕의 초상을 모셔 둔 전각.

領導 거느리고 이끌어 감.
영 도 —力(력). —者(자)

嶺東 대관령 동쪽에 위치한 강원도.
영 동 —地方(지방)

零落 ①초목의 잎이 시들어 떨어짐. ②세
영 락 력이나 살림이 짜부러짐. —한 집안.

令郞 상대방을 높여 그의 아들을 이
영 랑 르는 말. —의 의향을 알고 싶소.

英靈 죽은 사람의 영혼.
영 령　호국 ―에 대한 묵념.

玲瓏 ①눈부시게 찬란함. 오색이 ―하다.
영 롱　②소리가 맑고 산뜻함. ―한 방울소리.

怜悧 눈치가 빠르고 슬기로움.
영 리　―한 아이. ―한 처사.

營吏 조선 시대, 감영·병영·수영에
영 리　딸려 있던 아전. ―와 鄕吏(향리).

營利 경제적 이익을 추구함.
영 리　―法人(법인). ―를 추구하다.

英邁 영민하고 비범함.
영 매　―한 임금.

永眠 영원히 잠듦. 곧 사람이 죽음.
영 면　―한 영령.

令名 좋은 명성이나 명예.
영 명　―이 자자하다.

英明 재지가 뛰어나고 사리에 밝음.
영 명　―한 지도자.

靈妙 신령스럽고 묘함.
영 묘　금강산의 ―한 산세.

英文 영어로 된 글.
영 문　―을 번역하다.

營門 ①병영의 출입문. ―을 지키다.
영 문　②감영의 문. ― 안에 들어가다.

靈物 신령스러운 능력을 가진 짐승
영 물　이나 물건. 뱀을 ―로 위하는 종족.

英敏 영특하고 민첩함.
영 민　―한 두뇌.

嶺伯 경상도 관찰사의 딴 일컬음.
영 백　―을 제수받다.

靈峯 높고 웅장하여 신비로운 산봉
영 봉　우리. 백두의 ―.

令夫人 지체 높은 사람이나 남의 부
영 부 인　인에 대한 높임말. 대통령 ―

映寫 필름의 상을 영사막에 비춤.
영 사　―機(기). ―幕(막)

領事 외국에 주재하는 외무 공무원
영 사　의 하나. ― 업무

影寫 글씨나 그림이 비치도록 받쳐
영 사　놓고 덧그리거나 덧씀. ―本(본)

靈山 신령스러운 산.
영 산　―을 찾아 도를 닦다.

映像 광선에 의하여 나타나는 물체
영 상　의 모양. ―을 비추다.

影像 그림이나 조각으로 나타낸 사
영 상　람의 모습. 金九 선생의 ―.

永生 영원한 생명. 또는 영원히 삶.
영 생　―不滅(불멸). ―을 외치는 종교.

令壻 남의 사위에 대한 존칭.
영 서　영특한 ―를 맞으니 기쁘겠지?

嶺西 대관령 서쪽에 위치한 강원도.
영 서　嶺東(영동)과 ―.

營繕 건조물을 짓거나 수리하거나
영 선　하는 일. ―費(비)

零星 수효가 적거나 형세가 약하여
영 성　보잘것없음. ―한 집안.

永世 오랜 세대나 세월.
영 세　―不忘의 깊은 은혜. ―無窮(무궁)

零細 살림이 가난하거나 규모가 작아
영 세　서 보잘것없음. ―民. ―한 기업.

領洗 세례를 받음.
영 세　―를 받다.

永續 영구히 계속함.
영 속　―性(성)이 없다.

迎送 사람을 맞이함과 배웅함.
영 송　―하는 사람들로 붐비다.

領收 금품을 받아들임. =領受(영수)
영 수　―證(증). ―한 돈의 액수.

領袖 어떤 조직의 우두머리.
영 수　― 회담

詠詩 시를 읊음.
영 시　목청을 뽑아 ―하다.

零時 밤 12시.
영 시　― 50분

令息 남을 높여 그의 아들을 이르는
영 식　말. ―의 결혼식엔 참석하겠네.

佞臣 아첨하는 간사한 신하.
영 신 　—의 말에 현혹되다.

迎新 새해를 맞음.
영 신 　送舊(송구)—

嬰兒 젖먹이
영 아 　— 교육

獰惡 모질고 사나움.
영 악 　—한 산짐승.

靈安室 병원에서, 시신을 임시로 안치
영 안 실 해 두는 방. —에 모인 조문객.

令愛 남을 높여 그의 딸을 이르는 말.
영 애 　—의 결혼을 축하하네.

靈藥 신기한 효험이 있는 약.
영 약 　이 병에는 —이 소용 없다.

令孃 ＝令愛(영애)
영 양 　—의 재치가 놀랍더군.

營養 생물의 활동에 불가결한 양분.
영 양 　—價(가). —不足(부족)

英語 영국말
영 어 　—를 잘 구사하다.

營業 영리를 목적으로 경영하는 사업.
영 업 　—所(소). —主(주). — 감찰

英譯 영어로 번역함.
영 역 　우리 나라 소설을 —하다.

領域 ①나라의 주권이 행사되는 지역.
영 역 　②관계되는 분야나 범위. 활동 —

永永 영구히. 또는 아주 오래도록.
영 영 　—無窮(무궁). — 돌아오지 못할 길.

令譽 ＝令名(영명)
영 예 　—가 자자하다.

榮譽 영광스러운 명예.
영 예 　—를 떨치다. —를 누리다.

穎悟 영리하고 슬기로움.
영 오 　영윤이 —하니 얼마나 기쁜가?

營外 병영의 밖.
영 외 　—居住(거주). —와 營內(영내).

榮辱 영예와 치욕.
영 욕 　일생의 —과 백 년의 고락.

英勇 영특하고 용감함.
영 용 　—無雙(무쌍)

英雄 나라와 백성을 위하여 탁월한
영 웅 　공훈을 세운 사람. —豪傑(호걸)

永遠 ①앞으로의 시간이 한없이 오램. —무궁
영 원 　②앞으로 오래도록 변함이 없음. —한 사랑.

營爲 일을 경영함.
영 위 　—하는 사업.

靈位 혼백이나 위패·지방의 신위.
영 위 　—를 모시다.

領有 차지하여 가짐.
영 유 　—權(권)

令胤 상대방을 높여 그의 아들을 이르는
영 윤 　말. 영오한 —을 두었음을 감축하네.

影印 사진으로 찍어서 인쇄함.
영 인 　—本(본)

寧日 평온하거나 평안한 날.
영 일 　—이 없다.

迎入 환영하여 맞아들임.
영 입 　기술자를 —하다.

英姿 뛰어난 늠름한 자태.
영 자 　어엿한 —. —를 뵙다.

令狀 법원이나 국가 기관에서 발부
영 장 　하는 명령서. 구속 —. 소집 —

靈長 가장 귀중하고 영묘한 존재인
영 장 　사람. 인간은 만물의 —이다.

英才 뛰어난 재능. 또는 그런 재능을
영 재 　가진 사람. — 교육. —를 기르다.

營邸吏 조선 시대에, 감영과 각 고을의
영 저 리 연락을 맡아보던 감영 안의 아전.

靈的 신령스러운. 또는 영혼이나 정신
영 적 　에 관계되는. —인 존재. — 교감

榮典 공적이 있는 사람에게 나라에서
영 전 　주는 훈장이나 포장. —를 받다.

榮轉 본래의 직위보다 더 높은 지위
영 전 　로 옮아 감. —을 축하하다.

影殿 임금의 초상을 모셔 둔 전각.
영 전 　—을 꾸미다.

靈前 영 전 영위나 영구의 앞.
—에 헌화하다.

令節 영 절 좋은 시절.
仲秋(중추)—

永絶 영 절 아주 끊어져 없어짐.
대가 —되다.

零點 영 점 ①득점이 없음. 수학 시험에서 —을 받다. ②계기에서 눈금이 0인 점.

迎接 영 접 손님을 맞아들임.
손님을 대문까지 나가 —하다.

影幀 영 정 족자로 된 초상화.
—을 그리다.

營造 영 조 집을 짓거나 토목 공사를 함.
—物(물). 경복궁을 —한 대원군.

嶺調 영 조 영남 지방에서 부르는 시조의 창법. 京調(경조)와 —.

永住 영 주 한 곳에서 오래 삶.
—權(권). 외국에 —한 교포.

英主 영 주 뛰어난 임금.
세종 대왕은 —이었다.

領主 영 주 농노를 거느리던 대규모의 토지 소유자. 봉건 시대의 —.

英俊 영 준 영민하고 준수함. 또는 그런 사람. —한 인물.

領地 영 지 ①영주가 소유한 토지. ②나라의 주권이 미치는 지역. =領土.

榮進 영 진 벼슬이나 지위가 높아짐.
—을 축하하다.

映窓 영 창 채광을 위하여 방과 마루 사이에 내는 미닫이. —을 닫다.

榮寵 영 총 신하에 대한 왕의 사랑.
—을 입은 재상가.

盈縮 영 축 남음과 모자람.
—이 없다.

迎春 영 춘 봄을 맞이함.
—의 기쁨을 노래하다.

領置 영 치 피의자가 내놓은 금품을 법원이나 수사 기관이 보관하는 행위. —金

詠嘆 영 탄 감동이나 정회를 소리내어 읊거나 외침. 심회를 —하다.

領土 영 토 국가의 통치권이 미치는 땅.
양국간의 — 분쟁.

英特 영 특 영민하고 뛰어남.
—한 인물.

零敗 영 패 경기에서 득점 없이 짐.
가까스로 —를 면하다.

零下 영 하 온도가 0℃ 이하임을 나타내는 말. — 20℃의 강추위.

迎合 영 합 남의 마음에 들도록 아첨하여 따름. 일제에 —한 친일파.

領海 영 해 나라의 주권이 미치는 바다.
우리의 —를 침범한 외국 선박.

影響 영 향 어떤 사물의 작용이 다른 사물에 미치는 현상. —力. 많은 —을 받다.

靈驗 영 험 신불이 베풀어 주는 신기한 보람. —이 있다.

英慧 영 혜 영민하고 지혜로움.
—한 천품.

靈魂 영 혼 죽은 사람의 넋.
—이 있다고 믿는 사람.

映畫 영 화 영상을 영사기로 스크린에 비추어 보여주는 예술. — 배우. 기록 —

榮華 영 화 권력과 부귀를 누리는 행복.
—를 누리다. 부귀와 —.

詠懷 영 회 심회를 시가로 읊음.
—詩(시)

盈虧 영 휴 가득 참과 이지러짐. 또는 가득함과 빔. 달의 —.

銳角 예 각 직각보다 작은 각.
— 삼각형. —과 둔각.

豫感 예 감 사전에 미리 느낌. 또는 그 느낌.
불길한 —. 폭풍이 올 것을 —하다.

例擧 예 거 예를 듦.
일일이 —할 겨를이 없다.

豫見 예 견 앞으로 닥쳐 올 일을 미리 내다봄.
앞날을 —하다. —이 맞아 떨어지다.

豫決 예산과 결산.
예 결 국회 ― 위원회

豫告 미리 알림.
예 고 ―도 없이 찾아가다.

曳光彈 밝은 빛줄기를 내며 날아가
예 광 탄 는 탄환. ―을 쏘다.

詣闕 대궐에 들어감.
예 궐 ―하여 알현하다.

例規 관례로 되어 있는 규칙.
예 규 ―에 따라 처리하다.

預金 은행 따위에 돈을 맡김. 또는
예 금 맡긴 그 돈. 정기 ―. ―한 돈.

銳氣 날카로운 기백이나 기세.
예 기 ―를 꺾다. ―方張(방장)

豫期 앞으로 닥칠 일을 미리 기대하
예 기 거나 예상함. ―치 못한 일.

禮器 제사 때 쓰는 그릇. ＝祭器(제기)
예 기 ―에 담은 과일.

藝妓 예능을 익힌 기생.
예 기 시서에 뛰어난 ―.

豫納 기한이 되기 전에 미리 냄.
예 납 세금을 ―하다.

例年 여느 해.
예 년 ―에 없던 추위.

藝能 재주와 기능.
예 능 ― 과목. ―을 익히다.

豫斷 미리 판단을 내림.
예 단 승패를 ―할 수 없다.

禮緞 예물로 보내는 비단.
예 단 ―을 갖추어 찾아 뵙다.

禮度 예의와 법도. 또는 예절
예 도 ―에 맞는 행실.

禮論 예의에 관한 학설.
예 론 ―으로 격화된 당쟁.

銳利 ①날이 서서 날카로움. ―한 칼날.
예 리 ②재지나 감각이 날카로움. ―한 판단

豫買 물건이나 표를 미리 삼.
예 매 기차표를 ―하다.

豫賣 시기가 되기 전에 미리 팖.
예 매 ―券(권). 추석 기차표를 ―하다.

藝名 연예인들이 연예계에서 본명
예 명 이외에 따로 지어 부르는 이름.

禮貌 예절에 맞는 태도나 행동.
예 모 ―에 어긋나지 않는다.

例文 예로 드는 글.
예 문 ―을 제시하다. ―을 들다.

例問 보기로 내는 문제.
예 문 ―을 보고 답하라.

禮文 예법에 관하여 써 놓은 글.
예 문 ―에 밝다.

藝文 예술과 문학. 또는 학문과 예술.
예 문 ―館(관)

禮物 ①사례나 기념의 뜻으로 주는 물건. ②결혼
예 물 식에서 신랑 신부가 서로 주는 기념품.

銳敏 영리하고 민감함.
예 민 감각이 ―하다. ―한 감수성.

豫防 탈이 나기 전에 미리 막음.
예 방 ― 주사. 산불을 ―하다.

禮拜 ①신이나 부처 앞에 절하는 일. ②신
예 배 자들이 모여 기도하는 종교적 의식.

禮法 예절의 법식.
예 법 ―을 지키다.

豫報 다가올 일을 미리 알림.
예 보 날씨를 ―하다.

禮服 예식 때에 입는 옷.
예 복 ―을 갖춘 신랑.

銳鋒 ①창칼의 날카로운 끝. ②공격의
예 봉 날카로운 기세. ③날카로운 논조.

禮佛 부처에게 예배함.
예 불 ―床(상). 아침 ―

豫備 미리 준비함. 또는 그 준비.
예 비 ― 지식. ― 회담. ―費(비)

禮聘 예의를 갖추어서 초빙함.
예 빙 강사를 ―하다.

例事 흔히 있는 일.
예 사 ―로 한 말. ―로운 일.

豫算 예 산 ①미리 계산함. 또는 그 금액. ②국가나 단체 가 1년의 세입과 세출에 대해 세우는 계획.

豫想 예 상 앞일을 미리 생각함. 또는 그 생각. ―이 빗나가다. ―하지 못했던 일.

隷書 예 서 한자 서체의 한 가지. ―로 쓴 간판 글씨.

豫選 예 선 본선에 나갈 사람이나 작품을 골 라 뽑는 일. ―에 들다. ―에 뽑히다.

隷屬 예 속 남의 지배 아래 매임. 강대국에 ―된 식민지.

禮數 예 수 신분에 따라 달리하는 예절상 의 정도. ―를 갖이 하다.

藝術 예 술 현실을 형상을 통해 아름답게 표현 하는 활동. 또는 그 산물. ―家. ―品

豫習 예 습 앞으로 배울 것을 미리 학습함. ―과 복습.

例示 예 시 예를 들어 보임. 답안을 ―하다.

豫示 예 시 미리 보여 줌. ―한 설계도.

禮式 예 식 예법에 따라 행하는 의식. 또는 결혼식. ―場(장). ―을 치르다.

豫審 예 심 예비 심사. ―을 거쳐 선발된 선수.

豫約 예 약 미리 약속함. 또는 그 약속. 항공권을 ―하다. ―金(금)

禮讓 예 양 예의를 지켜 사양함. ―의 미덕.

豫言 예 언 앞일을 미리 예측해서 말함. ―者(자). ―이 들어맞다.

例外 예 외 규칙이나 상례에서 벗어나는 일. ―를 인정하지 않는다.

禮遇 예 우 예를 갖추어 대우함. 국빈으로 ―하다.

藝苑 예 원 예술계의 딴이름. ―의 샛별로 떠오르다.

銳意 예 의 무슨 일을 하려고 긴장하는 마 음. ― 주시하다.

禮意 예 의 예로써 나타내는 존경하는 마음. ―를 표시하다.

禮義 예 의 예절과 의리. ― 염치. ―를 존중하다.

禮儀 예 의 예를 표시하는 언사·행동·몸가짐 등의 총체. ―가 바르다. ― 범절

預入 예 입 은행에 돈을 맡김. ―金(금)

禮裝 예 장 예복으로 차림. 또는 그런 차 림새. ―한 신부. 여자의 ―.

禮葬 예 장 ①국장(國葬)의 딴이름. ②예식을 갖 추어 지내는 장례. 국립 묘지에 ―하다.

禮節 예 절 예의에 관한 범절. ―이 바르다. ―을 지키다.

豫定 예 정 미리 작정함. 또는 그 작정. ― 기일. ―을 변경하다.

豫程 예 정 미리 정해 놓은 노정. ―을 따라 답사하다.

例題 예 제 예로 든 문제. 연습을 위한 ―.

隷從 예 종 노예처럼 딸리어 굴종함. ―을 강요당하다.

例證 예 증 예를 들어 증명함. 또는 그 예. ―을 인용하다.

叡智 예 지 밝고 지혜로운 슬기. 번득이는 ―.

豫知 예 지 미리 앎. 사건이 일어날 것을 ―하다.

禮讚 예 찬 매우 좋게 여겨 찬탄함. 금강산의 절경을 ―하다.

豫測 예 측 앞으로 있을 일을 미리 추측함. ―을 못하다. ―한 바와 같다.

豫置 예 치 맡겨 둠. 은행에 ―한 돈.

預託 예 탁 부탁하여 맡겨 둠. 채권을 ―하다.

豫編 예 편 예비역에 편입함. ―한 군인.

禮砲
예 포
경의나 환영의 뜻을 나타내기 위하여 쏘는 공포. —를 쏘다.

隷下
예 하
어떤 조직이나 사람에 딸려 있음. —부대

豫行
예 행
실제에 앞서 미리 해봄.
—연습

五感
오 감
시각·청각·후각·촉각·미각의 다섯 감각. —의 작용.

五更
오 경
하룻밤을 다섯으로 나누었을 때의 다섯째 부분인 새벽 4시 전후의 시간.

五戒
오 계
다섯 가지의 계율이나 계명. 신라 화랑의 세속 —.

誤計
오 계
잘못된 생각이나 그릇된 계획. 나의 크나큰 —였다.

五穀
오 곡
쌀·보리·조·콩·기장의 다섯 가지 곡식. —百果. —밥을 먹다.

傲氣
오 기
힘은 모자라는데도 남에게 지기 싫어하는 마음. —를 부리다.

誤記
오 기
잘못 기록함. 또는 그 기록. 여기저기 —가 눈에 띈다.

懊惱
오 뇌
뉘우쳐 한탄하고 괴로워함. —와 번민. —의 밤을 지새우다.

誤答
오 답
틀린 답.
—이 너무 많다.

誤導
오 도
그릇 인도함.
독자를 —하는 신문 기사.

梧桐
오 동
현삼과의 낙엽 활엽 교목인 오동나무. —나무 보고 춤춘다.

娛樂
오 락
노래나 춤으로 즐겁게 노는 일. 또는 그 놀이. —室(실). —會(회)

誤謬
오 류
행동이나 사고에서의 그릇된 일. —를 범하다. —를 시정하다.

五倫
오 륜
유교에서 말하는 사람이 지켜야 할 다섯 가지 도리. 三綱—

五輪
오 륜
올림픽을 상징하는, 청·황·흑·녹·적의 오색의 5개의 동그라미. —旗. —大會

汚吏
오 리
청렴하지 못한 벼슬아치.
貪官(탐관)—

傲慢
오 만
태도나 행동이 건방지고 거만함.
—不遜(불손). —한 태도.

寤寐
오 매
자나 깨나 언제나.
—不忘(불망). —에도 그리던 님.

汚名
오 명
더렵혀진 이름.
—을 씻다.

奧妙
오 묘
심오하고 묘함.
—한 뜻. —한 이치.

汚物
오 물
더럽고 지저분한 물건.
—收去(수거)

誤發
오 발
①총포를 실수로 쏨. —사건
②실수로 잘못 말함.

誤報
오 보
잘못 보도함. 또는 그 보도.
—를 정정하다.

五福
오 복
유교에서 말하는, 수·부·강녕·유호덕·고종명의 다섯 가지 복. —을 누리다.

吾鼻三尺
오 비 삼 척
내 사정이 다급해서 남을 돌볼 겨를이 없음.

烏飛梨落
오 비 이 락
우연한 일치로 남에게 의심을 받게 됨.

誤算
오 산
틀린 계산. 또는 잘못된 짐작이나 예상. 그의 능력을 —하다.

誤想
오 상
착각으로 인한 그릇된 생각.
— 방위. — 피난

傲霜孤節
오 상 고 절
서릿발에도 굴하지 않는 꽂꽂한 절개. 곧 국화의 비유.

五色
오 색
파랑·노랑·빨강·하양·검정의 다섯 가지 빛깔. —이 영롱하다.

誤書
오 서
글자를 잘못 씀. 또는 그 글자.
— 落字(낙자)가 많다.

▷五倫

①父子有親 : 부자 사이의 친애
②君臣有義 : 군신 사이의 의리
③夫婦有別 : 부부 사이의 분별
④長幼有序 : 장유 사이의 차례
⑤朋友有信 : 붕우 사이의 신의

五線 오 선 악보를 그리기 위하여 평행으로 그은 다섯 개의 줄. —紙(지)

悟性 오 성 논리적으로 판단하고 생각하는 능력. —과 理性(이성).

汚損 오 손 더럽히고 손상함. 자연이 —되다. 기물을 —하다.

午睡 오 수 낮잠 —를 즐기다.

誤審 오 심 잘못 심판함. 또는 그릇된 심판. —이 잦다. —에 불복하다.

五言 오 언 한시에서 한 구가 5자씩으로 된 형식. — 절구. — 율시

誤譯 오 역 그르게 번역함. 또는 그런 번역. —이 많다.

傲然 오 연 거만스러움 —한 자세.

嗚咽 오 열 목이 메어 욺. —하는 조문객.

汚染 오 염 더럽게 물듦. 또는 세균이나 방사성 물질이 묻어 있음. —된 공기. 허천을 —시키다.

汚穢 오 예 지저분하고 더러운 것. —物(물)

汚辱 오 욕 더럽히고 욕되게 함. 명예를 —하다.

誤用 오 용 잘못 씀. 약을 —하다.

吳越同舟 오 월 동 주 사이가 나쁜 사람이 같은 장소에 있게 됨.

烏有 오 유 있던 사물이 아주 없이 됨. —로 되어 버리다.

誤認 오 인 잘못 인정하거나 잘못 앎. — 사격. 적으로 —하다.

誤入 오 입 아내 아닌 여자와 성교함. —쟁이. —질하다.

誤字 오 자 잘못 쓴 글자. 틀린 글자. —가 많다. —를 바로잡다.

五臟 오 장 간장·심장·비장·폐장·신장의 다섯 가지 내장. —이 뒤집히다. —육부

午前 오 전 자정부터 정오까지의 동안. —과 午後(오후). — 8시

誤傳 오 전 사실과 다르게 전함. 사실이 —되다.

汚點 오 점 더러운 점. 또는 명예를 더럽히는 흠. —을 남기다.

五重 오 중 다섯 번 거듭되거나 다섯 가지가 겹침. —唱(창). — 추돌 사고.

奧地 오 지 도시에서 멀리 떨어진, 산 속 깊이 있는 곳. 산간 —. —에 사는 사람.

誤診 오 진 병의 진단을 잘못함. 또는 그런 진단. —이 잦다. —한 의사.

誤差 오 차 측정치와 실수와의 차이. — 범위. —가 생기다.

午餐 오 찬 손님을 청하여 대접하는, 잘 차린 점심 식사. —과 만찬.

誤判 오 판 잘못 판정함. 또는 그 판정. —이 잦다. —에 대한 항의.

惡寒 오 한 병적으로 몸이 오슬오슬 추워지는 증상. —이 들다.

烏合之卒 오 합 지 졸 임시로 모아 들여서 훈련이 없는 군사. 인신하여, 조직이 없는 무리.

誤解 오 해 잘못 해석하거나 이해함. 또는 그 해석이나 이해. —를 풀다.

五行 오 행 동양 철학에서 이르는, 金·木·水·火·土의 다섯 원소. — 상극. —說(설)

嗚呼 오 호 아! 어허! 슬픔을 나타내는 말. —哀哉(애재)라.

迂闊 오 활 ①에돌아서 멂. —한 길. ②사리에 어둡고 덤둘함. —한 선비.

午後 오 후 오정부터 자정까지의 사이. — 8시. 午前(오전)과 —.

玉溪 옥 계 옥같이 맑은 물이 흐르는 시내. —淸流(청류)

玉稿 옥 고 남의 원고에 대한 높임말. —를 보내 주셔서 감사합니다.

獄苦 옥 고 옥살이의 고생. —를 치르다.

玉骨 살빛이 회고 고결한 풍채.
옥 골 — 선비. —仙風(선풍)

屋内 집의 안.
옥 내 — 배선. — 집회

沃畓 기름진 논.
옥 답 門前(문전)—

玉童子 어린 사내아이.
옥 동 자 늘그막에 —를 얻다.

獄吏 감옥에 딸린 구실아치.
옥 리 원이 —에게 분부하다.

獄門 감옥의 문.
옥 문 — 앞에서 기다리던 춘향 어미.

獄死 옥살이를 하다가 감옥 안에서
옥 사 죽음. —한 죄수.

獄事 중대한 범죄를 다스리는 일.
옥 사 —를 일으키다.

屋上 마당처럼 평평한 지붕 위.
옥 상 —架屋(가옥). — 정원

玉石 옥돌. 또는 옥과 돌.
옥 석 —을 가리다. —俱焚(구분)

玉碎 훌륭한 일을 위하여 명예롭게
옥 쇄 죽음. —할 각오를 하다.

玉手 ①임금의 손. ②아름다운 여자
옥 수 의 손. 纖纖(섬섬)—

玉食 하얀 쌀밥. 또는 맛있는 음식.
옥 식 玉衣(옥의)—으로 호강하다.

玉顔 ①임금의 얼굴. —을 뵙다. ②아름
옥 안 다운 여자의 얼굴. —을 들다.

屋外 집의 밖.
옥 외 — 집회. 屋内(옥내)와 —.

獄卒 옥에 갇힌 죄수를 감시하던 사
옥 졸 람. —을 매수하다.

玉座 임금이 앉는 자리.
옥 좌 —에 오르다.

獄中 감옥의 안.
옥 중 — 생활. —에 갇히다.

玉體 ①임금의 몸. ②상대편을 높여 그
옥 체 의 몸을 이르는 말. — 만안하소서.

沃土 기름진 땅.
옥 토 황무지를 —로 바꾸다.

玉篇 한자를 부수와 획수의 순으로
옥 편 모아 풀이한 책. —을 찾아보다.

穩健 온당하고 건전함.
온 건 —한 세상. —한 태도.

溫故知新 옛것을 익히고 그것을
온 고 지 신 미루어서 새것을 앎.

溫氣 따뜻한 기운.
온 기 —가 돌다. —가 없다.

溫暖 날씨가 따뜻함.
온 난 —한 기후.

穩當 도리에 어그러지지 아니하고
온 당 타당함. —한 처사. —치 못하다.

溫帶 열대와 한대 사이에 있는 기후
온 대 대. —林(림). — 지방

溫度 덥고 찬 정도. 또는 그것을 나
온 도 타내는 도수. —計(계)

溫良 성품이 온화하고 무던함.
온 량 —한 성격.

溫涼 따뜻함과 서늘함.
온 량 —補瀉(보사)

溫麵 더운 맑은 장국에 만 국수.
온 면 — 먹을 제부터 그르다.

溫床 ①인공으로 열을 가하여 식물을 기르는 시설.
온 상 ②어떤 현상이 싹터 자라나는 토대. 부패의 —

溫水 따뜻한 물.
온 수 — 난방. —와 냉수.

溫順 성품이 고분고분하고 순함.
온 순 —한 아이.

溫室 난방 장치를 갖춘 방.
온 실 — 재배

溫雅 온순하고 조촐함.
온 아 —한 성품.

溫柔 온화하고 유순함.
온 유 성품이 —하다. —한 태도.

蘊藉 교양이 있고 얌전함.
온 자 —한 사람.

溫情 따뜻한 인정.
온 정 ―의 손길. ―에 넘치는 인사.

溫泉 25℃ 이상의 지하수가 솟는 샘.
온 천 ― 요양. ―을 하다.

蘊蓄 학식을 축적함.
온 축 ―한 학문.

溫湯 뜨거운 물. 또는 온천의 물.
온 탕 ―과 冷湯(냉탕).

溫和 ①날씨가 맑고 따스함. ―한 날.
온 화 ②마음이 부드럽고 순함. ―한 인품.

穩和 조용하고 평화로움.
온 화 ―한 분위기.

溫厚 성질이 부드럽고 후함.
온 후 ―한 사람.

壅固執 아주 심한 고집.
옹 고 집 ―을 부리다.

甕器 질그릇과 오지그릇의 통칭.
옹 기 ―장이. ―店(점)

擁壁 흙벽이 무너지는 것을 막기 위
옹 벽 해 덧쌓는 벽. ―을 쌓다.

壅塞 ①생활이 군색함. ―한 살림.
옹 색 ②장소가 비좁음. 집이 ―하다.

擁衛 부축하여 호위함.
옹 위 좌우에서 ―하다.

壅拙 너그럽지 못하고 편협함.
옹 졸 ―한 위인. ―한 생각.

翁主 임금의 후궁에서 태어난 딸.
옹 주 公主(공주)와 ―.

擁護 지지하여 돌보거나 편들어 지킴.
옹 호 인권 ―. 약자를 ―하다.

瓦家 기와집
와 가 ―와 草家(초가).

瓦器 질그릇. 토기
와 기 ―와 石器(석기).

臥龍 큰 일을 할 수 있는 인물로서 아
와 룡 직 나타나서 활동하지 않는 사람.

臥病 병으로 자리에 누움.
와 병 ― 중인 친구를 찾아보다.

喎斜症 입과 눈이 한 쪽으로 쏠리
와 사 증 어 비뚤어지는 병.

臥席 병으로 자리에 누움.
와 석 ―終身(종신).

臥薪嘗膽 원수를 갚으려고 괴롭고
와 신 상 담 어려움을 참으면서 겪음.

訛言 ①사실과 다르게 잘못 전해진
와 언 말. ②사투리. 표준어와 ―.

瓦屋 기와집
와 옥 ―이 즐비한 민속 마을.

瓦全 보람없이 지내며 신명을 보전함.
와 전 玉碎(옥쇄)와 ―.

訛傳 사실을 그릇 전함.
와 전 ―된 소문.

渦中 소용돌이치는 가운데. 인신하여, 어
와 중 지러운 사건의 가운데. 전쟁의 ―.

瓦解 깨어져 흩어짐.
와 해 정당이 ―되다. 공산 진영의 ―.

頑强 고집이 세고 굳셈.
완 강 ―한 반대에 부닥치다. ―하게 버티다.

完決 완전히 결정함.
완 결 수도 이전에 관한 문제를 ―하다.

完結 완전히 끝을 맺음.
완 결 ―을 짓다.

完固 완전하고 튼튼함.
완 고 맡은 일을 ―하게 처리하다.

頑固 융통성이 없이 고집이 셈.
완 고 ―한 사상.

婉曲 내용을 에둘러 말하는 투가 부
완 곡 드러움. ―하게 타이르다.

完工 공사가 끝나거나 공사를 끝냄.
완 공 신축 공사가 ― 단계에 이르다.

完久 완전하여 오래 견딜 수 있음.
완 구 ―之計(지계)

玩具 장난감
완 구 ―店(점). ― 공장

緩急 느즈러짐과 급함. 또는 느림과
완 급 빠름. ―을 조절하다.

完納 _{완 납} 바쳐야 할 것을 전부 다 냄. 세금을 —하다.

腕力 _{완 력} 팔의 힘. 인신하여, 육체적으로 강박하는 힘. —이 세다.

玩弄 _{완 롱} 장난감이나 놀림감처럼 희롱함. —物(물)

完了 _{완 료} 완전히 끝마침. — 기일. 준비를 —하다.

緩流 _{완 류} 느리게 흐름. 또는 느린 흐름. 急流(급류)와 —.

緩慢 _{완 만} ①행동이나 진행이 느림. —한 속도. ②경사가 가파르지 않음. —한 경사.

完滅 _{완 멸} 완전히 멸망하거나 소멸함. — 상태에 이르다.

頑命 _{완 명} 모질게 살아 있는 목숨. —을 보전하다.

完美 _{완 미} 완전하여 결함이 없음. —한 예술 작품.

玩味 _{완 미} 잘 씹어서 맛봄. 또는 잘 생각하여 맛봄. 시문을 —하다.

頑迷 _{완 미} 완고하여 사리에 어두움. —하게 고집을 하다.

完璧 _{완 벽} 결함이 없이 완전함. —한 준비. —을 기하다.

緩步 _{완 보} 천천히 걸음. 또는 천천히 걷는 걸음. —徐行(서행)으로 나아가다.

完本 _{완 본} 질로 된 책에서, 한 권도 빠지지 아니하고 온전히 갖추어진 책.

完封 _{완 봉} 야구에서 투수가 상대 팀에게 한 점도 내주지 않고 완투하는 일.

完備 _{완 비} 완전하게 갖춤. 시설을 —하다. 조건의 —.

玩賞 _{완 상} 놀이로 즐기며 감상함. 꽃을 —하다.

完成 _{완 성} 일정한 일을 완전히 이룸. —車(차). —品(품)

完遂 _{완 수} 완전히 수행함. 계획을 —하다. 책임을 —하다.

完熟 _{완 숙} ①완전히 익거나 성숙함. —期 ②완전히 삶음. —한 달걀.

完勝 _{완 승} 일방적인 경기 운영으로 완전히 이김. 큰 득점 차로 —하다.

頑惡 _{완 악} 배때벗고 사나움. 또는 모지락스럽고 악독함. —한 사람.

完譯 _{완 역} 전문을 빠짐없이 번역함. 초역과 —. 논어를 —하다.

宛然 _{완 연} ①아주 또렷함. 봄 기운이 —하다. ②모양이 비슷함. —한 아버지 모습.

玩月 _{완 월} 달을 구경하며 즐김. —로 시간을 보내다.

完人 _{완 인} ①병이 완전히 나은 사람. —이 되다. ②결점이 없는 사람. 또는 완전한 사람.

阮丈 _{완 장} 남의 삼촌의 높임말. —께서 무고하신가?

腕章 _{완 장} 팔에 두르는 표장. —을 두른 경비원.

完全 _{완 전} 결함이나 부족함이 없이 옹글. —無缺(무결). —한 승리.

完走 _{완 주} 목표한 거리를 끝까지 달림. 마라톤 코스를 —하다.

緩衝 _{완 충} 충돌을 완화시킴. —國(국). — 지대

完治 _{완 치} 병을 완전히 고침. 당뇨병을 —하다.

完快 _{완 쾌} 병이 완전히 나음. —를 바라다.

完敗 _{완 패} 여지없이 아주 패함. —하고 돌아온 선수.

緩行 _{완 행} 느리게 감. 또는 완행 열차의 준말. —列車(열차). —을 타다.

緩和 _{완 화} 다급한 상태가 느슨하게 풀림. 긴장 상태가 —되다.

曰牌 _{왈 패} 말이나 행동이 단정하지 못하고 수선스러운 사람.

王家 _{왕 가} 임금의 집안. —의 후손.

往古 지나간 옛날.
왕 고 ─ 이래로 없던 일.

王冠 임금이 머리에 쓰는 관.
왕 관 금으로 된 신라 때의 ─.

王國 임금이 다스리는 나라.
왕 국 고대의 ─.

王宮 임금이 사는 궁전.
왕 궁 ─을 지키는 친위대.

王權 왕의 권력.
왕 권 ─神授説(신수설)

旺氣 왕성하게 될 징조.
왕 기 ─가 뜨이다.

王女 임금의 딸.
왕 녀 王子(왕자)와 ─.

往年 지나간 해.
왕 년 ─의 이름난 배우.

王大妃 살아 있는, 전왕의 비.
왕 대 비 大王大妃(대왕대비)와 ─.

王都 왕국의 도읍.
왕 도 고구려의 ─이었던 평양.

王道 ①왕이 마땅히 행해야 할 일. ②왕이
왕 도 도의로써 나라를 통치하는 도리.

往來 가고 오고 함.
왕 래 ─하는 사람. 서신의 ─.

王陵 왕의 무덤.
왕 릉 신라의 ─. 고구려 ─.

枉臨 남의 내방을 높여 이르는 말.
왕 림 ─해 주셔서 감사합니다.

王命 왕의 명령.
왕 명 ─을 받들다. ─을 거역하다.

往復 갔다가 돌아옴.
왕 복 ─ 거리. ─에 걸리는 시간.

王妃 임금의 아내. 왕후(王后)
왕 비 ─를 책봉하다.

往事 지나간 일.
왕 사 ─를 역력히 기억하다.

往生 이승을 버리고 저승으로 감.
왕 생 극락 세계에 ─하다.

旺盛 기운이나 세력이 와짝 성함.
왕 성 ─한 의기. 혈기가 ─하다.

王室 임금의 집안.
왕 실 ─과 귀족.

往往 이따금
왕 왕 ─ 있는 일. ─ 실수를 저지르다.

王位 왕의 자리.
왕 위 ─에 오르다. ─를 계승하다.

王威 왕의 위엄.
왕 위 ─를 떨치다.

王子 임금의 아들.
왕 자 ─와 王女(왕녀). ─大君(대군)

王政 임금이 다스리는 정치.
왕 정 ─復古(복고)

王朝 혈통에 따라 차례로 왕위에 오
왕 조 르는 조정. 고려 ─. 조선 ─

王族 임금의 일가.
왕 족 영락한 ─.

王尊丈 남을 높여 그의 할아버지를 이
왕 존 장 르는 말. ─께서 강녕하신가?

王座 임금이 앉는 자리. 인신하여, 한 분야에서
왕 좌 으뜸 가는 자리. 바둑계의 ─를 차지하다.

往診 환자의 집으로 가서 진찰함.
왕 진 ─을 가다.

王統 왕위를 계승하는 바른 계통.
왕 통 ─을 잇다. ─이 끊어지다.

王后 임금의 아내. 왕비(王妃)
왕 후 인현 ─. ─의 친정.

王侯 제왕과 제후.
왕 후 ─將相(장상)이 씨가 있나?

歪曲 사실과 맞지 않게 그릇되게 해석함.
왜 곡 '외곡'으로 읽어야 할 말. ─된 보도.

倭寇 전날의, 일본의 해적.
왜 구 ─의 침범이 잦았다.

倭國 일본을 얕잡아 이르던 말.
왜 국 ─의 침략을 막다.

倭軍 일본 군대를 얕잡아 이르는 말.
왜 군 ─을 격퇴한 충무공.

倭亂 왜군의 침탈로 일어난 난리.
왜 란　壬辰(임진)―

倭兵 일본 군사를 얕잡아 이르는 말.
왜 병　―들을 물리치다.

倭船 일본 배를 얕잡아 이르는 말.
왜 선　수십 척의 ―을 격침하다.

矮小 볼품없이 작고 오종종함.
왜 소　―한 체구. ―하게 보이다.

倭食 일본식 요리.
왜 식　―집. ―을 즐겨 먹다.

倭人 일본인을 얕잡아 이르는 말.
왜 인　―들의 농간.

倭敵 적국이던 일본이나 일본인.
왜 적　―을 물리치다.

外家 어머니의 친정.
외 가　친가와 ―. ―에 다녀오다.

外殼 겉껍데기
외 각　지구의 ―.

外艱喪 아버지나 승중조부의 상사.
외 간 상　내간상과 ―.

外見 겉보기
외 견　―상으로는 하자가 없다.

畏敬 두려워하며 공경함.
외 경　―하는 벗.

外界 바깥 세계.
외 계　―와의 접촉.

外姑 장모. 글체로 쓰는 말.
외 고　―와 외구.

外科 질병과 부상을 물리 요법이나 수술
외 과　로 치료하는 의학. ― 의사. 정형 ―

外廓 바깥 테두리.
외 곽　― 단체

外觀 겉으로 드러나 보이는 모양새.
외 관　―上(상) 좋지 못하다.

外交 외국이나 외부와 교제하는 일.
외 교　― 사절. ― 수완

外寇 외부의 적.
외 구　―를 몰아내다.

外舅 장인. 글체로 쓰는 말.
외 구　外姑(외고)와 ―.

外國 자기 나라 이외의 다른 나라.
외 국　― 사람. ― 상품

外勤 외부의 일을 보기 위해 직장
외 근　밖에 나가서 하는 근무. ― 사원

外道 ①=誤入(오입). ②자기가 사는
외 도　도 이외의 다른 도.

外燈 옥외에 설치한 전등.
외 등　―을 켜다.

猥濫 분수에 넘침.
외 람　―된 생각. ―된 말.

外來 외국이나 외부에서 옴.
외 래　―語(어). ― 환자. ―文化(문화)

外面 ①겉으로 드러나거나 나타난 모양.
외 면　②마주 보지 않으려고 얼굴을 돌림.

外命婦 공주·옹주·부부인 및 일정한
외 명 부　품계를 가진 문무관의 아내.

外貌 겉으로 나타나 보이는 용모.
외 모　―가 단정하다.

外務 ①외교에 관한 사무. ― 행정
외 무　②직장 밖의 업무. ― 사원

外泊 딴 데 나가서 잠.
외 박　―이 잦다.

外部 일정한 범위의 밖.
외 부　― 사정에 밝다. ―人士(인사)

外賓 외국이나 외부에서 온 손님.
외 빈　―을 접대하다.

外事 외국이나 외국인과 관계 있는
외 사　일. ― 경찰. ― 범죄

外傷 몸의 겉에 생긴 상처.
외 상　―을 입다.

外線 옥외의 전선.
외 선　―에서 끌어 온 전력.

猥褻 이성을 대함이 음탕하고 난잡함.
외 설　―物(물)

外勢 ①외국의 세력. ―에 의존하다.
외 세　②외부의 형세. ―를 엿보다.

外孫 딸이 낳은 아들딸이나 자손.
외 손 ─奉祀(봉사). ─子(자). ─婦(부)

外需 자기 나라의 상품에 대한 외국
외 수 의 수요. 內需(내수)와 ─.

外叔 어머니의 오빠나 남동생.
외 숙 ─의 집에 놀러 가다.

外食 음식점에 가서 음식을 사 먹음.
외 식 모처럼 온 가족이 ─을 하다.

外信 외국 통신.
외 신 ─이 전하는 보도.

外洋 육지에서 멀리 떨어진 바다.
외 양 ─ 어선. ─을 향해하다.

外樣 겉모양
외 양 ─이 얌전하다.

外延 개념이 포괄하는 범위.
외 연 ─과 內包(내포).

巍巍 우뚝 높이 솟고 큼.
외 외 ─한 산봉우리.

外用 살가죽에다 씀.
외 용 ─藥(약). ─ 연고.

外憂 ①=外患(외환). ─內患(내환)
외 우 ②=外艱喪(외간상)

畏友 존경하는 벗.
외 우 ─와 親友(친우).

外遊 외국을 여행함.
외 유 ─에서 돌아오다.

外柔內剛 겉으로 보기에는 부드러우
외 유 내 강 나 속은 강함. ─의 성품.

外資 외국 자본. 외래 자본.
외 자 ─를 유치하다.

外的 ①사물의 외부에 관한. ─ 요인
외 적 ②육체나 물질에 관한. ─ 욕망

外製 외국에서 만든 물품.
외 제 ─를 선호하는 풍조.

外族 외가쪽의 일가.
외 족 ─의 사람.

外注 외부 업자에게 주문함.
외 주 ─를 내다.

外地 자기가 사는 곳 밖의 땅.
외 지 ─에서 온 사람.

外債 외국에서 빌려 온 빚.
외 채 ─를 갚다.

外戚 외가쪽의 겨레붙이.
외 척 왕의 ─이 세도를 누리다.

外出 볼일을 보러 밖으로 나감.
외 출 ─服(복). ─을 하다.

外套 양복 위에 덧입는 겉옷.
외 투 ─을 벗다.

外販 고객을 찾아 가서 상품을 파는
외 판 일. ─ 사원

外港 ①항만의 바깥 해역. ─에 정박하다.
외 항 ②대도시 가까이 있는 항구.

外航船 외국 항로를 오가는 선박.
외 항 선 ─을 타는 선원.

外形 겉으로 보이는 형상.
외 형 ─이 보기 좋다.

外貨 외국의 화폐.
외 화 ─ 획득에 힘을 쏟다.

外畫 외국 영화.
외 화 ─를 들여오다.

外患 외부로부터의 침노에 대한 근
외 환 심. 內憂(내우)─이 잦다.

外換 국제간의 채권 채무를 환어음으로
외 환 결재하는 방식. 外國換의 준말.

要綱 기본이 되는 중요 사항.
요 강 입시 ─. 사업의 추진 ─.

要件 필요한 조건.
요 건 ─을 갖추다.

邀擊 도중에 기다리고 있다가 맞받아
요 격 침. ─할 태세를 갖추다.

要訣 가장 긴요한 방법.
요 결 사업 성공의 ─.

要功 자기가 한 일을 내세워 남이 칭찬
요 공 해 주기를 바람. ─이 지나치다.

妖怪 요사스럽고 괴이함. 또는 그런
요 괴 괴물. ─한 행실. ─가 나타나다.

要求 ①달라고 청구함. 대가를 —하다. ②어떻
요 구　게 해 달라고 함. 처우 개선을 —하다.

妖鬼 요사한 귀신.
요 귀　—를 몰아내다.

料金 대가로 셈하는 돈.
요 금　가스 —. 수도 —. 전기 —

妖氣 요사스러운 기운.
요 기　무시무시한 —가 감돌다.

療飢 시장기를 면할 정도로 조금 먹
요 기　음. 주막에서 —를 하다.

要緊 중요하고 긴함.
요 긴　—한 말. —하게 쓰이다.

妖女 요사스러운 여자.
요 녀　—에 홀린 난봉꾼.

要談 긴요한 이야기.
요 담　—을 나누다.

腰帶 허리띠
요 대　—를 붙잡고 놓아주지 않는다.

尿道 오줌을 몸 밖으로 내보내는 관.
요 도　—炎(염)

搖動 흔들리어 움직임.
요 동　감동이 —치다. —하는 물체.

擾亂 ①시끄럽고 떠들썩함. —한 총소리.
요 란　②정도가 지나쳐서 강함. —한 향기.

要覽 중요한 점만 추려서 만든 책.
요 람　학교 —. 관광지 —

搖籃 ①젖먹이를 올려놓고 흔들도록 만
요 람　든 물건. ②어떤 사물의 발생지.

要略 불필요한 것을 생략하고 요점만을
요 략　가려 뽑음. 또는 그렇게 뽑은 것.

料量 헤아려 생각함. 또는 그 생각.
요 량　자네 —으로는 언제 끝날 것 같은가?

要領 ①가장 기본적인 골자나 줄거리. —만
요 령　따다. ②일을 처리하는 수단. —을 알다.

要路 ①중요한 길목. 교통의 —.
요 로　②중요한 자리. —에 있는 당국자.

料理 ①음식을 만듦. 또는 그 음식.
요 리　②제기된 일을 알맞게 처리함.

妖妄 요사하고 망녕됨.
요 망　—을 떨다. —한 제집.

要望 기대나 희망이 이루어지기를
요 망　간절히 바람. — 사항

要目 요긴한 조목.
요 목　—을 열거하다.

妖物 요사스러운 사람이나 물건.
요 물　나라를 어지럽힌 —.

療法 병을 치료하는 방법.
요 법　물리 —. 온천 —

妖婦 요사스런 계집.
요 부　—의 꾐에 빠지다.

饒富 살림이 넉넉함.
요 부　—한 집.

夭死 나이가 젊어서 죽음.
요 사　아까운 나이에 —하다.

妖邪 요망스럽고 간사함.
요 사　—한 행동. —를 떨다.

樂山樂水 산을 좋아하고 물을 좋
요 산 요 수　아함. 곧 자연을 좋아함.

要塞 군사상 중요한 지점에 마련한 견
요 새　고한 방어 시설. —를 구축하다.

尿素 오줌에 함유된 유기 화합물.
요 소　—樹脂(수지)

要所 위치상 중요한 곳.
요 소　경비 초소를 —에 두다.

要素 사물을 성립시키는 기본적인
요 소　내용. 연극의 3—.

夭壽 나이가 젊어서 죽음.
요 수　—한 사람. 장수와 —.

堯舜時節 나라가 태평한 시절.
요 순 시 절　—을 구가하다.

樂의 세 자음

①풍류　악 : 樂器(악기)

②즐거울 락 : 安樂(안락)

③좋아할 요 : 樂山樂水(요산요수)

妖術 요 술 사람의 눈을 속여 넘기는 술법. —쟁이. —을 부리다.

要式 요 식 일정한 규정에 따라야 할 방식. —行爲(행위).

要約 요 약 말이나 글에서 요점만 따서 줄임. 내용을 —하다.

療養 요 양 휴양하면서 치료함. 또는 그 치료. —院(원). — 생활을 하다.

妖言 요 언 인심을 뒤흔드는 요사스러운 말. —을 퍼뜨리다.

窯業 요 업 질그릇·기와·벽돌 등, 흙을 구워서 일정한 물건을 만드는 공업.

徭役 요 역 지난 날, 백성에게 일정한 구실 대신에 시키던 강제 노동.

瞭然 요 연 현상이나 사리가 환하고 똑똑함. —目(일목)—하다.

妖艶 요 염 사람의 마음을 끌 만큼 매우 아리따움. —한 웃음을 짓다.

料外 요 외 생각 밖. —의 일이 생기다.

要員 요 원 꼭 필요한 인원. 수송 —. 홍보 —

燎原 요 원 무서운 형세로 불타는 벌판. —의 불길.

遼遠 요 원 아득하게 멂. —한 장래. 전도가 —하다.

要人 요 인 중요한 지위에 있는 사람. 정부의 —을 경호하다.

要因 요 인 중요한 원인. 성공의 —.

曜日 요 일 1주일 가운데의 각 날. 木(목)—. 어느 —이 좋겠느냐?

夭折 요 절 나이가 젊어서 죽음. —한 시인. —한 벗.

腰折 요 절 매우 우스워서 허리가 부러질 듯함. —을 하도록 웃어대다.

要點 요 점 가장 중요한 점. —을 정리하다.

妖精 요 정 요사스러운 정기. 또는 그 정기가 엉기어 이루어진 형체. —이 나타나다.

料亭 요 정 요릿집 —출입이 잦다.

窈窕淑女 요 조 숙 녀 말과 행실이 얌전한 여자. —를 아내로 맞다.

要旨 요 지 말이나 글의 중요한 뜻. —를 밝히다. —를 파악하다.

要地 요 지 중요한 지역이나 지대. 군사적 —. —를 점령하다.

搖之不動 요 지 부 동 흔들어도 움직이지 아니함. —의 자세.

要職 요 직 중요한 직책이나 직위. —에 있다. —을 맡다.

凹凸 요 철 오목함과 볼록함. —이 없는 노면.

要請 요 청 요구하거나 요망하여 청함. —을 들어 주다.

要諦 요 체 가장 중요한 점. 성공의 —.

要衝 요 충 군사상·지리상 긴요한 곳. —地(지). 전략상의 —.

腰痛 요 통 허리가 아픈 증세. —이 심하다.

腰下 요 하 허리의 아래. 대장인을 —에 비껴 차고……

要項 요 항 요긴한 사항. 사원 채용의 —을 공고하다.

要港 요 항 군사·교통 면에서 중요한 항구. 국제 무역의 —.

了解 요 해 사정이나 형편이 어떠함을 자세히 앎. 충분한 —.

要害 요 해 공격을 막기에 유리한, 자세가 험한 곳. —處(처). 천연의 —.

僥倖 요 행 우연히 잘 되어 다행함. —을 바라다.

欲界 욕 계 불교에서 말하는, 본능적 욕망의 세계. —의 三慾(삼욕).

慾求 욕심껏 구함. 또는 욕망과 요구.
욕 구 ―를 채우다. ―不滿(불만)

欲望 가지고자 하거나 하고자 하여 바
욕 망 람. 또는 바라는 그 마음. ―이 많다.

辱說 남의 인격을 무시하고 하는 모
욕 설 욕적인 말. ―을 퍼붓다.

欲速不達 일을 빨리 하려고 서두르
욕 속 부 달 면 도리어 이루지 못함.

浴室 목욕하는 시설을 갖춘 방.
욕 실 ―과 화장실.

慾心 하고자 하거나 가지고자 하는
욕 심 마음. ―을 부리다. ―이 지나치다.

欲情 이성에 대한 육체적 욕망.
욕 정 ―에 사로잡히다.

浴槽 목욕물을 담는 통.
욕 조 ―를 청소하다.

勇敢 어려움이나 두려움 없이 날쌔고
용 감 씩씩함. ―한 국군. ―하게 싸우다.

用件 볼일. 용무
용 건 ―을 말해 보라.

容共 공산주의를 받아들임.
용 공 ― 세력. ―과 反共(반공).

鎔鑛 광석을 녹이는 일.
용 광 ―爐(로)

龍宮 용왕이 산다는, 바다 속의 궁전.
용 궁 ―에 있는 용왕.

用器 어떤 일에 쓰는 그릇.
용 기 사무 ―의 생산.

勇氣 씩씩하고 굳센 기운.
용 기 ―를 얻다. ―를 북돋우다.

容器 물건을 담는 그릇.
용 기 플라스틱 ―

容納 너그러운 마음으로 받아들임.
용 납 ―할 수 없는 언동.

勇斷 용기 있게 결단함. 또는 그런
용 단 결단. ―을 내리다.

用達 상품이나 짐을 지정한 곳에 날
용 달 라다 주는 일. ―車(차)

用途 쓰이는 길.
용 도 ―가 다양하다.

聳動 두렵거나 놀라 움직임. 또는
용 동 움직이게 함. 일세를 ―하다.

龍頭蛇尾 시작은 성하고 좋으나 뒤끝
용 두 사 미 이 갈수록 쇠하여져 나빠짐.

勇略 용기와 지략.
용 략 충무공의 ―은 세상에 드문 바다.

用量 쓰는 양. 또는 사용할 수 있는
용 량 분량. ―을 초과하다.

容量 ①그릇에 담을 수 있는 분량. ②일정한 물체가 일
용 량 정한 상태에서 가질 수 있는 열량이나 전기량.

庸劣 어리석고 변변치 못함.
용 렬 위인이 ―하다.

用例 ①전부터 써 오는 예. 단어의 ―.
용 례 ②쓰는 방법의 예. ―를 들다.

聳立 우뚝 솟음.
용 립 ―한 산봉우리.

龍馬 썩 잘 달리는 좋은 말.
용 마 장사가 나면 ―가 난다.

勇猛 용감하고 사나움.
용 맹 ―을 날리다. ―한 전사.

勇名 용맹스럽다고 이르는 명성.
용 명 ―을 떨치다.

容貌 사람의 얼굴 모양.
용 모 ―가 아름답다. 준수한 ―.

用務 볼일.
용 무 ―를 다 보다.

龍尾鳳湯 맛이 썩 좋은 음식의 비
용 미 봉 탕 유. ―의 진수성찬.

用法 쓰는 방법.
용 법 ―를 모르다.

用便 똥이나 오줌을 눔.
용 변 ―을 보다.

用兵 군대를 지휘하여 부림.
용 병 ―術(술)

傭兵 돈을 주고 고용한 군사.
용 병 지원병과 ―.

冗費 불필요한 비용.
용 비 —를 줄이다.

勇士 용감한 병사. 또는 용감한 사람.
용 사 극군 —

龍床 임금이 정무를 볼 때에 앉는
용 상 평상. —에 앉은 듯한 기분.

容色 ①얼굴빛. 웃는 —을 고치다.
용 색 ②용모와 자색. —이 아리땁다.

容恕 잘못이나 죄를 벌하지 않고 너
용 서 그럽게 보아 줌. 죄를 —하다.

用水 허드렛물. 또는 쓰는 물.
용 수 공업 —. 관개 —

用心 ①마음을 씀. —이 주도하다.
용 심 ②심술궂은 마음. —을 부리다.

龍顔 임금의 얼굴.
용 안 —을 우러러 뵙다.

熔岩 화산에서 흘러나오는 마그마. 또는 그
용 암 것이 식고 굳어서 된 바위. —窟(굴)

溶液 한 물질이 다른 물질에 녹아서
용 액 된 액체. —劑(제)

勇躍 용기 있게 떨치고 일어나.
용 약 — 고향을 떠나 유학길에 오르다.

用語 사용하는 말.
용 어 경제 —. 전문 —

用言 활용이 되는 동사와 형용사.
용 언 體言(체언)과 —.

用役 물품이나 노력을 제공하는 일.
용 역 —산업. — 수출

龍王 용궁에 있다는 상상상의 임금.
용 왕 —굿. —께 빌다.

勇往邁進 용감하고 힘차게 나아감.
용 왕 매 진 —하는 극군 용사.

溶溶 ①강물의 흐름이 순함. —한 大河.
용 용 ②마음이 넓고 큼. 마음이 —하다.

冗員 남아 도는 인원.
용 원 —을 줄이다.

用意 어떤 일을 하려고 마음을 먹음. 또
용 의 는 그 생각. 도와 줄 —가 있다.

容疑者 범죄의 혐의를 받고 있는
용 의 자 사람. —를 검거하다.

容易 어렵지 아니하여 손쉬움.
용 이 —한 문제.

用人 사람을 씀.
용 인 기업의 성패는 —에 달려 있다.

容認 관대하게 용납하여 인정함.
용 인 이번 일만은 —해 주겠다.

傭人 고용한 사람.
용 인 기업주와 —.

冗長 말이나 글이 쓸데없이 기다람.
용 장 —한 말. —한 글.

勇將 용맹스러운 장수.
용 장 — 밑에 약졸(弱卒) 없다.

容積 ①용기에 담을 수 있는 분량. ②물체
용 적 가 공간에서 차지하고 있는 부피.

勇戰 용감하게 싸움.
용 전 —하는 군사.

鎔接 쇠붙이를 녹여 붙이거나 땜.
용 접 —工(공). —의 기술.

用地 어떤 용도에 쓰는 땅.
용 지 주택 —. 목장 —

用紙 어떤 일에 쓰는 종이.
용 지 사무 —. 인쇄 —

用處 돈·물건 따위의 쓸 곳.
용 처 급한 —가 생기다.

湧出 물이 솟아 나옴.
용 출 샘이 —하다.

聳出 우뚝 솟음.
용 출 —한 산봉우리.

容態 병의 상태.
용 태 —가 호전되다.

勇退 용기있게 물러남.
용 퇴 공직에서 —하다.

龍袍 임금이 정사를 볼 때 입던 옷.
용 포 곤룡포의 준말. —를 걸친 용안.

用品 어떤 일에 쓰는 물건.
용 품 가정 —. 사무 —

溶解 녹거나 녹임.
용 해 ―度(도). ―量(량). ―液(액)

熔解 열을 가하여 광석이나 금속을
용 해 녹임. =鎔解. 쇠붙이를 ―하다.

容喙 옆에서 말참견을 함.
용 훼 ―를 허락하지 않다.

寓居 타향에서 임시적으로 거주함.
우 거 ―한 지 3년이 되다.

愚見 남에게 대하여 자기의 의견을 겸손
우 견 하게 이르는 말. ―을 말하겠다.

右傾 사상이 우익쪽으로 기울어짐.
우 경 ―과 左傾(좌경).

憂國 나라일을 근심하고 염려함.
우 국 ― 지사. ― 충정

友軍 자기와 같은 편인 군대.
우 군 ―의 도움을 받다.

于今 지금까지
우 금 ― 10년의 세월을 허송하다.

雨氣 비가 올 듯한 기운.
우 기 ―가 있다.

雨期 장마철
우 기 ―가 닥치다. ―에 들어서다.

友黨 당파는 다르지만 정책에서 우호
우 당 관계를 유지하고 있는 정당.

優待 특별히 잘 대우함. 또는 그런
우 대 대우. ―券(권). 기술자를 ―하다.

愚鈍 어리석고 둔함.
우 둔 ―한 사람.

優等 우수한 등급.
우 등 ―賞(상). ―生(생)

雨量 비가 내린 양.
우 량 금년에는 ―이 넉넉하다.

優良 뛰어나게 좋음.
우 량 ―兒(아). ―한 성적. ―品(품)

憂慮 근심이나 걱정.
우 려 ―가 가시다. 둑이 무너질 ―는 없다.

雨露 비와 이슬. 인신하여, 두루 미치는
우 로 은혜. ―에 젖은 초목. ―之澤(지택)

愚弄 남을 바보로 보고 업신여겨 놀
우 롱 림. ―하지 말라.

牛馬 소와 말.
우 마 ―車(차)

愚昧 어리석고 사리에 어두움.
우 매 ―한 사람.

愚問 어리석은 질문.
우 문 ―에 賢答(현답).

優美 우아하고 아름다움.
우 미 ―한 자태.

愚民 어리석은 백성.
우 민 ―化(화) 정책.

憂悶 근심하고 번민함.
우 민 ―의 나날을 보내다.

雨雹 하늘에서 떨어지는 얼음 덩어
우 박 리. ―이 떨어지다.

偶發 우연히 발생함.
우 발 ― 사건

友邦 우의적 관계를 유지하는 나라.
우 방 ― 국가. ―의 도움을 받다.

虞犯 범죄를 저지를 우려가 있음.
우 범 ―少年(소년). ―지대

愚夫 어리석은 남자.
우 부 ―의 기우에 불과하다.

愚婦 어리석은 여자.
우 부 愚夫(우부)와 ―.

雨備 비를 가리는 장비.
우 비 ―를 가지고 다니다.

雨傘 비 올 때에 펴서 머리 위를 가리
우 산 는 우비. ―을 펴다. ―으로 가리다.

右相 우의정
우 상 ―과 左相(좌상).

偶像 신처럼 숭배하는 대상.
우 상 ―을 숭배하다. 청소년의 ―이 되다.

優生學 좋은 후대를 얻기 위하여 좋은
우 생 학 배우자를 얻어야 한다는 이론.

于先 무엇보다 먼저.
우 선 ― 먹기는 곶감이 달다.

優先 ①다른 것보다 앞섬. ─ 순위
우 선 ②다른 일을 제쳐놓고 먼저 함.

優勢 다른 것에 비하여 형세가 보다
우 세 나음. ─를 차지하다.

郵送 우편으로 보냄.
우 송 ─料(료). ─한 물품.

右手 오른손
우 수 ─에 든 물건. ─와 左手(좌수).

雨水 ①빗물. ─를 받다. ②이십사절기
우 수 의 하나. ─가 지나다.

偶數 2로 나누어지는 수. 짝수
우 수 ─와 奇數(기수).

憂愁 근심과 시름.
우 수 ─에 찬 표정.

優秀 여럿 가운데서 아주 뛰어남.
우 수 ─한 성적.

牛溲馬勃 쇠오줌과 말똥. 곧 아무
우 수 마 발 소용 없는 것의 비유.

雨順風調 때 맞게 비가 오고 바람이
우 순 풍 조 고름. ─하여 풍년이 들다.

優勝 경기나 경쟁에서 첫째 가는 승
우 승 리. ─첩. ─한 팀.

尤甚 더욱 심함.
우 심 ─한 수해.

憂心 근심하는 마음.
우 심 ─으로 잠을 이루지 못하다.

優雅 품위가 있고 아름다움.
우 아 ─한 말씨. ─한 자태.

優渥 은혜가 매우 두터움.
우 악 ─한 성은을 입다.

友愛 동기나 벗 사이의 사랑.
우 애 ─가 있다.

寓言 교훈적이고 풍자적인 내용을
우 언 가진 말. ─에 담긴 숨은 뜻.

迂餘曲折 복잡하게 뒤얽힌 사정.
우 여 곡 절 ─ 끝에 우승을 차지하다.

偶然 뜻하지 않게 저절로 일어난 일.
우 연 ─의 일치. ─히 만나다.

優劣 나음과 못함. 또는 우등과 열등.
우 열 ─을 가리다. 작품의 ─.

右腕 오른팔
우 완 ─ 투수. ─과 左腕(좌완).

愚頑 어리석고 완고함.
우 완 ─한 사람.

右往左往 이쪽저쪽으로 갈팡질팡
우 왕 좌 왕 함. 길을 잃고 ─하다.

優遇 후하게 대우함. 또는 그런 대우.
우 우 선왕의 ─를 받다.

憂鬱 근심스럽고 답답함.
우 울 ─한 심정. ─한 표정.

迂遠 길이 돌아서 멂.
우 원 ─한 길.

優越 월등하게 나음.
우 월 ─한 기술. ─感(감)을 가지다.

優位 우월한 자리나 수준.
우 위 ─를 차지하다. ─에 두다.

牛乳 소의 젖.
우 유 ─ 배달

優遊 하는 일 없이 한가롭게 노닒.
우 유 ─度日(도일)

優柔不斷 이럴까 저럴까 망설이기만 하
우 유 부 단 고 결단하지 못함. ─한 사람.

友誼 친구 사이의 정분.
우 의 ─가 두럽다.

雨衣 비옷
우 의 ─를 걸치다.

寓意 사물에 빗대에 뜻을 나타냄.
우 의 또는 그 뜻. ─ 소설

牛耳 ①쇠귀. ─讀經(독경)
우 이 ②우두머리.─를 잡다.

牛耳讀經 쇠귀에 경 읽기. 아무리
우 이 독 경 타일러도 알아듣지 못함.

右翼 ①오른편. 또는 오른편에 선 사람. ②보
우 익 수적인 단체. 또는 거기에 속하는 사람.

偶人 사람의 형체와 같게 만든 물체.
우 인 ─을 만들다.

雨裝 비를 맞지 않게 차리는 복장.
우 장 —도 없이 길을 떠나다.

友情 벗 사이의 정.
우 정 —에 금이 가다.

宇宙 천체가 존재하는 공간.
우 주 — 비행. —力(인력)

愚直 어리석고 고지식함.
우 직 —한 사람. —한 생각.

雨天 비가 내리는 날씨.
우 천 —으로 경기를 순연하다.

右側 오른쪽
우 측 — 통행. —에 있는 건물.

右派 보수적인 경향을 띤 파.
우 파 —와 左派(좌파).

郵便 편지나 물품을 전해 주는 업무.
우 편 — 엽서. —物(물). — 번호

郵票 우편 요금을 낸 표시로 붙이는
우 표 종이 딱지. 기념 —. — 수집가

友好 국가나 개인들 사이가 서로 좋
우 호 음. — 관계. — 조약. —的(적)

寓話 동식물을 의인화하여 나타내는
우 화 교훈적인 이야기. —集(집)

憂患 집안에 환자나 사건이 생겨서
우 환 나는 걱정. —이 끊이지 않다.

迂廻 곧바로 가지 않고 돌아서 감.
우 회 — 도로. — 작전

右廻轉 오른쪽으로 돎.
우 회 전 — 신호. —과 좌회전.

雨後竹筍 어떤 사물이 한때에 많이 생
우 후 죽 순 겨남의 형용. —처럼 일어나다.

旭日 아침에 떠오르는 해.
욱 일 —昇天(승천)의 기세.

運柩 시체를 넣은 관을 운반함.
운 구 — 행렬. 장지로 —하다.

雲泥之差 매우 큰 차이.
운 니 지 차 —로 벌어진 격차.

運動 ①건강을 위해 하는 체육. ②어
운 동 떤 목적을 위한 사회적 활동.

運命 타고 난, 정해져 있는 목숨이나 처
운 명 지. —論(론). 조국의 —. —에 맡기다.

殞命 목숨이 끊어짐. 사람이 죽음.
운 명 —한 시각. —을 지켜보다.

雲霧 구름과 안개.
운 무 —가 자욱이 끼다.

韻文 운율이 나타나게 쓴 글. 또는 운자
운 문 를 달아서 지은 글. —과 散文. —體

運搬 물건을 나름.
운 반 —船(선). 짐을 —하다.

隕石 지구에 떨어진 지구 밖의 물체.
운 석 —을 줍다.

運勢 타고난 운수의 기세.
운 세 —가 나쁘다.

運送 운반하여 보냄.
운 송 —費(비). —業(업). —할 화물.

運數 사람의 힘으로는 어찌할 수 없어
운 수 당하는 길흉화복. —가 사납다.

運輸 여객이나 화물을 나르는 일.
운 수 —業(업). — 회사

運身 몸을 움직임.
운 신 —할 폭이 좁다.

運營 사업을 경영하여 나감.
운 영 —하는 사업. 학교의 —.

運用 부리어 씀. 움직여 씀.
운 용 —의 묘를 살리다. 자금의 —.

雲雨之樂 남녀간에 육체적으로 관
운 우 지 락 계하는 즐거움.

云云 이러이러하다고 말함.
운 운 개인 사정을 —할 때가 아니다.

韻律 시에 나타나는 음악적인 음조.
운 율 —이 맞다.

運賃 운반을 해 준 보수로 받는 돈.
운 임 철도 —. —을 받다.

運轉 기계나 차를 움직여 부림.
운 전 차를 —하다. — 기술

雲集 사람이 구름처럼 많이 모임.
운 집 —한 군중.

韻致 고상하고 우아한 멋.
운 치 —가 있는 해변.

運河 육지에 배가 다닐 수 있도록
운 하 판 수로. 파나마 —

雲漢 =銀河(은하)
운 한 —을 바라보다.

運航 배를 부려 항행함.
운 항 —表(표). —을 중지하다.

雲海 높은 하늘에서 내려다 본, 많이
운 해 긴 구름. —의 위를 나는 비행기.

運行 ①운전하여 다님. —하는 버스.
운 행 ②천체가 궤도를 따라 움직이는 일.

運休 운행을 일시적으로 쉼.
운 휴 — 공고. — 기간

鬱悶 우울하고 괴로움.
울 민 심사가 —하다.

鬱憤 마음이 답답하고 분함. 또는 가슴
울 분 에 쌓인 분기. —을 풀다. —에 싸이다.

鬱鬱 ①나무가 빽빽하게 우거짐. —한 청
울 울 산. ②마음이 답답함. —한 심정.

鬱寂 답답하고 쓸쓸함.
울 적 마음이 —하다.

鬱蒼 나무가 빽빽하게 우거져 푸름.
울 창 —한 숲.

鬱火 우울하고 답답하여 나는 심화.
울 화 —病(병). —가 치밀다.

雄據 일정한 지역을 차지하고 굳게
웅 거 지킴. 각 지방에 —한 영웅들.

雄健 웅대하고 힘참.
웅 건 —한 기상.

熊膽 곰의 쓸개.
웅 담 몸에 좋다는 —.

雄大 웅장하고 큼.
웅 대 —한 포부. —한 전각.

雄圖 웅대한 계획이나 계략.
웅 도 —를 펴다.

雄辯 유창하고 조리 있게 잘하는 연
웅 변 설. —家(가). —으로 증명하다.

雄飛 기운차게 낢. 곧 용감하게 활
웅 비 동함. —의 큰 뜻을 품다.

雄壯 으리으리하게 크고도 장함.
웅 장 —한 건물. —한 맛.

熊掌 곰의 발바닥.
웅 장 맛이 좋다는 —.

雄志 웅대한 뜻.
웅 지 —를 펴다.

雄渾 시문이 웅장하고 세련됨.
웅 혼 —한 필치.

原價 제품의 생산에 든 비용.
원 가 제품의 —. — 계산

遠隔 멀리 떨어져 있음.
원 격 — 조종 장치. —한 지역.

遠景 멀리 바라보이는 경치.
원 경 —과 近景(근경).

原告 소송에서 소송을 제기한 사람.
원 고 —와 被告(피고).

原稿 일정한 종이에 써 놓은 글이나
원 고 그림. —料(료). —가 완성되다.

遠郊 도시에서 멀리 떨어져 있는 마
원 교 을이나 들판. 近郊(근교)와 —.

援軍 싸움을 도와 주는 군대. =援兵
원 군 —을 보내다.

冤屈 원통하게 누명을 써서 억울함.
원 굴 —하더라도 참자.

冤鬼 원통하게 죽은 사람의 귀신.
원 귀 —가 되어 떠돌다.

遠近 멀고 가까움. 또는 먼 데와 가
원 근 까운 데. — 각처에서 모여든 사람.

元金 ①빌려주거나 맡긴 돈의 본디의 액
원 금 수. ②밑천으로 댄 돈. —까지 날리다.

元氣 본디 타고난 기운. 또는 마음과 몸
원 기 의 정력. —가 왕성하다. —를 회복하다.

院內 국회의 안.
원 내 — 활동. —와 院外(원외).

元年 임금이 즉위한 해. 또는 연호를
원 년 정하였을 때의 첫 해. 태조 —

元旦 설날 아침.
원 단 — 경술년 —.

原緞 제품을 만드는 재료의 천.
원 단 —을 구입하다.

原隊 대원으로서 소속해 있던 조직
원 대 이나 부대. —에 복귀하다.

遠大 희망·포부 등이 장래성이 많
원 대 고 큼. —한 포부. —한 계획.

原動力 어떤 일을 일으키는 근원의
원 동 력 힘. 경제 성장의 —.

元來 본디
원 래 —의 이름. —부터 그렇다.

遠慮 먼 앞날에 대한 생각이나 걱정.
원 려 —가 없으면 큰 일을 못한다.

元老 ①경험과 공로가 많은 사람. ②나
원 로 이가 많고 덕망이 높은 벼슬아치.

遠路 먼길
원 로 —에 고생이 많았다.

原論 근본이 되는 이론.
원 론 경제학 —.

原料 물건을 만드는 재료.
원 료 —費(비)가 너무 많이 든다.

源流 강의 흐름의 근원. 또는 사물
원 류 의 근원. 한강의 —.

元利 원금과 이자.
원 리 —金(금)

原理 사물 현상의 근본이 되는 이치.
원 리 기본 —. —를 알아내다.

圓滿 성격이나 행동이 모나지 아니
원 만 하고 두루 너그러움. —한 사람.

怨望 못마땅하게 여겨 불평을 품고
원 망 미워함. 너를 —하지는 않는다.

願望 원하고 바람.
원 망 대학에 가겠다던 —이 이루어지다.

願買人 사려고 하는 사람.
원 매 인 —을 수소문하다.

願賣人 팔려고 하는 사람.
원 매 인 —과 願買人(원매인).

怨慕 원망하면서도 한편으로는 사모
원 모 함. —의 정을 숨길 수 없다.

原毛 모직물의 원료가 되는 짐승의
원 모 털. —를 수입하다.

原木 베어낸 그대로의 재목.
원 목 —을 수입하다.

原文 베끼거나 번역하거나 퇴고한 글
원 문 의, 그 본디의 글. —을 대조하다.

圓盤 둥글넓적하게 만든, 육상 경기
원 반 에 쓰는 도구. — 던지기

援兵 ＝援軍(원군)
원 병 —을 기다리다. —을 보내다.

原本 베끼거나 고치거나 한 것의, 그 근
원 본 본이 되는 서류나 문건. 졸업증서 —

原簿 본디의 장부. 또는 원장(元帳)
원 부 호적의 —.

原絲 직물의 원료가 되는 실.
원 사 폴리에스테르 —. — 수입

原産 어떤 지방에서 본디 생산됨.
원 산 —地(지). 열대 지방 —의 식물.

原狀 본디의 상태나 형편.
원 상 — 회복. —을 유지하다.

原色 ①본디의 빛깔. ②다른 빛깔로
원 색 더 분해할 수 없는 빛깔.

原書 번역한 책에 대하여, 원문으로
원 서 된 책. —를 읽을 실력.

願書 청원하는 내용을 적은 서류.
원 서 입학 —. —를 제출하다.

怨聲 원망하는 소리.
원 성 —을 듣다. —이 날로 높아지다.

元宵 음력 정월 보름날 밤.
원 소 —의 불놀이.

元素 한 종류의 원자로만 이루어진 물질.
원 소 또는 그 물질의 구성 요소. — 기호

元首 한 나라의 최고 통치권을 가진
원 수 사람. 국가의 —.

元帥 군인 중의 제일 높은 계급인
원 수 오성장군. 맥아더 —

怨讎 원한의 대상이 되는 상대.
원 수 —를 외나무다리에서 만난다.

圓熟 ①나무랄 데 없이 숙달함. —한 경지.
원 숙 ②부족한 데 없이 원만함. —한 사람.

原始 자연 그대로 있는.
원 시 — 시대. — 밀림

遠視 가까운 데 것이 잘 보이지 않
원 시 는 시력. —에 쓰는 돋보기 안경.

原審 상소 전에 했던 재판.
원 심 —을 파기하다.

遠心 중심에서 멀어짐.
원 심 —力(력). — 분리기

院兒 고아원 등에서 키우는 아이.
원 아 —를 돌보다.

原案 최초의 안. 원래의 안.
원 안 —대로 통과하다. —과 수정안.

鴛鴦 원앙새. 금실이 좋은 부부의 비유.
원 앙 —衾(금). —이 녹수를 만나다.

原液 물을 타지 않은, 본디의 액체.
원 액 소주의 —.

原野 인가가 없는 벌판과 들.
원 야 — 지대

遠洋 육지에서 멀리 떨어진 바다.
원 양 — 항해. — 어업

原語 번역된 말의 그 본디의 말.
원 어 —를 번역한 말.

園藝 채소·과수·화초 등을 심어
원 예 가꾸는 일. —師(사). — 식물

院外 국회의 밖.
원 외 院內(원내)와 —.

援用 어떤 사실을 도움이 되게 끌어
원 용 씀. 고전을 —하다.

原油 정제하지 않은 그대로의 기름.
원 유 — 생산국. — 수입

圓融 ①하나로 통하여 구별이 없음.
원 융 ②원만하여 막힘이 없음.

原義 본디의 뜻.
원 의 —를 살린 번역.

願意 바라는 생각.
원 의 군중의 —를 살피다.

原因 근본 까닭.
원 인 —을 알아보다. —을 분석하다.

猿人 인간의 조상이라는 원시인.
원 인 —의 화석을 발견하다.

遠因 먼 원인. 곧 간접적인 원인.
원 인 고려가 망한 —. —과 近因(근인).

元日 정월 초하룻날. 설날
원 일 경신년 —

原任 전에 있던 관원. =前官(전관)
원 임 — 재상

原子 원소의 가장 작은 입자.
원 자 —力(력). —彈(탄). — 에너지

原作 창작된 본디의 작품.
원 작 —을 소개하다.

元帳 거래와 계정을 적은 장부.
원 장 부기의 —.

原籍 적을 옮기기 전의 본디의 적.
원 적 —地(지). — 조회

原典 본디의 고전.
원 전 —을 번역하다.

原點 시작이나 근본이 되는 출발점.
원 점 수사가 —으로 돌아가다.

園丁 정원 가꾸는 일을 직업으로 삼
원 정 는 사람. 정원사

遠征 싸우거나 경기를 하기 위해 먼
원 정 곳으로 감. —의 길에 오르다.

元祖 한 집안의 첫 대 조상. 인신하여,
원 조 어떤 일을 처음 시작한 사람.

援助 남을 도와줌.
원 조 물심 양면으로 —하다.

原罪 크리스트교에서 말하는, 인류가 태
원 죄 어나면서부터 지니고 있다는 죄.

原住 일정한 곳에 본디부터 살고 있
원 주 음. —民(민)

圓周 원의 둘레.
원 주 —率(율). —와 직경.

遠戚 먼 척분.
원 척 —이 사는 곳.

源泉 물이 흘러나오는 근원. 인신하여, 일
원 천 정한 사물이 생기거나 나는 근원.

遠寸 먼 촌수.
원 촌 —의 일가.

原則 지키거나 따라야 할 기본적인
원 칙 법칙. —에 어긋나다.

圓卓 둥근 탁자.
원 탁 — 회의. —을 둘러싸고 앉다.

冤痛 분하고 억울함. 또는 애석하고
원 통 아까움. —한 일.

圓筒 속이 빈 원기둥.
원 통 —形(형)

原版 제일 처음 발행할 때에 썼던
원 판 인쇄판. —을 보관하다.

原爆 원자 폭탄의 준말.
원 폭 — 희생자

怨恨 원망스러워 맺힌 한.
원 한 —을 품다. —을 풀다.

遠海 육지에서 멀리 떨어진 바다.
원 해 沿海(연해)와 —.

遠行 먼 곳으로 감. 또는 먼길을 감.
원 행 —을 하다. —에서 돌아오다.

怨嫌 원망과 혐의.
원 혐 —을 사다.

原形 물체의 본디의 모양.
원 형 —을 보존하다.

原型 기본이 되는 모형.
원 형 —을 만들다.

圓形 둥그런 모양.
원 형 —으로 지은 경기장.

援護 원조하여 보호함.
원 호 — 사업. — 물자

冤魂 원통하게 죽은 영혼.
원 혼 —을 달래다. —이 되다.

原畫 복사한 그림의 본디 그림.
원 화 —를 보관하다.

遠禍 화를 물리쳐 멀리함.
원 화 —召福(소복)의 지름길.

圓滑 ①모나지 않고 원만함. —한 수완.
원 활 ②거침새 없이 순조로움. —한 진행.

元勳 나라를 위한 큰 공훈. 또는 그런 공
원 훈 이 있어 임금이 신임하는 늙은 신하.

元兇 악한의 우두머리.
원 흉 **나라를 팔아 먹은 —.**

月刊 한 달에 한 번씩 간행함. 또
월 간 는 그 간행물.— 잡지. —과 계간.

月間 한 달 동안.
월 간 —의 시세. — 사업 계획.

月頃 한 달 가량.
월 경 —이나 걸릴 외국 여행.

月經 달거리. 멘스
월 경 —不順(불순)

越境 국경이나 경계선을 넘음.
월 경 —해 온 피난민.

月桂冠 월계수로 만든 관.인신하여,
월 계 관 승리한 자가 누리는 명예.

越權 자기 권한의 범위를 넘음.
월 권 — 행위

月給 다달이 주는 봉급.
월 급 —쟁이. —을 받다.

越南 경계선을 넘어 남쪽으로 감.
월 남 —해 온 이북 동포.

越年 해를 넘김.
월 년 —生(생). —草(초)

越冬 겨울을 넘김. 겨울을 남.
월 동 — 준비. —費(비)

越等 수준이나 실력이 훨씬 위임.
월 등 —한 성적. —한 실력.

月例 다달이 정해 놓고 하는 일.
월 례 — 행사

月利 한 달을 단위로 계산하는 이자.
월 리 =月邊(월변). — 2%의 금리.

月末 그 달의 끝.
월 말 月初(월초)와 —. —이 되다.

越班 학년의 차례를 건너뛰어 상급
월 반 반으로 올라감. —한 학생.

月邊 =月利(월리)
월 변 —으로 돈을 빌리다.

月別 한 달을 단위로 하여 나눈 구분.
월 별 —로 세운 사업 계획.

月報 다달이 내는 보고서나 간행물.
월 보 日報(일보)와 —. 통계 —

越伏 10일간인 중복과 말복 사이가
월 복 20일로 되는 일.

月俸 매월 주는 봉급.
월 봉 —과 年俸(연봉).

月賦 값이나 빚을 다달이 얼마씩 나
월 부 누어 갚는 일. —金. —로 사다.

越北 경계선을 넘어 북쪽으로 감.
월 북 — 작가

月色 달빛
월 색 교교한 —.

月貰 다달이 내는 세. 사글세
월 세 —를 전세로 바꾸다.

月收 다달이 들어 오는 수입.
월 수 — 200만원의 노동자.

月蝕 달이 지구의 그림자에 가리는
월 식 현상. 日蝕(일식)과 —.

越墻 담을 넘음.
월 장 — 도주하다.

月定 달마다 정하여 놓음.
월 정 — 구독료

月次 매월(每月)
월 차 — 휴가

越尺 낚시에서, 잡은 물고기의 길이
월 척 가 한 자를 넘는 일. —을 낚다.

月初 그 달의 초승.
월 초 —와 月末(월말).

月出 달이 뜸.
월 출 日出(일출)과 —.

月評 다달이 하는 비평이나 평가.
월 평 신문에 실은 시사에 관한 —.

位階 지위의 등급. 또는 관직의 품계.
위 계 — 질서를 지키다.

僞計 거짓으로 계략을 씀. 또는 그
위 계 계략. —를 꾸미다.

委曲 찬찬하고 자상함. 또는 자세한
위 곡 곡절. —하게 타이르다.

偉功 위대한 공적.
위 공 —을 세우다.

尉官 소위·중위·대위의 군대 계급.
위 관 —과 領官(영관).

偉觀 규모가 큰 뛰어난 경관.
위 관 금강산의 —을 처음 보다.

威光 남이 두려워하고 존경하는 위
위 광 엄이 있는 기세. —에 눌리다.

危懼 염려하고 두려워함.
위 구 —心(심). —하여 조린 마음.

危局 위태한 시국이나 판국.
위 국 —에 처하다.

爲國 나라를 위함.
위 국 —忠節(충절)

危急 위태롭고 급함.
위 급 —할 때. —한 사태.

危機 위급한 고비.
위 기 —에서 벗어나다. —에 처하다.

委棄 버리고 돌아보지 아니함.
위 기 사생아를 —한 미혼모.

圍棋 바둑. 또는 바둑을 두는 일.
위 기 — 대회

違期 기한을 어김.
위 기 —하지 않도록 하라.

危難 위급하고 곤란한 처지.
위 난 —을 겪다. —에 처한 조국.

偉大 대단히 훌륭하고 거룩함.
위 대 —한 지도자. —한 승리.

威德 위엄과 덕망.
위 덕 —를 갖춘 노학자.

緯度 지구 위의 한 지점의 연직선과
위 도 적도면이 이루는 각. —와 경도.

危篤 병세가 중하여 목숨이 위태로움.
위 독 　—한 환자. 병세가 —하다.

萎落 시들어 떨어짐.
위 락 　—하는 나뭇잎.

慰樂 위안과 즐거움.
위 락 　— 시설

危亂 위태롭고 어지러움.
위 란 　나라가 —에 처하다.

威力 위세가 있는 강대한 힘.
위 력 　—을 발휘하다.

慰靈 죽은 사람의 영혼을 위로함.
위 령 　—祭(제). — 미사

慰勞 수고나 고달픔을 풀도록 따뜻하
위 로 　게 어루만짐. —의 말. —宴(연)

圍籬 유배지에 가시로 울타리를 침.
위 리 　—安置(안치)한 죄인.

威名 위력을 떨치는 명성.
위 명 　—을 전국에 떨치다.

僞名 거짓 이름.
위 명 　—으로 행세하는 사기꾼.

慰撫 위로하여 어루만짐.
위 무 　농촌에서 고생하는 동생을 —하다.

慰問 위로하기 위하여 인사를 함.
위 문 　—品(품). — 편지. 이재민을 —하다.

萎靡 시듦. 또는 쇠하여 느슨해짐.
위 미 　—不振(부진). 초목이 —하다.

違反 약속·법령 등을 어기거나 지키
위 반 　지 아니함. 규칙을 —하다.

違背 =違反(위반)
위 배 　명령을 —하다.

違法 법을 어김.
위 법 　— 행위

胃壁 위를 이루는 벽.
위 벽 　—에 있는 분비선.

胃病 위에 생기는 병.
위 병 　—을 앓다. —이 생기다.

衛兵 호위하거나 경비하는 병사.
위 병 　— 근무를 마치다. —所(소)

胃酸 위액 속에 들어 있는 산성 물질.
위 산 　— 과다증

位相 다른 사물과의 관계에서 차지
위 상 　하는 자리. —이 높아지다.

衛生 건강의 유지와 증진을 위해 대책
위 생 　을 세우는 일. 공중 —. —을 지키다.

爲先 ①무엇보다 먼저. =于先(우선)
위 선 　②조상을 위함. — 사업. —之道

僞善 겉으로만 착한 체하는 일.
위 선 　—에 찬 아첨. —者(자)

緯線 위도를 나타내는 선.
위 선 　—과 經線(경선).

衛星 행성의 주위를 돌면서 행성을 따라
위 성 　태양 주위를 도는 천체. 人工—. —도시

威勢 위엄이 있는 기세.
위 세 　—를 떨치다. —가 약해지다.

衛戍 일정한 지역의 질서와 경비를
위 수 　위해 군대가 주둔하는 일. —令

爲始 시작이나 첫 자리로 삼음.
위 시 　너를 —한 모든 급우가 모이다.

威信 위엄과 신망.
위 신 　—이 높아지다. —이 떨어지다.

慰安 위로하여 안심시킴.
위 안 　—婦(부). —을 받다.

胃癌 위에 발생하는 종양.
위 암 　—에 걸리다. —으로 고생하다.

威壓 위력이나 세력으로 억누름. 또
위 압 　는 그 압력. —感. —을 당하다.

胃液 위에서 분비되는 소화액.
위 액 　— 결핍증. —을 검사하다.

違約 약속이나 계약을 어김.
위 약 　—金(금). —者(자)

委讓 위임하여 넘겨 줌.
위 양 　권리를 —하다. 정권을 —하다.

衛의 이형 동자

衞=衛 　위생 : 衞生=衛生
　　　　방위 : 防衞=防衛

威嚴 존경하고 어려워할 만한 틀거지.
위 엄 —을 부리다. —을 보이다.

偉業 위대한 사업이나 업적.
위 업 남북 통일의 —을 달성하자.

喟然 한숨을 쉬는 모양이 서글픔.
위 연 —히 탄식하다.

偉烈 위대한 공로. 또는 그런 공로
위 열 가 있는 사업. —을 계승하다.

胃炎 위에 생긴 염증.
위 염 —이 생기다.

圍繞 어떤 지역이나 사물을 둘러쌈.
위 요 —地(지). 나를 —하고 있는 자연.

威容 위엄을 느끼게 하는 당당한 모
위 용 습. —을 과시하다.

偉容 뛰어나게 훌륭한 모양.
위 용 새로 지은 공장의 —을 드러내다.

委員 특정 사항을 심의·처리하는 일
위 원 을 위임받은 사람. 심사 —. —會

威儀 위엄이 있는 태도나 차림새.
위 의 —를 갖추다.

偉人 위대한 사람.
위 인 —의 전기.

爲人 ①사람의 됨됨이. —이 선량하다.
위 인 ②다른 사람을 위함. —設官(설관)

委任 어떤 일을 책임지워 맡김.
위 임 —狀(장). 관리 책임을 —하다.

慰藉 위로하여 도와줌.
위 자 —料(료)

偽作 =偽造(위조)
위 작 —品(품)

胃腸 위와 장.
위 장 —病(병)

胃臟 위. 소화기의 하나.
위 장 —病(병)

偽裝 거짓으로 꾸밈. 또는 그 꾸밈새.
위 장 군인으로 —하다. —服(복)

爲政 정치를 함.
위 정 —者(자)

偽造 진짜처럼 가짜를 만듦.
위 조 —貨幣. 문건을 —하다.

爲主 주장을 삼음.
위 주 신용 —의 영업.

危重 병세가 위험할 정도로 중함.
위 중 —한 병세.

偽證 증인이 거짓 증언을 함. 또는
위 증 그 진술. —罪(죄). —을 하다.

危地 위험한 곳이나 처지.
위 지 —에서 탈출하다. —에 놓이다.

委囑 일정한 일을 부탁하여 맡김.
위 촉 —받은 일. —한 일.

萎縮 어떤 힘에 눌려서 기를 펴지
위 축 못함. —되지 아니하다.

位置 자리를 차지하고 있음. 또는 그
위 치 자리. 남쪽에 —하다. 지도자의 —.

委託 남에게 부탁하여 맡김.
위 탁 — 판매. —한 화물.

危殆 형세가 마음을 놓을 수 없게
위 태 안전하지 못함. —로운 형세.

位土 소출을 산소의 제사의 비용으로 쓰
위 토 는 논밭. 선영의 —. —를 마련하다.

胃痛 위가 아픈 증세.
위 통 —이 심하다.

位牌 신주로 모시는 패.
위 패 — 앞에 제수를 차리다.

韋編 책을 매는 가죽끈.
위 편 —三絕(삼절)

偽幣 위조 지폐의 준말.
위 폐 —가 나돌다.

威風 위엄이 있는 풍채.
위 풍 —이 당당하다. 늠름한 —.

危害 위험한 재해.
위 해 —를 입다. —物(물). —를 가하다.

違憲 헌법에 어긋남. 헌법을 어김.
위 헌 — 사례. —이란 판결이 나다.

危險 위태롭고 험함.
위 험 —한 곳. —한 장난. —을 무릅쓰다.

威脅 위세를 부리며 으르고 협박함.
위 협　— 공갈. —을 느끼다. 평화를 —하다.

違和感 어울리지 않는 어색한 느낌.
위 화 감　—을 조성하다.

偉勳 매우 뛰어난 공훈.
위 훈　—을 세우다.

油價 석유의 가격.
유 가　—가 천정부지로 치솟다.

遊街 과거에 급제한 사람이 좌수나
유 가　선배·친척들을 찾아 보던 일.

儒家 유학을 신봉하고 연구하는 학
유 가　자나 학파. —의 범절.

遺家族 죽은 사람의 남아 있는 가족.
유 가 족　독립 유공자의 —.

有價證券 어음·수표·주권 등 사법상
유 가 증 권 의 재산권을 표시한 증권.

遺憾 마음에 차지 아니하여 섭섭함.
유 감　—千萬(천만). —의 뜻을 전하다.

遊客 ①유람하는 사람. ②놀고 먹는 사람.
유 객　또는 주색으로 날을 보내는 사람.

誘客 손을 꾐.
유 객　사창굴의 — 행위.

儒巾 검은 베로 만든, 유생들이 쓰
유 건　는 예관. —을 쓰고 제사를 지내다.

遊擊 전열 밖에서 그때그때의 형편에
유 격　따라 적을 공격하는 일. —戰(전)

有故 사정이나 사고가 있음.
유 고　사장의 —時(시)에 대비하다.

諭告 나라에서 시행할 일을 국민에
유 고　게 알림. 또는 공포한 그 글.

遺稿 죽은 사람이 남긴 원고.
유 고　—를 출판하다.

幽谷 깊은 골짜기.
유 곡　深山(심산)—

遺骨 무덤 속에서 나오거나 화장하고
유 골　남은 사람의 뼈. —을 봉안하다.

有功 공로가 있음.
유 공　—必報(필보). —者(자) 표창

遊廓 창녀를 여럿 두고 매음의 영업
유 곽　을 하는 곳. —을 찾다.

有關 관계나 관련이 있음.
유 관　— —기관. — 국가

遊觀 돌아다니며 구경함.
유 관　명승지를 —하다.

誘拐 남을 꾀어 냄.
유 괴　어린이 —犯(범).

儒敎 공자가 주창한, 윤리 도덕을
유 교　중심 내용으로 하는 학설.

悠久 아득하게 오램.
유 구　—한 역사.

有口無言 변명할 말이 없음.
유 구 무 언　在下者(재하자)는 —이란다.

有權者 어떤 일에 관계할 권리가
유 권 자　있는 사람. — 명부

有給 급여가 있음.
유 급　—職(직)

留級 진급하지 못하고 그대로 남음.
유 급　—生(생). —과 進級(진급).

有期 정해진 기한이 있음.
유 기　— 금고. —刑(형)

有機 생명과 생활 기능이 있음.
유 기　— 물질. — 농업. — 비료

遺棄 돌보지 아니하고 내버림.
유 기　—罪(죄). 시체를 —하다.

幼年 나이가 어린 때. 또는 그런 나
유 년　이의 어린이. — 시절

留念 잊지 아니하고 생각해 둠.
유 념　내 말을 —하여라.

有能 능력이나 재능이 있음.
유 능　—한 사람.

紐帶 둘 이상의 대상을 서로 연결시
유 대　키는 관계. 친선의 —를 강화하다.

有德 덕이 있음.
유 덕　—한 사람.

遺德 죽은 사람이 남긴 덕.
유 덕　—을 기리다.

柔道 두 사람이 맨손으로 맞붙어 승
유 도 패를 겨루는 운동 경기의 하나.

誘導 ①꾀어서 목적한 방향으로 이끎.
유 도 —彈 ②전기의 감응. — 코일.

儒道 유교의 도.
유 도 —를 신봉하다.

有毒 독성이 있음.
유 독 — 식물. — 가스

惟獨 여럿 가운데 홀로. 또는 유달리
유 독 — 나만 미워하다.

流動 흘러 움직임. 또는 이리저리
유 동 옮겨 다님. — 인구. — 자금

流頭 고유 명절인 음력 6월 15일.
유 두 —날에는 머리를 감는다.

遊樂 놀며 즐김.
유 락 —을 일삼다.

遊覽 여러 곳을 돌아다니며 구경함.
유 람 —船(선). 江山(강산)을 —하다.

流浪 정처 없이 떠돌아 다님.
유 랑 —民(민). — 극단.

由來 사물의 내력.
유 래 —가 깊다. —를 찾다.

流量 단위 시간에 흐르는 물의 양.
유 량 —을 이용한 발전.

流麗 글이나 말이 유창하고 아름다움.
유 려 —한 문장. —한 말.

有力 ①힘이 있음. —한 증거.
유 력 ②세력이 있음. —한 토호.

遊歷 여러 곳으로 놀며 돌아다님.
유 력 명승 고적을 찾아 —하다.

遊獵 놀러 다니며 사냥함.
유 렵 —期(기)

幽靈 ①죽은 사람의 영혼. ②실제 없는 것을
유 령 있는 것처럼 꾸며 놓은 존재. — 회사

類例 같거나 비슷한 실례.
유 례 —가 없다. —를 찾아보다.

有料 요금을 내게 되어 있음.
유 료 — 주차장. — 화장실

遺漏 새거나 빠짐.
유 루 —가 없도록 세운 대책.

油類 기름의 종류에 드는 것.
유 류 — 파동. 식용유 등의 —.

遺留 잊어버리고 놓아둠.
유 류 —品(품)

有利 이로움
유 리 —한 정세. —한 조건.

流離 떠돌아 다님.
유 리 —乞食(걸식)하는 떠돌이.

琉璃 글라스
유 리 — 그릇. —窓(창)

遊離 따로 떨어져 있음.
유 리 현실과 —된 정책.

蹂躪 남의 권리나 인격을 침해하며
유 린 짓밟음. 인권을 —하다.

儒林 유도를 닦는 학자들. 또는 그
유 림 들의 사회. —의 의견을 듣다.

類萬不同 여러 가지로 많다 하여
유 만 부 동 도 다 똑 같지는 않음.

有望 장차 잘될 가망이 있음.
유 망 —株(주). —한 인재.

有名 이름이나 소문이 널리 알려져
유 명 있음. —한 사람. —한 관광지.

幽明 어둠과 밝음. 또는 저승과 이승.
유 명 —을 달리하다.

幽冥 깊숙하고 어두움. 인신하여, 저승
유 명 —의 세계.

遺命 임금이나 부모가 죽을 때 남긴
유 명 분부. 文宗(문종)의 —을 받들다.

有名無實 이름만 있고 실상은 없음.
유 명 무 실 —한 기관. —한 규칙.

乳母 젖어머니
유 모 —를 두다. —가 기른 아이.

遊牧 여기저기 적당한 곳을 찾아 옮
유 목 기면서 가축을 침. —民. — 시대

有無 있음과 없음.
유 무 —間(간). —相通(상통)

遺墨 죽은 사람의 살았을 때에 쓴
유 묵　글씨나 그린 그림. — 전시회

遺物 후세에 끼친 물건.
유 물　신라 시대의 —.

唯物論 만유의 궁극적 실재는 물질이라는
유 물 론　견해나 학설. —에 근거한 견해.

流民 정처 없이 떠돌아 다니는 백성.
유 민　기근이 든 영남 지방의 —.

遺民 망하여 없어진 나라의 남아 있
유 민　는 백성. 백제의 —.

誘發 어떤 일에 이끌리어 다른 일이 일어
유 발　남. 학습 의욕을 —하는 효과가 있다.

乳房 젖퉁이
유 방　—癌(암). —을 수술하다.

遺芳 후세에 남는 빛나는 명성.
유 방　—百世(백세).

流配 죄인을 귀양보냄.
유 배　—地(지). —된 송강 정철.

幽僻 한적하고 구석짐.
유 벽　—한 심심산곡.

有別 ①분별이 있음. 夫婦 — ②보통
유 별　과 다르게 특별함. —나게 달다.

類別 ①종류에 따라 구별함. —로 나
유 별　누다. ②별남. —나게 정다웠다.

留保 미루어 둠. =保留(보류)
유 보　—해 둔 의안.

有福 복이 있음.
유 복　—한 늙은이.

裕福 살림이 넉넉함.
유 복　—한 생활.

遺腹子 배 속에 있을 때 아버지가 죽
유 복 자　은 자식. —가 있어서 대를 잇다.

有服之親 복제에 따라 복을 입는
유 복 지 친　친척. —이 거의 없다.

油腐 기름에 튀긴 두부.
유 부　— 국수

有婦男 아내가 있는 남자.
유 부 남　—과 정을 통하다.

有夫女 남편이 있는 여자.
유 부 녀　—를 꾀어 내다.

有分數 분수가 있음.
유 분 수　사람을 업신여겨도 —지.

有備無患 사전에 미리 준비해 두
유 비 무 환　면 근심하지 않아도 됨.

有史 역사가 있은.
유 사　— 이래의 번영을 누리다.

有司 단체의 사무를 맡아보는 직무.
유 사　또는 그 사람. —를 임명하다.

有事 큰일이나 사변이 있음.
유 사　—時(시)에 대비하다.

遺事 ①옛날부터 전하여 내려오는 사적.
유 사　三國 — ②죽은 사람의 생전 사적.

類似 서로 비슷함.
유 사　— 상표. —한 사례.

有產 재산이 많음.
유 산　— 계급

乳酸 젖산.
유 산　—菌(균). — 음료

流產 ①달이 차기 전에 죽은 태아를 낳음.
유 산　②계획하던 모임이 성립되지 못함.

遺產 ①죽은 사람이 남긴 재산. —을 상속하다.
유 산　②후대에게 끼쳐 준 사물. 문화 —

有償 보상이 있음.
유 상　— 계약. —으로 대여하다.

有色 빛깔이 있음.
유 색　—人種(인종)

儒生 유도를 닦는 선비.
유 생　—들이 상소를 올리다.

由緒 전하여 오는 내력.
유 서　경주는 — 깊은 고도이다.

遺書 유언을 적은 글.
유 서　—를 남기다. —에 따른 유산 분배.

類書 같은 종류의 책.
유 서　—끼리 모으다.

有線 전선이 있음.
유 선　— 방송. — 전화

流星 _{유 성} 별똥. 또는 별똥별 —雨(우)

有勢 _{유 세} ①세력이 있음. —를 부리다.
②자랑 삼아 뽐냄. —가 대단하다.

遊說 _{유 세} 각처를 다니며 자기의 주의 주장을 선전함. —客. 입후보자의 —.

流俗 _{유 속} 옛날부터 전해 오는 풍속. 또는 세상에 널리 퍼져 행해지는 풍속.

流速 _{유 속} 물 따위의 흐르는 속도. —이 빠르다.

有數 _{유 수} ①정해진 운수가 있음.
②손 꼽힐 만큼 훌륭함.

幽邃 _{유 수} 그윽하고 깊숙함. —한 나무 그늘.

流水 _{유 수} 흐르는 물. 세월은 —와 같다.

遊水池 _{유 수 지} 홍수 때에 물의 일부를 가두어서 홍수를 조절하는 못.

柔順 _{유 순} 부드럽고 온순함. —한 사람. —한 목소리.

遺習 _{유 습} 옛부터 전해 오은 풍습. 봉건적인 —.

流矢 _{유 시} 목표물을 맞히지 못하고 빗나간 화살. 또는 자기를 목표하지 않고 쏜 화살.

諭示 _{유 시} 관아에서 국민을 타일러 가르침. 또는 그 문서. —가 나붙다.

有識 _{유 식} 지식이 많음. —한 사람.

維新 _{유 신} 낡은 제도나 체제를 고쳐 새롭게 함. 王政(왕정)을 —하다.

遺臣 _{유 신} ①선대의 왕을 모시던 신하. ②왕조가 망한 뒤에도 남아 있는 신하.

儒臣 _{유 신} 유학자로서 벼슬살이하는 신하. —들의 상소가 올라오다.

流失 _{유 실} 물에 떠내려가서 없어짐. 논밭이 —되다.

遺失 _{유 실} 가졌던 것을 떨어뜨려 잃음. —物(물)

有實無實 _{유 실 무 실} 사실이나 실상의 있음과 없음. —을 따지지 않는다.

有心 _{유 심} 속뜻이 있음. 또는 주의가 깊음. —히 쳐다보다.

唯心論 _{유 심 론} 마음이나 정신이 만물의 근원이요 실재라는 견해나 학설.

幼兒 _{유 아} 어린아이. 유년기에 있는 아이. — 교육

乳兒 _{유 아} 젖먹이 —期(기). —가 먹는 우유.

唯我獨尊 _{유 아 독 존} 자기만 잘난 체하는 태도. —의 태도는 버려라.

幽暗 _{유 암} 그윽하고 어둠침침함. —한 밀림 속.

乳液 _{유 액} 식물에 상처를 내면 분비되는 젖과 같은 액체.

有耶無耶 _{유 야 무 야} 있는 듯 없는 듯. — 넘겨 버릴 일이 아니다.

幼弱 _{유 약} 나이가 어리고 약함. —한 임금.

柔弱 _{유 약} 성품이 부드럽고 약함. 사람됨이 —하다.

流言 _{유 언} 근거가 없는 소문. —蜚語(비어)

遺言 _{유 언} 죽기 전에 부탁하여 남긴 말. —狀(장)

遺業 _{유 업} 선대가 다 이루지 못하고 후대에게 넘겨준 사업. —을 계승하다.

有餘 _{유 여} 여유가 있음. 또는 남음이 있음. —한 살림살이. 3년 —의 세월.

裕餘 _{유 여} 푼푼하고 넉넉함. 살림이 —하다.

流域 _{유 역} 강물이 흐르는 언저리의 지역. 한강 —. 낙동강 —

油然 _{유 연} 생각이 떠오르거나 구름의 일어남이 왕성함. 시상이 —히 떠오르다.

柔軟 _{유 연} 부드럽고 연함. —한 살. —한 태도.

悠然 유유한 맛이 있음.
유 연 ―하게 대처하다.

遊泳 물 속에서 헤엄치며 놂.
유 영 ―術(술). ―하는 물고기.

猶豫 ①시간이나 날짜를 미루고 끎.
유 예 ②이럴까 저럴까 망설임.

有用 쓸모가 있음.
유 용 ― 식물. ―하게 쓰다.

流用 남의 것이나 다른 데에 쓰려는
유 용 것을 돌려서 씀. 공금을 ―하다.

悠遠 오래고 멂.
유 원 ―한 미래.

遊園地 오락을 즐기며 놀 수 있도록
유 원 지 시설한 공원으로 된 지역.

踰月 그 달의 그믐을 넘김.
유 월 ―하여 해산하다.

有爲 일을 할 만한 역량이 있음.
유 위 ―한 인물.

悠悠 ①아득하게 멂. ―한 하늘. ②움직임이
유 유 느리거나 태연함. ―히 흐르는 강물.

留意 마음에 두고 잊지 않음.
유 의 ― 사항. 건강 관리에 ―하다.

有益 이로움. 이익이 있음.
유 익 ―한 책. ―한 일.

有人 사람이 있음.
유 인 ― 우주선

誘引 남을 꾀어 냄.
유 인 적을 ―하다.

孺人 구품인 문무관의 아내의 품계. 인신하여,
유 인 관직이 없는 사람의 죽은 아내의 경칭.

油印物 등사판으로 찍은 인쇄물.
유 인 물 ―을 나누어 주다.

唯一 단 하나 뿐임.
유 일 ―無二(무이). ―한 벗.

留任 임기가 차거나 직제의 개편이 있을 때
유 임 에, 그 자리에 계속 머물러 일을 봄.

流入 흘러 들어옴.
유 입 강물의 ―. 선진 문화의 ―.

遺子女 사망한 사람의 아들딸.
유 자 녀 독립 투사의 ―.

遺作 죽은 사람이 남긴 작품.
유 작 ― 발표회

悠長 아등바등함이 없이 느릿함.
유 장 ―한 봄날.

遺著 생전에 저술하여 남긴 저작.
유 저 ―를 책으로 간행하다.

遺跡 남아 있는 사적. 또는 남은 흔적.
유 적 문화 ―. ― 답사

油田 석유가 많이 나는 지대.
유 전 ―을 개발하다.

流傳 세상에 널리 퍼져 전함.
유 전 ―하는 전설.

遺傳 생물의 형질이 선대로부터 자
유 전 손에게 전해지는 현상. ―子. ―病

乳製品 분유·버터·치즈 등 우유를
유 제 품 가공하여 만든 식품.

油槽 기름을 담아 두는 큰 용기.
유 조 ―船(선). ―車(차)

有足 형편이 넉넉함.
유 족 ―하게 쓰다.

裕足 살림살이가 넉넉함.
유 족 ―한 생활.

遺族 죽은 이의 남아 있는 가족.
유 족 애국 열사의 ―을 돌보다.

有終 시작한 일의 끝맺음이 있음.
유 종 ―의 미를 거두다.

儒宗 선비들이 우러러 보는 큰 학자.
유 종 ―으로 숭앙하는 인물.

有罪 죄가 있음.
유 죄 ―의 판결이 나다.

有志 어떤 일에 뜻이 있음. 또는 그
유 지 사람. ―者(자). 우리 부락의 ―.

油紙 기름을 먹인 종이. 기름종이
유 지 ―에 싼 물건.

油脂 동식물에서 채취한 기름.
유 지 공업용 ―. ― 공업

維持 어떤 상태를 그대로 보전하여
유 지 지탱함. 질서 —. 현상을 —하다.

遺志 죽은 사람이 생전에 이루지 못
유 지 하고 남긴 뜻. 선인의 —를 잇다.

遺址 옛 자취가 남아 있는 빈 터.
유 지 황룡사의 —.

諭旨 임금이 신하에게 내리는 글.
유 지 —를 받들다.

癒着 서로 별개의 것이 한데 연결되
유 착 어 결합함. 政經(정경)—

流札 입찰을 한 결과 무효가 됨.
유 찰 —을 거듭하다.

流暢 말이나 글이 거침이 없이 미끈
유 창 함. —한 말.

類推 비슷한 예로 미루어 다른 사물
유 추 을 짐작함. —作用(작용)

流出 밖으로 흘러 나감.
유 출 원유가 —되다. 외화가 —되다.

幼沖 나이가 어림.
유 충 —한 임금을 보필하다.

幼蟲 새끼 벌레.
유 충 —과 성충.

乳臭 젖에서 나는 냄새.
유 취 口尙(구상)—

幼稚 ①나이가 어림. —園(원)
유 치 ②수준이 어림. —한 행동.

留置 ①물건을 맡아 둠. —權(권)
유 치 ②사람을 가두어 둠. —場(장)

誘致 이끌어 들임.
유 치 투자를 —하다. 태권도 대회를 —하다.

愉快 마음이 즐겁고 기분이 좋음.
유 쾌 —한 생활. —한 얼굴빛.

流彈 목표물을 맞히지 못하고 빗나
유 탄 간 탄환. —에 맞다.

流通 ①공기나 물이 드나듦. 공기의 —.
유 통 ②통용·순환·교환의 과정. 상품의 —.

流派 주되는 계통에서 갈라져 나온
유 파 파. 자연주의 문학의 —.

幽閉 깊숙이 가두어 둠.
유 폐 —한 왕. — 생활

流布 세상에 널리 퍼지거나 퍼뜨림.
유 포 유언비어를 —하다.

遺品 죽은 사람이 남긴 물건.
유 품 고인의 —을 정리하다.

遺風 전부터 전해 내려오는 풍습.
유 풍 —餘俗(여속)

幼學 벼슬을 하지 아니한 유생.
유 학 — 朴○○의 소장.

留學 외국에 머물러 있으면서 공부함.
유 학 —生(생). 도미 —. —을 가다.

遊學 고향을 떠나 타향에 가서 공부
유 학 함. 스승을 찾아 —하다.

儒學 공자와 맹자의 학설을 연구하
유 학 는 학문. —者(자)

有限 일정한 한도나 한계가 있음.
유 한 —한 생명. —책임

有閑 생활에 여유가 있어 한가한 시
유 한 간이 있음. — 계급. — 마담

幽閑 ①여자의 인품이 얌전하고 정숙
유 한 함. —한 부덕. ②고요하고 그윽함.

遺恨 생전에 풀지 못하여 남은 원한.
유 한 —이 없다.

有害 해가 있음.
유 해 —한 곤충. —無益(무익)한 일.

遺骸 =遺骨(유골)
유 해 —를 봉안하다.

流行 ①일정한 현상이 널리 퍼짐. —歌(가)
유 행 ②병이 널리 퍼져 돎. —病(병)

幽玄 알기 어려울 정도로 깊고 아득
유 현 함. —한 창공. —한 가락.

儒賢 유학에 정통한 현인.
유 현 —을 배출한 고향.

流血 피를 흘림. 또는 흘러 내리는
유 혈 피. — 사태. —이 낭자하다.

有形 형체가 있음.
유 형 —無形(무형)의 압력. — 문화재

流刑 먼 지방이나 섬으로 보내는 형
유 형 벌. —살이. — 생활

類型 공통의 요소가 있는 것끼리 묶은 사
유 형 물의 부류. 또는 그 부류의 형태.

誘惑 남을 꾀어 정신을 어지럽히거나
유 혹 나쁜 길로 이끎. —에 빠지다.

柔和 부드럽고 온화함.
유 화 —하고 인자한 어머니.

宥和 너그럽게 용서하여 사이좋게
유 화 지냄. — 정책을 쓰다.

有效 보람이나 효력이 있음.
유 효 — 기간. —하게 이용하다.

遺訓 죽은 사람이 남긴 교훈.
유 훈 아버지의 —.

遊休 쓰지 아니하고 놀림.
유 휴 — 농지. — 기자재. — 자본

遊興 흥겹게 놂. 또는 그 놀이나 흥
유 흥 취. —費(비). —을 즐기다.

遊戲 즐겁게 노는 놀이나 장난.
유 희 —로 시간을 보내다.

六感 직감적으로 느껴 알아내는 기
육 감 능. —이 좋지 않다.

肉感 육체에서 풍기는 성적인 느낌.
육 감 —的(적)인 몸매.

六甲 ①육십갑자의 준말. —을 짚다.
육 갑 ②남의 언동의 멸칭. —을 떨다.

陸橋 지상에 가설한 구름다리.
육 교 —를 건너다.

陸軍 육상의 전투를 담당한 군대.
육 군 — 본부. — 사관학교

肉談 야비하고 품격이 낮은 말이나
육 담 이야기. —과 패담.

肉德 몸에 살이 많은 정도나 상태.
육 덕 —이 크다. —이 좋다.

肉量 고기를 먹을 수 있는 양.
육 량 —이 크다.

陸路 육지로 다니는 길.
육 로 —와 海路(해로).

肉類 짐승 고기의 종류.
육 류 —와 魚類(어류).

肉味 짐승의 고기로 만든 음식.
육 미 —붙이라고는 찾아 볼 수 없다.

肉薄 바싹 가까이 다가 듦.
육 박 —戰. 지원자가 만 명에 —하다.

肉補 고기붙이를 먹어 몸을 보함.
육 보 —가 운동보다 못하다.

六腑 대장 · 소장 · 위 · 쓸개 · 방광 ·
육 부 삼초의 여섯 기관. 오장 —

陸上 ①뭍의 위. — 교통
육 상 ②육상 경기의 준말. — 선수

肉色 ①살의 빛깔. 건강한 —.
육 색 ②불그스름한 빛. — 양말

陸棲 동물이 뭍에서 삶.
육 서 — 동물

肉聲 직접 들리는 사람의 목소리.
육 성 —이 마이크 소리보다 더 부드럽다.

育成 길러서 자라게 함.
육 성 인재를 —하다. 山林을 —하다.

陸續 끊이지 않고 잇닿음. 또는 계
육 속 속 잇달아. 자동차나 — 밀려들다.

六旬 예순 살. 또는 60일.
육 순 — 잔치. —이 된 어머니.

戮屍 죽은 사람에게 벌을 가하여 그
육 시 목을 벰. —할 놈.

肉食 고기붙이만 주식으로 먹음.
육 식 —家(가). — 동물. —과 채식.

肉身 사람의 몸. 육체
육 신 —을 놀리다. —을 쓰다.

育兒 어린아이를 기름.
육 아 — 일기. —院(원)

肉眼 ①맨눈. —으로도 볼 수 있다.
육 안 ②식견이 없는 안목. 범인의 눈.

育英 영재를 가르쳐 기름.
육 영 — 사업. — 재단

肉慾 육체적인 욕망. 또는 남녀간의
육 욕 육체적 정욕. —과 성욕.

肉用 기르는 가축의 고기를 식용으
육 용 로 씀. —種(종). — 가축

肉牛 고기를 먹으려고 기르는 소.
육 우 —를 기르다.

陸運 육지에서의 수송과 운반.
육 운 —과 海運(해운).

肉醬 쇠고기를 잘게 썰어 간장으로
육 장 조린 반찬. —을 만들다.

陸戰 육지에서 싸우는 전투.
육 전 —과 海戰(해전).

肉腫 상피 조직이 아닌 곳에 생기는
육 종 종양. 악성 —

育種 교접에 의하여 우수한 새 품종
육 종 을 만들어 내는 일. —法(법)

肉重 생김새나 덩치가 투박하고 커
육 중 서 무거움. —한 몸집. —한 기계.

陸地 지구 표면의 바다가 아닌 부분.
육 지 —와 바다.

肉質 ①고기의 질. —이 좋은 가축.
육 질 ②살과 같은 성질. —의 나무.

肉饌 육류로 만든 반찬.
육 찬 —과 素饌(소찬).

肉滯 고기붙이를 먹어서 생긴 체증.
육 체 —와 酒滯(주체).

肉體 신체. 몸. 육신
육 체 — 노동. 건강한 —. —美(미)

肉親 혈족 관계가 있는 사람.
육 친 —의 정.

肉彈 탄환을 대신하여 적진으로 뛰
육 탄 어드는 육체. —戰(전)

肉脫 몸의 살이 빠짐.
육 탈 —骨立(골립). —한 몰골.

陸駄 육지에서 마소로 실어 나르는
육 태 짐. —질하여 짐을 나르다.

肉脯 쇠고기로 만든 포.
육 포 —를 뜨다.

肉筆 본인이 직접 쓴 글씨.
육 필 — 원고. — 편지

肉膾 쇠고기를 썰어서 만든 회.
육 회 안주로 나온 —.

輪姦 여러 남자가 한 여자를 돌아가
윤 간 면서 강간함. —를 당하다.

輪廓 대체의 테두리나 모습.
윤 곽 —이 드러나다. —이 뚜렷하다.

潤氣 반질반질한 광택.
윤 기 —가 흐르다. —가 돌다.

閏年 ①양력에서 2월이 29일인 해.
윤 년 ②음력에서 윤달이 든 해.

輪讀 여럿이 차례로 돌려가면서 읽음.
윤 독 춘향전을 —하다.

淪落 타락한 여성이 몸을 파는 일.
윤 락 —街(가)

倫理 사람으로서 마땅히 지켜야 할
윤 리 도리. —가 무너진 사회상.

潤文 글을 바르고 아름답게 다듬음.
윤 문 —을 끝낸 원고.

輪番 교대로 번을 듦. 또는 번드는
윤 번 그 교대. —制(제)

潤色 매만져 곱게 다듬음.
윤 색 —한 글.

胤玉 남의 아들에 대한 높임말. =
윤 옥 允玉(윤옥). —은 잘 자라는가?

閏月 윤달. 음력에서 1년이 13개월
윤 월 로 된, 더 있는 그 달.

綸音 임금이 신하나 백성에게 명령
윤 음 하거나 지시하거나 하는 말.

輪作 한 경작지에 서로 다른 작물을 해
윤 작 마다 바꾸어 심음. —으로 경작하다.

輪轉 바퀴처럼 구름.
윤 전 —機(기). — 인쇄기

潤澤 ①기름기가 돌아 번지르르함. —이 나
윤 택 다. ②살림살이가 넉넉함. —한 살림.

潤筆 글씨를 쓰거나 그림을 그리는
윤 필 일. —料(료)

允許 임금이 허가함. 또는 그 허가.
윤 허 —를 받다.

輪形 바퀴와 같은 모양.
윤 형 ─ 동물

輪禍 자동차 따위로 인한 재앙.
윤 화 ─가 빈발하다. ─를 줄일 대책.

潤滑 뻑뻑하지 않고 매끄러움.
윤 활 ─油(유)

輪廻 몸은 죽어 없어져도 넋은 다른
윤 회 몸에 옮아 새로 태어남. ─ 사상

律客 ①음률에 정통한 사람. ②한시
율 객 를 잘 짓는 사람. 시인 ─

律動 규칙적으로 이루어지는 움직임의
율 동 흐름. 리듬. 아름다운 ─. ─ 체조

律令 형률과 법령.
율 령 ─에 벗어나다.

律例 형률의 적용에 관한 법례.
율 례 ─를 참고하다.

律法 법률. 또는 계율
율 법 ─을 어기다.

律士 법률가
율 사 ─들의 사회.

律詩 여덟 구로 되어 있는 한시. 한 구가 5자를
율 시 五言(오언)─, 7자를 七言(칠언)─라 한다.

隆起 불룩하게 두드러져 나옴.
융 기 지각의 ─. ─ 해안

隆盛 매우 성하고 기운차게 일어남.
융 성 조국의 ─.

隆崇 대우가 정중하고 극진함.
융 숭 ─한 대접.

融資 자금을 융통함.
융 자 ─金(금)

隆昌 융성하고 번창함.
융 창 ─할 조국의 앞날.

融通 돈이나 물자를 돌리어 씀.
융 통 자금을 ─하다.

融合 녹아서 하나로 합쳐짐.
융 합 핵의 분해와 ─. 문화의 ─.

融解 고체가 녹아서 액체가 됨.
융 해 ─熱(열). ─點(점)

融化 녹아서 다른 물질로 변화함.
융 화 ─하는 과정.

融和 감정을 풀고 의좋게 타협함.
융 화 ─를 꾀하다.

隆興 형세가 기운차게 일어남.
융 흥 조국의 ─과 발전.

殷鑑 남의 실패한 것을 보고 스스로
은 감 의 경계로 삼을 만한 일. ─不遠

隱居 사회적 활동을 하지 아니하고
은 거 숨어서 삶. ─ 생활

恩功 은혜와 공덕.
은 공 ─을 잊지 못하다. ─에 보답하다.

銀鑛 은을 캐는 광산.
은 광 ─과 金鑛(금광).

銀塊 은덩어리.
은 괴 金塊(금괴)와 ─.

慇懃 ①서로 통하는 마음이 남 모르게 살뜰함. ②겉
은 근 으로 드러내지는 않지만 생각하는 정도는 깊음.

隱匿 숨겨서 감춤.
은 닉 ─罪(죄). ─한 재산.

恩德 은혜로운 덕.
은 덕 ─을 입다. ─을 갚다.

隱德 남이 알지 못하는 숨은 덕행.
은 덕 ─을 많이 쌓다.

隱遁 세상 일을 피하여 숨음.
은 둔 ─處(처). ─ 생활

銀鱗 은빛 나는 물고기 비늘. 인신
은 린 하여, 물고기. ─玉尺(옥척)

銀幕 영사막. 인신하여, 영화계
은 막 ─의 스타.

隱謀 못된 일을 숨어서 꾀함.
은 모 ─ 술책

隱微 잘 나타나지 아니하여 알기 어
은 미 려움. ─한 사실.

隱密 드러나지 아니하여 가뭇없음.
은 밀 ─한 만남. ─한 장소.

銀箔紙 은을 종이처럼 아주 얇게
은 박 지 만든 것. 또는 알루미늄박

銀盤　①은으로 만든 쟁반. —에 구르는 구슬.
은 반　②깨끗한 얼음판이나 둥근 달의 비유.

銀髮　은빛이 나는 흰 머리털.
은 발　—의 노신사.

銀房　금은으로 제품을 만들어 파는
은 방　가게. —의 고객.

恩杯　은으로 만든 술잔.
은 배　—에 따른 술.

隱僻　깊숙하고 구석짐.
은 벽　—한 산골.

殷富　풍성풍성하고 넉넉함.
은 부　—한 나라.

恩師　배움을 받은 은혜로운 스승.
은 사　—의 회갑 잔치.

恩赦　국가에 경사가 있을 때 죄인을
은 사　석방하는 일. —로 풀려나다.

恩賜　임금이 금품을 내려 줌. 또는
은 사　그 금품. —品(품)

隱士　세상을 등지고 사는 선비.
은 사　—의 생활.

銀賞　상의 등급을 금·은·동의 세 등
은 상　급으로 나누었을 때의 이등상.

殷盛　번화하고 풍성함.
은 성　—한 거리.

銀世界　눈으로 하얗게 뒤덮인 천지.
은 세 계　—를 이루다.

隱身　몸을 숨김.
은 신　—術(술)

恩愛　은혜와 사랑.
은 애　부모의 깊은 —.

隱語　곁말
은 어　—에는 그 시대상이 반영된다.

隱然中　드러내지 아니하고 남 모르는
은 연 중　가운데. 속마음을 —에 내비치다.

恩怨　은혜와 원망.
은 원　아무런 —이 없다.

隱喩　단어의 의미의 유사성에 근거
은 유　하여 비유하는 일. —法(법)

殷殷　멀리서 들려오는 소리가 큼.
은 은　—한 우레소리.

隱隱　①빛이 아슴푸레함. —한 달빛. ②소리
은 은　가 들릴듯 말듯 가늚. —한 파도 소리.

恩義　은혜와 도의.
은 의　—를 저버리다.

銀翼　비행기의 날개.
은 익　—을 번쩍이는 비행기.

恩人　은혜를 베푼 사람.
은 인　생명의 —.

隱忍　마음속에 감추어 참고 견딤.
은 인　—自重(자중)

隱逸　①벼슬하지 않고 은거함. ②숨은 학자
은 일　에게 임금이 특별히 벼슬을 내린 사람.

隱者　벼슬을 하지 아니하고 숨어 사
은 자　는 사람. —의 고매한 삶.

隱才　드러나지 않고 속에 숨어 있는 재
은 재　주. 또는 그런 재주를 가진 사람.

恩典　임금이나 나라에서 내리는 특전.
은 전　—을 입다.

銀錢　은으로 만든 돈.
은 전　—과 銅錢(동전).

恩情　은혜롭게 사랑하는 정.
은 정　—을 베풀다.

恩寵　높은 사람에게서 받는 특별한
은 총　사랑. 임금의 —을 받다.

恩澤　은혜로운 덕택.
은 택　—을 입다.

隱退　직장이나 사회적 활동에서 물
은 퇴　러남. 현역에서 —하다.

隱蔽　덮어서 감추거나 가리어 숨김.
은 폐　—物(물). 사실을 —하다.

銀河　밤 하늘에 흰 띠 모양으로 보이
은 하　는 별의 무리. —水(수). —系(계)

銀漢　=銀河(은하)
은 한　밤 하늘을 수놓은 —.

銀行　예금을 맡거나 자금의 대출, 어음 할인,
은 행　환금 등의 업무를 하는 금융 기관.

銀杏 은행나무의 열매.
은 행 —나무. —을 구워 먹다.

隱現 숨었다 나타났다 함.
은 현 유람선에서 보는, 다도해에 —하는 섬들.

恩惠 고맙게 베풀어 주는 혜택.
은 혜 —를 입다. —를 베풀다.

銀婚式 결혼 25주년을 기념하는 예
은 혼 식 식. 서양식 풍습의 하나임.

銀貨 은으로 만든 돈.
은 화 —와 金貨(금화).

乙覽 임금이 밤에 글을 읽음. 乙夜
을 람 之覽(을야지람)의 준말.

乙夜 밤 10~12시 사이. =二更(이경)
을 야 —之覽(지람)

乙種 십간의 차례로 매긴 순서에서 둘
을 종 째 등급이나 부류. — 근로 소득

陰刻 글씨나 그림을 옴폭 들어가게
음 각 새김. 또는 그런 조각. —과 陽刻.

音感 음에 대한 감각.
음 감 —에 예민하다.

陰乾 그늘에서 말림.
음 건 —과 陽乾(양건).

陰莖 남자의 성기. 자지
음 경 陰毛(음모)와 —.

音階 음을 높이의 차례로 배열한 계
음 계 단. 全(전)—. 半(반)—

陰功 남이 모르는 숨은 공덕.
음 공 —을 쌓다.

蔭官 과거를 보지 않은 사람으로서 하
음 관 는 벼슬. 南行(남행). 蔭職(음직)

陰極 전위가 낮은 쪽의 전극.
음 극 —과 陽極(양극).

陰氣 ①음침한 기운. —가 엄습하다.
음 기 ②몸 안의 음의 기운. —를 돕다.

陰記 비갈의 뒷면에 새긴 글.
음 기 —에 적은 자손록.

淫女 음탕한 여자.
음 녀 —의 화냥질.

淫談 음탕한 이야기.
음 담 —悖說(패설)

陰德 남이 모르게 남을 도와주는 덕
음 덕 행. —이 있으면 양보가 있다.

蔭德 조상의 덕.
음 덕 —을 입다.

音讀 ①한자를 음으로 읽음. —과 訓讀.
음 독 ②소리를 내어 글을 읽음. —과 묵독.

飮毒 독약을 마심.
음 독 — 자살

淫亂 음탕하고 난잡함.
음 란 —한 여자. —한 눈웃음을 치다.

陰冷 음산하고 참.
음 랭 —한 겨울.

音量 소리의 크기.
음 량 —이 크다. —이 작다.

陰涼 음산하고 선선함.
음 량 —한 날씨.

陰曆 달을 기준으로 하여 만든 책력.
음 력 — 八月十五日. —과 陽曆(양력).

飮料 마시도록 된 액체.
음 료 청량 —. —水(수)

音律 음악의 곡조. 또는 음악
음 률 우아한 —. —을 배우다.

陰毛 거웃
음 모 —와 음경.

陰謀 남 모르게 꾸미는 나쁜 꾀.
음 모 —를 꾸미다. —를 파헤치다.

陰門 여성의 외부 생식기. 보지
음 문 —과 음경.

吟味 ①시가를 읊조리면서 감상함.
음 미 ②사물의 속뜻을 새겨서 연구함.

陰密 =隱密(은밀)
음 밀 —한 행동.

音盤 음악을 녹음한 얇은 판. 디스크
음 반 —의 판매 부수.

音譜 =樂譜(악보)
음 보 —를 보고 연주하다.

飮福 제사를 지내고 난 뒤에 제물을
음 복 나누어 먹는 일. —을 하다.

音符 음악을 악보로 기록할 때에 쓰
음 부 는, 음의 부호.

陰部 남녀의 성기가 있는 자리.
음 부 —를 가리다.

淫婦 음탕한 여자.
음 부 —와 蕩子(탕자).

淫祀 잡신에게 지내는 제사.
음 사 —를 즐기는 풍조.

陰散 ①날씨가 흐리고 으스스함. —한 날씨.
음 산 ②을씨년스럽고 썰렁함. —한 곳.

音色 음의 색깔.
음 색 —이 곱다.

淫書 음탕한 내용을 적은 책.
음 서 —를 즐겨 읽다.

音聲 말소리나 목소리.
음 성 — 기호. 고운 —.

陰性 ①음의 성질. 소극적인 성질. ②특정한
음 성 반응을 나타내지 않는 성질. — 반응

音素 말소리의 가장 작은 단위.
음 소 —文字(문자)인 한글.

音速 음파의 속도.
음 속 —보다 더 빠르다.

吟誦 소리를 내어 읽음.
음 송 시가를 —하다.

陰濕 ①그늘지고 습함. —한 곳.
음 습 ②음산하고 누습함. —한 바람.

飮食 사람이 마시고 먹음. 또는 그
음 식 물건. —을 장만하다. 장마철 —

音信 소식이나 편지.
음 신 —이 끊어지다.

音樂 소리로 감정을 나타내는 예술.
음 악 —家(가). —會(회)

陰陽 ①음과 양. —이 화합하다. —의 조화.
음 양 ②남녀의 성적인 이치. —을 모르다.

音域 목소리나 악기가 낼 수 있는
음 역 최고음과 최저음의 범위.

吟詠 시가를 읊음.
음 영 —하는 시.

陰影 ①그림자. 그늘. —을 살려 입체감을 내다.
음 영 ②소리나 감정의 미묘한 변화.

淫慾 음탕한 색욕.
음 욕 —을 드러내는 색광.

飮用 음료로 씀.
음 용 —水(수). —하는 냇물.

陰佑 드러나지 않게 도움.
음 우 조령이 —하다.

霪雨 오래 오는 장맛비.
음 우 —가 멎다.

音韻 말소리의 최소 단위.
음 운 —論(론). 고유의 — 체제.

陰鬱 ①그늘이 짙음. 그늘이 —하다.
음 울 ②음침하고 쓸쓸함. —한 날씨.

陰痿 여러 가지 원인으로 남성 생식기의
음 위 기능이 상실되거나 위축되는 병.

陰陰 ①날이 흐리고 어둠침침함. —한 날
음 음 씨. ②수목이 무성함. —한 밀림.

音節 말소리의 단위.
음 절 —文字(문자)인 한자.

音程 두 음 사이의 높낮이의 차.
음 정 피아노의 —.

音調 음의 높낮이. 또는 음악의 가
음 조 락. —를 맞추다.

飮酒 술을 마심.
음 주 — 운전

陰地 햇빛이 잘 들지 않는 곳.
음 지 — 식물. —와 陽地(양지).

音質 녹음한 음의 좋고 나쁨.
음 질 —이 깨끗하다.

音癡 음에 대한 감각이 둔함. 또는
음 치 그런 사람. —에 가깝다.

陰沈 ①날씨가 흐리고 침침함. —한 날씨.
음 침 ②성질이 내흉스러움. —한 사람.

淫蕩 음란하고 방탕함. 또는 주색에
음 탕 빠짐. —한 노래 소리.

音波 소리의 결. 소리의 파동.
음 파 — 탐지기

陰風 흐린 날씨에 음산하게 부는 바
음 풍 람. —이 소슬하다.

吟風弄月 맑은 바람과 밝은 달을 대
음 풍 농 월 하여 시를 짓고 즐겁게 놂.

陰害 음흉한 방법으로 남을 넌지시
음 해 해침. 상대방을 —하다.

音響 소리와 그 울림.
음 향 — 효과. — 판제

陰險 속으로 내흉스럽고 사나움.
음 험 —한 사람. —한 모략.

音訓 음과 새김.
음 훈 한자의 —

陰凶 마음속이 컴컴하고 내흉스러움.
음 흉 —한 사람. —한 웃음.

泣諫 울면서 간함.
읍 간 충신의 —을 물리치다.

邑內 읍의 구역 안. 또는 고을 안.
읍 내 —에 있는 이발소.

邑民 읍에 사는 주민.
읍 민 —의 의사를 듣다.

泣訴 눈물을 흘리면서 간절히 하소
읍 소 연함. 관대한 처분을 —하다.

揖讓 예를 다하여 사양함.
읍 양 —之風(지풍)

泣斬馬謖 큰일을 위해서는 사정을 버리
읍 참 마 속 고 규정에 따라 엄하게 다스림.

凝結 한데 엉기어 뭉침. 또는 기체가 엉기
응 결 어 액체로 변하는 현상. —된 결정체.

凝固 엉기어 굳어짐. 또는 액체나 기체
응 고 가 고체로 변하는 현상. —한 피.

應急 급한 일에 응하여 손을 씀.
응 급 — 환자. — 치료. — 수단

應諾 요구하는 말을 들어줌.
응 낙 선선히 —하다.

應答 물음에 응하는 대답.
응 답 질의 —. 아무런 —이 없다.

應當 당연함. 또는 당연히
응 당 —한 일. — 지켜야 할 도리.

應待 =應接(응접)
응 대 손님을 —하다.

應對 상대가 되어 물음이나 요구에
응 대 응함. —할 겨를이 없다.

應募 모집에 응함.
응 모 — 자격

應變 그때그때 달라지는 형편에 맞추
응 변 어 처리함. 臨機(임기)—의 조치.

應報 선악의 행위에 따라 화복의 갚
응 보 음을 받음. 因果(인과)—

應分 분수나 정도에 맞음.
응 분 —의 대우를 하다.

應射 상대의 사격에 응하여 총을 쏨.
응 사 아군의 —에 적이 물러가다.

應手 바둑이나 장기에서 상대편의
응 수 수에 대응함. —를 잘못하다.

應酬 상대의 말이나 행동을 따라 되
응 수 받음. 어떻게 —해야 할지 모르겠다.

凝視 시선을 모아 눈여겨 봄.
응 시 상대방을 —하다.

應試 시험에 응함.
응 시 —者(자). — 자격

應用 어떤 원리를 실지에 적용하거나
응 용 활용함. — 문제. 원리를 —하다.

應援 ①운동 경기를 성원함. —歌(가)
응 원 ②호응하여 도움. — 부대의 파견.

應戰 적의 공격에 맞서 싸움.
응 전 아군의 —에 적군이 물러나다.

應接 찾아온 사람을 맞이하여 대접함.
응 접 손님을 —하다. —室(실)

應製 ①임금의 특명으로 임시로 보이던 과
응 제 거. ②임금의 명령으로 시문을 짓는 일.

凝集 엉기어 모임. 한데 모이어 엉김.
응 집 —力(력). — 반응

膺懲 잘못을 뉘우치도록 징계함.
응 징 탐관 오리들을 —하다.

應札 입찰에 참가함.
응 찰 —者(자). —과 落札(낙찰).

凝滯 내리지 아니하고 걸리고 막힘.
응 체 —된 흐름.

凝縮 엉겨붙어 줄어듦.
응 축 —物(물)

凝血 엉기어 뭉쳐진 피.
응 혈 —이 들다. —이 풀리다.

衣架 옷걸이
의 가 —에 옷을 걸다.

依據 일정한 사실에 근거함.
의 거 법에 —하여 처벌하다.

義擧 정의를 위하여 거사함. 또는
의 거 그 거사. 윤봉길 의사의 —.

意見 어떤 대상에 대하여 가지는 일
의 견 정한 생각. 각자의 —을 말하라.

議決 토의하여 결정함.
의 결 —權(권). — 정족수.

擬古 옛것을 모방함.
의 고 —風(풍). —主義(주의)

醫科 의학을 연구하는 학과.
의 과 —大學(대학)

衣冠 옷과 갓.
의 관 —을 갖추다. —을 정제하다.

依舊 옛날 그대로이고 변함이 없음.
의 구 山川은 —하되 인걸은 잔 데 없네.

疑懼 의심하여 두려워함.
의 구 —心(심). —感(감)을 가지다.

意氣 우쭐하는 마음. 득의한 마음이나
의 기 기개. —揚揚(양양). —投合(투합)

義氣 정의감에서 일어나는 기개.
의 기 —의 남아.

議論 어떤 문제의 해결을 위해 의견을
의 논 교환함. —이 분분하다. —이 맞다.

宜當 ①사리에 맞고 옳음. —한 처사.
의 당 ②마땅히. 약속은 — 지켜야 한다.

衣帶 옷과 띠.
의 대 —를 갖추다.

醫大 의과 대학(醫科大學)의 준말.
의 대 —에 진학하다.

意圖 무엇을 이루려고 꾀함. 또는 그러
의 도 한 생각이나 계획. —한 일. 숨은 —.

依例 전례에 따름. 또는 전례를 따
의 례 라 마땅히. — 그런 줄 알았다.

議論 이러니저러니 하고 토의함. 또
의 론 는 그 토의. —해야 할 안건.

依賴 남에게 부탁하거나 의지함.
의 뢰 —人(인). —心(심)

醫療 병을 치료하는 일.
의 료 — 기관. — 시설. — 보험

衣類 몸에 걸치는 옷의 총칭.
의 류 —品(품). —를 파는 가게.

義理 사람으로서 마땅히 지켜야 할
의 리 도리. —가 있다. —를 지키다.

義務 일정한 사람에게 부과되어 반드시
의 무 실행해야 하는 일. 병역 —. —교육

醫務 의료에 관한 업무. 또는 의사
의 무 로서 하는 일. —兵(병). —隊(대)

疑問 의심스럽게 생각함. 또는 그러
의 문 한 일. —이 생기다. —을 제기하다.

意味 ①말이나 글·부호의 뜻. 단어의 —.
의 미 ②보람이나 값어치. — 있는 활동.

儀範 모범이 될 만한 몸가짐이나 차
의 범 림새. —을 보이다.

依法 법에 의거함.
의 법 — 처단. — 처리

義兵 침략자를 물리치기 위해 자발적
의 병 으로 일어난 군사. —大將. 항일 —

衣服 옷
의 복 —이 날개. 화려한 —.

義父 ①의로 맺은 아버지. ②수양 아버지.
의 부 ③어머니가 개가하여 얻은 남편.

疑夫症 남편의 처신을 공연히 의심
의 부 증 하는 변태적인 성격이나 병.

義憤 정의를 위하여 일어나는 분노.
의 분 —을 참을 수 없다. —을 느끼다.

義士
의 사
의로운 지사.
안중근 —

意思
의 사
마음에 먹은 생각. 생각한 바
의 뜻. — 표시. 남의 —를 떠보다.

擬死
의 사
벌레가 죽은 듯이 움직이지 아
니하는 일. — 상태

擬似
의 사
실제와 비슷함.
— 환자. — 콜레라

醫師
의 사
일정한 자격을 가지고 의술로 병
을 치료하는 사람. 담당 —. 안과 —

議事
의 사
회의에서 어떤 안건을 토의함.
또는 그 토의. — 일정. —錄(록)

衣裳
의 상
저고리와 치마. 또는 겉에 입
는 옷. 무대 —. 화려한 —.

醫生
의 생
한방으로 병을 치료하는 사람.
— 면허

議席
의 석
회의장에서 의원이 앉는 자리.
—을 채우다. —에 앉다.

擬聲
의 성
소리를 흉내냄. 또는 흉내내는
그 소리. —語(어)

義手
의 수
손이 없는 사람에게 쓰이는, 나
무나 고무로 만든 손. —와 義足.

醫術
의 술
병을 고치는 기술.
소문이 난 —.

衣食
의 식
의복과 음식.
—이 족해야 예절을 안다.

意識
의 식
①생각하고 느끼는 정신 작용. —을 잃다.
②깨달아 알거나 판단함. 남의 시선을 —하다.

儀式
의 식
일정한 격식을 갖춘 예식.
성대한 —을 거행하다.

疑心
의 심
믿을 수 없어서 이상하게 생각함. 또는
그러한 마음. 남을 —하는 버릇. —을 품다.

疑訝
의 아
의심스럽고 이상함.
—한 눈으로 바라보다.

義眼
의 안
인공으로 만들어 박은 눈알.
—과 義手(의수).

議案
의 안
회의에서 토의하는 안건.
—을 심의하다.

醫藥
의 약
①병을 고치는 데 쓰이는 약.
—과 농약. ②의술과 약. — 분업

意譯
의 역
원문의 뜻을 살펴 번역함. 또
는 그리하는 번역. —과 直譯.

依然
의 연
전과 다름 없음.
구태 —한 방법.

義捐
의 연
자선이나 공익을 위하여 금품
을 냄. 수재 —金(금)

毅然
의 연
군세어서 끄떡없음.
—한 태도.

義烈
의 열
의롭고 장렬함.
민영환의 —을 상징하는 대나무.

疑獄
의 옥
의혹이 많아 쉽게 판명하기 어
려운 범죄 사건.

意外
의 외
뜻밖. 생각 밖.
—의 일이 터지다. —의 사고.

意慾
의 욕
하고자 하거나 가지고자 하는
욕망. 학습 —. —이 생기다.

儀容
의 용
몸을 가지는 태도나 차린 모습.
—이 단아하다.

義勇軍
의 용 군
정의를 위하여 용감스럽게 일
어난 민간 군대. —을 자원하다.

依願
의 원
원하는 바에 따름.
—免職(면직)

醫員
의 원
의사와 의생의 총칭.
고명한 —.

醫院
의 원
＝病院(병원)
外科(외과)—

議員
의 원
국회나 지방 의회의 구성원.
국회 —. 지방의회 —

依依
의 의
①풀이 싱싱하게 푸름. —한 초원.
②기억이 어렴풋함. —한 추억.

猗猗
의 의
①보기좋게 무성함. —한 대밭. ②바람
소리가 부드러움. —히 부는 훈풍.

意義
의 의
일정한 사실이 품고 있는 가치
나 중요성. 역사적 —. — 있는 삶.

疑義
의 의
글뜻 가운데 의심이 나는 곳.
—를 밝히다.

義人 의로운 사람.
의 인　—으로 추앙을 받다.

擬人 사람이 아닌 것을 사람처럼 다
의 인　룸. 동물을 —化(화)하여 다룬 동화.

椅子 걸터앉도록 된 걸상.
의 자　—에 앉다.

意匠 물품의 모양·색채 등에 관한
의 장　고안. — 등록

儀仗 의식에 쓰는 무기나 물품.
의 장　—隊(대)를 사열하다.

議長 회의를 주재하는 사람. 또는
의 장　회의를 대표하는 사람. 국회 —

義賊 의로운 도둑.
의 적　—으로 행세했던 장길산.

儀典 ＝儀式(의식)
의 전　—을 맡은 사람.

義絶 친척이나 친구 사이의 정을 끊
의 절　음. —한 친구.

議定 협의하여 결정함.
의 정　—書(서)

議政 ①영의정·좌의정·우의정의
의 정　총칭. ②의회 정치. — 활동

議題 회의에 상정할 문제.
의 제　—로 채택하다.

義足 인공으로 만들어 붙인 다리.
의 족　—과 義手(의수).

依存 의지하여 존재함.
의 존　미국에 —해 온 국방 태세.

意中 품고 있는 마음속.
의 중　—을 알아보다. —을 헤아리다.

依支 ①몸을 기댐. 지팡이에 —하다. ②마음을
의 지　붙여 도움을 받음. —할 데 없는 고아.

奇를 성부로 하는 한자

①기　┌ 宀＋奇＝寄 : 부칠 기
　　　└ 馬＋奇＝騎 : 말탈 기

②의　┌ 人＋奇＝倚 : 기댈 의
　　　└ 木＋奇＝椅 : 걸상 의

意志 목적을 향해 표현되는 인간의 심
의 지　리나 마음. —가 굳다. 불요불굴의 —.

疑妻症 공연히 아내의 행실을 의심
의 처 증　하는 변태적인 성격이나 병.

義塚 의롭게 살다 간 사람의 무덤.
의 총　七百(칠백)—

意趣 의지와 취향.
의 취　한 말의 —를 짐작하다.

義齒 만들어 박은 가짜 이.
의 치　—와 義眼(의안).

依他 남에게 의지함.
의 타　—心(심)

依託 남에게 의뢰하여 부탁함.
의 탁　—할 곳이 없다.

擬態 모양이나 상태를 흉내내어 그
의 태　와 비슷하게 꾸밈. —語(어)

意表 생각 밖이나 예상 밖.
의 표　—를 찌르는 질문.

儀表 겉으로의 차림새.
의 표　과객의 —.

醫學 질병과 그 치료·예방에 대해
의 학　연구하는 학문. —徒(도)

意合 서로 뜻이 맞음. 또는 사이가
의 합　좋음. —한 가정. —한 부부.

意向 하려는 생각.
의 향　—을 타진하다. —을 묻다.

義俠 의로운 일을 위해 자기를 희생
의 협　하려는 마음이 강함. —心(심)

義兄弟 ①의리로 맺은 형제. —를 맺다. ②
의 형 제　아버지나 어머니가 서로 다른 형제.

疑惑 의심하여 수상하게 여김.
의 혹　—이 생기다. —을 풀다.

議會 국민이 선출한 의원으로 구성
의 회　되는 합의 기관. — 활동. — 정치

依稀 어렴풋하고 희미함.
의 희　—한 새벽달.

離却 앓던 병이 떨어짐.
이 각　이번에는 —하지 못할 것 같다.

離間 하리를 놓아 둘 사이를 멀어지
이 간 게 함. —을 붙이다. —질하다.

利器 ①날카로운 무기. —로 무장하다. ②이
이 기 용에 편리한 기구나 수단. 문명의 —.

移監 수감자를 다른 교도소로 옮김.
이 감 최수를 ○○교도소로 —하다.

理氣 동양 철학에서의 이와 기.
이 기 —說(설)

移居 =移住(이주)
이 거 —한 주민들.

以南 어떤 지점에서부터 그 남쪽.
이 남 군사 분계선 —의 땅. 한강 —

利劍 썩 잘 드는 검.
이 검 —을 차고 출진하다.

以內 어떤 한계나 범위의 안.
이 내 오전 10시 —로 오너라.

異見 서로 다른 의견.
이 견 —이 있다. —을 조정하다.

理念 이상적으로 여기는 생각이나
이 념 견해. 건국 —. 민주주의의 —.

二更 오후 9~11시의 동안. 乙夜(을
이 경 야). —을 알리는 북소리.

泥濘 진창
이 녕 —에 빠지다.

離京 서울을 떠나 감.
이 경 —과 歸京(귀경).

離農 짓던 농사일을 버리고 농촌을
이 농 떠남. — 현상. —과 歸農(귀농).

理工 이학과 공학.
이 공 —系(계)

利尿 오줌을 잘 나오게 함.
이 뇨 —劑(제)

理科 자연 과학을 연구하는 학과.
이 과 文科(문과)와 —.

異端 일정한 종교나 학설에서, 그에 어
이 단 그러지는 종교나 학설. —視. —者

移管 딴 기관에 관리의 의무와 권리를 옮
이 관 기어 넘김. 사무를 자치 단체에 —하다.

異同 서로 다른 것과 서로 같은 것.
이 동 —點(점)

異教 자기가 믿는 종교 이외의 다른
이 교 종교. —를 이단시하는 풍조.

移動 옮아 움직이거나 옮겨 다님.
이 동 — 무대. 직장이 —되다.

異口同聲 여러 사람의 말이 한결같
이 구 동 성 이 같음. —으로 찬성하다.

吏讀 한자의 음과 뜻을 빌어 우리말
이 두 을 적던 방식. — 문학

異國 다른 나라.
이 국 — 정서. —에 가 사는 동포.

利得 이로운 소득.
이 득 —을 보다.

理屈 이치에 어그러져 이론이 바르
이 굴 지 아니함. —한 논리.

以卵擊石 약한 것으로 강한 것을 당
이 란 격 석 해 내려는 어리석음의 비유.

理窮 이치에 막혀 어찌할 도리가 없
이 궁 음. —한 나머지 변명을 늘어놓다.

以來 지나간 일정한 때로부터 지금
이 래 까지. 有史(유사)—

離宮 ①=別宮(별궁) ②=行宮(행궁)
이 궁 ③태자궁이나 세자궁의 별칭.

履歷 학업 · 직업 등의 경력.
이 력 —書(서). 독립 운동을 한 —.

利權 이익을 얻게 되는 권리.
이 권 — 다툼.

異例 전례가 없는 특이한 예.
이 례 —的(적)인 행동.

泥金 금박 가루를 아교풀에 갠 것.
이 금 —을 칠하다.

理路 이야기나 문장의 조리.
이 로 —가 정연하다.

利己 자기 개인의 이익만 차림.
이 기 —主義(주의). —的(적)인 태도.

理論 ①관념적인 논리나 지식. —과 실천. ②
이 론 과학적으로 설명한 지식의 체계. 문학 —

異論 다른 의견이나 이론(理論).
이 론 —을 제기하다.

耳聾 귀가 먹어 소리를 듣지 못함.
이 롱 또는 그런 사람. —症(증)

離陸 비행기 따위가 육지에서 떠 오
이 륙 름. —한 시간. —한 비행기.

彝倫 사람으로서 지켜야 할 떳떳한
이 륜 도리. —에서 벗어나다.

裏面 표면에 드러나지 아니한 속이
이 면 나 면. —史(사). —에 담긴 뜻.

耳鳴 귀울음
이 명 —症(증)

異名 본명 이외에 달리 부르는 이름.
이 명 —과 別名(별명).

姨母 어머니의 자매.
이 모 —夫(부). —와 姑母(고모).

二毛作 같은 땅에서 한 해에 두 차례
이 모 작 다른 작물을 심어 거두는 일.

耳目 ①귀와 눈. 또는 얼굴의 생김새. —口鼻
이 목 ②남이 보내는 관심. 남의 —을 꺼리다.

利文 이윤으로 남은 돈.
이 문 —을 남기다.

異物 정상적이 아닌 다른 물질.
이 물 눈에 —이 들어가다.

移民 외국으로 옮겨 가서 삶. 또는 그 사
이 민 람. —이 급증하다. 미국으로 —간 친족.

離反 서로 사이가 벌어져 돌아섬.
이 반 민심이 —하다.

理髮 머리털을 깎아 매만짐.
이 발 — 도구. —師(사)

異邦 다른 나라.
이 방 —人(인). —에서 숨진 독립 투사.

理法 사물의 원리와 법칙.
이 법 자연의 —에 순응하다.

異變 괴이한 변고.
이 변 —이 속출하다.

離別 서로 헤어짐.
이 별 —歌(가). —酒(주). —을 고하다.

異腹 아버지는 같으나 어머니가 다름.
이 복 — 동생. — 형제

異本 같은 책이면서 부분적으로 조
이 본 금 차이가 있는 책. 춘향전의 —.

以北 어떤 지점에서부터 그 북쪽.
이 북 — 땅에 가족을 남겨두고 온 월남인.

理事 법인의 사무를 처리하는 임원.
이 사 —會(회). 전무 —

移徙 살림하는 곳을 옮김.
이 사 —집을 싸다. —한 집.

離散 뿔뿔이 헤어짐.
이 산 — 가족의 상봉.

以上 ①일정한 표준으로부터 그 위. 15세 — ②이미
이 상 그렇게 된 바에는: 이미 시작한 —은 끝내야 한다.

理想 ①최고 최선의 상태. —鄉(향)
이 상 ②최상 최선의 목표. —을 실현하다.

異狀 보통과는 다른 상태.
이 상 다른 —은 없다.

異常 ①정상적인 상태와 다름. — 기후
이 상 ②의심스러움. —한 생각이 들다.

異色 다른 빛깔. 또는 색다른 것.
이 색 —人種(인종). —的(적)인 작품.

異說 남과 다른 의견이나 학설.
이 설 —을 발표하다.

理性 도리에 따라 판단하고 행동하는
이 성 능력. —을 잃다. —과 感性(감성).

異姓 다른 성.
이 성 —과 同姓(동성).

異性 생리적으로 본 다른 성.
이 성 —에 대한 사랑.

理勢 사물의 사리와 형세.
이 세 당연한 —.

俚俗 상스럽고 속됨.
이 속 —한 말.

異俗 다른 풍속. 또는 기이한 풍속.
이 속 이방인의 —.

移送 옮기어 보냄.
이 송 물자의 —. 죄수를 —하다.

履修 규정에 따른 모든 과정을 닦음.
이 수 전과목을 —하다.

耳順 나이 60세.
이 순 —을 넘긴 할머니.

利息 ＝利子(이자)
이 식 원금과 —.

利殖 재물을 점점 더 불림.
이 식 —에 밝은 사람.

移植 ①식물을 옮겨 심음. 묘목의 —. ②
이 식 생체의 장기를 옮겨 붙임. 간 —

以實直告 바른대로 고함.
이 실 직 고 —를 한 피의자.

二心 두 가지 마음. 또는 배반하려
이 심 는 마음. —을 품다.

已甚 지나치게 심함.
이 심 수해가 —하다.

異心 다른 마음.
이 심 —을 두고 한 말.

以心傳心 마음으로 마음에 전함.
이 심 전 심 —으로 통하다.

移秧 모내기
이 앙 —期(기). —한 모.

移讓 남에게 넘겨줌.
이 양 권리를 —하다. 정권을 —하다.

移御 임금이 거처하는 곳을 옮김.
이 어 창덕궁으로 —하다.

異域 다른 나라 땅. 또는 고향에서 멀
이 역 리 떨어진 땅. 만리 —. —의 산야.

以熱治熱 힘에는 힘으로, 강한 것에
이 열 치 열 는 강한 것으로 대응함.

弛緩 느즈러짐. 긴장이 풀림.
이 완 —된 기강.

已往 ①이미. 또는 이전. —之事 ②어
이 왕 차피 할 바에는. —이면 자고 가게.

以外 어떤 범위나 한도의 밖.
이 외 —의 성과. 저 사람 —의 적격자.

利慾 이익을 탐하는 욕심.
이 욕 —에 눈이 멀다.

利用 필요한 데에 이롭게 씀.
이 용 —厚生(후생). 남의 약점을 —하다.

理容 이발과 미용. 또는 남자의 이발.
이 용 —院(원)

二元 ①방정식에서 미지수가 둘 있는 일.
이 원 ②근거가 되는 두 곳. —생방송

移越 한 회계 연도의 잔금을 다음
이 월 회계 연도로 넘김. —金(금)

理由 까닭. 사유
이 유 —를 설명하다. —를 묻다.

離乳 젖먹이의 젖을 뗌.
이 유 —期(기). —食(식)

利潤 장사하여 남은 돈.
이 윤 기업의 —. —을 추구하다.

利率 본전에 대한 이자의 비율.
이 율 —이 높다.

二律背反 같은 근거를 가지고 주장되
이 율 배 반 는 두 명제가 서로 모순됨.

異意 다른 의견.
이 의 —가 없다.

異義 다른 뜻.
이 의 同音(동음) —語(어)

異議 다른 주장.
이 의 —를 제기하다. — 신청

利益 ①이롭고 유익한 일. 국가의 —.
이 익 ②수입이 생기는 일. —과 손실.

移任 다른 직무나 임지로 옮김.
이 임 —한 동료.

離任 맡았던 직임을 내놓고 그 자리
이 임 를 떠남. —式(식). —辭(사)

移入 옮겨 들여옴.
이 입 —한 생산품. 감정 —

利子 본전에 덧붙어 무는 돈.
이 자 —率(율). —를 물다.

移葬 무덤을 다른 곳으로 옮김.
이 장 —한 무덤.

理財 재물을 유리하게 활용함.
이 재 —에 밝다.

異才 남보다 특별히 다른 재주.
이 재 　—를 살리다.

罹災 재해를 입음.
이 재 　—民(민)

夷狄 오랑캐
이 적 　—의 무리. —을 정벌하다.

利敵 적을 이롭게 함.
이 적 　— 행위. —罪(죄)

移籍 ①호적을 다른 곳으로 옮김. ②운
이 적 동 선수가 소속을 옮김. —한 선수.

以前 ①그전. 삼국시대 —의 일. ②지
이 전 난 날의 어느 때. —에 살던 곳.

移轉 ①주소를 옮김. 사옥을 —하다.
이 전 ②권리를 넘겨줌. 소유권을 —하다.

泥田鬪狗 볼썽사납게 서로 헐뜯거
이 전 투 구 나 싸움의 비유.

里程 길의 이수.
이 정 　—表(표). 200리의 —.

姨從 이종 사촌. 이모의 자녀.
이 종 　—兄(형). —弟(제)

異種 다른 종류.
이 종 　— 교배

移住 다른 곳으로 이사를 가서 삶.
이 주 　—民(민). 해외로 —하다.

二重 두 겹.
이 중 　—으로 묶다. —으로 된 창문.

理智 이성적인 슬기.
이 지 　국민의 —가 발휘되다.

移職 다른 직업이나 직장으로 옮김.
이 직 　제조업계로 —하다.

離職 직업을 잃거나 직장을 떠남.
이 직 　—한 사람이 늘어나다.

姨姪 자매나 아내의 자매가 낳은 자
이 질 녀. —婦(부). —女(녀)

異質 질이 다름. 또는 다른 질.
이 질 　—性(성). —的(적). —感(감)

痢疾 곱똥이 섞여 나오는 설사.
이 질 　—로 입원을 하다.

二次 ①두 번째. — 세계 대전 ②수학에
이 차 서 차수가 2인 것. — 방정식

離着陸 이륙과 착륙.
이 착 륙 비행기의 —.

異彩 별다른 색채. 인신하여, 특별나게
이 채 뛰어나거나 남다름. —를 띠다.

移牒 받은 공문이나 통첩을 다음 기관에
이 첩 다시 알림. 또는 그 공문이나 통첩.

移替 계좌를 옮기거나 바꿈.
이 체 　자동 —로 계좌에 납입하다.

異體 몸이나 겉모양이 다름.
이 체 　—同心(동심). —同種(동종)

泥醉 녹초가 되도록 술이 몹시 취함.
이 취 　—한 친구.

理致 사물의 정당한 도리.
이 치 　—에 맞다. —에 어긋나다.

異稱 달리 부르는 이름.
이 칭 　개골산은 금강산의 —이다.

利他 자기를 희생하여 남을 이롭게
이 타 함. —主義(주의)

離脫 일정한 범위나 대열에서 떨어져 나가
이 탈 거나 떨어져 나옴. 대열에서 —하다.

泥土 진흙
이 토 　—질. —와 粘土(점토).

二八靑春 나이가 열 여섯 살쯤 되는 젊
이 팔 청 춘 은이. 또는 그 무렵의 시절.

以下 일정한 표준으로부터 그 아래.
이 하 　수준 —. — 생략

理學 ①자연 과학 ②철학 ③성리학
이 학 (性理學)의 준말.

離合 헤어짐과 만남.
이 합 　—集散(집산)

利害 이익과 손해.
이 해 　—得失(득실). —를 따지다.

理解 ①사리를 분별하여 앎. 현실의 —.
이 해 ②말이나 글의 뜻을 앎. — 못할 말.

移行 다른 상태로 옮아 감.
이 행 　— 과정. 민주주의에로의 —.

履行 실지로 실행함.
이 행 약속을 —하다. 의무를 —하다.

異形 서로 다른 형상. 또는 괴이한
이 형 형상. —同體(동체)

離婚 법적으로 부부 관계를 끊음.
이 혼 — 소송. —을 하다.

梨花 배나무의 꽃. 배꽃.
이 화 —酒(주). —에 月白(월백)하고…

異化 동식물이 그 자체의 성분을 다
이 화 른 성분으로 변화시킴. —作用

罹患 병에 걸림.
이 환 —率(율)

以後 일정한 때로부터의 뒤.
이 후 건국 —. —의 일.

翌年 다음 해. 이듬해
익 년 —의 농사.

匿名 이름을 숨김.
익 명 —으로 투서하다.

溺沒 물에 빠져 가라앉음.
익 몰 —한 사람을 구해내다.

溺死 물에 빠져 죽음.
익 사 —한 사람.

益甚 더욱 심함.
익 심 去去(거거)—

溺愛 너무 지나치게 사랑에 빠짐.
익 애 딸을 —하다.

益鳥 사람에게 유익한 새.
익 조 —와 害鳥(해조).

人家 사람이 사는 집.
인 가 —가 드물다.

認可 인정하여 허가함.
인 가 —證(증). —를 받은 영업.

隣家 이웃집
인 가 —에 사는 사람.

人間 ①사람. —이 사는 이 세상. ②사람
인 간 이 사는 세상. —에 하강한 선녀.

印鑑 행정 기관에 등록한, 적은 도
인 감 장의 형적. — 도장. — 대장

人件費 사람을 쓰는데 드는 비용.
인 건 비 —와 物件費(물건비).

人傑 뛰어난 인물.
인 걸 —은 地靈(지령)이라.

人格 사람의 품격.
인 격 고상한 —. 남의 —을 존중하다.

引見 윗사람이 예를 갖추어 부르거나
인 견 맞아 들여서 만나 봄.

引繼 일이나 물품을 남에게 넘겨 주거
인 계 나 남으로부터 이어받음. 사무 —

忍苦 괴로움을 참고 견딤.
인 고 —의 세월.

人工 사람의 힘으로 만들어 내거나
인 공 가공함. — 폭포. — 부화. —호흡

因果 원인과 결과. 또는 먼저 한 일
인 과 의 갚음. — 관계. —應報(응보)

燐光 인이 공기 중에서 발하는 빛.
인 광 푸른 —을 발하다.

隣交 이웃 나라와의 교제.
인 교 — 관계

人口 ①주민의 수효. — 밀도
인 구 ②뭇사람의 입. —에 회자되다.

隣國 이웃 나라.
인 국 —과의 외교 통상.

仁君 어진 임금.
인 군 —의 위엄을 떨치다.

人權 사람에게 부여된 정치적·사회
인 권 적·경제적 권리. — 옹호. — 유린

隣近 거리상으로 가까운 이웃.
인 근 — 마을. —에 있는 산.

人氣 세상 사람들의 좋은 평판.
인 기 —가 있다. —가 좋다.

忍耐 참고 견딤.
인 내 —心(심). —力(력)

人乃天 사람이 곧 하늘이란 뜻으
인 내 천 로, 천도교의 기본 사상임.

靭帶 동물의 관절에 있는 근육 조직.
인 대 —가 끊어지다.

人德 =人福(인복)
인 덕 —이 있다.

仁德 어진 덕.
인 덕 —을 쌓다. —을 좋아하다.

人道 ①사람이 지켜야 할 도리. —를 지키
인 도 다. ②사람이 다니는 길. —와 車道.

引渡 사물이나 권리를 남에게 넘겨
인 도 줌. 물품을 —하다.

引導 앞장서서 이끎.
인 도 내빈을 —하다.

人力 ①사람의 힘. —으로는 어찌할 수 없다.
인 력 ②사람의 노동력. —이 모자라다.

引力 서로 끌어당기는 힘.
인 력 萬有(만유)—. —의 작용.

人類 사람들. 사람의 무리.
인 류 — 문화. — 역사

人倫 사람으로서 지켜야 할 도리.
인 륜 —에 벗어나다.

人望 세상 사람이 우러러보는 덕망.
인 망 —이 높다.

人脈 학벌·출신지·사상 등으로 얽힌
인 맥 인간 관계의 맥. —을 이루다.

人面 사람의 얼굴.
인 면 —獸心(수심)

湮滅 자취가 묻히어 없어짐.
인 멸 —된 유적.

人名 사람의 이름.
인 명 — 사전. —錄(록)

人命 사람의 목숨.
인 명 —在天(재천). —을 구하다.

湮沒 =湮滅(인멸)
인 몰 —된 문화재.

人文 ①인류의 문화. — 과학
인 문 ②인물과 문물. 기호 지방의 —.

人物 ①사람의 허울. — 묘사. —이 훤하다.
인 물 ②사람. 또는 뛰어난 사람. 당대의 —.

人民 나라나 사회를 구성하는 사람들.
인 민 七千萬(칠천만)—

人福 사람과의 관계에서 도움을 받
인 복 는 복. —이 있다. —을 타고 나다.

人本主義 휴머니즘. 르네상스기에
인 본 주 의 일어난 인간 중심의 사상.

人夫 품팔이하는 노동자.
인 부 제방 공사에 동원된 —.

人糞 사람의 똥.
인 분 — 비료

人士 사회적 지위가 있는 사람.
인 사 저명 —

人事 ①예를 표하는 일. ②자기를 소개하는
인 사 일. ③구성원의 임용 등의 행정적인 일.

因山 =國葬(국장)
인 산 고종의 — 때에 망곡을 한 국민.

人山人海 사람들이 헤아릴 수 없이
인 산 인 해 많이 모인 상태의 비유.

人蔘 다년생의 약초 이름.
인 삼 풍기 —. —을 재배하다.

人相 사람의 얼굴 생김새.
인 상 —을 보다.

引上 ①값이나 임금을 올림. 임금 —
인 상 ②물건을 끌어 올림. — 작업

印象 기억에 새겨지는 흔적이나 작용.
인 상 —이 남다. —이 깊다. 상냥한 —.

吝嗇 체면을 돌보지 않고 재물을 다
인 색 랍게 아낌. —한 사람.

人生 사람의 존재. 또는 사람이 세상에
인 생 서 살아 나가는 일. — 행로. —觀

人選 여럿 중에서 알맞은 사람을 가
인 선 려 뽑음. 각료의 —을 끝내다.

人性 사람의 성품.
인 성 —이 착하다.

人稅 사람에게 부과하는 조세.
인 세 —와 物稅(물세).

印稅 발행자가 저작권자에게 주는
인 세 저작권의 사용료. —를 받다.

引率 여러 사람들을 데리고 감.
인 솔 — 책임자. 학생들을 —하다.

印刷 글자나 그림을 종이에 박아냄.
인 쇄　—術(술). 포스터를 —하다.

引受 물건이나 권리를 넘겨 받음.
인 수　—證(증). 물품을 —하다.

仁順 어질고 순함.
인 순　—하신 할머니.

因循 낡은 인습을 고치거나 버리지
인 순　못함. —姑息(고식)

仁術 =醫術(의술)
인 술　—로 활인하다.

因習 예로부터 전하여져 몸에 밴 풍
인 습　습. —에 젖다.

因襲 옛날의 습관이나 풍속을 그대
인 습　로 좇는 일. — 도덕

認識 사물을 분별하고 판단하여 아
인 식　는 일. —이 부족하다.

人心 ①사람의 마음. 흉흉한—. ②남의 딱한
인 심　사정을 헤아려 주는 마음. —이 나쁘다.

仁愛 어진 마음으로 사랑함.
인 애　—하는 마음.

引揚 끌어 올림.
인 양　—한 침몰선. — 작업

因緣 사람이나 사물들 사이에 맺어
인 연　지는 관계. —을 끊다. —이 깊다.

忍辱 욕되는 일을 참고 견딤.
인 욕　—의 세월.

引用 남의 글이나 말 중의 일부분을
인 용　참고로 이끌어 씀. —句(구). —文

人員 조직을 이루는 사람들.
인 원　—을 보충하다. —이 부족하다.

人爲 인간의 힘으로 이루어지는 일.
인 위　—的(적)으로 조작하다.

人乳 사람의 젖.
인 유　—와 牛乳(우유).

引誘 권하여 꾀어 들임.
인 유　기술자를 —하여 입시시키다.

人肉 사람의 고기. 인신하여, 매음하
인 육　는 여자의 몸뚱이. —市場(시장)

仁義 어짊과 의로움.
인 의　—의 도. —를 베풀다.

因人成事 남의 힘으로 일을 이룸.
인 인 성 사　—의 좋은 예.

引入 끌어 들임.
인 입　—口(구). —線(선)

仁慈 어질고 자애로움.
인 자　—하신 어머니.

因子 어떤 사물이나 작용의 원인이
인 자　되는 요소나 물질.

印章 도장. 또는 인발
인 장　— 위조죄. —을 찍다.

人災 사람의 잘못으로 입는 재난.
인 재　—에 가까운 수해.

人材 학식과 재능이 있는 사람.
인 재　— 등용. — 양성

人的 사람에 관한.
인 적　— 자원. — 구성

人跡 사람의 발자취. =人迹(인적)
인 적　—이 드물다. —이 끊어지다.

隣接 이웃하여 닿아 있음.
인 접　— 마을. —한 지역.

人定 야간 통행의 금지를 알리기 위
인 정　해, 밤 10시에 쇠북을 치던 일.

人情 ①사람이 지니고 있는 감정. —味
인 정　②남을 동정하는 마음. —이 많다.

仁政 어진 정사.
인 정　—을 펴다.

認定 확실하게 그러하다고 여김.
인 정　— 교과서. —을 받다.

人定訊問 재판관이 피고인의 인적
인 정 심 문　사항을 확인하는 일.

人造 사람이 만듦. 또는 자연물의 대
인 조　용으로 만듦. — 섬유. — 대리석

隣의 이형 동자	
隣=鄰	인근 : 隣近=鄰近
	인접 : 隣接=鄰接

人種 역사적으로 형성되어 구분되는
인 종 사람의 종류. ― 차별. 황색 ―

忍從 참고 복종함.
인 종 ―을 미덕으로 여기던 때.

印朱 도장을 찍을 때 묻히는 붉은
인 주 빛깔의 물건. ―를 묻히다.

認准 행정부의 행위를 국회가 승인함.
인 준 국무총리의 임명을 ―하다.

人中 윗입술 중간에 오목하게 골이
인 중 진 곳. ―이 짧다.

人證 사람으로서 하는 증거나 증명.
인 증 ―과 物證(물증). ―을 대다.

引證 인용하여 증거로 삼음.
인 증 ―한 문헌.

認證 인정하여 증명함.
인 증 실험을 통해 ―하다.

人智 사람의 지식이나 슬기.
인 지 ―가 열리다.

印紙 수수료 따위를 냈다는 증표.
인 지 ―를 붙이다. 100원짜리 ―.

認知 그러한 줄로 인정하여 앎.
인 지 ―한 사실.

人之常情 사람이면 누구나 가지는
인 지 상 정 보통의 인정.

人質 볼모로 잡힌 사람.
인 질 ―로 잡다. ―을 풀어주다.

引責 책임을 스스로 짐.
인 책 ― 사유. ― 사직

姻戚 혼인 관계를 통해 맺어진 친척.
인 척 ― 관계

人體 사람의 몸.
인 체 ― 조직. ―에 해롭다.

人稱 행동의 주체가 화자에 대하여 가
인 칭 지는 관계를 나타내는 일컬음.

人波 많이 모인 사람들의 움직임의
인 파 물결. ―를 이룬 해수욕장.

人便 오가는 사람의 편.
인 편 ―에 보낸 편지.

人品 사람의 인격과 품위.
인 품 원만한 ―.

引下 상품의 값이나 임금을 끌어 내
인 하 림. 임금의 ―. 가격을 ―하다.

人海 사람들이 굉장히 많이 모인 상
인 해 태. 人山(인산)―. ― 전술

印行 책을 인쇄하여 발행함.
인 행 서적을 ―하다.

認許 인정하여 허가함.
인 허 ―한 영업. ―를 받다.

人形 사람처럼 만든 장난감.
인 형 ―을 가지고 놀다.

人和 마음이 서로 화합함.
인 화 ― 단결을 강조하다.

引火 불이 옮겨 붙음.
인 화 ―物(물). 불이 옆집에까지 ―되다.

仁厚 어질고 순후함.
인 후 ―한 성정. ―한 사람.

咽喉 목구멍
인 후 耳鼻(이비)―科(과). ―痛(통)

仁恤 어진 마음으로 구제함.
인 휼 빈민을 ―하다.

一家 ①한 집안. 겨레붙이 ②하나의 독
일 가 립적인 체계를 이룬 상태. ―見(견)

一角 한 귀퉁이. 또는 한 부분.
일 각 빙산의 ―에 불과하다.

一刻 매우 짧은 시간.
일 각 최후의 ―. ―이 급하다.

一間 한 칸.
일 간 ―斗屋(두옥). ―草屋(초옥)

日刊 날마다 발행함. 또는 그 간행물.
일 간 ― 신문. ―과 月刊(월간).

日間 가까운 며칠 사이.
일 간 ―에 한 번 만나세.

一介 한 낱. 또는 하찮은
일 개 ― 필부의 만용에 불과하다.

一個 한 개. 한 낱. ＝一箇(일개)
일 개 ―의 돌덩이.

一擧
일 거 ①한 가지의 행동이나 일. —動.
②단 한번에. —에 열세를 만회하다.

逸居
일 거 하는 일 없이 한가로이 지냄.
— 생활

一擧兩得
일 거 양 득 한 가지의 일을 하여 두
가지의 이득을 봄.

一件
일 건 한 가지. 또는 한 벌.
— 서류. — 기록

一擊
일 격 단 한 번의 공격.
—을 가하다. —에 무너지다.

一見
일 견 한 번 봄. 또는 언뜻 보아.
— 간첩임을 알아차렸다.

日計
일 계 하루를 단위로 하는 계산. 또는
날수대로 하는 계산. —表(표)

一考
일 고 한 번 생각해 봄.
—의 가치도 없다.

一顧
일 고 한 번 돌아봄. 또는 한 번 돌이
켜 봄. —의 여지도 없다.

一過
일 과 한 번 지나감. 또는 한 번 눈을
거침. —性(성) 행사.

日課
일 과 날마다 하기로 정해져 있는 일.
—를 끝내다.

一貫
일 관 한 방법이나 태도로써 한결같이
꿰뚫음. 始終(시종)—. —된 주장.

一括
일 괄 하나로 뭉뚱그림.
여러 견해들을 —해서 요약하다.

日光
일 광 햇빛 —浴(욕). — 소독

日較差
일 교 차 하루 동안의 온도나 기압의 가장
높은 수치와 낮은 수치의 차이.

日久月深
일 구 월 심 세월이 흘러 오래 될 수
록 자꾸 더하여짐.

一口二言
일 구 이 언 한 사람이 같은 일에 대하
여 상반되는 의견을 말함.

一國
일 국 한 나라. 또는 온 나라.
—의 통치자. —이 들끓다.

日給
일 급 하루의 품삯.
—制(제). —과 月給(월급).

一期
일 기 ①일생. 65세를 —로 세상을 뜨다.
②시기를 나눈 그 첫째. 육사 —

日記
일 기 날마다 생긴 일이나 생활을 적
은 기록. —을 쓰다.

日氣
일 기 날씨 — 예보. —가 고르지 못하다.

一年
일 년 한 해.
—生(생) 식물. —草(초)

一念
일 념 한결같은 마음.
경쟁에서 이겨야겠다는 —.

一旦
일 단 한 번. 또는 우선 먼저. 우선
잠깐. — 결의한 대로 밀고 나가자.

一端
일 단 한 끝. 또는 한 부분.
사생활의 —을 엿보다.

一段落
일 단 락 일이 한 단계 끝나는 일.
—을 짓다.

一黨
일 당 ①한 정당. — 독재 체제.
②한 동아리. 도둑의 —.

日當
일 당 하루에 얼마씩 주는 품삯.
— 만원의 노동자.

一大
일 대 하나의 큰.
— 장관을 이루다.

一代
일 대 ①한평생. —記(기)
②한 시대. —의 영웅.

一帶
일 대 일정한 범위의 지대.
속리산 —. 서해안 —.

一刀兩斷
일 도 양 단 일을 머뭇거림이 없이
과단성 있게 처리함.

一同
일 동 구성원의 전체.
졸업생 —.

一覽
일 람 한 번 죽 훑어봄. 또는 그렇게
볼 수 있게 간명하게 수록한 책.

一例
일 례 하나의 예.
—를 들다.

一路
일 로 한 길. 또는 한 방향으로 곧장.
번영의 —. — 매진하다.

一縷
일 루 한 오리의 실. 인신하여, 겨우
유지되는 상태. —의 희망도 없다.

一流 첫째 가는 계층.
일 류 ― 작가. ― 화가

一律 하나의 규율.
일 률 千篇(천편)―. ―的(적)으로 처리하다.

一理 한 가지의 이치.
일 리 ― 있는 말.

一抹 한 번 스치는 정도. 곧 약간
일 말 ―의 불안이 감도다.

一望 한 눈에 바라봄.
일 망 ―無邊(무변)의 광야.

一網打盡 한꺼번에 모조리 다 잡음.
일 망 타 진 밀수꾼을 ―하다.

一脈相通 생각·처지 등이 한 줄기 서
일 맥 상 통 로 통함. ―하는 점이 있다.

一面 ①한쪽 면. 또는 한 방면. 한 측
일 면 면. ②한 번 바라봄. ―識도 없다.

一鳴驚人 한 마디 말로 세상 사람
일 명 경 인 들을 놀라게 함.

日暮 날이 저묾.
일 모 ― 후에 오너라.

一毛作 한 논밭에 1년에 한 번 농작
일 모 작 물을 심어 거두는 일. ― 전답

一目瞭然 척 보아서 대번에 알 수 있
일 목 요 연 게 분명함. ―하게 정리하다.

日沒 해가 짐. 또는 해넘이
일 몰 ― 시간. ―의 장관.

一門 한 가문이나 한 문중.
일 문 ―族(일족). 金氏(김씨) ―의 경사.

逸文 세상에 알려지지 않은 글.
일 문 ―을 소개하다.

逸聞 알려지지 않은 소문.
일 문 이상한 ―이 나돌다.

一問一答 한 번의 물음에 대하여
일 문 일 답 한 번씩 대답함.

逸民 학문과 덕행이 있으면서도 벼슬하지
일 민 않고 민간에 파묻혀 지내는 사람.

一泊 하룻밤을 묵음.
일 박 강릉에서 ―하다.

一般 ①전체에 두루 해당하는 것. ―
일 반 상식. ②보통 사람들. ― 대중

一方 한 쪽. 또는 한 편.
일 방 ―通行(통행). ―的(적)인 견해.

一罰百戒 한 사람을 벌함으로써 여러 사
일 벌 백 계 람에게 경각심을 불러 일으킴.

一邊 한편. 또는 한편으로
일 변 ― 놀라며 ― 반기다.

一變 한 번 바뀜. 또는 아주 달라짐.
일 변 태도가 ―하다.

一別 한 번 헤어짐.
일 별 그와 ―한 뒤론 만나지 못하였다.

一瞥 한 번 흘낏 봄. 한 번 죽 훑어
일 별 봄. 명단을 ―하다.

一步 ①한 걸음. ― 후퇴 ②첫 걸음.
일 보 사업가로서의 ―를 내딛다

日報 ①나날의 보고. ―를 작성하다.
일 보 ②매일 발간하는 신문. 동아―

日賦 갚아야 할 돈을 날마다 얼마씩
일 부 나누어 갚아 나가는 일. ―와 月賦.

日附印 날짜 도장.
일 부 인 ―이 찍힌 우표.

逸史 지난날의 역대의 정사에서 빠
일 사 진 사실을 기록한 역사.

逸事 세상에 알려져 있지 않은 일.
일 사 ―를 모아 한 권의 책으로 엮다.

日射病 강한 햇볕을 오래 쬠으로써
일 사 병 일어나는 병.

一絲不亂 질서나 체계가 정연하여 조
일 사 불 란 금도 어지러운 데가 없음.

一瀉千里 거침 없이 기세 좋게 진
일 사 천 리 행됨. ―로 진척되다.

日産 ①하루의 생산량. ―과 年産(연산).
일 산 ②일본이 생산한 물품. ― 자동차

日常 날마다 평소에.
일 상 ― 하는 말. ― 생활

一色 ①한 가지 빛. 또는 한 가지로만 된 정
일 색 경. ②뛰어난 미인. 天下(천하)―

一生 일 생 나서 죽을 때까지의 동안. 평생. —을 마치다. —을 바치다.

逸書 일 서 흩어지거나 알려지지 않거나 하여, 세상에 드러나지 아니한 책.

一石二鳥 일 석 이 조 =一擧兩得(일거양득) —의 효과를 올리다.

一線 일 선 맨 앞장. 또는 적과 맞서는 전 선. —에서 물러나다. —의 전투병.

一說 일 설 어떤 할 설. —에 의하면 ……

一世 일 세 ①한 세상. 온 세상. ②사람의 일생. ③첫째의 대나 세대.

一笑 일 소 한번 웃음. 또는 웃어 넘김. —에 붙이다.

一掃 일 소 모조리 쓸어 버림. 부정 부패를 —하다.

日收 일 수 ①하루의 수입. —3만원의 노동자. ②날 마다 얼마씩 갚는 빚. —를 얻어쓰다.

日數 일 수 ①날의 수. 작업 — ②그 날의 운수. —가 나쁘다.

一瞬間 일 순 간 매우 짧은 시간 동안. —에 일어난 일.

一襲 일 습 옷이나 기구의 한 벌. 봄옷 —. 칠첩 반상기 —.

一時 일 시 ①한때. —도 안심할 수 없다. ②일제히 같은 때에. —에 무너지다.

日時 일 시 날짜와 시간. 또는 날과 때. 공연 —를 변경하다.

日式 일 식 일본식 — 요리

日蝕 일 식 달이 태양을 가리어, 태양의 전부나 일 부를 볼 수 없게 되는 현상. 개기 —

一身 일 신 한 몸. —의 희생. —上(상)의 문제.

一新 일 신 아주 새롭게 함. 또는 아주 새로 워짐. 분위기를 —하다. —된 마을.

一心 일 심 ①한 마음. —專力(전력) ②여럿 이 한 마음이 됨. —同體(동체)

一躍 일 약 순서나 등급이 대번에 뛰어 오름. — 스타가 되다.

一魚濁水 일 어 탁 수 한 사람의 잘못으로 여러 사람이 해를 입음의 비유.

一言 일 언 한 마디 말. 최후의 —. —半句(반구)

一言之下 일 언 지 하 단 한 마디의 말로. —에 거절하다.

一葉片舟 일 엽 편 주 한 척의 조각배. —에 몸을 의지하다.

日用 일 용 ①날마다 씀. —品(품) ②날마다 쓰는 돈. —을 타서 쓰다.

一元 일 원 사물을 이루는 요소가 하나임. —論(론). 조직을 —化(화)하다.

一員 일 원 한 사람의 성원. 등반대의 —으로 참가하다.

日月 일 월 ①해와 달. —星辰(성신) ②세월. 나달. 산중에 묻혀 —을 보내다.

一衣帶水 일 의 대 수 한 줄기의 띠와 같은 냇물이 나 강물. —의 한강을 낀 서울.

一翼 일 익 중요한 역할을 담당하는 한 부 분. —을 담당하다.

一人者 일 인 자 그 부문에서 첫째 가는 사람. 영화제의 —. 정계의 —.

一人稱 일 인 칭 나와 나를 포함한 편의 사 람을 가리켜 일컫는 말.

一日 일 일 ①하루. —之長(지장). —千秋(천추). ②그 달의 첫째 날. 三月 —

日日 일 일 매일 매일. 날마다 — 연속극

一任 일 임 전적으로 맡거나 맡김. 그 일을 자네에게 —한다.

一字 일 자 ①한 글자. —無識(무식) ②한 마디 글. —를 적어 보내다.

一場 일 장 한바탕 —의 훈시를 하다.

一長一短 일 장 일 단 한 장점과 한 단점. 누구에게나 —이 있다.

一場春夢 헛된 영화나 덧없는 일.
일 장 춘 몽 ―으로 끝나다.

一戰 한바탕의 싸움.
일 전 ―을 벌이다. ―을 불사하다.

一轉 크게 바뀌어 달라짐.
일 전 심기가 ―하다.

日前 며칠 전. 또는 지나간 날.
일 전 ―에 한 말. ―에 만난 사람.

一切 아주. 절대로
일 절 흡연은 ― 하지 말라.

一定 한결같이 정해져 있음.
일 정 ―한 길이. 수입이 ―하다.

日程 그날 그날 해야 할 일이나 그
일 정 순서. 바쁜 ―. 오늘의 ―.

一齊 한결같이 다 동시에.
일 제 ― 사격. ―히 환호하다.

日帝 일본 제국주의의 준말.
일 제 ―의 침략.

日製 일본에서 만듦. 또는 그 물품.
일 제 ― 자동차

一助 조금의 도움.
일 조 ―를 아끼지 아니하다.

一朝 ①하루 아침에. ―에 강대국이 되
일 조 다. ②만일의 경우. ― 유사시.

日照 햇볕이 내리쬠.
일 조 ―量(량). ― 시간

一朝一夕 짧은 시일.
일 조 일 석 버릇을 ―에 고칠 수는 없다.

一種 ①한 종류. 한 가지. 새의 ―.
일 종 ②그 어떤. ―의 행복감에 젖다.

一周 한 바퀴 돎.
일 주 세계 ―. ―年(년)

日誌 그날 그날에 생긴 일의 기록.
일 지 사업 ―. 진료 ―

日直 낮에 당번을 정하여 직장을 지키는
일 직 일. 또는 그 사람. ― 당번. ―을 서다.

一陣 ①첫째의 진이나 집단. ―의 선수.
일 진 ②한바탕 몰아치는. ― 광풍이 일다.

日辰 날의 간지(干支).
일 진 ―을 보다. ―이 길하다.

日進月步 날로 달로 진보함.
일 진 월 보 ―하는 과학.

一進一退 한 번 나아갔다 한 번 물
일 진 일 퇴 러섰다 함. ―를 거듭하다.

一次 ①첫 번째. ― 시험. ― 면접 ②한
일 차 번. 한 차례. ― 방문할 생각이다.

日淺 시작한 뒤로 날수가 많지 않음.
일 천 경험이 ―하다.

一切 ①모든. 온갖. 또는 모든 것. ―의 경
일 체 비. ②조금도. 전혀. ― 입을 열지 않다.

一體 한 몸. 한 덩어리.
일 체 上下(상하)―

一觸卽發 금방이라도 터질 수 있는
일 촉 즉 발 아슬아슬한 형세. ―의 위기.

一寸肝腸 애달프거나 애가 탈 때의
일 촌 간 장 마음의 형용. ―이 녹는다.

一蹴 대번에 거절하거나 물리침.
일 축 청탁을 ―하다.

日出 해가 돋음. 또는 해돋이
일 출 ―과 日沒(일몰). ―의 장관.

日就月將 날로 달로 발전하거나
일 취 월 장 자람. ―하는 국력.

一層 ①첫째 층. ―과 二層 사이의 제단.
일 층 ②한층. ― 더 노력해라.

一致 어긋남이 없이 한결같게 서로
일 치 맞음. 언행이 ―하다. 의견이 ―하다.

一鍼 침 한 대. 인신하여, 따끔한 충
일 침 고. ―을 놓다.

逸脫 조직이나 규정 등에 벗어남.
일 탈 ― 행위. 대오에서 ―한 병사.

一片丹心 한 곳으로 향한 한 조각의
일 편 단 심 충성스런 마음. 임 향한 ―.

逸品 뛰어나게 잘 된 물품.
일 품 고려 자기 같은 ―.

一筆揮之 글이나 글씨를 단숨에
일 필 휘 지 힘차게 죽 써 나감.

一行 동행하는 모든 사람.
일 행　대표단 一. 우리 一이 도착한 시간.

逸話 세상에 별로 알려지지 아니한,
일 화　흥미 있는 이야기. 一를 소개하다.

一攫千金 힘 안 들이고 대번에 많
일 확 천 금　은 재물을 모음. 一의 꿈.

日後 닥쳐 올 뒷날.
일 후　一에 다시 만나기로 하다.

一喜一悲 기쁜 일과 슬픈 일이 번
일 희 일 비　갈아 일어남.

臨檢 일이 일어난 현장에 가서 검사
임 검　함. 현장 一. 一을 하러 온 경찰관.

任官 관직에 임명됨.
임 관　一式(식). 一된 자리.

賃金 노동의 대가로 받는 보수.
임 금　一노동자. 一인상

任期 일정한 직책을 맡아 보는 기한.
임 기　一를 마치다. 一가 만료되다.

臨機應變 그때 그때의 형편에 알
임 기 응 변　맞게 대처함. 一의 재치.

賃貸 삯을 받고 빌려 줌.
임 대　一料(료). 一借(차). 一주택

壬亂 壬辰倭亂(임진왜란)의 준말.
임 란　一 때의 의병 활동.

淋漓 흠뻑 젖어 흥건하게 뚝뚝 떨어
임 리　짐. 유혈이 一하다.

林立 숲의 나무처럼 많이 늘어섬.
임 립　一한 빌딩.

任免 임명과 해임.
임 면　一權(권)

任命 일정한 직무를 맡게 함.
임 명　외교통상부 장관에 一되다.

任務 맡아서 해야 할 일.
임 무　중대한 一.

臨迫 시기나 사건이 닥쳐 옴.
임 박　시간이 一하다. 위난이 一하다.

妊婦 아이를 밴 여자. 임신부
임 부　一가 해산달을 맞다.

林産 산림에서 나는 물품. =林産物
임 산　一 자원

妊産婦 임부와 산부.
임 산 부　一의 보호 대책.

臨床 환자를 치료하기 위해 병상에 감.
임 상　一 실험

臨席 어떤 모임을 지도하기 위해 그
임 석　자리에 참석함. 장관이 一하다.

臨時 ①필요에 따라 정함. 一 총회
임 시　②일정한 시기에 다달음. 一 낭패

妊娠 아이를 뱀. =姙娠(임신)
임 신　一婦(부). 一한 며느리.

林野 산림과 들판.
임 야　一를 개간하다.

林業 나무를 심고 가꾸는 사업.
임 업　一을 장려하다.

任用 직무에 맞는 사람을 씀.
임 용　공무원 一 시험.

任員 단체의 일을 맡아보는 사람.
임 원　기업의 一.

任意 마음이 내키는 대로 하도록 함.
임 의　一로 드나들다. 一로 처분하다.

臨戰 싸움터에 다달음. 또는 전쟁에
임 전　임함. 一無退(무퇴)의 정신. 一 태세

林政 임업에 관한 행정.
임 정　一을 맡은 산림청.

臨政 臨時政府(임시 정부)의 준말.
임 정　대한민국의 一

臨終 ①사람의 목숨이 끊어지려고 할 때. ②부
임 종　모가 세상을 떠날 때 옆에서 모시고 있음.

任重道遠 책임은 무겁고 그 실천을 위
임 중 도 원　해 나아갈 과정은 아득함.

任地 부임하는 곳.
임 지　一로 가다.

淋疾 임균으로 일어나는 성병.
임 질　一을 치료하다.

賃借 삯을 주고 남의 물건을 빌림.
임 차　一權(권). 一料(료). 一人(인)

任置 남에게 돈이나 물건을 맡김.
임 치 은행에 ―한 돈.

臨海 바다에 임함. 바다를 끼고 있음.
임 해 ― 단지. ―학교.

臨幸 어떤 곳에 임금이 거둥함.
임 행 수원성에 ―한 정조.

臨畵 이미 있는 그림을 보고 본떠
임 화 그림. 또는 그 그림.

入閣 내각의 한 사람으로 들어감.
입 각 이번에 ―한 인사.

立脚 일정한 입장에 섬.
입 각 민주주의에 ―한 경제 질서.

立看板 세워 놓은 간판.
입 간 판 길거리의 ―을 철거하다.

立件 혐의 사실을 인정하여 사건을
입 건 성립시킴. 절도 혐의로 ―하다.

入京 서울로 들어가거나 들어오거나
입 경 함. 이번에 ―한 바이어들.

入庫 물건을 창고에 넣음.
입 고 ―된 상품.

入校 =入學(입학)
입 교 새로 ―한 아우들.

入口 들어가는 어귀나 문.
입 구 동네 ―. ―와 出口(출구).

入國 나라 안으로 들어감.
입 국 ― 사증. ―과 出國(출국).

立國 국력을 길러 나라를 번영시킴.
입 국 공업 ―. 관광 ―

入闕 대궐에 들어감.
입 궐 ―한 도승지.

入金 ①돈이 들어옴. 또는 그 돈.
입 금 ②금융 기관에 돈을 들여 놓음.

入團 어떤 단체에 가입함.
입 단 ― 원서

入黨 정당에 당원으로 들어감.
입 당 새로 ―한 사람.

入隊 군대에 들어가 군인이 됨.
입 대 논산 훈련소에 ―하다.

入力 ①동력이나 신호를 기계에 들여 보냄.
입 력 ②컴퓨터에 정보를 기억하게 함. ― 장치

入滅 =入寂(입적)
입 멸 ―한 고승.

入門 ①들어가는 문. 또는 처음 들어가는
입 문 길. ②배우는 길에 들어섬. ―書(서)

立法 법을 제정함.
입 법 ―權(권). ―府(부)

入社 회사의 사원으로 들어감.
입 사 ― 원서. 새로 ―한 사원.

入射 빛이 들이비침.
입 사 ― 광선

入山 산 속으로 들어감. 입산하여,
입 산 출가하여 중이 됨. ― 수도

入賞 상을 탈 수 있는 등수에 듦.
입 상 ― 작품

立席 서서 타고 가거나 서서 구경하
입 석 는 자리. ―과 좌석.

入選 출품한 작품이 심사에 합격하
입 선 여 뽑힘. ― 작품. 공모전에 ―하다.

入城 성 안으로 들어감.
입 성 ―한 군대를 환영하다.

入聲 한자음의 사성의 하나.
입 성 ―과 去聲(거성).

入所 所 자로 끝나는 기관에 구성원으
입 소 로 들어감. 논산 훈련소에 ―하다.

入手 손 안에 넣음. 또는 손 안에 들
입 수 어옴. ―한 정보. 자료를 ―하다.

入試 入學試驗(입학 시험)의 준말.
입 시 ― 준비로 바쁘다.

立式 서서 행동하도록 된 방식.
입 식 ― 부엌

立身 일정한 자리를 차지하고 출세함.
입 신 ―揚名(양명)

入神 기술이 신묘한 정도에 다다름. 또는
입 신 바둑 9단을 이르는 말. ―의 경지.

入室 방 안으로 들어감. 입신하여,
입 실 학문이 깊은 경지에 도달함.

立案 ①문안을 만듦. —한 서류.
입 안　②계획을 세움. —한 행사 계획.

入養 양자로 남의 집에 들어감.
입 양　—한 아이.

入營 군대에 들어가 군인이 됨.
입 영　—한 장정.

入院 환자가 치료를 받기 위해 일정
입 원　기간 병원에 들어감. — 환자

粒子 물질의 미세한 알갱이.
입 자　素—(소립자)

入場 장내로 들어감.
입 장　—料(료). —을 완료하다.

入齋 ①제사 전날에 음식과 행동을 삼가며
입 재　재계함. —日(일) ②재를 시작함.

入寂 중이 죽음.
입 적　고승이 —하다.

入籍 호적에 올림. 또는 어떤 자리
입 적　에 적을 올림. 양자를 —시키다.

入朝 ①벼슬아치가 조회에 들어감.
입 조　②외국 사신이 조정에 참렬함.

入住 새로 지은 집에 들어가서 삶.
입 주　새 아파트에 —한 사람.

立證 증거를 들거나 증인을 세워 사
입 증　실을 증명함. 무죄를 —하다.

立地 인간이 활동을 하거나 식물이
입 지　생장하는 위치나 환경. — 조건

立志 어떤 목적을 위해 뜻을 세움.
입 지　—傳(전)

入直 번을 듦.
입 직　—한 승지.

入札 공개 경쟁에서 각자가 예정 가격
입 찰　을 써 내는 일. — 공고. —한 가격.

立替 나중에 돌려 받기로 하고 남의
입 체　빚을 대신 갚아 줌. —한 돈.

立體 공간적 부피를 가지는 물체.
입 체　—感(감). —美(미)

立錐 송곳을 꽂음.
입 추　—의 여지가 없다.

入出 수입과 지출.
입 출　— 명세. —金(금)

入荷 가게나 시장에 상품이 들어옴.
입 하　신제품 —

入學 공부하기 위해 학교에 들어감.
입 학　—金(금). — 式(식)

入港 배가 항구에 들어옴.
입 항　—한 선박. —과 出港(출항).

立憲 헌법을 제정함.
입 헌　— 군주국. — 정체

入會 어떤 모임에 가입하여 회원이
입 회　됨. —費(비)

立會 관계되는 자리에 같이 참석함.
입 회　—人(인). —한 변호사.

入後 양자를 들임. 또는 양자로 들
입 후　어감. —한 자식.

立候補 선거에 후보자로 나섬.
입 후 보　국회의원에 —하다.

孕婦 임신한 여성.
잉 부　—의 몸.

剩餘 쓰고 난 나머지.
잉 여　— 농산물

孕胎 아이를 뱀.
잉 태　아이를 —하다.

국어의 어법에 따른 한자음

한자어의 독음은 한자의 자음에
따라 읽고 표기하는 것이 원칙이다.
그러나, 두음법칙의 예외가 있는가
하면, 국어의 어법에 따른 예외도
있다.

十月 :	십월 →	시월
十王 :	십왕 →	시왕
六月 :	육월 →	유월
智異山 :	지이산 →	지리산
喜怒哀樂 :	희노애락 →	회로애락
困難 :	곤난 →	곤란
隊列 :	대렬 →	대열
許諾 :	허낙 →	허락

ㅈ

自家 ①자기 집. —와 타가. ②자기. 자
자 가 기 자신. —운전. — 발전

自家撞着 자기가 한 말이나 행동
자 가 당 착 의 앞뒤가 모순됨.

自覺 스스로 깨달음.
자 각 자기의 처지를 —하다. — 증상

自強 스스로 몸과 마음을 가다듬음.
자 강 =自彊(자강). —不息(불식)

刺客 사람을 몰래 찔러 죽이는 사람.
자 객 —에게 살해되다.

資格 일정한 신분이나 지위를 가지
자 격 는데 필요한 조건. 응시 —. —證

自決 ①스스로 자기 목숨을 끊음. ②자기
자 결 의 일을 스스로 판단하여 해결함.

自古 예로부터
자 고 —以來(이래). —로 유명한 관광지.

自過 자기의 잘못이나 허물.
자 과 —不知(부지)

自誇心 자신을 과시하고 자랑하는
자 과 심 마음. —이 강하다.

自愧 스스로 부끄러워함.
자 괴 —之心(지심)

字句 글자와 어구.
자 구 —를 수정하다.

自救 스스로 자신을 구함.
자 구 —策(책). —行爲(행위)

自國 자기 나라.
자 국 —民(민). —人(인)

子宮 여자 생식기의 한 부분.
자 궁 —癌(암)

刺戟 ①어떤 반응을 일으키는 작용.
자 극 ②일정한 현상을 촉진하는 작용.

磁極 ①자석의 자기력이 강한 양 끝
자 극 부분. ②자북극과 자남극.

資金 ①장사나 사업에 필요한 밑천. —동결
자 금 ②어떤 일을 하는데 필요한 돈. 선거 —

自給 필요한 물자를 자기의 힘으로 장
자 급 만하여 씀. —自足. —肥料(비료)

自矜 제 스스로 자랑스러워함.
자 긍 —心(심)

自己 자신. 저
자 기 —도 모르는 일. — 자신

自棄 스스로 자기 몸을 버리고 돌아
자 기 보지 아니함. 自暴(자포)—

磁氣 자석이 쇠붙이를 끌어당기는
자 기 작용. — 감응. 전기와 —.

磁器 사기 그릇. =瓷器(자기)
자 기 고려 —

子女 아들과 딸. 아들딸
자 녀 — 교육

自擔 스스로 담당하거나 부담함.
자 담 비용을 —하다.

自答 스스로 대답함. 또는 그러한
자 답 대답. 自問(자문)—

慈堂 남의 어머니에 대한 높임말.
자 당 —께서 평안하신가?

自動 스스로 움직임.
자 동 — 기계. — 장치. — 판매기

自得 ①스스로 얻거나 받음. 自業—
자 득 ②스스로 흡족하게 여김. 揚揚—

自量 스스로 헤아림.
자 량 —해서 알아 하게.

自力 자기 자신의 힘.
자 력 —更生(갱생). —으로 유학을 떠나다.

資力 물자나 자산의 능력.
자 력 —이 없다.

磁力 자극 사이에 작용하는 힘.
자 력 —計(계). — 선광

資料 바탕이 되는 재료.
자 료 증거 —. 학습 —

自立 남에게 예속되지 아니하고 스스로
자 립 의 힘으로 해 나감. — 경제. — 정신

字幕 화면에 나타내 보이는 글자.
자 막 영화 —

自滿 스스로 만족하게 여김.
자 만 —에 찬 얼굴빛.

自慢 스스로 자랑하고 뽐냄.
자 만 —心(심). —하지 말라.

姉妹 여자끼리의 동기.
자 매 — 결연. — 기관

自滅 제 스스로 멸망함.
자 멸 —의 길. —을 자초하다.

自明 증명하지 않아도 절로 알 만큼
자 명 분명함. —한 사실.

自鳴鐘 시간마다 저절로 종이 울리
자 명 종 도록 장치가 되어 있는 시계.

慈母 어머니
자 모 — 슬하에서 자라다.

字牧 고을 원이 백성을 돌보아 다스
자 목 림. —之官(지관)

自刎 스스로 목을 찔러 죽음.
자 문 누명을 벗지 못한 채 —하여 죽었다.

自問 자기 자신에게 스스로 물어봄.
자 문 —自答(자답).

諮問 처리 방법을 얻기 위해 전문가나 기
자 문 관에 의견을 물음. — 기관. —에 응하다.

自發的 남의 시킴이나 요청을 받음
자 발 적 이 없이 스스로 행동하는.

自白 자기가 저지른 일이나 범죄 사실
자 백 을 스스로 고백함. 범행을 —하다.

自別 ①본디부터 서로 다름. 남녀가 —하다.
자 별 ②사귀는 정이 남다름. —한 친구.

自服 범죄 사실을 스스로 고백함.
자 복 숨기려 하지 말고 —하라.

資本 사업이나 장사하는 데 필요한
자 본 밑천. —家(가). —주의. —金(금)

子婦 며느리
자 부 —의 친정.

自負 자기의 능력에 대해 자신을 가
자 부 짐. —心. 용감한 사나이로 —하다.

自費 자신의 소용에 자기가 내는 비
자 비 용. —로 세계 일주를 하다.

慈悲 ①남을 사랑하고 가엾게 여김.
자 비 ②부처가 중생을 제도하는 일.

自卑心 공연히 자기를 남보다 못하
자 비 심 게 여기는 비굴한 마음.

資産 자본이 되는 재산.
자 산 — 동결. 많은 —을 없애다.

自殺 스스로 제 목숨을 끊음.
자 살 — 행위. — 방조죄

仔詳 ①차분하고 꼼꼼함. —한 사람.
자 상 ②아주 자세함. —한 내용.

自傷 스스로 자기의 몸에 상처를 냄.
자 상 — 행위

姿色 여자의 고운 얼굴.
자 색 아름다운 —.

紫色 자줏빛
자 색 — 치마

自生 저절로 나서 자람. 또는 저절
자 생 로 생김. —地(지). — 식물

自序 저술하거나 편찬하거나 한 책
자 서 에 필자 자신이 쓴 서문.

自敍傳 자기가 쓴 자기의 전기.
자 서 전 —을 간행하다.

磁石 쇠를 끌어당기는 성질을 가진
자 석 쇳조각. —에 달라붙는 쇠붙이.

慈善 어려운 처지에 있는 사람을 물질
자 선 적으로 돕는 일. — 바자회. — 사업

自省 스스로 반성함.
자 성 날마다 —하는 시간을 갖는다.

磁性 쇠붙이를 끌어당기는 성질.
자 성 —이 세다. —을 띠다.

雌性 동식물의 암컷. 또는 암컷의
자 성 성질. — 생식 세포. —과 웅성.

仔細 자 세 ①구체적이고 분명함. ㅡ한 설명. ②성질이 꼼꼼하고 찬찬함. ㅡ한 사람.

姿勢 자 세 몸을 가진 모양. 단정한 ㅡ. ㅡ를 바루다.

藉勢 자 세 세력을 믿고 세도를 부림. ㅡ를 부리다.

子孫 자 손 ①아들과 손자. ㅡ이 함께 오다. ②후손. ㅡ萬代(만대). ㅡ이 번창하다.

自手 자 수 제 손. 또는 스스로의 힘. ㅡ成家(성가). ㅡ삭발은 못한다.

自首 자 수 죄가 아직 발각되기 전에 범인이 스스로 수사 기관에 사실을 고백함.

刺繡 자 수 수를 놓음. 또는 그 수. ㅡ에 뛰어난 재능이 있다.

自肅 자 숙 자신의 언행을 스스로 조심함. ㅡ自戒(자계).

自習 자 습 혼자의 힘으로 공부하여 익힘. ㅡ書(서). 공장에 다니면서 ㅡ하다.

自繩自縛 자 승 자 박 말과 행동을 잘못하여 스스로 곤경에 빠지게 됨.

子息 자 식 ①아들과 딸. ㅡ이 많다. ㅡ福(복) ②남자를 욕하는 말. 망할 ㅡ.

自身 자 신 자기. 제 몸. ㅡ을 돌보다. 自己ㅡ. ㅡ의 노력.

自信 자 신 자기의 능력이나 한 일의 보람에 대해 스스로 믿음. ㅡ感. ㅡ에 찬 말.

自失 자 실 자신의 감각을 잃은 듯 멍하게 됨. 茫然(망연)ㅡ

滋甚 자 심 더욱 심함. 불평이 ㅡ하다. 잔소리가 ㅡ하다.

姉氏 자 씨 남의 손위누이에 대한 높임말. ㅡ와 妹氏(매씨).

自我 자 아 의식이나 행위의 주체로서의 나. ㅡ 비판. ㅡ 실현. ㅡ 의식

自愛 자 애 제 몸을 제가 아낌. 自重(자중)ㅡ

慈愛 자 애 아랫사람에 대한 도타운 사랑. ㅡ로운 어머니.

自若 자 약 흥분하거나 당황함이 없이 예사롭고 태연함. 안색이 ㅡ하다.

滋養 자 양 몸의 영양을 좋게 함. 또는 그런 성분. ㅡ分(분). ㅡ劑(제)

自業自得 자 업 자 득 자기가 저지른 일의 결과를 자기 자신이 받음.

自然 자 연 ①우주에 저절로 있는 존재. ㅡ 현상 ②저절로 일어나거나 이루어지는. ㅡ 발화

自營 자 영 사업을 자신이 경영함. 과자점을 ㅡ하다.

子午線 자 오 선 지구의 두 극을 거쳐 적도를 직각으로 지나는 가상의 둥근 선.

紫外線 자 외 선 스펙트럼에서 보랏빛의 바깥쪽에 나타나는, 파장이 짧은 전자파.

雌雄 자 웅 ①암수. ㅡ 한 쌍의 앵무새. ②승부ㆍ우열의 형용. ㅡ을 겨루다.

字源 자 원 한자 구성의 근본 원리. ㅡ을 연구하다.

自願 자 원 자발적으로 원함. ㅡ 봉사. ㅡ 입대

資源 자 원 일정한 목적에 이용되는 인적ㆍ물적 원천. 인적ㆍ물적 ㅡ. ㅡ을 개발하다.

自慰 자 위 자기 마음을 스스로 위로함. ㅡ策(책). 시름을 ㅡ하다.

自衛 자 위 자신의 힘으로 위험을 막아 지킴. ㅡ權(권). ㅡ隊(대)

自由 자 유 남의 구속을 받거나 남에게 얽매이지 않고 제 뜻대로 행동할 수 있는 가능성.

自律 자 율 자기의 행동을 스스로 절제함. ㅡ 신경. ㅡ權(권)

字音 자 음 한자의 음. ㅡ 색인

自意 자 의 자기의 생각. ㅡ로 사표를 내다.

字義 자 의 한자의 뜻. 字音(자음)과 ㅡ.

恣意 자 의 방자한 마음. 제멋대로의 생각. 회의에서 결정한 내용을 ㅡ로 바꾸다.

自認 스스로 인정함.
자 인　허물을 —하다.

自引疏 조선 시대에, 자기의 허물
자 인 소　을 스스로 진술한 상소.

自任 어떤 일이나 자격에 대하여 자
자 임　기가 적임자라고 스스로 생각함.

刺字 살 위에 글씨나 그림을 그린 뒤, 그 자
자 자　리를 바늘로 쑤셔 물감을 들이는 일.

藉藉 소문이나 칭찬이 짜함.
자 자　소문이 —하다.

子子孫孫 자손의 여러 대.
자 자 손 손　— 잊지 못할 은공.

子爵 오등작의 넷째 작위.
자 작　—과 男爵(남작).

自作 ①스스로 짓거나 만듦. —詩(시)
자 작　②제 토지에 제가 농사를 지음. —農

自酌 손수 술을 따라서 마심.
자 작　혼자서 —을 하다.

磁場 자력이 작용하는 공간.
자 장　—을 형성하다.

資材 물자와 재료.
자 재　—難(난). 건설 —

自適 아무 구속 없이 마음 내키는
자 적　대로 즐김. 悠悠(유유)—한 생활.

字典 한자를 부수나 획수에 따라 모아
자 전　놓고 그 한 자 한 자를 설명한 책.

自全 스스로 편안하고 온전함.
자 전　—之計(지계)

自傳 자신의 전기.
자 전　—的(적) 소설

自轉 저절로 돎. 또는 천체가 자기의 축
자 전　을 중심으로 하여 돎. —車. —과 公轉.

子正 밤 12시.
자 정　—을 넘기다. —이 가까워지다.

自淨作用 더러워졌던 물이 저절로
자 정 작 용　깨끗하게 되는 작용.

子弟 남을 높이어, 그의 아들이나 그
자 제　집안의 젊은 사람을 이르는 말.

自制 자기의 욕망이나 감정을 스스로
자 제　억제함. —力. 치미는 분을 —하다.

自助 제 스스로 자기를 도움.
자 조　— 정신

自嘲 자기가 자신을 비웃음.
자 조　—에 가까운 웃음. —的(적) 기분.

自足 ①스스로 느끼는 만족. —感(감)
자 족　②스스로 충족함. 自給(자급)—

自尊 지기를 스스로 높이거나 잘난
자 존　체함. —心(심). —自慢(자만)

自主 자기에게 관한 모든 일을 스스로
자 주　의 힘으로 처리함. — 독립. —權

自重 자기의 언행이나 몸가짐을 신
자 중　중하게 함. —自愛(자애)

自中之亂 한 동아리 안에서 일어
자 중 지 란　나는 싸움.

自進 남의 지시를 기다리지 아니하
자 진　고 자발적으로 함. — 출두

自盡 음식을 먹지 않고 스스로 죽음.
자 진　남편의 뒤를 따라 —한 열부.

子姪 아들과 조카.
자 질　많은 —을 두다.

資質 타고난 성품이나 소질. 또는 자기
자 질　가 맡은 일에 대한 능력의 정도.

自讚 제가 한 일을 스스로 칭찬함.
자 찬　自畫(자화)—

自責 자기의 잘못에 대하여 자신을 스
자 책　스로 책망함. —感. 자신을 —하다.

自處 제 자신을 어떠한 사람으로 인정하여 자
자 처　기 스스로 그렇게 처신함. 학자로 —하다.

自薦 자기가 자신을 추천함.
자 천　—他薦(타천)의 후보자들.

自請 어떤 일을 하기를 제 스스로 청
자 청　함. 위험한 일을 하겠다고 —하였다.

字體 글자의 체. 또는 글자의 모양.
자 체　—가 너무 크다.

自體 사람이나 사물의 그 자신.
자 체　—의 무게. 민족 —의 일.

自招 어떤 결과를 스스로 불러들임.
자 초　화를 —하다.

自初至終 처음부터 끝까지의 동안.
자 초 지 종　또는 그 과정. —을 말하다.

自祝 자기 일을 스스로 축하함.
자 축　—宴(연)

自充 바둑을 둘 때, 자기의 돌을 자기
자 충　의 호구 안에 갖다 놓음. —手(수)

自炊 손수 밥을 지어 먹음.
자 취　—하면서 학교를 다니다.

自治 자기 일을 자기가 스스로 결정
자 치　하고 처리함. — 단체. —制(제)

自稱 스스로 자신을 무엇이라고 내
자 칭　세워 일컬음. —天子. — 예술가

自他 자기와 남.
자 타　—가 공인하는 사실.

自歎 스스로 탄식함. 또는 스스로
자 탄　하는 탄식. —하여 마지 않는다.

姿態 몸을 가지는 태도와 맵시.
자 태　고운 —. 온화한 —.

自宅 자기의 집.
자 택　—에서 통근하는 사원.

自退 스스로 물러남.
자 퇴　—한 학생.

自派 자기네의 파나 갈래.
자 파　— 세력을 확장하다.

自販機 자동 판매기.
자 판 기　—에서 커피를 뽑아 마시다.

自暴自棄 절망 상태에 빠져 자신을
자 포 자 기　버리고 돌보지 아니함.

自爆 자기가 탄 배나 비행기, 또는 자기
자 폭　가 지닌 폭발물을 폭발시켜 죽음.

資稟 타고난 성품.
자 품　—이 유순하다.

自筆 자기가 손수 글씨를 씀. 또는
자 필　그 글씨. —로 쓴 이력서.

自虐 자기가 자기를 학대함.
자 학　— 행위

自學自習 남의 가르침을 받지 아
자 학 자 습　니하고 스스로 학습함.

自害 스스로 자기 몸을 해치거나 목
자 해　숨을 끊음. — 행위

字解 한자의 해석.
자 해　자원(字源)에 따른 —.

恣行 방자하게 행동함.
자 행　무력 도발을 —하다.

字形 한자의 모양.
자 형　—과 자체.

姉兄 손위누이의 남편.
자 형　—과 매제.

字號 천자문의 글자 차례대로 붙인
자 호　호수. —를 붙여 구분한 총.

自畫像 자기가 그린 자기의 초상화.
자 화 상　— 앞에서 상념에 잠기다.

自畫自讚 자기가 한 일을 자기 스
자 화 자 찬　스로 자랑함.

自活 자기의 힘으로 살아나감.
자 활　—의 길. —의 의지.

字畫 한자의 획.
자 획　—이 해정하다.

作家 문학 작품이나 예술품을 창작
작 가　하는 사람. — 생활. —들의 모임.

作故 죽음의 높임말.
작 고　—하신 은사.

作曲 악곡을 지음.
작 곡　—家(가). —한 수.

昨今 어제와 오늘. 또는 요사이
작 금　—兩年(양년). —의 일.

昨年 지난 해. 거년
작 년　—度(도). —에 겪었던 홍수.

作黨 나쁜 무리들로 패거리를 이룸.
작 당　수십 명씩 —을 하고 돌아다니다.

作圖 지도나 설계도를 그림.
작 도　—法(법)

酌量 짐작하여 헤아림.
작 량　情狀(정상)—

炸裂
작 렬
폭발물이 터져서 흩어짐.
포란이 —하다.

爵祿
작 록
벼슬과 봉록.
—을 받다.

作名
작 명
이름을 지음.
—家(가). —法(법)

作文
작 문
글을 지음. 또는 그 글.
—法(법). — 시간

作物
작 물
농작물
— 재배. 다수확 —

作伴
작 반
길동무로 삼음.
친구와 —하여 길을 떠났다.

作法
작 법
글을 짓는 법.
소설 —

作配
작 배
부부로 짝을 지음.
—하여 아들딸을 두다.

作別
작 별
서로 인사를 하고 헤어짐. 또는
그런 인사. —을 고하다. — 인사

酌婦
작 부
술집에서 술을 따르는 여자.
—로 돌아다니다.

作詞
작 사
노래의 가사를 지음.
—者(자)

作舍道傍
작 사 도 방
무슨 일에 의견들이 많아서
얼른 결정을 내리지 못함.

作成
작 성
원고·서류·계획 따위를 만듦.
서류를 —하다.

作詩
작 시
시를 지음.
—法(법)

作心
작 심
마음을 도슬러 먹음. 또는 그
마음. —三日. —을 하고 말을 꺼내다.

炸藥
작 약
폭발물을 폭발시키는 화약.
—을 재다.

雀躍
작 약
팔짝팔짝 뛰면서 기뻐함.
欣喜(흔희)—. —하는 어린이.

作業
작 업
일정한 계획 아래 일을 함. 또
는 그 일. —服(복). —場. — 시간

灼熱
작 열
불에 새빨갛게 닮.
—하는 태양.

作用
작 용
①일정한 현상을 일으킴. 同化(동화)—
②일정한 영향을 줌. 건강을 해치는 —.

作爲
작 위
의식적으로 한 행위.
—犯(범)과 不(부)—犯(범).

爵位
작 위
관작의 위계.
—를 받다.

作者
작 자
①물건을 살 사람. —가 나서다.
②지은이. — 미상의 고전.

綽綽
작 작
빠듯하지 아니하고 여유가 있음.
—有餘(유여). 餘裕(여유) —

作戰
작 전
①계획에 의해 진행되는 군사적 행동.
②어떤 일을 이루기 위한 조치나 방법.

酌定
작 정
어찌 하기로 결정함. 또는 그 결
정. 여행을 떠나기로 —하다.

昨醉未醒
작 취 미 성
어제 마신 술이 아직 깨
지 않음.

作態
작 태
일정한 태도로 몸을 가짐. 또는
하는 짓거리. 남을 비방하는 —.

作弊
작 폐
폐단을 만듦.
공무원의 —가 자심하다.

作品
작 품
저작하거나 제작하거나 한 물건.
문학 —. 미술 —. —集(집)

作風
작 풍
작품에 나타난 경향이나 특징.
낭만적인 —.

作況
작 황
농사가 잘 되고 못된 상황.
—이 좋다. —이 나쁘다.

殘高
잔 고
금품이나 물품의 나머지의 수
량. —가 있다.

殘金
잔 금
①쓰고 나머지의 돈. —이 얼마냐?
②다 갚지 못하고 처져 있는 돈.

殘黨
잔 당
패배하거나 망하고 남은 도당.
—을 소탕하다.

棧道
잔 도
벼랑에 선반을 매듯이 하여 낸
길. —가 매여 있다.

殘留
잔 류
처져서 남아 있음.
— 농약. — 부대

殘命
잔 명
얼마 못 살 남은 목숨.
—을 보전하다.

残務 처리하다가 남은 일거리.
잔 무 　—를 처리하다.

残雪 이른 봄까지 녹지 않고 남아
잔 설 　있는 눈. 산골짜기의 —.

残惡 잔인하고 악독함.
잔 악 　—한 만행.

残額 나머지 금액.
잔 액 　통장의 —.

残業 근무 시간 이외의 작업.
잔 업 　— 때문에 퇴근 시간이 늦었다.

残餘 쓰고 남은 나머지.
잔 여 　—物(물)

孱劣 잔약하고 용렬함.
잔 열 　형에 비해 동생은 —하다.

残忍 인정이 없고 모짊.
잔 인 　—無道(무도). —한 방법.

残滓 낡은 의식이나 생활 양식의 찌끼.
잔 재 　낡은 의식의 —.

残存 남아서 처져 있음.
잔 존 　— 세력. —하는 낡은 관습.

残疾之人 병치레를 많이 하여 쇠
잔 질 지 인 　약해진 사람.

残暴 잔인하고 포악함.
잔 포 　—한 행동.

残品 쓰거나 팔거나 하다가 남은 물
잔 품 　품. — 정리

残風 바람기가 없어 잔잔함.
잔 풍 　—한 좋은 날씨.

残虐 잔인하고 포악함.
잔 학 　—한 행위.

残骸 ①썩거나 타다가 남은 시체. ②파괴되
잔 해 　거나 못쓰게 되거나 하여 남은 물체.

残酷 지독하게 잔인하거나 참혹함.
잔 혹 　—한 고문. —한 보복.

暫間 얼마 되지 않는 짧은 동안. 잠깐
잠 간 　— 눈을 붙이다.

箴戒 가르쳐서 깨우치게 하는 경계.
잠 계 　—를 명심하다.

蠶具 누에를 치는 데에 쓰는 기구.
잠 구 　잠실에 있는 —.

潛匿 행방을 감추어 몰래 숨음.
잠 닉 　—한 도적을 수색하다.

蠶箔 누에를 담아 기르는 채반.
잠 박 　싸리 —. —에 담은 누에.

潛伏 드러나지 않게 숨어 있음.
잠 복 　— 근무

蠶絲 누에고치에서 켜낸 실.
잠 사 　—業(업).

潛商 법으로 금하는 물건을 몰래 매매하는
잠 상 　장사. 또는 그런 장사를 하는 사람.

潛水 물 속에 들어가 잠김.
잠 수 　—服(복). —艦(함)

暫時 잠깐 동안.
잠 시 　— 눈을 돌리다. —를 못 참다.

蠶食 조금씩 차차 먹어 들어감. 또는
잠 식 　조금씩 자꾸 침범하여 들어감.

蠶室 누에를 치는 방.
잠 실 　—의 온도 조절.

潛心 마음을 두어 깊이 생각함.
잠 심 　공부에 —하다.

箴言 훈계가 되는 말.
잠 언 　—과 좌우명.

潛入 몰래 숨어 들어감.
잠 입 　—한 강도.

潛在 겉으로 나타나지 않고 속에 숨
잠 재 　어 있음. — 의식. — 구매력

潛邸 개국한 임금이나 종실에서 들어온
잠 저 　임금의 등극하기 이전에 살던 집.

潛跡 종적을 숨김.
잠 적 　—한 도둑. —할 궁리.

暫定 잠시 작정함.
잠 정 　— 예산. — 조약

潛行 남 모르게 다님.
잠 행 　암행어사의 —.

雜歌 ①속된 노래. ②정악 이외의 노래.
잡 가 　③서민층에서 지어 부르던 노래.

雜居 갖가지의 사람이나 여러 나라의
잡 거 사람이 한데 섞이어 같이 삶.

雜穀 입쌀 이외의 모든 곡식.
잡 곡 ―밥. ―酒(주)

雜鬼 잡스러운 온갖 귀신.
잡 귀 ―를 쫓는 푸다꺼리.

雜技 여러 가지 노름.
잡 기 酒色―. ―에 빠져 가산을 탕진하다.

雜念 여러 가지 잡스러운 생각.
잡 념 ―이 많다.

雜多 여러 가지가 뒤섞여 갈피를 잡
잡 다 기 어려움. ―한 서류.

雜談 실속없이 지껄이는 말.
잡 담 ―을 늘어놓다. 한가하게 ―하다.

雜沓 많은 사람이 몰리어 북적댐.
잡 답 ―한 도시의 거리.

雜木 긴하게 쓰이지 못할 여러 가지
잡 목 나무. ―들이 우거진 야산.

雜務 자질구레한 사무.
잡 무 ―에 시달리다.

雜味 잡맛. 일정한 제 맛 외에 나는
잡 미 군맛. ―가 없다.

雜犯 정치범 이외의 여러 가지 범죄.
잡 범 또는 그 죄를 범한 사람.

雜夫 허드렛일을 하는 사람.
잡 부 ―의 노임.

雜賦金 여러 가지 부과금.
잡 부 금 ―을 거두다. 과중한 ―.

雜費 기본 비용 이외에 자질구레하게
잡 비 쓰이는 돈. ―를 너무 많이 쓴다.

雜商人 자질구레한 상품을 가지고
잡 상 인 다니면서 파는 장수.

雜色 여러 가지의 빛이 섞인 빛깔.
잡 색 온갖 ―으로 수놓은 자수.

雜說 잡된 이야기나 여론.
잡 설 떠도는 ―.

雜稅 자질구레한 명목의 세금.
잡 세 ―를 물기에 허리가 휜다.

雜收入 주되는 수입 이외의 수입.
잡 수 입 ―으로 여행을 다녀오다.

雜食 동물성 먹이나 식물성 먹이를
잡 식 고루 다 먹음. ― 동물. ―性(성)

雜役 허드렛일을 하는 노동.
잡 역 ―夫(부). ―婦(부)

雜音 ①시끄러운 소리. 본래의 소리를 방해하는
잡 음 딴 소리. ②좋지 않은 말이나 소문의 비유.

雜人 일정한 장소나 일에 아무 관계
잡 인 도 없는 사람. ―의 출입을 금하다.

雜種 품종이 서로 다른 암수 사이에
잡 종 서 난 생물. ― 교배. ―과 순종.

雜誌 여러 가지 내용의 글을 모아서 편
잡 지 집한 정기 간행물. 월간―. 계간―

雜菜 여러 가지 나물과 고기붙이를
잡 채 볶아 한데 섞어서 버무린 요리.

雜草 저절로 나서 자라는 잡다한 풀. 잡
잡 초 풀. ―가 우거지다. ―만이 무성한 산길.

雜貨 여러 가지의 일용 상품.
잡 화 ―商(상). ―店(점)

長歌 길게 이어지는, 우리 나라의
장 가 시가 문학의 한 형식. ―와 시조.

裝甲 적탄을 막기 위하여 차나 배를
장 갑 강철판으로 싸는 일. ―車. ―부대

壯擧 크고 장한 계획이나 거사.
장 거 청계천을 복원하는 ―.

長距離 먼 거리.
장 거 리 ― 경주. ― 전화

長劍 무기로 쓰이던 긴 검.
장 검 ―을 차다. ―과 단검.

狀啓 감사나 왕명으로 지방에 파견된 관
장 계 원이 서면으로 왕에게 올리던 보고.

長考 오랫동안 깊이 생각함.
장 고 ― 끝에 둔 묘수.

壯骨 기운이 좋고 크게 생긴 골격.
장 골 또는 그런 골격의 사람.

壯觀 ①굉장하고 볼 만한 광경. 해돋이의 ―.
장 관 ②구경거리로 될 만하거나 꼴사나움.

長官 국무를 맡아 보는 행정 각부의
장 관 으뜸 관직. 노동부 —

長廣舌 쓸데없이 장황하게 늘어놓
장 광 설 는 말. —을 늘어놓다.

將校 육해공군의　위관·영관·장성을
장 교 통칭하는 우리 나라 군인의 신분.

長久 길고 오램.
장 구 —한 세월. —之計(지계)

長軀 긴 몸집.
장 구 六尺(육척)

將軍 ①준장·소장·중장·대장의 통칭. ②장
장 군 기에서, 적의 궁을 잡으려고 두는 수.

長技 가장 능한 재주.
장 기 —를 부리다. —를 자랑하다.

長期 오랜 기간.
장 기 — 신용. — 예보

將棋 오락 기구의 한 가지.
장 기 —를 두다.

臟器 내장의 기관.
장 기 — 이식. — 기증

長男 맏아들. 큰아들
장 남 —과 長女(장녀).

場內 회장이나 장소의 안.
장 내 —가 조용하다.

長女 맏딸. 큰딸
장 녀 —를 시집보내다.

壯年 혈기가 왕성한 나이.
장 년 —期(기). —이 되다.

長短 ①긴 것과 짧은 것. 또는 길고
장 단 짧음. ②장점과 단점. —點(점)

壯談 확신을 가진 자신 있는 말.
장 담 —은 했으나 자신이 없다.

壯大 허위대가 큼.
장 대 —한 청년.

壯途 중대한 사명이나 뜻을 품고 나
장 도 서는 길. —에 오르다.

壯圖 규모가 크거나 장한 뜻을 품은
장 도 계획. —를 펼치다.

杖毒 매를 많이 맞아서 생긴 독.
장 독 태장 맞고 — 나다.

長燈 밤새도록 켜놓은 등불.
장 등 —을 하고 책을 읽다.

將來 닥쳐올 앞날.
장 래 —性(성). —가 기대된다.

壯麗 웅장하고 화려함.
장 려 —한 궁전.

獎勵 권하여 힘쓰게 함.
장 려 축산 —. 누에치기를 —하다.

壯烈 씩씩하고 열렬함.
장 렬 —한 최후를 마치다.

葬禮 장사를 지내는 일.
장 례 —를 치르다. —式(식)

長老 ①나이가 많고 덕망이 있는 사람. ②개
장 로 신교에서, 신도의 모범이 되는 연장자.

帳幕 한데에서 볕·비 등을 가리려고
장 막 치는 막. —을 둘러치다. 어둠의 —.

場面 ①일정한 장소에서 벌어진 광경. ②
장 면 연극·영화에서 표현하는 한 부분.

丈母 아내의 친정 어머니.
장 모 —와 丈人(장인).

臟物 범죄 행위로 얻은 물건.
장 물 —을 소지한 사람. —罪(죄)

長髮 길게 기른 머리털.
장 발 —의 여인. —族(족)

障壁 ①가리어 막은 벽. ②두 사물 사이의
장 벽 연결을 가로막는 장애물. —을 허물다.

長邊 누운변
장 변 —을 내다.

長病 오래 앓는 병.
장 병 —에 효자 없다.

長의 읽기			
짧게	길	장	長短(장단)
	뛰어날	장	長點(장점)
길게	맏	장:	長男(장:남)
	자랄	장:	長成(장:성)

將兵 장교와 사병.
장 병　—들의 사기를 높이다.

長服 같은 음식이나 약을 오랫동안
장 복　늘 먹음. —하고 있는 약.

張本人 못된 일을 빚어 낸 주동 인
장 본 인　물. 문제의 —.

丈夫 다 자란 씩씩한 남자.
장 부　— 일언이 중천금이라.

帳簿 돈이나 물건의 수지·출납 등을 적
장 부　은 기록. 또는 그 책. —에 올리다.

裝備 장치와 설비. 또는 필요한 기구.
장 비　—를 개선하다. —를 점검하다.

壯士 ①기개와 체질이 굳센 사람. —가
장 사　나면 용마가 난다. ②=力士(역사)

葬事 시체를 묻거나 화장하는 일.
장 사　—를 지내다.

長蛇陣 여러 사람이 줄을 지어 길게
장 사 진　늘어서 있는 모양의 형용.

張三李四 평범한 보통 사람. =匹
장 삼 이 사　夫匹婦(필부필부)

將相 장수와 재상.
장 상　—의 지위.

長生 오래 삶.
장 생　—不死(불사). 不老(불로)—

長逝 사람의 죽음.
장 서　—를 애도하다.

藏書 책을 간직하여 둠. 또는 그 책.
장 서　—家(가). —室(실)

壯盛 건장하고 원기가 왕성함.
장 성　—한 청년.

長成 자라서 어른이 됨.
장 성　—한 자식들.

長城 길게 둘러쌓은 성.
장 성　萬里(만리)—. 국경에 —을 쌓다.

將星 장군(將軍)의 딴이름.
장 성　국군을 지휘하는 —.

場所 자리나 곳.
장 소　일하는 —.

長孫 맏손자
장 손　종가집 —. —女(녀)

長松 휜칠하게 자란 큰 소나무.
장 송　落落(낙락)—

葬送曲 장례 때 연주하는 음악.
장 송 곡　—이 연주되다.

長壽 오래 삶.
장 수　無病(무병)—. —를 빌다.

將帥 군대를 지휘하는 대장.
장 수　기운이 세면 — 노릇 하나?

裝飾 치장하여 꾸밈. 또는 그 꾸밈새.
장 식　室內(실내)—. —品(품)

長身 키가 큰 몸.
장 신　八尺(팔척)—

裝身具 몸 치장을 하는 데 필요한
장 신 구　물건들. 값 나가는 —.

掌握 틀어쥠. 또는 손아귀에 넣음.
장 악　정권을 —하다.

障碍 거치적거리어 지장이 됨. =障
장 애　礙(장애). 뜻하지 않은 —에 부닥치다.

莊嚴 씩씩하고 엄숙함.
장 엄　—한 분위기. —한 음악.

場外 일정한 장소의 바깥.
장 외　—로 나가다. —에 모인 구경꾼.

壯元 과거에서 첫째로 합격하는 일.
장 원　또는 그 사람. —及第. —禮(례)

莊園 중세 유럽에서, 국왕·귀족·교
장 원　회 등이 소유하였던 넓은 토지.

牆垣 담
장 원　—을 쌓다.

長幼 어른과 어린이.
장 유　—有序(유서)

長音 길게 나는 소리.
장 음　—과 短音(단음).

丈人 아내의 친정 아버지.
장 인　—과 丈母(장모).

匠人 수공업적 기술을 가지고 물건을
장 인　만드는 일을 업으로 삼는 사람.

長子 맏아들
장 자 ―와 長女(장녀).

長者 ①큰 부자. 百萬(백만)―
장 자 ②어른.―風(풍)

長長 길고 긴.
장 장 ―秋夜(추야). ― 20년이 걸린 대역사.

裝塡 화약이나 탄환을 잼.
장 전 포란을 ―하다. 화약을 ―하다.

壯絶 매우 용감하고 장함.
장 절 ―하게 싸우다.

長點 좋은 점.
장 점 ―과 短點(단점). ―을 살리다.

壯丁 나이가 젊고 기운이 좋은 남자.
장 정 ―들이 모여 씨름판을 벌이다.

長程 매우 먼 길.
장 정 ―에 오르다.

裝幀 책의 표지나 책가위 등의 겉모
장 정 양을 꾸밈. 또는 그 꾸밈새.

長足 발전·진보의 속도가 썩 빠름.
장 족 ―의 발전을 가져 오다.

將卒 장수와 병졸.
장 졸 ―들의 사기가 드높다.

莊重 장엄하고 진중함.
장 중 ―한 음악. ―한 의식.

掌中 ①손바닥의 안.―物 ②마음대로 다
장 중 룰 수 있는 힘이 미치는 범위의 안.

葬地 송장을 파묻는 땅.
장 지 공원 묘지를 ―로 정하다.

長姪 맏형의 맏아들.
장 질 숙성한 ―.

將次 앞으로.
장 차 ― 일어날 일. ― 개발할 땅.

裝着 장비나 부품을 몸에 차거나 몸
장 착 체에 붙임. 마사일을 ―한 전투기.

長天 끝없이 펼쳐진 하늘.
장 천 九萬里(구만리) ―

裝置 장식물을 꾸며 차리거나 기계
장 치 를 설비함. 폭발 ―. 안전 ―

壯快 웅장하고 통쾌함.
장 쾌 ―한 느낌. ―한 승리감.

長篇 시나 소설 따위에서 내용이 긴
장 편 작품. ― 소설. ―과 短篇(단편).

掌篇 매우 짧은 문학 작품.
장 편 ― 소설

獎學 공부나 학문을 장려함.
장 학 ―金(금). ―生(생). ―會(회)

障害 거리껴서 해가 됨.
장 해 ―物(물). ―가 되다.

杖刑 곤장으로 볼기를 치던 형벌.
장 형 ―과 태형.

長靴 목이 무릎 밑까지 닿는 긴 구두.
장 화 ―를 신은 헌병.

張皇 번거롭고 지루함.
장 황 변명을 ―하게 늘어놓다.

再嫁 결혼했던 여자가 남편과 사별하
재 가 거나 이혼하고 다시 시집감.

裁可 안건을 결재하여 허가함.
재 가 ―를 받다.

才幹 재주와 간능.
재 간 ―이 있다. ―을 다하다.

再開 일시 중지하였던 회의를 다시
재 개 엶. 회담을 ―하다.

再建 불타거나 무너진 것을 다시 세
재 건 움. 공장을 ―하다. 정당을 ―하다.

裁決 행정 기관이 제기된 소원이나 소
재 결 청에 대해 판정을 내림. ― 신청

在京 서울에 있음.
재 경 ― 동창회. ― 향우회

財界 실업가나 금융업자의 사회.
재 계 ―의 원로. ―의 동향.

齋戒 육식을 삼가고 몸가짐을 깨끗
재 계 이 함. 목욕 ―

再考 다시 생각하여 봄.
재 고 ―할 여지도 없다.

在庫 상품이 창고에 있음.
재 고 ―量(량). ―品(품)

齋宮 무덤이나 사당의 옆에 제사를
재 궁 지내기 위하여 지어 놓은 집.

才氣 재주가 드러나 보이는 기운.
재 기 —발랄하다. —가 넘치다.

才器 ①재주와 국량. —가 남을 능가하다.
재 기 ②사람의 됨됨이와 유능한 소질.

再起 다시 일어남.
재 기 —를 꾀하다. —의 기회를 노리다.

災難 뜻밖의 변고로 입는 괴로움이
재 난 나 어려움. —을 입다.

才能 재주와 능력.
재 능 예술적 —. —을 발휘하다.

財團 일정한 목적을 위하여 결합된
재 단 재산의 집합체. —法人(법인)

裁斷 마름질
재 단 —機(기). —師(사)

才談 재치있게 하는 재미있는 말.
재 담 —꾼. —을 잘하다.

才德 재주와 덕.
재 덕 —을 겸비하다.

才童 재주가 있는 아이.
재 동 —이란 이름을 듣다.

在來 그 전부터 있어 내려온.
재 래 —式(식). —種(종)

才略 재주와 꾀.
재 략 —이 있다.

才量 재주와 도량. 또는 재주와 역량.
재 량 탁월한 —을 가진 사람.

裁量 스스로 판단하여 처리함.
재 량 —權(권). — 처분.

才力 재주의 힘.
재 력 —과 정력.

財力 재물의 힘.
재 력 —家(가). —이 있다.

再論 다시 논함.
재 론 —할 여지가 없다.

才弄 어린아이의 귀엽고 재미스러운
재 롱 말과 짓. —을 피우다.

材料 ①물건을 만드는 감. 건축 — ②일을
재 료 이루거나 일을 하는 거리. 연구 —

財利 재물과 이익.
재 리 —에 밝다. —를 밝히다.

再臨 승천한 예수가 부활하여 최후의 심
재 림 판 때 이 세상에 다시 나타날 일.

材木 ①재료로 쓰는 나무. ②어떤 일을 할
재 목 만한 능력이나 전망을 가진 인물.

財務 재정에 관한 사무.
재 무 —諸表(제표). — 행정

財物 돈이나 재산으로 되는 물건.
재 물 —을 탐하다. —을 모으다.

在美 미국에 머물고 있음.
재 미 — 교포. — 유학생

再發 다시 발생함.
재 발 — 방지 대책. —한 심장병.

再拜 두 번 절함. 또는 그 절.
재 배 焚香(분향)—

栽培 식물을 심어 가꿈.
재 배 — 식물. 인삼 —

財閥 재계에서 많은 자본으로 큰 세
재 벌 력을 가진 기업 집단.

再犯 두 번째 죄를 범함.
재 범 —과 初犯(초범).

才辯 재치 있게 잘 하는 말.
재 변 비상한 —을 가지다.

災變 재앙으로 생기는 변고.
재 변 —에 직면하다.

財寶 보배로운 재물.
재 보 찬란한 문화적 —.

裁縫 바느질
재 봉 —틀. —실

才士 재주가 많은 사람.
재 사 천재적 재능을 가진 —.

財産 경제적·금전적 가치가 있는
재 산 모든 것. —權(권). — 목록

再三 두세 번 거듭.
재 삼 — 강조하다. — 묻다.

宰相 이품 이상의 벼슬아치.
재 상 ─家(가). ─의 자리에 오르다.

才色 여자의 재주와 얼굴 모양.
재 색 ─을 겸비한 숙녀.

再生 ①죽게 되었다가 다시 살아남. ②낡거나
재 생 못 쓰게 된 것을 다시 쓸 수 있게 함.

哉生明 달의 밝은 부분이 처음 생김.
재 생 명 곧 음력 초사흗날을 이르는 말.

哉生魄 달의 검은 부분이 처음 생김. 곧
재 생 백 음력 열엿샛날을 이르는 말.

再選 다시 또는 두 번째로 한 당선
재 선 이나 선거. 국회의원에 ─되다.

在所者 교도소에 갇혀 있는 사람.
재 소 자 ─를 면회하다.

再修 한 번 배웠던 과정을 다시 공
재 수 부함. ─生(생). ─를 하다.

財數 재물이나 좋은 일이 생길 운수.
재 수 ─가 없다. ─가 볼 일 듯하다.

再審 한 번 심사한 것을 다시 심사함.
재 심 ─을 청구하다.

災殃 불행한 변고.
재 앙 ─을 당하다. ─을 물리치다.

災厄 재앙으로 되는 불행.
재 액 ─을 당하다. ─을 입다.

在野 관계에 나아가지 않고 민간에
재 야 있음. ─의 정객. ─의 인사.

再演 다시 상연함.
재 연 범행을 ─하다.

再燃 ①꺼졌던 불이 다시 탐. ②한동안
재 연 잠잠하다가 다시 문제되어 일어남.

在外 외국에 있음.
재 외 ─ 공관. ─ 동포

才媛 재주가 있는 젊은 여자.
재 원 이름난 ─.

財源 재물이나 재정의 원천.
재 원 ─이 고갈되다. ─을 확보하다.

在位 임금의 자리에 있음.
재 위 ─年間(연간)

再議 두 번째의 의논.
재 의 ─에 부치다.

才人 광대. 가무와 곡예 등을 직업
재 인 으로 하던 사람. 줄 타는 ─.

在任 직무나 임무를 맡고 있음.
재 임 ─ 기간

才子佳人 재주가 있는 젊은 남자
재 자 가 인 와 아름다운 여자.

在籍 적에 올라 있거나 적을 두고
재 적 있음. ─ 학생. ─ 인원

財政 자금을 형성·관리·운용하는 경
재 정 제 활동. 또는 거기에 필요한 돈.

裁定 옳고 그름을 판단하여 결정함.
재 정 ─ 신청

再從 육촌이 되는 친인척.
재 종 ─兄(형). ─ 고모

才智 재주와 슬기.
재 지 ─가 넉넉한 소년.

在職 직장에 적을 두고 있음.
재 직 ─ 증명서

才質 재주와 기질.
재 질 ─이 출중하다.

材質 목재의 성질.
재 질 연한 ─의 나무.

再次 두 번째.
재 차 ─ 부탁하다. ─ 묻다.

再唱 다시 노래를 부름.
재 창 교가를 ─하다.

再請 ①다시 청함. ②회의에서, 다른 사람의 동
재 청 의에 찬성한다는 뜻으로 거듭 청하는 일.

再娶 이미 장가들었던 사람이 두 번째
재 취 장가듦. 또는 그리하여 맞은 아내.

才致 눈치 빠른 재주. 또는 능란한
재 치 솜씨. ─ 있는 말.

再湯 ①달여 낸 찌끼를 두 번째로 달임. ②
재 탕 이미 써 먹은 것을 다시 또 써 먹음.

再版 두 번째 하는 출판. 또는 그 책.
재 판 ─을 찍다. 初版(초판)과 ─.

裁判 법관이 형사 사건이나 민사 사건
재 판 을 심리하여 판결하는 행위. —權

再編 다시 편성함.
재 편 프로그램의 —. 군대를 —하다.

在學 학교에 적을 두고 있음.
재 학 —生(생). — 증명서

災害 재앙으로 인한 해.
재 해 —를 입다.

在鄕 고향에 있음.
재 향 —軍人(군인)

再現 다시 나타남. 또는 다시 나타냄.
재 현 예술적 —. 화폭에 —하다.

再婚 두 번째로 혼인함. 또는 그 혼인.
재 혼 —을 서두르다.

才華 빛나는 재주.
재 화 풍류와 —를 겸전하다.

災禍 재앙과 화.
재 화 큰 —를 입다.

財貨 돈이나 재산으로 되는 물건.
재 화 —를 모으다.

再活 심신의 장애를 극복하고 사람다
재 활 운 삶을 다시 시작함. —의 의지.

再會 다시 또는 두 번째 만남.
재 회 —를 기약할 수 없다. —의 기쁨.

爭論 서로 다투어 토론함. 또는 그
쟁 론 논란. —만 일삼다. —할 사안.

錚盤 운두가 낮고 둥글납작한 그릇.
쟁 반 —에 담은 복숭아.

爭訟 서로 다투어 송사를 함.
쟁 송 —이 끊이지 않는다.

諍臣 임금의 잘못을 바른 말로 간하
쟁 신 는 신하. —이 없다.

爭議 노동자와 사용자 사이에서 생
쟁 의 기는 다툼. —權(권). — 행위

琤琤 전에 들었던 소리가 잊히지 않고
쟁 쟁 귀에 울리는 듯함. 귀에 —하다.

錚錚 여럿 가운데서 매우 뛰어남.
쟁 쟁 각계의 —한 명사들.

爭點 서로 다투는 주되는 점.
쟁 점 —이 불분명하다. —이 타결되다.

爭取 싸워서 빼앗아 가짐.
쟁 취 승리를 —하다.

爭奪 다투어 빼앗음.
쟁 탈 —戰(전)을 벌이다.

爭霸 패권을 다툼. 또는 우승을 다툼.
쟁 패 —戰(전)

低價 헐한 값.
저 가 —로 팔다. —品(품)

狙擊 일정한 대상을 노려서 치거나
저 격 쏘거나 함. —犯(범). —手(수)

低空 땅바닥에 가까운 공중.
저 공 —飛行(비행)

貯金 돈을 금융 기관에 맡기어 저축
저 금 함. 또는 그 돈. —통장. —이 많다.

低級 등급이 낮음. 또는 낮은 등급.
저 급 —한 취미.

低氣壓 ①표준 기압보다 낮은 기압.
저 기 압 ②불온한 일이 생기려는 형세.

低能 정상적인 지적 능력보다 낮은
저 능 지적 능력. —兒(아)

抵當 일정한 재물을 채무의 담보로
저 당 내놓음. —權(권). —을 잡다.

豬突 앞뒤를 헤아리지 않고 맹목적
저 돌 으로 덤빔. —之勇. —的인 공격.

底力 듬직하게 버티어 내는 든든한
저 력 힘. —을 과시하다.

低廉 값이 쌈.
저 렴 —한 가격. —한 상품.

低利 싼 이자.
저 리 —로 돈을 빌리다.

著名 명성이 널리 알려져 있음.
저 명 —한 인사. —한 접술가.

底邊 사회나 조직의 밑바탕이 되는
저 변 계층. 대중 문화의 —을 넓혀 나가다.

沮喪 원기나 의기가 매시근하게 힘을
저 상 잃음. 사기가 —하다. 의기가 —하다.

著書 저술한 책.
저 서 　—家(가). — 목록

低俗 품위가 낮고 속됨.
저 속 　—한 그림. —한 말.

低速 느린 속도.
저 속 　—으로 달리다.

貯水 물을 잡아서 모아 둠.
저 수 　—池(지). —量(량)

著述 책이나 논문을 씀. 또는 그 작품.
저 술 　—家(가). —한 책.

低濕 땅이 낮고 축축함.
저 습 　—한 땅.

齟齬 의견이나 일이 서로 맞지 아니
저 어 　하고 모순됨. 의견이 —하다.

低劣 급이 낮고 보잘것없음.
저 열 　—한 인간.

低溫 낮은 온도.
저 온 　— 살균

低率 낮은 비율.
저 율 　—의 이자. —의 세금.

低音 낮은 소리. 또는 낮은 음.
저 음 　고음과 —. —의 남자 목소리.

底意 마음속에 지닌 뜻.
저 의 　—를 드러내다. —가 궁금하다.

底引網 쓰레그물
저 인 망 　—漁船(어선)

低賃金 낮은 임금.
저 임 금 　—에 허덕이는 노동자.

著者 책을 쓴 사람.
저 자 　—의 이름.

咀嚼 음식을 씹음.
저 작 　—器(기). —筋(근)

著作 =著述(저술)
저 작 　—權(권). —者(자)

貯藏 앞으로 사용할 목적으로 갈무
저 장 　리해 둠. —物. 창고에 —한 양곡.

低調 ①기분이 가라앉아 좋지 않음. ②
저 조 　성적이나 능률이 낮음. —한 기록.

詛呪 불행이나 재앙이 있게 해 달라고
저 주 　빌며 바람. —를 받다. 남을 —하다.

沮止 막아서 못하게 함.
저 지 　—線(선). —를 당하다.

低地 지대가 낮은 곳.
저 지 　—와 高地(고지).

低質 ①품질이 좋지 않음. —의 상품.
저 질 　②품격이 낮음. —의 우스갯소리.

抵觸 위반되거나 거슬리거나 함.
저 촉 　법에 —되다.

貯蓄 여투어 모아 둠.
저 축 　—해 둔 돈. — 예금

貯炭 석탄이나 숯을 저장함.
저 탄 　—量(량). —場(장)

邸宅 규모가 큰 주택.
저 택 　고관의 —.

低下 떨어져 낮아지거나 떨어뜨려
저 하 　낮아지게 함. 능률—. 사기 —

抵抗 굽히지 아니하고 저슬러 버팀.
저 항 　적의 —이 완강하다. 정권에 —하다.

沮害 밀막아 못하게 하여 해침.
저 해 　건강을 —하다. 발전을 —하다.

低血壓 혈압이 정상보다 낮은 현상.
저 혈 압 　고혈압과 —.

敵愾心 적을 증오하며 분개하는 마
적 개 심 　음. 불타는 —. —을 품다.

適格 일정한 규정에 알맞은 자격.
적 격 　—者(자). —과 缺格(결격).

積功 공을 쌓음. 곧 많은 힘을 들이고
적 공 　애를 씀. 십년 —이 보람없이 되다.

敵國 상대가 되어 싸우는 나라.
적 국 　—에 간첩을 침입시키다.

敵軍 적국의 군대. 또는 경기나 시
적 군 　합 등에서의 상대나 상대편.

積極 자진해서 활동적으로 나서는.
적 극 　— 옹호하다. —的(적)인 태도.

積金 일정 기간에 일정 금액을 예금하고,
적 금 　정한 기한에 계약 금액을 받는 저금.

適期 알맞은 시기.
적 기 —에 파종하고 —에 수확하다.

敵機 적군의 비행기.
적 기 —를 격추하다.

赤裸裸 있는 그대로를 다 드러냄.
적 나 라 —하게 드러난 진상.

積年 여러 해.
적 년 —辛苦(신고)

適當 정도나 사리에 알맞음.
적 당 —한 사람. —히 처리하다.

敵對 서로 적으로 대함.
적 대 —視(시). —者(자). — 행위

赤道 위도 영도인 지구의 선.
적 도 —直下(직하). —海流(해류)

適齡 어떤 조건에 알맞은 나이.
적 령 —期(기). —者(자)

摘錄 요점만 가려 적음. 또는 그 기록.
적 록 —을 하다.

寂寥 적적하고 쓸쓸함.
적 료 —한 山寺(산사).

積立 모아서 쌓아둠.
적 립 —金(금). 회비를 —하다.

寂寞 고요하고 쓸쓸함.
적 막 —한 山中(산중). —한 가을밤.

寂滅 번뇌의 경계를 벗어난 경지.
적 멸 —의 세계.

籍沒 죄인의 재산을 죄다 몰수하고
적 몰 가족까지도 처벌하던 일.

賊反荷杖 잘못한 사람이 도리어 트
적 반 하 장 집을 잡고 나섬의 비유.

摘發 숨겨진 것을 들추어냄.
적 발 —하여 폭로하다.

適法 법규에 맞음.
적 법 —한 절차.

敵兵 적군의 병사.
적 병 침입하는 —을 격퇴하다.

的否 틀림없이 꼭 그러함과 그러하
적 부 지 아니함. —를 알아보다.

適否 알맞음과 알맞지 아니함.
적 부 —를 심사하다.

赤貧 몹시 가난함.
적 빈 —無依(무의). —한 가세.

赤色 붉은 빛. 또는 공산주의를 상징
적 색 하는 빛깔. —과 황색. — 분자

嫡庶 적자와 서자. 적파와 서파.
적 서 —의 구별.

敵船 적국의 배.
적 선 —을 나포하다.

積善 남을 위하여 착한 일을 많이
적 선 함. —之家(지가)에 필유여경이라.

謫仙 선계에서 죄를 지어 인간 세상
적 선 으로 쫓겨 내려온 신선.

積雪 내려서 쌓인 눈.
적 설 —量(량)

適性 알맞은 성질.
적 성 — 검사. —에 맞는 직업.

敵勢 적의 세력이나 형세.
적 세 —에 따른 공격.

適所 재능에 알맞은 자리.
적 소 適材(적재)—

謫所 죄인이 귀양살이를 하던 곳.
적 소 —에서 숨을 거두다.

嫡孫 적자의 정실이 낳은 아들.
적 손 —과 서손. —이 대를 잇다.

赤手 맨손
적 수 —成家(성가). —空拳(공권)

敵手 재주나 힘이 엇비슷한 상대.
적 수 —가 되지 않는다. —를 만나다.

摘示 지적하여 보임.
적 시 —한 내용.

適時 알맞은 때.
적 시 —에 안타를 치다. —에 나타나다.

賊臣 불충한 신하.
적 신 —이 성총을 흐리게 하다.

赤信號 ①정지를 뜻하는 붉은 빛깔의
적 신 호 신호. ②위험을 알리는 경고.

的實 정말이어서 틀림이 없음.
적 실　—한 사실.

嫡室 본처. 정실(正室)
적 실　— 소생의 자녀.

赤十字社 보건·상병자 구호를 목적으
적 십 자 사　로 하는 국제적 민간 기구.

積惡 악한 짓을 많이 함.
적 악　—之家(지가)에 필유여앙이라.

寂然 ①조용하고 고요함. 만뢰가 —하다.
적 연　②감감함. 소식이 —하다.

赤外線 파장이 가시 광선보다 긴
적 외 선　전자기파. — 요법

摘要 요점을 따서 적음. 또는 그 요
적 요　점. —欄(란)

適用 알맞게 응용함.
적 용　이론을 실천에 —하다.

適應 일정한 조건이나 환경에 알맞
적 응　게 응함. —力. 수요에 —하는 생산.

敵意 적대시하는 마음.
적 의　—를 품다.

適宜 무엇을 하기에 알맞고 마땅함.
적 의　감자 재배에 —한 토질.

適任 알맞은 임무. 또는 일정한 임무
적 임　를 맡기기에 알맞은 사람. —者

赤子 갓난아이. 인신하여, 임금이 보
적 자　살펴 보호하는 백성.

赤字 수입보다 지출을 많이 하여 생기
적 자　는 모자람. —를 줄이다. —와 黑字.

賊子 어버이를 해치는 불효한 자식.
적 자　亂臣(난신)—

嫡子 본처가 낳은 아들.
적 자　—嫡孫(적손). —가 대를 잇다.

適者 적당한 자. 잘 적응하는 자.
적 자　—生存(생존)과 자연 도태.

敵將 적의 장수.
적 장　—의 항복을 받다.

適材 알맞은 인재.
적 재　—適所(적소). —를 알맞게 배치하다.

積載 차나 배에 물건을 실음.
적 재　—量(량). —定量(정량)

寂寂 조용하고 쓸쓸함.
적 적　—한 산중. 집안이 —하다.

適切 아주 알맞음.
적 절　—한 대책. —한 말씀.

適正 적당하고 바름.
적 정　—한 가격.

敵情 적의 형편이나 실정.
적 정　—을 살피다.

赤潮 플랑크톤의 이상 증식으로 바
적 조　닷물이 붉게 보이는 일. — 현상

積阻 오랫동안 서로 소식이 막힘.
적 조　그 동안 —했다.

的中 목표나 예견·추측에 딱 들어
적 중　맞음. —한 화살. —한 예측. —率

敵中 적국이나 적군의 안.
적 중　—에 잠입하다.

敵地 적이 차지하거나 관리하는 땅.
적 지　—에서 도망쳐 나오다.

適地 심어 가꾸기에 알맞은 땅.
적 지　토마토를 제때에 —에 심다.

敵陣 적군의 진영.
적 진　—으로 쳐들어가다.

積滯 쌓여서 막히어 통하지 못함.
적 체　—된 화물.

嫡出 정실이 낳은 아들이나 딸.
적 출　—과 庶出(서출).

摘出 들추어 냄. 또는 끄집어 냄.
적 출　—한 비밀 문서.

敵彈 적이 쏘는 총알이나 포탄.
적 탄　—이 우박처럼 쏟아지다.

積弊 오랫동안 쌓여 온 폐단.
적 폐　—를 혁파하다.

敵艦 적의 군함.
적 함　—을 격침하다.

適合 마침맞게 알맞음.
적 합　—한 대책. —한 인물.

ㅈ

赤化 공산주의의 세상이 됨.
적 화 — 통일의 야망.

前科 전에 형벌을 받은 사실.
전 과 —者(자). —가 있는 사람.

的確 의심할 나위 없이 확실함.
적 확 —한 논거.

前過 이전에 저지른 허물.
전 과 —를 뉘우치다.

傳家 대대로 물려줌.
전 가 —之寶(지보)

戰果 전투나 경기에서 얻은 성과.
전 과 혁혁한 —를 거두다.

轉嫁 책임이나 허물을 남에게 들씌
전 가 움. 책임을 —하다.

轉科 학과나 병과를 옮김.
전 과 문과로 —를 하다.

殿閣 임금이 사는 집. 또는 큰 집.
전 각 창경궁에 있는 —.

前官 전임의 벼슬아치.
전 관 — 예우

篆刻 돌·나무 등에 도장을 새김.
전 각 또는 새긴 그 글자. —家(가)

專管 전적으로 책임지고 맡아서 관
전 관 리함. —水域(수역)

傳喝 남을 시켜 안부를 전함.
전 갈 —을 받다. —을 보내다.

電光 번개나 전등의 불빛.
전 광 —石火(석화)

展開 ①눈앞에 드러남. —되는 광경. ②
전 개 어떤 일을 진행해 나감. 논리의 —.

電光板 전광을 껐다 켰다 하여 일정한
전 광 판 문자나 그림을 나타내는 장치.

典據 근거로 삼는 문헌상의 출처.
전 거 —를 일일이 밝히다.

全校 한 학교의 전체.
전 교 —生(생). — 학생회장

電擊 아주 갑작스럽게 냅다 침.
전 격 —的(적)인 전술.

傳教 ①임금이 왕명을 내림. 또는 그 왕명.
전 교 ②불교에서, 교리를 제자에게 전함.

專決 혼자 생각으로 마음대로 결정함.
전 결 — 사항

電球 전기의 힘으로 빛을 내는 기구.
전 구 —를 바꾸다.

全景 전체의 경치.
전 경 서울의 —을 내려다 보다.

全局 전체의 판국.
전 국 —으로 보아 유리한 흑세.

前景 앞쪽의 경치.
전 경 —이 좋은 집.

全國 온 나라.
전 국 — 소년 체전. —을 여행하다.

典故 전거가 될 만한 고사.
전 고 —에 밝은 사람.

戰局 전쟁이 전개되어 가는 상황.
전 국 불리한 —.

田穀 밭곡식
전 곡 —과 畓穀(답곡).

全軍 전체의 군대.
전 군 —에 내려진 비상 경계령.

前功 이전에 세운 공로나 공적.
전 공 —可惜(가석). —이 아깝다.

全權 일체의 권한.
전 권 —大使(대사). —을 장악하다.

專攻 한 가지 분야를 전문으로 연구함.
전 공 — 학과. — 분야. 음악을 —하다.

專權 권력을 독차지하여 마음대로
전 권 휘두름. 또는 그 권력.

電工 전기 기술공.
전 공 고압선을 수리하는 —.

轉勤 근무하던 직장을 옮김.
전 근 — 발령

戰功 전쟁에서 세운 공로.
전 공 —을 세우다. —을 자랑하다.

前近代的 근대 이전 시대의 특징
전 근 대 적 을 지닌. — 사고 방식.

前記 앞에 기록함. 또는 그 기록.
전 기 —한 사항.

前期 앞의 기간. 또는 앞의 시기.
전 기 — 모집. — 리그

傳奇 기이한 일을 세상에 전하는 일.
전 기 —小説(소설)

傳記 개인의 평생 사적을 적은 기록.
전 기 이순신 —. — 문학

電氣 전자의 이동으로 생기는 에너지.
전 기 — 난로. — 분해

轉機 전환점을 이루는 기회나 고비.
전 기 —로 삼다. —가 되다.

前年 지난 해.
전 년 —에 겪었던 물난리.

專念 마음을 외곬으로 모아 생각함.
전 념 작품의 창작에 —하다.

全能 못하는 일 없이 다 능함.
전 능 全知(전지)—. —하신 하느님.

專斷 혼자 생각으로 마음대로 결단함.
전 단 —을 막다.

傳單 선전이나 광고를 위해 나누어주
전 단 거나 내붙이는 종이. —을 뿌리다.

戰端 전쟁이 일어나는 실마리.
전 단 제2차 세계 대전의 —.

傳達 전하여 이르게 함.
전 달 —式(식). —者(자)

全擔 온통 다 담당함.
전 담 —과 分擔(분담).

專擔 전문적으로 담당함.
전 담 홍보 업무를 —하다.

田畓 논과 밭.
전 답 경작하는 —.

典當 빚을 낼 때에 담보로 물건을
전 당 맡기는 일. —鋪(포). —을 잡다.

殿堂 과학·예술 등을 연구하는 가
전 당 장 권위 있는 기관. 예술의 —.

前代 지나간 시대.
전 대 —未聞(미문)의 엄청난 홍수.

全圖 전체를 그린 그림이나 지도.
전 도 한반도의 —.

前途 앞으로 갈 길.
전 도 —가 요원하다. —가 양양하다.

傳道 종교를 믿도록 선전하고 보급
전 도 시킴. —하러 다니다.

傳導 열이나 전기가 물체의 한 쪽에
전 도 서 다른 쪽으로 옮음. —電流

顛倒 ①엎어져 넘어짐. ②순서나 자
전 도 리가 뒤바뀜. 본말이 —되다.

電動車 전기의 힘으로 움직이는 차.
전 동 차 —의 전원.

電燈 전기로 켜는 등.
전 등 —불. —을 끄다.

全裸 아무것도 걸치지 않은 알몸.
전 라 —의 미인.

轉落 타락한 상태나 처지에 굴러 떨
전 락 어짐. 창녀로 —한 가출 소녀.

戰亂 전쟁으로 말미암은 난리.
전 란 —을 겪다. —이 끊이지 아니하다.

展覽 여러 가지 물건을 일정한 곳에 진열
전 람 해 놓고 여러 사람에게 보임. —會

傳來 전해 옴.
전 래 불교의 —. —의 미풍양속.

前略 글이나 말의 앞 부분을 줄임.
전 략 —하고 본론에 들어가다.

戰略 전쟁 수행의 방법이나 책략.
전 략 —家(가). — 요지

全量 전체의 분량이나 전체 수량.
전 량 —을 수출하다.

全力 온 힘.
전 력 —을 다하다.

前歷 지금까지의 경력.
전 력 —이 화려하다.

專力 오로지 한 일에만 온 힘을 쏟
전 력 음. 공부에 —하다.

電力 전기의 힘.
전 력 —量(량). — 자원. —을 아끼다.

ㅈ

戰力 전 력 전쟁을 수행할 수 있는 힘. 전투력. —을 증강하다.

傳令 전 령 명령을 전달함. 또는 그 사람. —兵(병). —使(사)

典禮 전 례 ①왕실이나 나라에 관한 의식. ②정해져 내려오는 일정한 의식.

前例 전 례 전에 있었던 사례. — 없는 대성황. —를 따르다.

電流 전 류 전기의 흐름. —가 흐른다.

戰利品 전 리 품 전쟁 중에 적에게서 빼앗은 물품. 많은 —을 노획하다.

顚末 전 말 일의 진행되어 온 처음부터 끝까지의 경과. —書(서). 사건의 —.

展望 전 망 ①멀리 바라봄. ②앞날을 내다 봄. 또는 그 장래. 원대한 —.

專賣 전 매 독점적인 생산과 판매. — 사업. — 특허

轉賣 전 매 산 물건을 다시 다른 사람에게 팖. 아파트를 —하여 챙긴 이익.

全面 전 면 전체의 면. 또는 범위의 전체. —戰(전). —的(적)인 고찰.

前面 전 면 앞쪽. 또는 앞쪽을 이루는 면. —에 나서다. —과 後面(후면).

全滅 전 멸 죄다 없어짐. 죄다 멸망함. — 상태. —을 시키다.

全貌 전 모 전체의 모습. 서울의 —. —를 파악하다.

戰歿 전 몰 전쟁이나 전투에서 죽음. =戰死(전사). — 장병. —한 전우.

全無 전 무 전혀 없음. —한 상태. 경험이 —하다.

專務 전 무 전문적으로 맡아보는 사무. — 이사. 여객 —

前無後無 전 무 후 무 그 전에도 없었고 그 후에도 없음. —한 가뭄.

全文 전 문 글의 전체. —을 게재하다.

前文 전 문 앞 부분에 해당하는 글. —과 後文(후문). 헌법 —

專門 전 문 한 가지 부문에 국한하여 힘이나 마음을 씀. — 분야. — 지식. —家

電文 전 문 전보의 내용이 되는 글. 전보문 —의 내용.

傳聞 전 문 전하여 주는 말을 통하여 들음. —한 고향 소식.

全般 전 반 어떤 일이나 부문에 관계되는 전체. 사업 —에 걸친 중대사.

前半 전 반 앞의 반. 앞부분 —과 後半(후반). —部(부)

前方 전 방 ①앞쪽. —을 바라보다. ②적과 마주하고 있는 곳. — 부대

前番 전 번 지난 번. —에 약속한 일.

典範 전 범 전형으로 될 만한 모범. 빛나는 —을 물려주다.

戰犯 전 범 전쟁을 일으킨 범인. 전범자 제2차 세계 대전의 —.

戰法 전 법 싸우는 방법. 이길 —을 궁리하다.

轉變 전 변 형세나 국면이 종전과는 다르게 바뀜. —하는 국제 정세.

餞別 전 별 떠나는 사람에게 음식을 대접하여 작별함. 또는 배웅. —酒

電報 전 보 전신으로 보내는 통신. —를 받다. —를 치다.

塡補 전 보 모자라는 것을 메워서 채움. — 배상

轉補 전 보 같은 직급의 다른 관직으로 임명함. — 발령

顚覆 전 복 뒤집혀 엎어지거나 뒤집어 엎음. 정권을 —하다.

全部 전 부 모두 —가 국산품이다. — 모른다고 한다.

澱粉 전 분 녹말 — 효소

前非 이전에 저지른 잘못.
전 비 ―를 회개하다.

戰備 전쟁에 대비하기 위해 갖추는
전 비 설비. ―에 소홀함이 없다.

戰費 전쟁에 드는 모든 비용.
전 비 엄청난 ―를 감수하다.

戰士 전투하는 군인.
전 사 조국 수호에 나선 ―.

戰史 전쟁의 역사.
전 사 ―를 편찬하다.

戰死 전쟁이나 전투에서 죽음.＝戰沒
전 사 ―者(자). ― 통지

轉寫 글이나 그림을 베끼거나 촬영
전 사 하여 복사함. ―를 시키다. ―紙

電算 전자 계산의 준말.
전 산 ―網(망). ―으로 처리하다.

戰傷 전쟁이나 전투에서 부상함.
전 상 ―者(자). ―兵(병)

前生 이 세상에 태어나기 전에 태어
전 생 났다는 세상. ―의 인연.

全書 한 사람이나 일정한 분야의 저술의 모두
전 서 를 체계 잡아 만드는 책. 여유당―. 의학―

前線 ①성질이 다른 두 공기의 경계면. 한랭―
전 선 ②직접 나서서 활동하는 곳. 생활 ―

電線 전류를 통하게 하는 쇠줄.
전 선 ― 위에 앉은 새.

戰線 ①직접 전투가 진행되는 지역. ―의
전 선 고지. ②일정한 활동의 분야. 생산 ―

傳說 옛날부터 전해오는 이야기.
전 설 ―에 얽힌 바위.

全盛 한창 왕성함.
전 성 ―期(기)

前世 ＝前生(전생)
전 세 ―의 업.

專貰 어떤 사람에게만 빌려 주기로
전 세 약정하는 일. ― 버스. ―를 내다.

傳貰 일정한 돈을 미리 주고 일정한 동안
전 세 남의 부동산을 빌려 쓰는 일. ―집

戰勢 전쟁의 형세.
전 세 ―가 불리하다.

全燒 온통 다 불탐.
전 소 ―된 가옥.

全速 낼 수 있는 최고의 속력. 전속
전 속 력. ―으로 달리다.

專屬 어느 한 군데에 전적으로 소속
전 속 함. ― 가수. ― 공장

轉屬 소속을 다른 곳으로 바꿈.
전 속 ― 명령. ―되어 온 중대장.

電送 전파를 이용하여 보냄.
전 송 ― 사진

餞送 전별하여 보냄.
전 송 ―하러 나간 어머니.

專修 어떤 분야의 지식이나 기술을
전 수 전문적으로 닦음. ―한 공예 기술.

傳受 전하여 주는 것을 받음.
전 수 비법을 ―하다.

傳授 기술이나 지식 등을 전해줌.
전 수 후진에게 ―하여 주다.

前述 글이나 말에서, 앞에서 서술함.
전 술 그 일은 ―한 바와 같다.

戰術 전투에서의 승리나 목적을 달성
전 술 하기 위한 방법. 유인 ―. 득표 ―

傳習 전하여 가르쳐 줌을 배워 익힘.
전 습 기술의 ―. ―을 시키다.

傳襲 물려 받아 그대로 따름.
전 습 ―한 가례(家禮).

全勝 싸움에 다 이기거나 완전히 이
전 승 김. ―이란 기록을 세우다.

戔을 성부로 하는 한자		
전 ⌈ 錢 : 돈　　　전	銅錢(동전)	
⌊ 餞 : 배웅할 전	餞送(전송)	
천 ⌈ 淺 : 얕을　　천	深淺(심천)	
∣ 賤 : 천할　　천	賤民(천민)	
⌊ 踐 : 밟을　　천	實踐(실천)	
잔 ― 殘 : 남을　　잔	殘雪(잔설)	

傳承 _{전 승} 문화·제도·풍속 등을 전하여 받아 계승함. 미풍 양속을 —하다.

戰勝 _{전 승} 전쟁이나 경기에서 싸워 이김. — 기념일. —國(국)

展示 _{전 시} 벌여 놓고 일반에게 보임. —會(회). 미술품을 —하다.

殿試 _{전 시} 임금이 직접 참가하여 시행하던 과거의 마지막 시험.

戰時 _{전 시} 전쟁하는 시기. — 태세. —에 대비하다.

全身 _{전 신} 몸 전체. 온몸 — 마취. —에 땀이 흐르다.

前身 _{전 신} 바뀌기 이전의 본체. 고려대학교의 —인 보성전문학교.

電信 _{전 신} 전류나 전파를 이용하는 통신. 무선 —. —網(망)

前室 _{전 실} 다시 장가든 뒤의 그 전 아내. =前妻(전처). — 소생. — 처가

專心 _{전 심} 마음을 한 곬으로 모아서 씀. —力(전력)

典雅 _{전 아} 법도에 맞아 아담함. —한 고전 음악.

奠雁 _{전 안} 재래식 혼례에서, 신랑이 기러기를 가지고 가서 상 위에 올려 놓고 절하는 일.

電壓 _{전 압} 두 점 사이의 전기적인 위치 에너지의 차. —計(계). —線(선)

全額 _{전 액} 전부의 액수. —을 예금하다.

田野 _{전 야} 논밭과 들. 논밭을 이룬 들판. —에 묻혀 지내다.

前夜 _{전 야} ①바로 전날 밤. —祭. 성탄절 — ②앞 단계나 시기. 혁명의 —.

前約 _{전 약} 이전의 약속. —을 잊지 않고 있다.

傳言 _{전 언} 전하여 주는 말. —을 받고 찾아가다.

專業 _{전 업} 전문으로 하는 업. — 농가. — 주부

轉業 _{전 업} 직업을 바꿈. 사업가로 —하다.

全域 _{전 역} 전체 지역. 충청도 —에 내린 호우 특보.

轉役 _{전 역} 복무하던 역종에서 다른 역종으로 편입함. 예비역으로 —하다.

全然 _{전 연} 전혀 — 모르는 일.

電熱 _{전 열} 전류에서 발생하는 열. —器(기). —線(선)

戰列 _{전 열} 전투에 참가할 때의 대열. —을 정비하다. —을 이탈하다.

傳染 _{전 염} 병이 옮거나 나쁜 사상이나 버릇이 옮아 물듦. —病. 독감에 —되다.

專用 _{전 용} 혼자서만 씀. — 수도. — 전화. —機(기)

轉用 _{전 용} 다른 목적으로 돌려서 씀. 예산을 —하다. 농지를 택지로 —하다.

戰友 _{전 우} 전쟁에서 함께 싸우거나 싸웠던 군인. —들의 사기.

戰雲 _{전 운} 전쟁이 일어날 듯한 험악한 정세나 분위기. —이 감돌다. —이 가시다.

田園 _{전 원} 논밭과 동산. —詩(시). — 생활. — 풍경

全員 _{전 원} 소속된 인원의 전체. — 참가. — 출석

電源 _{전 원} 전력을 공급하는 근원. — 개발

前衛 _{전 위} 선진적이며 적극적인 역할을 하는 사람이나 집단. — 예술

專有 _{전 유} 혼자서 독차지하여 가짐. —物(물)

戰慄 _{전 율} 두려워서 벌벌 떪. 공포와 —에 휩싸이다.

戰意 _{전 의} 싸우고자 하는 의지. —를 북돋우다.

轉移 _{전 이} 자리를 옮기거나 옮음. —性(성). 위암이 간까지 —되다.

全人 지·정·의가 조화된 사람.
전 인 ― 교육

前人 이전 사람.
전 인 ―未踏(미답). ―과 後人(후인).

專一 마음과 힘을 외곬으로 씀.
전 일 ― 농업에 ―하다.

前任 바로 그 앞에 있던 사람.
전 임 ― 장관. ― 과장

專任 일정한 직책을 전문적으로 맡
전 임 기거나 맡거나 함. ― 강사

轉任 직업이나 직무를 옮김.
전 임 ―되어 온 부장.

轉入 다른 거주지에서 옮기어 들어옴.
전 입 ― 신고

前者 먼저 지적한 사람이나 사물. 또는 지난
전 자 번. ―의 말이 옳다. ―에는 실례가 많았다.

電子 물질을 구성하는 아주 작은 소
전 자 립자. ― 계산기. ― 공학

電磁 전류에 생기는 자기. 전자기
전 자 ― 유도. ―波(파)

篆字 한자의 옛 서체의 하나.
전 자 ―로 쓴 편액.

田庄 개인이 가지고 있는 논밭.=田
전 장 莊(전장). 대지에 딸린 ―.

全長 전체의 길이.
전 장 ― 10m의 길.

前場 증권 거래소에서 오전에 이루
전 장 어지는 거래. ―과 後場(후장).

戰場 전쟁터
전 장 ―에서 산화한 전우.

轉載 다른 출판물에 옮겨 실음.
전 재 무단 ―. ―를 금하다.

戰爭 국가 사이의 무력 투쟁.
전 쟁 ―을 일으키다. ―과 평화.

全的 이런저런 딴 의견 없이 그대로
전 적 다인. ―인 지지. ―으로 옳다.

典籍 책. 서적. 특히 문화적 가치가
전 적 높은 옛 책을 이르는 말.

戰績 경기에서 싸워 얻은 성적.
전 적 좋은 ―. 5대4의 ―.

戰蹟 전쟁이나 전투의 자취.=戰迹
전 적 ―碑(비). ―을 답사하다.

轉籍 다른 곳으로 적을 옮김.
전 적 ―해 온 주민.

前前 ①전번의 그 전번. ― 일요일
전 전 ②오랜 이전. ―에 있은 일.

輾轉 누워서 이리저리 뒤척임.
전 전 ―反側(반측)

轉轉 여기저기로 옮겨 다님.
전 전 전국 각지를 ―하다.

戰戰兢兢 몹시 두려워서 벌벌 떨
전 전 긍 긍 며 조심함.

前程 앞길. 앞으로 나아갈 길.
전 정 ―이 九萬里(구만리) 같다.

前提 일정한 일이나 상태를 낳게 하기
전 제 위하여 먼저 내어 세움. ― 조건

專制 개인의 의사에 의하여 모든 권력을
전 제 행사하는 정치 형태.― 국가. ― 정치

剪除 필요하지 아니한 것을 베어 잘
전 제 라 없앰. =剪除(전제)

前兆 미리 나타나는 조짐.
전 조 봄의 ―. 비 올 ―.

前朝 전대의 왕조.
전 조 이규보는 ―의 인물이다.

前照燈 자동차나 기관차에서, 앞을 비추
전 조 등 기 위하여 차체 앞에 다는 등.

前奏 성악이나 기악에 앞서서 하는
전 주 연주. ―曲(곡)

前週 지난 주.
전 주 ― 토요일

電柱 전봇대
전 주 ―에 올라 간 전공.

錢主 ①밑천을 대는 사람. ―를 물다.
전 주 ②빚을 준 사람. ―에게 빚을 갚다.

田地 논밭
전 지 남의 ―를 부치다.

全知 모든 것을 다 앎.
전 지 —全能(전능)하신 하느님.

全紙 온장의 종이. 또는 자르지 아니
전 지 한, 인쇄에 쓰는 양지의 온장.

剪枝 가지치기
전 지 —를 하고 있는 원예사.

電池 전류를 일으키는 장치.
전 지 乾(건)—

轉地 이 지방 저 지방으로 옮겨 다님.
전 지 — 요양. — 훈련

前職 전에 가졌던 직업이나 직위.
전 직 —이 경찰관이었던 차형.

轉職 직업을 바꿔 옮김.
전 직 —한 사람.

前進 앞으로 나아감.
전 진 — 속도. —과 후퇴.

戰塵 전투로 말미암아 이는 먼지. 인신하
전 진 여, 전쟁의 북새통. —에 시달리다.

全帙 한 질로 된 책의 전부.
전 질 —과 산질.

全集 한 사람이나 한 부문의 여러 저서를 모
전 집 아서 한 질로 되게 만든 책. 문학—

電車 전력으로 궤도를 달리는 차.
전 차 —가 시내를 달리던 서울 거리.

戰車 전쟁에 쓰이는 무장한 차.
전 차 —를 앞세워 돌격하다.

全天候 어떠한 기상 조건에서도 사
전 천 후 용할 수 있음. —機. — 농업

前哲 전대의 철인.
전 철 —의 가르침.

前轍 이미 잘못한 바 있는 길.
전 철 —을 밟다.

電鐵 전력으로 달리는 철도.
전 철 —을 놓다.

全體 전부. 또는 온 덩어리.
전 체 나라 —. —主義(주의) 국가.

前哨 전방 맨 앞에 나가 있는 초소.
전 초 —戰(전). — 기지

電蓄 전기 축음기.
전 축 —을 틀다. —에서 흘러나오는 노래.

轉出 다른 거주지나 근무지로 옮기
전 출 어 감. — 신고. — 명령

前娶 이혼하거나 사별한 아내. =前
전 취 妻(전처). —所生(소생)

全治 상처나 병을 완전히 고침.
전 치 — 4주의 중상.

傳統 지난 세대에 이루어져 전하여
전 통 지는 것. — 문화. —을 잇다.

戰鬪 병력으로 맞서 싸움. 또는 그
전 투 싸움. — 부대. 격렬한 —.

全破 전부 파괴되거나 파괴함.
전 파 — 가옥

電波 파장이 적외선 이상인 전자파.
전 파 — 탐지기. — 망원경

傳播 널리 전하여 퍼뜨리거나 퍼짐.
전 파 널리 —되다.

全敗 전투나 경기에서 싸움마다 다
전 패 짐. 리그전에서 —하다.

全篇 글·영화 등의 한 편의 전부.
전 편 —을 다 읽다.

前篇 두 편으로 된 책이나 영화에서
전 편 의 앞의 편. —과 後篇(후편).

全廢 ①아주 그만둠. 음식을 —하다.
전 폐 ②다 폐기함. 핵무기를 —하다.

全幅 ①온폭. —으로 만든 태극기. ②일정
전 폭 한 범위의 전체. —的(적)인 지지.

傳票 돈이나 물자의 출납 사항을 적
전 표 은 쪽지. 출금 —. —를 끊다.

殿下 왕이나 왕비 또는 왕족에 대한
전 하 높임말. 왕세자 —. 왕대비—

轉學 다른 학교로 학적을 옮김.
전 학 —을 간 친구.

戰艦 전쟁에 쓰는 군함.
전 함 여러 척의 —.

前項 앞의 항목.
전 항 —과 後項(후항).

電解 전기 분해의 준말.
전 해 —物(물). —槽(조)

轉向 자기의 사상이나 의견을 적대
전 향 되는 편으로 돌림. —者(자)

典型 본보기로 될 만한 틀이나 사물.
전 형 애국자의 —.

銓衡 사람을 가려 뽑음.
전 형 — 위원. —의 기준.

電話 전화기를 이용하는 통화. 또는
전 화 그 기구. —를 걸다. 고장 난 —.

戰禍 전쟁으로 입는 재화.
전 화 —를 입다.

轉禍爲福 언짢은 일이 계기가 되어
전 화 위 복 도리어 좋은 일을 봄.

轉換 방향이나 상태가 다른 방향이나 상태
전 환 로 옮겨 바뀜. 방향을 —하다. —點

戰況 싸움의 상황. 전투의 형세.
전 황 유리한 —. —의 보고를 받다.

前回 지난 번. 또는 바로 앞 회.
전 회 —의 실수. —의 졸업생.

專橫 권세를 쥐고 제마음대로 함.
전 횡 —을 부리다.

前後 앞과 뒤. 또는 먼저와 나중.
전 후 —左右(좌우). — 사연

戰後 전쟁이 끝난 뒤.
전 후 —世代(세대). —의 복구 사업.

切感 절실하게 느낌.
절 감 중요성을 —하다.

節減 절약하여 줄임.
절 감 경비를 —하다.

切開 치료를 위해 몸의 일부를 째어
절 개 서 갈라 젖힘. — 수술

節概 변하지 아니하는 지조.
절 개 굳은 —. —를 지키다.

節儉 절약하고 검소하게 함.
절 검 —을 몸소 행하다.

絶景 더할나위 없이 훌륭한 경치.
절 경 천하의 —.

絶交 교제를 끊음.
절 교 —를 선언하다. —한 벗.

絶句 4구로 된 한시의 한 체. 오언과
절 구 칠언이 있음. 五言(오언) —

絶叫 힘을 다하여 부르짖음.
절 규 통일을 —하다. 만세를 —하다.

節氣 이십사 절기의 준말. 또는 철
절 기 봄을 앞에 둔 —.

切斷 베거나 자르거나 하여 끊음. =絶
절 단 斷·截斷. —한 다리. —機(기)

絶大 아주 두드러지게 큼.
절 대 —한 환영을 받다.

絶代 당시에는 견줄 만한 것이 없을
절 대 정도로 뛰어남. —佳人(가인)

絶對 ①비교할 만한 것이 없음. —多數
절 대 ②어떤 일이 있더라도. —로 없다.

絶島 육지와 멀리 떨어져 있는 외딴
절 도 섬. 無人(무인)—

絶倒 기절하여 넘어짐.
절 도 抱腹(포복)—

節度 정도에 알맞게 하는 규칙적인
절 도 한도. — 있는 생활. — 있는 동작.

竊盜 남의 금품을 몰래 훔치는 행위나
절 도 훔치는 사람. —罪(죄). —犯. — 행위

絶糧 양식이 떨어짐.
절 량 — 농가

絶倫 아주 두드러지게 뛰어남.
절 륜 정력이 —하다.

絶望 모든 희망이 아주 끊어지거나
절 망 희망을 끊어버림. —感(감)

絶滅 깡그리 없애거나 깡그리 없어짐.
절 멸 —을 시키다.

絶命 목숨이 끊어져 죽음.
절 명 —한 노숙자.

絶妙 ①아주 묘함. —한 경치. —한 용병술.
절 묘 ②아주 아리따움. —한 요조숙녀.

節米 쌀을 절약함.
절 미 — 운동

切迫 ①몹시 급박함. —한 상황.
절 박 ②몹시 박절함. —한 인사.

折半 반으로 가름. 또는 그 반.
절 반 — 이상. —으로 나누다.

絶壁 바람벽처럼 솟아 있는 낭떠러지.
절 벽 —을 기어 오르다. —에서 떨어지다.

切削 쇠붙이를 잘라 끊음.
절 삭 —機(기)

切上 통화의 대외 가치를 높임.
절 상 달러의 평가 —.

絶色 뛰어난 미인.
절 색 천하의 —.

絶世 다시 없을 만큼 뛰어남.
절 세 —의 미인.

節水 물을 아껴 씀.
절 수 — 운동을 벌이다.

絶勝 비할 데 없이 훌륭한 경치.
절 승 —地(지)

節食 ①음식의 양을 알맞게 줄여서 먹음.
절 식 ②절기에 맞추어 먹는 음식.

切實 ①실정에 꼭 알맞음. —한 표현.
절 실 ②실지로 절박함. —한 염원.

節約 함부로 쓰지 않고 아낌.
절 약 전력의 —. — 운동

絶緣 ①인연이나 관계를 아주 끊음.
절 연 ②전기나 열을 통하지 못하게 함.

節用 아껴서 씀.
절 용 재물을 —하다.

節義 절개와 의리.
절 의 —를 숭상하다.

絶人 남보다 훨씬 뛰어남.
절 인 —之勇(지용). —之力(지력)

絶長補短 장점으로 부족한 점이나
절 장 보 단 단점을 보완함.

節電 전력을 절약함.
절 전 —으로 외화를 아끼자.

切切 뼈에 사무치게 간절함.
절 절 —한 소망. —히 느끼다.

節節 말이나 글의 한 마디 한 마디.
절 절 그분의 말씀은 —이 옳다.

絶頂 ①산의 맨 꼭대기. —에 오르다.
절 정 ②최고에 이른 경지. 인기 —의 가수.

節制 알맞게 조절함. 또는 욕망을
절 제 제어함. 욕망을 —하다.

節操 절개와 지조.
절 조 —를 굳게 지키다.

節酒 술을 알맞게 마심.
절 주 주광을 부리지 않도록 —하라.

節次 일을 치르는데 밟아야 할 순서.
절 차 —를 밟다. 선거의 —.

切磋琢磨 학문과 덕행을 갈고 닦음.
절 차 탁 마 —한 보람.

絶讚 더할 수 없이 칭찬함. 또는 그
절 찬 칭찬. — 속에 공연이 끝나다.

絶唱 ①아주 뛰어나게 잘 부르는 노래.
절 창 ②아주 뛰어나게 잘 지은 시.

折衷 서로 다른 견해를 타협시킴.
절 충 —案(안). —을 시도하다.

折衝 제기된 사건에 대하여 상대편
절 충 과 담판함. 외교적 —을 시도하다.

竊取 훔치어 가짐. =竊取(절취)
절 취 —한 재물.

切齒腐心 몹시 분하여 이를 갈고
절 치 부 심 마음을 썩임.

切親 아주 친함.
절 친 —한 사이. —한 친구.

切痛 뼈에 사무치게 원통함.
절 통 —한 일.

絶版 ①출판된 책이 떨어짐. ②이전에 출
절 판 판했던 책을 다시 발행하지 않음.

切下 통화의 대외 가치를 낮춤.
절 하 달러화의 평가 —.

絶海 육지에서 멀리 떨어진 바다.
절 해 —孤島(고도)

絶好 시기나 기회가 더할 나위 없이
절 호 좋음. —의 기회. —의 시기.

絶後 뒤가 끊어짐. 또는 뒤에는 다
절 후 시 없음. 空前(공전)—의 대공황.

節候 절기. 이십사 절기.
절 후 —가 바뀌다.

占據 차지하여 자리잡음.
점 거 회의실을 —하고 농성하다.

點檢 낱낱이 검사함. 또는 그 검사.
점 검 기계를 —하다.

點考 점을 찍어 가며 사람의 수효를
점 고 조사함. —를 마치다.

占卦 점을 쳐서 나오는 괘.
점 괘 —를 풀다.

點燈 등에 불을 켬.
점 등 — 시간

占領 일정한 장소를 빼앗아 차지함.
점 령 —軍(군). —地(지). 적진을 —하다.

點滅 등불이 켜졌다 꺼졌다 함.
점 멸 —器(기). —燈(등)

點線 점을 연이어 이룬 선.
점 선 —을 긋다.

占星 별의 빛이나 위치를 보고 점
점 성 을 침. —家(가). —術(술)

點數 몇 점인가를 나타내는 수.
점 수 좋은 —를 받다.

占術 점을 치는 술법.
점 술 —에 밝다.

點心 낮에 먹는 끼니.
점 심 — 시간. —을 먹다.

點眼 ①눈에 안약을 넣음. ②새로 만
점 안 든 불상에 눈동자를 그려 넣음.

粘液 생물체에서 분비되는 끈끈한
점 액 액체. —膜(막). —腺(선)

點雲 점점이 흩어져 있는 구름.
점 운 푸른 하늘에 떠 있는 —.

店員 상점의 일을 맡아보는 사람.
점 원 —을 고용하다.

占有 차지하여 자기의 소유로 함.
점 유 —物(물)—. 넓은 농토를 —하다.

漸移 차츰차츰 옮아감.
점 이 —性(성). — 지대

漸入佳境 차차 썩 흥미로운 좋은
점 입 가 경 지경으로 들어감.

點字 소경이 손가락 끝으로 만져서
점 자 알 수 있게 만든 글자나 부호.

點在 점점이 흩어져 있음.
점 재 섬들이 —하는 한려수도.

漸漸 조금씩 조금씩 더하거나 덜하
점 점 는 모양. — 짙어가다. — 낮아지다.

點點 ①여기저기 흩어져 있는 모양.
점 점 ②하나하나 떨어지는 모양.

點睛 사람이나 짐승을 그리는데 맨
점 정 나중에 눈동자를 찍음. 畵龍—

漸增 점점 늘어남.
점 증 실업자가 —하다.

占指 사람에게 자식이 생기게 해줌.
점 지 부처님이 —해 주신 아들.

漸進 차차로 나아감. 또는 점점 발
점 진 전함. —的(적)인 개혁.

漸次 차례를 따라 점점.
점 차 —로 나아지다.

粘着 끈기가 있어 착 달라붙음.
점 착 —性(성). —劑(제)

點綴 점점이 흩어져 있는 것이 연이
점 철 어 이어짐. 좌절로 —된 생애.

粘土 차진 흙. 찰흙
점 토 —質(질)

店舗 가겟집. 가게를 벌인 집.
점 포 —가 즐비한 거리.

點呼 한 사람씩 성명을 불러서 인원이
점 호 맞는가를 알아봄. —가 끝나다.

點火 불을 붙임. 또는 불을 켬.
점 화 — 장치. — 플러그

接客 손님을 접대함.=接賓(접빈)
접 객 —業(업)

接見 공식적으로 맞아서 만나봄.
접 견 — 석상. 선수 대표를 —하다.

接境 경계가 맞닿음. 또는 맞닿은
접 경 경계. — 지대

接骨 부러지거나 어긋난 뼈를 이어
접 골 맞춤. —師(사)

接口 음식을 겨우 입에 대기만 함.
접 구 술은 —도 못한다.

接近 가까이 다가가거나 다가옴.
접 근 —을 금하다. —하기가 어려운 사람.

接待 손님의 시중을 듦. 또는 대접
접 대 손님 —. —하는 손님. —費(비)

接賓 =接客(접객)
접 빈 —室(실). —에 소홀함이 없다.

接線 연락이 되어 만남.
접 선 —이 이루어지다.

接續 맞대어 이음.
접 속 — 수역

接收 국민의 소유물을 강제로 넘겨
접 수 받음. 계엄군이 방송국을 —하다.

接受 받아 들임.
접 수 — 창구. 원서를 —하다.

接長 서당에서 나이나 학력이 높은 사람
접 장 을 뽑아 선생을 돕도록 한 사람.

接戰 서로 맞붙어 싸움. 또는 그 싸움.
접 전 —을 벌이다.

接足 어떤 곳에 들어서기 위해 발을
접 족 붙임. —하지 못하다.

接種 병원균을 몸에 넣음.
접 종 —法(법). 잔염 예방 —.

接地 감전을 막기 위해 도선을 땅에
접 지 접속시킴. —線(선)

摺紙 책을 만들기 위하여 인쇄한 종
접 지 이를 접는 일. —機(기)

接着 달라붙음
접 착 —劑(제)

接觸 ①두 물체가 맞닿음. ②더불어 일하
접 촉 거나 사귀기 위하여 가까이 대함.

接合 한데 대어 붙이거나 한데 닿아
접 합 붙음. — 상태를 살피다.

定價 정해 놓은 상품의 값.
정 가 —表(표)

正刻 틀림없는 바로 그 시각.
정 각 — 아홉 시.

定刻 정해진 시각.
정 각 —에 도착한 고속철.

停刊 정기 간행물의 간행을 얼맛동안
정 간 정지함. 동아일보를 —시킨 일제.

情感 느낌
정 감 — 어린 목소리. 봄의 —.

政綱 정부나 정당이 내세운 정치 강
정 강 령. — 정책

政客 정계에서 활동하는 사람.
정 객 국민의 지지를 받는 —.

停車 차를 멈춤.
정 거 — 시간

正格 바른 격식. 정규의 규격.
정 격 —과 변격.

定格 전기 기기에 대하여 제조자가 정해
정 격 놓은 사용 조건. — 전압. — 출력

定見 일정한 주견.
정 견 —이 없이 부화뇌동하다.

政見 정치에 관한 견해.
정 견 — 발표. —의 차이.

貞潔 정조가 굳고 행실이 결백함.
정 결 —한 여성.

淨潔 정하고 깨끗함.
정 결 —한 마음. —한 집.

正經 마땅히 행해야 할 바른 도리.
정 경 —大原(대원)

政經 정치와 경제.
정 경 — 분리. — 유착.

情景 일의 벌어진 형편. 또는 사람이 처
정 경 하고 있는 형편. 눈물겨운 —.

貞敬夫人 정일품·종일품의 종친이나 문
정 경 부 인 무관의 아내에게 내리던 품계.

政界 정치에 관계되는 사회.
정 계 —의 거물. —의 소식.

正鵠 _{정 곡} 과녁의 한가운데 점. 인신하여, 핵심이 되는 문제. —을 찌르다.

定款 _{정 관} 조직체의 기구·목적 등을 규정한 규정. —을 개정하다.

精管 _{정 관} 정자를 정낭으로 보내는 관. —을 수술하다.

靜觀 _{정 관} 고요한 마음으로 지켜 봄. 사태의 추이를 —하다.

政敎 _{정 교} 정치와 종교. — 분리의 원칙.

情交 _{정 교} 남녀 사이의 육체 관계. —를 맺다.

精巧 _{정 교} 정밀하고 교묘함. —한 기계. —한 솜씨.

庭球 _{정 구} 테니스 — 코트. —場(장). — 선수

政局 _{정 국} 정계의 형편. 정치적 판국. 안정된 —.

政權 _{정 권} 국가의 정치적 권력. —을 잡다.

正規 _{정 규} 정상적인 규정이나 규격. — 교육. —軍(군)

精勤 _{정 근} 정성스럽고 부지런함. 또는 일이나 학업에 부지런히 힘씀.

正氣 _{정 기} ①만물의 근원이 되는 기운. ②바른 기풍. 민족의 —를 되살리다.

定期 _{정 기} 일정하게 정하여진 기간이나 기한. — 총회. — 간행물. — 예금

精氣 _{정 기} ①만물이 생성하는 원기. 백두산 — ②심신 활동의 힘. —가 도는 눈.

靖難 _{정 난} 나라 안의 난리를 평정함. —功臣(공신)

停年 _{정 년} 퇴직하도록 정해진 나이. — 퇴직

情念 _{정 념} 감정에서 생기는 생각. 뜨거운 —. 사랑에 불타는 —.

丁寧 _{정 녕} 틀림없이 꼭. — 네가 보았나?

情談 _{정 담} 다정한 이야기. 또는 남녀의 속삭임. —을 나누다.

正答 _{정 답} 옳은 답. 맞는 답. —과 오답. —을 내놓다.

正當 _{정 당} 바르고 마땅함. —한 이유. —한 권리.

政黨 _{정 당} 정치상의 이념을 같이하는 사람들이 모여 조직한 단체. — 정치

正大 _{정 대} 바르고 의젓함. 公明(공명)—. —한 도리.

正道 _{정 도} 바른 길. 정당한 도리. —를 걷다.

征途 _{정 도} 정벌하러 가는 길. —에 오르다.

程度 _{정 도} ①어떤 일이나 사물의 수준. 피해 — ②알맞은 한계나 선. —에 넘치다.

精讀 _{정 독} 자세히 읽음. —한 책. —과 多讀(다독).

整頓 _{정 돈} 가지런히 바르게 정리함. 정리 —. — 상태가 좋다.

政略 _{정 략} 정치상의 책략. —家(가). — 결혼

定量 _{정 량} 정해진 양. —을 초과하다.

旌閭 _{정 려} 충신·효자·열녀 등을 그 동네에 정문을 세워 표창하던 일.

精力 _{정 력} 정신과 기력. 또는 씩씩하게 활동하는 힘. — 감퇴. —이 왕성하다.

精練 _{정 련} ①잘 연습함. ②섬유에 들어 있는 불순물을 없애는 일.

精鍊 _{정 련} ①잘 단련함. ②광석에 들어 있는 금속을 뽑아내는 일.

貞烈 _{정 렬} 여자의 행실이 바르고 지조가 굳음. —夫人(부인)

整列 _{정 렬} 가지런하게 열을 지음. —한 군대.

精靈 _{정 령} ①죽은 사람의 넋. ②산천·초목·바위 따위에 깃들어 있다고 믿는 혼령.

ㅈ

定例 정해져 있는 규칙이나 관례.
정 례 ― 회의

正論 사리나 도리에 합당한 주장.
정 론 ―을 펴다.

政論 정치에 관한 언론.
정 론 ―을 발표하다.

停留 차가 가다가 멈춤.
정 류 ―場(장)

精溜 액체를 증류하여 불순물을 없앰.
정 류 ―器(기)

定率 일정한 비율.
정 률 ―稅(세)

廷吏 법정 안의 질서 유지와 소송 서류
정 리 의 송달 등을 맡아보는 직원.

定理 진리라고 인정된 이론이나 이치.
정 리 피타고라스의 ―.

情理 인정과 도리.
정 리 ―상 거절하지 못하다.

整理 말끔하게 정돈하거나 처리함.
정 리 교통 ―. 흩어 놓은 책을 ―하다.

鼎立 솥발 모양으로 세 방면에 벌여
정 립 섬. 三國(삼국)이 ―하다.

靜脈 몸의 각 부분의 피를 심장으로
정 맥 보내는 혈관. 동맥과 ―.

正面 ①향한 쪽의 면. ―과 측면.
정 면 ②마주대고 직접. ―으로 반대하다.

精妙 정교하고 묘함.
정 묘 글씨를 ―하게 쓰다.

政務 정치에 관한 사무. 또는 국가
정 무 기관의 행정 사무. ―에 바쁘다.

正門 건물의 정면에 있는 문.
정 문 ―으로 출입하다.

旌門 충신·효자·열녀를 기리기 위하여
정 문 그의 집 앞에 세우던 붉은 문.

頂門一針 남의 약점을 똑바로 찌른
정 문 일 침 따끔한 지적이나 비판.

靜物 자체로는 움직이지 못하는 물건.
정 물 ―畫(화)

精米 현미를 빻아 희게 함.
정 미 ―所(소). ―業(업)

精密 정교하고 세밀함.
정 밀 ―기계

靜謐 고요하고 편안함.
정 밀 ―한 산중 생활.

碇泊 닻을 내리고 머무름.
정 박 ―港(항). 부두에 ―하다.

正反對 완전한 반대.
정 반 대 ―쪽. ―의 의견.

定配 장소를 정하여 귀양을 보냄.
정 배 ―를 보내다.

征伐 무력으로 침.
정 벌 ―하여 차지한 영토.

正犯 죄를 실지로 저지른 사람.
정 범 ―과 교사범.

正法 불교에서, 바른 교법이라는 뜻으
정 법 로, 부처의 가르침을 이르는 말.

政變 정권을 쟁탈하기 위하여 일으키
정 변 는 정치적 사변. ―을 일으키다.

精兵 날쌔고 용맹한 군대.
정 병 ― 오만의 대군.

情報 정세에 관한 구체적인 소식이나
정 보 그 내용. ―를 입수하다.

正服 정식 복장. ―을 입은 교통 순경.
정 복 ― 차림의 군악대.

征服 ①무력으로 쳐서 복종시킴. ②자연
정 복 의 이치를 밝혀 뜻한 대로 활용함.

正否 바름과 그름.
정 부 ―를 판단하다.

正副 으뜸과 버금. 정과 부.
정 부 ― 위원장

政府 국가 통치권을 행사하는 기관.
정 부 대한민국 ―

情夫 유부녀가 몰래 정을 통하고 있
정 부 는 남자. ―와 자취를 감추다.

情婦 유부남이 몰래 정을 통하고 있
정 부 는 여자. ―와 달아나다.

情分 정 분　사귀어서 든 정의 정도.
─이 자별하다. ─이 도탑다.

整備 정 비　정돈하여 갖춤.
설비를 ─하다. ─工(공)

正史 정 사　나라에서 편찬한 역사.
─와 野史(야사).

正邪 정 사　바른 일과 사악한 일. 또는 정대한 일과 사사스러운 일. ─의 구별.

正使 정 사　외국에 파견하는 사신의 우두 머리. ─와 副使(부사).

政事 정 사　정치에 관계되는 일.
─를 돌보다.

情死 정 사　사랑하는 남녀가 사랑을 이루지 못하여 함께 목숨을 끊는 일.

情事 정 사　남녀의 연애에 관한 일. 또는 부 부가 아닌 남녀 사이의 성관계.

精舍 정 사　①학문을 가르치려고 지은 집. ②불도를 닦는 절.

靜思 정 사　고요하게 생각함.
─하는 시간.

正朔 정 삭　정월 초하루.
─에 올리는 차사.

精算 정 산　세밀하게 계산함. 또는 그 계산.
연말 ─. ─表(표)

正常 정 상　사고나 탈이 없이 늘 제대로인 상태. ─ 상태. ─的(적)인 활동.

頂上 정 상　①꼭대기. 백두산 ─ ②국가의 최고 통치권자. ─ 회담

情狀 정 상　실제의 사정이나 형편.
─을 참작하다.

正色 정 색　얼굴에 나타낸 엄정한 표정.
─을 하고 묻다.

淨書 정 서　①글씨를 깨끗하게 씀. ②초를 잡 았던 글을 깨끗히 베껴 씀.

情緖 정 서　자극에 따라 일어나는 감정. 또는 그 감정을 일으키는 분위기. 민족적 ─

定石 정 석　바둑에서, 초반 포석의 일정한 수순. 인신하여, 일 처리의 일정한 방식.

停船 정 선　배를 멈춤.
─ 명령

精選 정 선　세밀하게 골라 뽑음.
출품할 작품을 ─하다.

定說 정 설　일반적으로 옳다고 인정되고 있는 설. ─에 가깝다. ─이 없다.

精誠 정 성　진실한 마음.
─을 들이다. ─이 지극하다.

情勢 정 세　사정과 형세.
국제 ─. 급박한 ─.

精細 정 세　정밀하고 자세함.
─한 설명.

精巢 정 소　정충을 만드는 수컷의 생식 기 관. ─와 난소.

正手 정 수　바둑이나 장기에서, 속임수나 꼼수가 아닌 정당한 수.

定數 정 수　일정하게 정해진 수.
─를 초과하다.

淨水 정 수　물을 정화함. 또는 정화한 깨 끗한 물. ─場(장). ─池(지)

精粹 정 수　①사물의 기본적이며 알짜로 되는 것. ②불순물이 섞이지 아니하여 순수함.

精髓 정 수　①뼛속에 있는 골. ②중심이 되는 골자나 요점. ─만을 열거하다.

整數 정 수　자연수와 자연수에 대응하는 음수 및 0의 통칭.

貞淑 정 숙　여자의 몸가짐이 조촐하고 마 음씨가 얌전함. ─한 여자.

靜肅 정 숙　조용하고 엄숙함.
─한 식장.

整肅 정 숙　몸가짐이 단정하고 엄숙함.
─하게 행동하다.

政丞 정 승　의정의 벼슬.
─ 판서가 난 집안.

正視 정 시　똑바로 바라봄.
상대방을 ─하다.

定時 정 시　정해 놓은 시간.
열차가 ─에 출발하다.

正式 규정에 따른 정당한 격식.
정 식 —과 약식. —으로 치른 혼례.

定食 식당이나 여관에서 때를 정하여 놓고
정 식 먹는 끼니. 또는 정해진 메뉴의 음식.

精神 ①사고의 작용이나 능력. — 세계
정 신 ②사물의 근본적인 의의. 화랑도 —

正室 정식으로 혼인하여 맞은 아내.
정 실 —과 小室(소실). — 소생

情實 사사로운 정이나 관계에 끌리
정 실 는 일. — 인사. 인정과 —.

正心 마음을 바르게 가다듬는 일.
정 심 또는 그 마음. — 공부

定額 일정한 액수. 정해진 금액.
정 액 — 보험

精液 ①웅성 생식기에서 분비되는 정자
정 액 가 섞여 있는 액체.②순수한 진액.

靜養 안정하여 휴양함.
정 양 산수 좋은 곳에서 —하다.

定言 확정하여 말함. 또는 그 말.
정 언 —的(적) 명제. —的(적) 판단.

整然 정돈되어 가지런하거나 조리가 있
정 연 음. 질서가 —하다. 논리가 —하다.

情熱 끓어 넘치는 감정.
정 열 청춘의 —. —을 다 바치다.

情炎 불같이 타오르는 욕정.
정 염 —을 불태우다.

精銳 ①날쎄고 용맹함. — 부대
정 예 ②성능이 우수함. —한 무기.

正午 낮 12시.
정 오 —를 알리는 괘종시계.

正誤 그릇된 글자를 바로잡음.
정 오 —表(표)

定溫 일정한 온도.
정 온 —器(기). — 동물

情慾 색정에 대한 욕망.
정 욕 —을 불태우다.

定員 정해진 인원.
정 원 — 초과

庭園 집 울타리 안의 뜰과 화초밭.
정 원 —樹(수). —을 거닐다.

精油 향기를 지닌 액체를 정제한 기
정 유 름. — 공장

精肉 살코기
정 육 —店(점). —을 저미다.

正音 ①글자의 바른 음.
정 음 ②훈민정음의 준말.

正義 진리에 맞는 정당한 도리.
정 의 —感(감). —로운 사람.

定義 개념의 내용이나 말의 뜻을 확
정 의 정해 보이는 일. —를 내리다.

情意 정과 뜻.
정 의 —相通(상통). —投合(투합)

情誼 서로 사귀어 친하여진 정.
정 의 모녀의 —. —가 두텁다.

情人 정을 통하며 지내는 사람. 또
정 인 는 그리며 사랑하는 사람.

定日 날짜를 정함. 또는 그 정한 날짜.
정 일 — 시장. — 출급 어음

正字 자체를 바르게 쓴 글자. 또는 속자·
정 자 약자·와자가 아닌 본래의 글자.

亭子 경치 좋은 곳에 기둥과 지붕만 있
정 자 게 지은 집. 아담한 —. 개울가의 —.

精子 수컷의 생식 세포.
정 자 —가 난세포로 들어가 수정이 된다.

正裝 정식으로 정해져 있는 복장.
정 장 — 차림. —을 하고 외출하다.

淨財 깨끗한 재물. 곧 신불에게 올
정 재 리거나 자선으로 내놓는 재물.

政爭 정치 문제로 다투는 일.
정 쟁 —이 끊이지 않는다.

井底蛙 세상 물정이나 형편을 모르
정 저 와 는 사람의 비유.

政敵 정치적인 의견이 다른 사람.
정 적 —을 제거하다.

靜的 정지 상태에 있는.
정 적 —인 상태와 動的(동적)인 상태.

靜寂 고요하고 괴괴함.
정 적 —을 깨뜨리다. —이 감돌다.

正殿 조회를 행하던 궁전.
정 전 임금이 —에 납시다.

停電 오던 전기가 한때 끊김.
정 전 — 사고

停戰 전투 행위를 중지함.
정 전 — 협정

靜電氣 대전체에 머물러 있는 전기.
정 전 기 동전기와 —.

貞節 여자의 곧은 절개.
정 절 —을 지키다.

頂點 맨 꼭대기.
정 점 고지의 —. 인기의 —.

訂正 잘못을 고쳐 바로잡음.
정 정 오류를 —하다.

政情 정계의 정황.
정 정 —이 불안정하다.

亭亭 ①우뚝 솟음. —한 소나무.
정 정 ②기력이 좋음. —한 노인.

正正堂堂 바르고 떳떳함.
정 정 당 당 —한 태도.

精製 ①정성을 들여 만듦. —한 제품.
정 제 ②순수하게 만듦. 석유를 —하다.

整齊 정돈하여 가지런히 함.
정 제 의관을 —하다.

錠劑 동글납작하게 만든 알약.
정 제 —와 분제.

貞操 성 생활에 있어서 지키는 순결
정 조 성. — 관념. —를 지키다.

情調 감각에 따라 일어나는 감정.
정 조 또는 풍기는 멋. 이국적인 —.

鼎足 솥발
정 족 —之勢(지세)

正坐 몸을 바르게 하고 앉음.
정 좌 상석에 —하다.

靜坐 마음을 가라앉히고 조용히 앉음.
정 좌 눈을 감고 —하다.

定住 일정한 곳에 자리잡아 오래 삶.
정 주 —者(자). — 한 지 30년이 되다.

鄭重 ①점잖고 엄숙함. —한 자리.
정 중 ②은근하고 점잖음. —한 인사.

停止 멎거나 그치거나 함.
정 지 하던 일을 —하다.

整地 땅을 고름.
정 지 — 작업

正直 마음이 바르고 곧음.
정 직 —한 사람. —하게 살다.

停職 일정 기간 직무를 보지 못하게
정 직 하는, 공무원에 대한 징계 처분.

精進 정력을 다하여 나아감.
정 진 학문에 —하다.

停車 차가 멈춤. 정거(停車)
정 차 — 시간. —와 발차.

定着 일정한 곳에 자리잡아 있음.
정 착 부산에 —한 피난민. 외래 문화의 —.

正餐 서양 요리에서, 정식의 식단에 따
정 찬 라 차리는 음식. 또는 그런 식사.

正札 정가표
정 찰 —을 붙이다.

偵察 상대방의 상황을 몰래 살핌.
정 찰 —機(기). — 비행

精彩 ①정묘한 광채. 별의 —. ②활발
정 채 하고 생기가 넘치는 기상.

政策 정치상의 방책.
정 책 외교 —. 정강 —

定處 정한 곳.
정 처 — 없이 떠돌다.

政廳 정무를 보는 관청. 또는 전관(銓官)
정 청 이 궁중에서 사무를 보던 곳.

靜聽 조용히 들음.
정 청 아들의 말을 —하다.

正體 사물의 본 형체.
정 체 —를 감추다. —를 드러내다.

政體 국가의 정치적 체제.
정 체 군주 —. 민주 —

ㅈ

停滯
정 체
사물의 발전·진화가 정지되어 침체됨. 발전이 —되다.

正初
정 초
정월 초순.
—부터 눈이 내리다.

定礎
정 초
기초를 잡아 주춧돌을 놓음.
—式(식).

情趣
정 취
정서를 자아내는 멋.
그윽한 —.

政治
정 치
국민과 국가의 발전을 위한 활동. —家(가). 민주 —

情致
정 치
좋은 감정을 자아내는 흥치.
가을의 —.

精緻
정 치
정교하고 치밀함.
—한 설계.

正寢
정 침
①제사를 지내는 몸채의 방. ②일을 보는 데로 주로 쓰는 몸채의 방.

偵探
정 탐
몰래 살펴 알아냄.
—꾼. 적정을 —하다.

情態
정 태
사정과 상태.
사물의 —를 살피다.

靜態
정 태
정지하고 있는 상태.
動態(동태)와 —. — 경제

淨土
정 토
번뇌에서 벗어난 깨끗한 세상.
西方(서방)—. —往生(왕생)

正統
정 통
①바른 계통. 적장자의 계통. — 자식 ②중심이 되는 요긴처. —을 찌르다.

精通
정 통
사물을 자세히 앎.
역리(易理)에 —한 사람.

政派
정 파
정치적인 이해 관계에 따라 갈라진 파벌. —間의 대립과 갈등.

定評
정 평
모든 사람이 다 인정하는 평판.
—이 나 있다.

情表
정 표
간곡한 정을 나타내기 위하여 주는 물품. —로 주다.

旌表
정 표
착한 행실을 세상에 드러내어 널리 알림. 효부를 —하다.

整風
정 풍
어지러워진 기풍을 바로잡음.
— 운동

停學
정 학
일정한 기간 등교를 정지시키는, 학생에게 주는 처벌.

情恨
정 한
정과 한.
—이 많은 사람.

正解
정 해
바르게 풀이함. 또는 그 풀이.
영문을 —하다.

精解
정 해
자세하게 풀이함. 또는 그 풀이.
수학 문제의 —.

定形
정 형
일정한 형태.
—과 不(부)—.

定型
정 형
일정한 형식이나 유형.
—詩(시). 시조의 —.

情形
정 형
사물의 사정이나 형편.
—을 살피다.

整形
정 형
몸의 외형의 생김을 바로잡음.
— 수술

定婚
정 혼
혼인을 정함.
—을 하다. —한 사이.

淨化
정 화
깨끗하게 함.
언어의 —. 환경의 —.

情話
정 화
다정한 이야기. 또는 남녀 사이의 정다운 이야기. 은근한 —.

精華
정 화
깨끗하고 순수한 알짜. 또는 정수가 될 만한 찬란한 부분. 문화의 —.

正確
정 확
바르고 확실함.
—한 대답. —한 설계.

情況
정 황
사물의 정세와 형편.
— 판단. —을 파악하다.

停會
정 회
회의를 잠시 중지함.
—를 선언하다.

情懷
정 회
마음에 품고 있는 정과 회포.
쌓이고 쌓인 —.

庭訓
정 훈
가정 교훈.
엄한 —을 받으며 자라다.

齊家
제 가
집안을 다스림.
修身 — 治國 平天下

諸家
제 가
①문중의 여러 집안. ②여러 대가.
—의 說(설) ③諸子百家의 준말.

製鋼 강철을 만듦.
제 강 — 공업. — 원료

除去 없애버림
제 거 불순물의 —. 위험물의 —.

提高 정도를 높임.
제 고 생산성의 —. 경각성의 —.

提供 갖다 주어 이바지함.
제 공 물자의 —. 정보의 —.

諸公 여러분
제 공 —의 성원을 기다립니다.

制空權 일정 지역의 공중을 지배하
제 공 권 는 권력. —을 장악하다.

製菓 과자를 만듦.
제 과 —業(업). — 공장. —店(점)

祭官 제사에 참사하는 사람.
제 관 —이 얼마 되지 않는다.

祭具 제사에 쓰는 기구.
제 구 —를 갖추다.

諸具 여러 가지의 기구.
제 구 빵을 만드는 —.

帝國 황제가 다스리는 나라.
제 국 大韓(대한)—. —主義(주의)

諸國 여러 나라.
제 국 민주주의 —.

諸君 여러 분. 또는 그대들
제 군 —의 의견을 말하라.

祭器 제사에 쓰는 그릇.
제 기 —를 따로 마련하다.

提起 의견이나 문제를 내어놓음.
제 기 환경 문제를 —하다.

祭壇 제사를 지내는 단.
제 단 —에 촛불을 켜다.

製糖 설탕이나 사탕을 만듦.
제 당 — 공장

除隊 군인이 현역 복무를 끝내고 제
제 대 적됨. — 군인. 만기 —

制度 ①사회 생활에 필요한 체계. 교
제 도 육 — ②국가의 체계. 의회 —

製圖 도면을 그려서 만듦.
제 도 —器(면). —紙(지)

濟度 부처의 도로써 중생을 번뇌의 고해
제 도 에서 건져서 극락으로 인도하여 줌.

除毒 독기를 없앰.
제 독 살균하여 —하다.

提督 함대의 사령관. 또는 해군 장성.
제 독 해군 —

制動 기계의 운동을 멈추게 함.
제 동 —을 걸다.

提燈 ①들고 다닐 수 있게 된 등. ②등불을
제 등 들고 부처에게 축원하는 일. — 행렬

製鍊 광석을 녹여서 금속을 뽑아내
제 련 어 정제함. —所(소)

祭禮 제사에 관한 예절.
제 례 —를 알지 못하다.

除幕式 동상이나 기념비 등을 새로 세우
제 막 식 고 그 완공을 공포하는 의식.

除名 단체에서 이름을 삭제함.
제 명 —된 사람.

題名 표제나 제목의 이름.
제 명 대서 특필한 —.

制帽 일정하게 정한 모자.
제 모 경찰관의 —. —와 제복.

題目 작품이나 책에 붙이는 이름.
제 목 학위 논문의 —.

祭文 죽은 사람을 조상하는 글.
제 문 —을 짓다. —을 읽다.

祭物 제사에 쓰는 음식.
제 물 —을 마련하다. —을 차리다.

濟民 도탄에 빠진 백성을 건짐.
제 민 —의 공덕을 기리다.

諸般 여러 가지.
제 반 — 문제. — 대책. —事(사)

堤防 물가에 쌓은 둑.
제 방 — 공사. —을 쌓다.

儕輩 나이나 신분이 서로 같거나 비
제 배 슷한 사람. 함께 놀 —가 없다.

祭屏
제 병　제사를 지낼 때 치는 병풍.
　　　—과 祭席(제석).

提報
제 보　정보를 제공함.
　　　시민의 —가 있었다.

制服
제 복　일정하게 정한 복장.
　　　—을 입은 군악대.

祭服
제 복　제사를 지낼 때에 입는 옷.
　　　굴건 —을 한 상주.

製本
제 본　인쇄물을 책으로 만듦.
　　　—工(공). —所(소)

製粉
제 분　곡식을 빻아서 가루로 만듦.
　　　—機(기). — 회사

祭祀
제 사　죽은 사람이나 신령에게 음식을
　　　차려 놓고 정성을 나타내는 의식.

題詞
제 사　책의 첫머리나 화폭의 윗부분
　　　에 표제 삼아 적는 시나 글.

第三者
제 삼 자　당사자가 아닌 사람.
　　　—는 나서지 말라.

祭床
제 상　제물을 차려놓는 상.
　　　—에 벌여놓은 제물.

除夕
제 석　섣달 그믐날 밤. =除夜(제야)
　　　丁巳年(정사년) —

祭席
제 석　제사 때에 까는 돗자리.
　　　祭床(제상)과 —.

除雪
제 설　쌓인 눈을 치움.
　　　—車(차). —機(기)

諸說
제 설　여러 사람의 학설.
　　　—이 분분하다.

濟世
제 세　세상을 구제함.
　　　—安民(안민). —의 경륜.

提訴
제 소　소송을 제기함.
　　　법원에 —하다.

弟嫂
제 수　아우의 아내. 계수(季嫂)
　　　형수와 —.

除授
제 수　추천의 절차를 밟지 않고 임금이
　　　직접 관원을 임명함. 대제학을 —하다.

祭羞
제 수　제사에 쓰는 음식물.
　　　며느리들이 모여 —를 만들다.

祭需
제 수　제사에 드는 여러 가지 물품.
　　　—畓(답). —錢(전)

提示
제 시　①의견을 내놓음. 대안을 —하다.
　　　②물품을 내어 보임. 증거물을 —하다.

制式
제 식　군대에서 대열 훈련 때 쓰는
　　　여러 격식. — 훈련

提案
제 안　의안을 제출함. 또는 그 의안.
　　　—者(자). — 설명

制壓
제 압　세력이나 기세를 제어하여 엎
　　　누름. 적을 포위하여 —하다.

除夜
제 야　섣달 그믐날 밤. =除夕(제석)
　　　—의 종소리.

制約
제 약　자유로운 활동을 견제하는 작용.
　　　시간의 —을 받다.

製藥
제 약　약을 만듦.
　　　— 회사

制御
제 어　대상을 휘어잡아 복종시킴. 또는 감
　　　정을 참고 누름. — 장치. 말을 —하다.

提言
제 언　의견을 내놓음. 또는 그 의견.
　　　나의 —에 찬동하다.

堤堰
제 언　둑. =堰堤(언제)
　　　—을 쌓다.

題言
제 언　=題詞(제사)
　　　—을 쓰다.

製鹽
제 염　소금을 만듦.
　　　天日(천일)—

帝王
제 왕　황제. 왕. 임금. 인신하여, 어떤 부
　　　문에서 패권을 차지한 사람의 비유.

除外
제 외　따로 빼버리거나 떼어냄.
　　　이번에 —된 선수 명단.

帝位
제 위　황제의 자리.
　　　—에 오르다.

諸位
제 위　여러분
　　　—의 의향을 듣고 싶습니다.

提議
제 의　의견이나 의안을 내놓음.
　　　회원들이 —한 문제.

第一
제 일　첫째 가는 것. 또는 여럿 중에
　　　서 가장. 나이가 — 어리다.

弟子 가르침을 받거나 받은 사람.
제 자 　스승과 ―.

題字 서적이나 서화의 머리나 빗돌
제 자 　위에 쓰는 글자. ―를 쓰다.

諸子百家 중국 춘추 전국 시대의 여
제 자 백 가 　러 학파의 학설이나 저서.

製作 기계나 미술품 등을 만듦.
제 작 　기계 ―. 영화 ―. ―費(비)

制裁 법을 어긴 자에게 주는 처벌이
제 재 　나 꾸지람. ―를 받다.

製材 벤 나무를 켜서 재목을 만듦.
제 재 　―所(소)

題材 예술 작품이나 학술 연구의 주
제 재 　제가 되는 재료. 소설의 ―.

除籍 등록되어 있는 적에서 뺌.
제 적 　―을 당하다. ―된 사람.

祭典 ①제사의 의식. ―을 거행하다. ②문화·
제 전 　체육 등의 대규모의 사회적 행사.

制定 법적인 규정을 만들어 정함.
제 정 　법률을 ―하다.

帝政 황제가 다스리는 군주 제도의
제 정 　정치. ― 러시아

祭政一致 제사와 정치가 일치한다
제 정 일 치 　는 사상.

製劑 약품에 가공하여 일정한 형태의 약
제 제 　으로 만듦. 또는 그 제품. 연고 ―

製造 물건을 만듦.
제 조 　― 원료. ―하는 기술. ―業(업)

祭酒 제사에 쓰는 술.
제 주 　―를 붓다.

制止 어떤 행동을 하지 못하게 누름.
제 지 　출입을 ―하다. ―를 받다.

製紙 종이를 만듦.
제 지 　― 공장

提唱 학설이나 의견을 내세워 주장
제 창 　함. 민족의 자주 독립을 ―하다.

齊唱 여러 사람이 함께 소리를 질러
제 창 　외침. 교가를 ―하다. 구호를 ―하다.

祭天 하늘에 제사를 지냄.
제 천 　― 의식

製鐵 철광에서 쇠를 뽑아냄.
제 철 　― 공업. ―所(소)

提請 어떤 안건을 제안하여 요청함.
제 청 　국무총리의 임명 동의안을 국회에 ―하다.

除草 잡초를 뽑아 없앰.
제 초 　―器(기). ―劑(제)

提出 의견이나 서류를 내놓음.
제 출 　원서를 ―하다. 서류를 ―하다.

除蟲 해충을 없앰.
제 충 　―藥(약)

製炭 숯을 구워 만듦.
제 탄 　―工(공). ―法(법)

製版 인쇄할 원판을 만듦.
제 판 　―을 끝내다.

制霸 ①패권을 잡음. 세계 ―를 꿈꾸다.
제 패 　②경기에서 우승함. 마라톤을 ―하다.

製品 원료를 가지고 물건을 만듦. 또
제 품 　는 만든 그 물건. 좋은 ―을 만들다.

製限 한도를 넘지 못하게 억제함. 또는
제 한 　그 한도. 액수를 ―하다. ―된 구역.

除害 해로운 것을 없앰.
제 해 　― 설비

制海權 일정한 해역을 지배할 수
제 해 권 　있는 권력. 제공권과 ―.

制憲 헌법을 제정함.
제 헌 　―節(절). ― 의회

製革 짐승의 생가죽을 다루어 물품을
제 혁 　만드는 가죽으로 만듦. ― 공장

製靴 구두나 신을 만듦.
제 화 　―店(점)

諸侯 천자로부터 일정한 영토를 받아
제 후 　그 백성을 다스리던 임금. ―國

提携 연계를 맺어 서로 도우며 협동
제 휴 　함. 기술 ―

弔歌 죽음을 슬퍼하는 노래.
조 가 　슬픈 ―.

彫刻 형상을 돌이나 나무에 새김.
조 각 —家(가). —刀(도). —品(품)

組閣 내각을 조직함.
조 각 —을 끝내다.

朝刊 아침에 발행하는 일간 신문.
조 간 —紙(지). —과 夕刊(석간).

燥渴 목이 타는 듯이 마름.
조 갈 —症(증). —이 나다.

鳥瞰圖 높은 곳에서 내려다 본 상
조 감 도 태를 그린 그림. 부감도

糟糠之妻 가난하였을 때 고생을
조 강 조 처 함께 하며 살아온 본처.

弔客 조상하러 온 손님.
조 객 —錄(록). —들의 위문을 받다.

條件 ①일정한 일을 가능하게 하는 요소.
조 건 ②일정한 일에 대해 제시하는 요구.

造景 경치를 아름답게 꾸밈.
조 경 — 사업

祖考 돌아가신 할아버지.
조 고 —와 祖妣(조비).

操觚 문필에 종사함.
조 고 —界(계)

弔哭 조상하는 뜻으로 곡함. 또는
조 곡 그 곡. 상주의 손을 잡고 —하다.

朝貢 속국이 종주국에게 때마다 공
조 공 물을 바침. —을 바치다.

弔橋 두 쪽 언덕에 줄이나 쇠사슬을 건너질러
조 교 서 달아 놓은 다리. '적교'로도 읽는다.

祖國 조상 때부터 살아온 나라.
조 국 —愛(애). —에 대한 충성.

躁急 성질이 참을성 없이 매우 급함.
조 급 —히 서둘지 말라.

弔旗 조의를 표하기 위해 게양하는
조 기 기. —를 게양하다.

早起 아침에 일찍 일어남.
조 기 — 청소

早期 이른 시기. 이른 때.
조 기 — 교육. — 재배

遭難 재난을 만남.
조 난 —船(선). —者(자)

早達 나이에 비하여 올됨.
조 달 —한 아이.

調達 필요한 자금이나 물자를 마련함.
조 달 현지 —. 학비 —

朝堂 궁궐 안에 있는, 임금이 정사를
조 당 처리하던 곳. =朝廷. —의 공론.

照度 비추는 빛의 밝기의 정도.
조 도 —計(계)

凋落 ①잎이 시들어 떨어짐. —의 계절.
조 락 ②세력이 쇠하여져 보잘것없이 됨.

助力 힘을 도움. 도는 도와주는 힘.
조 력 —을 받다. —을 청하다.

調練 ①병사를 훈련함. 군사들을 —하
조 련 다. ②동물을 길들임. —師(사)

朝令暮改 법령이나 명령을 이리저
조 령 모 개 리 자주 뒤바꿈.

條例 지방 자치 단체가 지방 의회의
조 례 의결로 제정한 법규. 서울특별시 —

朝禮 학교에서 일과가 시작되기 전에 교
조 례 사와 학생이 모여서 하는 아침 인사.

早老 나이에 비하여 일찍 늙음.
조 로 아버님의 —를 근심하다.

朝露 아침 이슬. 덧없는 사물의 비유.
조 로 —人生(인생)

鳥籠 새장.
조 롱 — 안의 새.

嘲弄 깔보고 비웃으면서 실없이 놀림.
조 롱 —을 당하다. —을 받다.

早漏 성교 때 비정상적으로 빠르게
조 루 사정하는 일. —症(증)

鳥類 척추 동물인 새.
조 류 — 독감

潮流 ①바닷물의 흐름. 간만의 차가 심한 —.
조 류 ②일정한 방향이나 경향. 시대의 —.

藻類 물 속에서 자라는 은화 식물인
조 류 말. 영양가가 높은 —.

條理 앞뒤가 동이 닿고 체계가 서는
조 리 갈피. ─가 서다. ─가 있다.

調理 ①병을 다스림. 산후 ─. ─를 잘하다.
조 리 ②간을 맞추어 음식을 만듦. ─를

造林 나무를 심어 숲을 만듦.
조 림 ─ 사업

組立 부분품을 짜 맞춤.
조 립 자동차 ─ 공장. ─式(식) 주택

早晩間 이르든지 늦든지 간에. 또는
조 만 간 머지않아. ─ 판결이 나겠지?

眺望 멀리 바라봄. 또는 바라보는
조 망 경치. ─한 시가지. ─이 좋다.

照明 광선으로 비추어 밝힘.
조 명 ─彈(탄). 무대 ─. ─ 효과

條目 낱낱의 조항이나 항목.
조 목 ─마다 따지다. ─ ─ 예를 들다.

弔問 상주가 된 사람을 위문함.
조 문 ─客(객). ─을 다녀오다.

條文 조목조목 나누어 적어 놓은 글.
조 문 법률의 ─.

朝聞夕死 아침에 도를 깨달았으면
조 문 석 사 그날 저녁에 죽어도 좋음.

造物主 우주와 만물을 만들었다는
조 물 주 신. ─의 뜻.

調味 간을 맞추어 음식의 맛을 냄.
조 미 ─料(료)

稠密 촘촘하고 빽빽함.
조 밀 ─한 인구. ─하게 선 나무.

朝飯 아침밥
조 반 ─夕粥(석죽). ─床(상)

早白 마흔 살 안팎에 머리가 셈.
조 백 ─한 사람.

朝變夕改 일을 이랬다저랬다 자주
조 변 석 개 바꾸거나 고침.

造兵 무기나 병기를 만듦.
조 병 ─廠(창)

朝服 벼슬아치들이 조회 때 입던 붉
조 복 은 빛깔의 예복. ─을 입다.

祖父 할아버지. 아버지의 아버지.
조 부 ─와 祖母(조모).

朝不慮夕 당장을 걱정할 뿐 앞일
조 불 려 석 을 생각할 겨를이 없음.

祖妣 죽은 할머니.
조 비 祖考(조고)와 ─.

弔詞 죽은 이에 대한 애도의 뜻을
조 사 나타내는 글. =弔辭. ─를 읽다.

調査 어떤 사실을 밝히기 위하여 알
조 사 아보거나 살펴봄. 人口─. 지질 ─

早産 달이 차기 전에 아이를 낳음.
조 산 ─兒(아)

助産 해산을 도움.
조 산 ─師(사)

弔喪 사람이 죽었을 때, 슬퍼하는 뜻을
조 상 나타내는 인사를 함. 또는 그 인사.

祖上 혈통을 받아오는 할아버지 이
조 상 상의 어른들. 안 되면 ─ 탓.

彫像 나무나 쇠붙이에 조각한 사람
조 상 이나 동물의 형상. 사자의 ─.

俎上肉 도마에 오른 고기. 곧 어찌할
조 상 육 수 없는 막다른 지경의 비유.

早逝 나이가 젊어서 죽음.
조 서 ─한 아들.

詔書 임금이 내리는 명령을 적은 문
조 서 서. ─를 내리다.

調書 조사한 내용을 적은 문서.
조 서 ─를 꾸미다.

朝夕 아침과 저녁. 또는 언제나 늘.
조 석 ─ 상식. ─으로 겪는 일.

潮汐 조수와 석수. 또는 밀물과 썰
조 석 물. ─의 차가 크다.

造船 배를 만듦.
조 선 ─所(소). ─業(업)

調攝 몸을 보살피고 병을 다스림.
조 섭 잘 ─해서 쾌유토록 하게.

早成 재능이나 육체의 발육이 올됨.
조 성 ─한 아이.

ㅈ

助成 도와서 이루게 함.
조 성 —品(품)

造成 만들어서 이룸.
조 성 택지를 —하다. 분위기를 —하다.

租稅 국민에게서 거두는 세금.
조 세 —를 포탈하다. —法(법)

彫塑 나무나 돌에 입체적인 형상을 새기거
조 소 나 찰흙이나 석고로 소상을 만드는 일.

嘲笑 비웃음
조 소 —를 당하다. —를 퍼붓다.

早速 이르고 빠름.
조 속 —히 해결하다.

祖孫 할아버지[또는 할머니]와 손자.
조 손 —間(간)의 대화.

助手 주관자의 일을 돕는 사람.
조 수 — 노릇한 지 3년이 된다.

鳥獸 날짐승과 길짐승.
조 수 —만도 못한 놈.

潮水 바닷물이 높아졌다 낮아졌다 하는 현상.
조 수 또는 아침에 밀려왔다가 나가는 바닷물.

操守 정조나 지조를 단단히 지킴.
조 수 내 몸을 —하다.

早熟 ①나이에 비해 올됨. —한 소녀. ②
조 숙 곡식이나 과일이 일찍 익음. —種

祖述 이전 사람이 이미 말한 바를 이
조 술 어받아 그 뜻을 펴 저술함.

弔詩 죽은 사람을 애도하는 시.
조 시 —를 낭독하다.

早食 아침밥을 일찍 먹음.
조 식 —하고 출근하다.

朝食 아침밥
조 식 —을 거르지 말라.

朝臣 조정에 벼슬살이하는 신하.
조 신 —이 드나드는 문.

操身 몸가짐을 조심함.
조 신 —하는 눈치.

早失父母 나이가 어려서 부모를 여
조 실 부 모 임. —하고 고향을 떠나다.

操心 잘못이나 실수가 없게 마음을
조 심 씀. 매사에 —하다.

粗惡 거칠고 열악함.
조 악 품질이 —한 상품.

粗野 ①거칠고 막됨. —한 상품.
조 야 ②상스럽고 천함. —한 언어.

朝野 조정과 민간. 정부와 민간.
조 야 —가 뜻을 모으다.

條約 문서에 의한 국가간의 합의.
조 약 —을 체결하다.

造語 새 말을 만듦. 또는 그 말.
조 어 —力(력)을 가진 한자.

助言 말로 거들거나 깨우쳐 주어서 도움.
조 언 또는 그리 해 주는 말. —을 하다.

操業 공장이 기계를 움직여 생산 활
조 업 동을 함. — 단축. — 시간

助演 주연 배우의 연기를 돕는 배우.
조 연 —을 맡다.

造詣 학문이나 기예 등에 대해 가지고
조 예 있는 지식의 정도. —가 깊다.

照耀 환하게 비치어 빛남.
조 요 보름달이 —하다.

遭遇 우연히 서로 만남.
조 우 —한 적. —한 죽마고우.

漕運 배로 짐을 실어 나름.
조 운 —船(선). —倉(창)

弔慰 상주를 조문하고 위로함.
조 위 —金(금)

調胃 위병을 다스림.
조 위 단식으로 —하다.

調律 악기의 음을 기준음에 맞도록
조 율 고름. —師(사)

調音 말의 소리를 내기 위하여 발음
조 음 기관을 움직임. — 기관

照應 서로 일치하도록 연관지어 응
조 응 함. 시대적 요구에 —하다.

弔意 남의 죽음을 슬퍼하는 마음.
조 의 —를 표하다.

調印 조약을 맺는 쌍방의 전권 대사가 조
조 인 약의 내용에 동의하여 서명 날인함.

朝日 아침해. ＝朝陽(조양)
조 일 ―昇天(승천)의 기세.

造作 없는 일을 지어내거나 꾸미어
조 작 만듦. ―한 사건. ―된 음모.

操作 ①기계를 다루어 움직임. ―하기 쉽다.
조 작 ②유리하도록 손을 씀. 주가를 ―하다.

粗雜 거칠고 엉성함.
조 잡 ―하게 만든 놀이 기구.

助長 힘을 도와서 더 자라게 함.
조 장 창의력을 ―하다. 과소비를 ―하다.

弔電 조상의 뜻을 전하려고 치는 전
조 전 보. ―을 치다.

調節 균형이 잡히어 제 구실을 하도록 바로
조 절 잡음. 온도를 ―하다. 속도를 ―하다.

朝廷 임금이 나라의 정치를 처리하
조 정 던 곳. ―에 모인 중신들.

漕艇 보트를 저음.
조 정 ― 경기

調停 분쟁을 조화시키어 그치게 함.
조 정 居中(거중)―. 분규를 ―하다.

調整 알맞게 조절함.
조 정 가격을 ―하다.

調劑 여러 가지 약재를 섞어서 약을
조 제 지음. ―室(실). 감기약을 ―하다.

早朝 이른 아침.
조 조 ―에 길을 떠나다.

鳥足之血 하찮은 일이나 아주 적
조 족 지 혈 은 수량의 비유.

弔鐘 ①죽은 사람을 애도하여 치는 종.
조 종 ②종말을 고하는 소리. ―이 울리다.

祖宗 ①조상. 임금의 조상. ― 세업
조 종 ②가장 근원적인 것. 산의 ―은 백두산이요.

操縱 기계나 사람을 다루어 부림.
조 종 비행기의 ―. 배후에서 ―하다.

照準 명중하도록 총포나 활을 겨냥함.
조 준 ―器(기). ― 거리

組織 여러 가지의 요소를 모아 하나의
조 직 집단으로 짬. 또는 짜여진 기구.

兆朕 ＝徵兆(징조)
조 짐 ―이 나타나다. ―을 살피다.

租借 남의 나라 영토를 일정 기간
조 차 빌려 통치하는 일. ―地(지)

潮差 밀물 때와 썰물 때의 수면 높
조 차 이의 차. ―가 크다.

朝餐 손님을 청하여 대접하는 아침
조 찬 식사. ―會(회)

朝參 매월 네 번씩 백관이 정전에 모여 임
조 참 금을 알현하고 정사를 아뢰던 일.

措處 어떤 문제나 사태를 해결하기 위하
조 처 여 대책을 세움. 또는 그 대책.

弔銃 조상하기 위해 쏘는 예총.
조 총 ―을 쏘다.

鳥銃 ①새총. ②화승총. 임진왜란 때
조 총 왜군이 지녔던 ―의 위력.

早秋 이른 가을.
조 추 ―의 서늘한 바람.

早春 이른 봄.
조 춘 ―의 새싹.

措置 ＝措處(조처)
조 치 긴급 ―

詔勅 ＝詔書(조서)
조 칙 ―을 내리다.

操舵 배의 키를 다룸.
조 타 ―手(수). ―室(실)

彫琢 단단한 것을 새기거나 쫌. 인
조 탁 신하여, 시문을 다듬음.

早退 정한 시간보다 일찍 물러감.
조 퇴 감기 때문에 ―하다.

條播 일정한 간격으로 평행되게 씨
조 파 를 줄줄이 뿌림. ―式(식)

組版 활자를 골라 원고대로 인쇄판
조 판 을 짬. ―과 제판.

造幣 화폐를 만듦.
조 폐 ―權(권). ―公社(공사)

弔砲 _{조 포} 조의를 표하는 예포. 弔銃(조총)과 ―.

粗暴 _{조 포} 거칠고 사나움. ―한 언동.

朝賀 _{조 하} 신하가 조정에 나아가 하례함. ―를 받다.

朝霞 _{조 하} 아침 노을. ―와 夕陽(석양).

組合 _{조 합} 공동의 목적을 위하여 조직한 단체. 협동 ―. ―員(원)

調合 _{조 합} 여러 가지 약재나 물감을 한데 섞음. 약재를 ―하다.

條項 _{조 항} 여러 항목으로 적어 놓은 하나 하나의 항목. 법률 ―

操行 _{조 행} 몸을 가지는 행실. ―이 단정하다.

朝見 _{조 현} 신하가 조정에 나아가 임금을 만나 뵘. ―禮(례)

造血 _{조 혈} 피를 만들어 냄. ―劑(제)

造形 _{조 형} 형태나 형상을 만듦. ― 미술

早婚 _{조 혼} 어린 나이로 일찍 결혼함. ―의 풍조가 사라지다.

弔花 _{조 화} 조상하는 뜻으로 바치거나 보내는 꽃. ―로 에워싼 영정.

造化 _{조 화} 조물주가 부리는 일이나 재간. ―를 부리다.

造花 _{조 화} 인공으로 만든 꽃. 生花(생화)와 ―.

調和 _{조 화} 환경이나 조건에 알맞게 어울림. ―美(미). 주변 경치와 ―된 건축.

朝會 _{조 회} ①=朝禮(조례). ②조정의 벼슬아치가 정전 앞에 모여 임금을 뵙던 의식.

照會 _{조 회} 일정한 일에 대해 공적으로 알아 봄. 신원 ―

潮候 _{조 후} 밀물과 썰물이 드나드는 때. ―差(차)

族閥 _{족 벌} 큰 세력을 가진 문벌. ―政治(정치)

族譜 _{족 보} 집안의 혈통 관계를 적어 놓은 책. ―에 올리다. ―를 따지다.

族屬 _{족 속} 겨레붙이. 인신하여, 한패. 같은 무리. 독버섯 같은 ―.

足鎖 _{족 쇄} 죄인의 발목에 채우던 쇠사슬. ―를 채우다.

簇子 _{족 자} 글씨나 그림을 벽에 걸어 두거나 두루마리처럼 말아 둘 수 있게 표구한 것.

族長 _{족 장} 일족의 우두머리. 또는 집안의 어른. ―으로서 할 일.

足跡 _{족 적} 발자국. 인신하여, 겪어오거나 지내온 일의 자취. =足迹

族徵 _{족 징} 포흠 낸 돈이나 물품을 겨레붙이에게 물리어 받음. ―을 물리다.

族親 _{족 친} 한 일가로서 유복친 안에 들지 아니하는 겨레붙이. ―의 정.

足下 _{족 하} ①발 아래. ―에 엎드리다. ②상대편을 높여 부르는 말.

尊敬 _{존 경} 높이거나 우러러 공경함. ―을 받다. ―하는 사람.

尊貴 _{존 귀} 지위나 신분이 높고 귀함. ―한 분.

尊堂 _{존 당} 남을 높여 그의 부모를 이르는 말. ―께서 편안하십니까?

尊待 _{존 대} 존경하여 대접하거나 대함. 또는 존경하는 말투를 씀. ―를 하다.

存立 _{존 립} 망하거나 없어지지 않고 존재함. ―에 관한 중대한 기로.

存亡 _{존 망} 존속과 멸망. 또는 삶과 죽음. ―之秋(지추). 조국의 ―.

存命 _{존 명} 아직 살아서 목숨이 남아 있음. ―하고 있다는 소식.

尊名 _{존 명} 남을 높여 그의 이름을 이르는 말. ―을 듣자 온 지는 오래 되었다.

尊慕 _{존 모} 존경하여 사모함. 은사를 ―하다.

存沒 존 몰　생존과 사망.
生死(생사)—을 알지 못한다.

存問 존 문　찾아 가서 안부를 물음.
— 편지

存否 존 부　있는 것과 그렇지 아니한 것. 또는
살아 있는 것과 그렇지 아니한 것.

尊卑 존 비　신분이나 지위의 높음과 낮음.
—貴賤(귀천).

存續 존 속　계속해서 존재함.
—年限(연한).

尊屬 존 속　부모 항렬 이상의 친족.
—親(친). —과 卑屬(비속).

尊崇 존 숭　존경하여 숭배함.
—하는 은사.

尊嚴 존 엄　높고 엄숙함. 또는 지위나 인품
이 높아서 범할 수 없음. —性(성)

尊影 존 영　남을 높이어 그의 사진이나 화
상을 이르는 말. 선생님의 —.

存在 존 재　현실적으로 있음. 또는 있는 그 사
물이나 인간. 신의 —. —하는 생물.

尊重 존 중　소중하게 여김. 또는 소중하게
여겨 받듦. 남의 의견을 —한다.

尊體 존 체　남을 높여 그의 몸을 이르는 말.
— 안녕하십니까?

存置 존 치　없애지 않고 그대로 둠.
학부형회를 —하기로 했다.

尊稱 존 칭　존경하여 부름. 또는 그 일컬음.
—을 쓰다.

存廢 존 폐　존속과 폐지.
특수 학교의 — 문제.

尊啣 존 함　상대방을 높여 그의 이름을 이르
는 말.＝尊衛(존함). —을 받잡다.

拙計 졸 계　서투른 계책. 졸렬한 계책.
그 계책은 참으로 —이다.

拙稿 졸 고　자기 원고를 겸손하게 이르는
말. —를 실어 주어 감사합니다.

卒哭 졸 곡　사람이 죽은 지 석 달만에 오는
정일이나 해일에 지내는 제사.

卒年 졸 년　죽은 해.
生年(생년)과 —.

卒倒 졸 도　갑자기 의식을 잃고 쓰러짐.
—한 사람. 뇌빈혈로 —하다.

拙劣 졸 렬　서투르고 보잘것없음.
—한 솜씨.

猝富 졸 부　벼락부자
로또 복권 당첨으로 —가 되다.

拙速 졸 속　서투르지만 일의 진행은 빠름.
—으로 놓은 다리.

卒業 졸 업　규정된 학업이나 과정을 다 마
침. —狀(장). —式(식).

猝然 졸 연　갑작스러움. 또는 갑작스럽게
—히 세상을 뜨다.

拙作 졸 작　보잘것없는 작품. 또는 자기
작품을 겸손하게 이르는 말.

拙丈夫 졸 장 부　용렬한 사내. 또는 옹졸한
사내. 大丈夫(대장부)와 —.

拙著 졸 저　보잘것없는 저서. 또는 자기의
저서를 겸손하게 이르는 말.

猝地 졸 지　별안간. 갑자기. 느닷없이
—風波(풍파). —에 가게를 내다.

拙筆 졸 필　서투른 글씨. 또는 자기의 글
씨를 겸손하게 이르는 말.

宗家 종 가　한 문중에서 맏이로 이어 온 집.
退溪(퇴계)—. —의 맏아들.

終價 종 가　증권 거래소 등에서, 그날의 마
지막 입회에서 이루어진 가격.

鐘閣 종 각　큰 종을 매달아 놓은 누각.
종로 네거리에 있는 —.

終刊 종 간　정기 간행물의 간행을 끝냄.
創刊(창간)과 —.

終講 종 강　강의를 끝마침. 또는 그 마지
막 강의. 開講(개강)과 —.

終結 종 결　일을 끝맺거나 끝냄.
한 시대를 —하다.

宗教 종 교　신의 힘이나 초자연적인 존재
에 대한 신앙과 숭배. — 예술

終局 마지막 판. 끝판
종 국 ― 판결. ― 에 이르다.

從軍 전투 임무 이외의 일로, 전투 부대
종 군 를 따라 함께 다님. ― 기자. ―記

終極 맨끝. 마지막
종 국 ―의 목표.

終乃 끝내. 또는 마침내
종 내 ― 속마음을 털어놓지 아니하다.

宗團 한 종교나 종파를 이룬 단체.
종 단 ―의 내분을 수습하다.

縱斷 세로로 끊거나 길이로 가름. 또는 남북
종 단 의 방향으로 내달음. 백두대간을 ―하다.

縱隊 세로로 줄을 지어 늘어선 대형.
종 대 4열 ―로 늘어서다.

種豚 씨돼지
종 돈 ―을 나누어주다.

從來 이전부터 지금까지.
종 래 ―의 예법을 따르다.

縱列 세로로 늘어선 줄.
종 렬 ―과 橫列(횡렬).

終禮 학교나 직장에서 그 날의 일과를 마치고 선생
종 례 과 학생 또는 직원이 모여서 나누는 인사.

終了 일을 마쳐서 끝냄.
종 료 ― 시간. 작업을 ―하다.

鐘樓 종을 달아 두는 다락집.
종 루 ―에 올라가 종을 치다.

種類 어떤 기준에 따라 나눈 사물의
종 류 갈래. 제품의 ―. 몇 ―나 되느냐?

種馬 씨말. 번식이나 품종 개량을
종 마 위해서 기르는 수컷의 말.

終末 계속되던 일이나 현상의 맨끝.
종 말 세기의 ―. ―論(론)

種目 여러 가지 종류의 항목.
종 목 경기 ―

宗廟 역대의 신주를 모셔 두는 왕실
종 묘 의 사당. ―社稷(사직)

種苗 싹이나 씨를 심어 묘목을 가꿈.
종 묘 또는 가꾼 그 묘목. ―場(장)

終無消息 끝내 아무런 소식이 없
종 무 소 식 음. 떠난 뒤로 ―이다.

終盤 계속되는 일이나 시기의 끝 무
종 반 렵. ―戰(전). 초반과 ―.

從犯 정범을 도와준 죄나 사람.
종 범 正犯(정범)과 ―.

種別 종류에 따라 구별함. 또는 그
종 별 런 구별. ―로 분류하다.

從僕 사내종. 또는 종
종 복 ―을 거느린 고관 대작.

宗婦 종가집의 맏며느리.
종 부 요즈음은 ―감을 구하기가 힘들다.

宗社 종묘와 사직. 곧 나라
종 사 ―의 안위에 관한 일.

從祀 학덕이 있는 사람의 신주를 문
종 사 묘나 서원에 부제함. 문묘 ―

從事 어떤 일에 관계하여 일함.
종 사 ―하고 있는 일.

縱書 세로쓰기
종 서 ―와 橫書(횡서).

縱線 세로줄
종 선 ―과 횡선.

終聲 받침. 또는 끝소리. 우리말의 음
종 성 절은 초성·중성·―으로 나뉜다.

鐘聲 종소리
종 성 절에서 나는 ―.

從屬 주되는 사물에 딸려서 붙음.
종 속 ―物(물). ―的(적)인 관계.

宗孫 종가의 대를 이을 맏아들이나
종 손 맏손자. ―과 支孫(지손).

從孫 형이나 아우의 손자.
종 손 ―婦(부)

從嫂 사촌 형제의 아내. 곧 종형수와
종 수 종계수를 아울러 이르는 말.

終始 나중과 처음.
종 시 ―一貫(일관)

從氏 ①남에게 자기의 종형을 일컫는 말.
종 씨 ②남의 사촌 형제를 높여 이르는 말.

終熄 한때 성하던 것이 끝나 멎음.
종 식 세계의 냉전이 —되다.

終身 ①한평생을 마침. 또는 그 한평생.
종 신 — 보험 ②=臨終(임종). 와석 —

宗室 =宗親(종친)
종 실 — 출신의 사신. — 부인

腫瘍 몸에 생기는 혹의 한 가지.
종 양 악성 —

從業 사업체에 적을 두고 일함.
종 업 —員(원)

終業 그 날의 일을 끝냄.
종 업 — 후에 한 잔 하세.

從容 태도나 안색이 태연하고 침착함.
종 용 —한 태도.

慫慂 달래고 부추기어 권함.
종 용 열심히 노력하기를 —하다.

終日 아침부터 밤까지.
종 일 — 기다리다.

從者 남에게 딸리어 따라 다니며 시중
종 자 드는 사람. —를 거느리고 길을 떠나다.

種子 씨
종 자 좋은 —. —를 심다.

宗匠 유교 경서에 정통하고 글을 잘 짓
종 장 는 사람. 율곡은 선조 때의 —이었다.

終章 세 개의 장으로 나뉜 악곡이나
종 장 시가에서의 셋째인 마지막 장.

蹤迹 ①남은 자취나 흔적. —도 없다.
종 적 ②간 곳. 행방. —을 감추다.

從前 =以前(이전)
종 전 —과 같은 방법. —에 없던 일.

終戰 전쟁이 끝남.
종 전 — 후의 달라진 국제 정세.

終點 마지막 도착하는 지점.
종 점 버스 —. 인생의 —.

宗族 성이 같고 본관도 같은 겨레붙
종 족 이. —이 모여 시조께 제사를 올리다.

種族 ①같은 종류에 딸린 생물. ②같은
종 족 혈통과 문화를 가진 씨족의 집단.

種種 ①여러 가지. —의 야생화.
종 종 ②가끔. 때때로. — 있는 일.

宗主 제후를 지배하던 맹주(盟主).
종 주 —國(국). —權(권)

縱走 세로나 남북으로 달림.
종 주 국토를 —하다.

宗中 성과 본이 같은 겨레붙이의 집
종 중 단. —所有(소유). —畓(답). —山

宗旨 줄거리로 되는 중요한 뜻.
종 지 퇴계 학문의 —.

終止 마지막 끝. 또는 일이 끝남.
종 지 —符(부)를 찍다.

終着 맨 마지막으로 도착함.
종 착 —驛(역)

種畜 번식이나 품종 개량에 쓸 가축.
종 축 —場(장)

宗親 임금의 친족. =宗室(종실)
종 친 — 근시와 비빈 궁첩. —府(부)

宗派 ①종가의 계통. —와 支派. ②따로 교
종 파 리를 내세워 한 계통을 이룬 갈래.

綜合 여러 가지나 이것저것을 한데
종 합 모아 합침. — 예술. — 운동장

終獻 제사를 지낼 때에 셋째 번으로
종 헌 술잔을 올림. —官(관)

從兄 사촌 형.
종 형 —과 종제.

縱橫 ①가로세로. —으로 뻗은 도로망.
종 횡 ②거침없이 마음대로. —無盡(무진)

左傾 좌익으로 기울어짐. 또는 그
좌 경 경향. —에 대한 경계심.

左顧右眄 앞뒤를 재며 망설임.
좌 고 우 면 —하는 소심한 성격.

坐骨 앉으면 바닥에 닿는, 골반을
좌 골 이루는 뼈. — 신경통

左祖 남의 편을 들어서 동의함.
좌 단 —하는 의견.

座談 둘러앉아서 얘기를 나눔. 또는
좌 담 그 이야기. —을 나누다.

坐不安席 불안하거나 좀이 쑤셔 한
좌 불 안 석 군데 오래 앉아 있지 못함.

坐商 앉은장사
좌 상 남대문 시장의 ―.

座席 ①앉는 자리. 또는 깔고 앉는 깔개.
좌 석 ②여러 사람이 모인 자리. ―을

坐禪 조용히 앉아서 참선함.
좌 선 ―하고 있는 스님.

座首 유향소(留鄕所)의 우두머리.
좌 수 安東(안동)―

坐視 참견하지 않고 보기만 함.
좌 시 ―하지 않겠다.

左腕 왼팔
좌 완 ― 투수

左右 ①왼쪽과 오른쪽. 또는 곁. 옆. ―를 살피
좌 우 다. ②제 마음대로 다룸. 생사를 ―하다.

左右間 이러던지 저러던지 어쨌던
좌 우 간 ― 만나서 이야기해 보세.

左右銘 항상 자리 옆에 놓아 두고 늘 거
좌 우 명 울로 삼아 수양하는 말이나 글.

左翼 ①왼쪽 날개. ②급진적인 혁신 사상.
좌 익 또는 그런 사상을 가진 사람.

挫折 기세나 의기가 꺾임.
좌 절 ―하지 않는 굳은 의지.

坐井觀天 우물에 앉아 하늘을 봄.
좌 정 관 천 견문이 썩 좁음의 형용.

座中 여러 사람이 모인 자리. 또는 모
좌 중 여 앉은 여러 사람. ―을 둘러보다.

左之右之 이리저리 제 마음대로
좌 지 우 지 다루거나 휘두름.

左遷 지위나 직위가 아래로 떨어짐.
좌 천 ―되어 지방으로 내려가다.

坐礁 배가 암초에 얹힘.
좌 초 ―한 상선.

左衝右突 닥치는 대로 치고 받음. 또는
좌 충 우 돌 분별없이 함부로 맞닥뜨림.

左側 왼쪽
좌 측 ―과 右側(우측).

左派 급진적이거나 진보적인 파.
좌 파 ―와 右派(우파).

坐板 ①죽 둘러앉게 된 널빤지.
좌 판 ②노점상이 상품을 벌여놓는 널.

座標 놓여 있는 위치를 나타내는 수
좌 표 치. ―軸(축)

座下 편지에서 상대편을 높이어 그의
좌 하 이름 아래에 쓰는 한문투의 말.

坐向 집터나 묏자리 따위의 정면으로
좌 향 바라보이는 방향. 동남향의 ―.

左廻轉 차가 왼쪽으로 방향을 돌림.
좌 회 전 ―과 우회전.

座興 여러 사람이 모인 자리의 흥치.
좌 흥 ―을 돋우다.

罪過 죄가 될 만한 허물.
죄 과 ―를 뉘우치다.

罪名 죄의 이름.
죄 명 ―을 열거하다.

罪目 저지른 죄의 명목.
죄 목 ―을 조사하다.

罪罰 죄에 대한 형벌.
죄 벌 ―이 무겁다.

罪狀 범죄의 실상. 죄를 저지른 정상.
죄 상 ―을 폭로하다.

罪悚 죄스럽고 황송함.
죄 송 ―한 마음을 지을 수 없다.

罪囚 죄를 저지르고 교도소에 갇힌
죄 수 사람. ―를 석방하다.

罪惡 죄가 되는 나쁜 짓.
죄 악 ―을 저지르다. ―視(시)하다.

罪業 죄가 되는 일. 또는 그 일에 대
죄 업 한 대갚음. 전생의 ―.

罪人 죄를 지은 사람.
죄 인 빚진 ―. ―처럼 보다.

罪證 범죄의 증거.
죄 증 ―을 들다.

罪質 범죄의 동기나 그 실행의 상황.
죄 질 ―이 나쁘다.

罪責 죄를 저지른데 대한 책임.
죄 책　─感(감)을 느끼다.

罪刑 범죄와 형벌.
죄 형　─法定主義(법정주의)

酒價 술값
주 가　─를 치르다.

株價 주식의 가격.
주 가　─가 내리다. ─가 오르다.

主幹 어떤 일을 주장하여 처리함.
주 간　또는 그 사람. 논설 ─. 편집 ─

晝間 낮 동안.
주 간　─에는 놀고 야간에 일하다.

週刊 1주일에 한 번 간행함.
주 간　─ 신문. ─ 잡지

週間 ①1주일 동안. ─ 날씨 ②특별한
주 간　행사를 위해 정한 1주일. 독서 ─

主客 주인과 손님. 또는 주되는 것과
주 객　그렇지 않은 것. ─이 뒤바뀌다.

酒客 술꾼
주 객　─이 안주를 탓하랴?

住居 일정한 곳에 머물러 삶. 또는
주 거　머물러 사는 집. ─地. ─ 환경

主見 자기의 주장이 있는 견해나 생
주 견　각. ─이 서다. ─이 굳다.

晝耕夜讀 바쁜 틈을 타서 공부함.
주 경 야 독　─한 보람.

主穀 쌀·보리·밀 등의 주식에 쓰
주 곡　이는 곡실. ─式(식) 농업.

酒果脯 술·과일·포. 또는 이들로
주 과 포　간략하게 차린 제물.

主管 책임을 지고 맡아 관리함.
주 관　─하는 업무. ─하는 행사.

主觀 개인적인 견해나 관점.
주 관　─이 세다. ─的(적)인 판단.

酒狂 미친 듯이 부리는 주정.
주 광　─을 부리다.

主教 천주교에서 교구를 관할하는 교
주 교　직. 또는 그 교직에 있는 성직자.

走狗 사냥할 때 부리는 개. 인신하여,
주 구　남의 앞잡이 노릇을 하는 사람.

主權 국가의 의사를 결정하는 최고
주 권　의 권력. ─을 행사하다. ─在民

株券 주식의 소유권을 나타내는 유
주 권　가 증권. ─을 사다.

週給 일주일 단위로 받는 급료.
주 급　日給과 ─. ─과 月給(월급).

週忌 사후 해마다 돌아오는 기일.
주 기　선친의 10─를 맞다.

週期 같은 현상이나 특징이 한 번 나타났
주 기　다가 다음 번 돌아오기까지의 기간.

主祈禱文 예수가 제자들에게 직접
주 기 도 문　가르친 기도문.

周年 한 해를 단위로 하여 돌아오는
주 년　돌. =週年. 개교 50─ 기념 행사.

紬緞 명주와 비단. =綢緞(주단)
주 단　─을 파는 가게.

奏達 임금에게 말하여 알림. =奏聞
주 달　임금께 ─하다.

酒黨 술을 즐기고 잘 마시는 무리.
주 당　─들의 모임.

主導 주장이 되어 이끌어 감.
주 도　─權(권) 싸움. ─的(적)인 위치.

周到 빈틈이 없이 두루 찬찬함.
주 도　用意(용의)─. ─ 면밀하다.

酒道 술자리에서 지켜야 할 도리.
주 도　─를 지키다.

酒毒 술독
주 독　─이 오르다.

主動 주장이 되어 행동함.
주 동　─者(자). ─的(적)인 인물.

駐屯 군대가 어떤 지역에 머물러 있
주 둔　음. ─軍(군). ─地(지)

朱欄 붉은 칠을 한 난간.
주 란　─畵閣(화각)

酒量 마시고 견디어 낼 술의 양.
주 량　─이 세다.

主力 중심이 되는 힘.
주 력 ―軍(군). ― 부대. ― 함대

走力 빨리 그리고 오래 달릴 수 있
주 력 는 힘. ― 흥련

注力 힘을 기울임. 힘씀
주 력 영어 공부에 ―하다.

柱聯 기둥에 써서 붙이는, 한시의
주 련 연구. 대응전 기둥의 ―.

珠簾 구슬을 꿰어서 만든 발.
주 렴 ―을 드리운 방.

主禮 예식을 주장하여 진행함. 또는 그 일
주 례 을 맡아 하는 사람. ―辭(사). ―를 맡다.

走路 육상 경기 때, 선수가 달리도
주 로 록 정해 놓은 길. ―의 양폭.

酒樓 설비를 크게 갖추고 술을 파는
주 루 집. ―에 모여 놀다.

主流 ①원줄기가 되는 흐름. ―와 支流. ②사조
주 류 나 운동의 주도적인 갈래. ―를 이루다.

周流 물이 돌아 흐름. 또는 여기저기
주 류 로 돌아다님. 天下(천하)를 ―하다.

酒類 술의 유에 드는 것.
주 류 ― 매매. 수입한 ―.

走馬 말을 타고 달림. 또는 닫는 말.
주 마 ―加鞭(가편). ―를 놓다.

走馬看山 바쁘게 대충대충 보고
주 마 간 산 지남. ―式(식) 관광.

走馬燈 바퀴가 도는데 따라 여러 형상이
주 마 등 잇달아 바뀌어 나타내 보이는 등.

酒幕 술이나 밥을 팔며 나그네도 치는
주 막 집. ―에서 묵다. ―을 찾는 길손.

週末 한 주일의 끝.
주 말 ― 여행. ―을 즐겁게 보내다.

誅滅 죄를 지은 자를 죽여 없앰.
주 멸 역적을 ―하다.

主謀 주장이 되어 계교를 꾸밈.
주 모 ―者(자)

酒母 ①술밑. ―에 누룩을 버무려 술을 빚
주 모 는다. ②술어미. ―가 따라 준 술.

注目 ①시선을 모아 봄. 국기를 ―하다.
주 목 ②관심을 가지고 살핌. 대중의 ―을 받다.

主務 사무를 주관함.
주 무 ―者(자). ―長官(장관)

綢繆 미리미리 꼼꼼하게 준비함.
주 무 현재를 ―하기에 급한 오인.

主文 판결문의 결론적 부분.
주 문 재판장이 ―을 읽다.

呪文 술법을 부리거나 귀신을 쫓으
주 문 려 할 때 외는 글귀. ―을 외다.

注文 물건을 사겠다고 청구함.
주 문 ― 생산. ― 판매

奏聞 ＝奏達(주달)
주 문 임금께 ―하다.

鑄物 쇠붙이를 녹여 만든 물건.
주 물 ― 공장

駐美 미국에 주재함.
주 미 ―大使(대사)

住民 일정한 지역 안에 거주하고 있
주 민 는 사람. ― 등록증. ―稅(세)

周密 빈 구석이 없고 찬찬함.
주 밀 ―한 계획.

廚房 음식을 만드는 방.
주 방 ―長(장). 깨끗한 ―.

酒杯 술잔
주 배 ―에 가득 부은 술. ―를 돌리다.

週番 주마다 드는 당번.
주 번 ―을 서다.

誅伐 죄인을 침.
주 벌 역적을 ―하다.

主犯 죄를 실지로 저지른 사람. ＝
주 범 正犯(정범). ―과 從犯(종범).

主壁 사당이나 서원에서, 차려 놓은
주 벽 위패 중에서 주장되는 위패.

酒癖 술버릇
주 벽 ―이 나쁜 사람.

周邊 둘레의 언저리.
주 변 마을 ―. ― 사람

週報 한 주에 한 번 발행하는 정기
주 보 간행물. —를 발행하다. —와 月報.

主峰 한 산줄기 가운데서 가장 높은
주 봉 봉우리. 북한산의 —.

主婦 한 집안의 주인의 아내.
주 부 한 가장의 —로서의 책임.

主賓 손님 가운데서 주가 되는 손님.
주 빈 —으로 모시다.

注射 약물을 주사기로 피하나 혈관
주 사 에 넣는 일. —를 놓다. —를 맞다.

酒邪 술이 취하면 부리는 나쁜 언행.
주 사 —를 부리다.

酒肆 술집
주 사 —에 모인 벗들.

主産物 일정한 곳의 주되는 산물.
주 산 물 우리 마을의 —은 고구마이다.

酒色 ①술과 여색. — 잡기. —에 빠지다.
주 색 ②얼굴에 나타난 술기운. —이 돌다.

主席 정부나 정당의 최고 직위. 또
주 석 는 그 직위에 있는 사람. 金九—

朱錫 놋쇠
주 석 개 발에 — 편자.

柱石 ①기둥과 주춧돌. ②나라를 떠
주 석 받치는 중심 인물. —之臣(지신)

酒席 술자리
주 석 —을 베풀다. —에서 한 농담.

註釋 문장·단어·한자 등의 뜻을
주 석 풀이함. —을 달다. —을 붙이다.

周旋 일이 이루어지도록 이리저리
주 선 두루 힘씀. 직장을 —해 주다.

酒稅 술에 부과하는 세금.
주 세 —을 물다.

住所 거주하는 곳.
주 소 —不明(불명). 現(현)—

晝宵 밤낮. 낮과 밤.
주 소 —로 고대하다.

呪術 주문을 외거나 술법을 부려 불
주 술 행이나 재해를 막는 일.

注視 쏘아 보거나 관심을 가지고 봄.
주 시 목표물을 —하다. 사건의 추이를 —하다.

主食 끼니 때에 먹는 주되는 음식.
주 식 —과 부식. 밥을 —으로 하다.

株式 주식 회사의 자본을 이루는 단
주 식 위. — 배당. — 시장

酒食 술과 밥.
주 식 과객에게 —을 제공하다.

晝食 점심밥
주 식 —을 끝내고 잠시 쉬다.

主審 ①중심이 되는 심사원이나 심판관. ②운
주 심 동 경기의 진행을 맡은 중심이 되는 심판.

奏樂 음악을 연주함.
주 악 —에 맞추어 선수들이 입장하다.

主眼 중요한 점. 또는 주되는 목표.
주 안 —點(점). 인성 교육에 —을 두다.

酒案 술상
주 안 —床(상). —을 베풀다.

晝夜 낮과 밤. 또는 밤낮
주 야 —로 흐르는 물. 2 —가 지나다.

主業 주장이 되는 사업이나 영업.
주 업 화장품 가게가 —이다.

主役 ①극이나 영화의 주인공의 배역.
주 역 ②나라나 단체를 이끌어 갈 사람.

主演 연극이나 영화의 주인공으로
주 연 출연함. — 배우. —을 맡다.

酒宴 술잔치
주 연 —을 베풀다.

珠玉 구슬과 옥.
주 옥 —으로 꾸미다. —같은 작품.

主要 주되고 중요함.
주 요 —한 이유. —한 인물.

周圍 ①둘레. 지구의 —. ②중심을 둘러
주 위 싸고 있는 가까운 부근이나 곳.

周遊 여기저기를 두루 돌아다니며 구
주 유 경함. 세계를 —하다. —天下(천하)

注油 기계의 일정한 부분에 기름을
주 유 침. —所(소). —管(관)

酒肉 술과 고기. 술과 안주.
주 육 ―을 장만하여 잔치를 베풀다.

主意 주되는 뜻이나 취지.
주 의 논설의 ―를 살피다.

主義 우주·인생·정치·경제 등에 대해
주 의 가지는 일정한 주장이나 태도.

注意 ①정신을 집중함. ②경고하는 뜻으로
주 의 일깨워 줌. 또는 그런 말이나 짓.

主人 ①물건을 차지하고 있는 임자. ②가정·
주 인 나라·단체를 주장하여 운영하는 사람.

主因 주되는 원인.
주 인 실패의 ―을 자신에게서 찾아라.

主人公 극·영화·사건·이야기에서 중심이
주 인 공 되거나 주도적인 역할을 하는 사람.

主日 크리스트교에서 일요일을 이르
주 일 는 말. ― 예배. ― 학교

週日 일요일부터 토요일까지의 7일
주 일 동안. 2 ― 안에 끝내도록 하라.

主任 일정한 임무를 책임지고 있는
주 임 사람. 경비 ―. ― 교수

注入 ①액체나 기체를 쏟아 넣음. ②지
주 입 식이나 사상을 가르쳐 넣어 줌.

走者 ①경주에서, 달리는 사람. ②야
주 자 구에서, 누에 나가 있는 선수.

鑄字 납 등의 쇠붙이를 녹여 부어 활
주 자 자를 만듦. 또는 만든 그 활자.

主將 경기에서 팀을 대표하는 선수.
주 장 우리 나라 축구팀의 ―.

主張 자기의 의견이나 견해를 굳게 내세
주 장 움. 또는 그 의견이나 견해. 정당한―.

主宰 주로 책임지고 맡아 처리함.
주 재 ―者(자). 국정을 ―하다.

駐在 일정한 곳에 파견되어 머물러
주 재 있음. ―地(지). ―國(국). ―員(원)

躊躇 머무적거리며 망설임.
주 저 ―하는 태도. ―하지 말라.

主戰 ①싸우기를 주장함. ―論 ②선수가
주 전 그 팀의 주력이 되어 활약함. ― 선수

鑄錢 쇠를 녹여 돈을 만듦. 또는 그
주 전 돈. =鑄貨(주화)

酒店 술집
주 점 ―에 자주 드나든다.

酒酊 술이 취하여 난잡하게 부리는
주 정 언동. ―꾼. ―을 부리다.

酒精 에틸알코올
주 정 ― 발효. ― 음료

主題 ①중심이 되는 제목이나 문제. ②예술
주 제 작품을 통해 나타내고자 하는 사상.

主調 악곡의 주되는 음조.
주 조 아리랑의 ―.

主潮 어느 시대 또는 어느 사회에서
주 조 주류를 이루는 사상이나 경향.

鑄造 쇠붙이를 녹여 거푸집에 부어 물건
주 조 을 만듦. 솥을 ―하다. 새로 ―한 활자.

走卒 남의 잔심부름을 하느라 바쁘
주 졸 게 이리저리 뛰어다니는 사람.

主從 주인과 종복. 또는 주되는 것
주 종 과 종속적인 것. ― 관계

株主 주식을 가진 사람.
주 주 ― 총회

主酒客飯 주인은 손에게 술을 권하고,
주 주 객 반 손은 주인에게 밥을 권함.

週中 한 주일의 중간. 또는 그 주의
주 중 안. ―에 여행을 떠나다.

主旨 주된 뜻이나 취지.
주 지 논술의 ―를 명확히 내세워라.

主知 감성이나 정서보다 지성이나
주 지 이성을 주로 함. ―說(설). ―詩

住持 한 절을 책임지고 관리하는 중.
주 지 ―스님. 해인사 ―

周知 여러 사람이 두루 알고 있음.
주 지 ―의 사실.

酒池肉林 많은 술과 고기로 굉장히
주 지 육 림 호화롭게 차린 술잔치.

駐車 차를 세워 둠.
주 차 ― 시간. ―場(장)

駐箚 외교관이 임무를 위해 외국에
주 차 머묾. 一大使(대사)

酒饌 술과 안주. =酒肴(주효)
주 찬 一을 준비하다.

主唱 주의나 주장을 앞장서서 주장
주 창 함. 一者(자)

鑄鐵 무쇠
주 철 一管(관)

奏請 임금에게 아뢰어 청함.
주 청 一使(사). 一한 일을 허락하다.

主體 자신의 의지와 결단으로 행동
주 체 하는 일. 一性(성). 一 의식

酒滯 술로 인한 체증.
주 체 一를 고치다.

週初 그 주일의 첫머리.
주 초 一에 열리는 음악회.

主催 중심이 되어 모임이나 행사를
주 최 엶. 一者(자). 전국 체전을 一하다.

主軸 ①중심이 되는 축. ②어떤 일을 하
주 축 는데 중심이 되는 사람이나 조직.

主治醫 어떤 사람의 건강을 늘 점검하
주 치 의 거나 병을 치료해 주는 의사.

住宅 살림살이를 할 수 있도록 지은
주 택 집. 一街(가). 一地(지)

走破 예전된 거리를 끝까지 달림.
주 파 마라톤 전 코스를 一하다.

周波 주기적인 파동이나 진동이 한
주 파 번 되풀이되는 과정. 一數(수)

主筆 사설이나 논설을 담당하는 사
주 필 람. 일간 신문의 一.

註解 본문의 뜻을 주를 달아 풀이함.
주 해 또는 그 글. 一를 달다. 一를 붙이다.

走行 자동차 따위가 달림.
주 행 一 거리. 一 속도

鑄型 녹인 쇳물을 부어 넣는 거푸집.
주 형 一을 만들다.

主婚 혼사를 주관함. 또는 그 사람.
주 혼 양가의 一이 만나다.

主和 평화를 주장함.
주 화 一論(론). 一論者(론자)

鑄貨 쇠붙이로 돈을 만듦. 또는 그
주 화 돈. 500원 짜리 一.

奏效 효력이 나타남.
주 효 신약이 一했다.

酒肴 술과 안주. =酒饌(주찬)
주 효 一를 갖추어 대접하다.

酒興 술을 마시어 일어나는 흥취.
주 흥 도도한 一. 一를 돋우다.

竹林 대숲
죽 림 一七賢(칠현)

竹馬故友 어릴 때부터의 친구.
죽 마 고 우 우연히 一를 만나다.

竹帛 역사를 기록한 책.
죽 백 이름을 一에 남기다.

竹夫人 여름에 서늘한 기운을 취하
죽 부 인 기 위해 끼고 자는 물건.

竹細工 대를 재료로 하는 세공.
죽 세 공 一이 발달한 호남.

竹筍 대의 순.
죽 순 비 온 뒤의 一. 一菜(채)

竹杖 대로 만든 지팡이.
죽 장 一을 짚다. 一芒鞋(망혜)

竹槍 대를 깎아서 만든 창.
죽 창 농민군의 주무기는 一이었다.

峻拒 엄정한 태도로 거절함.
준 거 부당한 청을 一하다.

準據 일정한 기준에 준하여 의거함.
준 거 一할 법. 판례에 一하다.

俊傑 재주와 지혜가 뛰어남. 또는
준 걸 그러한 사람. 영웅과 一.

準決勝戰 결승전에 나아갈 선수나
준 결 승 전 팀을 가리는 경기.

竣工 공사를 다하여 끝냄.
준 공 一한 다리. 一한 건물. 一式(식)

蠢動 옳지 않은 세력이 드러나지 않
준 동 게 활동함. 적의 一을 막다.

峻嶺 높고 험한 고개.
준 령　泰山(태산) ─을 넘다.

駿馬 걸음이 아주 빠른 말.
준 마　─에 박차를 가하다.

遵法 법률을 지키고 따름.
준 법　─ 정신. ─투쟁

遵奉 법률이나 가르침을 받들어 지
준 봉　킴. 조상의 유흥을 ─하다.

準備 미리 마련하거나 갖추거나 함.
준 비　─기간. 시험 ─

浚渫 못이나 강의 바닥에 메워진 것
준 설　을 파냄. ─ 공사. ─船(선)

俊秀 재주나 용모가 남달리 빼어남.
준 수　─한 청년. ─한 풍채

遵守 전례나 법령·지시 등을 따라
준 수　지킴. 교통 규칙을 ─하다.

逡巡 뒤로 문치적거림.
준 순　옳은 일을 앞두고는 ─하지 않는다.

峻嚴 두남을 둠이 없이 엄격함.
준 엄　─한 심판. ─한 현실.

峻烈 위엄이 있고 엄격함.
준 열　─한 질책. ─한 심판.

準用 준거하여 사용함.
준 용　─할 방도.

俊逸 뛰어나고 훌륭함.
준 일　─한 풍채.

俊才 아주 뛰어난 재주. 또는 그런
준 재　재주를 가진 사람. ─와 둔재.

準則 의거할 기준이 되는 규칙.
준 칙　생활의 ─.

遵行 전례나 명령 등에 의거하여 행
준 행　함. 종묘 제향을 ─하다.

峻險 산세가 높고 험함.
준 험　─한 산.

中間 ①두 사물의 사이. ─에 끼다.
중 간　②처음과 나중과의 사이. ─ 보고

重刊 이미 간행한 바 있는 책을 거
중 간　듭 간행함. ─本(본)

仲介 당사자 사이에 들어 일을 주선
중 개　함. 또는 거간. ─業(업). ─人(인)

重建 건물을 손질하여 다시 세움.
중 건　─한 대웅전.

中堅 중심이 되어 활동하는 사람.
중 견　─ 사원

中繼 중간에서 받아 이어줌.
중 계　─ 무역. ─ 방송

重工業 금속·기계 등의 무거운 물건
중 공 업　을 생산하는 공업. ─과 경공업.

衆寡不敵 적은 수효로는 많은 수
중 과 부 적　효를 대적하지 못함.

衆口難防 여러 사람이 제각기 말하면
중 구 난 방　일일이 받아내기가 어려움.

重金屬 비중이 4~5 이상의 쇠붙이.
중 금 속　─과 輕金屬(경금속).

中期 어떤 시기를 셋으로 나누었을
중 기　때의 중간 시기. 조선 ─

中年 40세 전후의 나이.
중 년　─ 신사. ─ 여인. ─期(기)

中段 가운데의 단.
중 단　上段(상단)과 ─과 下段(하단).

中斷 하던 일을 중도에서 그만둠.
중 단　일시적인 ─ 상태.

重大 중요하고 큼.
중 대　─한 실수. ─한 책임.

中途 ①일을 하는 중간. ─에서 그만두다.
중 도　②길을 가는 중간. ─에서 돌아오다.

中道 사람이 행해야 할 바른 길.
중 도　─를 걷다.

中毒 음식물·약물·가스 등을 먹거나
중 독　흡입함으로써 일어나는 장애.

中東 서아시아 일대.
중 동　─의 산유국.

中等 ①중간 정도의 등급. 上等과 ─.
중 등　②중간이 되는 정도. ─ 이상의 수준.

中略 글이나 말에서 중간의 일부를
중 략　줄임. ─한 인용문.

重量（중 량）무게. 또는 무게가 무거운 물건. —이 가볍다. —級(급) 선수.

重力（중 력）지구가 지구 위에 있는 물체를 그 중심으로 끌어당기는 힘.

中路（중 로）가거나 오거나 하는 길의 중간. 학교에 가던 —에서 만나다.

衆論（중 론）여러 사람의 논의. =衆議(중 의). —의 일치를 보다.

中流（중 류）①강의 중간 지역. 한강의 —. ②중간 정도의 수준. — 사회

中立（중 립）두 편 사이의 중간적인 입장에 섬. —國(국). — 지대

衆望（중 망）여러 사람의 촉망. —을 한 몸에 받다.

仲媒（중 매）혼인을 하도록 소개함. 또는 그렇게 하는 사람. —人(인)

重武裝（중 무 장）중기관총·박격포 등의 중화기로 무장함. —한 적.

中盤（중 반）계속되는 일이나 시기의 중간 무렵이나 단계. —戰. 20세기 —.

重罰（중 벌）무거운 형벌. 중한 징벌. —을 과하다.

重犯（중 범）①중대한 범죄. 또는 그 범인. ②죄를 거듭 저지름. 또는 그런 사람.

重病（중 병）목숨이 위태할 만큼 몹시 앓는 병. —에 걸리다. —을 앓다.

中伏（중 복）삼복의 하나. 하지가 지난 뒤의 넷째의 경일. — 더위. —이 지나다.

重複（중 복）거듭함. 또는 겹침. 업무가 —되다. — 과세

中部（중 부）어떤 지역의 가운데 부분. — 전선. 경기 — 지방

仲父（중 부）백부 다음의 삼촌. 伯父(백부)와 —와 叔父(숙부).

中産層（중 산 층）유산 계급과 무산 계급의 중간에 위치하는 계급. =中産階級

中傷（중 상）사실이 아닌 말로 헐뜯어 남의 명예나 위신을 손상시킴. —과 비방. —을 일삼다.

重傷（중 상）몹시 다침. 또는 그런 부상. —者(자). —을 입다.

重賞（중 상）후하게 상을 줌. 또는 그 상. —을 주다.

衆生（중 생）모든 사람과 모든 동물. —을 구제하다.

中性（중 성）①두 성질의 중간의 성질. ②산성도 아니고 알칼리성도 아닌 성질.

中世（중 세）고대와 근세의 사이. 국사에서 는 고려 시대를 이르는 말.

中小（중 소）규모나 크기가 중간 정도인 것 과 작은 것. —기업. — 도시

重修（중 수）허물어졌거나 허술한 건축물을 매만져 고침. 경복궁 —. 성곽의 —.

中旬（중 순）그 달의 11일부터 20일까지의 동안. 8월 —. —과 下旬(하순).

重視（중 시）중요하게 여기거나 중대하게 여겨 봄. 그의 수완을 —하다.

仲氏（중 씨）남의 둘째 형을 높여 이르는 말. 伯氏(백씨)와 —와 季氏(계씨).

中始祖（중 시 조）쇠미한 집안을 다시 일으켜 세운 조상. —와 중흥조.

中食（중 식）점심 —을 끝내다.

重臣（중 신）①정이품 이상의 벼슬아치. ②중요한 직위에 있는 신하.

中心（중 심）①복판이나 한가운데. —部 ②중요 하고 기본으로 되는 부분. — 문제

重壓（중 압）무거운 압력. —感(감). —을 견디지 못하다.

中央（중 앙）①중심을 차지하고 있는 곳. 도시의 —. ②중앙 정부가 있는 곳. —과 地方(지방).

重言復言（중 언 부 언）이미 한 말을 자꾸 되풀 이하여 말함.

重役（중 역）책임이 무거운 역할. 또는 회사· 은행 등의 임원. —을 맡다.

中葉（중 엽）어느 시대의 중간 시기. 고려 —. 20세기 —.

中外 ①나라의 안과 밖. 국위를 —에 떨치다.
중 외 ②경향. 서울과 지방. —의 各地(각지).

重要 소중하고 요긴함.
중 요 —한 서류. —한 임무.

中庸 지나치거나 모자라거나 치우치지
중 용 아니하고 알맞은 상태. —의 도.

重用 사람을 중요한 자리에 등용하
중 용 여 씀. 재상으로 —하다.

中原 넓은 들의 한복판. 또는 천하
중 원 의 중심지. —逐鹿. —을 차지하다.

中位 중간 정도의 위치나 등급.
중 위 —圈(권)에 들다.

衆議 여러 사람의 논의. =衆論(중론)
중 의 —를 모으다.

中人 조선 시대에, 양반과 상민의 중간 계층
중 인 인 의관·역관·서리 등을 이르던 말.

衆人 뭇사람. 여러 사람.
중 인 —이 보는 앞에서 칭찬을 듣다.

重任 ①중대한 임무. —을 받다. ②임기가
중 임 끝난 뒤 그 직위에 거듭 임명됨.

重裝備 토목 건축에 쓰이는 무겁고
중 장 비 큰 기계와 차량.

仲裁 당사자들 사이에 끼어서 분쟁을 조
중 재 절하여 해결함. —國(국). —를 붙이다.

中殿 왕후를 높여 이르는 말. 中宮
중 전 殿(중궁전)의 준말. —마마

中絶 도중에서 끊어지거나 끊음.
중 절 임신 —

重點 중요한 점. 중요하게 여겨야
중 점 할 점. 영어 교육에 —을 두다.

中庭 앞마당. 또는 가운데 뜰.
중 정 옛날엔 —에서 혼례식을 올렸다.

重罪 무거운 죄.
중 죄 —人(인). —를 범하다.

重症 매우 중한 병의 증세.
중 증 —을 앓다.

中止 하던 일을 중도에서 그만두거나
중 지 멈춤. 공연을 —하다. —未遂(미수)

中指 가운뎃손가락.
중 지 拇指(무지)와 —.

衆智 여러 사람의 지혜.
중 지 —를 모으다.

重職 중요한 직위나 직책.
중 직 —에 등용되다. —에 있다.

重鎭 일정한 분야에서 지도적 영향
중 진 력을 가진 인물. 정계의 —.

中質 중간 정도의 품질.
중 질 —의 종이.

重且大 무겁고도 큼.
중 차 대 —한 임무.

重唱 몇 사람이 한 악곡에서 각기 다른 성
중 창 부를 맡아 노래함. 또는 그 노래.

重創 낡은 건물을 헐 것은 헐고 고칠 것은
중 창 고쳐서 다시 이룩함. 고찰을 —하다.

重責 중대한 책임.
중 책 —을 맡다. —을 맡기다.

中天 하늘 한복판.
중 천 —에 떠 있는 달.

重疊 거듭 겹치거나 겹쳐짐.
중 첩 —하는 난관을 이겨내다.

中樞 사물의 중심이 되는 중요한 부
중 추 분이나 자리. — 기관. — 신경

仲秋 음력 8월.
중 추 —節(절)

重湯 음식이나 약을 담은 그릇을 끓는
중 탕 물에 띄워서 음식이나 약을 데움.

重態 병이 위중한 상태.
중 태 —에 빠지다. —에 이르다.

中退 중도에서 퇴학함.
중 퇴 —生(생). —한 학생.

中波 파장이 100~1,000m, 주파수가
중 파 300~3,000kHz의 전파.

中篇 ①세 편으로 나눈 책이나 글의
중 편 가운데 편. ②중편 소설의 준말.

衆評 여러 사람의 비평.
중 평 —을 듣다.

中風 중 풍 뇌일혈로 몸이 마비되어 마음대로 몸을 쓰지 못하는 병.

仲兄 중 형 둘째 형. 伯兄(백형)과 ―.

重刑 중 형 무거운 형벌. ―을 가하다.

中和 중 화 ①사람의 성정이 똑바름. ―之氣. ②산과 염기가 반응하여 물과 소금이 생기는 일.

重火器 중 화 기 중기관총·박격포 등의, 보병의 화기 중 비교적 무거운 화기.

重火傷 중 화 상 심하게 입은 화상. ―을 입은 사람.

重患 중 환 남의 중병(重病)에 대한 높임 말. ―者(자). ―으로 오래 계시다.

重厚 중 후 태도가 진중하고 심덕이 두터움. ―한 인품.

中興 중 흥 쇠퇴했던 것이 중간에 다시 일어남. ―祖(조). ―之主(지주)

卽刻 즉 각 당장에 곧. 명령을 ― 실시하다.

卽決 즉 결 그 자리에서 처리하여 결정함. ― 심판.

卽答 즉 답 그 자리에서 곧 대답함. ―을 피하다.

卽賣 즉 매 그 자리에서 팖. 전시품을 ―하다.

卽死 즉 사 그 자리에서 곧 죽음. 교통 사고로 ―하다.

卽席 즉 석 일이 진행되는 바로 그 자리. ―에서 대답하다. ― 요리

卽時 즉 시 바로 그때. 또는 곧 먹고 난 ―. 도착한 ― 전화해라.

卽位 즉 위 왕위에 오름. ―式(식). ―한 해.

卽應 즉 응 기회를 따라 거기에 곧 응함. 경기 변동에 ―한 투자.

卽日 즉 일 일이 생긴 바로 그날. ―放榜(방방). ― 귀환

卽效 즉 효 즉시에 나타나는 효험. ―를 본 위장약.

卽興 즉 흥 즉석에서 일어나는 흥취. ―詩(시). ―的(적)인 발언.

櫛比 즐 비 한 줄로 죽 늘어서 있음. ―하게 늘어선 가게.

汁液 즙 액 식물체에서 나오거나 짜낸 액체. 사과의 ―.

增加 증 가 더하여 많아짐. 또는 늘이거나 더하여 많아지게 함. 人口가 ―하다.

增減 증 감 늘임과 줄임. 또는 많아짐과 적어짐. 소득의 ―.

增强 증 강 더 늘려 강하게 함. 병력을 ―하다.

證據 증 거 사실을 증명할 근거. ―物(물). ―로 삼다. ― 능력

證券 증 권 주식·공채·사채 등의 통칭. ― 시장. ― 거래소

蒸氣 증 기 수증기. 또는 물질의 기체 상태. ― 기관차. ― 소독

贈答 증 답 선물로 주고 받고 함. ―品(품). 세찬을 ―하다.

增大 증 대 늘려 많게 함. 또는 늘어서 많아짐. 생산량의 ―. 소득의 ―.

贈賂 증 뢰 뇌물을 줌. ―와 收賂(수뢰).

蒸溜 증 류 액체를 가열하여 기체로 만든 뒤 냉각시켜 다시 액체로 만듦. ―水

證明 증 명 증거로써 사실이나 판단의 진위를 밝힘. ―書. 신원을 ―할 자료.

增募 증 모 사람을 더 모집함. 학생을 한 학급 ―하다.

蒸發 증 발 액체가 기체로 변함. ―熱(열). 수분이 ―하다.

增補 증 보 충실하지 못한 데를 더 보태어 채워 넣음. 수정 ―版(판)

證憑 증 빙 증거로 되거나 증거로 삼음. 또는 그러한 근거. ― 서류

增產 생산하는 양을 늘림.
증 산　벼의 — 계획.

症狀 병증의 상태나 현상.
증 상　감기 —이 나타나다.

證書 사실을 증명하는 문서.
증 서　졸업 —. —를 작성하다.

增設 더 차리거나 시설함.
증 설　학교를 —하다.

症勢 앓고 있는 병의 형세.
증 세　—가 호전하다.

增稅 세율을 높이거나 세금의 액수
증 세　를 늘림. —와 減稅(감세).

曾孫 아들의 손자·손녀.
증 손　—을 보다.

增收 수입이나 수확이 늚. 도는 수입
증 수　이나 수확을 늘림. —와 減收.

增修 ①글을 늘리거나 보태거나 하여 고침.
증 수　②건축물을 더 늘려 짓고 고치고 함.

證市 증권의 발행·매매가 이루어지
증 시　는 시장. 證券市場의 준말.

增殖 불어서 늚. 또는 불려서 늘림.
증 식　재산을 —하다. 인구의 —.

增額 액수를 늘림. 도는 늘린 그 액수.
증 액　자본을 —하다.

證言 증인으로서 진술하는 말. 또는 증거
증 언　로 되거나 사실을 증명하는 말. —臺

贈與 물품을 선사로 줌.
증 여　—稅(세). —한 동양화.

蒸炎 찌는 듯한 더위.
증 염　삼복의 —.

憎惡 몹시 미워함.
증 오　—心(심). —의 대상. —와 분노.

增員 사람의 수를 늘림.
증 원　—과 減員(감원). —할 계획이 없다.

增援 사람의 수를 늘려서 후원함.
증 원　새로운 — 부대를 보내다.

證人 증거를 서는 사람.
증 인　—을 선정하다. — 신문

增資 자본을 늘림. 또는 그 자본.
증 자　—와 減資(감자).

增訂 책의 내용의 충실하지 못한 곳
증 정　이나 틀린 데를 손댐. —本. —版

贈呈 선물이나 성의의 표시로 드림.
증 정　화환 —. 선물 —

曾祖 아버지의 할아버지. 증조부와
증 조　증조모. —와 曾孫(증손).

證左 참고가 될 만한 증거.
증 좌　—가 있다. —를 대다.

贈職 죽은 뒤에 벼슬과 품계를 줌. 또
증 직　는 그 벼슬과 품계. 이조판서의 —.

增進 점점 더 늘어나거나 나아짐.
증 진　국민의 복리 —. 학습 능력의 —.

增築 이미 있는 건축물에 더 늘려서
증 축　지음. — 공사. —과 改築(개축).

增派 인원을 늘리어 보냄.
증 파　군인을 —하다. 구호 인력의 —.

增便 차·배·항공기 등의 운행 횟
증 편　수를 늘림. —한 횟수.

增幅 진폭을 늘림. 인신하여, 범위를 넓
증 폭　힘. 불신을 —하다. 의심을 —시키다.

證票 증거로 되는 일정한 표.
증 표　—를 제시하다.

證驗 증거로 될 만한 경험.
증 험　확실한 —이 있다.

贈賄 뇌물을 줌. =贈賂(증뢰)
증 회　—와 收賄(수회).

地價 토지의 가격. 땅값
지 가　—가 오르다.

地殼 지구의 거죽.
지 각　— 운동. —의 암석.

知覺 ①알아서 깨달음. 또는 그 심리적 과
지 각　정. — 신경 ②철. —이 나다. —이 들다.

遲刻 정해진 시각보다 늦음.
지 각　—生(생). 10분을 —하다.

紙匣 ①종이로 만든 갑. ②돈을 넣는, 호주머
지 갑　니에 넣을 정도의 크기로 만든 물건.

知見 =識見(식견)
지 견 —이 높다. —을 넓히다.

地境 ①땅과 땅의 경계. 경기도와 강원도의 —.
지 경 ②어떠한 처지나 형편. 죽을 —이다.

至高 더 없이 높음.
지 고 —한 뜻. —至上(지상)의 과업.

至公無私 지극히 공평하여 조금의
지 공 무 사 사사로움도 없음.

地官 풍수설에 따라 무덤 자리나 집터
지 관 의 좋고 언짢음을 가려내는 사람.

地區 일정한 용도나 목적에 따라 갈
지 구 라 놓은 구역. 공업 —. 서부 —

地球 인류가 사는 땅덩어리.
지 구 —의 인력. —와 달의 거리.

持久 오랫동안 버티어 변하지 아니함.
지 구 —力(력). —戰(전)

支局 본사의 지휘 아래 일정한 지역
지 국 의 일을 맡아보는 곳. 신문사 —

至極 더할나위 없이 극진함.
지 극 —한 사람. —히 아끼다.

至近 매우 가까움.
지 근 —한 거리.

只今 바로 이때. 또는 오늘날
지 금 — 몇 시냐? —도 옛 풍습이 남아 있다.

支給 물건이나 돈을 내어줌.
지 급 경비를 —하다. — 명세서

至急 매우 급함.
지 급 —한 용무. — 전화

地氣 눅눅한 땅 기운.
지 기 —를 받고 자라는 풀.

志氣 뜻과 기백. 의지와 기개.
지 기 —가 서로 투합하다.

知己 자기의 속마음을 알아줌.
지 기 —之友(지우)

至難 더할 수 없이 어려움.
지 난 —한 공사.

知能 지혜와 능력. 사고하고 인식하
지 능 는 모든 능력. =智能(지능)

至當 지극히 당연함. 또는 아주 정
지 당 당함. —한 처사. —하신 말씀.

至大 더할나위 없이 큼.
지 대 —한 효과.

地代 토지 사용자가 그 사용료로 토
지 대 지 소유주에게 주는 돈.

地帶 어떤 땅의 구역의 안. 또는 자연 조
지 대 건이 비슷한 지역. 산악 —. 안전 —

地對空 지상에서 공중의 목표물을
지 대 공 상대함. — 미사일

知德 지식과 도덕.
지 덕 —을 갖춘 석학.

地圖 지구 표면을 일정 비율로 줄여
지 도 나타낸 그림. 한국 —. 세계 —

指導 가르쳐서 이끎.
지 도 개인 —. — 교사. —를 받다.

至毒 더할 수 없을 정도로 독하거나
지 독 심함. —한 마음. —한 추위.

舐犢之情 자식에 대한 어버이의
지 독 지 정 지극한 사랑의 비유.

之東之西 일정한 주견이 없이 갈
지 동 지 서 팡질팡함의 형용.

遲鈍 굼뜨고 둔함.
지 둔 —兒(아). —한 머리.

芝蘭之交 서로 좋은 감화를 주는
지 란 지 교 맑고도 고상한 사귐.

智略 슬기와 꾀.
지 략 —이 뛰어나다.

智慮 슬기로운 생각.
지 려 —가 심원하다.

地力 식물을 자라게 하는 땅의 힘.
지 력 —을 돋우다.

智力 지식이나 슬기의 힘. =知力
지 력 —을 발휘하다.

指令 지시하는 명령.
지 령 —을 보내다. —을 따르다.

紙齡 신문이 발간된 후부터 발행한
지 령 날짜의 총수. — 5000호

ㅈ

指鹿爲馬 윗사람을 농락하여 제멋
지 록 위 마 대로 권세를 휘두름.

持論 오래 가지고 늘 주장하는 의견
지 론 이나 이론. 자기의 —을 내세우다.

地雷 땅에 묻어 건드리면 터지게 장
지 뢰 치한 폭약. — 제거. —를 밟다.

支流 원줄기에서 갈라진 물줄기.
지 류 —가 많다. 낙동강 —

支離 싫증이 나게 계속되는 시간이
지 리 오램. —한 장마비. —한 생각.

地理 ①일정한 곳의 지형이나 도로 등의 형편.
지 리 ②지구 위의 자연의 여러 현상과 상태.

支離滅裂 체계 없이 함부로 흩어
지 리 멸 렬 져 갈피를 잡을 수 없음.

志望 뜻을 두고 바람.
지 망 —한 학교.

支脈 원줄기에서 갈라져 나온 줄기.
지 맥 소백산맥의 —.

地脈 지층의 이어진 줄기. 또는 풍수설에서
지 맥 말하는, 땅 속의 정기가 순환하는 줄기.

地面 땅의 바닥.
지 면 울퉁불퉁한 —. —을 고르다.

知面 보아서 알 만한 안면.
지 면 —이 있는 사람.

紙面 ①종이의 표면. ②신문에서 기사가
지 면 실리는 종이의 면. —을 많이 차지하다.

誌面 잡지에서 글이 실리는 종이의
지 면 면. 잡지의 —을 배정하다.

地名 지방·지역·산천 등의 이름.
지 명 — 사전. —을 모른다.

知命 ①천명(天命)을 앎.
지 명 ②쉰 살의 나이.

指名 이름을 지정함.
지 명 — 수배. —받은 사람.

智謀 슬기와 꾀.
지 모 — 있는 장수. —가 비상하다.

地目 땅을 나눈 명목.
지 목 —과 地番(지번). — 변경

指目 명목을 정하여 가리킴.
지 목 누구라고 —을 하다.

紙墨 종이와 먹.
지 묵 —을 준비하다.

地文 ①지구와 그 위의 온갖 상태. ②희곡
지 문 에서 해설과 대사를 뺀 나머지 글.

指紋 손가락 안쪽 끝에 이루어진 금.
지 문 —을 찍다. —을 감식하다.

紙物 종이붙이
지 물 —商(상). —鋪(포)

地味 땅의 성질. =土理(토리)
지 미 —와 기후. —에 맞는 곡종.

至密 임금이 평시에 거처하던 곳.
지 밀 또는 대궐 안 각 궁의 침실.

地盤 ①땅의 바닥. —이 굳다. — 공사 ②기
지 반 초나 근거가 되는 바탕. —을 닦다.

地方 ①수도 이외의 지역. — 자치 단체 ②어떤
지 방 기준에 의하여 구분되는 지역. 호남—

脂肪 굳기름
지 방 —質(질). —肝(간)

紙榜 종이로 만든 신주.
지 방 —을 쓰다.

支配 ①뜻대로 거느리어 다스림. — 세력
지 배 ②영향을 끼침. 환경의 —를 받다.

地番 토지에 붙인 번지.
지 번 地目(지목)과 —.

地閥 지체와 문벌.
지 벌 —이 좋은 가문.

地變 땅덩이에 생기는 이변(異變).
지 변 天災(천재)—

持病 낫지 아니하여 늘 지니고 있는
지 병 병. —인 해소가 심해지다.

支部 본부의 지시 아래 일정한 지역의
지 부 일을 맡아 보는 곳. 부산에 —를 두다.

持分 공유 재산이나 권리 따위에서
지 분 공유자 각자가 가지는 몫.

脂粉 연지와 분.
지 분 —을 다스리다.

支拂 돈을 치러 줌.
지 불　─ 수당. 임금을 ─하다.

支社 본사의 지시 아래 일정한 지역의
지 사　일을 맡아 보는 곳. KBS 光州─

志士 나라의 앞날을 걱정하는 뜻 있
지 사　는 사람. 애국 ─. 우국 ─

知事 각도(各道)의 장관.
지 사　江原道(강원도)─

至上 더할 수 없이 높거나 중요함.
지 상　─ 명령. ─의 과제.

地上 땅의 위.
지 상　─ 낙원. ─에 있는 모든 생물.

紙上 신문의 지면.
지 상　─에 발표한 논문.

誌石 죽은이의 성명·생년월일·업적,
지 석　무덤의 좌향 등을 새겨 묻는 돌.

支線 ①본선에서 갈려 나간 선. ②전주 따
지 선　위가 넘어지지 않도록 버티어 세운 줄.

至誠 지극한 정성.
지 성　─이면 감천이라. ─스런 간병.

知性 지적 작용에 관한 성질이나 능
지 성　력. ─人(인). ─的(적)인 사람.

地稅 토지에 부과하는 세금.
지 세　─를 내다.

地勢 땅의 생긴 형세.
지 세　─가 험준하다.

持續 유지하여 오래 계속하거나 계속됨.
지 속　우호 관계를 ─하다. 효과가 ─되다.

指數 기준시를 100으로 하여 나타내
지 수　는 변동의 수치. 물가 ─. 임금 ─

至純 더할나위 없이 순결함.
지 순　─한 사랑.

指示 ①가리켜 보임. ─한 위치.
지 시　②일러서 시킴. ─한 내용.

止息 진행되던 현상·증상 등이 잠
지 식　시 그침. 풍랑이 ─하다.

知識 알고 있는 인식의 총체.
지 식　해박한 ─.

地神 땅을 맡아 다스린다는 신.
지 신　─祭(제). ─굿

知悉 모든 사정을 자세히 앎.
지 실　국민 모두가 ─하는 일.

地心 지구의 중심. 또는 깊은 땅 속.
지 심　─을 뒤흔들다.

至惡 ①더할 수 없이 악함. ─한 범죄 행위.
지 악　②아주 극성스러움. ─하게 일하다.

指壓 손가락 끝으로 눌러 병을 치료
지 압　하는 일. ─法(법). ─ 요법

止揚 부정하면서 그 일부는 더 높은
지 양　단계로 긍정하여 살리는 일.

至嚴 매우 엄함.
지 엄　─한 분부. ─한 법도.

地域 일정한 땅의 구역.
지 역　中東(중동)─. 농촌 ─. ─ 개발

地緣 지역으로 인한 인간 관계.
지 연　─과 學緣(학연).

遲延 시간을 늦추거나 시간이 늦추어
지 연　짐. 시간이 ─되다. ─ 작전을 쓰다.

地熱 ①지구 내부의 고유한 열. ②햇볕
지 열　으로 인해 땅 표면에서 나는 열.

枝葉 ①가지와 잎. ─ 사료 ②본질적인
지 엽　것이 아닌 부차적인 것. ─ 문제

地獄 불교에서, 중생이 지은 죄업으
지 옥　로 죽어서 간다는 세계.

智勇 지혜와 용기.
지 용　─을 겸비하다.

知友 잘 아는 벗.
지 우　뜻밖에 ─를 만나다.

知遇 남이 자기의 재능을 알고 잘
지 우　대우함. ─를 받다.

支援 지지하여 도움.
지 원　─ 부대. 인력으로 ─하다. ─ 사격

志願 자기의 뜻한 대로 들어주기를
지 원　원함. 서울大를 ─하다. ─兵. ─書

地位 차지하는 사회적인 위치.
지 위　높은 ─. ─의 고하를 막론하다.

知音 음악의 곡조를 잘 앎. 인신하여, 자
지 음 기의 마음을 알아주는 절친한 친구.

知人 ①아는 사람. 저 사람은 나의 —이다.
지 인 ②사람을 잘 알아봄. —之感이 있다.

智者 지혜가 많은 사람.
지 자 —樂水(요수). ——失(일실)

支障 일을 하는데에 거치적거리는
지 장 장애. —을 주다. —이 많다.

指章 손도장
지 장 —을 찍다.

智將 지략이 뛰어난 장군.
지 장 — 아래 약졸은 없다.

地籍 토지의 위치·지목·지번·소유
지 적 관계 등을 등록해 놓은 기록. —圖

知的 지식이나 지성에 관한.
지 적 — 감정. — 활동

指摘 꼭 집어서 가리킴. 또는 잘못한 내
지 적 용을 들어내어 말함. 결점을 —하다.

紙錢 종이돈. 지폐
지 전 5000원짜리 —.

支店 본점의 지시 아래 일정의 일을
지 점 맡아보는 가게. 경주에 —을 두다.

地點 일정한 지역 안에서의 구체적인 어
지 점 떤 곳. 여기서 서쪽으로 2km 떨어진 —.

志操 굳은 의지와 절조.
지 조 —가 굳다. —를 지키다.

至尊 더할나위 없이 존귀함. 곧 임
지 존 금을 이르는 말. —의 몸.

支柱 받침대. 버팀대. 인신하여, 의지할
지 주 수 있는 대상이나 근거. 정신적 —

地主 토지의 소유자.
지 주 —와 소작인.

支持 남의 의견이나 정책 등에 찬동하여
지 지 힘써 뒷받침함. —를 받다. —하는 정당.

地支 육십갑자의 아랫 부분을 이루는 子·丑·寅·
지 지 卯·辰·巳·午·未·申·酉·戌의 열 둘.

遲遲不進 아주 굼떠서 잘 나아가
지 지 부 진 지 아니함. —한 수사.

地震 지각이 흔들리며 움직이는 현
지 진 상. —計(계). 강한 —.

遲進兒 지능의 발달이 더딘 아이.
지 진 아 —에 대한 특별 교육.

地質 땅의 성질이나 지층의 상태.
지 질 — 연구. — 연대. — 조사.

紙質 종이의 품질.
지 질 韓紙(한지)의 —.

持參 돈이나 물건을 가지고 감.
지 참 —金(금). 필기 도구를 —하다.

遲參 정한 시간에 뒤늦게 참석함.
지 참 —한 사람.

咫尺 매우 가까운 거리.
지 척 —도 천리라. —을 분간키 어렵다.

支廳 본청의 지시 아래 일정한 지역의 일을
지 청 맡아보는 관청. 서울 지방검찰청 서부—

肢體 팔다리와 몸.
지 체 — 부자유아.

遲滯 거래하여서 시간이 늦어짐.
지 체 — 없이 달려 오너라.

地軸 땅꽃이. 또는 대지의 중심.
지 축 —을 뒤흔드는 함성.

支出 돈이나 물품을 치러 내줌.
지 출 —額(액). — 항목. 收入과 —.

志趣 의지와 취향.
지 취 고상한 —.

地層 땅 속에 생긴 흙과 암석의 층.
지 층 —에 묻혀 있는 화석.

至親 부자·형제·숙질 등의 가까운
지 친 친족. —의 정.

指針 ①나아갈 방향을 보여주는 준칙.
지 침 ②계량기에서 양을 가리키는 바늘.

指稱 가리켜서 일컬음. 또는 그 이름.
지 칭 사람을 —하는 말.

指彈 잘못을 꼬집어 비난함.
지 탄 남의 —을 받을 만한 행위.

支撐 오래 버티거나 배겨냄.
지 탱 —하지 못하다. —할 힘.

支派 종파에서 갈라져 나간 파.
지 파　宗派(종파)와 ―.

地平 ①하늘과 땅이 맞닿은 곳. ―線(선)
지 평　②새 국면으로 펼쳐지는 경지.

紙幣 종이로 만든 화폐.
지 폐　5000원짜리 ―.

地表 지구의 표면.
지 표　―水(수). ―가 침식을 받다.

指標 방향을 가리키거나 정도를 가늠하는 표
지 표　지. 계획의 ―. 인생의 ―로 삼다.

知彼知己 남과 나의 사정 형편을
지 피 지 기　잘 앎. ―면 백전불패라.

紙筆墨 종이와 붓과 먹.
지 필 묵　―을 대령하다.

地下 ①땅 밑. 땅 속. ―水. ― 자원 ②
지 하　비밀에 싸인 영역. ― 공작. ― 조직

志行 품은 뜻과 행실.
지 행　조촐한 ―. ―이 교결하다.

知行 지식과 행실.
지 행　―이 일치하다. ―合―説(합일설)

志向 목표를 두고 마음을 기울임.
지 향　만화가를 ―하는 중학생.

指向 목표를 향하여 나아감. 또는
지 향　그 방향. ― 없이 헤매다.

止血 흘러나오는 피를 멎게 함.
지 혈　―劑(제)

地峽 두 대륙 사이를 이은 좁고 잘
지 협　록한 땅. 파나마 ―

地形 땅의 생긴 모양이나 형세.
지 형　―圖(도). 험한 ―. ―을 살피다.

知慧 슬기. =智慧(지혜)
지 혜　―로운 아이. 젊은이의 ―.

指呼之間 손짓을 하여 부를 만한
지 호 지 간　가까운 거리. ―에 있다.

指環 가락지
지 환　金(금)―. ―을 끼다.

指揮 ①명령이나 지시를 줌. ―棒(봉) ②음악
지 휘　의 연주를 지도함. 관현악단을 ―하다.

直角 90도의 각.
직 각　― 삼각형

直覺 보거나 듣는 즉시로 바로 깨닫
직 각　거나 느낌. ―的으로 알아차리다.

直諫 곧바른 말로 간함.
직 간　왕을 ―하는 충신.

直感 사물을 접촉하였을 때 곧바로 느
직 감　낌. 또는 그런 느낌. 위험을 ―하다.

直結 직접 연결됨.
직 결　생산자와 소비자를 ―하다.

直徑 지름
직 경　― 100m 이내의 범위.

直系 한 가닥으로 곧게 이어 내린
직 계　계통. ― 존비속. ―가족

直告 바른 대로 알려 바침.
직 고　―를 받고자 태장을 가하다.

職工 공장에서 일하는 노동자.
직 공　―의 보수.

直觀 깊은 사고 없이 대상을 곧 알아
직 관　서 분별함. ―力. ―的(적)인 판단.

職權 직업상의 권한.
직 권　―을 남용하다.

職級 직무의 급수.
직 급　―이 다르다. ―에 따른 보수.

織機 피륙을 짜는 기계.
직 기　수동 ―와 자동 ―.

織女 ①피륙을 짜는 여자. ―와 농부.
직 녀　②직녀성의 준말. 견우와 ―.

職能 ①직무를 수행하는 능력. ―給(급)
직 능　②직업에 따른 기능. ― 대표제

直答 곧바로 대답하거나 직접 대답
직 답　함. ―을 회피하다.

職歷 맡아 온 일의 경력.
직 력　―을 소개하다.

直列 ①곧은 열. ―로 서다. ②전자나 도선
직 렬　을 서로 다른 극끼리 차례로 잇는 일.

直流 ①곧게 흐르는 물줄기. ―와 曲流.
직 류　②일정한 방향으로만 흐르는 전류.

ㅈ

直立 직 립 꼿꼿하게 바로 섬. —의 자세. —步行(보행)

直賣 직 매 생산자가 소비자에게 직접 판매함. 농산물 —場(장)

直面 직 면 어떤 일에 맞닥뜨림. —한 문제. 난관에 —하다.

職名 직 명 직업이나 직무의 이름. 상무 이사란 —으로 행세하다.

職務 직 무 직업이나 직책상의 임무. — 대리. —를 유기하다.

織物 직 물 온갖 피륙의 총칭. — 공장

職分 직 분 마땅히 하여야 할 본분. 또는 직무상의 본분. 맡은 바 —을 다하다.

直射 직 사 ①광선이 곧게 바로 비침. — 광선 ②직선에 가까운 탄도로 총포를 쏨. —砲

直線 직 선 꺾이거나 휜 데가 없는 선. — 거리. —과 曲線(곡선).

直選 직 선 직접 선거의 준말. 대통령의 —制(제).

直說 직 설 곧이곧대로 말함. —的(적)인 표현.

直屬 직 속 직접적으로 딸려 있음. 또는 그런 소속. — 상관. — 부대

直送 직 송 중간에 거치는 데 없이 바로 보냄. 소비자에게 —하다.

直輸入 직 수 입 중간에 거치는 데 없이 외국의 상품을 직접 수입함. —한 상품.

直視 직 시 정신을 모아 똑바로 봄. 현실을 —하다.

直言 직 언 바로 말함. 또는 그 말. —을 서슴지 아니하다.

職業 직 업 삶을 영위하기 위해 지속적으로 하는 일. —人(인). — 교육

直譯 직 역 외국 글을 문구대로 그냥 번역함. —과 意譯(의역).

直營 직 영 직접 경영함. 본사가 —하는 업소.

職員 직 원 직장에 근무하는 사람. — 후생 사업. 경리 —

職位 직 위 직무상의 자리. 중요한 —. — 해제

直喩 직 유 '세월이 유수 같다'와 같이, 비슷한 특징의 두 사물을 직접 비기는 비유.

職印 직 인 기관 책임자의 직명을 새긴 도장. —을 찍다.

職任 직 임 직책으로 맡은 일. —을 다하다.

直腸 직 장 대장의 끝부분. —癌(암)

職場 직 장 직무를 맡아 근무하는 곳. — 생활. —이 가깝다.

直前 직 전 일이나 시간을 기준으로 한, 바로 그 전. 8·15 광복 —. —과 直後

直接 직 접 중간에 다른 사람이나 사물을 통하지 않고 바로 접촉하는 관계. — 겪은 일.

職制 직 제 직무나 직위에 관한 제도. —를 개편하다.

織造 직 조 피륙을 기계로 짬. — 공장

職種 직 종 직업이나 직무의 종류. —에 따른 업무 분담.

直進 직 진 곧게 나아감. 또는 곧장 나아감. —하는 빛.

職責 직 책 직무상의 책임. 중대한 —을 맡다.

職牒 직 첩 벼슬아치에게 내주던 임명장. 승지의 —이 내리다.

直吐 직 토 실정을 바로 말함. 숨김 없는 —를 듣다.

直通 직 통 ①거침이나 중계 없이 바로 통함. — 전화 ②보람이 대번에 나타남. 약효가 —이다.

直播 직 파 기를 제 자리에 씨를 바로 뿌림. 벼씨를 논에 —하다.

直販 직 판 생산자가 소비자에게 직접 판매함. 농산물 —場(장)

直轄 직접 관할함.
직 할 ―市(시). ― 구역

職銜 벼슬이나 직책의 이름.
직 함 노조위원장의 ―으로 행세하다.

直行 목적지로 곧장 감.
직 행 ― 열차

直後 바로 그 뒤.
직 후 8.15 광복 ―.

眞假 진짜와 가짜.
진 가 ―를 구별할 수 없다.

眞價 참다운 가치.
진 가 ―를 드러내다. 고구려 벽화의 ―.

進甲 환갑 이듬해에 맞는 생일.
진 갑 ―을 맞다.

珍客 귀한 손님.
진 객 ―이 찾아오다.

進擊 앞으로 나아가서 적을 침.
진 격 ― 명령이 내리다.

眞境 본바탕을 가장 잘 나타낸 참다운
진 경 지경. 금강산의 ―은 겨울에 있다.

眞骨 신라 때의 골품의 둘째 등급.
진 골 聖骨(성골)과 ―.

眞空 공기가 전혀 없는 공간.
진 공 ― 상태. ― 청소기

進攻 =進擊(진격)
진 공 ― 준비를 끝내다.

進軍 군대가 전진함.
진 군 ―의 나팔 소리.

珍貴 보기 드물게 보배롭고 귀함.
진 귀 ―한 물건.

進級 등급·계급·학년 등이 올라감.
진 급 우수한 성적으로 ―하다.

津氣 ①진액의 끈끈한 기운. ―가 빠지다.
진 기 ②먹으면 징건하여 오래 든든한 기운.

珍奇 진귀하고 기이함.
진 기 ―한 일. ―해 보이다.

震怒 존엄하게 여기는 대상이 몹시
진 노 노함. 임금의 ―를 사다.

診斷 의사가 환자의 병세를 판단함.
진 단 ―書(서). 건강 ―. ―을 받다.

進達 말이나 편지·서류를 받아서 해
진 달 당 기관에 올림. 상소문을 ―하다.

眞談 진정에서 나온, 거짓이 없는 말.
진 담 가식이 없는 ―. ―과 농담.

進度 일이 진행되는 속도나 정도.
진 도 ―表(표). 건설 공사의 ―.

振動 흔들리어 움직임.
진 동 ―計(계). ―數(수)

震動 ①명성이 세상에 울리어 퍼짐. ②몸
진 동 시 울리어 흔들림. 천지가 ―하다.

陣頭 진의 맨 앞. 인신하여, 일이나
진 두 활동의 선두. ―에서 지휘하다.

盡力 힘을 다함.
진 력 나라를 위해 ―하다. ―이 나다.

進路 나아갈 길.
진 로 ―를 정하다. ―를 방해하다.

診療 의사가 환자를 진찰하여 치료함.
진 료 ― 시간. ―를 받다.

進壘 야구에서 주자가 다음 누에 나
진 루 아감. ―打(타). ―에 성공하다.

眞理 참된 이치. 또는 바른 도리.
진 리 ―가 담긴 해학.

診脈 병자의 맥을 짚어 진단함.
진 맥 병자를 ―하다.

眞面貌 본디부터 가지고 있는 그대
진 면 모 로의 면모. ―를 나타내다.

眞面目 본디부터 가지고 있는 그대로
진 면 목 의 상태나 진상. ―을 보여주다.

珍妙 진기하고 묘함.
진 묘 ―한 꽃. ―한 현상.

鎭撫 민심을 진정시키고 어루만져
진 무 달램. ―使(사)

辰의 두 자음

①진 : 다섯째지지 진 壬辰(임진)
②신 : 별[또는 때]신 生辰(생신)

珍味 썩 좋은 맛. 또는 그런 맛의 음
진 미 식. 山海(산해) ─

眞味 참된 맛.
진 미 문학의 ─. 땅의 ─를 체험하다.

眞犯 죄를 저지른 진짜 범인.
진 범 ─을 체포하다.

進步 발전하여 앞으로 나아감.
진 보 ─와 退步(퇴보). ─와 保守(보수).

珍本 진귀한 책.
진 본 장서가들이 자랑하는 ─.

眞本 저자나 서화가가 직접 쓰거나
진 본 그린 책·글씨·그림. ─과 가본.

眞否 참된 것과 참되지 못한 것.
진 부 ─를 가리다. ─를 따지다.

陳腐 케케묵고 낡음.
진 부 ─한 사고. ─한 이야기.

進士 과거의 하나인 소과의 초장에
진 사 급제한 사람. ─及第(급제)

陳謝 사과의 말을 함.
진 사 ─의 사절을 파견하다.

鎭山 도읍이나 묏자리의 뒤쪽에 있
진 산 는 산. 북한산은 서울의 ─이다.

眞相 참된 내용이나 모습.
진 상 사건의 ─. ─을 폭로하다.

進上 임금에게 토산물을 바침.
진 상 ─品(품). ─할 보물.

珍書 진귀한 책.
진 서 도서관에 소장하고 있는 ─.

眞書 한글에 상대하여 한자나 한문
진 서 을 이르는 말. ─ 잘 보는 선비.

盡善盡美 더할나위 없이 훌륭하고
진 선 진 미 아름다움. ─한 문화 유산.

陳設 제사나 잔치 때에, 음식을 상
진 설 위에 벌여 놓음. 제물을 ─하다.

眞性 사물 현상의 본래 그대로의 성
진 성 질. ─뇌염

陣勢 진을 친 형세.
진 세 ─를 살펴 보다.

塵世 티끌 세상. 곧 이승
진 세 ─를 버리다.

塵俗 지저분한 세속.
진 속 ─에 물들지 아니하다.

眞率 진실하고 솔직함.
진 솔 ─한 사람. ─한 성질.

珍羞 진귀한 음식.
진 수 ─를 갖추다. ─盛饌(성찬)

眞髓 핵심을 이루는 가장 중요한 본질적
진 수 인 부분. 민주주의의 ─. ─를 보여주다.

進水 배를 무어 처음으로 물에 띄움.
진 수 ─式(식). ─할 배.

鎭守 군사적 요소를 굳게 지킴.
진 수 국경을 ─하는 군사.

陳述 자세히 이야기함. 또는 그 말.
진 술 ─書(서). ─한 내용.

眞實 거짓이 없고 참됨. 또는 참으로
진 실 ─한 사람. ─로 놀라운 일이다.

眞心 참된 마음.
진 심 ─에서 우러나오다. ─으로 환영하다.

盡心 마음과 정성을 다함.
진 심 ─竭力(갈력)

鎭壓 힘으로 억눌러서 가라앉힘.
진 압 폭동을 ─하다.

震央 지진이 발생하는 곳의 바로 위
진 앙 에 있는 지점. ─地(지)

塵埃 티끌
진 애 ─가 없는 공중. ─ 감염

津液 생물의 몸 안에서 생기는 액체.
진 액 ─이 어리다.

眞言 불경 속에 있는 주문의 하나로
진 언 부처가 하였다는 말. ─을 외다.

進言 윗사람에게 자기의 의견을 말
진 언 함. 유익한 말을 ─하다.

進宴 나라에 경사가 있을 때, 대궐
진 연 안에서 베풀던 잔치. ─都監

陳列 물건을 죽 벌여 놓음.
진 열 ─室(실). ─한 상품.

眞影 _{진 영} 얼굴을 그린 화상이나 사진. 충무공의 —을 모신 사당.

陣營 _{진 영} ①군대가 진을 치고 있는 구역. ②정치적 사회적으로 구분된 집단. 민주 —

陳外家 _{진 외 가} 아버지의 외가. —와 外外家(외외가).

陣容 _{진 용} ①진을 친 형세. —을 재정비하다. ② 어떤 일을 하기 위한 사람들의 구성.

震源 _{진 원} 지진이 발생하는 곳. 인신하여, 사건이나 소동이 일어난 근원. —地

眞僞 _{진 위} 진실과 허위. 사실의 참과 거짓. —를 가리다. —를 판단하다.

眞意 _{진 의} 속마음. 참뜻 —를 알지 못하다.

眞義 _{진 의} 참된 의미나 의의. —를 이해하지 못하다.

進人 _{진 입} ①어떤 곳에 들어감. —路 ②어떤 수준에 들어감. 선진국 대열에 —하다.

振作 _{진 작} 떨치어 일어나거나 일으킴. 기세가 —하다. 정신을 —하다.

進展 _{진 전} 일이 진행되어 발전함. 사건의 —. —을 멈추다.

眞正 _{진 정} 참되고 바름. 또는 참으로 —한 자유.

眞情 _{진 정} 거짓이 없는, 참된 정이나 진실한 마음. —한 사랑. —을 털어놓다.

陳情 _{진 정} 사정을 진술함. —書(서). 간절한 —.

鎭靜 _{진 정} 소란·흥분·아픔 등이 가라앉음. —劑(제). 전란이 —되다.

眞珠 _{진 주} 조개류의 체내에 생기는 구슬. — 목걸이

進駐 _{진 주} 진격하여 주둔함. 미군의 —.

珍重 _{진 중} 진귀하고 소중함. —한 문화재.

陣中 _{진 중} 군대의 진영 안. 또는 전쟁터 —에서 쓴 일기.

鎭重 _{진 중} 점잖고 무게가 있음. —한 말. —한 태도.

陣地 _{진 지} 방어나 공격을 위해 쌓은 전투용 보루. 방어 —. —를 구축하다.

眞摯 _{진 지} 태도가 참답고 착실함. —한 태도. —한 표정.

津津 _{진 진} ①푸지고 풍성풍성함. —한 술자리. ②흥미나 맛이 깊고 흐뭇함. 흥미—한 이야기.

診察 _{진 찰} 의사가 병의 증세를 살펴 봄. —을 받다. —券(권)

進陟 _{진 척} 일이 이루어지는 방향으로 진행되어 나아감. —이 빠르다.

進出 _{진 출} 일정한 방면으로 활동 분야를 열어 나아감. 경제계에 —하다.

盡忠 _{진 충} 충성을 다함. —竭力(갈력). —報國(보국)

進取 _{진 취} 적극적으로 나아가 일을 찾아 내 함. —性(성)이 있는 일꾼.

進就 _{진 취} 차차 이루어 나아감. —하는 사업.

塵土 _{진 토} 먼지와 흙. 백골이 — 되어 넋이라도 있고 없고.

陣痛 _{진 통} 해산을 하려고 배가 아픈 증세. 인신하여, 일이 이루어질 무렵에 겪는 괴로움.

鎭痛 _{진 통} 아픔을 가라앉혀 멎게 함. —劑(제). —이 되다.

進退 _{진 퇴} ①나아감과 물러감. —兩難 ②머무름과 떠남. —를 확실히 하다.

進退維谷 _{진 퇴 유 곡} 어찌 해볼 도리가 없음. —의 곤경에 빠지다.

振幅 _{진 폭} 진동하는 물체가 진동하기 전의 자리로부터 가장 많이 이동한 거리.

珍品 _{진 품} 진귀한 물품. —과 名品(명품).

眞品 _{진 품} 진짜 물건. —을 가려내다.

珍風景 _{진 풍 경} 보기 드문 이상한 광경. 웃지 못할 —이 벌어지다.

ㅈ

眞筆
진 필
본인이 직접 쓴 글씨.
은사의 —을 받았다.

進學
진 학
상급 학교로 나아감.
대학에 —하다.

進行
진 행
①앞으로 나아감. 차의 —이 어렵다. ②계
획에 따라 일을 해 나감. 회의를 —하다.

鎭魂
진 혼
죽은 이의 넋을 달래어 고이
잠들게 함. —曲(곡). —祭(제).

進化
진 화
진보하여 더 복잡하고 더 고급한
것으로 발전하는 일. —와 退化.

鎭火
진 화
불을 끔. 인신하여, 소동이나 소문을
가라앉힘. 유언비어의—에 나서다.

賑恤
진 휼
흉년에 곤란한 사람들을 도와
줌. 또는 그 일. 기민을 —하다.

振興
진 흥
침체된 상태에서 떨쳐 일으킴.
농촌 —. —策(책)을 강구하다.

疾苦
질 고
병으로 인한 괴로움.
—에 시달리다.

疾故
질 고
병에 걸리는 일.
—가 없다.

桎梏
질 곡
차꼬와 수갑. 인신하여, 자유를 속
박하는 압제. —에서 벗어나다.

質權
질 권
채무자의 담보물에서 채권자가
우선 변제를 받을 수 있는 권리.

姪女
질 녀
조카딸
—의 남편을 질서라 한다.

質量
질 량
물체에 들어 있는 물질의 양.
—缺損(결손)

質問
질 문
알아내거나 밝히려고 물음.
—을 던지다. —을 받다.

質朴
질 박
꾸민 티가 없이 수수함.
—한 생활.

疾病
질 병
병
— 보험. 여러 가지 —을 앓다.

姪婦
질 부
조카며느리
姪女(질녀)와 —.

窒酸
질 산
질소·산소·수소로 된 무기산.
— 암모늄. — 칼슘

姪壻
질 서
조카사위
姪女(질녀)와 —.

秩序
질 서
혼란을 일으키지 않도록 하기 위해
정해 놓은 차례나 절차. 교통 —

窒素
질 소
색·냄새·맛이 없는 기체 원
소의 한 가지. — 비료. —와 산소.

嫉視
질 시
시기하여 밉게 봄.
反目(반목)—. —를 받다.

窒息
질 식
숨이 막힘.
—死(사). 가스에 —을 하다.

質疑
질 의
의심나는 점을 물음.
—應答(응답)

質的
질 적
질에 관계되는 것.
— 문제. —으로 다르다.

質正
질 정
시비를 묻거나 따지에서 바로
잡음. —한 내용.

質定
질 정
갈피를 잡아서 확정함.
—을 못하다.

疾走
질 주
빨리 달림.
— 거리. 고속 도로를 —하는 차량.

叱責
질 책
꾸짖으며 나무람.
호된 —을 받다.

叱咤
질 타
큰 소리로 꾸짖음.
아들을 —하는 김영감.

跌宕
질 탕
흐드러져 흥취가 높음.
—한 풍류. —하게 먹고 마시다.

嫉妬
질 투
강새암
—心(심). 애인에 대한 —.

疾風
질 풍
빠르고 세차게 부는 바람.
—과 같이 내닫다.

疾患
질 환
=疾病(질병)
신경성 —

集結
집 결
한 데 모여서 뭉침. 또는 한 자리
에 모임. — 장소. 대중을 —하다.

集計
집 계
한 데 모아서 계산함. 또는 그
계산. —한 총계. —를 놓다.

集光
집 광
광선을 한 곳으로 모음.
— 렌즈

執權 정권을 잡음.
집 권　　—者(자). —黨(당)

集權 권력을 한 군데로 모음.
집 권　中央(중앙)—制(제)

什器 살림살이에 쓰는 온갖 그릇.
집 기　—를 마련하다.

執念 한 가지 일에만 매달리는 생각.
집 념　—을 버리다.

集團 사람이나 동물의 한 데 모인 떼.
집 단　— 생활. — 농장

執刀 수술이나 해부를 하기 위해 칼
집 도　을 잡음. 직접 —한 의사의 말.

執務 맡은 사무를 봄.
집 무　— 시간

集配 우편물이나 화물을 한 군데에
집 배　모았다가 배달함. —員(원)

執事 ①주인의 일을 맡아보는 사람.
집 사　②교회의 일을 맡아보는 평신도.

集散 모여듦과 흩어짐.
집 산　농산물의 —地(지).

執喪 상제 노릇을 함.
집 상　전례에 따른 —을 하다.

集成 여러 가지를 모아서 하나를 이
집 성　룸. 교통 법규를 —하다.

集約 하나로 모아 묶음.
집 약　내용을 —하다. —的(적) 영농법.

執拗 지긋지긋하게 끈덕짐.
집 요　—한 저항. —하게 따라 다니다.

集積 모아서 쌓거나 모여서 쌓임.
집 적　연구 결과의 —.

執典 의식이나 전례를 맡아서 집행
집 전　함. 신부가 미사를 —하다.

執政 나라의 정권을 잡음.
집 정　대원군의 —.

集註 여러 사람의 주석을 한데 모음.
집 주　論語(논어)—

集中 한 곳으로 모음.
집 중　— 사격. 주의를 —하다.

執着 마음을 단단히 먹고 달라붙음.
집 착　한 가지 일에 —하다.

執銃 총을 잡음.
집 총　— 훈련

執筆 글을 씀.
집 필　—陣(진). 원고의 —者(자).

集合 한 곳으로 모이거나 모음.
집 합　— 장소. —物(물)

執行 법령이나 판결·결정을 실행함.
집 행　사형을 —하다.

集會 여러 사람이 모이는 일. 또는
집 회　그 모임. 군중 —. —를 열다.

懲戒 허물을 뉘우치도록 나무라고 경계함.
징 계　또는 그 경계. 부패 공무원을 —하다.

徵發 국가 권력으로 물품을 거두어
징 발　들이거나 사람을 모아 들임.

懲罰 잘못된 행위에 대해 법적인 제
징 벌　재를 가함. 또는 그 제재.

徵兵 법에 의하여 해당자를 군대에 복부
징 병　시키기 위하여 부름. — 검사. —제도

徵稅 세금을 거두어 들임.
징 세　— 실적

徵收 조세나 돈을 받아들임.
징 수　세금을 —하다.

懲役 죄인을 교도소에 가두어 두고 강
징 역　제 노동을 시키는 형벌. —을 살다.

徵用 전시에 국가의 권력으로 국민을
징 용　불러내어 강제로 일을 시키는 일.

徵兆 조짐. 어떤 일이 생길 기미가
징 조　보이는 현상. 풍년의 —. 좋은 —.

徵集 국가가 병역 의무자를 현역병
징 집　으로 불러 모음. — 면제. — 영장

徵表 다른 사물과 구별되는 표지.
징 표　—로 삼다.

徵驗 ①어떤 징조나 징후를 겪어 봄. 나의
징 험　—에 의하다. ②경험에 비추어 보아 앎.

徵候 겉으로 나타나는 징조.
징 후　—를 정확하게 파악하다.

ᄎ

差減 비교해 보아서 줄어든 차이.
차 감 —이 심하다.

車庫 차를 넣어 두는 건물.
차 고 —地(지)

次官 장관 다음의 관직.
차 관 외교통상부 —

借款 국제간에 자금을 꾸어주는 일.
차 관 정부 —. 민간 —

遮光 광선을 막아 가림.
차 광 —幕(막). —유리

借金 돈을 꾸거나 빌림. 또는 그 돈.
차 금 —한 돈.

次期 다음 시기. 또는 다음 기.
차 기 — 대통령 후보. — 대회

次男 둘째 아들.
차 남 長男(장남)과 —.

車內 차의 안.
차 내 —의 손님.

次女 둘째 딸.
차 녀 長女(장녀)와 —.

遮斷 질러 막아서 통과하지 못하게
차 단 함. 교통 —. — 장치

車道 차만 다니도록 정해 놓은 길.
차 도 人道(인도)와 —.

差度 병이 조금씩 나아가는 일.
차 도 —가 있다. —가 보이다.

差等 같지 아니한 등급. 또는 등급에
차 등 서의 차이. —이 있다.

車輛 차. 또는 연결된 기차의 하나
차 량 하나의 차간. — 기지

茶禮 명절에 지내는 낮 제사. 다례
차 례 —를 지내다.

車輪 수레의 바퀴.
차 륜 —이 움직이기 시작하다.

借名 남의 이름을 빌림. 또는 그 이
차 명 름. —計座(계좌)

借邊 부기에서 계정 계좌의 왼쪽. 자산의
차 변 증감, 부채와 비용 등을 적는 자리.

差別 차가 있게 구별함. 또는 그런
차 별 구별. —을 두다. —이 심하다.

車費 차를 타는 요금.
차 비 —가 오르다. —를 내다.

差備 미리 갖추어 차림. 채비
차 비 떠날 —를 하다.

差使 중요한 임무를 맡겨 파견하던
차 사 임시 관원. 咸興(함흥)—

次序 차례
차 서 —를 따라 이야기를 하다.

次席 직위나 성적에서, 수석의 다음
차 석 자리. 首席(수석)과 —.

次善 최선에 다음 가는 것.
차 선 —策(책)을 찾아보다.

車線 차도에서 차가 주행하는 길을
차 선 표시해 놓은 선. —을 긋다. — 변경

差損 가격·환율의 변동 등으로 결
차 손 제에서 생기는 손실. —金(금)

差押 押留(압류)의 일제 때 용어.
차 압 —한 부동산.

車의 독음

車는 '수레 거' '수레 차'와 같이
같은 새김으로 '거·차'의 두 음이
있다.
어느 때 '거'로 읽고, 어느 때 '차'
로 읽는가는 관행에 따른다.
　人力車 : (○)인력거 (×)인력차
　自動車 : (×)자동거 (○)자동차
때로는 두 음으로 읽히기도 한다.
　　停車 : (○)정거 　(○)정차

差額 차가 나는 액수.
차 액 100만원의 —이 생기다.

遮陽 볕을 가리거나 비를 막으려고 치
차 양 는, 처마나 창에 덧대는 지붕.

借用 꾸거나 빌려서 씀.
차 용 —증서. —人(인)

次韻 남이 지은 시의 운자를 따서
차 운 시를 지음. —한 시.

次元 생각하거나 비교하거나 할 때의
차 원 잣대. 또는 그 정도. —이 다르다.

差異 서로 같지 않고 다른 점이나
차 이 정도. 능력의 —. —가 나다.

差益 들인 비용을 빼고 남은 이익.
차 익 —을 노린 땅 투기.

遮日 햇볕을 가리기 위해 치는 포장.
차 일 —을 치다.

此日彼日 이날 저날.
차 일 피 일 — 미루어 오다.

借入 돈 따위를 꾸어 들임.
차 입 —한 돈. 외화의 —.

借字 남의 언어의 글자를 빌려 쓴 글자.
차 자 이두는 한자로 우리말을 표기한 —이다.

車掌 차에 타고서 승객에 대한 서비스
차 장 등 차 안의 일을 맡아보는 사람.

次點 당선자의 다음 가는 득표수.
차 점 —으로 낙선하다.

此際 이 즈음. 또는 이 기회.
차 제 —에 하던 일을 정리해야겠다.

車種 자동차의 종류.
차 종 여러 가지 —을 생산하다.

次週 다음 주.
차 주 —금요일.

借主 돈을 꾸어서 쓴 사람.
차 주 —에게 빚 독촉을 하다.

蹉跌 헛디디어 넘어짐. 인신하여, 하
차 질 던 일이 틀어짐. —을 빚다.

差錯 그릇되거나 잘못됨.
차 착 한 치의 —도 없다.

車窓 차에 달린 창문.
차 창 —을 닫다. — 밖으로 보이는 풍경.

車體 차의 몸체.
차 체 차량을 —에서 분리하다.

車軸 수레바퀴의 굴대.
차 축 차바퀴를 —에 메우다.

差出 어떤 일을 시키려고 사람을 뽑
차 출 아냄. —한 인원.

且置 내버려 두고 문제 삼지 아니함.
차 치 그 문제는 —하고 다음 문제로 넘어 가자.

嗟歎 탄식하고 한탄함.
차 탄 —을 마지 아니하다.

此便 이 편.
차 편 —에 소식을 전해 주게.

車便 차가 오고 가는 편.
차 편 —에 짐을 부치다.

遮蔽 가리어 덮음.
차 폐 —物(물)

車票 승차권
차 표 —를 사다. —를 팔다.

此後 이 다음.
차 후 —에는 그런 일이 없도록 해라.

錯覺 사실과는 다르게 잘못된 감각
착 각 이나 생각. —을 일으키다.

着工 공사에 착수함.
착 공 — 기일. —과 준공.

着果 과일 나무에 열매가 열림.
착 과 잦은 비로 —가 좋지 않다.

着根 뿌리를 내림.
착 근 겨우 —한 사과나무.

着急 매우 급함.
착 급 —한 마음.

錯亂 뒤섞여 어지러움.
착 란 정신이 —하다. —을 일으키다.

着陸 항공기가 땅에 내림.
착 륙 불시 —. — 지점. —과 離陸(이륙).

着發 도착과 출발.
착 발 — 시간

着服 ①옷을 입음. ②남의 재물을 부당
착　복　하게 제것으로 함. 공금을 —하다.

着想 생각이나 구상을 잡음. 또는 그
착　상　생각이나 구상. 좋은 —이 떠오르다.

着色 물을 들이거나 색칠을 함.
착　색　— 유리. 선명하게 —되다.

着席 자리에 앉음.
착　석　손님들이 제 자리에 —하다.

着手 일을 시작함. 손을 댐.
착　수　공사에 —한 지 한 달이 지나다.

着水 비행기가 물 위에 내림.
착　수　—와 離水(이수).

錯視 실제와는 어긋나게 잘못 봄.
착　시　— 현상

着實 침착하고 성실함.
착　실　—한 사람. 공부를 —히 하다.

着岸 배가 바다나 강의 기슭에 닿음.
착　안　배가 무사히 —하다.

着眼 해결할 방도나 실마리를 잡음.
착　안　—點(점). 훌륭한 —을 하다.

鑿岩 바위를 뚫음.
착　암　—機(기)

着과 著

　著에는 '나타날 저'와 '붙을 착'의
두 자음이 있는데, '붙을 착'의 갈래
로는 着자를 만들어 쓰게 되면서,
현대에는 著는 '드러날 저'로만 쓰
고, '붙을 착'으로는 着으로만 쓰는
경향이 있다.

　着에는 다음과 같은 새김이 있다.
　　①붙을　　　착 : 密着(밀착)
　　②붙박이로살 착 : 土着(토착)
　　③다다를　　착 : 到着(도착)
　　④손댈　　　착 : 着工(착공)
　　⑤입을　　　착 : 着衣(착의)
　　⑥잡을　　　착 : 着想(착상)
　　⑦침착할　　착 : 着實(착실)

錯誤 착각으로 인하여 잘못함. 또는 그
착　오　런 잘못. —가 생기다. —를 일으키다.

着用 옷을 입거나 모자를 쓰거나 함.
착　용　—한 군복. 같은 복장을 —하다.

搾油 기름을 짬.
착　유　— 시설

搾乳 젖소나 양의 젖을 짬.
착　유　—器(기). 젖소의 하루 —量(량).

着衣 옷을 입음.
착　의　—와 脫衣(탈의).

着意 어떤 일에 마음을 붙임. 또는
착　의　마음에 새겨 둠. —한 일.

着任 임지에 도착함.
착　임　—한 신관 사또.

錯雜 뒤섞이어 복잡함.
착　잡　—한 심경. —한 문제.

錯綜 사물이 복잡하게 뒤섞임.
착　종　—한 사건들을 깨끗이 정리하다.

着地 공중에서 땅 위에 내려 섬.
착　지　— 동작. 낙하산이 —하다.

搾取 비틀어 짬. 인신하여, 자본가가 싼
착　취　임금으로 노동자를 부려 먹음.

着彈 쏜 탄환이 날아가서 떨어짐.
착　탄　또는 그 탄환. — 거리

讚歌 찬미하는 노래.
찬　가　祖國(조국)—

贊同 찬성하여 동의함.
찬　동　—과 지지를 표시하다. —하는 사람.

燦爛 ①눈부시게 황홀함. —한 광채.
찬　란　②훌륭하고 빛남. —한 미래.

讚美 아름다운 것을 기림.
찬　미　지상 낙원을 —하다.

贊反 찬성과 반대.
찬　반　—投票(투표)

贊否 찬성과 불찬성.
찬　부　—를 묻다.

讚佛 부처의 공덕을 기림.
찬　불　—歌(가)

讚辭 칭찬하는 말이나 글.
찬 사 　─를 듣다. ─를 보내다.

讚賞 훌륭하게 여겨 칭찬함.
찬 상 　분에 넘치는 ─을 받다.

贊成 옳다고 동의함.
찬 성 　─과 반대. 그의 의견에 ─하다.

讚頌 기리고 찬양함.
찬 송 　─歌(가)

纂修 글을 모아서 책으로 엮어 만듦.
찬 수 　조선 시대의 ─ 사업.

撰述 글을 지음. 또는 지은 그 글.
찬 술 　많은 ─을 남긴 박연암.

讚揚 칭찬하여 드러냄.
찬 양 　독립 투사를 ─하다.

燦然 눈부시게 빛남.
찬 연 　─한 업적. ─한 빛.

簒位 신하가 임금의 자리를 빼앗음.
찬 위 　왕위를 ─한 세조.

贊意 찬성하는 뜻.
찬 의 　─를 표시하다.

贊助 찬동하여 도움.
찬 조 　─金(금). ─ 출연

讚歎 깊이 감동하여 칭찬함.
찬 탄 　그의 업적을 ─하다.

簒奪 신하가 왕위를 빼앗음.
찬 탈 　왕위를 ─하다.

贊票 찬성의 뜻을 나타낸 표.
찬 표 　─를 던지다. ─와 否票(부표).

饌盒 주로 반찬을 담는, 여러 개를
찬 합 　포개어 한 벌로 된 그릇. 마른 ─

刹那 극히 짧은 동안. 인신하여, 어떤 일이
찰 나 　이루어지는 고비로 되는 바로 그때.

參加 관계하여 가입하거나 참여함.
참 가 　─ 인원. 항일 투쟁에 ─하다.

參見 남의 일에 아는 체하거나 간섭하여
참 견 　나섬. ─을 하다. ─을 안 해야 할 자리.

慘景 참혹한 광경. 비참한 정경.
참 경 　─을 당하다. ─을 목도하다.

參考 살펴서 도움이 될 재료로 삼음. 또
참 고 　는 그런 재료. ─ 서적. ─로 삼다.

參觀 가서 봄. 또는 참여하여 봄.
참 관 　공장을 ─하다.

慙愧 부끄럽게 여김. 부끄러워함.
참 괴 　─無面(무면). ─하는 빛.

慘劇 참혹하게 벌어진 일.
참 극 　─을 빚다.

慘憺 ①참혹하고 암담함. ─했던 피란살이.
참 담 　②끔찍할 만큼 형편 없음. ─한 패배.

僣濫 행동이 분수에 맞지 아니하게
참 람 　지나침. ─한 뜻. ─한 짓.

參禮 예식에 참여함.
참 례 　질녀의 혼례에 ─하다.

參謀 ①작전 계획에 참여하는 장교.
참 모 　②선거에서 계획을 세우는 사람.

參拜 ①신불에게 배례하. ②기념탑 등의 앞
참 배 　에서 경의나 추모의 뜻을 표하는 일.

慘變 참혹한 변고.
참 변 　─을 겪다.

參祀 제사에 참례함.
참 사 　친정 어머니의 제사에 ─하다.

慘死 사람이 참혹하게 죽음.
참 사 　─한 독립 투사.

慘事 참혹하거나 비참한 일.
참 사 　일대 ─를 빚다.

斬殺 목을 베어 죽임.
참 살 　─을 당하다.

慘殺 참혹하게 죽임.
참 살 　─을 당하다.

慘狀 참혹한 상태나 정상.
참 상 　─을 목격하다. ─이 벌어지다.

慙色 부끄러워하는 기색.
참 색 　─을 드러내다.

參席 어떤 자리에 참가함.
참 석 　회의에 ─하다.

參禪 좌선하여 도를 닦는 일.
참 선 　─하는 스님의 뒷모습.

ㅊ

讒訴 남을 헐뜯어 고해 바침.
참 소　충신을 ―한 간신.

斬首 사람의 목을 벰.
참 수　역적을 ―하다. ―를 당하다.

斬新 새롭고 산뜻함.
참 신　―한 아이디어.

讒言 거짓을 꾸며서 남을 헐뜯는 말.
참 언　―을 입어 귀양을 가다.

讖言 앞일에 대하여 그 길흉을 예언
참 언　하는 말. ―을 퍼뜨리다.

參與 참가하여 관계함.
참 여　국민의 ―가 절실하다.

讖緯 미래의 길흉을 예언하는 술법.
참 위　―書(서). ―說(설)

參酌 참고하여 알맞게 헤아림.
참 작　의견을 ―하다. 형편을 ―하다.

參戰 전쟁에 참가함. 또는 선수로서 경
참 전　기에 참가함. ― 용사. ―한 선수.

參政 정치에 참여함.
참 정　―權(권)

參照 참고로 대조하여 봄.
참 조　증빙 서류를 ―하다.

僭稱 참람하게 스스로 임금이라고
참 칭　일컬음. 또는 그 칭호.

慘敗 참혹하게 패함. 또는 그 실패나
참 패　패배. ―를 당하다. ―를 거듭하다.

斬刑 목을 베어 죽이는 형벌.
참 형　역적을 ―으로 다스리다.

慘刑 참혹한 형벌.
참 형　―을 받다.

慘酷 몸서리칠 정도로 끔찍함.
참 혹　―하게 죽이다.

慘禍 참혹한 재화.
참 화　전쟁의 ―. ―를 입다.

懺悔 과거의 잘못을 뉘우침.
참 회　―의 눈물을 흘리다.

唱歌 서양 악곡의 형식을 빌어 지은
창 가　노래. ―를 부르다.

創刊 정기 간행물을 처음으로 간행함.
창 간　―辭(사). 월간지의 ―.

創建 건물이나 조직체를 처음으로 세움.
창 건　불국사의 ― 연대. 고려 왕조를 ―하다.

槍劍 창과 검.
창 검　―을 잘 쓰다.

倉庫 물건을 넣어 두는 건물.
창 고　미곡 ―. ―를 보수하다.

蒼空 푸른 하늘.
창 공　―을 나는 철새.

窓口 ①물건을 출납하는 작은 창문. 매표―
창 구　②외부와의 교섭을 맡은 사람. 교섭―

創軍 군대를 창설함.
창 군　― 50돌을 기념하다.

猖獗 부정적인 세력이나 병이 걷잡을 수
창 궐　없이 퍼짐. 도둑이 ―하다. 독감이 ―하다.

唱劇 전통적인 판소리나 그 형식을
창 극　빌어서 만든 가극. ―調(조)

娼妓 몸을 파는 천한 기생.
창 기　―로 전락하다.

娼女 몸을 파는 여자.
창 녀　―의 신세 타령.

暢達 ①자유로이 마음껏 펼침. 언론―
창 달　②마음껏 자라남. 문화의 ―.

唱道 앞장을 서서 주창하여 말함.
창 도　―者(자)

唱導 앞장을 서서 주창하여 인도함.
창 도　민주화 운동을 ―하다.

創立 처음으로 설립함.
창 립　― 기념일. ―者(자)

蒼茫 너르고 멀어서 아득함.
창 망　―한 바다. ―한 초원.

窓門 벽에 낸 문.
창 문　―을 열다. ―으로 내다보다.

蒼白 푸른 기가 돌 정도로 해쓱함.
창 백　―한 얼굴.

唱法 노래를 부르는 방법.
창 법　―을 익히다.

娼婦 =娼女(창녀)
창 부 —로 전락하다.

創社 회사를 새로 설립함.
창 사 — 20주년을 맞다.

創傷 칼날 따위에 다친 상처.
창 상 —을 입다.

滄桑之變 자연이나 사회에 일어난
창 상 지 변 심한 변천.

蒼生 백성. 창맹(蒼氓)
창 생 억조 —이 선정을 기리다.

創設 처음으로 설치하거나 설립함.
창 설 —者(자). 연구소를 —하다.

昌盛 힘차게 융성함. 또는 매우 번
창 성 영함. 사업이 —하기를 비네.

創世 세계를 처음으로 만듦.
창 세 —記(기)

蒼松 푸른 소나무.
창 송 —綠竹(녹죽)

唱酬 서로 시문을 지어 주고 받고
창 수 함. 시를 —하다.

創始 처음으로 시작하거나 제창함.
창 시 —者(자)

創案 새롭게 일을 생각해 냄. 또는
창 안 그 안. —者. 새로운 기계를 —하다.

創業 ①나라를 처음으로 세움. 고구려 —
창 업 ②사업을 처음으로 이룩함. —者(자)

蒼然 ①어둑어둑함. —히 저무는 빛. ②오
창 연 래되어 예스러움. 고색이 —하다.

倡義 의병을 일으킴.
창 의 —文(문). —所(소)

創意 새롭게 생각해 낸 의견. 독창
창 의 적인 생각. —와 創案(창안).

創痍 병기에 다친 상처.
창 이 滿身(만신)—의 부상병.

漲溢 물이 불어서 넘쳐 흐름.
창 일 강물이 —하다.

創作 ①처음으로 고안하여 만듦. —과 모방.
창 작 ②예술적 작품을 지음. — 활동

創製 처음으로 제작하거나 제정함.
창 제 훈민정음을 —하다.

創造 ①새로운 것을 처음으로 만듦. 문화 —
창 조 ②조물주가 우주를 처음 만듦. 天地 —

倉卒間 미처 어쩔 수 없는 갑작스
창 졸 간 러운 사이. —에 당한 일.

蒼蒼 ①매우 푸름. —한 하늘. ②앞길이
창 창 멀어서 아득함. 장래가 —한 청년.

蒼天 푸른 하늘.
창 천 —을 우러러 보다.

創出 ①처음으로 이루어져 생겨남.
창 출 ②처음으로 만들어내거나 지어냄.

滄波 푸른 물결. =蒼波(창파)
창 파 萬頃(만경)—

昌平 나라가 창성하고 세상이 태평함.
창 평 —한 세월을 노래하다.

蒼海 푸른 바다. =滄海(창해)
창 해 —의 一粟(일속)

窓戶 창문 · 장지문의 통칭.
창 호 —를 바르다.

唱和 시나 노래를 한 쪽에선 부르고
창 화 다른 쪽에선 화답함.

蒼皇 어찌할 겨를이 없이 매우 급함.
창 황 —罔措(망조)

採光 햇빛이나 햇볕을 받아들임.
채 광 —窓(창). —이 좋다.

採鑛 광물을 캐냄.
채 광 —法(법). —을 하는 광부.

採掘 땅 속에 묻혀 있는 것을 캐냄.
채 굴 —權(권). 석탄을 —하다.

債券 국가나 단체가 자금을 마련하는
채 권 수단으로 발행하는 유가 증권.

債權 빚을 준 사람이 빚을 진 사람에게
채 권 행할 수 있는 금전상의 권리.

採納 의견이나 요구를 받아들임.
채 납 의견을 —하다.

采緞 혼인 때 신랑집에서 신부집으로 보
채 단 내는 청색 · 홍색의 두 가지 비단.

菜毒 _{채 독} 채소에 섞여 있는 독기에 중독 된 병증. —에 걸리다.

採錄 _{채 록} ①채집하여 기록함. 또는 그 기록. ②소리나 목소리를 녹음함.

債務 _{채 무} 빚을 진 사람이 빚을 준 사람에 게 행해야 하는 금전상의 의무.

採算 _{채 산} 수입과 지출을 맞추어 보는 계 산. 독립—制(제). —을 맞추다.

彩色 _{채 색} 여러 가지의 고운 빛깔. — 구름. —을 써서 그린 그림.

採石 _{채 석} 돌을 떠냄. —山(산). —場(장)

菜蔬 _{채 소} 온갖 푸성귀와 나물. — 반찬. — 재배 단지

菜食 _{채 식} 주로 채소로 만든 반찬을 먹음. —主義. —과 肉食(육식). —家(가)

採用 _{채 용} 받아들여 씀. 임시 —. 새 방법을 —하다.

彩雲 _{채 운} 여러 빛깔로 아롱진 구름. 선녀가 —을 타고 내려오다.

菜田 _{채 전} 남새밭 —을 가꾸다. —에 심은 무.

採點 _{채 점} 성적을 평가하여 점수를 매김. 또는 그 점수. —表(표)

採種 _{채 종} 씨앗을 골라서 받음. 또는 받 은 그 씨앗. —畓(답)

採集 _{채 집} 캐거나 잡아서 모음. 곤충 —. 약초 —

採取 _{채 취} 찾아서 캐거나 따거나 하여 얻어 냄. 식물을 —하다. 광석을 —하다.

採炭 _{채 탄} 석탄을 캐냄. —量(량). —場(장)

採擇 _{채 택} 가려서 취함. —된 의견. 규약을 —하다.

採血 _{채 혈} 병을 진단하거나 수혈을 위해 피를 뽑음. —한 피.

彩畫 _{채 화} 채색을 써서 그린 그림. 墨畫(묵화)와 —.

策動 _{책 동} 일을 몰래 꾸며서 행동함. —을 분쇄하다. 분열을 —하다.

策略 _{책 략} 계책과 방략. —家(가). —과 포부.

策勵 _{책 려} 채찍질하여 격려함. —를 늦추지 아니하다.

冊曆 _{책 력} 천체의 운행을 계산하여 적은 책. —을 보고 절기를 알다.

冊立 _{책 립} 조직으로 왕후나 왕세자를 봉 하여 세움. —한 왕세자.

責望 _{책 망} 허물을 꾸짖고 나무람. 호되게 —하다.

責務 _{책 무} 직책과 임무. 또는 책임진 임무. 중대한 —.

策問 _{책 문} 정치에 관한 계책을 묻던, 과 거의 시험 과목의 하나.

冊房 _{책 방} 책을 파는 가게. 서점 책을 사러 —에 가다.

冊封 _{책 봉} 왕세자·후·비빈·부마 등을 봉작함. 세자를 —하다.

冊肆 _{책 사} =冊房(책방) —에 들러 오는 길이다.

冊床 _{책 상} 책을 보거나 글씨를 쓰는 상. —물림. 사무를 보는 —.

責任 _{책 임} 맡겨진 임무나 의무. 중대한 —. —을 진 부서.

冊張 _{책 장} 책을 이루고 있는 낱장. —을 넘기다. —의 갈피.

策定 _{책 정} 계획을 세워 정함. 예산을 —하다.

妻家 _{처 가} 아내의 친정. —살이. —집

處決 _{처 결} 결정하여 처리함. —을 기다리다.

妻男 _{처 남} 아내의 오라비. —과 매부.

處女 _{처 녀} 아직 결혼하지 아니한 여자. — 시절. —와 총각.

處女林 아직까지 사람의 발길이 닿
처 녀 림 지 않은 자연 그대로의 숲.

處女作 처음으로 내는 작품.
처 녀 작 —을 발표하다.

處斷 결단을 내려 처분함.
처 단 —을 내리다. —한 역적.

妻德 아내로 말미암아 입은 은덕.
처 덕 —을 입다.

凄凉 ①서글프고 구슬픔. 신세가 —하다.
처 량 ②마음이 쓸쓸함. —한 생각.

處理 ①사무를 다스리어 마무리지음. ②결과
처 리 를 얻기 위해 화학적 작용을 일으킴.

處方 ①병을 치료하기 위해 내는 약을
처 방 짓는 방법. ②일을 처리하는 대책.

處罰 벌을 줌. 형벌에 처함.
처 벌 —을 받다. 중죄로 —하다.

妻福 훌륭한 아내를 맞는 복.
처 복 —이 많다. —이 있다.

處分 ①처리해 치움. 빨리 —하라.
처 분 ②법에 의한 처리. 불기소 —

處士 벼슬하지 아니하고 초야에 묻
처 사 혀 사는 선비. 山林(산림)—

處事 일을 처리함.
처 사 —가 公正(공정)하다.

處世 세상 사람들과 더불어 살아감.
처 세 —術(술). —에 능한 사람.

處所 있는 곳. 또는 거처하는 곳.
처 소 —를 정하다. —를 옮기다.

妻侍下 아내에게 쥐여지내는 처지.
처 시 하 —로 사는 오늘의 남자들.

處身 세상을 살아가는 몸가짐.
처 신 —을 잘하다. —을 조심하다.

凄然 구슬픔. 또는 쓸쓸함
처 연 —히 들려오는 피리소리.

妻子 아내와 자식.
처 자 父母(부모)—. —를 돌보다.

凄切 몹시 처량함.
처 절 —한 느낌.

凄絶 더할 수 없이 처참함.
처 절 —한 전투.

妻弟 아내의 친정 여동생.
처 제 妻兄(처형)과 —. —와 처남.

妻族 아내의 친정 겨레붙이.
처 족 —의 계보.

處地 처하고 있는 사정이나 형편.
처 지 어려운 —. 가족처럼 지내는 —.

凄惨 끔찍스럽게 참혹함.
처 참 —한 광경. —한 생활.

凄愴 몹시 구슬프고 애달픔.
처 창 —한 감회에 잠기다.

處處 곳곳
처 처 —에서 들려오는 환호.

萋萋 초목이 우거져 무성함.
처 처 —한 방초(芳草).

妻妾 본처와 첩.
처 첩 —간의 질투. —을 거느리다.

處置 ①처리하여 치우거나 없앰.
처 치 ②치료하거나 손을 씀. 응급 —

妻兄 아내의 친정 언니.
처 형 —과 妻弟(처제).

處刑 형벌에 처함. 또는 사형에 처함.
처 형 —을 당하다. —한 반역도.

剔抉 뼈를 발라냄. 인신하여, 부정이나
척 결 폐단의 뿌리를 파헤쳐 깨끗이 없앰.

戚黨 친족이 아닌 겨레붙이.
척 당 —이 없다.

尺度 ①자로 재는 길이의 표준. ②평가하거
척 도 나 측정하는 기준. 생활 수준의 —.

斥佛 불교를 배척함.
척 불 —崇儒(숭유). —論(론).

處의 새김
①살   처 : 處世(처세)
②다스릴 처 : 處理(처리)
③곳   처 : 居處(거처)

擲柶 윷. 또는 윷놀이
척 사 — 대회

刺殺 찔러 죽임. '자살'로도 읽음.
척 살 사람을 —하다.

滌暑 더위를 씻어 몸을 시원하게 함.
척 서 땀을 내면 —가 된다.

脊髓 등골뼈 안에 있는 중추 신경 계
척 수 통의 한 부분. —炎(염). — 신경

脊椎 등골뼈
척 추 — 동물

斥逐 물리쳐 내쫓음.
척 축 —을 당한 중신.

斥黜 관직을 떼고 내쫓음.
척 출 사화로 —된 충신.

瘠土 메마른 땅.
척 토 —를 옥토(沃土)로 만들다.

斥和 화의하는 것을 배격함.
척 화 대원군이 세운 —碑(비).

斥候 적의 상황을 엿보아 살핌.
척 후 —兵(병). —하는 척병.

天干 육십 갑자의 위를 이루는 甲·乙·丙·
천 간 丁·戊·己·庚·甲·壬·癸의 열 요소.

薦舉 사람을 어떤 자리에 추천함.
천 거 후임자를 —하다.

淺見 천박한 견문이나 견해. 자기
천 견 의견을 겸손하게 이르는 말.

千古 오랜 세월에 걸침. 또는 오랜 세월
천 고 에 걸쳐 그 유가 드문. —의 영웅.

天高馬肥 하늘이 높고 말이 살찜.
천 고 마 비 가을철을 형용하는 말.

千苦萬難 갖은 고생과 온갖 곤란.
천 고 만 난 —을 겪다.

穿孔 구멍을 뚫음.
천 공 발파를 위한 —이 끝나다.

天球 관측하는 사람의 시계에 있는
천 구 하늘. —儀(의)와 지구의.

天國 하늘나라. 천당. 인신하여, 이상적
천 국 인 세계. 어린이의 —. 거지의 —.

千軍萬馬 많은 군사와 군마. =千
천 군 만 마 兵萬馬. —가 달려 나가다.

千金 ①많은 돈. 많은 값. —을 주고도 못
천 금 산다. ②매우 귀중한 것. —같은 아들.

天氣 하늘의 기운. 곧 날씨
천 기 맑고 서늘한 —. —圖(도)

天機 ①자연의 기밀. —를 보다.
천 기 ②국가의 기밀. —를 누설하다.

賤妓 천한 기생.
천 기 —의 신세를 면하다.

千兩 매우 많은 돈.
천 냥 — 빚도 말로 갚는다.

天怒 천자의 노여움. 임금의 노여움.
천 노 —를 사서 귀양살이하다.

擅斷 함부로 독단함. 또는 그런 독단.
천 단 —을 내리다.

天堂 하늘나라. 영혼이 가서 행복하
천 당 게 산다는 세상. —에 가다.

賤待 천하게 대접하거나 대함.
천 대 —를 받다. —를 하다.

天道 하늘의 자연한 도리. 또는 자
천 도 연의 합법칙성. —가 무심하랴?

遷都 도읍을 옮김.
천 도 조선 왕조의 한양 —.

天來 선천적인.
천 래 —의 낙천가.

千慮一得 어리석은 사람도 때로는
천 려 일 득 잘하는 일을 할 수도 있음.

千慮一失 슬기로운 사람도 때로는 잘
천 려 일 실 못하는 수도 있을 수 있음.

川獵 냇물에서 고기잡이를 하는 일.
천 렵 앞내에서 —으로 한때를 즐기다.

賤陋 천하고 더러움.
천 루 —한 심보.

天倫 부모 형제 사이에서 마땅히 지
천 륜 켜야 할 도리. —을 어기다.

天理 자연의 이치.
천 리 —에 어긋나다.

千里馬 하루에 1000리를 달릴 정도
천 리 마 로 걸음이 매우 빠른 말.

千里眼 1000리를 내다 볼 수 있는 눈. 곧
천 리 안 사물을 꿰뚫어 보는 깊은 관찰력.

天幕 비바람이나 햇볕을 막기 위해
천 막 치는 막. —을 치다.

千萬 ①아주 많은 수효. — 가지. —金
천 만 ②이를 데 없음. 유감 —이다.

天明 밝을 녘. 날이 샐 무렵.
천 명 —에 길을 떠나다.

天命 ①타고난 목숨이나 운명. —을 다
천 명 하다. ②하늘이 준 명. —을 어기다.

闡明 드러내어 밝힘.
천 명 당의 방침을 —하다.

天文 우주와 천체의 온갖 현상.
천 문 —을 연구하다. —과 地理(지리).

賤民 신분이 천한 백성.
천 민 — 문학. —들의 생활상.

淺薄 ①지식이나 생각이 얕음. —한 식견.
천 박 ②말이나 짓이 상스러움. —한 행동.

天方地軸 ①종작없이 덤벙댐. ②
천 방 지 축 허둥허둥 날뛰는 모양.

天罰 하늘이 내리는 벌.
천 벌 —을 받다. —이 내리다.

千變萬化 천만 가지로 일어나는
천 변 만 화 변화. —의 낙조를 바라보다.

千兵萬馬 ＝千軍萬馬(천군만마)
천 병 만 마 —가 내달리는 듯하다.

天福 하늘이 내려준 복.
천 복 —을 누리다.

天賦 선천적으로 타고남.
천 부 —의 소질. —의 재능.

千不當 매우 부당함.
천 부 당 —萬不當(만부당). —한 짓.

天崩之痛 임금이나 아버지의 상사
천 붕 지 통 를 당한 슬픔의 비유.

天使 ①천자가 보낸 사신. ②신이나
천 사 하느님의 사도. 백의의 —.

千思萬慮 여러 가지의 생각이나 걱
천 사 만 려 정. —가 꼬리를 물고 일어나다.

天生 ①타고난 듯이. — 여자 같다.
천 생 ②매우 흡사히. — 제 엄마다.

天生緣分 하늘이 마련하여 준 연분.
천 생 연 분 —으로 만난 부부.

天性 타고난 성품.
천 성 —이 어질다. 제2의 —.

天壽 타고난 수명.
천 수 —를 다하다.

天水畓 빗물에 의존하여 경작하는 논. 천
천 수 답 둥지기. 양수기로 —에 물을 대다.

賤視 천하게 보거나 업신여겨 낮게
천 시 봄. 육체 노동을 —하는 풍조.

喘息 숨이 차고 가래가 성한 병.
천 식 —에 시달리는 늙은이.

薦新 그 해에 새로 난 과일이나 곡
천 신 식으로 제사를 지냄.

千辛萬苦 여러 가지로 애를 쓰는
천 신 만 고 무한한 고생. —를 겪다.

千尋 천 길. 곧 매우 높거나 깊음.
천 심 ＝千仞(천인). —絶壁(절벽)

天心 ①하늘의 한가운데. —의 달.
천 심 ②하늘의 뜻. —을 어기다.

天顔 임금의 얼굴.
천 안 —을 우러러 뵙다.

天殃 하늘이 벌로 내리는 앙화.
천 앙 악한 자에게 어찌 —이 없을소냐?

天涯 ①하늘의 끝. 아득히 먼 곳의 비유.
천 애 ②이 세상에 살아 있는 혈육이 없음.

天壤 하늘과 땅.
천 양 —之判(지판). —의 차이가 있다.

千言萬語 수 없이 많이 하는 말.
천 언 만 어 —보다 무게 있는 한 마디 말.

賤業 낮고 천하다고 보는 직업이나 영
천 업 업. 육체 노동을 —으로 여기다.

賤役 천한 일.
천 역 —도 마다 하지 아니하다.

ㅊ

天然 천 연 인공이 가하여지지 아니한 상태. — 가스. —石(석). —의 요새.

天佑神助 천 우 신 조 하늘과 신의 도움. —로 목숨을 구하다.

天運 천 운 ①하늘이 정한 운수. —이 다하다. ②몹시 다행한 운수. —으로 살아나다.

天恩 천 은 하늘의 은혜. 또는 임금의 은혜. —을 입다. —이 망극하다.

天衣無縫 천 의 무 봉 시가나 문장의 완미함이나 사물의 완전무결함의 형용.

千仞 천 인 천 길. 곧 매우 높거나 깊음. — 절벽

天人 천 인 하늘과 사람. —共怒(공노)할 일.

賤人 천 인 지체가 낮고 천한 사람. 노동자를 —으로 멸시하던 시대.

天日塩 천 일 염 염전에 바닷물을 가두어 햇볕과 바람으로 수분을 증발시켜 만든 소금.

天子 천 자 황제. 봉건 시대에 제후를 거느리고 천하를 다스리던 왕.

天資 천 자 타고난 자질. —가 총명하다.

天才 천 재 남보다 훨씬 뛰어난 재주. 또는 그런 재주를 가진 사람. — 교육

天災 천 재 자연 현상으로 일어나는 재앙. —를 입다.

千載一遇 천 재 일 우 좀처럼 만나기 어려운 좋은 기회. —의 좋은 기회.

天災地變 천 재 지 변 자연 현상으로 일어나는 재난. —을 겪다.

天敵 천 적 상대방을 먹이로 삼아 살아가는 생물이나 존재. —을 만나다.

天井 천 정 반자의 겉면. 천장 —을 노려보다.

天定配匹 천 정 배 필 하늘이 부부로 정해 준 짝. =天生配匹

天井不知 천 정 부 지 물건 값이 엄청나게 자꾸만 오르는 일. 물가가 —로 치솟다.

天祭 천 제 천신에게 지내는 제사. —를 올리던 고대 사회.

天主 천 주 카톨릭에서 하느님을 이르는 말. —께 기도하옵니다.

天誅 천 주 =天罰(천벌) —를 받다.

天中佳節 천 중 가 절 단오를 좋은 명절이란 뜻으로 이르는 말.

天地 천 지 ①하늘과 땅. —가 진동하다. — 개벽. ②세상. 세계. 암흑 —. 자유 —

天地神明 천 지 신 명 천지 조화를 주재하는 신. —께 맹세하다.

天職 천 직 타고 난, 천성에 맞는 직업. 교직을 —으로 여기다.

賤職 천 직 천한 직업. 노동을 —으로 여기다.

天眞 천 진 거짓이나 꾸밈이 없이 순진함. —無垢(무구). 어린이의 —한 웃음.

天眞爛漫 천 진 난 만 조금의 꾸밈도 없이 아주 순진함. —한 어린이.

千差萬別 천 차 만 별 차이와 구별이 아주 많음. —한 성격.

穿鑿 천 착 구멍을 뚫음. 인신하여, 깊이 파고 들어 연구함. 깊이 —하다.

賤妾 천 첩 종이나 기생으로서 남의 첩이 된 사람. —의 소생.

天體 천 체 우주 공간에 떠 있는 해·달·별 등의 통칭. —를 관측하다.

天寵 천 총 임금의 총애. —을 입다.

千秋 천 추 오래고 긴 세월. —萬代(만대). —의 한.

天軸 천 축 천구 위에 북극과 남극을 잇는 가상의 직선. —은 지축과 평행한다.

天痴 천 치 선천적으로 의식 활동이 정상이 아닌 사람. —같은 사람.

天則 천 칙 자연의 법칙. 죽고 삶은 —이다.

天秤 지레의 원리를 이용하여 물체
천 칭 의 무게를 다는 정밀한 저울.

賤稱 천하게 일컬음. 또는 천한 일
천 칭 컬음. —과 敬稱(경칭).

千態萬象 천차만별의 형상이나 상
천 태 만 상 태. —의 놀음놀이.

千篇一律 여러 사물이 개별적인 특성이
천 편 일 률 없이 그저 모두 엇비슷함.

天稟 선천적으로 타고난 기품.
천 품 고결한 —.

天下 ①온 세상. —가 다 아는 일. ②세
천 하 상에 드문. — 장사. — 명필

淺學 학식이 천박함. 또는 천박한
천 학 학식. —菲才(비재).

天漢 맑은 날의 밤하늘에 남북으로
천 한 띠처럼 보이는 항성의 무리.

淺海 얕은 바다.
천 해 — 어업. —와 深海(심해).

天幸 아주 다행함.
천 행 —으로 자네를 만났네.

擅行 제 마음대로 결단하여 행함.
천 행 독재자의 —.

天險 땅의 형세가 천연으로 험함.
천 험 —의 요새. —之地(지지)

天刑 하늘이 내리는 벌.
천 형 —病(병)

天惠 하늘이 베풀어 준 은혜. 곧 자
천 혜 연의 은혜. —의 보고. —의 요새.

擅橫 거리낌 없이 제마음대로 함.
천 횡 정사를 —하다.

鐵甲 ①쇠로 만든 갑옷. ②쇠붙이를
철 갑 겉에 씌워 만든 것. —船(선)

鐵鋼 철과 강철.
철 강 — 공업. — 산업

撤去 자리잡고 있던 곳에서 떠나감. 또
철 거 는 시설물을 거두어 들임. —民(민)

鐵骨 철재로 된 뼈대.
철 골 — 구조

鐵工 쇠를 다루어서 제품을 만드는 일.
철 공 또는 그런 일을 하는 사람. —所

鐵鑛 철을 포함하고 있는 광석. 또는
철 광 그런 광석이 나는 광산. — 지대

鐵橋 철로를 깐 다리.
철 교 한강 —

撤軍 주둔했던 군대를 철수함.
철 군 — 명령이 내리다.

鐵拳 쇠주먹. 곧 굳센 주먹이나 폭력.
철 권 —통치

鐵筋 콘크리트 속에 박는 쇠막대.
철 근 — 골조. —콘크리트

鐵器 쇠로 만든 그릇이나 기구.
철 기 — 시대. 石器(석기)와 —.

鐵道 기차가 다니는 철길.
철 도 —網(망). 고속 —. — 운임

徹頭徹尾 처음부터 끝까지 철저함.
철 두 철 미 또는 처음부터 끝까지.

鐵路 기차가 다니도록 레일을 깐 길.
철 로 —를 달리다.

鐵馬 기차
철 마 —가 들어온 역사.

鐵網 철사로 그물처럼 얽은 물건. 또는
철 망 철조망. —을 치다. —을 넘어오다.

鐵面皮 뻔뻔스럽고 염치가 없는 태
철 면 피 도. 또는 그런 사람. —한 사람.

鐵物 쇠로 만든 물건.
철 물 —廛(전)

鐵壁 쇠로 만든 벽. 인신하여, 아주
철 벽 견고한 방비. —의 방어.

撤兵 주둔하고 있던 군대를 철수함.
철 병 점령지에서 —하다.

鐵棒 ①쇠몽둥이. ②두 말뚝 사이에 쇠막
철 봉 대기를 가로질러 놓은 운동 기구.

鐵絲 쇠로 만든 가늘고 긴 줄.
철 사 가는 —. —로 감다.

撤床 상 위에 차려 놓았던 음식물을
철 상 거두어 치움. —을 하다.

ㅊ

鐵石 쇠와 돌. 인신하여, 썩 굳고 단
철 석 단함. —같은 맹세.

撤收 있던 곳에서 거두어서 물러남.
철 수 군대를 —하다.

撤市 시장·점포의 문을 닫고 영업
철 시 을 그만둠. —한 종로 거리.

徹夜 밤을 샘.
철 야 — 작업. —를 하다.

鐵甕城 방비나 단결이 견고한 상태
철 옹 성 의 형용. —같이 견고하다.

哲人 현철한 사람. 또는 철학자
철 인 20세기의 —.

鐵材 선철이나 강철로 된 재료.
철 재 —와 木材(목재).

徹底 속속들이 미치어서 부족함이나 빈
철 저 틈이 없음. —한 준비. 사상이 —한 사람.

鐵製 쇠를 재료로 하여 만듦. 또는
철 제 만든 그 물건. — 책상. —와 木製.

鐵條網 가시철사를 그물 모양으로
철 조 망 엮은 물건. —을 쳐 놓은 휴전선.

鐵窓 쇠로 창살을 박은 창문. 인신
철 창 하여, 감옥. 교도소. — 생활

鐵柵 쇠살로 만든 울타리나 우리.
철 책 —으로 둘러 막다. —을 넘어오다.

徹天 두고두고 잊을 수 없도록 뼈에
철 천 사무치는. —의 원수. —之恨(지한)

鐵則 어기거나 변경할 수 없는 법칙.
철 칙 또는 엄격한 규칙. —으로 삼다.

鐵塔 철재로 조립하여 세운 구조물.
철 탑 고압선의 —.

鐵桶 쇠로 만든 통. 인신하여, 준비
철 통 나 대책이 튼튼함. —같은 경계.

撤退 거두어서 물러남.
철 퇴 점령군이 —하다.

鐵槌 쇠몽둥이. 또는 쇠몽치
철 퇴 —를 들고 달려 나오다.

鐵板 쇠로 만든 판.
철 판 —을 깔다. —구이

撤廢 걷어치워서 폐지하거나 없앰.
철 폐 호주제도의 —. 군사 기지의 —.

哲學 인생이나 우주에 관한 근본 원리를 연구하
철 학 는 학문. 또는 세계관이나 신념의 비유.

鐵血 전쟁에 쓰는 병기와 전쟁에서
철 혈 흘리는 피. —政治(정치)

撤回 도로 거두어들임.
철 회 사표를 —하다.

添加 덧붙이거나 더 보탬.
첨 가 —할 보충 설명. —와 삭감.

尖端 ①물건의 뾰족한 끝. 시계탑의 —.
첨 단 ②맨 앞장. — 과학. 현대 문명의 —.

尖兵 행군하는 부대의 앞장을 서서 적의
첨 병 움직임을 살피고 경계하는 군사.

添附 문서나 안건에 더 보태거나 덧
첨 부 붙임. 이력서를 —한 입사 원서.

添削 첨가하거나 삭제함.
첨 삭 한 자의 —도 없는 원고.

尖銳 ①서슬이 날카로움. —한 칼끝.
첨 예 ②사태가 날카로움. —한 대립.

僉位 여러분
첨 위 —의 양해를 구합니다.

諂諛 아첨
첨 유 —之風(지풍)

添盞 술이 남아 있는 술잔에 술을
첨 잔 더 따름. —을 해 잔을 채우다.

尖塔 꼭대기가 뾰족한 모양의 탑.
첨 탑 찌를듯 높이 솟은 —.

捷徑 지름길. 인신하여, 쉽고 빠른
첩 경 방법. 성공의 —.

諜報 정탐한 사정을 보고함. 또는
첩 보 그 보고. —網(망). —를 받다.

貼藥 화제에 따라 지은, 약봉지에
첩 약 싼 약. —을 달이다.

諜者 =間諜(간첩)
첩 자 —를 비밀리에 보내다.

牒紙 대한제국 때의, 판임관의 임명
첩 지 장. —를 받다.

疊疊 여러 겹으로 쌓이거나 싸인 모
첩 첩 양. —愁心(수심). —山中(산중)

聽覺 귀가 소리를 듣는 감각.
청 각 — 기관. —이 예민하다.

聽講 강의를 들음.
청 강 —生(생)

淸潔 ①맑고 깨끗함. —한 실내.
청 결 ②맑고 깨끗하게 함. —하는 버릇.

晴耕雨讀 농사를 지으면서 틈이
청 경 우 독 나는 대로 학문을 닦음.

淸高 청백하고 고결함.
청 고 —한 인격. —한 기품.

靑果 싱싱한 과일과 채소.
청 과 —物(물) 시장

請求 달라고 요구함.
청 구 —權(권). —者(자). —한 물자.

靑年 나이가 20, 30 전후의 젊은 사
청 년 람. 장래가 촉망되는 —.

淸淡 ①빛이 맑고 담박함. —한 묵화.
청 담 ②맛이 느끼하지 않고 개운함.

淸談 속되지 않고 고상한 이야기.
청 담 —을 나누다.

靑銅 구리와 주석의 합금.
청 동 —器(기). — 화로

淸亮 소리가 맑고 깨끗함.
청 량 —한 소리.

淸涼 맑고 서늘함.
청 량 —한 가을 바람.

聽力 귀로 소리를 듣는 능력.
청 력 —計(계)

淸洌 ①물이 맑고 참. —한 샘물. ②맛
청 렬 이 산뜻하고 시원함. —한 맛.

淸廉 마음이 깨끗하고 재물을 탐내는
청 렴 일이 없음. —潔白(결백)한 사람.

靑樓 창부를 두고 영업하는 집. 기
청 루 생집. —에 드나들다.

淸明 ①24절기의 하나. ②날씨가 개
청 명 고 화창함. —한 가을 날씨.

聽聞 ①들리는 소문. —이 사납다.
청 문 ②의견을 들음. —會를 열다.

淸白 물욕에 대해 청렴하고 결백함.
청 백 —吏(리). —한 생활.

淸白吏 청렴 결백한 관리.
청 백 리 —로 명성이 높은 황희 정승.

請負 영리의 목적으로 토목·건축의 일을
청 부 도급으로 맡는 일. —業(업). —를 맡다.

淸貧 결백하고 가난함.
청 빈 —한 선비.

靑史 역사. 역사상의 기록.
청 사 —에 길이 빛나다.

廳舍 관청의 건물.
청 사 종합 —. 중앙 —

靑寫眞 미래에 대한 희망적인 계획
청 사 진 이나 구상. —을 제시하다.

靑山 푸른 산.
청 산 —流水(유수). —에 매 띄워 놓기.

淸算 ①말끔하게 셈을 닦음. —人 ②결
청 산 말지어 없앰. 일제의 잔재를 —하다.

淸爽 맑고 시원함.
청 상 —한 느낌. —한 물소리.

靑孀寡婦 아주 젊어서 된 과부.
청 상 과 부 —로 수절하다.

淸掃 쓸고 닦고 털어서 깨끗하게 함.
청 소 실내 —. — 도구

靑少年 청년과 소년.
청 소 년 — 보호법. —의 기상.

淸秀 ①깨끗하고 준수함. —한 얼굴.
청 수 ②속되지 않고 뛰어남. —한 자질.

淸純 깨끗하고 순수함.
청 순 —한 사람.

淸新 깨끗하고 산뜻함. 또는 맑고 새
청 신 로움. —한 공기. 마음이 —해지다.

淸雅 속된 티 없이 맑고 아름다움.
청 아 —한 노래소리.

靑眼 좋은 마음으로 남을 보는 눈.
청 안 —과 白眼(백안). —視(시)

ㅊ

請約 계약을 성립시킬 목적으로 하
청 약 는 의사 표시. 주택 — 예금

靑雲 푸르게 보이는 구름. 인신하여,
청 운 높은 명예나 지위. —에 뜻을 두다.

請援 원조하여 주기를 청함.
청 원 간절한 —을 거절하다.

請願 희망이나 요구를 들어 주기를
청 원 원함. —書. 절실한 염원을 —하다.

淸逸 맑고 속되지 아니함.
청 일 —한 기상.

靑瓷 푸른 빛깔의 자기. =靑磁
청 자 고려 —

淸淨 맑고 깨끗함.
청 정 — 해역. 마음이 —하다.

淸酒 맑은 술. 또는 술독에 용수를
청 주 박아서 떠낸 술. —와 탁주.

聽衆 강연이나 음악을 듣는 군중.
청 중 —의 환호. —을 모으다.

淸直 청렴하고 곧음.
청 직 —한 공무원.

聽診 폐·심장·위장이 작용하는 소
청 진 리를 듣는 진찰. —器(기)

淸澄 맑고 깨끗함.
청 징 —한 호수. —한 공기.

靑天 푸른 하늘.
청 천 —白日(백일). —霹靂(벽력)

請牒 경사가 있을 때에 남을 초청하
청 첩 는 글. —狀(장). —을 받다.

淸楚 말쑥하고 조촐함.
청 초 —한 용모. —한 야생화.

靑春 젊은 나이의 시절.
청 춘 — 시절. —을 바치다.

靑出於藍 제자나 후배가 선생이나
청 출 어 람 선배보다 더 우수함.

聽取 방송이나 보고 등을 들음.
청 취 —者(자). 방송을 —하다.

淸濁 맑음과 흐림. 또는 청주와 탁주.
청 탁 주객은 —을 가리지 않는다.

請託 청하며 부탁함. 또는 그 부탁.
청 탁 —을 받다. —한 내용.

靑苔 ①푸른 이끼. — 낀 석탑. ②갈파
청 태 래 ③김

靑袍 푸른 도포.
청 포 —와 紅袍(홍포). —를 입다.

淸風 맑은 바람.
청 풍 —明月(명월). —이 소슬하다.

聽許 사정이나 제의한 일을 들어줌.
청 허 —해 주시기 바랍니다.

請婚 결혼하기를 청함.
청 혼 중매인을 통해 —하다.

淸宦 학식과 문벌이 높은 사람에게 한
청 환 하여 시키던 벼슬. —에 오르다.

遞減 등수를 따라서 차례로 감함.
체 감 또는 수량이 차츰차츰 줄어듦.

體感 몸으로 느끼는 감각.
체 감 — 경기. — 온도. 추위를 —하다.

體格 몸의 골격이나 생김새.
체 격 —이 좋다. 균형 잡힌 —.

締結 조약이나 계약 따위를 맺음.
체 결 수교 조약의 —.

滯京 서울에 머무름.
체 경 — 날짜가 늘어지다.

體系 개개의 것을 그 구성 부분에 따
체 계 라 계통적으로 조직화한 전체.

滯空 항공기나 기구 등이 공중에 떠
체 공 있음. — 시간

體軀 몸뚱이. 몸집
체 구 왜소한 —.

體級 체중에 따라서 매긴 급수.
체 급 —을 올리다. 60kg의 —.

滯氣 먹은 것이 삭지 않아 생기는
체 기 가벼운 체증. —가 있다.

滯納 세금 등을 기한 안에 내지 않
체 납 아 밀림. —額(액). —한 세금.

體內 몸의 안.
체 내 —의 노폐물.

諦念 아주 단념함.
체 념 ─한 듯한 표정. ─하지 못하다.

體能 신체의 운동 능력.
체 능 ─검사

體得 ①체험하여 알게 됨. ─한 기술. ②충
체 득 분히 이해하여 마음으로 터득함.

體力 몸의 힘.
체 력 왕성한 ─. ─을 기르다.

滯留 객지에 머물러 있음. ＝滯在(체
체 류 재). ─기간. 장기 ─

體面 남을 대하기에 떳떳할 만한 도
체 면 리. ─이 서다. ─을 모르다.

體貌 ①몸차림이나 몸가짐. 정중한 ─.
체 모 ②＝體面(체면). ─를 차리다.

體罰 몸에 직접 고통을 주는 벌.
체 벌 ─을 가하다. ─에 대한 논란.

滯拂 지불할 돈을 지불하지 않고 미
체 불 룸. ─ 임금

遞送 차례대로 여러 곳을 거쳐서 전
체 송 하여 보냄. 구호 물자를 ─하다.

遞信 우편이나 전신 등의 통신.
체 신 ─ 우편. ─網(망)

體液 생물의 몸 안에 있는 액체.
체 액 ─의 분비.

締約 조약·계약 따위을 맺음.
체 약 ─國(국). ─ 당사자

體言 명사·대명사·수사의 총칭.
체 언 ─과 用言(용언).

體溫 사람이나 동물의 몸의 온도.
체 온 ─計(계). ─을 재다.

體位 체격·건강·체력 등의 정도.
체 위 ─가 향상되다.

體育 신체를 튼튼하게 하고 발달시
체 육 키는 일. ─服(복). ─館(관)

涕泣 눈물을 흘리며 욺.
체 읍 소리 없는 ─이 그치지 아니하다.

遞任 벼슬아치를 갈아냄.
체 임 ─된 수령.

滯賃 밀린 임금.
체 임 ─을 지불하다.

滯在 ＝滯留(체류)
체 재 ─기간

體裁 생기거나 이루어진 형식. 또는
체 재 그 됨됨이. 책의 ─.

體積 부피
체 적 ─이 붇다. ─을 재다.

體典 체육 대회
체 전 전국 학생 ─

體制 하나의 계통을 이루는 조직의
체 제 제도. 독재 ─. 민주 ─. 전시 ─

體操 건강의 증진이나 체력 향상을
체 조 위한 운동. 맨손 ─. 기계 ─. 보건 ─

體重 몸의 무게.
체 중 65㎏의 ─. ─이 붇다.

滯症 체하여 생긴 증세.
체 증 묵은 ─이 떨어지지 않는다.

體質 몸의 생리적인 특질이나 건강
체 질 상의 특질. 강인한 ─. 여성의 ─.

遞遷 봉사손의 대수가 다한 신주를 최
체 천 장방의 지손에게로 옮김. ─位(위)

體臭 몸에서 나는 냄새.
체 취 남자들의 ─.

體統 사람의 차리는 틀이나 체면.
체 통 ─을 지키다. ─을 모르다.

逮捕 죄를 범하였거나 그 혐의가 있는
체 포 사람을 잡음. ─ 영장. ─ 구금하다.

體驗 자기가 실제로 겪음. 또는 그
체 험 경험. ─談(담). ─을 쌓다.

體現 구체적인 활동으로 표현하거나
체 현 실현함. 인간의 이상을 ─하다.

體刑 직접 몸에 가하는 형벌.
체 형 혹독한 ─을 가하다.

體形 몸의 생긴 모양.
체 형 ─은 작으나 힘은 세다.

體型 몸의 꼴.
체 형 ─에 맞는 옷.

ㅊ

滯貨 팔리지 않고 남아 처진 상품.
체 화 —를 쌓아 둔 창고.

草家 이엉으로 지붕을 이은 집.
초 가 —三間(삼간). —와 瓦家(와가).

初刊 맨 처음으로 간행함. 또는 그
초 간 책. —本(본)

草芥 지푸라기
초 개 —와 같이 보다.

初更 하루의 밤 시간을 5등분한 첫째
초 경 시각. 현재의 밤 7~9시 사이.

哨戒 군비를 갖추고 적의 습격을 감
초 계 시하고 경계함. —艇(정)

草稿 초벌로 쓴 원고.
초 고 —를 완성하다.

超過 일정한 수나 한도를 넘음.
초 과 정원 —. —인원

初校 조판한 뒤에 처음으로 보는 교
초 교 정. —와 再校(재교).

草根 풀의 뿌리.
초 근 —木皮(목피)

初級 첫 등급. 또는 첫 단계.
초 급 — 과정

峭急 성미가 날카롭고 팔팔함.
초 급 —한 성미.

初期 처음이 되는 때나 시기.
초 기 조선 왕조의 —. —와 末期(말기).

初年 ①일생의 초기. — 고생
초 년 ②처음의 시기. —兵(병)

草堂 ①원채에서 따로 떨어져 있는 이
초 당 엉으로 이은 조그마한 집. ②별당

超黨的 당파의 이해나 주장을 초월
초 당 적 한. —인 외교.

初代 어떤 자리를 이어나가는데 있
초 대 어서의 첫째 번. — 대통령

招待 외부 사람에게 참가할 것을 청함. 또
초 대 는 남을 불러서 대접함. —한 손님.

初度 첫번
초 도 — 순시. —習儀(습의)

初冬 초겨울
초 동 —의 날씨.

初動 맨 처음에 하는 동작이나 활동.
초 동 — 단계. — 수사

樵童 땔나무를 하는 아이.
초 동 —이 부는 피리소리.

初頭 일이나 기간의 첫머리.
초 두 신년 —

初等 맨 처음의 등급.
초 등 — 학교. — 교육

招來 불러서 옴. 또는 어떤 결과를 가
초 래 져 오게 함. 좋은 결과를 —하다.

抄略 노략질하여 빼앗음.
초 략 —한 무기.

草略 매우 거칠고 간략함.
초 략 대접이 —하다.

草廬 지붕을 짚이나 풀로 이은 집. 남에
초 려 게 대하여 자기 집을 이르는 말.

醮禮 혼인을 지내는 예식.
초 례 —床(상). —廳(청). —를 치르다.

初老 노년기에 들어서는 시기.
초 로 —의 신사.

草露 풀에 맺힌 이슬.
초 로 —人生(인생). —와 같다.

抄錄 필요한 부분만 뽑아 적음.
초 록 원본을 —하다.

草笠 풀로 결은 갓의 한 가지.
초 립 —등이 신랑.

草幕 짚이나 풀로 이은 오두막집.
초 막 —에 사는 농부.

草莽 =草野(초야)
초 망 —之臣(지신)

初面 처음으로 만나는 얼굴. 또는
초 면 그런 사람. — 인사. — 친구

剿滅 악당의 무리를 무찔러 없앰.
초 멸 산적을 —하다.

招募 불러서 모음.
초 모 의병을 —하다.

草木 풀과 나무.
초 목 山川(산천)—

初聞 처음으로 들음.
초 문 금시—의 말.

焦眉 매우 긴급함의 비유.
초 미 —의 관심사. —의 문제.

初盤 계속되는 일이나 시기의 첫 단
초 반 계. —戰(전). 20대 —의 젊은이.

初犯 처음으로 저지른 범죄. 또는
초 범 그 범인. —과 再犯(재범).

哨兵 초소를 지키는 병사.
초 병 잠시도 방심하지 않는 —.

初步 첫걸음
초 보 —부터 배우다. — 운전

初伏 삼복에서 첫번째의 복.
초 복 — 더위

抄本 필요한 부분만 뽑아서 적은 책
초 본 이나 문서. 호적 —. —과 등본.

草本 땅 위 줄기가 꽃을 피우고 열매를
초 본 맺은 뒤 말라 죽는 식물. — 식물

初俸 처음 받는 봉급.
초 봉 — 100만원의 회사원.

樵夫 나무꾼
초 부 —와 漁夫(어부).

超非常 매우 비상함. 또는 그런 사태.
초 비 상 — 사태. 전국에 —이 걸리다.

草殯 임시로 관을 바깥에 놓고 이엉
초 빈 으로 덮어 두는 일. —을 하다.

招聘 예를 갖추어 초청하여 부름.
초 빙 강사를 —하다. — 교수

初仕 처음으로 벼슬을 함. 또는 처
초 사 음 하는 벼슬. 참봉 —

招辭 죄인이 범죄 사실을 진술한 말.
초 사 —를 듣다.

焦思 애를 태우며 생각함. 또는 그
초 사 생각. 勞心(노심)—

初產 처음으로 아이를 낳음. 또는
초 산 그 해산. —婦(부)

醋酸 아세트 산
초 산 —菌(균). — 발효

初喪 사람이 죽어서 장사 지낼 때까
초 상 지의 일. — 상제. —을 치르다.

肖像 그림이나 사진 따위에 나타난, 사람
초 상 의 얼굴이나 모습. —畫. 어머니의 —.

草書 흘려 쓴 글씨.
초 서 해서와 —.

礎石 주춧돌. 인선하여, 어떤 사물의
초 석 기초. 나라의 —이 되다.

初選 처음으로 선출됨.
초 선 — 의원

初雪 첫눈
초 설 —이 내리다.

超世 ①세상에서 뛰어남. ②세속적
초 세 인 것을 초탈함. —願(원)

哨所 보초나 경비원이 서 있는 곳.
초 소 방범 —

秒速 1초에 나아가는 거리로 나타낸
초 속 속도. — 20m의 강풍.

草率 초라하고 보잘것없음.
초 솔 —한 오두막집. 형색이 —하다.

初旬 매달 초하루부터 열흘까지.
초 순 八月—. —과 下旬(하순)

初試 복시를 볼 사람을 뽑던 과거.
초 시 또는 거기에 급제한 사람.

草食 ①풀만 먹고 삶. — 동물 ②고기를
초 식 섞지 않고 푸성귀로 만든 음식.

初心 ①처음에 먹은 마음. —을 잃지 않다.
초 심 ②처음으로 배우는 신출내기. —者

草案 초를 잡은 안.
초 안 —을 만들다. 결의문 —.

初夜 첫날밤
초 야 —를 보내다. —를 치르다.

草野 시골의 궁벽한 곳.
초 야 —에 묻혀 살다.

抄譯 필요한 부분만 뽑아서 번역함.
초 역 원문을 —하다.

初演 초 연 첫번째의 공연.
—을 성황리에 끝내다.

悄然 초 연 의기가 떨어져서 맥이 없음.
—한 몰골.

硝煙 초 연 화약의 연기.
—에 뒤덮이다.

超然 초 연 ①세속적인 것에서 벗어남. 名利에 —한 사람. ②보통 수준보다 뛰어남. —한 인물.

初葉 초 엽 역사적 시기에서의 처음 시기.
조선 왕조의 —. 20세기 —.

草屋 초 옥 이엉으로 지붕을 이은 집.
삼간 —. —과 瓦屋(와옥).

初虞 초 우 장사 뒤 처음으로 지내는 제사.
—와 再虞(재우).

草原 초 원 풀이 난 벌판.
넓은 —. —을 달린다.

超越 초 월 한도나 표준을 뛰어넘음.
時空(시공)을 —하다. 인간을 —하다.

初有 초 유 처음으로 있음.
—의 대지진.

招諭 초 유 불러서 타이름.
—使(사)를 보내다.

超人 초 인 보통 사람으로는 생각할 수 없을 만큼 뛰어남. —한 지혜. —的인 능력.

超逸 초 일 매우 뛰어남.
재주가 —한 사람.

初任 초 임 처음으로 취임함.
— 월급. —과장

初入 초 입 들어가는 첫 어귀.
골목 —. 동네 —에 있는 외딴집.

初場 초 장 ①장이 서기 시작한 때. —과 파장. ②과거를 보이는 첫날의 시험장.

醋醬 초 장 간장에 초를 타고 깨소금 등을 뿌린 양념장. —에 찍어 먹다.

焦點 초 점 ①렌즈에서 광선이 한 곳으로 모이는 점. ②관심이 집중되는 사물의 중심.

焦燥 초 조 애태우며 마음을 졸임.
—한 마음. —히 기다리다.

初志 초 지 처음에 결심한 뜻.
—를 관철하다. —를 굽히다.

草地 초 지 풀이 나 있는 땅.
—에 방목하다. —를 조성하다.

初診 초 진 맨 처음의 진찰.
—과 再診(재진).

招集 초 집 불러서 모음.
—한 군중. —한 의병.

悄愴 초 창 근심스럽고 슬픔.
—한 마음.

草創 초 창 어떤 사업을 처음으로 시작함. 또는 그 시초. —期(기)

招請 초 청 청하여 부름.
—狀(장). —을 받다.

草草 초 초 ①매우 간략함. 또는 초라함. —한 식사. ②어설프고 다급함. —한 인생.

憔悴 초 췌 고생·병으로 파리하고 해쓱함.
—한 모양. 안색이 —하다.

初娶 초 취 첫 번째 장가감. 또는 그리 맞은 아내. —의 소생.

招致 초 치 불러서 이르게 함.
재앙을 —하는 개발 사업.

秒針 초 침 시계의 초를 가리키는 바늘.
시계의 —. —과 分針(분침).

超脫 초 탈 세속적인 것을 뛰어넘어 벗어남. 속세를 —하다. 영욕을 —하다.

焦土 초 토 불에 타고 그을린 땅.
6·25 때 —가 된 남한.

初版 초 판 서적의 첫째 번 판.
—本(본). —과 再版(재판).

初學 초 학 학문을 처음 배움.
—者(자). — 훈장

初行 초 행 어떤 곳에 처음으로 감. 또는 그 길. —客(객). —길

初獻 초 헌 제사 지낼 때, 첫째 번에 술잔을 들이는 일. —官(관). —과 亞獻(아헌).

軺軒 초 헌 종이품 이상의 벼슬아치가 타던, 외바퀴가 달린 수레. —을 타다.

初婚 처음 하는 결혼.
초 혼　—과 再婚(재혼).

招魂 죽은 사람의 혼을 부르는 의식.
초 혼　— 소리. —祭(제)

觸角 벌레의 대가리에 있는 감각
촉 각　기관. —을 곤두세우다.

觸覺 피부에 무엇이 닿았을 때 일어
촉 각　나는 감각. 예민한 —.

觸感 피부에 무엇이 닿았을 때의 느
촉 감　낌. —이 부드럽다.

燭光 ①촛불의 빛. ②광도의 단위. 1
촉 광　촉광=1.018 칸델라. —이 센 전등.

促求 재촉하여 요구함.
촉 구　개혁을 —하다.

促急 촉박하여 몹시 급함.
촉 급　사태가 —하다.

燭臺 촛대
촉 대　—에 불을 켜다.

囑望 바라는 희망을 붙임.
촉 망　—과 기대. 장래가 —되는 젊은이.

觸媒 반응 속도를 변화시키는 물질.
촉 매　—劑(제)

促迫 시간이나 기한이 밭음.
촉 박　시간이 —하다.

觸發 ①감정이나 충동이 일어남.
촉 발　②어떤 것에 닿아 폭발함. — 지뢰

促成 재촉하여 빨리 이루어지게 함.
촉 성　— 재배

觸手 ①어떤 작용이 미치는 손길. 침략
촉 수　의 —. ②사물에 손을 댐. — 엄금

觸鬚 곤충이나 거미·새우 등의 아가리 주
촉 수　위에 있는 수염 모양의 감각 기관.

促進 재촉하여 빨리 진행되게 함.
촉 진　조국 통일을 —하는 계기가 되다.

囑託 일을 부탁하여 맡김.
촉 탁　—을 받고 일하다.

觸諱 불러서는 아니 될 이름을 함부로
촉 휘　놓아 부름. 또는 그런 이름.

寸暇 얼마 안 되는 짧은 겨를.
촌 가　—를 아껴 쓰다.

寸刻 매우 짧은 시간.
촌 각　목숨이 —을 다투다.

寸劇 우스운 형식의 짤막한 극.
촌 극　웃지 못할 —이 빚어지다.

村落 시골의 작은 마을.
촌 락　— 공동체. 산골의 —.

村老 시골 노인.
촌 로　나무 그늘에 모여 앉은 —들.

寸步 몇 걸음 안 되는 걸음.
촌 보　—를 나아갈 수 없다.

村婦 시골 부인.
촌 부　밭일을 하는 —.

寸數 친족의 원근 관계를 나타내는
촌 수　수. —가 가깝다. 먼 —의 일가.

寸陰 아주 짧은 시간.
촌 음　—을 아껴 쓰라.

寸志 조그마한 정성 또는 보잘것없
촌 지　는 선물이란 뜻으로 쓰는 말.

寸鐵殺人 짤막한 말로 상대자의
촌 철 살 인　약점을 찌름. —의 경구.

忖度 남의 마음을 미루어 헤아림.
촌 탁　그의 큰뜻을 어찌 —할 수 있으랴?

寸評 짤막한 비평.
촌 평　심사 위원의 —.

銃架 총을 걸쳐 두는 받침대.
총 가　총을 —에 걸쳐 두다.

總角 아직 장가들지 않은 성년 남자.
총 각　더벅머리 —과 처녀.

銃劍 총과 칼. 또는 총 끝에 꽂는
총 검　칼. —術(술). —에 굴하지 아니하다.

銃擊 총으로 공격함. 또는 그 공격.
총 격　—戰(전). —을 가하다.

總計 전체의 합계.
총 계　—를 내다.

總括 개별적인 여러 가지를 한데 종
총 괄　합함. 업무를 —한 보고서.

銃口 총알이 나가는 구멍.
총 구 ─를 겨누다.

銃器 소총·권총 따위의 무기.
총 기 ─를 난사하다.

聰氣 ①총명한 기운. ─가 빛나는 눈.
총 기 ②좋은 기억력. ─가 좋다.

總督 식민지나 자치령에서, 정치·군사·
총 독 경제의 모든 통치권을 가진 관리.

總覽 총체적으로 살펴 볼 수 있게
총 람 엮어 놓은 책. 문화재 ─

總攬 모든 일을 총괄하여 관할함.
총 람 ─權綱(권강). 국정을 ─하다.

總量 전체의 양.
총 량 생산의 ─.

總力 모든 힘.
총 력 ─을 경주하다.

總論 어떤 부문의 이론을 총괄하여
총 론 서술한 해설. ─과 各論(각론).

叢論 논문·논설 등을 모아 놓은 글
총 론 이나 책. ─을 발간하다.

總理 ①총괄적으로 관리함.
총 리 ②국무총리의 준말.

叢林 잡목이 우거진 숲.
총 림 안개에 잠겨 있는 ─.

忽忙 매우 바쁨.
총 망 ─중에 연락하다. ─히 작별하다.

聰明 ①지닐총이 있음. 또는 그 기억력.
총 명 ②재주가 있고 영리함. ─한 지혜.

總務 기관이나 단체의 전체적이고 일반적
총 무 인 사무. 또는 그 일을 맡은 사람.

聰敏 총명하고 민첩함.
총 민 ─한 재질.

銃殺 총으로 쏘아 죽임.
총 살 ─을 당하다.

叢生 풀이나 나무가 무더기로 더부
총 생 룩하게 남. ─한 잡목.

叢書 같은 체재로 출판하는, 여러 책으
총 서 로 한 질을 이루는 책들. 불교 ─

總選 국회의원 전원을 같은 날에 선
총 선 출하는 선거. ─日(일)이 다가오다.

總說 어떤 문제의 전체를 총괄하는
총 설 설명이나 논설.

叢說 어떤 학설이나 논설을 모은 것.
총 설 또는 그 모든 학설이나 논설.

銃聲 총소리
총 성 요란한 ─이 들리다.

總帥 ①전군을 지휘하는 장수. ②어떤 집단
총 수 이나 조직의 우두머리. 대기업의 ─.

銃身 총열
총 신 ─을 닦다. ─腔(강)

寵臣 임금의 사랑을 받는 신하.
총 신 ─과 忠臣(충신).

寵兒 많은 사람들로부터 사랑을 받
총 아 는 사람. 시대의 ─. 연예계의 ─.

寵愛 특별한 사랑.
총 애 ─를 받다. 임금의 ─.

總額 전체의 액수.
총 액 납부해야 할 세금의 ─.

忽擾 바쁘고 부산함.
총 요 지금은 ─하니 내일 의논하자.

總員 전체의 인원.
총 원 금강산을 다녀 온 ─.

總意 구성원 전체의 공통적인 의견.
총 의 국민의 ─. 회원의 ─.

總裁 일정한 기관의 최고의 행정을 맡
총 재 은 직위. 또는 그 사람. 한국은행 ─

總點 전체 점수의 합계.
총 점 ─의 순위.

叢中 여럿 있는 가운데. 또는 떼를
총 중 지은 뭇사람. 萬綠(만록)─ 紅一點

總責 총책임자의 준말.
총 책 ─을 맡다.

總體 있는 것을 통틀어 하나로 묶어
총 체 놓은 것. 생산의 ─. ─的인 난국.

忽忽 몹시 급하고 바쁨.
총 총 ─한 걸음.

叢叢 들어선 것이 많아 **빽빽함**.
총 총 　장안의 —한 인가.

總則 전체를 총괄하는 규칙.
총 칙 　규약의 —. —과 各則(각칙).

總稱 전부를 총괄하여 일컬음. 또는
총 칭 　그 이름. 개·말·소 등을 —하는 말.

銃彈 총알
총 탄 　—이 날아오다. —을 퍼붓다.

總販 어떤 상품을 도맡아 팖.
총 판 　화장품의 —.

總評 총체적인 평가나 평정.
총 평 　실적에 대한 —.

銃砲 총과 포.
총 포 　—를 난사하다.

總合 전부를 합침.
총 합 　득점을 —하다. —한 판매 부수.

聰慧 총명하고 슬기로움.
총 혜 　—한 자질을 타고나다.

總和 ①전체를 합한 수. —를 내다.
총 화 　②전체의 화합. — 단결

總會 기관이나 단체의 모든 구성원
총 회 　이 모이는 회의. 정기 —

總畫 한자 한 자의 모든 획수.
총 획 　— 색인

寵姬 총애를 받는 여자.
총 희 　당 현종의 —이었던 양귀비.

撮影 사진을 찍음.
촬 영 　기념 —. 영화 —

最強 가장 강함.
최 강 　세계 —의 팀.

最古 가장 오래 됨.
최 고 　우리 나라의 —의 사찰.

最高 ①가장 높음. —峰(봉)
최 고 　②가장 좋음. —의 건강 상태.

催告 재촉하는 뜻을 표하는 통지를
최 고 　함. —狀(장). 빚을 갚으라고 —하다.

最貴 가장 귀함.
최 귀 　만물 중에서 —한 존재인 사람.

最近 ①요즈음. —에 찍은 사진.
최 근 　②가장 가까움. — 거리

最多 가장 많음.
최 다 　—數(수). —의 인원을 동원하다.

最短 가장 짧음.
최 단 　— 거리. — 시간

最大 가장 큼.
최 대 　— 공약수. — 속력

最大限 최대의 한도.
최 대 한 　—의 노력. — 빨리 오너라.

最良 가장 좋음.
최 량 　—品(품). —의 수단.

催淚 눈물을 흘리게 함.
최 루 　—彈(탄). — 가스

催眠 잠이 들게 함.
최 면 　—術(술). —劑(제)

最上 맨 위. 또는 맨 위의 등급.
최 상 　—級(급). —層(층). —의 컨디션.

最善 가장 좋고 훌륭함. 또는 그 일.
최 선 　—의 방법. —을 다하다.

最先鋒 맨 앞장.
최 선 봉 　—에 서다.

最盛期 가장 성하는 시기.
최 성 기 　조기잡이의 —.

最小 가장 작음.
최 소 　— 공배수

最少 ①가장 적음. —의 노력. —의 인원.
최 소 　②가장 젊음. —의 나이.

最小限 가장 작은 한도.
최 소 한 　—으로 아껴 써라.

最新 가장 새로움.
최 신 　— 기술. — 무기

最長 가장 긺.
최 장 　— 거리

最低 가장 낮음.
최 저 　—價(가). — 기온. — 수위

最適 가장 적당하거나 적합함.
최 적 　—期(기). —의 기후 조건.

ㅊ

最終 마지막. 또는 맨 나중.
최 종 ─ 단계. ─ 수단

最初 맨 처음.
최 초 ─의 금속 활자.

催促 빨리 또는 어서 할 것을 요구함.
최 촉 ─狀(장). 빚 갚으라고 ─하다.

最下 맨 아래. 또는 맨 아래의 등급.
최 하 ─ 영하 20도의 추위. ─의 접수.

最惠國 통상에서 가장 유리한 대우
최 혜 국 를 받는 나라. ─ 대우

最後 ①맨 뒤나 맨 마지막. ─의 수단.
최 후 ②인간 생활의 마지막. ─를 마치다.

追加 나중에 더 보탬.
추 가 ─ 모집. ─ 예산

追擊 뒤쫓아가면서 하는 공격.
추 격 ─戰(전). ─을 받다.

秋耕 가을갈이.
추 경 ─을 치다. 春耕(춘경)과 ─.

秋景 가을의 경치.
추 경 금강산의 ─.

追更豫算 추가경정예산(追加更正豫
추 경 예 산 算)의 준말. ─을 편성하다.

秋季 가을철.
추 계 ─ 운동회

推計 미루어 계산함.
추 계 ─人口(인구)

推考 벼슬아치의 죄과를 추궁하여
추 고 물음. ─를 당하다.

推敲 시문을 지을 때 여러 번 생각하여 고
추 고 치고 다듬음. '퇴고'로도 읽는다.

秋穀 가을에 거두는 곡식.
추 곡 ─과 夏穀(하곡).

秋光 가을빛. =秋色(추색)
추 광 ─이 완연하다.

追究 깊이 따지어 가며 연구함.
추 구 진리를 ─하다.

追求 뒤쫓아 다니며 애써 구함.
추 구 이윤을 ─하다.

推究 미루어 생각함.
추 구 상대방의 의중을 ─해 보다.

推鞫 중죄인을 잡아다가 국문함.
추 국 ─을 당하다. ─을 받다.

追窮 잘못한 일을 엄격하게 따짐.
추 궁 책임을 ─하다.

秋期 가을철
추 기 ─ 체육 대회

秋氣 가을의 기운.
추 기 ─를 머금은 바람.

追記 본문에 추가하여 적어 놓음.
추 기 ─한 내용.

樞機 ①중추가 되는 기관. 또는 중요
추 기 한 정무. ②사물의 중요한 부분.

醜女 추하고 못생긴 여자.
추 녀 ─와 美女(미녀).

追念 지난 일을 생각함. 또는 죽은
추 념 사람을 생각함. ─辭(사)

推斷 ①미루어 판단함. 또는 그 판
추 단 단. ②죄상을 심문하여 처단함.

推戴 올리어 떠받듦.
추 대 유권자의 ─를 받아 입후보하다.

追悼 추모하여 애도함.
추 도 ─式(식). ─하는 시.

追突 차가 뒤에서 들이받음.
추 돌 삼중 ─ 사고.

墜落 ①높은 데에서 떨어짐. ─ 사고 ②위
추 락 신이나 신망이 떨어짐. ─된 위신.

推量 미루어 헤아리거나 어림을 잡음.
추 량 ─을 해 보다.

鄒魯之鄕 예절을 알고 유학이 왕
추 로 지 향 성한 고을이나 지방.

追錄 나중에 추가해서 기록함.
추 록 ─한 내용.

推論 미루어 생각하여 논술함.
추 론 사실을 근거로 하여 ─하다.

醜陋 추하고 더러러움.
추 루 ─한 생각. ─한 행색.

推理 사리를 미루어서 생각함.
추 리 ─力(력). ─ 소설

追慕 죽은 사람을 그리워하며 생각
추 모 함. ─ 행사. 전사자를 ─하다.

推問 캐어 따지며 물음.
추 문 ─한 후에 하옥하다.

醜聞 추잡한 소문.
추 문 ─이 돌다.

醜物 더럽고 지저분한 물건. 또는
추 물 행실이 추잡한 사람.

樞密 가장 요긴하고 종요로운 비밀.
추 밀 ─院(원)

抽拔 골라서 추려 냄.
추 발 ─한 문제.

追放 지역 밖이나 조직 밖으로 내쫓
추 방 음. ─ 명령. 마약을 ─하다.

秋分 24절기의 하나. 대개 양력 9월
추 분 23일이며, 밤낮의 길이가 같음.

推算 미루어서 계산함. 또는 그 계산.
추 산 사학에 드는 연간 교육비의 ─.

抽象 ①공통적이고 일반적인 속성을 뽑아내
추 상 는 일. ②사실에 연계되지 아니한 생각.

秋霜 가을의 찬 서리.
추 상 ─같은 호령이 떨어지다.

推想 미루어서 생각함.
추 상 ─한 액수. ─한 인원수.

秋色 가을빛
추 색 ─이 완연하다.

追敍 죽은 뒤에 벼슬을 올려주거나
추 서 훈장을 줌. ─한 무공 훈장.

秋夕 팔월 한가위.
추 석 ─ 명절. ─ 귀성객

秋聲 가을철의 바람이나 벌레의 소리.
추 성 ─이 소슬하다.

趨勢 대세가 지향하는 바.
추 세 필연적인 ─. 여론의 ─.

秋收 가을걷이
추 수 ─期(기). ─한 곡식.

追隨 주견이 없이 남을 따라 좇음.
추 수 ─하는 무리들.

抽身 어떤 자리에서 몸을 뺌.
추 신 ─하여 도망치다.

追伸 추가하여 말함. 편지를 다 쓰고 난 뒤
추 신 에 덧붙여 적는다는 뜻으로 쓰는 말.

推尋 챙겨서 찾아 가지거나 받아냄.
추 심 묵은 빚을 ─하다. ─料(료)

醜惡 더럽고 흉악함.
추 악 ─한 음모. ─한 용모.

推仰 높이어 우러러 봄.
추 앙 ─하는 사람. ─을 받다.

秋夜 가을밤
추 야 ─月(월). ─長(장) 길고 긴 밤.

追憶 지나간 일을 돌이켜 생각함.
추 억 ─談(담). ─에 잠기다.

啾然 처량하고 슬픔.
추 연 ─泣下(읍하)

樞要 가장 요긴하고 종요로움.
추 요 ─한 자리.

追遠 부모나 조상을 추모하여 공경을
추 원 다함. ─報本(보본). ─感時(감시)

追越 뒤따라가서 앞지름.
추 월 앞 차를 ─하다.

推移 일이나 형편이 변하여 옮아감.
추 이 ─을 알아보다. ─에 순응하다.

追認 소급하여 추후에 인정함.
추 인 ─한 법률 행위.

醜雜 언행이 더럽고 난잡함.
추 잡 ─한 언동. ─한 장면.

酋長 씨족 공동체를 지도하며 대표
추 장 하는 우두머리. 미개민의 ─.

推獎 추천하여 장려함.
추 장 양잠업을 ─하다.

追跡 뒤를 밟아 좇음.
추 적 범인을 ─하다.

推定 미루어 생각하여 판정함.
추 정 ─年代(연대). ─한 인원수.

ㅊ

推尊 추 존　추앙하여 존경함.
海東孔子(해동 공자)로 ―하다.

追從 추 종　남의 뒤를 따라 좇음.
―하는 무리.

追蹤 추 종　발자국을 따라 감.
남의 ―을 허용하지 않는다.

推重 추 중　높이 받들어 소중히 여김.
아랫사람의 ―을 얻지 못하다.

追贈 추 증　죽은 뒤에 관직을 줌.
이조판서를 ―하다.

推進 추 진　진척되도록 밀고 나아감.
―力(력). ―하고 있는 사업.

追徵 추 징　추후에 더 징수함.
―한 세금. ―金(금)

推察 추 찰　미루어 생각하여서 살핌.
―해 본 국가의 장래.

推薦 추 천　①적격자를 책임지고 소개함. ―狀
②선거의 대상으로 내세움. 후보자 ―

鞦韆 추 천　그네. 또는 그네를 뜀.
―놀이. ―하는 춘향.

抽籤 추 첨　제비를 뽑음.
―을 실시하다. ―券(권)

樞軸 추 축　권력이나 정치의 중심.
―國(국). ―을 이룬 정파.

抽出 추 출　뽑아 냄.
무작위로 ―하다. ―한 정액.

推測 추 측　미루어 헤아림.
앞가지 ―이 난무하다.

醜態 추 태　더럽고 지저분한 태도.
―를 부리다. ―를 보이다.

秋波 추 파　은근한 정을 나타내는 눈짓.
―를 던지다. ―를 보내다.

追捕 추 포　뒤좇아 가서 체포함.
―船(선). ―한 강도.

秋風 추 풍　가을바람
―落葉(낙엽)

醜行 추 행　추잡한 행실. 강간과 같은 인륜
이나 도덕에 어긋나는 행실.

趨向 추 향　판국이나 대세의 나아가는 방향.
막을 수 없는 시대의 ―.

秋享大祭 추 향 대 제　가을철에 종묘와 사직에
지내는 제향.

秋毫 추 호　조금. 조금 만큼.
―의 타협도 없다.

追後 추 후　일이 지난 뒤. 또는 이 다음에. ―로
미루다. 당첨자를 ―에 발표하기로 하다.

秋興 추 흥　가을철에 일어나는 흥취.
春興(춘흥)과 ―.

祝歌 축 가　축하의 뜻으로 부르는 노래.
―를 부르다.

逐客 축 객　손을 푸대접하여 쫓음.
단골손님은 ―할 수 없다.

蹴球 축 구　공을 발로 차서 하는 운동.
―狂(광). ―場(장)

逐鬼 축 귀　잡귀를 내쫓음.
―의 주문을 외다.

蓄膿症 축 농 증　코뼈에 고름이 생기는 병.
―을 수술하다.

築臺 축 대　높이 쌓아 올린 대나 터.
―를 쌓다.

縮圖 축 도　원형을 작게 줄여서 그림. 또
는 그 그림. ―器(기). 세계의 ―.

畜力 축 력　가축의 노동력.
人力(인력)과 ―.

逐鹿 축 록　정치적 권력이나 지위를 얻기
위하여 싸우는 다툼질.

祝文 축 문　제사를 지낼 때 고하는 글.
―을 읽다.

祝杯 축 배　축하의 뜻으로 드는 술잔.
―를 들다.

祝福 축 복　앞날의 행복을 빎.
―을 받다.

畜舍 축 사　가축을 기르기 위한 집.
―의 관리.

祝辭 축 사　축하하는 뜻의 말이나 글.
내빈 ―. ―를 읽다.

畜産 가축이나 가금을 쳐서 생산하
축 산 는 일. ―物(물). ―業(업)

畜生 가축으로 기르는 짐승. 인신하여,
축 생 사람답지 못한 짓을 하는 사람.

築城 성을 쌓음.
축 성 ―의 역사.

縮小 줄여서 작게 하거나 적게 함.
축 소 ―版(판). 군비 ―. ―率(율)

逐送 쫓아서 보냄.
축 송 무인도로 ―하다.

縮刷 축소하여 인쇄함. 또는 그 인
축 쇄 쇄. ―版(판)

祝手 두 손바닥을 비비며 빎.
축 수 대학에 입학하기를 ―하다.

祝壽 오래 살기를 축원함.
축 수 오래오래 사시기를 ―합니다.

祝詩 축하의 뜻을 담은 시.
축 시 ―를 낭송하다.

縮約 '아이→애, 사이→새' 와 같이
축 약 음절이 줄어드는 음운 현상.

祝宴 축하연(祝賀宴)의 준말.
축 연 ―을 베풀다.

畜牛 집에서 기른는 소.
축 우 ―을 팔아 농자금을 마련하다.

祝願 소원을 성취해 달라고 신불에
축 원 게 빎. ―文(문)

祝意 축하하는 뜻.
축 의 ―을 전하다.

祝日 경사를 축하하는 날.
축 일 고회를 맞은 ―.

蓄財 재물을 모아 쌓음. 재산을 축
축 재 적함. 不正(부정) ―

蓄積 모아서 쌓음.
축 적 자금의 ―. 경험의 ―.

祝典 축하하는 뜻으로 베푸는 행사.
축 전 체육 ―. 개막 ―

祝電 축하하는 뜻으로 보내는 전보.
축 전 ―을 치다. ―을 받다.

蓄電 쓰지 않고 전기를 모아 둠.
축 전 ―器(기). ―池(지)

祝祭 축하의 뜻으로 벌이는 큰 행사.
축 제 ― 분위기. ―日(일)

築堤 둑을 쌓음.
축 제 ― 공사

逐條 한 조목씩 차례로 좇음.
축 조 ― 심의. ― 토의

築造 쌓아서 만듦.
축 조 ―한 건물. 성곽을 ―하다.

縮地法 땅을 주름잡듯이 먼 거리를
축 지 법 가깝게 축소시키는 술법.

逐次的 차례대로 좇아서 하는.
축 차 적 ―으로 진행하다.

縮尺 실물의 길이를 똑같은 비율로 줄여
축 척 그릴 때의 그 비. ― 5만분의 1 지도.

蓄妾 첩을 둠.
축 첩 ― 제도. ―이 용인되던 시대.

逐出 쫓아냄
축 출 ―을 당하다.

築土 흙을 쌓아 올림.
축 토 ― 작업

祝砲 축하하는 뜻으로 쏘는 포.
축 포 ―를 쏘아 올리다.

祝賀 즐겁거나 기쁘다는 뜻으로 인사함.
축 하 또는 그런 인사. ―宴(연). ―를 보내다.

築港 항구를 만듦.
축 항 ― 공사

春耕 봄갈이
춘 경 ―이 시작되다.

春景 봄철의 경치.
춘 경 ―을 구경하러 교외로 나가다.

春季 봄철
춘 계 ― 야유회

春困 봄에 느끼는 나른하고 고단한
춘 곤 기운. ―症(증). ―을 느끼다.

春光 봄철의 경치.
춘 광 ―을 즐기다.

ㅊ

春窮 춘 궁 보릿고개 —期(기)

春閨 춘 규 젊은 여인들이 거처하는 방. —를 홀로 지키는 여인.

春期 춘 기 봄의 시기. —와 秋期(추기).

春機 춘 기 남녀간의 정욕. =春情(춘정) — 발동기

春堂 춘 당 =春府丈(춘부장) —과 萱堂(훤당).

春眠 춘 면 봄철의 노곤한 졸음. —을 이기지 못하다.

春夢 춘 몽 봄꿈 一場(일장)—

春服 춘 복 봄철에 입는 옷. —으로 갈아 입다.

春府丈 춘 부 장 남의 아버지의 높임말. =椿府 丈(춘부장). — 근력이 좋으신가?

春分 춘 분 24절기의 하나. 양력 3월20일이 나 21일. 밤낮의 길이가 같음.

椿事 춘 사 뜻밖에 생기는 불행한 일. 일대 —가 발생하다.

春色 춘 색 봄빛 —이 완연하다.

春信 춘 신 봄의 소식. —을 전하는 새 싹.

春心 춘 심 남녀 사이의 욕정.=春情(춘정) —을 이기지 못하다.

春情 춘 정 남녀 사이의 욕정. =春機(춘기) —을 이기지 못하다.

春秋 춘 추 ①봄과 가을. —內衣(내의) ②남을 높여 그의 나이를 이르는 말.

春秋筆法 춘 추 필 법 대의명분을 밝혀 세우는 사필의 준엄한 논법.

春播 춘 파 봄철에 하는 파종. — 作物

春風 춘 풍 봄바람 —秋雨(추우). —和氣(화기)

春夏秋冬 춘 하 추 동 봄·여름·가을·겨울의 네 철. — 사시절.

春畫 춘 화 음탕한 짓을 하는 장면을 그린 그림. —를 가지고 다니는 젊은이.

春興 춘 흥 봄철에 일어나는 흥취. —을 못 이기다.

出家 출 가 집을 나감. 또는 가정을 버리 고 중이 됨. —修行(수행)

出嫁 출 가 처녀가 시집을 감. —한 딸. —外人(외인)

出刊 출 간 책을 찍어 발행함. —한 책.

出監 출 감 =出獄(출옥) —者(자)

出講 출 강 강의하러 나감. 대학에 —하다.

出擊 출 격 적을 치러 나감. —하는 전투기.

出缺 출 결 출석과 결석. 또는 출근과 결근. — 날짜

出庫 출 고 물품을 창고에서 꺼냄. 또는 생산 자가 생산품을 시장에 냄. — 가격

出口 출 구 나가는 어귀나 문. — 조사. 入口(입구)와 —.

出國 출 국 나라 밖으로 나감. 入國(입국)과 —. — 수속

出群 출 군 =出衆(출중) —의 실력을 과시하다.

出勤 출 근 근무하러 일터로 나감. —과 退勤(퇴근). — 시간

出金 출 금 ①금융 기관에 맡긴 돈을 찾음. — 전표. ②지급할 돈을 내줌. — 장부

出納 출 납 금품을 내주거나 받아들임. 금전 —. — 대장

出動 출 동 일정한 일을 하려고 있는 곳을 떠나감. — 명령. — 준비

出頭 출 두 어떤 장소에 몸소 나아감. 법원에 —하다.

出藍 청출어람(靑出於藍)의 준말.
출 람 ―의 제자를 두다.

出力 ①기계나 장치가 내는 에너지. ②컴퓨터
출 력 에서 들어온 정보를 외부로 나타내는 일.

出路 빠져 나갈 길.
출 로 ―를 찾다.

出類 동류보다 뛰어남.
출 류 ―한 자색. 생각이 ―하다.

出馬 선거에 입후보자로 나섬.
출 마 국회의원에 ―하다.

出沒 나타났다 사라졌다 함.
출 몰 16세기에는 왜구의 ―이 잦았다.

出門 집을 떠나감.
출 문 ―할 때의 각오.

出班奏 여러 사람이 모인 자리에서
출 반 주 먼저 나서서 말을 함.

出發 ①길을 떠남. ―點(점). ― 시각 ②어떤
출 발 일을 시작함. 인생을 새롭게 ―하다.

出凡 =出衆(출중)
출 범 ―한 재질.

出帆 배가 떠남.
출 범 ― 준비를 끝내다.

出兵 군대를 동원하여 전선에 내보냄.
출 병 ― 준비를 갖추다.

出仕 벼슬아치가 되어 관아에 출근함.
출 사 20세에 첫 ―하다.

出師 =出兵(출병)
출 사 ―表(표). ―의 날을 받다.

出産 아이를 낳음.
출 산 ― 준비를 갖추다.

出喪 상가에서 상여가 떠남.
출 상 ―을 서두르다.

出生 아이가 태어남. 또는 아이를
출 생 낳음. ―率(율). ―地(지). ― 신고

出席 어떤 자리에 참석함.
출 석 ―한 위원. ―을 부르다.

出世 높은 지위에 오르거나 사회적으로
출 세 유명해짐. ―作(작). ―주의. ―한 사람.

出所 교도소에서 석방되어 나옴.
출 소 ―者(자)

出穗 이삭이 팸.
출 수 ―期(기). ―한 벼.

出市 상품을 시장에 내보냄.
출 시 신제품을 ―하다.

出身 ①출생 당시의 신분적 관계. ②
출 신 출생 당시의 지역적 소속 관계.

出芽 싹이 터서 나오거나 나오게 함.
출 아 또는 그 싹. ―法(법). ― 시기

出漁 물고기를 잡으러 바다로 나감.
출 어 ― 일수. ― 준비를 끝내다.

出捐 사람이나 일을 도우려고 금품
출 연 을 내어 놓음. ―金(금)

出演 강연·연설·연기·연주를 하기
출 연 위해 무대나 연단에 나감. ―料

出迎 나가서 맞음. 또는 마중을 나감.
출 영 공항까지 나온 ― 인사.

出獄 감옥에서 나옴.
출 옥 서대문 형무소에서 ―한 독립 투사.

出願 원서나 신청서를 냄.
출 원 ―者(자). 특허를 ―하다.

出入 ①드나듦. 또는 드나드는 일. ―門
출 입 ②잠깐 다녀오려고 집 밖에 나감.

出資 자금을 냄.
출 자 ―者(자). ―額(액)

出張 사업상 임무를 띠고 어떤 곳에
출 장 감. ― 여비. ― 기간

出場 어떤 장소나 경기장에 나감.
출 장 결승전에 ―한 선수.

出將入相 문무를 겸전하여 장수와
출 장 입 상 재상의 벼슬을 두루 지냄.

出典 출처가 되는 책.
출 전 ―을 밝히다.

出戰 ①싸우러 나감. 월남전에 ―한 용사.
출 전 ②경기를 하러 나감. 마라톤에 ―하다.

出廷 법정에 나가거나 나옴.
출 정 ―한 피고인.

ㅊ

出征 싸움터로 싸우러 나감.
출 정 ―한 군인. ―을 서두르다.

出題 문제나 제목을 냄.
출 제 ― 위원. 어려운 문제가 ―되다.

出衆 여럿 가운데서 뛰어남.
출 중 인물이 ―하다. ―한 자질.

出陣 싸움터로 싸우러 나감.
출 진 ―을 서두르다.

出處 사물이나 소문이 생기거나 나
출 처 온 곳. ―가 애매하다. ―를 밝히다.

黜陟 등용과 축출.
출 척 당쟁으로 인한 빈번한 ―.

出天 하늘이 냄.
출 천 ―之孝(지효). ―의 열녀.

出超 수출 초과(輸出超過)의 준말.
출 초 ―를 기록한 2004년.

出他 집에 있지 않고 다른 곳에 나감.
출 타 아버님은 ―중이시다.

出土 땅 속에서 밖으로 나오거나 파
출 토 냄. ―品(품). ―한 백제 유물.

出退勤 출근과 퇴근.
출 퇴 근 걸어서 ―하다. ― 시간.

出版 책이나 서화를 인쇄해서 세상
출 판 에 내보냄. ―物(물). ―社. ―業

出品 전람회에 물품이나 작품을 내
출 품 어 놓음. ―할 작품을 고르다.

出荷 상품을 시장에 내보냄.
출 하 추석용 물품을 ―하다.

出航 선박이나 항공기가 출발함.
출 항 ― 시간. ― 회수

出港 배가 항구를 떠남.
출 항 ― 준비. 入港(입항)과 ―.

出現 어떤 대상이나 현상이 나타남.
출 현 새 인물의 ―을 기다리다.

出血 ①피가 혈관 밖으로 나옴. ―이 심하다.
출 혈 ②싸움에서 사람의 손상을 입음.

忠諫 충성스럽게 간함.
충 간 ―하는 신하.

衷懇 충심으로 간청함.
충 간 ―을 받아들이다.

衝擊 ①물체가 가하는 세찬 힘. ―의 완화.
충 격 ②마음에 받는 심한 자극. ―的인 사건.

忠犬 주인에게 충직한 개.
충 견 ― 노릇을 하는 종복.

忠告 남의 잘못을 진심으로 타이름.
충 고 또는 그 말. ―를 듣다. ―를 받다.

充當 보충하여 채움.
충 당 손실을 ―하다.

忠讜 =忠直(충직)
충 당 ―하지 못한 잘못.

衝突 ①서로 마주 부딪침. 자동차와 ―하다.
충 돌 ②서로 맞서서 싸움. 의견의 ―.

衝動 ①흥분할 정도의 강한 자극을 일
충 동 으킴. ②남을 부추김. ―질하는 악당.

忠良 충성스럽고 선량함.
충 량 ―한 신하.

忠烈 충성스럽고 절의가 굳음. 또는
충 렬 그런 열사. ―祠(사)

充滿 가득 참.
충 만 행복이 ―한 가정.

蟲媒 곤충이 꽃가루를 옮겨 가루받
충 매 이가 이루어지는 일. ―花(화)

忠僕 주인을 충심으로 섬기는 종. 인신하여,
충 복 어떤 사람을 충직하게 섬기는 사람.

充分 모자람이 없이 차거나 넉넉함.
충 분 식량이 ―하다. ―한 영양 섭취.

忠憤 충의를 위하여 일어나는 분개.
충 분 ―을 내어 왕을 구하다.

忠奮 충의를 위하여 떨쳐 일어남.
충 분 ―之心(지심)이 생기다.

衝殺 들이치거나 찔러 죽임.
충 살 적을 ―하다.

充塞 꽉 차서 막힘. 또는 꽉 채워 막
충 색 음. 천지를 ―한 봄 기운.

忠恕 마음을 다하여 남을 위하고,
충 서 남의 처지를 헤아려 주는 일.

忠誠 마음에서 우러나는 정성. 또는 왕에
충 성 게 바치는 충직한 지성. ―스런 신하.

忠純 충성스럽고 참됨.
충 순 ―한 신하.

忠臣 임금에게 충성을 다하는 신하.
충 신 ―과 효자.

充實 ①허실 없이 충분하게 참. ―한 내용.
충 실 ②건강하여 매우 실함. 아기가 ―하다.

忠實 충직하고 성실함.
충 실 하는 일에 ―하다.

衷心 속에서 우러나는 참된 마음.
충 심 ―으로 자네의 성공을 바라네.

忠言 ①충고하는 말. ―을 듣다. ②충직
충 언 하고 바른 말. ―逆耳(역이)

忠勇 ①충성과 용맹. ―無雙(무쌍) ②충
충 용 성스럽고 용맹스러움. ―한 국군.

充員 부족한 인원을 채움.
충 원 병력의 ―. ― 계획을 세우다.

忠義 충성과 절의.
충 의 ―로 왕을 보필하다.

充溢 가득 차서 넘침.
충 일 애국적 정열이 ―하다.

沖積 흐르는 물에 의해 쌓임.
충 적 ―物(물). ― 평야. ―土(토)

充電 전기 에너지를 저축함.
충 전 ―器(기). ― 전류

充塡 채워서 메움.
충 전 ―物(물)

忠節 충성스러운 절개.
충 절 혁혁한 ―.

忠貞 마음이 참되고 곧음.
충 정 ―한 신하.

忠情 충성스러운 정의.
충 정 애국 ―

衷情 충심에서 우러나오는 정.
충 정 자네의 ―을 나도 알고 있네.

充足 양에 차서 모자람이 없음.
충 족 물자가 ―하다. 욕구를 ―시키다.

忠直 충성스럽고 정직함.
충 직 ―한 신하.

衝天 기개나 기세가 북받쳐 오름.
충 천 기세가 ―하다. 노기가 ―하다.

蟲齒 벌레 먹은 이.
충 치 ―를 뽑다.

蟲害 해충으로 인한 피해.
충 해 ―를 입다.

充血 몸의 한 부분에 많은 피가 모임.
충 혈 또는 눈에 선 핏발. ―이 된 눈.

忠魂 충의를 위하여 죽은 사람의 넋.
충 혼 ―碑(비). ―을 기리다.

忠孝 충성과 효도.
충 효 ―를 자랑하는 가문.

忠厚 충직하고 인정이 두터움.
충 후 본성이 ―하다. ―한 기상.

贅言 쓸데없는 말.
췌 언 ―을 늘어놓다.

醉客 술에 취한 사람.
취 객 ―의 주머니를 털다. 횡설수설하는 ―.

取扱 ①물건을 다룸. ―者(자) ②사람
취 급 이나 사건을 대함. 어린애 ―.

醉氣 술에 취한 기운.
취 기 얼굴에 ―가 돌다.

醉談 술에 취하여 하는 말.
취 담 ―에 흥겨워하는 좌석.

取貸 돈을 빌려 주거나 꾸어 쓰거나
취 대 함. 현금을 ―하다.

取得 자기의 소유로 취하여 가짐.
취 득 ― 시효. ―한 물건.

聚落 인가가 모여 이루어진 마을.
취 락 ―의 분포.

就勞 일터에서 육체 노동을 함.
취 로 ― 사업

取利 돈이나 곡식을 꾸어주고 변리
취 리 를 받음. ―를 하는 지주.

就眠 잠이 들어 자기 시작함.
취 면 ― 운동

醉夢 술에 취하여 자는 동안에 꾸는
취 몽 꿈. —이 깨지 아니하다.

醉墨 술이 취하여 쓴 글씨.
취 묵 —으로 기생의 마음을 사로잡다.

趣味 마음이 끌려 즐기는 흥미.
취 미 다양한 —. — 생활

炊事 식사를 마련하는 일.
취 사 — 당번. —場(장)

取捨 쓸 것은 취하고 버릴 것은 버림.
취 사 —選擇(선택)

聚散 모임과 흩어짐.
취 산 —逢別(봉별). —의 무정함.

翠色 남색과 파랑의 중간색.
취 색 —의 옥반지.

醉生夢死 하는 일 없이 흐리멍덩
취 생 몽 사 하게 한평생을 살아감.

取消 약속의 효력을 없애버림. 또는 공
취 소 개적으로 한 의사를 거두어 들임.

取水 상수도나 농업 용수로 쓸 물을
취 수 하천에서 끌어 옴. —管(관)

取食 남의 음식을 취하여 먹음.
취 식 —客(객). —之計(지계)

醉眼 술에 취한 눈.
취 안 —이 몽롱하다.

醉顔 술에 취한 얼굴.
취 안 붉그레한 —.

脆弱 ①무르고 약함. —한 세력.
취 약 ②허약하고 가냘픔. —한 체질.

就業 일자리에 나아가 일을 함.
취 업 —者(자). —率(율). — 시간

醉翁 술에 취한 노인.
취 옹 —의 허튼 소리.

驟雨 소나기
취 우 한 줄기의 —가 지나가다.

就任 임명된 직장에 처음으로 나아감.
취 임 — 인사. —式(식)

吹入 ①공기를 불어 넣음. ②소리나
취 입 목소리를 녹음함. 판소리를 —하다.

取才 재주를 시험하여 사람을 뽑던
취 재 일. —를 보이다.

取材 작품이나 기사를 쓰기 위해 필요
취 재 한 자료를 찾아 가짐. —를 나가다.

取調 죄인이나 혐의자를 따지어 조
취 조 사함. 일제 때 용어. —를 받다.

吹奏 관악기를 입으로 불어서 연주함.
취 주 — 악기

醉中 술에 취한 가운데.
취 중 —에 한 말. —에 횡설수설하다.

趣旨 어떤 일에 대한 기본적인 목적이
취 지 나 의도. —를 설명하다. —가 좋다.

就職 일자리를 잡아 직장에 나아감.
취 직 —이 되다. —을 하다.

聚集 모여 들거나 모아 들임.
취 집 —한 군중. —한 재료.

就寢 잠자리에 들어 잠을 이룸.
취 침 — 시간

吹打 관악기를 불고 타악기를 침.
취 타 —手(수)

醉態 술에 취한 모습.
취 태 —를 보이다.

取擇 여럿 중에서 골라서 뽑아 씀.
취 택 —한 방법.

取下 신청하거나 제출하였던 것을 도
취 하 로 거두어 들임. 고소를 —하다.

就學 학생이 되어 학교에 나아감.
취 학 — 아동. — 연령

取汗 병을 고치려고 땀을 냄.
취 한 —劑(제). —을 하다.

醉漢 술에 잔뜩 취한 놈.
취 한 —이 부리는 행패.

聚合 모으거나 모여서 하나로 합침.
취 합 —한 의견.

就航 배나 비행기가 항로의 길에 나
취 항 섬. — 대수. — 선박

趣向 하고 싶은 마음이 쏠리는 방향.
취 향 각자의 —이 다르다.

醉興 취흥 술에 취해 일어나는 흥취.
　　一에 겨워 춤을 추다.

側近 측근 어떤 사람을 가까이서 모시거나 어떤 사람과 가까이 지냄. 또는 그런 사람.

測量 측량 ①생각하여 헤아림. ②기기로 땅의 형상·위치·넓이 등을 재는 일.

側面 측면 ①옆이 되는 쪽. 또는 그 면. 一공격 ②한 부문이나 한 쪽 면. 교육적 一

惻隱 측은 가엾고 애처롭게 여김.
　　一한 마음. 一之心(지심)

測定 측정 양의 크기를 잼.
　　체력을 一하다. 一한 수치.

測地 측지 지역이나 지형을 측량함.
　　一線(선). 一하는 기사.

測候 측후 기상을 관측함.
　　一所(소)

層階 층계 층 사이를 오르내리기 위한 계단. 一를 오르내리다.

層臺 층대 층층대
　　一를 내려가다.

層狀 층상 층을 이룬 모양.
　　一火山(화산)

層岩 층암 층을 이룬 바위.
　　一絶壁(절벽)

層屋 층옥 층집
　　一과 樓閣(누각).

層雲 층운 안개 구름. 안개처럼 지표 가까이에 퍼져 떠 있는 구름.

層層 층층 여러 층.
　　一臺(대). 一侍下(시하)

層層臺 층층대 여러 층으로 된 대.
　　一를 내려가다.

層下 층하 낮잡아 홀대함. 또는 그런 차별.
　　一를 두다. 一하지 말라.

治家 치가 집안일을 보살펴 처리함.
　　一를 알뜰히 하다.

齒科 치과 이를 전문으로 치료하는 의학.
　　一의사

治國 치국 나라를 다스림.
　　一平天下(평천하).

齒根 치근 잇몸에 박힌 이의 뿌리 부분.
　　一이 좋다.

稚氣 치기 유치하고 어린 기분.
　　一 있는 짓.

治道 치도 ①길닦이. 一 공사. ②다스리는 도리. 一가 무너지다.

治亂 치란 ①혼란에 빠진 세상을 다스림. ②잘 다스려지는 세상과 어지러운 세상.

治療 치료 병을 다스려 낫게 함.
　　一 방법. 물리 一. 一를 받다.

痴呆 치매 멍청이
　　一에 걸린 늙은이. 一症(증)

致命 치명 죽을 지경에 이름.
　　一傷(상). 一的(적)인 타격을 입다.

治民 치민 백성을 다스림.
　　一에 힘쓰다.

緻密 치밀 ①곱고 촘촘함. 一한 견직물. ②자세하고 꼼꼼함. 一한 계획.

治病 치병 병을 치료함.
　　一하는 의사.

致富 치부 재물을 모아 부자가 됨.
　　一 수단. 폭목상으로 一하다.

恥部 치부 ①음부(陰部). 一를 가리다. ②남에게 알리고 싶지 않은 부끄러운 부분.

置簿 치부 ①장부에 적어 둠. 인신하여, 마음에 새겨 둠. ②속으로 그렇다고 봄.

致仕 치사 늙어서 벼슬을 사퇴함.
　　一하고 고향으로 돌아가다.

致死 치사 죽음에 이름.
　　과실 一. 一量(량)의 독약.

致謝 치사 감사의 뜻을 표함.
　　공로를 一하다. 一를 받다.

恥事 치사 창피하고 부끄러움.
　　一한 말. 一스러운 일.

治山 치산 ①산을 잘 가꿈. ②무덤을 잘 만들거나 매만져서 다듬음.

治産 집안 살림을 잘 다스림.
치 산 ─을 잘하다.

治喪 초상을 치름.
치 상 ─ 범절이 훌륭하다.

齒石 음식이 이의 안팎이나 틈에 끼
치 석 여 붙은 단단한 물질.

致誠 신불에게 소원을 들어달라고
치 성 정성을 드림. ─을 드리다.

治世 ①잘 다스려진 세상. ─와 亂世(난세).
치 세 ②왕이 다스리는 때나 세상. 세종의 ─.

嗤笑 비웃음
치 소 ─를 받다. ─거리가 되다.

治水 수리 시설로 홍수와 가뭄의 피
치 수 해를 막는 일. 治山(치산)─

治術 ①나라를 다스리는 방법이나 술책.
치 술 ②병을 치료하는 방법이나 기술.

齒牙 사람의 이.
치 아 ─를 닦다.

治安 국가나 사회의 안녕과 질서를 보
치 안 전하고 유지함. ─을 책임진 경찰.

齒藥 이를 닦는 데 쓰이는 약.
치 약 ─으로 이를 닦다.

稚魚 어린 물고기 새끼.
치 어 ─를 기르는 양어장.

治熱 병의 열기를 치료함.
치 열 以熱(이열)─

齒列 나란히 박혀 있는 이의 줄.
치 열 고른 ─.

熾烈 세력이나 기세가 불길처럼 맹
치 열 렬함. ─한 전투. ─한 경쟁.

恥辱 수치와 모욕.
치 욕 ─을 씻다. ─의 삶을 견디어 내다.

治癒 치료에 의하여 병이 나음.
치 유 병을 ─하다. ─된 상처.

齒齦 잇몸
치 은 ─炎(염). ─腫(종)

稚子 어린아이. 또는 어린 아들.
치 자 ─를 돌보다.

治粧 곱게 매만져 보기좋게 꾸밈.
치 장 화사하게 ─한 신부.

治績 잘 다스린 공적.
치 적 뚜렷한 ─을 남기다.

致奠 제물을 차려놓고 제문을 읽으
치 전 며 죽은 이를 조상하는 일.

癡情 옳지 못한 관계로 맺어진 남녀간
치 정 의 애정. ─ 관계. ─에 얽힌 이야기.

齒槽 잇몸
치 조 ─에 박혀 있는 이.

稚拙 유치하고 졸렬함.
치 졸 ─한 행위.

治罪 죄를 다스림.
치 죄 무고한 백성을 ─하지 말라.

置重 어떤 일에 중점을 둠.
치 중 과거 청산에 ─한 정책.

輜重 ①말·수레 등에 실은 짐.
치 중 ②수송해야 할 군수품. ─兵(병)

置之度外 생각 밖에 내버려 두고
치 지 도 외 돌보지 아니함.

痔疾 항문의 안팎에 생기는 병.
치 질 ─을 수술하다.

癡態 어리석고 못 생긴 꼬락서니.
치 태 ─를 연출하다.

齒痛 이앓이
치 통 심한 ─을 앓다.

緇布冠 선비가 평상시에 쓰는, 검
치 포 관 은 빛깔의 베로 지은 관.

治下 통치하는 아래.
치 하 폭군 ─. 일제 ─의 조선.

致賀 칭찬이나 축하의 뜻을 표함.
치 하 ─를 받다. ─의 인사.

癡漢 어리석고 못난 놈. 인신하여, 여
치 한 자를 희롱하는 추잡한 사나이.

勅令 ＝勅命(칙명)
칙 령 ─을 내리다.

勅命 임금의 명령.
칙 명 ─을 받들다.

勅使 칙명을 받은 사신.
칙 사　명나라의 ―. ― 대접

勅書 칙명을 적은 문서.
칙 서　―를 받다.

親家 시집간 여자의 친정.
친 가　―에 다녀오신 어머님.

親見 친히 만나 봄.
친 견　―하지 못하다.

親耕 임금이 적전에 나와 친히 갈고
친 경　심음. ―田(전)

親告 피해자가 친히 고해 바침.
친 고　―罪(죄)

親交 친하게 사귀는 교분.
친 교　―를 맺다.

親舊 친하게 사귀는 벗.
친 구　―가 많다. 재미있는 ―.

親鞫 임금이 직접 신문함.
친 국　―을 받은 중죄인.

親權 자식에 대하여 부모가 가지는
친 권　권리. ―者(자)

親近 사귀어 지내는 사이가 매우 가
친 근　까움. ―하게 지내다. ―한 벗.

親忌 부모의 기제사.
친 기　―가 들다. ―를 치르다.

親同氣 같은 부모에게서 태어난 형
친 동 기　제 자매. 親父母(친부모)와 ―.

親臨 임금이 어떤 곳에 직접 나옴.
친 림　집현전에 자주 ―하시던 세종.

親母 자기를 낳은 어머니.
친 모　시어머니를 ―같이 섬기다.

親睦 서로 친하여 화목함.
친 목　―을 도모하다. ― 단체

親의 새김

①친할　　친 : 親友(친우)
②어버이　친 : 兩親(양친)
③친척　　친 : 親族(친족)
④친히　　친 : 親書(친서)

親密 지내는 사이가 친하고 가까움.
친 밀　―한 사이. ―感(감)을 느끼다.

親父 자기를 낳은 아버지.
친 부　―와 親母(친모).

親分 친밀한 정분.
친 분　―이 두텁다. ―을 맺다.

親朋 친한 벗.
친 붕　그 어른은 아버님의 ―이시다.

親山 부모의 산소.
친 산　―이 있는 고향.

親喪 부모의 상사.
친 상　―을 당하다.

親書 친히 글을 씀. 또는 그 글.
친 서　스승의 ―를 받다.

親署 임금이 몸소 서명함.
친 서　조약에 ―하다.

親善 서로 친하고 사이가 좋음. 또는
친 선　사이좋게 친함. ― 교린. ― 방문

親疎 친함과 버성김.
친 소　―를 가리다.

親屬 =親族(친족)
친 속　― 사이의 정의.

親孫 자기 아들의 친아들과 친딸.
친 손　―과 外孫(외손).

親熟 친하고 허물이 없음. 또는 친
친 숙　하게 잘 앎. ―한 사이. ―한 말씨.

親狎 흥허물 없이 너무 지나칠 정도
친 압　로 친함. ―한 신하.

親愛 친근하게 사랑함.
친 애　―하는 동포.

親迎 재래의 혼례에서, 신랑이 신부집
친 영　에 가서 신부를 직접 맞는 의식.

親友 친한 벗.
친 우　고향의 ―. ― 사이의 우정.

親衛隊 ①왕·국가 원수를 호위하는 군대.
친 위 대　②서울의 수비를 맡았던 군대.

親誼 친근한 정의.
친 의　―가 더 깊어지다.

親日 _{친 일} 일제와 야합하여 그들의 정책을 지지하던 일. —派(파). — 행위

親炙 _{친 자} 선생에게서 직접 가르침을 받는 일. —를 받다.

親展 _{친 전} 편지를 받는 사람이 직접 뜯어 보라는 뜻으로, 편지 겉봉에 쓰는 말.

親切 _{친 절} 남을 대하는 태도가 성의 있고 정다움. —한 사람. —한 말씨.

親征 _{친 정} 왕이 직접 군사를 거느리고 정벌함. —에 오르다.

親政 _{친 정} 임금이 직접 정사를 봄. — 체제

親庭 _{친 정} 시집간 여자의 생가. —에 가다. — 어머니

親族 _{친 족} 촌수가 가까운 일가. —權(권). —會(회)

親知 _{친 지} 친근하게 서로 잘 알고 지내는 사람. 고향의 —.

親戚 _{친 척} 친족과 인척. 일가 —. — 관계

親筆 _{친 필} 친히 쓴 글씨. 추사의 — 액자.

親兄 _{친 형} 같은 부모에게서 태어난 형. 다정한 —.

親和 _{친 화} 서로 친하여 화합함. —力(력). 가족의 —.

親患 _{친 환} 부모의 병환. —이 중하다는 연락을 받다.

七去之惡 _{칠 거 지 악} 아내를 내쫓을 수 있는 일곱 가지 조건. 곧 시부모에게 불순한 아내, 자식을 못 낳는 아내, 행실이 음탕한 아내, 질투하는 아내, 나쁜 병이 있는 아내, 말썽이 많은 아내, 도둑질하는 아내.

漆器 _{칠 기} 옻칠을 한 목기나 도자기. 나전 —

七夕 _{칠 석} 음력 7월 7일. 또는 그 날의 밤. —에 만나는 직녀성과 견우성.

七旬 _{칠 순} 70세. 또는 70일. —을 맞는 할아버님.

漆夜 _{칠 야} 캄캄한 밤. 그믐날의 —.

七言 _{칠 언} 7자가 1구를 이루는 한시의 형식. —絕句(절구). —律詩(율시)

七顚八起 _{칠 전 팔 기} 여러 번의 실패에도 굽히지 아니하고 다시 일어남.

七顚八倒 _{칠 전 팔 도} 수 없이 실패를 거듭하거나 대단히 고생함의 형용.

漆板 _{칠 판} 분필로 글자를 쓰게 만든 판. —에 쓴 글자.

漆黑 _{칠 흑} 옻칠을 한듯이 검음. —같은 머리채. —같은 밤.

沈降 _{침 강} 우묵하게 내려앉아 들어감. 육지가 —하다. — 해안

侵攻 _{침 공} 침범하여 쳐 들어감. 무력 —. —한 적.

寢具 _{침 구} 잠자는 데 쓰는 제구. —를 정돈하다.

鍼灸 _{침 구} 침질과 뜸질. —術(술). —로 병을 고치다.

寢囊 _{침 낭} 한 사람이 그 속에 들어가 자게 되어 있는, 자루처럼 생긴 침구의 하나.

沈溺 _{침 닉} ①=沈沒(침몰) ②주색이나 노름 등에 빠짐.

寢臺 _{침 대} 사람이 누워 자도록 된 평상. —에 눕다. —車(차)

侵略 _{침 략} 침노하여 약탈함. 군사적 —. —을 감행하다.

沈淪 _{침 륜} ①=沈沒(침몰) ②=沒落(몰락)

枕木 _{침 목} ①굄목 ②레일 밑을 받치는 목재나 콘크리트재의 토막.

沈沒 _{침 몰} 물에 빠져서 가라앉음. 배가 —하다.

沈默 _{침 묵} 아무 말도 안 하고 잠잠함. —을 깨뜨리다. —을 지키다.

寢房 잠을 자는 방.
침 방 ─으로 쓰다.

侵伐 침범하여 침.
침 벌 적군을 ─하다.

侵犯 남의 영토나 권리를 불법적으로
침 범 침해함. ─者(자). ─하지 못할 위엄.

寢床 누워 잘 수 있게 만든 평상.
침 상 ─에 눕다.

針線 바늘과 실. 또는 바느질하는
침 선 일. 신부가 지니는 ─. ─을 가르치다.

寢所 사람이 잠을 자는 곳.
침 소 아들의 ─.

針小棒大 작은 사물이나 사실을 크
침 소 봉 대 게 과장하여 말하는 일.

沈水 물 속에 잠김.
침 수 ─식물

浸水 물에 젖거나 잠김.
침 수 홍수로 인한 ─가옥.

侵蝕 조금씩 야금야금 개먹어 들어
침 식 감. 남의 영역을 ─하다.

浸蝕 빗물·냇물·바람 등이 지각이
침 식 나 바위를 개먹어 들어감.─작용

寢食 잠자는 일과 먹는 일.
침 식 ─을 전폐하다. ─을 잊고 일하다.

寢室 잠을 자는 방.
침 실 아버지의 ─에는 불이 켜져 있다.

針葉樹 잎이 바늘 모양으로 생긴
침 엽 수 나무. ─와 활엽수.

沈鬱 ①근심에 잠겨 우울함. ─한 표정.
침 울 ②날씨가 음산함. ─한 겨울 날씨.

浸潤 ①차차 젖어 듦. ─線(선)
침 윤 ②차차 번져 나감. ─之譖(지참)

浸淫 어떤 풍습에 차차 젖어 들어감.
침 음 외래 사상에 ─되다.

侵入 침입하여 들어감.
침 입 불법 ─. ─을 막다.

沈潛 깊이 생각에 잠김.
침 잠 성리학에 ─하다.

沈積 가라앉아 물 밑에 쌓임.
침 적 ─物(물). ─岩(암)

沈澱 액체 속의 고체가 물 밑으로
침 전 가라앉음. ─物(물). ─池(지)

寢殿 임금의 침소.
침 전 왕이 ─에 납시다.

沈重 ①침착하고 무게가 있음. ─한 성
침 중 품. ②병세가 위독함. ─한 노환.

沈着 행동이 들뜨지 않고 신중함.
침 착 ─한 태도. ─한 목소리.

沈滯 진척되지 않고 한 자리에 머묾.
침 체 ─상태. ─에 빠지다.

浸出水 폐기물이 썩으면서 땅 속으
침 출 수 로 흘러 내리는 물.

侵奪 침범하여 빼앗음.
침 탈 ─을 일삼았던 왜구.

沈痛 슬픔·걱정 등으로 마음이 괴
침 통 로움. ─한 표정. ─한 분위기.

浸透 ①액체가 속으로 스며듦. ②사상·풍
침 투 조가 번져 나감. ③간첩이 숨어 듦.

沈下 가라앉아 내려앉음.
침 하 건물이 ─하다.

侵害 침범하여 해침.
침 해 ─를 입다. 권리를 ─하다.

蟄居 집에 들어박혀 있음.
칩 거 ─생활. 고향집에 ─하다.

稱病 병이 있다는 핑계를 댐.
칭 병 ─하고 관직에서 물러나다.

稱頌 찬양하여 일컬음. 또는 그러한
칭 송 말. ─을 받다. ─이 자자하다.

稱譽 칭찬하여 기림.
칭 예 신동이란 ─를 듣다.

稱讚 높이 평가하여 말함. 또는 그
칭 찬 러한 말. ─을 듣다. ─이 자자하다.

稱號 사회적으로 불리는 이름.
칭 호 인간 문화재라는 ─를 듣다.

ㅊ

ㅋ

快感 유쾌하고 상쾌한 느낌.
쾌 감 —을 느끼다. 승리자의 —.

快擧 통쾌하고 장한 행위나 거사.
쾌 거 마라톤에서 우승한 —.

快氣 유쾌하고 상쾌한 기분.
쾌 기 가을에 느끼는 —.

快男兒 시원스럽고 쾌활한 사나이.
쾌 남 아 —로 생긴 젊은이.

快刀 썩 잘 드는 칼.
쾌 도 —로 물건을 자르다.

快刀亂麻 어지럽게 뒤섞인 사물을
쾌 도 난 마 명쾌하게 처리함의 비유.

快樂 유쾌하고 즐거움. 또는 관능적 욕망
쾌 락 을 충족시키는 즐거움. —을 추구하다.

快諾 쾌히 승낙함. 또는 그런 승낙.
쾌 락 당사자의 —을 얻다.

快論 거리낌없이 유쾌하고 시원스럽
쾌 론 게 주고 받는 이야기나 논의.

快味 시원스럽고 상쾌한 맛.
쾌 미 —를 느끼다.

快敏 행동이 빠르고 날쌤.
쾌 민 수완이 —하다.

快辯 거침없이 시원스럽게 잘하는 말.
쾌 변 —으로 좌중을 감동시키다.

快報 듣기에 기쁘고 시원한 소식.
쾌 보 —를 받다. 마라톤에서 우승했다는 —.

快復 건강이 완전히 회복됨.
쾌 복 아직도 —이 안 되었는가?

快事 유쾌하고 기쁜 일.
쾌 사 인생의 —. 대장부의 —.

快速 속도가 매우 빠름.
쾌 속 —艇(정). —으로 말리다.

快勝 시원스럽고 유쾌한 승리.
쾌 승 우리의 —을 가져오다.

快心 뜻대로 되어 유쾌한 마음.
쾌 심 —事(사). —作(작)

快癒 병이 시원스레 다 나음.
쾌 유 —를 빌다.

快飲 술을 유쾌하게 마심.
쾌 음 —으로 시름을 잊다.

快子 소매는 없고 등솔기는 길게 째지
쾌 자 게 만든, 옛날의 전투복의 하나.

快哉 상쾌하구나! 시원하구나!
쾌 재 —를 부르다.

快著 썩 훌륭하게 잘 지은 저서.
쾌 저 —를 남기다.

快適 몸과 마음에 맞아 기분이 좋음.
쾌 적 —한 날씨. —한 환경.

快調 일이 뜻대로 잘 진행됨.
쾌 조 —로운 진척을 보이다.

快走 빨리 시원스럽게 달림.
쾌 주 —하는 돛배.

快差 병이 시원스레 다 나음.
쾌 차 병환이 —하시다.

快擲 금품을 시원스럽게 내어 놓음.
쾌 척 수재 의연금을 —하다.

快晴 날씨가 썩 맑음.
쾌 청 —한 날씨.

快快 씩씩하고 시원스러움.
쾌 쾌 —한 기상. —히 말하다.

快投 야구에서, 투수가 마음먹은 대로
쾌 투 시원스럽게 공을 잘 던지는 일.

快活 명랑하고 활발함.
쾌 활 —한 웃음. —한 모습.

快闊 마음이 탁 트이어 시원스럽고
쾌 활 넓음. —한 성격.

ㅌ

他家 타 가 남의 집. 또는 다른 집.
─의 일에 간섭하지 말라.

打開 타 개 얽힌 문제를 해결해 나갈 길을 헤쳐 엶. ─策(책). ─할 방도.

打擊 타 격 때려 침. 또는 힘을 꺾는 심한 충격을 주는 일. 정신적 ─. ─을 주다.

妥結 타 결 서로 좋도록 협의하여 일을 마무름. 협상이 ─되다.

他界 타 계 ①다른 세계. 또는 저승. ─의 객이 되다. ②세상을 달리함. 곧 죽음. ─하신 선생님.

他關 타 관 =他鄕(타향)
─ 사람. ─을 타다.

唾具 타 구 가래나 침을 뱉는 그릇.
─에 침을 뱉다.

他國 타 국 남의 나라. 또는 다른 나라.
─의 국민. ─의 영토.

唾棄 타 기 아주 더럽게 여겨 돌아보지도 아니하고 버림. ─할 행위.

他年 타 년 올해가 아닌 다른 해.
올해는 ─에 비해 유난히 더웠다.

妥當 타 당 사리에 맞아 마땅함.
─한 방법. ─한 조치.

打倒 타 도 쳐부수어 거꾸러뜨림.
독재 정권의 ─에 앞장서다.

他道 타 도 행정 구역이 다른 도.
─ 사람. ─와의 경계.

駝酪 타 락 =牛乳(우유)
─粥(죽)

墮落 타 락 잘못된 길로 빠지거나 떨어짐.
─한 사람. ─의 길을 걷다.

他力 타 력 남의 힘.
─에 의지하다.

惰力 타 력 타성의 힘.
안일한 생활에서 벗어나지 못하는 ─.

唾罵 타 매 아주 더럽게 여기며 욕함.
그의 부패함을 ─하다.

打綿 타 면 솜을 탐.
─機(기)

打撲 타 박 사람이나 동물을 때려 침.
─傷(상)을 입다.

打算 타 산 이해 관계를 따져 봄. 또는 그 셈. 利害(이해)─. 收支(수지)─

他山之石 타 산 지 석 자기의 수양에 도움으로 삼는 남의 의견. ─으로 삼다.

他殺 타 살 다른 사람이 죽임. 또는 그 죽음. 自殺(자살)과 ─. ─의 흔적.

他姓 타 성 다른 성.
─의 남자. ─바지

惰性 타 성 오래 되어 굳어진 버릇.
─에 젖다.

打順 타 순 야구에서 타자가 타석에 나가는 순서. ─을 바꾸다.

打樂器 타 악 기 방망이나 채로 쳐서 소리를 내는 악기. 관악기와 ─.

唾液 타 액 침.
─腺(선). ─이 분비되다.

打率 타 율 야구에서, 타수에 대한 안타수의 비율. 3할대의 높은 ─.

他律 타 율 남의 지시에 따라 행동하는 일.
自律(자율)과 ─.

他意 타 의 ①다른 생각이나 마음. ─가 없다. ②다른 사람의 뜻. ─에 의한 행동.

他人 타 인 남. 다른 사람.
─ 자본. ─ 소유의 건물.

打字 타 자 타자기로 글자를 찍음.
─를 치다. ─機(기)

打作 타 작 곡식의 이삭을 두드려서 그 낟알을 거둠. ─마당. 보리 ─

打電 타 전 전보나 무전을 침.
—을 하는 손놀림.

打點 타 점 ①점을 찍음. 또는 마음속으로 점 찍어 둠. ②타자가 얻어 낸 득점.

打製 타 제 물건을 두드려서 만듦.
—石器(석기)

打鐘 타 종 종을 침.
—하여 시간을 알리다.

他地 타 지 다른 지방.
—에서 이사 온 사람.

打診 타 진 ①의사가 환자의 가슴이나 등을 두드 려서 진찰함. ②남의 의향을 떠봄.

他處 타 처 다른 곳.
— 사람. —로 이사를 가다.

他薦 타 천 남이 자기를 추천함.
自薦(자천)과 —.

打破 타 파 제도·규율·관습 등을 깨뜨리 거나 쳐서 부숨. 제급 —

他鄕 타 향 자기 고향이 아닌 다른 곳.
—살이. 정든 —.

妥協 타 협 양쪽이 좋도록 양보하여 협의 함. —이 성립되다. —을 거부하다.

唾壺 타 호 =唾具(타구)
—에 가래를 뱉다.

濁客 탁 객 막걸리를 몹시 좋아하는 사람.
—으로 한평생을 보내다.

卓見 탁 견 뛰어난 의견이나 견해.
—을 말하다. —을 듣고 싶다.

卓犖 탁 락 두드러지게 뛰어남.
—한 수완.

濁亂 탁 란 사회·정치가 흐리고 어지러움.
—한 사회. 정사가 —하다.

卓論 탁 론 뛰어난 이론.
그의 —에 모두 찬성하다.

濁流 탁 류 흐린 흐름. 또는 그 물.
—가 도도히 흐르다.

琢磨 탁 마 옥이나 돌을 쪼고 감. 인신하여, 학문이나 기예를 힘써 닦고 갊.

托鉢 탁 발 중이 돌아다니며 동냥함.
—僧(승)

擢拔 탁 발 =拔擢(발탁)
인재를 —하다.

拓本 탁 본 =搨本(탑본)
—한 비문.

卓上 탁 상 책상이나 식탁의 위.
—空論(공론). — 전등

濁世 탁 세 어지러운 세상. 또는 불교에서 말 하는 속세. —에서 몸을 일으킨 영웅.

託送 탁 송 남에게 부탁하여 물건을 보냄.
—한 화물.

濁水 탁 수 흐린 물.
—에서 아름답게 핀 연꽃.

卓識 탁 식 뛰어난 식견.
그의 —에 모두들 놀라다.

託兒所 탁 아 소 부모들의 취업 시간 중 그의 어린아 이들을 맡아 양육 보호하는 기관.

卓然 탁 연 여럿 중에서 우뚝 뛰어난 모양.
—히 두각을 나타내다.

擢用 탁 용 많은 사람 중에서 뽑아 등용함.
—의 은총을 입다.

卓越 탁 월 남보다 동뜨게 뛰어남.
—한 재능. —한 인물.

濁音 탁 음 =有聲音(유성음)
淸音(청음)과 —.

卓子 탁 자 물건을 올려 놓는 식탁이나 원 탁 등의 세간. — 위의 음식.

卓絶 탁 절 아주 뛰어남.
재질이 —하다.

濁酒 탁 주 막걸리
— 한 사발을 마시다.

卓筆 탁 필 뛰어난 필적이나 글.
추사에 비길 만한 —.

卓效 탁 효 특출한 효험이 있음. 또는 그 효험. —한 약. —가 있다.

殫竭 탄 갈 마음이나 힘을 다함.
—心力(심력). 충성을 —하다.

誕降 임금이나 성인이 태어남.
탄 강　공자의 —.

炭坑 석탄을 파내는 구덩이.
탄 갱　—이 무너지다.

炭鑛 석탄을 파내는 광산.
탄 광　태백 —. —村(촌)

彈琴 거문고나 가야금 등을 탐.
탄 금　—을 잘하다.

彈帶 탄띠
탄 대　—를 두르고 총을 메다.

彈道 발사된 탄환이나 미사일이 목표물에
탄 도　이르기까지 날아가는 길. — 미사일

彈頭 폭약이나 뇌관이 들어 있는 포
탄 두　탄이나 미사일의 머리 부분.

彈力 ①이전의 형태로 돌아가려는 힘. ②반
탄 력　응이 빠르게 변화할 수 있는 능력.

綻露 비밀이 드러나거나 비밀을 드
탄 로　러냄. 비밀이 —되다.

彈幕 탄알로 막을 치듯 퍼붓는 탄알.
탄 막　—을 뚫고 전진하다.

嘆美 감탄하여 기림.
탄 미　—하는 노래.

歎服 감탄하여 마음으로 따름.
탄 복　귀신이 —할 노릇이다.

歎辭 감탄하는 말.
탄 사　—를 발하다. —를 보내다.

炭酸 이산화탄소가 물에 녹아서 생
탄 산　기는 약한 산. — 가스. — 소다

歎賞 감탄하여 칭찬함.
탄 상　—해 마지 아니하다.

誕生 ①출생의 높임말. 예수의 —. ②조
탄 생　직이나 기관이 생겨남. 극군의 —.

彈性 본래의 모양으로 되돌아 가는
탄 성　성질. —을 가진 용수철.

歎聲 탄식하는 소리. 또는 감탄하는
탄 성　소리. —을 지르다.

灘聲 여울물이 흐르는 소리.
탄 성　밤에 들리는 —.

炭素 맛과 냄새가 없는 원소의 하나.
탄 소　— 섬유. — 동화 작용

坦率 성미가 너그럽고 대범함.
탄 솔　—한 사람.

歎息 한탄하며 한숨을 쉼. 또는 그
탄 식　한숨. —을 하며 말하다.

誕辰 생일의 높임말.
탄 신　— 기념일

彈壓 권력이나 무력으로 강제로 억
탄 압　압함. 일제의 —을 받다.

彈藥 탄환. 또는 탄알과 화약.
탄 약　—庫(고). —을 공급하다.

歎願 자기의 사정을 하소연하여 간
탄 원　절히 원함. —書(서)

誕日 탄생한 날.
탄 일　세종 대왕의 —.

炭疽病 자낭균의 기생으로 다육 과실에 생
탄 저 병　기는, 과실이 썩고 잎이 시드는 병.

炭田 석탄이 많이 묻혀 있는 땅.
탄 전　— 지대

彈奏 현악기를 탐.
탄 주　—가 끝나다. — 악기

彈着 쏜 탄환이 날아가 땅에 떨어짐.
탄 착　— 거리. —點(점)

彈倉 총탄을 재어 두는, 총의 한 부
탄 창　분. 기관총의 —.

炭層 땅 속의 석탄이 묻혀 있는 층.
탄 층　—이 드러나다.

坦坦大路 평탄하고 넓은 큰 길.
탄 탄 대 로　—를 달려 가다.

彈皮 탄알이나 포탄의 껍데기.
탄 피　—를 수거하다.

彈劾 죄상을 들어서 규탄함.
탄 핵　— 소추. 대통령을 —하다.

炭化 다른 물질이 탄소와 화합하는
탄 화　일. — 규소. — 수소. — 칼슘

彈丸 총탄·포탄의 총칭.
탄 환　—이 쏟아지는 전선.

坦懷 거리낌이나 사심이 없는 마음.
탄 회 虛心(허심)—

彈痕 탄알을 맞은 자국.
탄 흔 —이 남아 있다.

脫殼 ①꼬투리나 껍데기를 벗김. ②벌
탈 각 레나 짐승이 허물을 벗음.

脫去 ①껍질을 벗어버리거나 벗겨 버림.
탈 거 ②일정한 환경에서 빠져 나감.

脫稿 원고의 집필을 끝냄.
탈 고 —한 원고.

脫穀 곡식의 이삭에서 낟알을 떪.
탈 곡 —機(기). 추수한 곡식을 —하다.

脫口 빠져 나갈 구멍.
탈 구 —를 찾다.

脫臼 관절에서 뼈마디가 삐어져 어
탈 구 긋남. 고관절이 —하다.

奪氣 실망하거나 겁이 나서 기운이
탈 기 쑥 빠짐. —하여 주저앉다.

脫黨 소속한 정당에서 탈퇴함.
탈 당 — 성명서. —의 이유를 밝히다.

脫落 빠지거나 떨어져 나감.
탈 락 —者(자). 명부에 —하다.

脫漏 있어야 할 것이 빠져 없거나
탈 루 빠뜨림. —한 소득.

頉免 관원이 특별한 사정으로 응당
탈 면 져야 할 책임의 면제를 받음.

脫毛 털이 빠짐.
탈 모 —症(증)

脫帽 모자를 벗음.
탈 모 — 바람으로 외출을 하다.

脫法 법을 지키지 아니하고 벗어남.
탈 법 — 행위

脫喪 삼년상을 벗음.
탈 상 —과 동시에 상복을 벗다.

脫色 ①들어 있는 물색을 뺌. —劑(제)
탈 색 ②빛이 바램. —된 양복.

脫線 ①차량의 바퀴가 궤도에서 벗어남.
탈 선 ②언동이 정상적인 길에서 빗나감.

脫稅 세금의 일부나 전부를 포탈함.
탈 세 —者(자). —額(액)

脫俗 ①속태를 벗음. —의 경지.
탈 속 ②세속을 벗어남. —하여 入山하다.

脫水 물기를 뺌.
탈 수 —機(기)

脫身 관계하던 일에서 몸을 뺌.
탈 신 —逃走(도주)

脫營 병영을 빠져 달아남.
탈 영 —兵(병)

脫誤 빠진 글자와 잘못된 글자.
탈 오 논문에 —가 너무 많다.

脫獄 죄수가 감옥에서 탈주함.
탈 옥 —囚(수). —을 시도하다.

脫衣 옷을 벗음.
탈 의 —室(실)

脫字 글에서 빠진 글자.
탈 자 —가 적지 않다.

脫腸 내장의 일부가 몸 밖으로 삐어져
탈 장 나옴. —症(증)

脫籍 호적·학적 등에서 빠지거나
탈 적 뺌. 入籍(입적)과 —.

脫走 몰래 빠져 나가 달아남.
탈 주 —兵(병). —者(자)

脫脂 기름기를 빼냄.
탈 지 —綿(면). — 분유

脫盡 기운이 다 빠져서 없어짐.
탈 진 —한 상태. 기운이 —하다.

脫出 일정한 환경이나 구속에서 빠
탈 출 져 나감. 불길 속에서 —하다.

奪取 남의 것을 빼앗아 가짐.
탈 취 —한 물건.

脫退 소속했던 조직체를 관계를 끊
탈 퇴 고 물러남. 단체에서 —하다.

脫皮 ①허물을 벗음. ②낡은 사고나
탈 피 관습에서 벗어남. 낡은 관습을 —하다.

奪還 빼앗겼던 것을 도로 빼앗음.
탈 환 고지를 —하다.

脫會 어떤 조직에서 탈퇴함.
탈 회 入會(입회)와 ─.

貪官汚吏 재물을 탐내고 행실이 깨끗하
탐 관 오 리 지 못한 관리. ─를 숙청하다.

探鑛 땅 속의 유용 광물을 찾아냄.
탐 광 ─ 사업에 열을 올리다.

探求 소용되는 것을 찾아 구함.
탐 구 물자를 ─하다.

探究 파고 들어 깊이 연구함.
탐 구 진리의 ─.

耽溺 지나치게 마음이 쏠려 빠짐.
탐 닉 주색에 ─하다.

耽讀 어떤 책을 열중하여 읽음.
탐 독 위인전을 ─하다.

貪婪 음식이나 재물을 탐냄.
탐 람 ─한 사람.

貪利 이익을 탐냄.
탐 리 ─에 눈이 멀다.

探問 찾아 물음.
탐 문 행방을 ─하다.

探聞 수소문하여 들음.
탐 문 ─한 바에 의하면…….

耽美 아름다움을 추구하여 거기에
탐 미 함빡 빠짐. ─主義(주의)

探訪 수소문하여 찾아 봄.
탐 방 ─ 기자. 수해 지구를 ─하다.

探査 샅샅이 더듬어 조사함.
탐 사 ─隊(대). 남극을 ─하다.

貪色 여색을 좋아하고 즐김.
탐 색 ─으로 청춘을 보내다.

探索 더듬어 찾음. 또는 샅샅이 찾
탐 색 음. 魚群(어군)의 ─. 범인을 ─하다.

探勝 경치 좋은 곳을 찾아다님.
탐 승 ─客(객). ─記(기)

貪食 음식을 탐냄. 또는 탐내어 먹음.
탐 식 ─하는 아이.

貪心 탐내는 마음. 또는 탐욕스러운
탐 심 마음. ─이 강하다.

貪汚 욕심을 부려 사복을 채움.
탐 오 재산을 ─하다.

貪慾 지나치게 탐내는 욕심.
탐 욕 ─이 지나치다. ─스런 마음.

探偵 몰래 상대방의 사정을 살핌. 또는
탐 정 그런 일을 하는 사람. ─ 소설. ─家

探照 살피기 위해 광선을 멀리 내비
탐 조 춤. ─燈(등)

探知 더듬어 찾아서 알아냄.
탐 지 비밀을 ─하다. ─機(기)

耽耽 마음에 들어 즐겁고 좋음.
탐 탐 ─한 기색. ─히 듣다.

貪虐 탐욕이 많고 포학함.
탐 학 ─한 관리.

探險 위험을 무릅쓰고 답사함.
탐 험 ─家(가). ─隊(대). 남극 ─

探花蜂蝶 꽃을 찾는 벌과 나비. 인신하
탐 화 봉 접 여, 여색을 찾아가는 남자.

榻敎 임금이 정승에게 몸소 내리는
탑 교 명령. ─를 받들다.

搨本 비석에 새긴 글씨나 그림을 그대
탑 본 로 박아 냄. 또는 박은 그 종이.

塔碑 탑과 비석.
탑 비 월정사 경내에 있는 ─.

搭乘 배·비행기·수레 따위에 올라
탑 승 탐. ─客(객). ─者(자)

搭載 배·비행기·수레 따위에 물건
탑 재 을 실음. ─한 화물.

榻前 임금의 자리 앞.
탑 전 ─에 들다. ─下敎(하교)

蕩竭 ＝蕩盡(탕진)
탕 갈 재산을 ─하다.

蕩減 진 빚을 온통 삭쳐 줌.
탕 감 빚을 ─하다. 소작료를 ─하다.

宕巾 갓 밑에 받쳐 쓰는 관.
탕 건 ─ 바람으로 외출하다.

湯罐 끓이거나 약을 달이는 그릇.
탕 관 ─에 달인 약.

湯器 국이나 찌개을 담는 그릇.
탕 기 —에 푼 국.

蕩婦 방탕한 여자.
탕 부 —와 정을 통하다.

湯水 끓는 물.
탕 수 —에 넣어 삶다.

蕩心 방탕한 마음.
탕 심 —이 나다.

蕩兒 방탕한 사내.
탕 아 —와 蕩婦(탕부).

湯藥 달여서 먹는 한약.
탕 약 —에 감초가 빠질까?

蕩子 방탕한 사나이.
탕 자 —의 바람기.

湯劑 =湯藥(탕약)
탕 제 —를 지어 올리다.

蕩盡 재산을 다 써서 없앰.
탕 진 —家産(가산). 재산을 —하다.

蕩滌 죄명을 씻어 줌.
탕 척 —敍用(서용)

蕩平 논쟁이나 시비에서 치우침이
탕 평 없이 공평함. —論(론). —策(책).

駄價 짐을 실어 날라준 삯.
태 가 —를 내다. —를 받다.

台鑑 살펴 보라. 정이품 이상의 관원
태 감 에게 내는 편지 겉봉에 쓰던 말.

太古 아주 오랜 옛날.
태 고 —로부터 있어 온 땅. —적 이야기.

太空 아주 높고 먼 하늘.
태 공 —을 우러러 보다.

太過 아주 지나치게 과함.
태 과 탕아의 엽색이 —하다.

胎教 태아에게 좋은 영향을 주기 위
태 교 해 잉부가 언행을 삼가는 일.

跆拳道 우리 겨레 전래의 호신 무술.
태 권 도 —를 익히다.

太極 우주 만물이 생기기 이전의 시
태 극 원이 되는 실체. —扇(선)

太極旗 우리 나라의 국기.
태 극 기 집집마다 게양한 —.

胎氣 아이를 밴 기미.
태 기 —가 있다.

胎內 태의 속.
태 내 —에서 꿈틀거리는 아이.

態度 몸을 가지는 모양이나 맵시. 또
태 도 는 마음가짐. 공손한 —. 분명한 —.

胎動 태아가 움직임. 인신하여, 어떤 사물
태 동 현상이 생기려고 싹트기 시작함.

泰東 =東洋(동양)
태 동 —과 泰西(태서).

泰斗 泰山北斗(태산북두)의 준말. 어
태 두 떤 분야에서 권위가 있는 사람.

泰嶺 높고 험한 고개.
태 영 —을 넘어 다니다.

怠慢 게으름. 또는 게으름을 부림.
태 만 —한 행동. 공부에 —하다.

胎母 아이를 밴 여자.
태 모 —의 건강 상태.

胎夢 아이를 밸 꿈.
태 몽 —을 꾸다.

太廟 =宗廟(종묘)
태 묘 —의 제향.

殆無 거의 없음.
태 무 인가가 —한 산골.

太半 반수 이상.
태 반 참석자의 —은 학생이다.

殆半 거의 절반.
태 반 응시자의 —이 대졸 출신이다.

胎盤 자궁 안에서 태아와 모체을 탯
태 반 줄로 잇고 있는 기관.

太不足 많이 모자람.
태 부 족 건설 자재가 —하다.

泰山 매우 높고 큰 산.
태 산 티끌 모아 —. —峻嶺(준령)

太上王 왕위를 물려 준, 생존하는 전
태 상 왕 임금. —으로 함흥에 가 있던 이성계.

胎生 사람이 어떤 곳에서 태어남.
태 생　농촌 ㅡ. 도회지 ㅡ.

太歲 그 해의 간지(干支).
태 세　금년 ㅡ는 甲申(갑신)이다.

態勢 태도나 자세. 또는 형세나 기세.
태 세　방위 ㅡ.

太守 주·부·군·현의 장관인 지방
태 수　관. 강릉 ㅡ

胎兒 뱃속의 아이.
태 아　ㅡ의 건강.

太陽 해
태 양　ㅡ系(계). ㅡ과 太陰(태음).

怠業 맡은 일을 고의적으로 하지 아
태 업　니함. 노동자의 ㅡ.

泰然 태도나 기색이 예사로움.
태 연　ㅡ自若(자약). ㅡ히 앉아 있다.

太陰 달
태 음　太陽(태양)과 ㅡ.

太子 임금의 뒤를 이을 아들. 皇太子
태 자　(황태자)의 준말. 麻衣(마의) ㅡ

笞杖 ①태형과 장형. ㅡ 소리
태 장　②볼기 치는 형구. ㅡ을 맞다.

太祖 한 왕조를 세운 임금의 묘호.
태 조　조선 ㅡ 이성계.

胎中 아이를 배고 있는 동안.
태 중　ㅡ에 있는 아내.

太初 천지가 개벽한 시초.
태 초　ㅡ에 하늘이 열리다.

駘蕩 봄의 날씨나 바람이 화창함.
태 탕　ㅡ한 봄.

太平 ①나라나 사회가 평안함. ㅡ한 세상.
태 평　②집안이나 몸이 평안함. ㅡ한 집안.

颱風 태평양 서남부의 열대 지방에서
태 풍　일어나는 센 폭풍. ㅡ의 피해. ㅡ 경보

笞刑 대쪽으로 볼기를 치던 형벌.
태 형　ㅡ을 당하다.

兌換 지폐를 금화나 정화와 바꿈.
태 환　ㅡ券(권). ㅡ 은행

太后 皇太后(황태후)의 준말.
태 후　ㅡ와 황후.

擇吉 ＝擇日(택일)
택 길　혼인날을 ㅡ하다.

擇用 골라서 씀.
택 용　인재를 ㅡ하다.

擇一 여럿 가운데서 하나를 고름.
택 일　兩者(양자) ㅡ

擇日 좋은 날을 고름.
택 일　ㅡ을 하다.

宅地 집을 지을 땅. 집터
택 지　ㅡ를 구하다. ㅡ를 조성하다.

宅號 벼슬 이름이나 주부의 친정 지명
택 호　을 따서 그의 집을 부르는 이름.

撑中 어떤 감정이 마음속에 가득함.
탱 중　노기가 ㅡ하다.

撑天 치솟아 오르거나 북받쳐 오름.
탱 천　분기가 ㅡ하다. 의기가 ㅡ하다.

幀畵 그림으로 그려서 벽에 거는 불
탱 화　상. 관세음보살의 ㅡ.

土建 土木建築(토목건축)의 준말.
토 건　ㅡ 사업. ㅡ 회사

土工 土木工事(토목공사)의 준말.
토 공　ㅡ에 동원된 노동자.

土管 진흙으로 구워 만들거나 시멘
토 관　트로 만든 관. ㅡ 매설 공사.

土塊 흙덩이
토 괴　ㅡ와 石塊(석괴).

討究 사물의 이치를 따져 가며 연구
토 구　함. ㅡ한 내용.

土窟 땅굴
토 굴　ㅡ을 파다.

土器 잿물을 안 올리고 흙으로 구워
토 기　만든 그릇. ㅡ匠(장). ㅡ店(점)

吐氣 욕지기
토 기　ㅡ가 나다.

土臺 건축물의 밑바탕. 인신하여, 사물
토 대　이나 사업의 바탕이 되는 기초.

吐露 속마음을 다 드러내어 말함.
토 로 불만을 —하다.

討論 어떤 문제에 대하여 자기 의견을
토 론 제시하면서 논의함. —을 끝내다.

土壟 흙으로 간단히 만든 임시 무덤.
토 롱 —을 하고 장례를 미루다.

土幕 움막
토 막 — 속에서 지내다.

土昧人 야만인
토 매 인 —으로 다루다.

討滅 쳐서 없애버림.
토 멸 적을 —하다.

土木工事 도로·교량·항만　등을
토 목 공 사 건설하거나 개축하는 일.

土薄 땅이 기름지지 못하고 메마름.
토 박 —한 땅.

討伐 무력으로 정벌함.
토 벌 —軍(군). —한 산적.

土壁 흙벽
토 벽 —으로 된 집.

土兵 토착민들로 조직된 그 지방의
토 병 군사. —과 京軍(경군).

土崩瓦解 어떤 조직이 무너져 버
토 붕 와 해 림. —의 위기를 맞다.

土砂 흙과 모래.
토 사 —防止(방지)

吐瀉 게우고 설사하고 함.
토 사 — 곽란

兔死狗烹 쓸모가 없게 되자 버림을
토 사 구 팽 받는 야박한 인정의 비유.

土産 그 지방에서 특유하게 생산됨.
토 산 —物(물). —品(품)

討索 금품을 억지로 달라고 함.
토 색 —질하던 아전.

吐說 말하지 않았던 사실을 비로소
토 설 말함. 숨겨 온 사실을 —하다.

土城 흙으로 쌓아 올린 성.
토 성 —을 쌓다.

土俗 어느 지방의 특유한 풍속.
토 속 —的(적)인 신앙. —的(적)인 음식.

吐藥 토하게 하는 약.
토 약 —을 먹다.

土壤 ①농작물을 자라게 하는 흙. ②어떤
토 양 현상이 나서 자랄 수 있는 밑받침.

土語 한 지방의 토박이들이 전통적
토 어 으로 쓰는 말. 또는 사투리

土偶 흙으로 만든 인형.
토 우 고분에서 출토된 —.

討議 토론하여 의논함.
토 의 — 안건. —에 붙이다.

土醬 된장
토 장 —국

討賊 도적을 침.
토 적 —에 나선 관군.

土種 ①어느 한 지방에 특유하게 나는
토 종 품종. ②본토박이. 나는 서울 —이다.

土地 땅
토 지 — 재량. — 소유권.

土質 흙의 성질.
토 질 농작물에 알맞는 —.

土着 여러 대를 붙박이로 살고 있음.
토 착 —民(민). —해 사는 사람.

討平 무력으로 쳐서 평정함.
토 평 도적을 —하다.

討捕 무력으로 쳐서 사로잡음.
토 포 —使(사). —한 적.

吐血 피를 토함.
토 혈 —이 심하다.

土豪 그 지방의 토착민으로서 재산
토 호 과 세력을 가진 사람. —의 횡포.

統監 정치와 군사를 통솔하고 감독함.
통 감 또는 그런 직책을 가진 사람.

痛感 마음에 사무치게 느낌.
통 감 책임을 —하다.

洞見 앞일을 환히 내다봄.
통 견 —하는 식견을 가지다.

通經 ①처음으로 월경이 시작됨.
통 경 ②월경이 잘 나오도록 함.

統計 어떤 자료나 정보를 분석 정리하
통 계 여 그 내용을 수치로 나타낸 것.

通告 통지하여 알림.
통 고 ― 처분. ―한 내용.

痛哭 큰 소리로 슬피 욺. 또는 그 울
통 곡 음. 땅을 치며 ―하다.

通過 ①일정한 곳을 지나감. 대전을 ―하다. ②시
통 과 험·심사·검열에 합격됨. 검열을 ―하다.

通關 세관을 통과함.
통 관 ― 절차. ―한 수입품.

統括 여러 부문을 한데 뭉뚱그려 관
통 괄 할함. 무역 업무를 ―하다.

通交 국가간에 우호적인 관계를 맺
통 교 음. 외국과의 ―를 끊다.

通勤 집에서 직장에 일하러 다님.
통 근 ―車(차). 기차로 ―하다.

通禁 통행 금지의 준말.
통 금 ― 시간

通氣 공기를 통하게 함.
통 기 ―口(구). ― 장치

通寄 =通知(통지)
통 기 혼인 날짜를 ―하다.

通念 일반에게 널리 통하는 개념.
통 념 사회적인 ―.

通達 막힘이 없이 죄다 앎.
통 달 성리학에 ―하다.

通讀 처음부터 끝까지 내리 읽음.
통 독 삼국지를 ―하다.

通覽 첫머리부터 끝까지 죽 훑어 봄.
통 람 입시 요강을 ―하다.

通來 =來往(내왕)
통 래 ―를 금하다.

痛烈 매우 세차고 날카로움.
통 렬 ―한 비판.

通例 일반적으로 통하는 예.
통 례 ―로 되어 있다. 사회적인 ―.

通路 ①사람이 다니는 길. ―를 막다.
통 로 ②전류가 흐르는 길. 전류의 ―.

通論 전반을 통한 일반적인 이론.
통 론 문학 ―. 경제학 ―

通文 여럿이 돌려보는 통지문.
통 문 ―을 돌리다.

痛駁 통렬하게 공박함.
통 박 경제 정책을 ―하다.

通辯 =通譯(통역)
통 변 ―하는 사람.

通報 통지하여 알림.
통 보 기상 ―. ―를 받다.

通訃 사람의 죽음을 알림.
통 부 ―를 받다. ―를 보내다.

痛憤 원통하고 분함. 또는 그렇게
통 분 여김. ―을 금할 길이 없다.

通史 전시대·전분야에 걸쳐서 기술
통 사 하는 역사. 문학 ―. ―를 쓰다.

通事情 사정을 상대자에게 털어놓고
통 사 정 말함. 친구에게 ―이라도 해야겠다.

通算 통틀어서 계산함.
통 산 ― 14승 7패의 전적.

通商 외국과의 상거래.
통 상 ― 조약. ― 업무

通常 평상시에 보통 있는 일.
통 상 ―의 일과.

痛惜 몹시 애석함. 또는 그렇게 여김.
통 석 ―한 마음.

通說 일반적으로 인정되거나 널리
통 설 알려져 있는 설. ―을 뒤엎다.

通姓名 초면 인사 때, 서로 성과
통 성 명 이름을 일러줌.

通俗 일반 대중에게 쉽게 통하는.
통 속 ― 소설. ―的(적)인 잡지.

統率 어떤 집단을 거느려 이끎.
통 솔 ―力(력). 전군을 ―하다.

統帥 군대를 통솔하여 지휘함.
통 수 ―權(권)

E

通信 소식이나 보도를 전함.
통 신 ─ 기관. ─ 수단. ─社(사)

通譯 한 나라 말을 다른 나라 말로 바
통 역 꾸어 말함. 또는 그리하는 사람.

通用 두루 쓰임. 또는 공통적으로
통 용 쓰임. ─語(어). ─되지 않는 수법.

通運 운반하여 나름.
통 운 ─ 회사. ─ 사업

統一 ①갈라진 것을 하나로 함침. ②사상이
통 일 나 행동·체계 등을 하나로 되게 함.

通帳 출납의 관계를 기록한 장부.
통 장 예금 ─

痛切 뼈에 사무치게 간절함.
통 절 잘못을 ─히 느끼다.

通情 ①서로 정을 통함. ─을 하고 지
통 정 내다. ②＝通事情(통사정)

統制 일정한 방침에 따라 제약하거
통 제 나 규제함. ─力. 출입을 ─하다.

痛症 아픔을 느끼는 증세.
통 증 ─이 감각되다.

通知 기별하여 알림.
통 지 ─書(서). ─를 받다.

洞察 환히 꿰뚫어 내다봄.
통 찰 ─力(력). 국제 정세를 ─하다.

通牒 공식적인 문서로 통지함. 또는
통 첩 그 문서. 최후 ─. ─을 보내다.

洞燭 사정·형편 등을 깊이 헤아려
통 촉 살핌. 널리 ─하소서.

統治 나라와 백성을 지배하여 다스
통 치 림. ─ 기관. 식민지 ─.

通稱 널리 통하여 부르는 이름.
통 칭 ─ 대학교라 한다.

痛快 마음에 흡족하여 아주 쾌함.
통 쾌 ─한 웃음. ─한 승리.

痛嘆 몹시 탄식함.
통 탄 조국의 분단을 ─하다.

通弊 일반에게 두루 있는 폐단.
통 폐 ─를 바로잡다.

通風 바람을 통하게 함.
통 풍 ─口(구). ─이 잘되다.

通學 자기 집이나 하숙집에서 학교
통 학 에 다님. ─ 거리. 기차로 ─하다.

痛恨 몹시 한탄함.
통 한 ─의 눈물을 흘리다.

統轄 여러 부문을 통일적으로 관할
통 할 함. ─權(권)

統合 둘 이상의 조직이나 기구를 하
통 합 나로 함침. 기구를 ─하다.

通行 어떤 곳을 통하여 다님.
통 행 ─ 금지. 좌측 ─. ─人(인)

通婚 두 집안이 혼인 관계를 맺음. 또
통 혼 는 혼인하자는 의사를 표시함.

通貨 한 나라 안에서 통용하는 화폐.
통 화 ─量(량). ─ 정책

通話 전화로 말을 주고 받음.
통 화 ─料(료). ─ 시간

通曉 환하게 깨달아서 앎.
통 효 성리학에 ─하다.

退却 싸움이나 다툼에서 뒤로 물러남.
퇴 각 ─路(로). 적이 ─하다.

退去 ①물러 감. ─하는 적군. ②거주
퇴 거 지에서 다른 곳으로 옮겨 감.

推敲 시문을 지을 때 여러 번 고치
퇴 고 고 다듬는 일. ─를 거듭하다.

退官 관직에서 물러남.
퇴 관 ─하고 고향으로 돌아가다.

退校 ＝退學(퇴학)
퇴 교 ─를 당하다.

退軍 전쟁터에서 군사가 물러남.
퇴 군 ─하는 적.

退闕 대궐에서 물러나옴.
퇴 궐 ─한 도승지.

退勤 직장에서 일을 마치고 나옴.
퇴 근 ─ 시간. ─하는 길에 들르다.

頹落 건물 따위가 낡아서 무너지고
퇴 락 떨어짐. 건물이 ─하다.

退路 물러날 길. 후퇴할 길.
퇴 로 —를 차단하다.

退物 ①기생 등 일정한 직업에서 물러
퇴 물 앉은 사람. ②물려오는 낡은 물건.

退步 본디보다 못하게 되거나 뒤떨
퇴 보 어짐. —와 進步(진보).

堆肥 두엄. 거름
퇴 비 논에 —를 주다.

退社 ①회사를 그만두고 물러남.
퇴 사 ②회사에서 퇴근함. — 시간

退色 빛이 바램. =褪色(퇴색)
퇴 색 —한 사진.

退席 있던 자리에서 물러남.
퇴 석 회의 도중에 —하다.

頹俗 쇠퇴하거나 문란해진 풍속.
퇴 속 미풍 양속이 없어진 —.

退役 병역에서 물러남.
퇴 역 — 군인

退嬰的 새로운 일을 하려는 의지가
퇴 영 적 없이 소극적인. —인 태도.

退院 입원했던 환자가 병원에서 나옴.
퇴 원 — 환자. — 수속

退位 임금의 자리에서 물러남.
퇴 위 —한 임금.

退任 =退職(퇴직)
퇴 임 —한 공무원.

退場 ①회의나 운동 경기 등에서 그 장소에서
퇴 장 물러남. ②등장 인물이 무대 밖으로 나감.

退藏 쓰지 아니하고 갈무리해 둠.
퇴 장 —해 둔 패물.

堆積 많이 덮쳐 쌓임. 또는 많이 덮
퇴 적 쳐 쌓음. —物(물). — 작용

退潮 썰물. 인신하여, 성하던 기세가
퇴 조 쇠퇴함. —期(기)

退酒 제사를 지낼 때에 올릴 술을
퇴 주 물림. 또는 그 술. —器(기)

退職 직장을 그만둠.
퇴 직 —金(금). —한 사원.

退陣 진지를 뒤로 물림. 인신하여, 직무나
퇴 진 직위에서 물러남. — 운동을 벌이다.

退廳 관청에서 퇴근함.
퇴 청 —한 시장.

退出 물러나서 나감.
퇴 출 부실 기업을 —시키다.

退治 물리쳐 없애버림.
퇴 치 문맹 —. 전염병 —

頹敗 도덕·풍속 등이 쇠퇴하여 나
퇴 패 빠지게 됨. —한 풍속.

頹廢的 낡고 쇠하여 결딴난.
퇴 폐 적 —인 사회 풍조.

退學 학교를 그만두고 물러남. 또는
퇴 학 학적에서 제적함. —을 하다.

退化 진보 이전의 상태로 되돌아감. 또
퇴 화 는 조직이나 기능이 더 못하게 됨.

投稿 원고를 보냄.
투 고 잡지에 —하다. —欄(란)

透過 물체의 내부를 비치어 지나감.
투 과 광선의 —.

投球 야구에서 투수가 공을 던짐.
투 구 —數(수)

投機 요행이나 시세의 차익을 노려서
투 기 하는 활동이나 거래. 부동산 —

妬忌 강샘
투 기 —心(심). —하는 아내.

偸盜 남의 재물을 몰래 훔침.
투 도 —의 버릇을 고치다.

投網 쳉이. 또는 물고기를 잡으려고
투 망 그물을 던짐. —질로 잡은 물고기.

投賣 손해를 돌보지 않고 상품을 싸
투 매 게 팔아 버림. — 행위.

透明 속까지 트이게 비치어 환함.
투 명 —한 유리 그릇. —한 기업 경영.

鬪病 병을 고치려고 병과 싸움.
투 병 — 생활

投射 광선이나 그림자를 비춤.
투 사 광선의 —.

E

鬪士 투 사   정의를 위하여 싸우는 사람. 애국 —. 혁명 —

投書 투 서   숨겨진 사실의 내막을 알리려고 무기명으로 관계자에게 글을 써 보냄.

投石 투 석   돌을 던짐. 또는 그 돌. 연단을 향해 —하다.

投手 투 수   야구에서 타자가 칠 공을 던지는 사람. —를 바꾸다.

投宿 투 숙   여관에 들어 묵음. —客(객). 호텔에 —하다.

透視 투 시   투과하여 봄. —法(법). 이성의 눈으로 —하다.

投身 투 신   ①죽으려고 몸을 던짐. — 자살 ②어떤 일에 뛰어듦. 교육계에 —하다.

投藥 투 약   병에 알맞은 약을 씀. 안정제를 —하다.

投影 투 영   물체의 그림자가 비침. 또는 비친 그 그림자. 수면에 —된 자신의 모습.

投獄 투 옥   감옥에 가둠. —된 죄수.

鬪牛 투 우   소싸움. 또는 싸움소 —士(사). —場(장)

投入 투 입   ①던져 넣음. 동전을 —하다. ②사람이나 자금을 집어 넣음. 인력을 —하다.

投資 투 자   자금이나 자본을 댐. 증권에 —하다. —한 자금.

偸葬 투 장   남의 산이나 금산에 몰래 매장함. —이 들통나다.

鬪爭 투 쟁   쟁취하거나 실현하기 위하여 싸움. 또는 그 싸움. 자유를 위한 —.

鬪牋 투 전   노름을 하는 데 쓰는 도구의 한 가지. 또는 그것으로 하는 노름.

鬪志 투 지   싸우고자 하는 굳센 의지. 불굴의 —. —가 넘치다.

投槍 투 창   창을 던짐. 또는 창던지기 — 경기

投擲 투 척   물건을 내던짐. 원반을 —하다. — 경기

透徹 투 철   ①사리가 밝고 확실함. —한 사람. ②뚜렷하고 철저함. —한 사명감.

投票 투 표   선거할 때, 정해진 종이에 자기의 뜻을 표시해서 지정된 곳에 내는 일.

投下 투 하   ①아래로 떨어뜨림. ②어떤 일에 자금이나 노력을 들임. 인력의 —.

投合 투 합   마음이나 성질이 서로 맞음. 의기 —. 마음이 —하다.

投降 투 항   적에게 항복함. —兵(병). —해 온 적군.

妬賢 투 현   어진 사람을 시기함. —嫉能(질능)

投壺 투 호   화살을 던져 병 속에 넣어서 승패를 겨루는 놀이.

鬪魂 투 혼   끝까지 싸우려는 기백. —을 가상히 여기다.

特價 특 가   특별히 싼 값. — 판매

特講 특 강   특별히 하는 강의. 김 추기경의 —.

特權 특 권   일반에게 허용되지 않는 특별한 권리. — 제급. —을 누리다.

特勤 특 근   근무 시간 외에 특별히 더 근무함. 또는 그렇게 하는 근무. — 수당

特急 특 급   특별 급행 열차의 준말. —列車(열차).

特技 특 기   남다른 특별한 기술이나 재간. —兵(병). —를 발휘하다.

特記 특 기   특별히 다루어 기록함. —할 사항.

特等 특 등   특별히 높은 등급. —과 —等(일등). —室(실)

特例 특 례   ①특별한 예. —를 들다. ②특수한 관례나 규례. —法(법)

特賣 특 매   특별히 싸게 팖. 또는 평시에는 팔지 않는 물건을 특별히 팖.

特命 특 명   ①특별히 명령함. 또는 특별한 명령. ②특별히 임명함. — 전권 대사

特務 특별한 임무.
특 무　―艇(정). ―를 수행하다.

特別 ①보통보다 아주 별다름. ―한 옷.
특 별　②보통보다 훨씬 뛰어남. ―한 솜씨.

特報 특별히 보도함. 또는 그 보도.
특 보　뉴스 ―. 기상 ―

特使 특별한 임무를 띤 사절.
특 사　대통령 ―

特赦 특별 사면의 준말.
특 사　성탄절 ―

特産 일정한 지방에서만 특별히 남.
특 산　또는 그 산물. ―品(품). ―物(물)

特賞 특별히 주는 상.
특 상　―을 받다. ―을 주다.

特色 다른 것에 비하여 특별히 다른
특 색　점. 민족적 ―. ―을 살린 문화 행사.

特選 특별히 골라 뽑음. 또는 골라
특 선　뽑은 그것. ―으로 입상하다.

特設 특별히 설치함.
특 설　― 무대. ― 경기장

特性 다른 것과 다른 특별한 성질.
특 성　―을 살리다. 유리의 ―.

特殊 보통과는 두드러지게 다름.
특 수　―한 재능. ―한 사건.

特需 특별한 수요.
특 수　―用品(용품)

特室 병원·기차·여객선·호텔 등
특 실　의 특등실. ―을 예약하다.

特約 특별한 조건을 붙인 약속이나
특 약　계약. ―店(점)

特用 특별하게 씀.
특 용　― 작물

特委 특별 위원회의 준말.
특 위　―를 구성하다.

特有 특별히 있음.
특 유　―의 걸음걸이. 어촌 ―의 풍경.

特異 다른 것과 표나게 다름.
특 이　―한 체질. ―한 성격.

特長 특별한 장점.
특 장　그 사람의 ―. 그 물건의 ―.

特典 특별한 은전. 또는 특별한 대우.
특 전　―을 배풀다.

特定 특별히 지정함.
특 정　― 인물. ― 행위

特製 특별히 더 잘 만듦. 또는 특수
특 제　하게 만듦. ―品(품)

特種 특별한 종류.
특 종　― 기사

特旨 왕의 특별한 명령이나 분부.
특 지　―가 내리다.

特進 특별히 시키는 직위의 진급.
특 진　한 계급 ―을 하다.

特質 다른 것과 구별되는 남다른 질
특 질　이나 성질. 한국 사회의 ―.

特輯 특정 문제를 특별히 편집함.
특 집　― 기사. ― 방송

特徵 다른 것과 구별되어 특별히 눈
특 징　에 띄는 점. ―이 없다. ―을 살리다.

特次 특별히 둔 차례.
특 차　― 전형. ―에 선발되다.

特採 특별히 채용함.
특 채　―로 입사하다.

特出 특별히 뛰어남.
특 출　―한 공로. ―한 인재.

特派 특별히 파견함.
특 파　―員(원). ―使節(사절)

特品 특별히 좋은 물건.
특 품　―을 가려 전시하다.

特筆 특별히 두드러지게 적음. 또는
특 필　그렇게 적은 글. 大書(대서)―

特許 특별히 허가함.
특 허　―權(권). ―를 받다.

特惠 특별한 혜택.
특 혜　― 관세. ―를 입다.

特效 특별한 효력이나 효과.
특 효　―藥(약). ―를 내다.

ㅍ

破格 격식을 깨뜨림. 또는 깨뜨린
파 격　격식. —의 묘미. —的(적)인 대우.

派遣 임무를 주어 사람을 보냄.
파 견　— 부대. —地(지)

破鏡 깨어진 거울. 인신하여, 부부 사
파 경　이의 영원한 헤어짐. —의 탄식.

破戒 계율을 지키지 아니함.
파 계　—僧(승)

波高 물결의 높이.
파 고　높은 —가 일다.

破瓜 여자의 나이 16살을 이르는 말.
파 과　—期(기). —之年(지년)

破壞 때려 부수거나 깨뜨려 헒.
파 괴　기물의 —. 사회 질서의 —.

破局 일이 결딴나는 판국.
파 국　—으로 몰고 가다. —에 직면하다.

波及 영향이나 여파가 미침.
파 급　— 효과. 영향의 —.

破棄 깨거나 찢어서 내버림. 인신하여, 약속
파 기　을 지키지 아니하고 깨버림. 조약의 —.

播多 소문이 널리 퍼져 짜함.
파 다　소문이 —하다.

派黨 ＝黨派(당파)
파 당　—을 짓다.

波濤 큰 물결.
파 도　—가 밀려오다. 높은 —.

波動 물결의 움직임. 사회적인 현상
파 동　이 퍼져 그 영향이 미치는 일.

波瀾 작은 물결과 큰 물결. 인신하여, 순
파 란　조롭지 아니한 이러저러한 어려움.

波浪 물결
파 랑　—이 일다. — 주의보

破廉恥 염치도 없이 뻔뻔스러움.
파 렴 치　—한 인간.

罷漏 통행 금지를 풂을 알리기 위해,
파 루　새벽 4시에 쇠북을 33번 치던 일.

破笠 해어진 갓.
파 립　— 차림의 김삿갓.

罷免 잘못을 저지른 사람을 그 직장
파 면　에서 내쫓음. —을 당하다.

破滅 파괴되어 멸망함.
파 멸　—을 자초하다.

破墓 무덤을 파헤침.
파 묘　이장하기 위해 —하다.

波紋 물결의 무늬. 인신하여, 어떤 일이
파 문　주위에 미치는 영향. —이 일다.

破門 신도의 자격을 빼앗고 내쫓음.
파 문　—을 당하다.

擺撥 공문의 전달을 위해 설치한 역
파 발　참. —꾼. —馬(마)

派閥 이해 관계를 따라 갈라진 사람
파 벌　들의 집단. —을 이루다.

派別 갈래를 나누어 가름. 또는 갈
파 별　래의 구별. —로 갈라서다.

派兵 군대를 파견함.
파 병　이라크에 —한 우리 나라.

破邪顯正 그릇된 것을 깨뜨리고
파 사 현 정　바른 것을 드러냄.

破産 재산을 모두 없앤 사람의 재산을 채권자
파 산　에게 공평하게 갈라 갚는 재판상의 절차.

波狀 물결의 형상. 인신하여, 일정한 간격
파 상　을 두고 되풀이되는 모양. — 공격

派生 사물의 주체에서 갈려 나와 생
파 생　김. —語(어). —한 문제.

破船 배가 풍파로 인하여 깨어짐.
파 선　—된 여객선.

破損 깨어져 못쓰게 됨. 또는 깨뜨
파 손　려 못쓰게 함. —된 기물.

破碎 깨뜨려 부숨.
파 쇄 ─機(기)

把守 경계하여 지킴. 또는 그 사람.
파 수 ─를 보다. ─를 서다.

波市 바다 위에서 열리던 시장.
파 시 ─의 풍경.

把握 꽉 잡아 쥠. 인신하여, 본질이나
파 악 내용을 잘 앎. 민심을 정확하게 ─하다.

破顔大笑 즐거운 표정을 지어 크게
파 안 대 소 웃음. ─하시는 할아버지.

破約 약속을 깨뜨림.
파 약 ─한 혼인 관계.

破養 양아들의 인연을 끊음.
파 양 ─을 당하다.

罷業 하던 일을 중지함.
파 업 동맹 ─. ─에 동참하다.

罷宴 연회나 잔치를 끝마침.
파 연 ─曲(곡)

破裂 깨어져 갈라짐.
파 열 ─音(음). 가스관이 ─되다.

破字 是를 日下人으로 분해하듯, 한
파 자 자를 분합하여 맞추는 일.

波長 두 파동 사이의 거리.
파 장 ─이 크다.

罷場 ①시장·과장·백일장 등이 파함.
파 장 ②일정한 일이 끝날 판이나 무렵.

派爭 파벌끼리의 다툼.
파 쟁 ─이 그치지 않는다.

破寂 적적함을 면함. 또는 심심풀이
파 적 ─ 삼아 한 말.

罷接 모임을 파함. 또는 공부하는
파 접 일을 파함. ─놀이

罷祭 제사를 마침.
파 제 ─날. 入祭(입제)와 ─.

播種 곡식의 씨앗을 뿌려 심음.
파 종 ─期(기). 적기에 ─하다.

破竹之勢 막을 수 없는 세찬 기세.
파 죽 지 세 ─로 쳐 들어가다.

破紙 파가 난 종이. 또는 쓸 수 없게
파 지 된 종이. ─를 모으다.

罷職 직을 파면함.
파 직 부패 공무원을 ─하다.

播遷 임금이 궁궐을 떠나 피난함.
파 천 선조가 의주로 ─하다. 아관 ─

破天荒 이전에 아무도 하지 못한
파 천 황 큰 일을 처음으로 해냄.

派出 임무를 맡겨 파견함.
파 출 ─婦(부). ─所(소)

破綻 ①일이 잘 되지 못하고 깨어짐.
파 탄 ②기업이 지급 정지 상태가 됨.

擺脫 예절이나 구속에서 벗어남.
파 탈 ─하고 한바탕 놀아보세.

破片 깨진 조각.
파 편 유리 ─

跛行 절뚝거리며 걸음. 인신하여, 일
파 행 의 진행이 순조롭지 아니함.

破婚 약혼을 취소함.
파 혼 ─한 남녀.

破興 흥을 깨뜨림. 또는 흥이 깨어짐.
파 흥 불청객의 난입으로 ─이 되다.

板刻 서화를 나무 조각에 새김.
판 각 ─本(본)

判決 소송 사건을 심의하여 결정함.
판 결 ─文(문). 대법원의 ─.

辦公費 공무를 처리하는데 드는 비
판 공 비 용. ─를 지출하다.

板橋 널다리
판 교 ─를 놓다.

版權 일정한 출판물에 대하여 저작자
판 권 가 가지는 권리. ─과 印稅(인세).

販禁 販賣禁止(판매 금지)의 준말.
판 금 ─ 도서. ─의 해제.

判斷 사물에 대하여 그것인가 아닌가,
판 단 그른가 옳은가를 판별하여 단정함.

版圖 한 나라의 영토. 인신하여, 세
판 도 력이 미치는 영역. ─를 넓히다.

判讀 판 독 어떤 내용인가를 판단하여 읽음. 광개토대왕의 비문을 —하다.

判例 판 례 소송 사건에 대해 법원이 판결 한 예. 대법원의 —.

販路 판 로 상품이 팔리는 방면이나 길. —를 개척하다.

販賣 판 매 상품을 팖. — 가격. 상품의 —.

判明 판 명 판단하여 명백하게 밝힘. 실상이 —되다.

版木 판 목 판각용으로 쓰는 나무. —에 새긴 문집.

判別 판 별 판단하여 분별함. 또는 그 분별. 진위를 —하다.

板本 판 본 목판으로 인쇄한 책. 논어 언해의 —.

判事 판 사 법원에서 재판을 심리하는 법 관. —와 檢事(검사). 고등 법원 —.

辦償 판 상 빚을 갚음. 또는 입힌 손해를 물어줌. —한 액수.

判書 판 서 육조의 우두머리 벼슬. 이조 —. 병조 —

板書 판 서 분필로 칠판에 글씨를 씀. —해 가면서 강의하다.

判示 판 시 판결하여 보임. 선거 사범에 대한 —.

判然 판 연 드러난 정도가 아주 분명함. —히 다르다.

板屋船 판 옥 선 갑판 위에 널빤지로 지붕을 덮은, 조선 시대의 군선 이름.

判異 판 이 아주 다름. —한 내용. 생김새가 —하다.

板子 판 자 널빤지 —門(문). —집

判定 판 정 판단하여 결정함. 심판의 —. —勝(승). —敗(패)

板紙 판 지 널빤지 모양으로 두껍고 단단 하게 만든 종이. —로 만든 상자.

販促 판 촉 고객의 관심을 끌어 효과적으로 수요를 늘려 나감. — 활동의 전개.

板蕩 판 탕 정치를 잘못하여 어지러워진 나라의 형편. —한 세상.

版型 판 형 책 크기의 규격. 四六版의 —.

版畫 판 화 동판·석판·목판 따위로 찍어 낸 그림. —具(구)

八道江山 팔 도 강 산 우리 나라 전체의 강산. —을 유람하다.

八方美人 팔 방 미 인 아무에게나 다 잘 보이려는 방법으로 처세하는 사람.

八字 팔 자 사람의 사주를 나타내는 간지의 여덟 글자. 인신하여, 일생의 운수. —가 좋다.

敗家 패 가 집안 재산을 다 써서 없앰. —亡身(망신)한 사람.

佩劍 패 검 긴 칼을 참. 또는 차는 긴 칼. —을 한 무관.

稗官 패 관 세상의 풍설을 수집하여 정리하던 벼슬 아치. 인신하여, 이야기를 짓는 사람.

敗軍 패 군 싸움에 진 군대. —之將(지장)

霸權 패 권 일정한 분야에서 으뜸의 자리를 차지하여 가지는 권세. —을 잡다.

霸氣 패 기 어려운 일을 해 낼 수 있다는 자신에 찬 기백. —에 넘치다.

悖德 패 덕 도덕과 의리에 어그러짐. 또는 그런 행동. —을 저지른 사람.

霸道 패 도 무력과 권모술수로 다스리는 통치 수단. 王道(왕도)와 —.

悖戾 패 려 성질이나 언행이 도리에 어그 러지고 사나움. —한 언행.

貝類 패 류 조개의 종류. 온갖 —를 모으다.

悖倫 패 륜 인륜에 어그러짐. —兒(아). — 행위

敗亡 패 망 패하여 망함. 일제의 —을 지켜 보았다.

敗滅 패하여 멸망함.
패 멸 ―한 종족.

佩物 몸에 차는 장식품. 또는 노리개
패 물 ―로 몸을 꾸미다.

敗北 싸움에 짐.
패 배 전쟁에서 ―하다.

敗報 싸움에서 패했다는 기별이나
패 보 소식. ―가 날아들다.

敗色 패할 듯한 기미나 조짐.
패 색 ―이 짙다.

悖說 사리에 어그러진 말.
패 설 淫談(음담)―

敗勢 싸움·경기에서 패할 형세.
패 세 勝勢(승세)와 ―.

敗訴 소송에 패함.
패 소 勝訴(승소)와 ―.

悖惡 사리에 어그러지고 흉악함.
패 악 ―한 사람.

霸業 패자가 되기 위한 사업.
패 업 ―을 도모하다.

悖逆 도리에 어그러지고 불순함.
패 역 ―無道(무도)한 사람.

佩玉 금관 조복의 좌우에 차던 옥.
패 옥 ― 소리가 쟁연하다.

敗運 패할 운수. 또는 기우는 운수.
패 운 ―煞(살)이 끼다.

敗因 싸움에 지거나 일에 실패한 원
패 인 인. ―을 찾다.

敗者 패한 사람. 진 사람.
패 자 勝者(승자)와 ―. ― 부활전

霸者 제후의 으뜸. 인신하여, 어떤
패 자 분야에서 패권을 차지한 사람.

敗戰 싸움에 짐.
패 전 ―國(국)

敗走 패하여 달아남.
패 주 ―하는 적.

敗着 바둑에서, 돌을 잘못 놓아 그
패 착 판을 지게 된 악수. ―을 두다.

佩鐵 ①지관이 몸에 지남철을 지님.
패 철 또는 그 지남철. ②찰쇠

貝塚 조개 무덤. 또는 조개더미
패 총 산재해 있는 ―.

敗退 싸움에 져서 물러감.
패 퇴 ―하는 적.

敗頹 쇠약해져 몰락함.
패 퇴 ―한 왕조.

牌號 좋지 못하게 남들이 붙여 부르
패 호 는 이름. 공처가라는 ―를 차다.

膨大 부풀어서 커짐.
팽 대 ―해진 기구.

澎湃 물결이 맞부딪쳐 솟구침. 어떤
팽 배 사조나 기세가 거세게 일어남.

膨脹 부품. 인신하여, 기세나 현상이
팽 창 크게 늘어남. 통화 ―. ― 정책

偏見 한쪽으로 기울어진 견해.
편 견 ―에 빠진 견해. ―을 버리다.

編曲 어떤 악곡을 다른 악기나 형식으로
편 곡 연주하도록 개편함. 또는 그 곡.

偏光 빛의 진동이 방향에 따라 진폭
편 광 을 달리하는 일. ― 현미경

褊急 소견이 좁고 성미가 급함.
편 급 ―한 사람.

編年 역사를 연대를 따라서 엮음.
편 년 ―史(사). ―體(체)

鞭撻 채찍질
편 달 충고와 ―. 지도 ―을 바랍니다.

編隊 대오을 편성함. 또는 편성한
편 대 대오. ― 비행

片道 오고 가는 길의 어느 한쪽 길.
편 도 ― 2차선. ― 요금

便道 지름길. 또는 다니기에 편리한
편 도 길. 서울로 가는 ―.

便覽 보기에 편리하게 만든 책.
편 람 관광 ―

遍歷 두루 돌아다님.
편 력 팔도 강산을 ―하다.

ㅍ

便利 편 리 편하고 이용하기 쉬움. —한 시설. 교통이 —하다.

片鱗 편 린 한 조각의 비늘. 인신하여, 사물의 극히 적은 일부분.

偏母 편 모 아버지는 죽고 혼자인 어머니. — 슬하. — 아래서 자라다.

編物 편 물 뜨개질. 또는 뜨개질로 만든 물건. —로 나날을 보내다.

便法 편 법 간편하고 손쉬운 방법. —을 쓰다.

偏僻 편 벽 ①한쪽으로 지나치게 치우침. ②중심에서 떨어져 구석짐.

便服 편 복 평상시에 입는 간편한 옷. —으로 갈아 입다.

編成 편 성 일정한 사람들로 조직을 짜서 이룸. 학급 —. 부대 —

偏小 편 소 땅이 좁고 작음. —한 국토.

編修 편 수 책을 편집하고 수정함. —官(관). 역사를 —하다.

便乘 편 승 남의 차에 곁붙어 탐. 인신하여, 유리한 기회를 잡아 잘 활용함.

偏食 편 식 제 식성에 맞는 음식만을 가려 먹음. —하는 버릇을 고치다.

便安 편 안 ①몸과 마음이 편함. —하게 쉬다. ②아무 탈 없이 무사함. —한 나날.

偏愛 편 애 한쪽으로 치우쳐 사랑함. 또는 그런 사랑. 맏딸을 —하다.

扁額 편 액 벽이나 문 위에 거는 액자. '家和萬事成'이란 —이 눈을 끈다.

片言 편 언 짤막한 한 마디 말. —隻字(척자)

片肉 편 육 얇게 저민 수육. 안주로 —을 내오다.

便宜 편 의 편하고 좋음. 또는 사정에 알맞은 조처. — 시설. —를 봐주다.

便易 편 이 편하고 쉬움. —한 방법.

便益 편 익 편리하고 유익함. 주민의 —을 위한 사업.

編入 편 입 이미 편성된 조직에 끼어 들어 감. —生(생). — 시험

編者 편 자 책을 엮은 사람. — 미상

偏在 편 재 어느 한 곳에 치우쳐 있음. 富(부)의 —. 생산 시설의 —.

遍在 편 재 널리 퍼져 있음. 우리나라에 —해 있는 야생화.

便殿 편 전 임금이 평상시에 거처하던 궁전. 상감이 —에 납시다.

編制 편 제 어떤 조직이나 기구를 편성함. 또는 편성한 체계나 기구. 극군의 —

扁舟 편 주 조각배. =片舟(편주) —葉(일엽)

偏重 편 중 어느 한 쪽으로 치우쳐 소중히 여김. 정치면에 —된 기사.

便紙 편 지 소식을 알리는 글. =片紙 문안 —. —를 받다.

偏執 편 집 편벽된 고집을 부림. 또는 그 고집. —狂(광). —病(병)

編輯 편 집 원고를 정리하여 출판물로 만드는 일. 신문 —. —人(인)

偏差 편 차 일정한 기준에서 벗어난 정도나 크기. —가 크다. —를 없애다.

編纂 편 찬 이미 있는 자료를 모아 책을 만듦. 교과서 —. 사전 —

騙取 편 취 남을 속여 빼앗음. —한 금품.

便의 두 음		
편	①편할 편	便利(편리)
	②편 편	人便(인편)
	③쪽 편	東便(동편)
	④소식 편	便紙(편지)
	⑤편리할 편	簡便(간편)
변	⑥대소변 변	便器(변기)

偏頗 편파 한 쪽으로 치우쳐서 고르지 못함. —的(적)인 생각. —한 판정.

片片 편편 조각조각 —이 흩어지다.

便便 편편 ①아무 탈 없이 편안함. —하게 지내다. ②인편이 있을 때마다. —이 보내온 의복.

翩翩 편편 ①날아 오르는 모양이 가벼움. ②풍채가 좋고 풍류스러움.

扁平 편평 넓고 평평함. —足(족). —한 자리.

偏向 편향 한쪽으로 치우치는 경향. —된 역사관.

偏狹 편협 편벽되고 도량이 좁음. 마음이 —하다. —한 말.

貶格 폄격 품격을 떨어뜨림. —하는 말.

貶論 폄론 헐뜯어 말함. —을 그만두라.

貶薄 폄박 남을 헐뜯고 낮잡음. 남을 —하지 말라.

貶辭 폄사 남을 헐뜯어 깎아내리는 말. 그의 —에 신물이 나다.

貶謫 폄적 벼슬을 낮추거나 멀리 귀양보냄. 간신의 참언으로 —된 충신.

貶職 폄직 벼슬이나 직위가 낮은 자리로 떨어짐. —되어 백의종군하다.

貶下 폄하 치적이 좋지 못한 원을 깎아내림. 인신하여, 가치를 깎아내림.

貶毁 폄훼 남을 헐뜯고 깎아내림. 남의 인격을 —하다.

評價 평가 ①물건의 값을 돈으로 따짐. —한 값. ②가치나 수준을 평함. 높이 —하다.

平價切上 평가절상 한 나라의 통화의 대외 가치를 높이는 일.

平價切下 평가절하 한 나라의 통화의 대외 가치를 내리는 일.

評決 평결 여럿이 평론하여 결정함. 배심원의 —.

平交 평교 나이가 서로 비슷한 벗. —間(간)이라 말을 놓고 지내다.

平均 평균 서로 다른 질이나 양을 고르게 함. 또는 고르게 구한 그 중간 수치. —수준

平年 평년 ①윤년이 아닌 해. ②농사가 보통 정도로 된 해. —作(작)을 넘다.

平等 평등 차별이 없이 고르게 가지런함. 남녀 —. 인권의 —.

評論 평론 사물의 질이나 가치를 평하여 논함. 또는 그런 글. —家(가). 정치 —

平面 평면 평평한 표면. —圖(도)

平民 평민 벼슬하지 않은 보통 사람. 또는 특권 계급에 속하지 않는 일반 국민. —출신

平方 평방 제곱 10—m

平凡 평범 뛰어나거나 색다른 것이 없이 예사로움. —한 사람. —한 내용.

平步 평보 예사로 걷는 걸음걸이. —로 걸어도 10분이면 닿는다.

平服 평복 평상시에 입는 옷. — 차림으로 손님을 맞다.

平常時 평상시 특별한 일이나 사고가 없는 보통 때. —의 옷차림.

平生 평생 =一生(일생) —의 소원. —을 맡기다.

評說 평설 비평하여 설명함. 또는 그 설명. 한국 현대사의 —.

平素 평소 =平常時(평상시) —에 관심을 가졌던 일.

坪數 평수 평으로 따진 넓이. 대지의 —. 넓은 —.

平時 평시 平常時(평상시)의 준말. —와 다름이 없다.

平時調 평시조 3·4·4·4, 3·4. 4·4, 3· 5·4·3의 음절로 된 시조.

平信徒 평신도 종교 단체에서 사제 같은 교직을 가지지 않은 일반 신자.

平安 탈이나 걱정되는 일이 없어 편
평 안 함. —히 가옵소서.

平野 평평하고 넓은 들.
평 야 호남 —. 기름진 —.

平穩 평화스럽고 안온함.
평 온 마음이 —하다. —한 사회.

平原 넓고 평평한 들판.
평 원 일망무제의 —.

評議 평가하거나 심의하거나 함.
평 의 —員(원). —會(회)

平易 까다롭지 아니하여 알기쉽거나
평 이 손쉬움. —한 문제. —한 말.

平日 =平常時(평상시)
평 일 —에도 새벽 5시면 일어난다.

平作 농작물이 보통으로 된 작황.
평 작 —을 넘는 풍작이 기대된다.

評傳 평론을 덧붙인 전기.
평 전 이순신 —이 나오다.

評點 학력이나 가치를 평가하기 위
평 점 하여 매긴 점수. 높은 —을 받다.

平定 적을 쳐서 난리를 평온하게 진
평 정 정시킴. 오랑캐를 —하다.

平靜 마음이 침착하고 고요함.
평 정 마음의 —을 되찾다.

評定 평가하여 결정함.
평 정 — 기준. — 척도

平準化 수준의 차이가 나지 않도록
평 준 화 고르게 함. 교육의 —.

平地 평평한 땅.
평 지 —落傷(낙상). —風波(풍파)

平地風波 평온한 자리에서 뜻밖에
평 지 풍 파 일어나는 다툼질. —가 일다.

平坦 ①땅바닥이 평평하고 넓음. —한 길.
평 탄 ②마음이 편안하고 고요함. —한 마음.

平板 ①평평한 널판. ②땅의 평면도를 그
평 판 리는데 쓰이는 측량 기구의 한 가지.

平版 판면이 평평한 인쇄판의 하나.
평 판 — 인쇄

評判 세상 사람들의 평.
평 판 나쁜 —이 돌다. —이 좋다.

平平 바닥이 고르고 널찍함.
평 평 —한 땅.

平行 두 직선이나 평면을 무한히 연장하
평 행 여도 만나지 않는 일. —線을 달리다.

平衡 어느 한 쪽으로 기울어지지 않고 균형
평 형 을 이루고 있는 상태. —을 잃지 아니하다.

平和 전쟁이나 충돌이 없는 평온한
평 화 상태. 가정의 —. 인류의 —.

平滑 평평하고 미끄러움.
평 활 —한 빙상 경기장.

平闊 편편하고 넓음.
평 활 —한 지대.

廢家 ①버려둔 집. ②상속인이 없어
폐 가 뒤가 끊긴 집. —가 되다.

廢刊 신문이나 잡지 등의 간행을 폐
폐 간 지함. —을 당하다. 創刊(창간)과 —.

閉講 해 오던 강의나 강좌를 없앰.
폐 강 開講(개강)과 —.

廢坑 광산이나 탄갱을 폐지함. 또는
폐 갱 폐지한 그 광산이나 탄갱.

肺結核 폐에 결핵균이 침입하여 생
폐 결 핵 기는 질병. —을 앓다.

閉經期 여성의 월경이 아주 끊어지
폐 경 기 게 되는 시기. —가 되다.

廢鑛 광산이나 탄광의 채굴을 폐지함.
폐 광 또는 폐지한 그 광산이나 탄광.

閉校 학교의 문을 닫고 수업을 하지
폐 교 않음. 開校(개교)와 —.

廢校 학교의 운영을 폐지함. 또는 그
폐 교 학교. 농촌에는 —의 수가 늘어나다.

廢棄 ①못쓰게 된 것을 내버림. —物
폐 기 ②법령·조약 등을 무효로 함.

廢農 농사 짓는 일을 그만둠.
폐 농 —하는 농가가 늘어나다.

弊端 어떤 일이나 행동에서 나타나
폐 단 는 옳지 못한 현상. —을 막다.

肺炎 폐에 생기는 염증.
폐 렴　―에 걸리다. ―을 앓다.

敝履 헌 신.
폐 리　금관 옥대를 ―같이 여기다.

廢立 있던 임금을 폐위시키고 다른
폐 립　임금을 세움. 왕의 ―.

閉幕 ①공연을 끝내고 막을 내림.
폐 막　②어떤 대회나 행사가 끝남.

閉門 문을 닫음.
폐 문　開門(개문)과 ―.

廢物 ①못쓰게 되어 버리게 된 물건.
폐 물　②아무 쓸모없이 된 사람의 비유.

幣帛 신부가 시부모를, 제자가 스승을 처
폐 백　음 뵐 때 예를 갖추어 올리는 물건.

肺病 폐에 생기는 병. 또는 폐결핵
폐 병　―을 앓다.

肺腑 ①허파. 폐. ②마음의 깊은 속.
폐 부　―를 찌르는 충고의 말.

廢妃 왕비의 자리에서 몰아냄. 또는
폐 비　폐위된 왕비. ―를 음모하다.

弊社 자기 회사를 겸손하게 이르는
폐 사　말. ―의 상품을 이용해 주세요.

斃死 쓰러져 죽음.
폐 사　―한 가축.

閉塞 ①닫아서 막음. 또는 닫혀서 막힘.
폐 색　②겨울에 얼어붙어서 생기가 막힘.

廢船 헐어서 못 쓰게 된 배.
폐 선　―을 개조한 배.

閉鎖 ①문을 닫아 걺. ―된 국가. ②공장
폐 쇄　의 기능을 정지함. 생산라인의 ―.

廢水 써서 더러워져서 버리는 물.
폐 수　공장의 ―가 흘러 들다.

弊習 ①폐해가 있는 습관. ―을 고치다.
폐 습　②=弊風(폐풍). 봉건적 ―

閉市 저자를 닫음. 시장의 가게를
폐 시　닫음. 국상 때문에 ―하다.

閉式 의식이 끝남.
폐 식　開式(개식)과 ―. ―辭(사)

肺癌 폐에 생기는 암종.
폐 암　―에 걸리다.

閉業 가게의 문을 닫고 영업을 잠시
폐 업　쉼. 開業(개업)과 ―.

廢業 영업을 아주 그만둠.
폐 업　開業(개업)과 ―.

廢屋 사람이 살지 않는 버려둔 집.
폐 옥　농촌에는 ―이 많다.

閉院 국회가 회기가 다 되어 회의를
폐 원　끝냄. 開院(개원)과 ―.

廢位 임금의 자리에서 물러나게 함.
폐 위　―된 단종.

廢人 ①병으로 몸이 망가진 사람. ②남
폐 인　에게 버림받아 쓸모없이 된 사람.

蔽一言 이러니저러니 할 것 없이
폐 일 언　한 마디 말로 말하여.

閉場 ①집회나 행사를 끝내고 회장을 닫음.
폐 장　②거래소의 업무를 마감함. 개장과 ―.

閉藏 드러나지 않게 감추어 둠.
폐 장　―해 둔 재물.

閉店 가게 문을 닫음.
폐 점　開店(개점)과 ―.

閉廷 법정을 닫음. 또는 심의나 재
폐 정　판을 마침. ―을 선언하다.

弊政 폐해가 심한 잘못된 정치.
폐 정　―을 바로잡다.

廢止 하던 일이나 있던 풍습·제도 등
폐 지　을 그만두거나 없앰. 호주제의 ―.

廢車 낡아서 쓰지 못하는 차를 버림.
폐 차　또는 그런 차. ― 처분.

廢黜 벼슬을 떼고 내보냄.
폐 출　간신을 ―하다.

廢頹 황폐하여 무너짐.
폐 퇴　―한 기강을 바로잡다.

廢品 쓰지 못하게 되어 버린 물품.
폐 품　―을 회수하다. ―을 활용하다.

弊風 폐혜가 있는 풍습.
폐 풍　―을 고쳐 나가다.

ㅍ

陛下 황제나 황후에 대한 높임말.
폐 하　今上(금상)—

廢學 학업을 중도에서 그만둠.
폐 학　—하고 돈벌이에 나서다.

廢合 폐지하여 다른 것에다 합침.
폐 합　부서를 —하여 조직을 개편하다.

弊害 폐단으로 생기는 해.
폐 해　—가 우심하다.

廢墟 황폐하게 된 빈 터.
폐 허　— 위에 재건하다.

肺活量 폐가 공기를 들이쉬고 내쉴
폐 활 량　수 있는 최대량. —計(계)

閉會 집회나 회의를 마침.
폐 회　—辭(사). —를 선언하다.

砲擊 포를 쏨. 또는 그 사격.
포 격　적진을 —하다.

包莖 우멍거지
포 경　— 수술

砲徑 포의 구경(口徑).
포 경　20mm —

捕鯨 고래를 잡음. 또는 고래잡이
포 경　—船(선)

布告 법령·명령 등을 공포하여 알림.
포 고　＝佈告(포고). —文(문). 선전 —

包括 사물 현상을 어떤 범위나 한계 안에
포 괄　글어 넣음. 모든 안건을 —하여 토의하다.

布教 종교를 널리 폄.
포 교　— 활동. —堂(당)

浦口 배가 드나드는 개의 어귀.
포 구　고깃배가 —로 돌아오다.

拋棄 ①자기의 권리나 물건을 쓰지 아니하
포 기　고 버림. ②하던 일을 중도에서 그만둠.

布袋 피륙으로 만든 자루.
포 대　쌀 한 —. —에 쌀을 담다.

包袋 ＝負袋(부대)
포 대　—에 담은 곡식. 밀가루 한 —.

砲臺 포를 걸어놓고 쏘게 만든 군사
포 대　시설물. —를 쌓다. —를 점령하다.

葡萄 포도나무의 열매.
포 도　—酒(주). —園(원)

鋪道 바닥을 포장한 길.
포 도　아스팔트 —

捕盜廳 도적이나 범죄인을 잡아 다
포 도 청　스리던 관아. 목구멍이 —이라.

捕虜 사로잡은 적군. 인신하여, 일정한 사람
포 로　이나 사물에 매여 꼼짝 못하는 상태.

飽滿 실컷 먹어서 배가 잔뜩 부름.
포 만　—感(감)을 느끼다.

暴慢 난폭하고 거만함.
포 만　—한 사람.

泡沫 물거품
포 말　푸른 바다에 이는 흰 —.

布木 베와 무명.
포 목　—商(상)

砲門 포탄이 나가는 포신의 아가리.
포 문　—을 열다.

拋物線 돌팔매질을 할 때 그 돌이
포 물 선　그리는 것과 같은 곡선.

捕縛 붙잡아서 결박함.
포 박　—한 죄수.

布帛 베와 비단.
포 백　—尺(척). —을 파는 가게.

抱病 몸에 늘 병을 지님. 또는 지닌
포 병　그 병. —客(객)

砲兵 각종의 포로 무장한 육군의 병
포 병　종. — 부대

匍匐 배를 바닥에 붙이고 김.
포 복　—으로 기어 가다.

抱腹絕倒 배를 그러안고 넘어질
포 복 절 도　정도로 크게 웃음.

抱負 가슴 속에 품고 있는 미래에
포 부　대한 계획이나 희망. 원대한 —.

襃賞 칭찬하여 상을 줌. 또는 드러
포 상　내어 칭찬함. —金(금)

布石 바둑을 둘 때 처음에 바둑돌을
포 석　벌려 놓는 일. —을 잘하다.

包攝 포 섭 포용하여 끌어넣음.
—대중을 —하다.

砲聲 포 성 대포를 쏘거나 포탄이 터지는 소리. —이 들리다.

曝曬 포 쇄 바람을 쐬고 볕에 바램.
서고의 책을 —하다.

捕手 포 수 야구에서의 캐처.
—특수의 공을 받는 —.

砲手 포 수 ①총으로 짐승을 잡는 사냥꾼.
범 잡은 —. ②대포를 쏘는 군인.

捕繩 포 승 죄인을 결박하는 노끈.
—을 지우다.

捕食 포 식 동물이 다른 동물을 잡아먹음.
—者(자). — 동물

飽食 포 식 배부르게 실컷 먹음.
—暖衣(난의)

砲身 포 신 포탄이 나가는, 긴 관 모양으로 된 포의 부분. —을 돌리다.

暴惡 포 악 성질이 사납고 악함.
—한 군주.

砲煙 포 연 총이나 포를 쏠 때 나는 연기.
—彈雨(탄우). —이 자욱하다.

布列 포 열 죽 벌려 늘어섬.
—한 장병. —한 문무 백관.

抱擁 포 옹 품에 껴안음.
—한 부부. 연인끼리의 —.

包容 포 용 남을 너그럽게 감싸 받아들임.
—力(력). 탈북자를 —하는 정책.

包圍 포 위 주위를 에워쌈.
—網(망). —된 적군.

包有 포 유 싸서 가지고 있음.
—하고 있는 성분.

哺乳 포 유 어미가 제 젖을 먹여 새끼를 기름. — 동물

哺育 포 육 동물이 새끼를 먹여 기름.
—하는 짐승.

脯肉 포 육 얇게 떠서 말린 고기.
—으로 안주를 삼다.

布衣 포 의 베로 지은 옷. 인신하여, 벼슬이 없는 선비. —寒士(한사)

胞子 포 자 하등 식물이나 원생 동물에 있는 무성 생식 세포. — 식물

包裝 포 장 물건을 싸서 꾸림.
상품 —. —용지

包藏 포 장 어떤 생각을 마음에 품어 간직함. —禍心(화심)

褒章 포 장 국가나 사회에 공이 있는 사람에게 주는 휘장. 건국 —. 산업 —

褒獎 포 장 칭찬하여 장려함.
—열녀를 —하다.

鋪裝 포 장 길에 시멘트·아스팔트 따위를 깔아 단단히 다져 꾸밈. — 공사.

捕卒 포 졸 포도청에 딸린 군졸.
—을 풀어 도둑을 잡다.

包主 포 주 동학의 교구 조직인 포의 책임자. —와 接主(접주).

抱主 포 주 창기를 사서 두고 영업을 하는 사람. —를 검거하다.

布陣 포 진 진을 침.
—한 적정을 살피다.

布陳 포 진 펴서 늘어놓음.
진열대에 상품을 —하다.

鋪陳 포 진 자리를 깖. 또는 그 자리.
—障屛(장병)

砲車 포 차 대포를 끄는 자동차.
—가 포를 끌다.

捕捉 포 착 붙잡음. 요령이나 기회를 잡음.
기회를 —하다.

布置 포 치 알맞은 자리나 위치에 늘어놓음. 사업망을 —하다. 보초를 —하다.

砲彈 포 탄 포로 쏘는 탄환.
—이 날아오다.

逋脫 포 탈 부과된 세금을 피하여 내지 않음. 세금을 —하다.

胞胎 포 태 아이를 뱀.
결혼 한 지 5년만에 비로소 —하다.

ㅍ

褒貶 시비나 선악을 평가하여 결정함.
포 폄 —하여 포상하다.

暴虐 횡포하고 잔인함.
포 학 —無道(무도)한 무리.

包含 속에 들어 있거나 함께 넣음.
포 함 모든 비용을 —한 총 경비.

砲艦 연안을 경비하는 소형 함선.
포 함 —이 해안을 경비하다.

砲火 대포를 쏠 때 나는 불.
포 화 —가 멎다.

飽和 극도에 이른 상태.
포 화 — 상태. —人口(인구)

砲丸 ①대포의 탄알. ②운동 경기에
포 환 쓰는 쇠로 만든 공. — 던지기

捕獲 짐승이나 물고기를 잡음.
포 획 —한 노루. —한 물고기.

咆哮 사나운 짐승이 울부짖음.
포 효 —하는 사자.

逋欠 관청의 물건을 사사로이 소비함.
포 흠 —질한 아전. —이 나다.

暴擧 난폭한 행동.
폭 거 —를 서슴지 아니하다.

爆擊 폭탄을 떨으뜨려 공격함.
폭 격 —機(기). —을 당하다.

暴君 포악한 임금.
폭 군 —에 시달리는 백성.

暴徒 폭동을 일으킨 사람들.
폭 도 —를 검거하다.

暴動 폭력으로 벌이는 난동.
폭 동 —을 진압하다.

暴騰 물가가 갑자기 뛰어오름.
폭 등 —하는 물가.

暴落 물가나 주가가 갑자기 크게 떨
폭 락 어짐. 주가가 —하다.

暴力 난폭한 힘. 또는 정신적·육체적 압
폭 력 박을 가하는 힘. — 수단. —을 가하다.

暴露 알려지지 않은 일을 일반에 드
폭 로 러냄. 비밀을 —하다. — 전술

暴利 엄청나게 남기는 부당한 이익.
폭 리 —를 취하다. — 행위

暴發 ①갑작스럽게 터짐. 분노가 —하다.
폭 발 ②갑작스럽게 번져 나감. 인기 —

爆發 불이 일어나며 갑자기 터짐.
폭 발 가스가 —하다.

暴死 갑자기 죽음.
폭 사 산사태로 일가족이 —하다.

爆死 폭격이나 폭발물의 폭발로 죽
폭 사 음. 지뢰가 터져 —하다.

暴暑 심한 더위.
폭 서 —를 피해 해변을 찾다.

暴雪 갑자기 많이 내리는 눈.
폭 설 —로 교통이 마비되다.

爆笑 갑자기 터져 나오는 큰 웃음.
폭 소 —를 터뜨리다.

爆藥 폭발을 일으키는 화약.
폭 약 —이 터지다.

暴言 난폭한 말.
폭 언 —을 퍼붓다.

暴炎 매우 심한 더위.
폭 염 —이 연일 이어지다.

暴雨 갑자기 많이 쏟아지는 비.
폭 우 —가 쏟아지다. —로 강물이 붓다.

暴飮 술을 도가 넘치도록 한꺼번에
폭 음 많이 마심. —을 삼가다.

爆音 폭발할 때 나는 소리.
폭 음 —이 울리다.

暴政 포악한 정치.
폭 정 — 아래서 신음하다.

暴走 빠른 속도로 난폭하게 달림.
폭 주 —하는 오토바이. —族(족)

暴酒 =暴飮(폭음)
폭 주 —로 나날을 보내다.

輻輳 한 곳으로 많이 몰려듦.
폭 주 —하는 민원.

爆竹 가는 대나 종이 통에 화약을 재어 터뜨
폭 죽 려서 소리나 불꽃이 나게 하는 놀잇감.

暴醉 술이 갑작스럽게 몹시 취함.
폭 취 　─한 상태에서 횡설수설하다.

爆彈 투하해서 터뜨리는 폭발물.
폭 탄 　─이 터지다.

暴投 야구에서, 포수가 받을 수 없
폭 투 을 정도로 나쁘게 공을 던짐.

爆破 폭발시켜 깨뜨림.
폭 파 ─ 작업. 적진을 ─하다.

瀑布 높은 절벽에서 쏟아져 내리는
폭 포 물. 박연 ─. ─水(수)

暴風 몹시 세차게 부는 바람.
폭 풍 ─雨(우). ─에 쓰러진 가로수.

暴行 난폭한 행동.
폭 행 ─罪(죄). 깡패의 ─.

表決 토의 안건에 대하여 가부의 의
표 결 사를 표시하여 결정함. ─權(권)

票決 투표로써 가부를 결정함.
표 결 ─로 의안을 통과시키다.

標高 해면을 기준으로 한 높이.
표 고 ─ 500m의 구릉 지대.

表具 병풍·족자 등을 꾸미는 일.
표 구 ─師(사). ─한 족자.

表記 문자나 부호로써 나타내 적음.
표 기 한글로 ─하다.

標旗 ①목표물로 세운 기. ②조선 시
표 기 대, 병조의 푯대로 세웠던 깃발.

慓毒 살차고 독살스러움.
표 독 ─한 소리. ─한 사람.

漂浪 정처 없이 떠돌아 다님.
표 랑 ─의 길에 오르다.

剽掠 남을 협박하여 빼앗음.
표 략 ─을 일삼는 도둑.

漂流 ①물 위에 떠 흐름. ─하는 배.
표 류 ②=流浪(유랑)

表裏 겉과 속. 또는 안과 밖.
표 리 ─不同(부동). ──體(일체)

表面 겉이나 겉면.
표 면 ─的(적)인 이유. ─化(화)한 사건.

表明 의사나 태도를 명백히 나타냄.
표 명 자기의 의사를 ─하다.

漂沒 표류하다가 침몰함.
표 몰 바다 가운데에 ─하다.

縹緲 아득하게 넓고 멂.
표 묘 ─한 바다에 떠 있는 섬.

漂泊 ①풍랑을 만난 배가 정처 없이 떠
표 박 돎. ②정처 없이 떠돌아 다니며 삶.

標榜 자기의 주의 주장을 앞에 내세움.
표 방 개혁을 ─하면서 부정을 저지르다.

漂白 피륙이나 종이를 물에 빨아 바래
표 백 거나 약품을 써서 희게 함. ─劑(제)

豹變 마음이나 행동이 돌변함.
표 변 ─한 행동.

標本 ①본보기나 표준이 될 만한 물건.
표 본 ②실물을 보존할 수 있게 만든 것.

表象 상징적으로 나타내는 것. 또는
표 상 직관적으로 떠오르는 형상.

標石 목표를 삼거나 표적으로 삼기
표 석 위하여 세운 돌.

漂船 정처 없이 떠돌아다니는 배.
표 선 ─을 발견하고 구조에 나서다.

表示 겉으로 드러내어 보임.
표 시 반대의 의사를 ─하다.

標示 표를 하여 드러내 보임.
표 시 교통 안내 ─器(기).

標語 주장이나 요구를 간략하게 표
표 어 현한 말. 불조심 ─를 모집하다.

飄然 떠나는 모양이 가벼움.
표 연 ─히 떠나가다.

表音 글자나 부호로 소리를 표시함.
표 음 ─文字(문자)

表意 뜻을 나타냄.
표 의 ─文字(문자)

飄逸 성품이나 기상이 뛰어나게 훌
표 일 륭함. ─한 기상.

表迹 겉으로 드러난 형적.
표 적 ─을 남기다. ─이 드러나다.

표

標的 표 적 목표로 삼는 물건.
—을 맞히다. —으로 삼다.

剽竊 표 절 다른 사람의 작품 내용을 몰래 따다 씀. 남의 논문을 —하다.

表情 표 정 마음속에 품은 심리 상태가 외모에 나타난 감정. 밝은 —.

表題 표 제 ＝標題(표제). ①책 표지에 쓴 제목. ②연설이나 작품·기사의 제목.

標準 표 준 여러 사물이 준거할 기준. 또는 그에 해당하는 사물. —時. —語

表紙 표 지 책의 겉장.
—에 쓴 표제.

標識 표 지 다른 것과 구별하여 아는 데 필요한 표시나 특징. —燈(등)

表徵 표 징 겉으로 드러나는 특징.
각자의 특이한 —을 살리다.

漂着 표 착 ①물에 떠돌다가 육지에 닿음. ②정처 없이 떠돌다가 일정한 곳에 정착함.

標札 표 찰 이름이나 번호 따위를 적은 패.
가슴에 —을 달다.

表彰 표 창 세상에 드러내어 칭찬함.
—狀(장)

表出 표 출 겉으로 나타나거나 나타냄.
—된 감정.

飄飄 표 표 나부끼거나 날아 오르는 모양이 가벼움. —히 나부끼는 태극기.

表皮 표 피 겉껍질. 또는 겉꺼풀.
—를 벗기다.

表現 표 현 ①의사나 감정을 드러내어 나타냄. ②사물이나 현상을 형상화하여 나타냄.

品格 품 격 품성과 인격. 인신하여, 사물이 지니는 품위. —이 높다.

品階 품 계 일품에서 구품까지 9등급으로 나눈 벼슬자리의 등급. —가 높다.

稟告 품 고 여쭈어 아룀.
부모님께 해외 유학의 뜻을 —하다.

品貴 품 귀 상품이 귀하여 구하기 어려움.
상품의 — 현상이 일어나다.

稟達 품 달 ＝稟告(품고)
민정을 상관에게 —하다.

品等 품 등 품질과 등급.
—을 매기다.

品名 품 명 물건의 이름.
—을 일일이 적다.

品目 품 목 물품의 이름을 적은 목록.
—을 제시하다.

品詞 품 사 문법적 기능에 따라 구분한 단어의 부류. — 전성. —의 분류.

品性 품 성 품격과 성질.
고상한 —.

稟性 품 성 선천적으로 타고난 성품.
어진 —을 타고나다.

稟受 품 수 선천적으로 타고남.
남자로 —함을 감사히 여기다.

稟申 품 신 여쭈어 아룀.
후임자를 —하다.

品位 품 위 ①사람이 갖추어야 할 위엄이나 기품. ②사물이 지닌 가치나 고상한 정도.

稟議 품 의 상사에게 말이나 글로 물어 의논함. —書(서). —한 안건.

品切 품 절 물건이 다 팔리어 떨어짐.
—이 된 상품.

品種 품 종 물품의 종류.
새 —의 상품. 새 —을 개발하다.

品質 품 질 물품의 질.
—의 개선. —이 좋다.

品評 품 평 물품의 품질에 대한 평가.
—會(회)

品行 품 행 품성과 행실.
—이 단정하다.

諷諫 풍 간 비유로 넌지시 에둘러서 잘못을 고치도록 일깨워 말함.

風格 풍 격 풍채와 품격.
예술가로서의 —이 풍기다.

風景 풍 경 경치
자연의 아름다운 —. 농촌의 —.

風磬 처마 끝에 다는 작은 종.
풍 경　바람이 일자 — 소리가 들리다.

風骨 풍채와 골격.
풍 골　—이 준수하다.

風光 경치
풍 광　—이 명미하다.

風教 풍습을 교화하는 일.
풍 교　—를 해치다.

風琴 오르간
품 금　교실에서 나는 — 소리.

風紀 풍속이나 사회의 질서에 관한
풍 기　규율. —가 문란하다.

豐年 소출이 평년보다 많은 해.
풍 년　—이 들다. —과 흉년.

風浪 바람으로 말미암아 일어나는
풍 랑　물결. 거센 —. —이 일다.

風力 ①바람이 부는 기세. —이 강하다. ②
풍 력　동력으로서의 바람의 힘. — 발전소

風流 ①운치가 있고 멋스럽게 노는 일.
풍 류　—客(객) ②=風樂(풍악)

楓林 단풍나무 숲. 또는 단풍이 든
풍 림　숲. — 속에서 한때를 즐기다.

風磨雨洗 바람에 갈리고 비에 씻김.
풍 마 우 세　—한 빗돌.

豐滿 몸매가 피둥피둥함.
풍 만　—한 육체.

風貌 풍채와 용모.
풍 모　낙천적인 —. 위엄이 있는 —.

風聞 떠도는 소문.
풍 문　이민을 갔다는 —을 듣다.

風物 ①경치. 고향의 —이 떠오르다.
풍 물　②농악에 쓰는 악기. —을 울리다.

風味 음식의 고상한 맛.
풍 미　신선한 채소의 —.

風靡 사조나 현상이 널리 사회를 휩
풍 미 씂. 일세를 —한 사조.

豐美 풍만하고 아름다움.
풍 미　—한 여성.

風病 ①신경계통의 장애로 일어나는
풍 병　병. ②문둥병

豐富 넉넉하게 많음.
풍 부　—한 자원. —한 경험.

風飛雹散 사방으로 뿔뿔이 흩어짐.
풍 비 박 산　—이 되어 도망치다.

風霜 바람과 서리, 인신하여, 모진
풍 상　고난이나 고통. —을 겪다.

風船 ①기구. ②가벼운 기체를 넣어 공중
풍 선　에 떠올라 가게 만든 물건. 고무 —

風雪 바람과 눈.
풍 설　—이 몰아치다.

風說 근거 없이 떠도는 말.
풍 설　—이 나돌다.

豐盛 넉넉하고 홍성홍성함.
풍 성　—한 가을.

風勢 바람이 부는 기세.
풍 세　—가 사나워지다.

風俗 옛날부터 전해져 오는 생활상
풍 속　의 습관. — 소설. 아름다운 —.

風速 바람의 속도.
풍 속　—計(계). 초속 20m의 —.

風水地理 음양설에 의해 묏자리나 집
풍 수 지 리　터의 길흉을 알아내는 일.

風樹之歎 효도를 다하지 못하고 어
풍 수 지 탄　버이를 여읜 자식의 슬픔.

風習 풍속과 습관.
풍 습　아름다운 —.

風雅 풍류스럽고 조촐함.
풍 아　—한 경치.

風樂 우리 나라 고유 음악에서의 기
풍 악　악. —을 울리다. —을 잡히다.

風壓 바람이 물체에 주는 압력.
풍 압　水壓(수압)과 —.

豐漁 보통 때보다 물고기가 썩 많이
풍 어　잡히는 일. —期(기). —祭(제)

豐艶 살기가 있고 아리따움.
풍 염　—한 여성.

豊沃
풍 옥
땅이 매우 기름짐.
—한 평야.

豊饒
풍 요
넉넉하고 풍성풍성함.
—로운 생활.

風雨
풍 우
바람과 비.
—를 무릅쓰다.

風雲
풍 운
①바람과 구름. —造化(조화) ②어
지러운 정세. —兒(아). —을 타다.

風月
풍 월
①바람과 달. 아름다운 자연. ②
한시를 읊음. 또는 지은 그 시.

諷諭
풍 유
에둘러서 나무라거나 깨우쳐
타이름. —法(법)

諷刺
풍 자
모순이나 결함을 무엇에 빗대어
일깨우거나 비판함. 세태를 —한 시.

豊作
풍 작
풍년이 들어 잘 된 농사.
—과 흉작.

風災
풍 재
바람으로 인한 재해.
—와 水災(수재).

風前燈火
풍 전 등 화
몹시 위험한 상태나 오래 견
디지 못하게 된 상태의 형용.

風情
풍 정
①풍치가 있는 정회. 이국 — ②
＝物情(물정). 세상 —을 모르다.

風潮
풍 조
세상의 되어 가는 추세.
사치 —. 시대의 —.

豊足
풍 족
부족함이 없이 넉넉함.
—한 생활.

風塵
풍 진
세상에 일어나는 어지러운 일.
— 세계

風車
풍 차
①바람의 힘을 이용하여 동력을
일으키는 기계 장치. ②팔랑개비

風餐露宿
풍 찬 노 숙
바람과 이슬을 맞으며 한데
에서 먹고 자고 함. —의 고생.

風采
풍 채
드러나 보이는 사람의 겉모양.
—가 좋은 대장부.

風趣
풍 취
훌륭하고 멋스러운 멋이나 정취.
그윽한 —를 자아내다.

風致
풍 치
훌륭하고 멋스러운 경치.
자연의 —. 아름다운 —.

風齒
풍 치
충치 이외의 이앓이.
—로 고생을 하다.

風致林
풍 치 림
멋스런 경치를 조성하기 위
하여 심어 가꾸는 나무숲.

風土
풍 토
어떤 지방의 기후와 토질의 상
태. —病(병). —에 알맞은 농작물.

風波
풍 파
①바람이 불어 일어나는 물결. —를 만
나다. ②소란스럽고 험한 분쟁의 비유.

風害
풍 해
폭풍으로 인한 재해.
—를 입다.

風向
풍 향
바람이 불어오는 방향.
—計(계). 철에 따라 —이 달라진다.

風化
풍 화
암석이 비·바람·공기 따위의 작
용으로 부스러지는 현상. — 작용

豊凶
풍 흉
풍년과 흉년. 또는 풍작과 흉작.
—을 모르는 문전 옥답.

被檢
피 검
검거됨. 검거를 당함.
일제에 —된 독립 운동가.

被擊
피 격
습격을 당함.
피한에 —되다.

被告
피 고
소송의 제기를 당한 쪽의 당사
자. —人(인). 원고와 —.

疲困
피 곤
몸이나 마음이 지쳐서 고달픔.
—을 풀다. —한 기색.

皮骨
피 골
살가죽과 뼈.
—이 상접하다.

避難
피 난
재난을 피해 다른 곳으로 옮아
감. —民(민). —살이

被動
피 동
외부의 작용을 받아 움직임.
또는 그러한 처지. —的인 태도.

避亂
피 란
난리를 피하여 다른 곳으로 옮
김. —民(민). — 행렬

被拉
피 랍
납치를 당함.
—된 어선.

披瀝
피 력
마음속의 생각을 털어놓음.
소감을 —하다.

披露
피 로
어떤 사실을 널리 알림.
—宴(연). —會(회)

疲勞 심신을 혹사한 결과 지쳐서 고
피 로 단함. —를 풀다. —를 회복하다.

避雷 벼락을 피함.
피 뢰 —柱(주). —針(침)

皮膜 ①겉껍질과 속껍질.
피 막 ②껍질처럼 단단한 막.

披靡 ①나무나 풀이 바람에 쓰러짐.
피 미 ②위세에 눌리어 굴복함.

披髮 머리털을 풀어 헤침. =被髮
피 발 —徒跣(도선)

被服 옷. 의복
피 복 —商(상). —店(점)

皮膚 온몸을 싸고 있는 살가죽.
피 부 —病(병). — 감각

被殺 죽임을 당함.
피 살 —者(자). —된 사람.

皮相的 겉으로 드러나 보이는 현상
피 상 적 에만 관계되는. —인 관찰.

避暑 서늘한 곳으로 옮겨 더위를 식
피 서 힘. —客(객). —地(지)

被選 선거에 뽑힘.
피 선 국회의원에 —되다.

被訴 소송을 제기 당함.
피 소 —된 부정 공무원.

被襲 습격을 당함.
피 습 괴한에게 —되다.

避身 몸을 피함.
피 신 —處(처). 안전 지대로 —하다.

彼我 저와 나. 또는 저편과 이편.
피 아 —의 대립.

皮를 성부로 하는 한자

피 ┌ 彳+皮→彼 : 저   피
   │ 疒+皮→疲 : 지칠   피
   └ 衤+皮→被 : 입을   피

파 ┌ 氵+皮→波 : 물결   파
   │ 石+皮→破 : 깨뜨릴 파
   └ 皮+頁→頗 : 자못   파

彼岸 저편의 강기슭. 인신하여, 정토
피 안 —의 불 구경. —의 세계.

被疑 의심이나 혐의를 받음.
피 의 —者(자). — 사실을 부인하다.

被任 어떠한 자리에 임명됨.
피 임 회장에 —되다.

避姙 임신을 피함.
피 임 —藥(약). —法(법)

被造物 조물주에 의하여 창조된 물
피 조 물 건. 곧 우주의 삼라만상.

彼此 저것과 이것. 또는 저쪽과 이쪽의
피 차 양편. — 마찬가지. —의 진심을 타진하다.

疲弊 지치고 쇠약해짐.
피 폐 —한 농촌. —해 가는 경제.

被爆 폭격을 받음. 폭격을 당함.
피 폭 — 지역

被曝 인체가 방사능을 쬠.
피 폭 —의 염려가 있다.

皮下 살가죽 밑.
피 하 — 조직. — 주사

避寒 따뜻한 곳으로 옮겨 추위를 피
피 한 함. —地(지). —과 피서.

被害 해를 입음. 또는 그 해.
피 해 —者(자). —地(지). —가 많다.

皮革 제품의 원료로 쓰는 가죽.
피 혁 — 공장. — 제품

避禍 화를 피함.
피 화 선조가 서울을 떠나 —하다.

筆架 붓을 걸어놓는 기구.
필 가 —에 걸려 있는 붓.

筆耕 ①삯을 받고 글씨나 글을 쓰는 일.
필 경 ②원지에 철필로 글씨를 쓰는 일.

畢竟 끝장에 가서는 마침내.
필 경 범죄 사실이 —에는 드러나다.

筆記 ①글로 적음. 요점을 —하다. ②강의
필 기 나 연설을 들으면서 받아 적음.

畢納 돈이나 물품을 다 내어 끝냄.
필 납 세금을 —하다.

筆談 글로 써서 서로의 의사를 통하
필 담 는 일. —으로 의사를 교환하다.

筆答 글로 써서 대답함.
필 답 — 시험

必讀 반드시 읽음. 또는 반드시 읽
필 독 어야 함. —書(서)

筆頭 여럿을 연명할 때의 그 첫머리.
필 두 송장을 —로 한 문호.

筆力 글씨의 획에 나타난 힘. 또는
필 력 글을 쓰는 능력. —이 있다.

匹馬 한 필의 말. 또는 혼자서 말을 타고.
필 마 오백년 도읍지를 —로 돌아 드니…

筆名 ①글씨를 잘 쓴다는 명성. ②작가나
필 명 예술가가 쓰는 본명 이외의 이름.

筆墨 붓과 먹.
필 묵 —紙硯(지연)

筆法 글씨를 쓰는 법.
필 법 한석봉의 —을 익히다.

筆鋒 붓끝. 인신하여, 붓의 위세.
필 봉 —을 돌리다. 예리한 —.

匹夫 한 사람의 사나이. 또는 보잘것
필 부 없는 하찮은 사나이. —之勇(지용)

匹婦 한 사람의 여자. 또는 평범한
필 부 여자. 匹夫(필부)—

必死 ①꼭 죽음. —乃已(내이)
필 사 ②죽을 힘을 다하는. —의 노력.

筆寫 베껴서 씀.
필 사 고전을 —하다. —本(본)

筆算 숫자를 적어 가지고 계산함.
필 산 또는 그리하는 계산. —과 암산.

畢生 ①한평생에 걸침. —의 사업.
필 생 ②생명을 다할 때까지. —의 용기.

筆舌 붓과 혀. 곧 글과 말.
필 설 —로는 표현할 수 없다.

必須 모름지기 있어야 하거나 하여
필 수 야 함. — 과목. — 조건

必需 꼭 필요함.
필 수 — 물품. 생활 —品(품)

筆順 글씨를 쓸 때, 쓰는 자획의 차례.
필 순 —에 따라 한자를 쓰다.

必勝 반드시 이김.
필 승 —의 신념.

必是 틀림없이 꼭.
필 시 그는 — 살아 돌아오리라.

畢役 역사를 끝마침.
필 역 제방 공사를 —하다.

必然 ①반드시 그렇게 됨. 역사적 —이다.
필 연 ②틀림없이 꼭. —코 이기리라.

必要 꼭 소용이 됨.
필 요 — 불가결. —한 물건.

筆者 글이나 글씨를 쓴 사람.
필 자 —의 명단.

筆才 글씨나 글을 쓰는 재주.
필 재 —가 있다.

匹敵 힘이 어슷비슷하여 맞섬.
필 적 —할 상대가 없다.

筆蹟 써 놓은 글씨의 글자 모양.
필 적 —을 감정하다.

筆陣 집필자의 진용.
필 진 —을 갖춘 잡지.

筆致 글·글씨·그림에서 나타나는
필 치 맛이나 솜씨. 간결한 —. 예리한 —.

筆筒 붓·연필 등을 넣거나 꽂아 두
필 통 는 기구나 통. —에 꽂아 둔 붓.

畢婚 여러 자녀의 마지막 혼인을 끝
필 혼 마침. 또는 그 혼인. 개혼과 —.

筆禍 발표한 글로 인해 받는 화.
필 화 —를 입다.

必携 반드시 휴대함.
필 휴 —의 신분 증명.

逼迫 바짝 쫴쳐서 괴롭게 굶.
핍 박 일체의 —에서 벗어나다.

逼切 거짓이 없이 간절함.
핍 절 —한 심정으로 말하다.

ㅍ

ᄒ

下嫁 하 가 공주나 옹주가 신하의 집으로 시집감. —해 온 며느리.

何暇 하 가 어느 겨를에. —에 그 말을 다하랴?

下鑑 하 감 아랫사람이 드린 글을 웃어른 이 봄. 주로 편지에서 쓰는 말.

下降 하 강 아래로 내려가거나 내려옴. — 기류. —하는 비행기.

賀客 하 객 축하하는 손님. —의 접대에 바쁘다.

下界 하 계 사람이 사는 세계. —에 내려온 선녀. —를 굽어보다.

夏季 하 계 여름철 — 휴양지

何故 하 고 무슨 까닭으로. —로 묻느냐?

夏穀 하 곡 보리·밀 따위의 여름에 거두 는 곡식. —을 수매하다.

下棺 하 관 관을 광 안에 내림. —時(시)

下顴 하 관 사람 얼굴의 아래턱 부분. —이 빨다.

下校 하 교 학교에서 공부를 마치고 집으 로 돌아옴. 登校(등교)와 —.

下敎 하 교 ①아랫사람에게 가르침을 줌. ②임금이 명령을 내림.

河口 하 구 강 어귀. 낙동강 —.

下剋上 하 극 상 신분이 낮은 사람이 규율을 어 기고 윗사람을 꺾어 누름.

下級 하 급 학년·직위 등이 낮은 등급. — 학년. — 법원. — 관리

夏期 하 기 여름의 한 기간. — 방학. — 휴가

下女 하 녀 사삿집이나 여관 등에 고용되어 부엌일이나 허드렛일을 하는 여자.

下段 하 단 여러 단으로 된 맨 아래쪽 단. —에 실린 광고. —에 꽂힌 책.

下壇 하 단 단에서 내려옴. 강연을 마치고 —하는 연사.

下達 하 달 상부의 명령·지시나 결정 등 을 하부에 내림. 명령을 —하다.

下待 하 대 ①낮게 대하거나 대접함. —를 받다. ②낮은 말을 씀. —하는 사람.

下等 하 등 ①낮은 등급. —의 물품. ②진화의 단계가 낮음. — 동물

何等 하 등 아무런. 또는 아무 —의 책임도 없다. — 관계 없는 일.

下落 하 락 값이나 등급이 떨어짐. 주가가 —하다. 물가의 —.

下諒 하 량 윗사람이 아랫사람의 처지를 살피어 알아줌. 편지투의 말.

賀禮 하 례 축하하는 예를 차림. 또는 그 예. —客(객). —하러 온 사람.

夏爐冬扇 하 로 동 선 여름의 화로와 겨울의 부채. 곧 철에 맞지 않는 물건.

下流 하 류 ①강물의 아래쪽. — 지역 ②사회적 지위나 생활 수준이 낮은 계층.

下馬 하 마 말에서 내림. —碑(비)

何面目 하 면 목 무슨 면목. 곧 볼 낯이 없음. —으로 너를 대하랴?

可를 성부로 하는 한자		
가	口+可→呵 : 꾸짖을	가
	++可→苛 : 모질	가
하	人+可→何 : 어찌	하
	氵+可→河 : 강	하

ᄒ

下命 명령을 내림.
하 명　―을 기다리다.

下半 절반으로 나눈 것의 아래쪽.
하 반　―部(부). ―身(신)

下輩 하인의 무리.
하 배　―를 거느린 상전.

夏服 여름옷
하 복　―과 冬服(동복).

下部 ①아래가 되는 부분. 교각의 ―.
하 부　②아래가 되는 기관. ― 조직

下賜 왕이 신하에게 금품을 줌.
하 사　―金(금). ―品(품)

下山 산에서 내려가거나 내려옴.
하 산　―하는 사람. 땔나무를 ―하다.

河床 강이나 하천의 물이 흐르는 바닥.
하 상　― 준설 공사.

下書 웃어른이 보낸 글이나 편지.
하 서　아버님의 ―를 받았다.

下船 ①타고 있던 사람이 배에서 내
하 선　림. ②짐을 배에서 부림. ― 작업

下誠 편지 글에서, 웃어른에게 자기
하 성　의 정성을 낮추어 이르는 말.

下世 웃어른의 죽음.
하 세　어머님께서 ―하셨다는 기별을 받다.

下水 가정이나 공장에서 쓰고 버리
하 수　는 물. ―道(도). ―管(관)

下手 ①바둑·장기에서, 수가 낮음.
하 수　②손을 대어 사람을 죽임.

下宿 남의 집에 머물면서 먹고 자고
하 숙　하는 일. ―집. ―을 옮기다.

下旬 한 달 가운데의 21일부터 그믐
하 순　날까지의 동안. 十月―

河岸 물가의 둔덕.
하 안　― 공사. ―에 쌓은 둑.

夏安居 중이 음력 4월 보름날부터 7월
하 안 거　보름날까지 모여 수행하는 일.

下野 정계에서 물러남.
하 야　이승만 대통령의 ―.

何如間 어쨌든. 하여튼
하 여 간　― 만나서 의논해 보자.

荷役 짐을 싣고 내리는 일.
하 역　― 인부. ― 작업

下午 오후
하 오　― 2시

下獄 죄인을 옥에 가둠.
하 옥　죄인을 ―하다.

下浣 =下旬(하순)
하 완　八月―

下院 양원제 입법 기관의 하나. 대개
하 원　선거에 의한 의원들로 구성된다.

下位 낮은 지위. 또는 낮은 위치.
하 위　― 그룹. ―圈(권)

下衣 아래옷
하 의　上衣(상의)와 ―.

下意 아랫사람들의 의사.
하 의　―上達(상달)

下人 종이나 남의 집에 매여 심부름하
하 인　는 신분이 낮은 사람. ―輩(배)

瑕疵 흠. 또는 결점
하 자　아무런 ―도 없다.

夏節 여름철
하 절　―과 冬節(동절).

下終價 =下限價(하한가)
하 종 가　―의 주가.

荷重 ①짐의 무게. ②구조물에 작용하
하 중　는 중량. ―을 견디지 못하여 무너지다.

下肢 사람의 아랫도리.
하 지　上肢(상지)와 ―.

夏至 24절기의 하나. 양력 6월 21일이
하 지　나 22일에 해당한다. ―와 冬至.

下直 ①길을 떠날 때 작별을 아룀. ②하
하 직　던 일에서 손을 떼거나 떠나감.

下秩 품질의 아랫 등급. 핫길
하 질　물건이 ―이다.

下車 차에서 내림.
하 차　―하는 승객.

下策 좋지 않은 계책.
하 책　上策(상책)과 ―.

河川 시내. 강
하 천　― 부지. ―의 준설 공사.

下請 청부한 일의 전부나 일부를 다른
하 청　사람이 다시 청부하는 일. ―業者

下體 몸의 아랫도리.
하 체　―가 부실하다.

下層 ①건물의 아랫층. ―에 사는 사
하 층　람. ②신분이 낮은 계층. ― 사회

荷置場 ①쓰레기 따위를 거두어 두는
하 치 장　곳. ②실었던 짐을 내려 놓는 곳.

下腿 종아리
하 퇴　―骨(골)

下篇 상·하 또는 상·중·하로 된 책
하 편　이나 글에서의 끝 편. 上篇과 ―.

下品 하치. 같은 종류 가운데서 가
하 품　장 품질이 낮은 물건. 上品과 ―.

下筆 붓을 댄다는 뜻으로, 시나 글
하 필　을 지음을 이르는 말.

何必 어찌 반드시. 어찌하여 꼭.
하 필　― 그를 택했느냐?

下學 그 날의 수업을 마침.
하 학　―鐘(종). 上學(상학)과 ―.

下學上達 쉬운 것부터 배워 어려
하 학 상 달　운 이치를 깨달음.

下限價 증권 시장에서, 하루에 내릴 수
하 한 가　있는 최저 한도까지 내려간 주가.

下限線 더 이상 내려갈 수 없는 한
하 한 선　계선. ―까지 내려간 주식.

河海 강과 바다.
하 해　―와도 같은 큰 은혜.

下向 아래로 향함. 또는 그 쪽.
하 향　―期(기). ―式(식). ― 곡선

下鄕 시골로 내려가거나 내려옴.
하 향　도시를 등지고 ―하는 사람.

遐鄕 서울에서 멀리 떨어져 있는 지
하 향　방. ―에 은거하다.

下弦 음력 매월 22일, 23일 경의 달.
하 현　上弦(상현)과 ―.

下血 병적으로 아래로 피를 쏟음.
하 혈　―을 많이 하다.

下回 어떤 일이 있은 다음의 결과.
하 회　―를 기다리다.

下廻 어떤 기준이나 수량을 밑돎.
하 회　평년작을 ―하다.

下厚上薄 아랫사람에게는 후하고,
하 후 상 박　윗사람에게는 박함.

何厚何薄 누구는 후대하고 누구는 박대하
하 후 하 박　겠느냐? 어찌 ―이 있겠느냐?

學界 학문을 연구하는 사회적 분야.
학 계　―에 큰 기여를 하다.

學校 학생을 가르치는 교육 기관.
학 교　초등 ―. ― 생활

學究 학문을 연구함.
학 구　― 생활. ―的(적)인 자세.

學區 교육 행정상의 필요에 따라 학생이
학 구　취학할 학교를 지정해 놓은 구역.

學群 중등 학교의 통학 구역을 단위로
학 군　한 학교의 군집. 8―으로 나누다.

學級 한 교실에서 교육을 받도록 편
학 급　성된 학생들의 집단. ― 담임

學期 한 학년 동안을 필요에 따라 몇
학 기　개로 나눈 기간. ―末(말) 시험.

學內 학교의 안이나 내부.
학 내　― 분규

學年 한 해를 단위로 하여 나눈 학
학 년　교 교육의 단계. 3―에 진급하다.

學堂 글방. 또는 학교
학 당　이화 ―. 배재 ―

虐待 혹독한 짓으로 괴롭힘.
학 대　―와 착취. ―를 받다.

學德 학문과 덕행.
학 덕　―을 겸비하다.

學徒 학업을 닦는 사람.
학 도　―兵(병). 청년 ―

學童 글을 배우는 아이. 또는 초등
학 동 학교에 다니는 아이.

學力 학교 교육을 통하여 얻은 지식
학 력 이나 기능. ─ 고사

學歷 수학한 이력. 학업을 닦은 경력.
학 력 ─을 조회하다.

學齡 초등학교에 입학할 나이.
학 령 ─ 아동. ─簿(부)

學理 학문상의 이론이나 원리.
학 리 책을 통해 알게 된 ─.

學脈 학문의 주의나 주장을 함께 하
학 맥 는 사람들끼리 이룬 유파.

學名 세계가 공통으로 쓰는 동식물
학 명 이나 광물의 이름.

學問 ①과학을 배우고 연구하는 일.
학 문 ②＝學識(학식)

鶴髮 하얗게 센 머리털.
학 발 ─의 노인.

學閥 출신 학교나 학파에 따라 이루
학 벌 어지는 파벌. ─을 형성하다.

學報 대학에서, 학술 논문이나 교내 소
학 보 식을 실어 펴내는 신문이나 잡지.

學府 학문을 닦는 사람이 모인 곳.
학 부 곧 대학. 최고 ─를 나오다.

學部 대학에서 전공 분야에 따라서
학 부 나누어 놓은 부서. 이공 ─

學父母 학생의 부모.
학 부 모 ─들의 의견을 듣다.

學父兄 학생의 부형.
학 부 형 ─會(회)를 조직하다.

學費 학업을 닦는데 드는 비용.
학 비 엄청나게 드는 ─.

學士 4년제 대학의 학부나 사관학교
학 사 의 졸업생에게 주는 학위.

學事 학교의 교육과 경영에 관한 일.
학 사 ─ 보고. ─ 시찰

虐殺 잔인하고 참혹한 방법으로 죽임.
학 살 ─을 당한 항일 투사.

學生 ①학교에서 공부하는 사람. ②생전에 벼슬
학 생 하지 아니하고 죽은 사람에 대한 높임말.

學說 학문상으로 주장하는 이론.
학 설 주자의 ─.

鶴首苦待 몹시 기다림.
학 수 고 대 ─하던 소풍날이 되다.

學術 학문의 방법이나 이론.
학 술 ─ 회의

學習 배워서 익힘.
학 습 ─을 게을리 하지 아니하다.

學識 배워서 얻은 지식.
학 식 ─이 많다. 풍부한 ─.

學業 학문을 닦는 일.
학 업 ─의 성취도. ─에 정진하다.

學藝 학문과 기예.
학 예 ─會(회)

學友 학교에서 함께 공부하는 벗.
학 우 ─會(회)

學院 학교가 아닌, 사설 교육 기관.
학 원 입시 ─. 미술 ─

學園 학교 및 교육 기관의 총칭.
학 원 ─의 분규를 수습하다.

學位 대학이나 대학원에서, 일정한
학 위 자격을 갖춘 자에게 주는 칭호.

學者 학문을 닦아 깊은 전문 지식을
학 자 가진 사람. 저명한 ─.

學資 ＝學費(학비)
학 자 ─金(금)

學長 단과 대학의 최고 행정 책임자.
학 장 공과대학 ─

學籍 학교에 비치해 두는, 학생에
학 적 관한 기록. ─簿(부). ─을 두다.

學點 학과 성적을 평가하는 등급의
학 점 단위. A─을 받다.

虐政 포악한 정치.
학 정 ─에 시달린 백성.

學制 학교나 교육에 관한 제도.
학 제 ─를 개편하다.

瘧疾 학 질 모기에 의하여 퍼지는 전염병의 한 가지. —에 걸리다.

學窓 학 창 교실. 또는 학교 —시절. — 생활

學則 학 칙 학교의 기구와 교육 과정 및 그 운영과 관리에 관한 규칙.

學統 학 통 학문의 계통이나 계보. 퇴계의 —을 잇다.

學派 학 파 학문상의 유파. 여러 —로 갈리다.

學風 학 풍 학문상의 경향. 실사구시의 —.

學行 학 행 학문과 덕행. —이 높다. —이 일치하다.

學會 학 회 학문의 연구를 위해 학자들이 모여 조직하는 단체. 한글 —

閑暇 한 가 겨를이 있어 여유가 있음. —한 때. —한 전원 생활.

漢江投石 한 강 투 석 아무리 애를 써도 보람이 나타나지 않음의 비유.

閑居 한 거 일이 없이 한가히 있음. 고향에서 —하고 있는 중이다.

旱乾 한 건 논밭이 가물을 잘 탐. —한 밭.

限界 한 계 ①한정된 경계. —가 없다. ②어떤 현상의 범위. 우정의 —.

韓菓 한 과 우리 민족 고유의 유밀과. 추석에 수요가 늘어나는 —.

韓國 한 국 대한민국의 준말. 놀라운 —의 경제 성장.

干을 성부로 하는 한자

①간
┌ 干 + 刂 → 刊 : 간행할　간
├ 女 + 干 → 奸 : 간사할　간
├ 月 + 干 → 肝 : 간　　　　간
└ 倝 + 干 → 幹 : 줄기　　　간

②한
┌ 氵 + 干 → 汗 : 땀　　　　한
└ 日 + 干 → 旱 : 가물　　　한

寒氣 한 기 추운 기운. 또는 병적으로 느끼는 추운 기운. —가 돌다.

邯鄲之夢 한 단 지 몽 세상의 부귀 영화가 허황한 것임의 비유.

閑談 한 담 심심풀이로 하는 이야기. 사랑방에서 —을 나누시는 아버지.

寒帶 한 대 위도상 남북으로 각각 66.33°에서 극점에 이르는 지대. — 기후

限度 한 도 일정한 정도. 또는 한정된 정도. 최대 —. —를 넘다.

寒暖 한 란 추움과 따뜻함. —의 차가 심하다.

寒冷 한 랭 춥고 참. — 전선. —한 날씨.

限量 한 량 한정된 양. —이 없다.

閑良 한 량 아직 무과에 급제를 못한 호반의 자제. 인신하여, 하는 일 없이 노는 양반.

寒流 한 류 온도가 비교적 낮은 해류. —와 暖流(난류).

漢文 한 문 한자로 표기한 글. —體(체). —學(학)

寒微 한 미 가난하고 지체가 변변하지 못함. —한 집안.

漢方 한 방 중국에서 발달한 의술. 또는 한의의 처방. —藥(약). —醫(의)

韓服 한 복 우리 나라 고유의 옷. —을 곱게 차려 입다.

寒士 한 사 가난한 선비. —의 구차한 생활.

限死 한 사 죽음을 각오함. 또는 죽기로 기를 쓰고. — 결단. —코 길을 떠나다.

閑散 한 산 일이 없어 한가함. 또는 한적하고 쓸쓸함. —한 산골 마을. —한 길.

寒暑 한 서 추위와 더위. —의 차가 뚜렷한 우리 나라 기후.

漢詩 한 시 한문으로 지은 시. —를 읊다.

ㅎ

寒食
한 식
동지를 지난 뒤의 105일째 되는
날. —에 성묘를 하다.

韓式
한 식
우리 겨레 고유의 양식.
— 가옥

韓食
한 식
우리 겨레 전래의 음식.
— 전문. —과 洋食(양식).

寒心
한 심
실망할 정도로 부족하여 안타깝
고 어이없음. —한 일. —스러운 행동.

閑雅
한 아
한가롭고 아취가 있음. 또는 조
용하고 품위가 있음. —한 생활.

漢藥
한 약
한방에서 쓰는 약.
—房(방). —材(재)

漢語
한 어
중국 한족의 언어.
—로 번역하다.

漢譯
한 역
한문이나 한어로 번역함.
— 속담

韓譯
한 역
한국말로 번역함.
—한 삼국지.

寒熱
한 열
병으로 생기는 오한과 신열.
—이 왕래하다.

韓屋
한 옥
우리 겨레의 재래식 건축 양식
으로 지은 집. — 마을

韓牛
한 우
우리 나라 재래종의 소.
— 고기

汗牛充棟
한 우 충 동
장서가 매우 많음의 형용.
—의 엄청난 장서.

閑雲
한 운
한가로이 떠도는 구름.
—野鶴(야학)

閑裕
한 유
한가하여 시간적 여유가 있음.
—한 겨를.

漢醫
한 의
한방의 의술. 또는 한방의 의사.
암을 —로 치료하다.

閑人
한 인
한가한 사람.
—勿入(물입)

漢人
한 인
한족의 사람.
—들의 중화 사상.

韓人
한 인
한국 사람.
미국의 — 사회.

韓日
한 일
한국과 일본.
— 합방의 치욕.

漢字
한 자
고대 중국에서 만들어 쓴 표의
문자. —語(어)

旱災
한 재
가물로 인해 생기는 재앙.
—와 水災(수재).

閑寂
한 적
한가롭고 고요함.
—한 시골.

漢籍
한 적
한문으로 된 서적.
—을 많이 소장하고 있다.

限定
한 정
제한하여 정함. 또는 그 한도.
—版(판). 욕망에 —이 없다.

閑靜
한 정
한가하고 조용함.
—한 농촌.

漢族
한 족
중국 본토에서 예로부터 살아오
는, 중국의 중심이 되는 민족.

韓族
한 족
한반도와 중국 동북 지방에 걸
쳐 예로부터 살아온 민족.

限終日
한 종 일
해가 질 때까지.
— 너를 기다렸다.

汗蒸
한 증
높은 온도 속에서 땀을 내어
병을 치료하는 일. —幕(막)

寒地
한 지
추운 지방.
북극의 —.

韓紙
한 지
닥나무의 껍질로 뜬, 우리 전
래의 종이. —에 쓴 글씨.

限地醫
한 지 의
일정한 구역 안에서만 개업
하도록 허락된 의사.

閑職
한 직
바쁘지도 않고 중요하지도 않
은 직책. —으로 밀려나다.

寒天
한 천
추운 하늘. 또는 추운 날.
落木(낙목)—에 홀로 피다.

寒賤
한 천
빈한하고 미천함.
—한 가문에 태어나다.

間과 閑

間 ┌ 사이   간 : 間의 본자
　 └ 한가할 한 : 閑의 본자

寒村 _{한 촌} 가난하게 사는 쓸쓸한 마을. —의 풍경.

恨歎 _{한 탄} 한숨을 지으며 탄식함. 또는 그 탄식. 국론 분열을 —하다.

寒波 _{한 파} 겨울에 날씨가 갑자기 추워지는 현상. 또는 그 추위.

漢學 _{한 학} 한문에 관한 학문. —者(자)

旱害 _{한 해} 가물로 말미암아 입는 재해. —가 우심하다.

韓貨 _{한 화} 한국의 화폐. —를 달러로 교환하다.

割據 _{할 거} 땅을 나누어서 웅거함. 군웅이 —하다.

割當 _{할 당} 몫을 나누어 주거나 나누어 맡김. —量(량). —制(제)

割腹 _{할 복} 배를 가름. —하여 자결하다.

割賦 _{할 부} 돈을 일정 기간 여러 번으로 나누어 냄. —金(금). — 판매

割愛 _{할 애} 아까워하지 않고 나눠줌. 시간을 —해 주다.

割讓 _{할 양} 일부를 떼어서 남에게 넘겨줌. 영국에 —했던 홍콩을 반환받다.

割引 _{할 인} 일정한 값에서 몇 할을 깎아줌. — 요금. —率(율)

割增 _{할 증} 일정한 액수에 몇 할을 더함. —金(금). —料(료)

緘口 _{함 구} 입을 다물고 말을 하지 아니함. —令(령). —無言(무언)

陷溺 _{함 닉} 물 속에 빠져 들어감. 인신하여, 주색 따위에 빠져 들어감.

艦隊 _{함 대} 군함들로 조직된 연합 부대. 미국의 태평양 —.

陷落 _{함 락} ①땅이 꺼져 내려앉음. 지각의 —. ②공격을 받아 점령을 당함.

含量 _{함 량} 함유하고 있는 양. 염분의 —.

陷沒 _{함 몰} 물 속이나 땅 속으로 꺼져서 내려 앉음. 도로가 —하다.

緘默 _{함 묵} 입을 다물고 잠잠히 있음. —하고 있는 청중.

含憤蓄怨 _{함 분 축 원} 분함과 원한을 품음. —의 나날을 보내다.

艦船 _{함 선} 군함과 선박. —을 이끌고 대양으로 나가다.

喊聲 _{함 성} 여럿이 함께 고함지르는 소리. —을 지르다.

含笑 _{함 소} 웃음을 머금음. —할 뿐 말이 없다.

含水 _{함 수} 화합물에 수분이 들어 있음. — 규산. — 결정

函數 _{함 수} 한 수의 변화에 따라서 변하는 다른 수. — 관계. —表(표)

咸氏 _{함 씨} 남을 높이어 그의 조카를 이르는 말. —는 어디 갔는가?

涵養 _{함 양} 품성이나 힘을 기름. 품성을 —하다.

含有 _{함 유} 어떤 물질 속에 어떤 성분이 들어 있음. —量(량)

含意 _{함 의} 말이나 글 속에 담겨져 있는 뜻. — 있는 말.

陷入 _{함 입} 아래로 빠져 들어가거나 꺼져 들어감. —한 길바닥.

銜字 _{함 자} 남을 높이어 그의 이름을 이르는 말. —를 일러주게.

艦長 _{함 장} 군함을 지휘 통솔하는 직위나 사람. —의 명령이 떨어지다.

艦載 _{함 재} 군함에 실음. —機(기)

陷穽 _{함 정} 허방다리. 인신하여, 남을 해치기 위한 모략. —을 파다. —에 빠지다.

艦艇 _{함 정} 군함·구축함·어뢰정 등의 군 사용 배를 통틀어 이르는 말.

咸池 _{함 지} 해가 지는 곳. 양곡에서 떠서 —로 지는 해.

含蓄 말이나 글 따위에 많은 내용이
함 축 집약되어 들어 있음. —美(미)

艦砲 군함에 장치해 놓은 포.
함 포 — 사격을 가하다.

咸興差使 심부름을 가서는 돌아오지 않
함 흥 차 사 거나 아무 소식이 없는 사람.

合格 자격이나 규격에 맞아 시험 ·
합 격 심사에 통과함. —者(자). —品(품)

合計 한데 몰아서 계산함. 또는 계
합 계 산한 총수. —를 내다. —한 총액.

合啓 사간원 · 사헌부 · 홍문관에서
합 계 연명하여 올리던 계사.

合宮 부부 사이의 성교.
합 궁 —할 날을 받다.

合金 둘 이상의 금속이나 비금속을
합 금 섞어 녹이어 만든 금속.

閤內 남을 높이어 그의 아내를 이르
합 내 는 말. —도 건강하신가?

合同 여럿이 모이어 하나가 되어 함
합 동 께 함. — 훈련. — 회의. — 결혼식

合力 흩어진 힘을 한데 모음.
합 력 —하여 수해 복구에 나선 주민들.

合流 ①둘 이상의 흐름이 합쳐 흐름.
합 류 ②목적을 위하여 행동을 같이함.

合理 이론이나 실지의 형편에 맞음.
합 리 —的(적)인 사고.

合班 둘 이상의 학급을 하나로 합침.
합 반 — 수업

合邦 두 나라를 한 나라로 합침.
합 방 한 · 일 —의 치욕.

合房 남녀가 같은 방에서 함께 잠.
합 방 주로 남녀의 정사를 이르는 말.

合法 법령 · 법식에 맞음.
합 법 —한 처사. —과 不法(불법).

合併 둘 이상의 기구나 단체 · 나라
합 병 를 하나로 합침. 기구를 —하다.

閤夫人 남을 높이어 그의 아내를
합 부 인 이르는 말. —도 평안하신가?

合祀 둘 이상의 죽은 사람을 한 번에
합 사 합쳐 제사를 지냄. 고비위를 —하다.

合絲 여러 가닥의 실을 겹쳐 드림.
합 사 또는 겹쳐 드린 그 실. —紬(주)

合算 합하여 셈함.
합 산 —한 총액.

合席 한 자리에 같이 앉음.
합 석 신랑 신부가 —하다.

合線 양전기와 음전기의 두 선이 한
합 선 데 붙음. —으로 인한 화재.

合成 둘 이상을 합하여 하나를 이룸.
합 성 — 섬유. — 세제

合勢 세력을 한데 모음.
합 세 —하여 상대방을 공격하다.

合率 따로 살던 가족이 한 집에서 함
합 솔 께 삶. 형의 집으로 —을 하다.

合水 두 갈래 이상의 물줄기가 한
합 수 데 합쳐짐. —머리. —목

合宿 많은 사람이 한 곳에서 숙박함.
합 숙 — 훈련. —所(소)

合乘 차를 여럿이 함께 탐.
합 승 택시를 —하다.

合心 여러 사람이 마음을 모음.
합 심 —하여 일을 하다.

合意 서로의 뜻이 맞음.
합 의 —를 이끌어 내다.

合議 여럿이 한 자리에 모여서 의논
합 의 함. — 기관. —制(제)

合一 합하여 하나가 됨. 또는 하나
합 일 가 되게 함. —된 의견.

合資 둘 이상이 자본을 어울러 냄.
합 자 — 회사

合作 일을 합쳐 만듦. 또는 공동으
합 작 로 일을 함. 두 사람의 —品(품).

合掌 두 손바닥을 마주 합침.
합 장 — 배례

合葬 부부 또는 여러 사람의 송장
합 장 을 한 무덤에 묻음. —한 무덤.

合著 한 저술을 두 사람 이상이 힘을 합
합 저 하여 지음. 또는 그렇게 지은 저술.

合奏 몇 개의 악기를 함께 연주함.
합 주 또는 그 연주. —曲(곡). —團(단)

合唱 여러 사람이 소리를 맞추어 함
합 창 께 노래함. —曲(곡). —團(단)

合致 의견·주장 따위가 맞아 일치함.
합 치 의견의 —를 보다.

合板 얇은 판을 몇 개 눌러 붙임. 또
합 판 는 그렇게 만든 판. —유리.

合編 글이나 책의 편을 합쳐 엮음.
합 편 또는 그렇게 엮은 책.

閤下 정일품 벼슬아치를 높여 이르
합 하 던 말. —의 존체를 보중하소서.

合憲 헌법의 조문과 정신에 맞음.
합 헌 헌법재판소의 — 결정.

合歡酒 재래식 혼례에서, 신랑과 신부
합 환 주 가 서로 잔을 바꾸어 마시는 술.

巷間 일반 시민들 사이.
항 간 —에 떠도는 소문.

抗拒 대항하여 버팀.
항 거 일제의 침략에 —하여 일어나다.

抗告 판결에 불복하여 상소함.
항 고 —審(심). — 기간

航空 비행기를 타고 공중을 날아 다
항 공 님. —機(기). — 모함. — 수송

恒久 오래도록 변함이 없음.
항 구 —한 평화. —的(적)인 시설.

港口 배가 드나들고 정박하는 곳.
항 구 — 도시. —의 풍경.

抗菌 균에 저항함.
항 균 — 물질. —性(성)

恒茶飯 늘 있는 예사로움.
항 다 반 —으로 있는 일.

巷談 항간에 떠도는 풍설.
항 담 —에도 귀를 기울이는 정치가.

港都 항구 도시.
항 도 인천은 —이다.

抗力 저항하는 힘.
항 력 —을 측정하다.

行列 같은 혈족간의 대수 관계.
항 렬 —이 높다. 같은 —의 일가.

航路 배나 항공기가 다니는 길.
항 로 — 표지. —를 따라 비행하다.

港灣 배가 정박하고, 승객과 화물을
항 만 싣고 부리는 시설을 해 놓은 곳.

抗命 명령에 따르지 아니하고 항거함.
항 명 —罪(죄)

項目 내용을 체계적으로 구분한 각
항 목 각의 사항. 세분한 —.

肛門 똥구멍
항 문 —에 생긴 치질.

抗辯 서로 대항하여 변론함.
항 변 —할 여지가 없다.

降伏 힘에 눌려서 적에게 굴복함.
항 복 —한 적군.

恒産 살아갈 수 있는 일정한 재산.
항 산 —이 있어야 항심이 있다.

恒常 늘
항 상 — 활기에 넘치다. — 해 오던 일.

抗生劑 미생물을 죽이거나 발육을 억
항 생 제 제하는 기능을 하는 의약품.

巷說 =巷談(항담)
항 설 —에 현혹되다.

恒性 ①언제나 변하지 않는 성질. ②누
항 성 구에게나 있는 공통적인 성품.

恒星 위치를 바꾸지 않고, 자체로
항 성 빛을 내는 별. 태양은 —이다.

抗訴 일심의 판결에 불복하고 상급
항 소 법원에 재심을 청구함. — 기각

航速 항해하는 속도.
항 속 — 20노트로 항해하는 배.

航續 항해나 항공을 계속함.
항 속 — 거리

恒時 보통 때. 또는 늘. 언제나
항 시 —에 하는 말. — 있는 일.

ㅎ

恒心 늘 지니고 있는 마음.
항 심 항산이 있어야 —이 있다.

抗癌劑 암 세포의 증식을 억제하는
항 암 제 의약품. —를 쓰다.

行伍 군대를 편성한 대오.
항 오 —를 이탈하다. —를 정제하다.

恒溫 늘 일정한 온도.
항 온 — 동물. — 장치

恒用 희귀할 것 없이 늘.
항 용 — 쓰는 말. — 있는 일.

航運 배로 실어 나름.
항 운 —料(료). — 회사

抗議 항변하여 주장함. 또는 그 주장.
항 의 — 판정에 —하다.

抗日 일본 제국주의에 대한 항거.
항 일 — 독립 투사.

抗爭 대항하여 투쟁함.
항 쟁 한 평생을 일체에 —하였다.

抗敵 적에게 대항함. 또는 버티어
항 적 대적함. —하는 무리.

抗戰 대항하여 싸우거나 전투함.
항 전 —의 의지를 다지다.

亢進 기능이나 기세가 높아져 감.
항 진 심제 —. 병세가 —하다.

抗體 병균을 죽이거나 없애는 물질.
항 체 면역체. —를 배양하다.

航海 배를 타고 바다를 다님.
항 해 —하는 선박. —術(술)

航行 배나 항공기를 타고 항로를 따
항 행 라 다님. —하는 선박.

解渴 ①갈증을 풂. ②가뭄을 면함.
해 갈 ③자금의 용통이 해결됨.

解決 ①얽힌 일의 결말을 지음.
해 결 ②의문이 풀리어 이해가 되게 함.

解雇 고용하였던 사람을 내보냄.
해 고 —된 노동자.

骸骨 송장의 살이 죄다 썩고 남은 뼈.
해 골 무덤에서 나온 —.

駭怪 놀랄 만큼 괴상함.
해 괴 —한 일. —한 소문.

海口 바다가 육지로 후미져 들어간
해 구 어귀. —에 있는 어촌.

海狗 물개
해 구 —腎(신)

海區 바다 위에 설정한 구역.
해 구 어업을 위한 —.

海寇 바다로부터 침입하는 도적떼.
해 구 —를 방어하다.

海溝 큰 바다의 밑바닥에 좁고 길게
해 구 팬 곳. 태평양에 있는 —.

海鷗 바닷가에 있는 갈매기.
해 구 —를 벗하며 자연을 즐기다.

海國 섬나라. 또는 해양을 끼고 있
해 국 는 나라. 일본은 —이다.

海軍 해전을 위하여 조직된 군대.
해 군 陸軍(육군)과 —. — 기지

解禁 금지하였던 것을 풂.
해 금 —된 월북 작가의 시집.

海難 항해하다가 만나는 재난.
해 난 — 구조

海內 바다로 둘러싸인 육지. 인신하
해 내 여, 나라의 안. —와 海外(해외).

海女 바다 속에 들어가서 해산물을
해 녀 채취하는 여자. 제주도의 —.

解答 문제를 풀어서 답함. 또는 풀어
해 답 서 놓은 답. —을 쓰다. —을 받다.

解團 團 자가 붙은 단체를 해산함.
해 단 —式(식). 선수단을 —하다.

該當 무엇에 관계되는 바로 그것.
해 당 — 기관. — 사항

海圖 바다의 깊이 · 암초 · 해류 · 항로
해 도 등을 표시한 도면. 地圖와 —.

害毒 어떤 일을 망치거나 손해를 끼
해 독 치는 요소. — 행위

解毒 독기를 풀어서 없앰.
해 독 —藥(약). — 작용

解讀
해 독
알기쉽게 풀어서 읽음. 알 수 없
는 글이나 암호를 읽어서 풂.

海東
해 동
우리 나라의 옛 이름.
— 고승전. —通寶(통보)

解凍
해 동
얼었던 것이 녹아서 풀림.
—이 되기를 고대하다.

解得
해 득
뜻을 깨쳐 앎.
—을 쉽게 하다.

偕樂
해 락
여러 사람이 함께 즐김.
君臣(군신)의 —.

解纜
해 람
닻줄을 풂. 곧 배가 출범함.
—한 배.

海諒
해 량
넓은 도량으로 잘 헤아려 줌.
선생님께서 —하시기 바랍니다.

解例
해 례
보기로 풀어 보인 예.
—를 제시하다.

海路
해 로
배가 다니는 바다의 길.
—千里(천리)를 오가다.

偕老
해 로
부부가 한평생 같이 살며 함께
늙음. 百年(백년)—

海流
해 류
일정한 방향으로 흐르는 바닷물.
—를 따라 흘러가다.

海陸
해 륙
바다와 육지.
—風(풍)

海里
해 리
바다의 거리를 나타내는 단위.
1—는 1,852m이다.

解娩
해 만
=解産(해산)
—할 기미. —할 때.

駭妄
해 망
해괴하고 망녕됨.
—한 행동.

海面
해 면
바다의 수면.
—에 떠 있는 배.

解免
해 면
①책임에서 벗어나게 함.
②관직에서 물러나게 함.

解明
해 명
까닭이나 내용을 논리적으로 밝힘.
사고의 원인을 —하다. —을 요구하다.

解夢
해 몽
꿈의 길흉을 풀어서 판단함.
꿈보다 —이 좋다.

海霧
해 무
바다에 끼는 안개.
—가 자욱이 끼다.

海物
해 물
바다에서 생산되는 물건.
몸에 좋은 —을 많이 먹다.

該博
해 박
다방면으로 학식이 넓음.
—한 지식.

海拔
해 발
육지나 산이 바다의 수평면에 비
하여 높은 정도. — 2,000m의 고원.

解放
해 방
구속이나 예속 상태에서 풀어주
거나 자유롭게 하여 줌. 노예 —

海邊
해 변
바닷가
—의 모래. 물결이 잔잔한 —.

海兵隊
해 병 대
육지나 바다 어디에서도 전투할 수
있도록 조직된 해군의 전투 부대.

解剖
해 부
치료나 연구를 위해 생물체를
갈라서 헤침. —圖(도). —學(학)

解氷
해 빙
얼음이 풀림.
—期(기)

海事
해 사
바다에서 일어나는 일.
— 공법. — 금융

解産
해 산
아이를 낳음.
—바라지. —달이 되다.

解散
해 산
①모였던 군중이 헤어져 흩어짐.
②단체나 조직체를 해체함.

海産物
해 산 물
바다에서 생산되는 물건.
몸에 좋고 맛 좋은 —.

海上
해 상
바다 위.
— 경비. — 무역. — 보험

海商
해 상
배에 싣고 다니며 파는 장사.
또는 그 장수. —이 성행하다.

海西
해 서
황해도를 이르는 말.
— 지방

海恕
해 서
넓은 마음으로 용서함.
선배의 —를 바랍니다.

楷書
해 서
또박또박 정하게 쓰는 한자 서
체의 하나. —와 行書(행서).

解析
해 석
사물을 자세히 풀어서 논리적
으로 분석함. — 기하학

解釋 뜻이나 내용을 알기쉽게 풀어
해 석 서 밝힘. 고전을 알기쉽게 —하다.

解說 알기 쉽게 풀어서 설명함. 또
해 설 는 그 설명. 뉴스 —. —을 듣다.

解消 종래에 있던 관계를 풀어 없
해 소 앰. 의혹을 —하다. 교통난을 —하다.

咳嗽 기침
해 수 —病(병). —엔 꿀이 좋다.

海水 바닷물
해 수 —의 온도. —浴(욕)

海市 신기루
해 시 —가 나타나다.

海蝕 바다의 물결이나 조수에 의하
해 식 여 일어나는 침식. — 작용. —洞

解式 수학에서, 운산의 순서를 일정한
해 식 기호와 방법으로 기록하는 식.

海神 바다를 다스리는 신.
해 신 항해의 무사함을 —에게 빌다.

害心 해치려는 마음.
해 심 —을 품다.

海深 바다의 깊이.
해 심 동해의 —.

害惡 해가 되는 악한 일. 또는 해와
해 악 악. —을 끼치다.

海岸 바닷가. 또는 바닷가의 기슭.
해 안 —線(선). — 경비

解約 계약이나 약속을 깨뜨림.
해 약 —을 통보하다.

海洋 크고 넓은 바다.
해 양 — 기후. — 자원

海域 바다의 일정한 구역.
해 역 어로 —. 경비 —

解熱 병으로 일어난 열이 내림.
해 열 —劑(제). —藥(약)

海外 바다를 격해 있는 나라. 곧 외
해 외 국. — 유학. —로 수출하다.

海運 바다에서의 수송과 운반.
해 운 — 사업. 陸運(육운)과 —.

害意 =害心(해심)
해 의 —를 가지다.

解義 뜻을 풀어 밝힘.
해 의 고전의 —.

解弛 긴장이 풀리어 마음이나 규율이
해 이 느즈러짐. 도덕적 —. —해진 마음.

海溢 바닷물이 육지로 넘쳐 흘러 듦.
해 일 —이 일어나다. —로 인한 피해.

解任 맡긴 직책을 그만두게 함.
해 임 외교 사절을 —하다.

海底 바다의 밑바닥.
해 저 — 지진. 동해의 —.

海賊 바다에서 활동하는 도적.
해 적 — 행위. —船(선). —版(판)

海戰 바다에서 하는 전투.
해 전 —이 벌어진 곳. 陸戰(육전)과 —.

楷正 해서로 쓴 글자의 모양이 또렷
해 정 하고 바름. —하게 쓴 글씨.

解除 ①설치한 것을 제거함. ②구속
해 제 하였던 법률 관계를 풀어줌.

解題 책의 저자·내용·출판 등에
해 제 관한 간단한 설명. 도서 —

海藻 바다에서 나는 식물.
해 조 다시마는 —의 일종이다.

解止 한 쪽의 의사 표시로 계약의 효력
해 지 을 장래에 대하여 소멸시키는 일.

解職 직책을 내어놓게 함.
해 직 —을 당하다. —된 공무원.

解體 ①단체를 해산함. 축구림을 —하다. ②기
해 체 계의 몸체를 뜯어 헤침. —한 피아노.

海草 바다에서 자라는 풀.
해 초 해저에서 자라는 —.

害蟲 해가 되는 벌레.
해 충 —을 구체하다. 益蟲(익충)과 —.

解脫 속세의 번뇌나 구속에서 벗어남.
해 탈 낡은 관습에서 —하다.

懈怠 게으름. 또는 게으름을 피움.
해 태 —한 사람.

海風 바닷바람
해　풍　 —이 스쳐 지나가다.

諧謔 익살스러우면서도 풍자가 섞인
해　학　 말이나 짓. —소설. —的(적)인 말.

海峽 육지와 육지 사이에 있는 좁은
해　협　 바다. 대한 —

解惑 의혹을 풂.
해　혹　 품었던 의문이 —되다.

邂逅 오랜만에 우연히 서로 만남.
해　후　 — 상봉. 감격의 —.

核家族 부부와 그들의 미혼 자녀만
핵　가　족　으로 이루어진 가족.

核果 단단한 씨가 있는 열매.
핵　과　 복숭아는 —이다.

核武器 핵 에너지를 이용한 무기.
핵　무　기　 원자폭탄은 —이다.

核反應 원자핵이 다른 입자와 충돌하여
핵　반　응　 다른 원자핵으로 변하는 현상.

核發電 원자력 발전.
핵　발　전　—所(소)

核實驗 핵무기의 성능이나 파괴력을
핵　실　험　 확인하기 위하여 하는 실험.

覈實 일의 실상을 조사하여 밝힘.
핵　실　 죄상을 —하다.

核心 ①중심이 되는 알맹이. 문제의 —.
핵　심　 ②중심적 역할을 하는 사람. — 당원

核燃料 원자로 속에서 핵반응을 일
핵　연　료　 으켜서 얻어지는 에너지.

核雨傘 어떤 나라가 핵무기를 가진 동
핵　우　산　 맹국의 보호를 받는 범위.

核質 세포핵의 핵막 안에 있는 끈끈
핵　질　 한 성질의 물질.

亥를 성부로 하는 한자		
해	口＋亥→咳 : 기침	해
	言＋亥→該 : 갖출	해
핵	木＋亥→核 : 씨	핵
	亥＋力→劾 : 캐물을	핵

核彈頭 미사일에 장착한 핵 폭발
핵　탄　두　장치. —를 장착한 미사일.

核爆彈 핵분열이나 핵융합에 따른
핵　폭　탄　폭발을 일으키는 폭탄.

行脚 ①어떤 목적으로 돌아다님. ②여기
행　각　 저기 다니면서 도를 닦음. —僧(승)

行間 글줄과 글줄의 사이.
행　간　 —을 넓히다. 좁은 —.

行客 나그네
행　객　 초라한 —의 차림.

行具 여행할 때 쓰는 도구.
행　구　 —를 싸서 길을 떠나다.

行軍 ①군대가 대열을 지어 걸어감. ②여럿
행　군　 이 먼 길을 걸어서 감. 또는 그 운동.

行宮 임금이 거둥할 때에 묵던 별궁.
행　궁　 수원에 있던 —.

行動 동작을 하여 행하는 일.
행　동　 말과 —의 일치.

行動擧止 몸을 움직여서 하는 모
행　동　거　지　든 짓. —가 반듯하다.

行樂 잘 놀고 즐겁게 지냄.
행　락　 —客(객). —철

行廊 대문간에 붙어 있는 방. 또는 하
행　랑　 인들이 거처하는 방. —살이. —채

行旅 나그네가 되어 다님. 또는 그
행　려　 사람. — 병자. — 병사자

行列 여러 사람이 줄지어 감. 또는
행　렬　 그 대열. 시위 —의 선두에 서다.

行禮 의식을 행함.
행　례　 —하기 전의 신부.

行路 ①걸어다니는 길. —에서 만난 사
행　로　 람. ②살아가는 과정. 인생 —.

行馬 쌍륙이나 장기에서 말을 씀.
행　마　 —法(법)

行方 간 곳. 간 방향.
행　방　 —이 묘연하다. —不明(불명)

行步 걸음을 걸음. 또는 걷는 걸음.
행　보　 —가 빠르다. —가 느리다.

幸福 만족을 느끼며 사는 즐거운 상
행 복　태. —感(감). —한 삶.

行事 일정한 계획 아래 진행하는 어
행 사　떤 일. 기념 —. 연중 —

行使 부리어 씀. 또는 권리의 내용
행 사　을 실제로 행함. 주권을 —하다.

行商 도부장수. 또는 도부장사
행 상　—으로 생계를 꾸려 나가다.

行喪 상여가 장지로 감. 또는 그 대
행 상　열. —의 뒤를 따르다.

行賞 상을 줌.
행 상　論功(논공)—

行色 의복의 차림새나 행동하는 태도.
행 색　도부장수의 —.

行書 해서와 초서의 중간 되는, 한
행 서　자 글씨체의 하나. 해서와 —.

行星 태양 주위를 도는 천체.
행 성　—의 주위를 도는 위성.

行世 ①사람의 도리를 다함. 떳떳하게 —하다.
행 세　②거짓 처신을 함. 유명인 —를 하다.

行勢 세도를 부림.
행 세　—하는 집안의 자제.

行首 여러 사람 가운데의 우두머리.
행 수　—妓生(기생)

行數 글줄의 수.
행 수　—를 세다.

行身 ＝處身(처신)
행 신　—을 잘하다. —머리가 사납다.

幸臣 총애를 받는 신하.
행 신　—의 농간.

行實 행동에 드러나는 품행.
행 실　—이 바르다. 부정한 —.

幸運 좋은 운수.
행 운　—兒(아). —을 만나다.

行爲 하는 짓.
행 위　야릇한 —. 위법 —

行人 길 가는 사람.
행 인　—이 많은 종로 네거리.

行者 불도를 닦는 사람.
행 자　—로서의 수행.

行資 ＝路資(노자)
행 자　—가 떨어지다. —를 주다.

行狀 죽은 이의 행적을 적은 글.
행 장　—을 쓰다. —과 묘갈명.

行裝 여행에 필요한 차림과 물건.
행 장　—을 꾸리다.

行在所 임금이 왕궁을 멀리 떠났을
행 재 소　때에 머무르던 곳.

行蹟 행동의 실적이나 자취. 또는
행 적　죽기 전의 평생의 업적.

行纏 발목에서 장딴지까지의 한복의
행 전　바지가랑이 위에 눌러 싸는 물건.

行政 국가나 자치단체가 입법·사법 외
행 정　의 업무를 법에 따라 집행하는 일.

行進 여러 사람이 줄을 지어 걸어 나
행 진　아감. — 대열. — 속도. —曲(곡)

行次 웃어른이 길을 나서 어디로 감.
행 차　— 뒤에 나팔. —所(소)

行態 하는 짓과 몸가짐.
행 태　비도덕적인 —. 사재기 —.

行悖 버릇없이 난폭한 짓을 함. 또
행 패　는 그러한 언행. —를 부리다.

行幸 임금이 궁궐 밖으로 거둥함.
행 행　상의 — 때 시종하는 신하.

行刑 자유형을 집행함.
행 형　—의 효과.

杏花 살구나무의 꽃.
행 화　—가 지자 도화가 피다.

鄕歌 신라 시대, 향찰로 기록한 고
향 가　대 시가. 삼국유사에 실려 있는 —.

鄕校 지방에 두었던 문묘와 거기에
향 교　딸린 관립 학교. 숲州(전주)—

鄕軍 ①재향 군인의 준말.
향 군　②향토 예비군의 준말.

香氣 꽃이나 향에서 나는 좋은 느낌
향 기　을 주는 기운. —가 있는 꽃.

享年 한평생을 누린 나이.
향 년 ― 90세로 타계하다.

向念 마음을 기울임. 또는 그 마음.
향 념 조상에 대한 ―.

鄕黨 자기가 태어났거나 사는 시골의
향 당 마을. 또는 그곳에 사는 사람.

嚮導 길을 인도함. 또는 그 사람.
향 도 ―官(관). ―하는 사람.

享樂 즐거움을 누림.
향 락 ―街(가). ―主義(주의)

香爐 향을 피우는 화로.
향 로 ―石(석). ―에 향을 피우다.

香料 향내를 내는 물질.
향 료 ― 식물

鄕吏 한 고을에서 세습으로 내려오
향 리 는 아전. ―와 營吏(영리).

鄕里 나서 성장한 고향의 마을.
향 리 ―에서 노후를 보내다.

香味 음식의 향기로운 맛.
향 미 ―料(료)

向方 향하여 나아가는 방향.
향 방 ―이 뚜렷하지 않다.

向背 따름과 등짐.
향 배 민심의 ―을 주시하다.

享福 복을 누림.
향 복 ―無疆(무강)

享祀 =祭祀(제사)
향 사 섣날의 ―.

向上 생활·기능 등의 수준이 높아짐.
향 상 실력 ―. 생활이 ―되다.

享受 어떤 혜택을 받아 누림.
향 수 권리의 ―. 행복을 ―하다.

享壽 오래 사는 복을 누림.
향 수 90 ―를 하다.

香水 향료로 만든 액체로 된 화장품
향 수 의 한 가지. 양복에 ―를 뿌리다.

鄕愁 고향을 그리워하는 마음.
향 수 ―에 젖다. ―를 달래다.

鄕試 각 도에서 그 관내에 사는 선
향 시 비들에게 보이던 과거.

香辛料 식물의 열매나 잎으로 맵거나
향 신 료 향기로운 맛을 더하는 양념감.

鄕樂 우리 나라 전래의 음악.
향 악 ―器(기). ―譜(보)

鄕約 권선징악과 상부상조를 위해
향 약 마련하였던 시골의 자치 규약.

鄕藥 우리 나라에서 나는 한약재.
향 약 ―과 당재(唐材).

香煙 ①향기가 나는 담배.
향 연 ②향이 타면서 내는 연기.

饗宴 융숭하게 베푸는 잔치.
향 연 귀빈을 접대하는 ―.

鄕友 고향의 벗. 또는 고향 사람.
향 우 在京(재경) ―會(회)

享有 복이나 혜택을 누리어 가짐.
향 유 자유를 ―하다.

香油 ①화장품으로 쓰이는 향기로운
향 유 기름. ②참기름

響應 남의 주창에 따라 바로 같은
향 응 행동을 마주 취함.

饗應 음식을 차려서 대접하거나 잔
향 응 치를 베풂. ―을 베풀다.

向意 마음을 기울임. 또는 그 마음.
향 의 애인에 대한 ―.

向日性 식물의 잎이나 줄기가 햇빛
향 일 성 이 센 쪽으로 향하는 성질.

鄕札 한자를 빌어 우리말을 표기하
향 찰 였던 이두의 한 형태.

香草 ①향기로운 풀. ―를 가꾸다.
향 초 ②향기로운 담배. ―를 피우다.

香燭 제사에 쓰는 향과 초.
향 촉 ―을 갖추고 분향하다.

鄕村 시골의 마을. 또는 고향 마을.
향 촌 ―의 풍경.

香臭 향내
향 취 ―가 풍기다.

ㅎ

鄉土 고향 땅.
향 토 ― 문학. ―를 지키다.

向學 배움을 지향함.
향 학 一心(심). ―熱(열)

香火 향불. 인신하여, 제사
향 화 ―를 이어가다.

向後 이 다음. 이 뒤.
향 후 ―의 대책.

許可 법규로 제한하는 행위를 특정 대
허 가 상자에게만 허락하여 주는 처분.

虛空 텅 빈 공중.
허 공 ―을 날다. ―을 쳐다보다.

許交 서로 벗하기를 허락함. 또는 서
허 교 로 '하게·해라' 투의 말씨를 씀.

許久 날·세월 등이 매우 오램.
허 구 ―한 세월.

虛構 근거도 없는 일을 얽어 만듦.
허 구 날조한 ―의 일.

虛飢 몹시 심한 시장기.
허 기 ―를 느끼다. ―를 채우다.

許多 매우 많음.
허 다 ―한 역사적 사실.

許諾 청원을 들어 승낙함.
허 락 ―이 없다. ―해 준 일.

虛浪 허황하고 실답지 못함.
허 랑 ― 방탕한 생활.

虛禮 겉으로만 꾸미는 형식적인 예
허 례 절이나 의식. ― 허식을 숭상하다.

虛論 허망한 논의.
허 론 실현성이 없는 ―.

虛妄 ①거짓이 많아서 미덥지 않음. ―한
허 망 소리. ②어이없고 허무함. ―한 생각.

虛名 실상이 없이 헛되게 난 명성.
허 명 ―을 얻다.

虛無 ①텅 비어 실속이 없음. ― 맹랑
허 무 ②허전하고 쓸쓸함. ―한 생각.

虛報 거짓 보도나 보고.
허 보 ―에 놀라다.

虛費 헛되이 소비함. 또는 그렇게
허 비 쓰는 비용. 시간을 ―하다.

虛事 헛된 일. 헛일
허 사 애는 썼으나 ―가 되고 말았다.

虛辭 뜻을 지니지 아니한, 문법적
허 사 관계만 나타내는 말. ―와 실사.

虛像 참 모습이 아닌 거짓으로 꾸며
허 상 진 모습. 조기 유학의 ―.

虛勢 실상이 없는 기세.
허 세 ―를 부리다.

虛送 시간이나 세월을 헛되이 보냄.
허 송 ― 세월. 젊은 시절을 ―하다.

虛飾 실속 없이 겉만 꾸밈.
허 식 ―이 없는 말.

虛實 거짓과 참. 또는 허함과 실함.
허 실 상대방의 ―을 살피다.

虛心坦懷 사념이 없이 솔직한 태
허 심 탄 회 도로 터 놓고 말함.

虛弱 기력이 약함.
허 약 ―한 체질.

虛言 실상이 없는 빈 말.
허 언 ―은 하지 아니하다.

許與 ①권한을 허락하여 줌. 이권의 ―
허 여 ②마음으로 허락함. ―하고 지내는 벗.

虛榮 ①헛된 영화. ―에 들뜨다. ②실질
허 영 이상의 겉치레. ―을 부리다.

虛慾 헛된 욕심.
허 욕 ―을 내다. ―이 지나치다.

許容 허락하여 용납함.
허 용 ―될 수 없는 언동. 출입을 ―하다.

虛位 ①실권이 없는 지위. ②있다고 생
허 위 각만 하는 빈 자리. ―排設(배설)

虛僞 거짓
허 위 ― 보도. ― 사실을 퍼뜨리다.

虛張聲勢 실력은 없으면서 허세만
허 장 성 세 떠벌림. ―의 언동.

虛點 허술한 구석.
허 점 상대방의 ―을 노리다.

虛誕 =虛妄(허망)
허 탄 　一한 말.

虛脫 몸이 쇠약해져 기운이 쭉 빠짐.
허 탈 　一 상태에 빠지다.

虛風 지나치게 과장하여 실속 없이
허 풍 하는 언동 一을 떨다. 一을 치다.

虛汗 몸이 쇠약하여 흘리는 땀.
허 한 　一을 많이 흘리다.

虛行 헛걸음
허 행 이번에도 一을 하다.

虛虛實實 ①허실의 계략을 써서
허 허 실 실 싸움. ②되어 가는 대로.

許婚 혼인을 허락함.
허 혼 　一한 딸.

虛華 실상은 없고 겉보기에만 화려함.
허 화 　一한 생활.

虛荒 ①마음이 들떠서 황당함. 一한 사
허 황 람. ②헛되고 미덥지 못함. 一한 꿈.

軒擧 풍채가 좋고 의기가 당당함.
헌 거 　一롭게 걷는 모습.

獻官 나라에서 제사를 지낼 때 임시
헌 관 로 임명하여 보내던 제관.

獻金 자발적으로 돈을 내놓음. 또는
헌 금 그 돈. 一을 내다.

獻納 돈이나 물품을 바침.
헌 납 　一金(금). 특산물을 관아에 一하다.

憲法 국가의 통치 체제와 국민의 기본
헌 법 적 권리 의무를 규정한 근본법.

獻上 임금께 바침.
헌 상 　一한 공물. 一品(품)

獻壽 환갑 잔치 따위에서, 오래 살기
헌 수 를 비는 뜻으로 술잔을 드림.

獻詩 어떤 사람의 업적을 찬양하고
헌 시 축하하여 바치는 시.

獻身 몸과 마음을 다 바쳐 희생적으
헌 신 로 나섬. 一的(적)인 노력.

獻議 의견을 올림.
헌 의 중신이 폐비를 一하다.

獻爵 제사 때 잔에 술을 부어 올림.
헌 작 　一을 하고 축을 읽는다.

憲裁 헌법 재판소·헌법 재판의 준말.
헌 재 　一의 결정.

憲章 법적으로 규정한 규범.
헌 장 어린이 一

憲政 헌법에 의거하여 행하는 정치.
헌 정 　一 질서

獻呈 물품을 드림.
헌 정 이번에 출판한 시집을 一합니다.

軒檻 난간이 있는 좁은 마루.
헌 함 　一에서 바라본 앞산.

軒軒丈夫 풍채가 좋고 의기가 당당
헌 헌 장 부 한 사나이. 一로 자란 아들.

獻血 수혈이 필요한 환자를 위해 자
헌 혈 기의 피를 공으로 뽑아줌.

獻花 신불이나 영전에 꽃을 올림.
헌 화 　一하고 재배하다.

歇價 싼 값.
헐 가 　一로 팔다.

歇邊 싼 이자.
헐 변 　一으로 돈을 빌리다.

歇杖 장형의 집행에서, 아프지 않도록
헐 장 헐하게 매를 침. 또는 그 매.

歇後 예사로와 대수롭지 않음.
헐 후 　一하게 치죄하다.

險客 ①성질이 험악한 사람. ②남의 흠
험 객 을 들추어 헐뜯기 잘하는 사람.

險口 헐뜯기나 험한 욕을 잘하는 입.
험 구 　一를 놀리다. 一를 잘하다.

險難 지세가 험하여 다니기가 어려움.
험 난 또는 위태롭고 고생스러움.

險談 흠구덕
험 담 남의 一을 늘어놓다.

險路 험한 길.
험 로 산중의 一.

險山 지세가 험한 산.
험 산 　一을 오르다.

ㅎ

險狀 험악하게 생긴 모양.
험 상 ─궂은 얼굴. ─궂게 말하다.

險惡 ①지세가 험하고 사나움. ─한 산.
험 악 ②수멸하고 무시무시함. ─한 정세.

險峻 지세가 높고도 험하며 가파름.
험 준 ─한 고개. ─한 산맥.

奕棋 바둑
혁 기 ─를 즐기다.

赫怒 얼굴을 붉히면서 버럭 성냄.
혁 노 ─하신 할아버지의 질책.

革帶 가죽으로 만든 띠.
혁 대 ─를 띠다. ─에 찬 검.

革命 정치·경제·문화 등 모든 분
혁 명 야에서의 근본적인 변혁. ─家

革世 나라의 왕조가 바뀜.
혁 세 ─의 정변이 일어나다.

革新 낡은 제도나 사상·풍습 등을
혁 신 아주 새롭게 함. 제도를 ─하다.

革罷 제도·기구·법령 등에서 낡아서 못
혁 파 쓰게 된 것을 폐지함. 제도를 ─하다.

赫赫 업적이나 공로가 크고 뚜렷함.
혁 혁 ─한 공을 세우다.

懸隔 썩 동떨어져서 거리가 멀거나
현 격 차이가 큼. ─한 차이.

玄關 건물의 주되는 출입구에 마련
현 관 한 방처럼 만든 간. ─門(문)

顯官 중요하고 높은 벼슬. 또는 그
현 관 벼슬자리에 있는 사람.

賢君 어진 임금.
현 군 ─과 賢臣(현신).

顯貴 지위가 드러나게 높음.
현 귀 ─한 사람.

玄琴 거문고
현 금 ─소리에 맞추어 춤을 추다.

現金 ①현재 가지고 있는 돈. ②맞돈
현 금 ③직접 교환 수단으로 쓰는 화폐.

眩氣 어찔어찔한 기운.
현 기 ─症(증). ─가 나다.

賢能 어질고 능함.
현 능 ─한 인재.

顯達 지위가 높아지고 이름이 드날림.
현 달 ─하기를 꿈꾸어 왔다.

現代 지금의 시대.
현 대 ─ 문명. ─ 여성. ─ 음악

眩亂 정신이 얼떨하고 어지러움.
현 란 마음이 ─하다.

絢爛 눈부시게 아름다움.
현 란 ─한 문장. ─한 옷차림.

賢良 ①어질고 착함. 심덕이 ─하다.
현 량 ②어진 이와 착한 이.

賢明 ①어질고 분간이 밝음. ─한 방법.
현 명 ②슬금하고 사리에 밝음. ─한 일.

賢母 어진 어머니.
현 모 ─良妻(양처)

現夢 죽은 이나 신령이 꿈에 나타남.
현 몽 신령의 ─으로 아들을 얻다.

玄妙 아주 그윽하고 묘함.
현 묘 ─한 이치.

現物 지금 있는 실제의 물건.
현 물 ─ 거래

玄米 벼의 껍질만 벗긴 쌀. 매조미
현 미 쌀. ─쌀. ─로 지은 밥.

顯微鏡 육안으로는 볼 수 없는 작은
현 미 경 물체를 확대하여 보는 기구.

賢士 어진 선비.
현 사 ─와 준걸.

現狀 지금의 상태. 또는 현재의 형편.
현 상 ─ 유지

現象 인간이 지각할 수 있는 모든
현 상 사물. 자연 ─. 사회 ─

見의 자음		
견	볼	견 : 見學(견학)
	생각	견 : 意見(의견)
현	뵐	현 : 謁見(알현)
	나타날	현 : 現의 고자

現像 현 상 촬영한 필름을 약품으로 처리하여 찍혀진 상이 나타나게 하는 일.

懸賞 현 상 어떤 목적을 위하여 상을 걺. —金(금). — 모집

現生 현 생 이 세상의 생애. —과 後生(후생).

賢聖 현 성 ①현인과 성인. —의 어록. ②어질고 거룩함. —之君(지군)

現世 현 세 지금의 세상. 또는 현실적인 이 세상. —의 영웅.

現勢 현 세 현재의 정세. 또는 그 세력. 대한민국의 —를 살펴보다.

玄孫 현 손 손자의 손자. —女(녀)

懸殊 현 수 ①현격하게 다름. —한 차이. ②동떨어져 있음. 수류이 —하다.

懸垂 현 수 매달아 드리움. —橋(교). —幕(막)

賢淑 현 숙 여성으로서 마음씨가 어질고 얌전함. —한 부인.

現時 현 시 지금. 이때 —의 국제 정세.

顯示 현 시 나타내 보임. 국위를 —하다.

現身 현 신 ①웃사람을 처음으로 뵘. ②부처 가 여러 형체로 세상에 나타남.

玄室 현 실 고분 안의 관을 안치하여 둔 방. —의 벽화.

現實 현 실 객관적으로 나타나 있는 현상이 나 사실 또는 형편. —的인 문제.

絃樂 현 악 현을 울려서 소리를 내는 악기로 연주하는 음악. —器(기). —과 관악.

懸案 현 안 아직 결론이 나지 않아 계류중 인 의안. —에 대한 토의.

顯揚 현 양 세상에 나타내어 들날림. 명성을 —하다. 재주를 —하다.

現業 현 업 현재의 업무나 직업. —에 종사하는 사람.

現役 현 역 ①현재 복무하고 있는 군인. ②일 정 분야에서 활동하고 있는 사람.

眩耀 현 요 눈부시게 빛나고 찬란함. —한 네온사인.

顯要 현 요 현관와 요직. 또는 지위가 높 고 중요함. —의 자리에 오르다.

賢友 현 우 어진 벗. —의 충고.

賢愚 현 우 현명함과 어리석음. —가 판이하다.

弦月 현 월 초승달 서쪽 하늘에 —이 보인다.

賢人 현 인 어질고 총명한 사람. —君子(군자)

賢者 현 자 =賢人(현인) —를 추천하다.

現場 현 장 일이 벌어지거나 진행되고 있 는 그 곳. — 답사. 생산 —

現在 현 재 이제. 지금 —의 상황.

顯著 현 저 드러난 것이 두드러져 분명함. —한 특성. —히 개선되다.

現存 현 존 현재에 있음. 또는 지금 생존 하고 있음. — 공장. — 인물

現住 현 주 현재 머물러 살고 있음. —所(소). —하는 인구.

現地 현 지 =現場(현장) — 답사. —의 정황.

現職 현 직 현재 근무하는 직업이나 직무. — 장관. —에 있는 공무원.

顯職 현 직 높고 중요한 벼슬. —에 오르다. —에 있는 사람.

現札 현 찰 =現金(현금) —을 많이 가진 사람.

顯彰 현 창 밝게 나타나거나 나타냄. 조상을 —하려는 마음.

賢妻 현 처 어진 아내. 처복이 있어 —를 맞다.

賢哲 어질고 슬기로우며 사리에 밝음.
현 철 ―한 사람.

顯忠 충렬을 현양함.
현 충 ―日(일). ―祠(사)

懸板 글자나 그림을 새겨 벽 위나
현 판 문 위에 거는 널판자. ―의 글씨.

現品 현재 있는 물품.
현 품 ― 목록

懸河之辯 물 흐르듯 거침없이 잘
현 하 지 변 하는 말. ―을 토하다.

衒學 학문이 있음을 자랑하여 뽐냄.
현 학 ―的(적)인 태도.

現行 현재에 시행하고 있음.
현 행 ―法(법). ―犯(범)

眩惑 제 정신을 못 차리게 미혹됨.
현 혹 유언비어에 ―되다.

現況 현재의 상황.
현 황 건설 업계의 ―.

眩暈 정신이 어쩔어쩔하여 어지러움.
현 훈 ―症(증). ―이 나다.

穴居 굴 속에서 삶.
혈 거 ―野處(야처)

血管 피가 돌아다니는 관.
혈 관 ― 주사

血球 혈장 속에 떠다니는 세포.
혈 구 赤(적)―와 白(백)―.

血氣 ①생명을 유지하는 피와 원기.
혈 기 ―가 쇠하다. ②왕성한 의기. ―之勇

血尿 오줌에 피가 섞여 나오는 병.
혈 뇨 또는 그 오줌. ―를 검사하다.

血痰 피가 섞이어 나오는 가래.
혈 담 ―이 나오다.

血糖 피 속에 섞여 있는 당분.
혈 당 ―을 검사하다.

血路 ①포위망을 뚫고 벗어 나가는 길.
혈 로 ②위태로운 경지를 벗어나는 길.

血淚 피눈물
혈 루 ―를 흘리며 하소연하다.

血脈 몸 안의 피가 도는 줄기.
혈 맥 ―이 상통하다.

血盟 피로써 하는 맹세. 곧 굳은 맹세.
혈 맹 ―으로 다진 우방국.

血色 핏기
혈 색 ―이 좋다.

血書 제 몸의 피를 내어 쓴 글발.
혈 서 ―로 충성을 맹세하다.

血誠 참된 마음에서 우러나오는 정성.
혈 성 ―男子(남자)

血稅 가혹한 조세.
혈 세 ―를 낭비하다.

血眼 핏발이 선 눈. 또는 핏대가 오
혈 안 른 눈. ―이 되어 찾아 다니다.

血壓 심장과 혈관의 수축으로 흐르
혈 압 는 피에 생기는 압력. ―이 높다.

血液 피
혈 액 ― 순환. ― 은행. ―型(형)

血緣 혈통 관계로 서로 이어진 인연.
혈 연 ― 관계. ― 사회

血肉 피와 살. 또는 자기가 낳은 자녀.
혈 육 ―이 없다. ―의 정.

血漿 피의 한 성분.
혈 장 ― 속에 떠 다니는 혈구.

血戰 피투성이가 되어 싸움. 또는 죽기
혈 전 아니면 살기로 덤벼드는 전투.

血族 혈통의 관계가 있는 겨레붙이.
혈 족 ―親(친). ― 결혼

血淸 엉긴 피에서 분리된 맑은 액체.
혈 청 ― 검사. ― 요법

血統 한 조상에서 갈려 내려오는 겨
혈 통 레붙이의 계통. ―을 잇다.

血鬪 생사를 걸고 싸움. 또는 그 투쟁.
혈 투 ―를 벌이다.

孑孑 의지가지없이 외로움.
혈 혈 ―單身(단신). ―한 고아.

血痕 피가 묻은 흔적.
혈 흔 ―이 남아 있다.

嫌隙 혐극 혐의로 척이 져서 벌어진 틈. ―이 있다.

嫌惡 혐오 싫어하고 미워함. ―感(감). ―하는 사람.

嫌疑 혐의 의심스럽게 생각함. 또는 그런 생각. ―를 품다. ―쩍은 일.

挾憾 협감 원한을 품음. 자네와 나 사이에 무슨 ―이 있겠느냐?

俠客 협객 협기가 있는 사람. ―들의 행동.

挾擊 협격 ＝挾攻(협공) ―戰(전)

峽谷 협곡 산과 산 사이의 험하고 좁은 골짜기. ―을 빠져 나가는 길.

挾攻 협공 양쪽으로 끼고 들이침. ―을 받다.

狹軌 협궤 표준보다 좁은 궤도. ― 철도

俠氣 협기 호협한 기개. ―가 있다. ―를 기르다.

協同 협동 서로 힘을 합쳐 함께 함. ― 조합. ― 작업

狹量 협량 좁은 도량. ―의 소인.

協力 협력 힘을 합하여 서로 도움. 생산력을 높이기 위해 ―하다.

脅迫 협박 을러대면서 위협함. ―狀(장). ―罪(죄)

協商 협상 분쟁을 해결하기 위해 당사자가 협의함. ― 대표. ―을 벌이다.

狹小 협소 좁고 작음. ―한 방.

協心 협심 여러 사람이 마음을 합함. ―하여 일을 추진하다.

狹心症 협심증 심장부에 갑자기 일어나는 심한 통증과 발작 증세.

狹隘 협애 ①지세가 좁고 험함. ―한 산길. ②소견이 좁고 답답스러움. ―한 소견.

協約 협약 협의하여 약속함. 또는 그 약속. 단체 ―. ―을 맺다.

協業 협업 많은 사람이 협동하여 일함. 또는 그 일. ―과 分業(분업).

協演 협연 독주자가 악단과 함께 연주함. 또는 그런 연주. 관현악단과의 ―.

協議 협의 여럿이 모여 의논함. ― 안건. 추진 대책을 ―하다.

狹義 협의 좁은 의미. ―로 해석하다. ―와 광의.

挾雜 협잡 이익을 얻으려고 옳지 않은 방법으로 남을 속임. ―꾼. ―질하다.

協定 협정 ①협의에 의하여 결정함. ― 가격 ②조약의 한 가지. 정전 ―

協助 협조 협력하여 돕거나 도와 줌. ― 정신. 긴밀한 ― 체제.

協調 협조 힘을 합하여 서로 조화함. 국제 사회에서의 ―.

協奏 협주 독주 악기와 오케스트라가 함께 연주하는 일. ―曲(곡)

狹窄 협착 차지하고 있는 자리가 좁음. ―한 집. 지세가 ―하다.

協贊 협찬 협력하여 찬동함. ―하는 모임을 갖다.

夾戶 협호 원채와 따로 떨어져 있어서 딴 살림을 하게 된 집채. 남의 ―에서 살다.

協和 협화 ①협력하여 화합함. ②동시에 울린 둘 이상의 소리가 조화를 이루는 상태.

協會 협회 회원이 협동하여 유지하는 회. 친선 ―. ―의 운영.

螢光 형광 ①반딧불 ②물체가 빛을 받으면 그것과 다른 빛을 내는 현상. ―燈(등)

刑具 형구 형벌이나 고문하는 데에 쓰는 제구. ―를 갖추다. ―를 차리다.

形局 형국 ①어떤 일이 벌어진 그때의 판국. ②집터나 묏자리의 지형의 생김새.

荊棘 형극 나무의 가시. 인신하여, 고초나 난관. ―의 길을 걷다.

ㅎ

刑期 형을 집행하는 기간.
형 기 —를 마치다.

刑量 형벌의 기간이나 정도.
형 량 무거운 —.

刑罰 유죄 판결을 받은 자에게 국가
형 벌 가 가하는 제재. 공정한 —.

刑法 범죄와 형벌에 관해 규정한 법.
형 법 —에 규정한 죄명.

兄夫 언니의 남편.
형 부 —와 弟夫(제부).

刑事 ①형법의 적용을 받는 사건. — 소
형 사 송 ②사법 경찰. —의 미행을 받다.

形狀 물건의 생김새나 모양.
형 상 — 예술. 사나운 —.

形象 ①=形狀(형상).②문학 예술 작품
형 상 에 그려진 인물이나 사회의 모습.

形色 ①생긴 모양과 빛깔. 다양한 —.
형 색 ②얼굴 모습과 표정. 초라한 —.

螢雪 고난 가운데서도 꾸준히 학문
형 설 을 닦음. —之功(지공)

形成 어떤 모양을 이룸. 또는 어떤 모양
형 성 으로 이루어짐. 민족의 —. —된 상가.

形聲 음과 뜻을 각각 나타내는 두 자를 결
형 성 합하여, 새로운 한자를 만드는 원리.

形勢 ①생활의 경제적 형편. ②진행되
형 세 는 형편이나 상태. 위급한 —.

兄嫂 형의 아내.
형 수 —와 弟嫂(제수).

形勝 지세가 좋고 경치가 아름다움.
형 승 —之地(지지)

形式 겉으로 드러나 보이는 외형이나
형 식 격식. —을 보다. —에 구애되지 않는다.

炯眼 관찰력이 밝은 눈.
형 안 —을 가진 사람.

形言 형용하여 말함.
형 언 —할 수 없는 기쁨.

形影 물체와 그림자.
형 영 —相弔(상조)

形容 ①생긴 모양. —이 초췌하다. ②말·글·
형 용 몸짓 등으로 표현함. —할 수 없는 장관.

形而上 형태를 보고 인식할 수 없
형 이 상 는 영역. —學(학)

形而下 형태를 보고 인식할 수 있
형 이 하 는 영역. —學(학)

刑杖 죄인을 심문할 때 매질하던 몽
형 장 둥이. —으로 치다.

刑場 사형을 집행하는 장소.
형 장 —의 이슬로 사라지다.

形迹 ①사물의 형상과 자취. —을 감추다. ②
형 적 사물의 뒤에 남은 흔적. —을 남기다.

刑政 사법에 관한 행정.
형 정 —을 공평하게 하다.

兄弟 형과 아우.
형 제 — 사이의 우애.

刑曹 법률·소송·형벌에 관한 일을 맡
형 조 아 보았던 중앙 행정 기관. — 판서

形質 형태와 성질. 생긴 모양과 그
형 질 바탕. —을 바꾸다. — 세포

螢窓 공부하는 방의 창문.
형 창 —에 비친 등불.

荊妻 남에게 대하여 자기의 아내를
형 처 이르는, 편지투의 말.

形體 물건의 모양과 그 바탕되는 몸.
형 체 —를 알아볼 수 없다.

形態 사물의 형상과 생김새.
형 태 여러 가지의 —.

亨通 모든 일이 뜻과 같이 잘됨.
형 통 萬事(만사)—

形便 ①일이 되어 가는 과정. —을 알아보
형 편 다. ②살림살이의 형세. —이 펴이다.

衡平 어느 편으로도 기울어지지 않
형 평 고 곧바르게 있는 상태.

形骸 ①몸을 이룬 뼈. 인신하여, 건물의
형 해 뼈대. ②형식만 남아 있는 것.

馨香 꽃다운 향기.
형 향 난의 그윽한 —.

炯炯 번쩍번쩍 빛나면서 밝음.
형 형 ―한 눈동자.

熒熒 반짝반짝 빛남. 또는 아름답게
형 형 빛남. ―한 얼굴.

形形色色 형태나 종류가 서로 다른 가
형 형 색 색 지가지. ―의 장난감. ―의 조명등.

惠鑑 자기의 저서나 작품을 기증할 때,
혜 감 '받아 살피소서'의 뜻으로 쓰는 말.

惠諒 '은혜롭게 살펴서 헤아리소서'
혜 량 의 뜻으로 쓰는, 편지투의 말.

慧敏 슬기롭고 총명함.
혜 민 ―한 아이.

惠書 남을 높이어 그가 자기에게 보
혜 서 낸 편지를 이르는 말.

彗星 살별. 인신하여, 갑자기 뚜렷한 존
혜 성 재로 나타난 사람. ―처럼 등장한 작가.

惠施 은혜롭게 베풀어 줌.
혜 시 ―에 감사의 뜻을 표하다.

慧眼 사물을 밝게 보는 눈.
혜 안 앞일을 내다보는 ―.

惠存 자기의 저서나 작품을 기증할 때 '받
혜 존 아 간직하소서'의 뜻으로 쓰는 말.

慧智 총명한 슬기.
혜 지 날카로운 ―의 눈.

惠澤 은혜와 덕택.
혜 택 ―을 입다. ―에 보답하다.

呼價 물건의 값을 부름.
호 가 1,000만원을 ―하는 도자기.

扈駕 거가를 호종함.
호 가 선조를 ―하였던 중신.

狐假虎威 남의 권세에 의지하여
호 가 호 위 위세를 부림.

號角 불면 '호르르' 하는 소리를 내
호 각 는 신호용의 물건. ―을 불다.

互角之勢 서로 엇비슷한 형세.
호 각 지 세 ―를 이루다.

好感 좋게 여기는 감정.
호 감 ―을 가지다. ―을 사다.

呼客 물건 따위를 팔기 위해 손님을
호 객 끌어 들임. ― 행위

豪傑 도량이 넓고 기개가 있는 사람.
호 걸 ―스런 웃음. ―다운 언변.

好景氣 경기가 좋음. 또는 좋은 경기.
호 경 기 ―를 맞다.

號哭 목놓아 슬피 욺. 또는 그 울음.
호 곡 친상을 당하여 주야로 ―하다.

戶口 호적상의 집의 수와 거기 딸린
호 구 식구 수. ― 조사

虎口 범의 아가리. 인신하여, 매우 위
호 구 태한 경우나 지경. ―를 벗어나다.

糊口 입에 풀칠함. 겨우 끼니를 이
호 구 어감의 형용. ―之策(지책)

護國 나라를 호위함.
호 국 ― 영령. ― 정신

犒饋 군사들에게 음식을 풀어 먹여서
호 궤 위로함. 군사들을 ―하여 사기를 높이다.

好奇 새롭고 기이한 것을 좋아함.
호 기 ―心(심)

好期 좋은 시기.
호 기 ―를 넘기다.

好機 좋은 기회.
호 기 좀처럼 만나기 어려운 ―.

豪氣 씩씩한 의기. 또는 호방한 기상.
호 기 ―를 부리다. ―가 등등하다.

好奇心 새롭고 기이한 것에 끌리는
호 기 심 마음. ―이 끌리다. ―을 유발하다.

好男 호걸풍이 있고 남성다운 풍채
호 남 가 좋은 사나이. ―兒(아)

湖南 전라도 일대를 이르는 말.
호 남 ― 평야. ― 사람

豪膽 씩씩하고 대담함.
호 담 ―하고 쾌활한 사나이.

糊塗 일시적으로 얼버무려 넘김.
호 도 현실을 ―하기에 급급하다.

號令 ①지휘하여 명령함. 또는 그 명령.
호 령 ②큰 소리로 꾸짖음. 또는 그 꾸지람.

ㅎ

毫釐 자눈과 저울눈의 단위인 호와 이.
호 리 인신하여, 아주 적은 분량.

呼名 이름을 부름.
호 명 ―된 사람.

湖畔 호숫가
호 반 ―의 풍경. ―을 산책하다.

豪放 걸걸하고 소탈함.
호 방 ―한 성격.

好辯 말솜씨가 좋음. 또는 좋은 말
호 변 솜씨. ―客(객)

好否 좋음과 나쁨.
호 부 ―를 가리다.

好事 ①좋은 일. ―多魔(다마) ②일을
호 사 벌려서 하기를 좋아함. ―家(가)

豪奢 지나치게 호화로이 사치함. 또
호 사 는 그런 사치. ―를 부리다.

虎死留皮 범은 죽으면 가죽을 남김. 사람은
호 사 유 피 죽은 뒤에 이름을 남김의 비유.

好喪 오래 살고 복을 많이 누리다가
호 상 죽은 사람의 상사. ―과 악상.

護喪 초상 치르는데 관한 모든 일을 맡아
호 상 보살핌. 또는 그 일을 주관하는 사람.

好色 여색을 좋아함.
호 색 ―家(가). ―漢(한)

湖西 충청도 일대를 이르는 말.
호 서 ― 지방

互先 맞바둑
호 선 ―으로 바둑을 두다.

互選 선출되거나 선발된 사람들이 서로 투
호 선 표하여 해당자를 뽑음. 회장을 ―하다.

呼訴 원통하거나 억울한 사정을 하
호 소 소연함. ―할 곳이 없다.

護送 범인을 감시하면서 다른 곳으로
호 송 데려감. ―車(차). 범인을 ―하다.

戶數 집의 수효.
호 수 10여 ―만 사는 산골 마을.

湖水 땅이 우묵하게 패이고 물이 괴여
호 수 있는 곳. 또는 괴여 있는 그 물.

互市 나라 사이에 이루어지는 물물
호 시 교역. 국경 지대에 이루어진 ―.

怙恃 믿고 의지함. 인신하여, 부모
호 시 ―를 잃고 외조모의 손에서 양육되다.

虎視眈眈 남의 것을 탐욕스럽게 노려
호 시 탐 탐 날카롭게 형세를 살핌.

護身 외부의 침해로부터 자기 몸을
호 신 보호함. ―符(부). ―用(용) 무기.

護岸 바다·강·호수의 기슭을 보호
호 안 함. ― 공사. ―林(림)

互讓 서로 양보하거나 사양함.
호 양 ―하는 미덕.

豪言 의기양양하여 호기스레 하는 말.
호 언 ―壯談(장담)

浩然 마음이 넓고 큼.
호 연 ―之氣(지기). ―한 사람.

好惡 좋아함과 싫어함.
호 오 愛憎(애증)과 ―.

號外 정해진 호수 이외에 특별히 임시
호 외 로 발행하는 신문. ―를 발행하다.

豪雨 줄기차게 많이 오는 비.
호 우 ― 경보. ―로 인한 홍수 피해.

護援 보호하여 도와줌.
호 원 인도의 간과로써 ―하다.

護衛 보호하기 위하여 경비하여 지킴.
호 위 ―兵(병). ―를 받다.

豪遊 호화롭게 놂.
호 유 부호들의 ―.

號泣 울부짖으며 욺. 또는 그 울음.
호 읍 하늘을 우러르며 ―하다.

呼應 부름에 따라 대답함. 또는 호소에
호 응 응함. 군중이 ―하다. 그의 제의에 ―하다.

好意 친절한 마음씨. 또는 좋게 보이
호 의 는 마음. ―로 말하다. ―的인 태도.

好誼 가까이 지내는 좋은 정의.
호 의 굳게 맺어진 ―.

好人 악의 없는 좋은 사람.
호 인 ―다운 말투. ―으로 비치다.

好材 호 재 좋은 결과를 가져오는 거리. —로 작용하다.

戶籍 호 적 호주와 호주에 딸린 가족을 등록한 장부. —簿(부). — 등본

好戰 호 전 전쟁을 좋아함. —的(적)인 태도.

好轉 호 전 일의 형세가 좋은 방향으로 잘 되어 나감. 병세가 —되다. 국제 정세의 —.

蝴蝶 호 접 나비 꽃을 찾아 다니는 —.

戶庭 호 정 집 안의 뜰. —出入(출입)도 못하다.

好調 호 조 일의 형편이 좋은 상태. 수출이 —를 띠다.

豪族 호 족 그 지방에서 재산이 많고 권세를 누리는 집안. —의 가문에서 자라다.

扈從 호 종 임금의 거가를 모시고 뒤따름. — 공신

戶主 호 주 한 집안의 주장이 되는 사람. —權(권). 15세에 —가 되다.

好酒 호 주 술을 썩 좋아함. —家(가)

呼戚 호 척 서로 척의를 대서 항렬을 찾아 부름. —을 하는 인척.

呼薦 호 천 입후보자를 이름을 불러 추천함. 구두 —의 방식.

昊天 호 천 넓고 큰 하늘. —罔極(망극). 유유한 —.

呼出 호 출 불러 냄. — 부호. —한 사람.

呼稱 호 칭 이름을 지어 부르는 일컬음. —을 통일하다.

豪快 호 쾌 호탕하고 쾌활함. —한 웃음.

浩蕩 호 탕 ①세찬 힘이 있음. 문장이 —하다. ②흥이 나 즐거움이 무르녹음. —한 웃음소리.

豪宕 호 탕 기개가 당당하고 시원스러움. —한 기품.

號牌 호 패 16살 이상의 사나이가 차던 신분 증명의 패. —를 차다.

好評 호 평 좋게 평판함. 또는 그 평판. 독자들의 —을 받다.

虎皮 호 피 범의 털가죽. — 방석

好學 호 학 학문을 좋아함. 총명하고 —한 아이.

護憲 호 헌 헌법을 수호함. — 동지회

虎穴 호 혈 ①범의 굴. 인신하여, 매우 위험한 곳. ②범의 혈로 된 묏자리.

豪俠 호 협 호기롭고 의협심이 강함. —한 기상.

呼兄呼弟 호 형 호 제 썩 가까운 사이에 형이니 아우니 하고 부름. —하는 사이.

互惠 호 혜 서로 도와서 혜택을 줌. 또는 그 혜택. — 조약. — 관세

浩浩 호 호 끝없이 너름. —漠漠(막막). —茫茫(망망)

皓皓 호 호 ①깨끗하게 흼. —白髮(백발) ②빛이 맑고 환함. 별빛이 —하다.

豪華 호 화 매우 사치스럽고 화려함. —로운 생활. — 찬란한 옷차림.

互換 호 환 서로 교환함. 또는 교환하여 사용함. —이 가능한 프로그램.

虎患 호 환 범에게 잡아먹힐 근심이나 변고. —을 면하다. —이 없어지다.

好況 호 황 매우 좋은 경기. 수출업계는 —을 누리다.

呼吸 호 흡 ①숨을 내쉼과 들이쉼. — 기관 ②일을 함에 있어서의 보조. —이 맞다.

或間 혹 간 이따끔. 간혹 — 있을 수 있는 일.

酷毒 혹 독 ①몹시 악독함. —한 착취. ②몹시 호됨. —한 추위.

酷似 혹 사 꼭 같다 싶게 비슷함. 말루까지 —한 쌍둥이.

ㅎ

酷使 혹독하게 부리거나 시킴.
혹 사 —를 당하다.

酷暑 몹시 심한 더위.
혹 서 —와 酷寒(혹한).

或說 어떠한 사람의 말이나 설.
혹 설 —에 의하면……

惑說 호리는 말.
혹 설 —에 넘어가지 말라.

惑星 ＝行星(행성)
혹 성 태양 주위를 도는 —.

惑世誣民 세상 사람을 미혹하게 하
혹 세 무 민 여 속임. —하는 사이비 종교.

或是 어쩌다가. 또는 행여나. 또는
혹 시 만일에. — 그가 올지 모른다.

酷甚 지나치게 심함.
혹 심 —한 착취. —한 피해.

或如 ＝或是(혹시)
혹 여 — 있을지도 모를 일.

酷炎 ＝酷暑(혹서)
혹 염 —을 피해 산으로 가다.

或者 어떤 사람.
혹 자 —는 말하기를……

酷政 가혹한 정치.
혹 정 —에 시달리던 백성.

酷評 가혹한 평.
혹 평 —을 듣다. —을 하다.

酷寒 혹독한 추위.
혹 한 영하 30도의 —.

酷刑 혹독한 형벌.
혹 형 —을 가하다.

婚家 혼인집
혼 가 —에 들러 축하의 뜻을 전하다.

婚具 혼인에 쓰는 제구.
혼 구 신랑이 쓸 —.

婚期 혼인을 하기에 알맞은 시기.
혼 기 —에 접어 든 딸.

婚談 오고 가는 혼인 이야기.
혼 담 —을 꺼내다. —이 오고 가다.

昏倒 정신이 아뜩하여 넘어짐.
혼 도 많은 출혈로 —하다.

混沌 구별할 수 없이 뒤섞여 확실하
혼 돈 지 아니함. — 세계. 정신이 —하다.

混同 구별하지 못하고 같은 것으로
혼 동 생각함. 공사를 —하다.

昏亂 어둡고 어지러움.
혼 란 정사가 날로 —해지다.

混亂 뒤죽박죽이 되어 어지러움.
혼 란 —한 틈을 노리다.

魂靈 ＝靈魂(영혼)
혼 령 조상의 —. 독립 열사의 —.

婚禮 혼인을 치르는 예.
혼 례 —式(식). —를 치르다.

昏昧 분개가 흐리고 사리에 어두움.
혼 매 —한 사람.

昏耗 늙어서 정신이 흐리고 기력이
혼 모 쇠함. 정신이 —하다.

昏懜 정신이 흐릿하고 가물가물함.
혼 몽 정신이 —하다.

昏迷 정신이 헷갈리어 희미함.
혼 미 정신이 —하다.

婚班 서로 혼인할 만한 양반의 지체.
혼 반 —이 좋다. —을 따지다.

魂帛 신주를 만들기 전에 모시나 삼
혼 백 베 조각으로 만든 임시의 신위.

魂魄 넋
혼 백 —이 흠향하다

魂飛魄散 몹시 놀라서 혼이 나고
혼 비 백 산 넋을 잃음. —한 적군.

婚事 혼인에 관한 일.
혼 사 —를 지내다. —를 치르다.

婚書 혼인 때에 신랑집에서 예단과 함
혼 서 께 신부집에 보내는 편지. —紙(지)

混線 전신·전력의 선이 접촉함. 인신하여,
혼 선 언행이나 방향이 엉켜 맞지 않음.

混成 혼합하여 이룸. 또는 혼합되어
혼 성 이루어짐. —림. — 편대

昏睡 의식을 잃고 인사불성이 됨.
혼 수　— 상태에 빠지다.

婚需 혼인에 드는 물건이나 비용.
혼 수　—를 마련하다.

混食 ①여러 가지 음식을 섞어서 먹음. ②
혼 식　쌀에 잡곡을 섞어서 밥을 지어 먹음.

渾身 온 몸.
혼 신　—의 힘을 다하다.

昏闇 어리석어 사리에 어두움.
혼 암　—한 임금.

婚約 혼인을 맺기로 약속함. 또는
혼 약　그 약속. —한 양가의 어른들.

渾然 구별·차별·갈등 등이 없어 원
혼 연　만함. —體(일체). —히 단합되다.

混用 섞어서 씀.
혼 용　한글과 한자의 —.

婚姻 장가들고 시집가고 하는 일.
혼 인　—날을 받다. — 잔치를 베풀다.

混入 한데 섞어서 들어감. 또는 한
혼 입　데 섞어 넣음. — 장치. —한 잡곡.

混雜 질서 없이 뒤섞여서 수선하고
혼 잡　복잡함. —한 거리. —한 틈을 타다.

混戰 두 편이 뒤섞여서 싸움.
혼 전　— 상태에 빠지다.

昏絶 정신이 아찔하여 까무러침.
혼 절　호곡을 하다가 —하다.

昏定晨省 아침 저녁으로 어버이의
혼 정 신 성　안부를 물어서 살핌.

婚處 혼인하기에 합당한 자리.
혼 처　—가 생기다. —를 구하다.

混濁 ①맑지 아니하고 흐림. —한 공기.
혼 탁　②어지럽고 흐림. —한 세상.

混合 뒤섞어서 한데 합함.
혼 합　— 비료. —物(물)

混血 종족이 다른 부모의 혈통이 섞
혼 혈　임. 또는 그 혈통. —兒(아)

昏昏 정신이 가물가물하고 희미함.
혼 혼　정신이 —하다.

混和 한데 섞거나 섞이어서 합침.
혼 화　—劑(제)

混淆 서로 분간이 안 되게 뒤섞이거
혼 효　나 뒤섞음. 玉石(옥석)이 —하다.

笏記 혼례나 제례(옥석)때의 의식의
홀 기　순서를 적은 글. —를 읽다.

忽待 소홀히 대접함. 또는 그러한
홀 대　대접. —를 받다. —를 하다.

忽然 뜻하지 아니하게 갑자기.
홀 연　—히 나타나서 —히 사라지다.

弘大 규모나 범위가 넓고 큼. =鴻
홍 대　大(홍대). —한 도량.

鴻圖 넓고 큰 계획이란 뜻으로, 임
홍 도　금이 품은 계획을 이르던 말.

紅燈街 술집이나 유곽이 늘어선 거
홍 등 가　리. —를 출입하는 한량들.

洪爐點雪 큰 일에 작은 힘이 아무 보
홍 로 점 설　람도 나지 아니함의 비유.

紅涙 젊은 여자의 눈물.
홍 루　가인이 뿌리는 —.

鴻毛 매우 가볍게 여기는 사물의 비
홍 모　유. 죽음을 —처럼 여기다.

弘報 널리 알림. 또는 그 보도나 소
홍 보　식. 국책을 —하다. 제품을 —하다.

洪福 큰 행복.
홍 복　—을 누리다.

紅衫 붉은 바탕에 검은 선을 두른
홍 삼　조복에 딸린 웃옷의 한 가지.

紅蔘 수삼을 쪄서 말린 인삼.
홍 삼　한약재로 쓰는 —.

紅裳 붉은 치마.
홍 상　綠衣(녹의)—. 바람에 날리는 — 자락.

紅色 붉은 빛깔.
홍 색　—과 청색.

哄笑 떠들썩하게 크게 웃음. 또는
홍 소　그러한 웃음. —를 내뿜다.

洪水 큰물. 인신하여, 사람이나 물건
홍 수　이 많이 쏟아져 나오는 상태.

ㅎ

紅顔 혈색이 좋은 얼굴.
홍 안 ― 소년. ― 백발

鴻業 나라를 세우는 큰 일.
홍 업 ―의 터를 닦다.

紅疫 높은 열이 나고 좁쌀알 같은 붉은
홍 역 꽃이 돋는, 어린아이의 전염병.

紅焰 붉은 불꽃.
홍 염 ―이 치솟다.

鴻儒 뛰어난 유학자.
홍 유 당대의 ―로 이름을 날리다.

鴻恩 넓고 큰 은덕이나 은혜.
홍 은 ―을 입다.

弘益人間 널리 인간을 이롭게 함.
홍 익 인 간 ―의 재국 이념

紅潮 ①뺨에 드러난 붉은 빛. ―를 띤 얼굴.
홍 조 ②아침해가 비친 바다 풍경.

紅塵 ①벌겋게 일어나는 먼지. ―이
홍 진 일다. ②번거로운 세상. ― 세계.

紅茶 차나무 잎을 발효시켜서 만든
홍 차 차. ―를 마시다.

紅牌 과거에 급제한 사람에게 주던
홍 패 붉은 종이의 합격증.

畫家 그림을 그리는 일을 전문으로
화 가 하는 사람. 중진 ―

華甲 =還甲(환갑)
화 갑 ―을 맞는 어머니.

化工 화학적 처리로 새로운 물품을
화 공 만들어 내는 일. ― 약품

火攻 전투에서 화기로 들이치는 공
화 공 격. ―과 水攻(수공).

畫工 그림 그리는 일을 업으로 하는
화 공 사람. 도화서의 ―.

火光 불빛
화 광 ―이 충천하다.

華僑 외국에 사는 중국인.
화 교 ―들의 재력.

火口 불이나 용암을 내뿜는 구멍. 분
화 구 화구. ―港(항). ―湖(호)

畫具 그림을 그리는데 쓰는 제구.
화 구 ―商(상)

禍根 재앙의 근원.
화 근 불행의 ―이 되다.

火急 매우 급함.
화 급 ―한 일. ―한 찰나.

火氣 불기. 또는 불기운
화 기 ― 엄금. ― 조심

火器 총·대포 등의 화력 기재.
화 기 ―의 공격. ―가 불을 뿜다.

和氣 온화한 기색. 또는 화목한 분
화 기 위기. ―가 돌다. ―에 넘치다.

和暖 화창하고 따뜻함.
화 난 ―한 봄날.

禍難 재앙과 환난.
화 난 ―을 겪다. ―을 당하다.

化膿 상처가 곪아서 고름이 생김.
화 농 상처가 ―되다.

花壇 화초를 심기 위해 뜰 안에 마
화 단 련한 곳. ―에 심은 꽃.

禍端 화를 일으킬 실마리.
화 단 ―이 생기다.

畫壇 화가들이 교류하는 사회.
화 단 ―의 중진.

和答 시나 노래로 맞받아 답함. ―하는
화 답 시. 파도 소리에 ―하는 갈매기의 울음.

花代 놀음차. 또는 해웃값
화 대 ―를 두둑하게 주다.

火毒 불의 독기.
화 독 ―이 빠지다.

花童 의식 등에서 행사의 주인공에게
화 동 꽃다발을 선사하는 어린아이.

和同 서로 사이가 벌어졌다가 다시
화 동 화합함. 민족이 ―하는 날.

話頭 이야기의 말머리.
화 두 ―를 꺼내다.

和樂 화평하고 즐거움.
화 락 ―한 가정.

花郎 신라 시대의 청소년의 수련 단체.
화 랑 또는 그 단체의 청소년. —徒(도)

畵廊 전람하기 좋게 그림을 진열해
화 랑 놓은 방. —을 겸한 서실.

華麗 눈부시게 곱고 아름다움.
화 려 —한 강산. —한 옷차림.

火力 ①불의 힘. — 발전소. —이 세다.
화 력 ②무기의 위력. —戰(전). — 진지

火爐 불을 담아 두는 그릇.
화 로 —불. 불 없는 —.

畵龍點睛 무슨 일을 하는데 가장 긴요
화 룡 점 정 한 부분을 마치어 완성시킴.

花柳 ①꽃과 버들. —東風(동풍)
화 류 ②노는 계집의 비유. —界(계)

火魔 화재
화 마 예고 없는 —.

畵面 ①그림을 그린 면. ②영상이 나타
화 면 나는 면. 또는 그 영상.

和睦 화락하고 구순함.
화 목 —한 가정. —하게 지내다.

花紋 꽃의 무늬.
화 문 —席(석)

貨物 수레·배·비행기 등으로 실
화 물 어 나르는 짐. — 열차. —船(선)

華美 화려하고 아름다움.
화 미 —한 의상.

畵伯 화가를 높이어 이르는 말.
화 백 김—의 그림.

畵法 그림을 그리는 수법.
화 법 동양화의 —.

話法 말하는 방법.
화 법 —을 익히다. —에 능하다.

畵報 그림이나 사진을 주로 하여 엮은
화 보 책이나 그런 선전용 홍보물.

禍福 재앙과 복.
화 복 吉凶(길흉)—. —無門(무문)

花粉 꽃가루
화 분 주두에 와 붙은 —.

花盆 꽃을 심는 분.
화 분 —에 심은 화초.

華奢 ①화려하고 사치스러움. —한 옷.
화 사 ②밝고 환함. —한 봄날씨.

火山 땅 속에서 뿜겨 나온 물질로
화 산 이루어진 산. —帶(대). 活(활)—

火傷 불에 뎀. 또는 그 상처.
화 상 —을 입다. —을 치료하다.

畵像 ①그림으로 그린 초상. —을 그리다.
화 상 ②수상기에 나타난 상. —이 선명하다.

和色 온화한 얼굴빛. 또는 혈색이 좋
화 색 은 얼굴빛. —이 만면하다. —이 돌다.

化石 지층 속에 묻히어 돌처럼 된,
화 석 옛날 생물의 몸뚱이. 공룡의 —.

火星 태양계의 넷째 행성.
화 성 — 탐사에 나선 인류.

和聲 여러 음이 동시에 울리면서 만
화 성 들어 내는 화음.

花樹會 일가끼리 모이는 모꼬지.
화 수 회 연안 이씨 재경 —.

和順 온화하고 순함.
화 순 —한 성질.

話術 말하는 기술.
화 술 —이 좋다. —에 능하다.

火食 불에 익힌 음식을 먹음. 또는
화 식 그 음식. 생식과 —.

化身 ①부처가 이 세상에 나타날 때의 모습.
화 신 ②추상적인 특질이 구체화된 유형.

花信 꽃이 핌을 알리는 소식.
화 신 —을 전하다. —風(풍)

禍厄 화와 액.
화 액 —을 입다. —을 면하다.

火藥 뜨거운 열에 의하여 센 압력이 생기
화 약 게 하는 물질. —을 지고 불로 들어가다.

花宴 환갑 잔치.
화 연 어머님의 —을 베풀다.

和悅 마음이 화평하여 기쁨.
화 열 —한 얼굴.

ㅎ

火焰 불꽃
화 염 ─이 치솟다.

化外 임금의 덕화가 미치지 않는 곳.
화 외 ─之氓(지맹)

花容 꽃다운 얼굴.
화 용 ─月態(월태). 雪膚(설부)─

花園 꽃동산이나 꽃밭.
화 원 ─을 가꾸다.

花月 ①꽃과 달. ─같은 얼굴. ②꽃이
화 월 피고 달이 밝은 아름다운 정취.

化育 만물을 자연의 이치로 기름.
화 육 하늘이 만물을 ─하다.

和音 높낮이가 다른 둘 이상의 음이
화 음 어울려 나는 소리. ─을 이루다.

和議 화해에 대한 협의.
화 의 ─를 제기하다. ─가 성립되다.

火因 화재의 원인.
화 인 ─을 밝히지 못하다.

禍因 재앙의 원인.
화 인 ─을 만들다.

化粧 ①얼굴을 곱게 꾸밈. ─한 얼굴. ②세
화 장 수를 하거나 대소변을 봄. ─室(실)

火葬 시체를 불에 살라 장사지냄.
화 장 ─을 지내다. ─場(장)

火災 불이 나는 재앙.
화 재 ─ 방지. ─가 일어나다.

火賊 떼를 지어 다니며 남의 재물을
화 적 빼앗던 무리. ─ 못집 털어 먹는다.

火田 산에 불을 질러 일군 밭.
화 전 ─을 일구다. ─民(민)

火箭 ①폭발물을 장치한 화살. ②불
화 전 을 붙여 단 화살. ─을 쏘다.

花煎 찹쌀가루를 반죽하여 진달래·국
화 전 화잎 등을 붙여서 기름에 지진 떡.

和戰 화친과 전쟁.
화 전 ─ 양면 작전을 구사하다.

和劑 약방문
화 제 ─를 내다. ─에 따라 약을 짓다.

畫題 그림의 제목. 또는 그림의 주제.
화 제 ─를 달다.

話題 ①이야기의 제목. ─를 돌리다.
화 제 ②이야깃거리. ─의 주인공.

花鳥 꽃과 새. 또는 꽃을 찾아 다니는
화 조 새. ─風月(풍월). ─를 그린 그림.

花朝 ①꽃 피는 아침. ─月夕(월석)
화 조 ②음력 이월 보름날.

化主 ①중생을 교화하여 인도하는 교주.
화 주 곧 부처. ②절의 양식을 대는 중.

貨主 화물의 주인. 짐 임자.
화 주 화물을 ─에게 배달하다.

花中君子 연꽃의 딴이름.
화 중 군 자 ─인 연꽃의 청향.

畫中之餅 그림의 떡. 곧 차지하거나
화 중 지 병 이용할 수 없는 것의 비유.

貨車 짐차. 또는 짐을 싣는 찻간.
화 차 ─에 실은 짐.

和暢 날씨나 바람이 온화하고 맑음.
화 창 ─한 봄날.

花菜 설탕물이나 꿀물에 오미자국을 타
화 채 서 과일쪽이나 꽃잎을 띄운 음료.

畫帖 그림을 모아서 맨 책. 또는 그
화 첩 림을 그릴 종이를 맨 책.

花草 ①꽃이 피는 풀이나 나무. ─밭
화 초 ②노리개. 또는 장식품. ─妾(첩)

華燭 빛깔을 들인 밀초. 인신하여, 혼
화 촉 인 예식. ─洞房(동방). ─之典(지전)

和親 분쟁이 없이 서로 가까이 지냄.
화 친 적국과 ─하다.

花鬪 48장의 딱지로 승부를 겨루는
화 투 오락. 또는 그 딱지. ─를 치다.

畫板 ①그림을 그릴 때 종이나 천을 받
화 판 치는 판. ②유화를 그리는 널빤지.

和平 화목하고 평화스러움.
화 평 ─한 안색. ─한 가정.

貨幣 돈
화 폐 ─의 가치. 통용하는 ─.

火砲 화 포 총이나 포. —로 적진을 공격하다.

畵幅 화 폭 그림을 그려 놓은 천이나 종이의 조각. 넓은 —. —에 담은 자연.

和風 화 풍 따뜻한 바람. —甘雨(감우)

畵風 화 풍 그림을 그리는데 나타나는 경향. —을 달리하는 두 화가.

畵筆 화 필 그림을 그리는데 쓰는 붓. —을 놀리다.

化學 화 학 물질의 조성과 구조 및 그 성질과 변화를 연구하는 자연 과학.

化合 화 합 둘 이상의 물질이 다른 성질을 가진 물질로 결합함. 또는 그러한 변화.

和合 화 합 화목하게 어울림. —이 잘 되는 우리 가정.

和解 화 해 서로 다투던 일을 풂. —를 붙이다. —하고 협력하다.

火刑 화 형 불에 태워 죽이던 형벌. —에 처하다.

華婚 화 혼 남의 결혼의 미칭. —을 축하하다.

花環 화 환 둥근 꽃다발. —을 보내다.

花卉 화 훼 꽃이 피는 풀. 또는 관상용으로 재배하는 식물. — 단지. — 원예

確固 확 고 확실하고 굳음. —한 신념. —不動(부동)의 자세.

確斷 확 단 확정하여 결단함. —을 내리다.

確答 확 답 확실하게 대답함. 또는 그 대답. 자네의 —을 듣고 싶네.

廓大 확 대 넓혀서 크게 함. 규모를 —하다.

擴大 확 대 늘리어서 크게 함. 조직을 —하다. 사진을 —하다.

確率 확 률 확실성의 정도를 객관적으로 평가하는 수치. —이 많다.

確立 확 립 확고하게 섬. 또는 확고하게 세움. 질서의 —. 세계관의 —.

確保 확 보 확실하게 보유함. 자금의 —. 자재의 —.

擴散 확 산 스며들거나 번져 나감. 또는 그런 현상. —되는 반대 여론.

擴聲器 확 성 기 소리를 증폭하여 멀리까지 들리도록 한 기구.

確信 확 신 굳게 믿음. 또는 그런 믿음. —을 가지다. —을 잃다.

確實 확 실 틀림이 없이 실지로 그러함. —한 증거. —하지 않다.

確約 확 약 확실히 약속함. 또는 그러한 약속. —을 하다. —을 얻지 못하다.

確言 확 언 확실하게 말함. 또는 그러한 말. —을 듣다.

確然 확 연 아주 명확함. —한 말투. —히 드러나다.

確認 확 인 확실히 인정함. 또는 그러한 인정. —을 받다. —할 수 없다.

擴張 확 장 세력이나 범위를 늘리어서 넓힘. 영토를 —하다. 규모가 —되다.

廓正 확 정 잘못을 바로잡아 고침. 낡은 제도를 —하다.

確定 확 정 확고하게 정함. —한 정책. —한 날짜.

確證 확 증 확실하게 증명함. 또는 그러한 증거. —이 있다.

擴充 확 충 보태고 넓히어 충실하게 함. 사업을 —하다.

確乎 확 호 변동될 여지 없이 아주 굳음. —한 신념. —히 단안을 내리다.

還家 환 가 나갔던 사람이 집으로 돌아옴. 아들의 —를 기다리는 어머니.

幻覺 환 각 없는데도 있는 것과 같이 느껴지는 착각. —劑(제). —에 빠지다.

還甲 환 갑 예순 한 살. — 잔치. —까지 살다.

環境 생활하고 있는 주변의 조건이
환 경 나 정황. 가정 ―. ―이 깨끗하다.

還穀 춘궁기에 곡식을 꾸어 주었다가 추수
환 곡 때 이자를 붙여 거두어 들이던 일.

換骨奪胎 좋은 방향으로 아주 달라짐. 또
환 골 탈 태 는 훨씬 좋아져 딴 사람처럼 됨.

環攻 에워싸고 공격함.
환 공 적을 ―하다.

宦官 ＝內侍(내시)
환 관 ―들의 농락.

還國 ＝歸國(귀국)
환 국 ―할 날짜.

還宮 임금이나 왕비 등이 대궐로 돌
환 궁 아옴. ―한 날. 고종의 ―.

換券 새 돈이나 문권을 관아에 들여놓고
환 권 새 돈이나 문권을 바꾸어 받던 일.

換金 ①물건을 팔아서 돈으로 바꿈. ②한 나
환 금 라의 돈을 다른 나라의 돈으로 바꿈.

還給 도로 돌려줌.
환 급 ―한 직첩.

喚起 불러 일으킴.
환 기 여론을 ―하다.

換氣 새 공기로 바꿈.
환 기 ―가 잘 되는 건물. ― 장치

患難 근심과 재난.
환 난 ―相救(상구)

歡談 정답고 즐겁게 이야기함.
환 담 ―을 나누다.

歡待 기쁘게 맞아 대접함.
환 대 손님을 ―하다. 동료들의 ―를 받다.

宦途 ＝宦路(환로)
환 도 ―에 오르다.

環刀 군복에 갖추어 차던 군도.
환 도 ―를 빼들다.

還都 피난갔던 임금이나 정부가 서울
환 도 로 다시 돌아옴. 부산에서 ―하다.

歡樂 기쁘고 즐거움. 또는 기뻐하고
환 락 즐거워함. ―街(가)

宦路 벼슬길
환 로 ―에 나서지 아니하다.

幻弄 못된 꾀로 농락함.
환 롱 ―을 당하다. ―을 치다.

還流 돌아 흐름. 또는 그 흐름.
환 류 피가 전신을 ―하다.

換買 물건과 물건을 서로 맞바꿈.
환 매 ―한 물건.

還買 팔았던 물건을 다시 사들임.
환 매 ― 채권

幻滅 기대나 희망이 어그러졌을 때
환 멸 느끼는 허무한 심정. ―感(감)

幻夢 허황한 꿈.
환 몽 ―에서 깨어나다.

換物 돈을 물건으로 바꿈.
환 물 ― 시세

還付 ①압수했던 물건을 소유자에
환 부 게 돌려줌. ②＝還給(환급)

換拂 돈을 환산하여 치름.
환 불 달러로 ―하다.

換算 단위가 다른 수량으로 바꾸어
환 산 계산함. ―率(율). ―表(표)

幻想 헛된 생각이나 공상.
환 상 ―이 깨지다.

幻像 ＝幻影(환영)
환 상 꿈 속에서 본 ―.

環狀 고리처럼 둥글게 생긴 모양.
환 상 ― 연골

幻生 사람이 죽었다가 형상을 바꾸어서
환 생 다시 태어남. 불교 용어.

還生 완전히 죽은 것처럼 되었다가
환 생 되살아남. 놀부의 ―.

歡聲 기뻐하여 부르짖는 소리.
환 성 ―을 지르다.

還俗 중이 도로 속인이 됨.
환 속 ―을 결심하다.

還屬 이전 소속으로 돌려보냄.
환 속 ―한 부대원.

還送 도로 돌려 보냄.
환 송 ―한 물건.

歡送 기쁘게 보냄.
환 송 ―宴(연). ―의 인파.

還收 주었던 것을 도로 거두어 들임.
환 수 ―한 물품.

環視 여러 사람이 둘러서서 봄.
환 시 뭇 사람이 ―하는 가운데.

換時勢 =換率(환율)
환 시 세 오늘의 달러 ―.

歡心 기뻐하고 즐거워하는 마음.
환 심 ―을 사다.

丸藥 잘고 동글동글하게 빚은 약.
환 약 ― 두 알을 먹다.

換言 먼저 한 말을 표현을 달리 바
환 언 꾸어 알기 쉽게 말함.

渙然 의심스럽던 것이 가뭇없이.
환 연 ―大覺(대각). ―氷釋(빙석)

幻影 환각으로 나타나는 영상. 곡두
환 영 꿈 속에서 본 ―.

歡迎 기쁜 마음으로 반갑게 맞음.
환 영 ―會(회). ―하는 인파.

還元 본디로 다시 되돌아감. 또는
환 원 되돌림. 유산을 사회에 ―하다.

換率 한 나라의 통화와 다른 나라의
환 율 통화와의 교환 비율. 달러의 ―.

患者 병을 앓는 사람.
환 자 입원 ―. ―를 치료하다.

還子 백성들에게 꾸어 주었던 곡식을 가
환 자 을에 이자를 붙여서 받아들이던 일.

換腸 ①언동이 아주 달라짐. ―한 사람. ②지
환 장 나치게 좋아하거나 탐함. 놀음에 ―하다.

換錢 ①환표로 보내는 돈. ②종류가 다른 화폐
환 전 와 화폐 또는 화폐와 지금을 서로 교환함.

換節 철이 바뀜.
환 절 ―期(기). ―머리

換地 ①땅과 땅을 서로 맞바꿈. ②가졌던
환 지 땅을 팔아 대신 다른 땅을 마련함.

換投機 외환 시세의 차익을 얻기 위
환 투 기 해 환을 사고 팔고 하는 일.

換票 특정 후보를 당선시키려고 부정한 방
환 표 법으로 투표 용지를 바꿔치는 일.

換標 먼 곳에서 거래할 때, 누구에게
환 표 돈을 주라는 증표로 쓰던 편지.

宦海 험난한 벼슬길의 비유.
환 해 ―風波(풍파)

還鄕 고향에 돌아옴. 또는 고향으로
환 향 돌아감. 錦衣(금의)―

幻形 늙거나 이런저런 관계로 얼굴꼴이
환 형 아주 나쁘게 달라짐. ―이 된 모양.

環形 =環狀(환상)
환 형 ― 동물

歡呼 기쁘고 반가와서 부르짖음.
환 호 ―하는 군중.

患候 어른의 병을 높여 이르는 말.
환 후 아버님의 ―.

歡喜 즐겁고 기쁨. 또는 즐거워하고
환 희 기뻐함. 삶의 ―를 누리다.

滑降 미끄러져 내림.
활 강 ― 경주

活計 살아갈 방도.
활 계 ―를 찾아 고향을 떠나다.

滑空 동력 장치 없이 공중을 미끄
활 공 러져 낢. ―機(기)

活劇 격투나 모험의 광경을 연출하는 영화나
활 극 연극. 인신하여, 격렬한 사건이나 장면.

活氣 활발한 기운이나 활동적인 기
활 기 운. ―를 띠다. ―가 넘치다.

豁達 ①활발하고 의젓함. ―한 기상. ②탁
활 달 트이어 시원스러움. ―한 필치.

舌을 성부로 하는 한자

활― 氵+舌 → 活 : 살　활

괄 ┌ 舌+刂 → 刮 : 비빌 괄
　 └ 扌+舌 → 括 : 묶을 괄

ㅎ

活動 ①기운차게 움직임. 一力(력)
활 동 ②어떤 일을 위한 행동. 一 무대

活力 살아 움직이는 힘.
활 력 一을 불어 넣다. 一이 넘치다.

活路 살아나가거나 빠져 나갈 길.
활 로 一를 찾다. 一를 개척하다.

活潑 생기가 있고 시원시원함.
활 발 一한 태도. 一한 성격.

濶步 활기 있게 거드럭거리며 걸음. 또
활 보 는 그런 걸음. 대로를 一하는 젊은이.

活性化 사회나 조직의 기능을 활발
활 성 화 하게 함. 조직의 一.

滑手 아끼지 않고 시원스럽게 쓰는
활 수 솜씨. 一로 돈을 쓰다.

活躍 활발하게 활동함.
활 약 눈부신 一. 음악제에서 一하다.

活魚 살아 있는 물고기.
활 어 一로 회를 뜨다.

闊葉樹 입이 넓은 나무.
활 엽 수 一와 침엽수.

活用 이리저리 잘 응용함. 또는 변통
활 용 하여 돌려서 씀. 一 방도를 알아보다.

活人 사람의 목숨을 구원하여 살림.
활 인 一積德(적덕)

活字 활판 인쇄에 쓰도록 만든 글자.
활 자 一本(본). 一版(판)

滑走 미끄러져 나아가거나 미끄러지듯
활 주 이 달림. 一路(로). 얼음판을 一하다.

活版 활자로 짜 맞춘 인쇄판.
활 판 一 인쇄. 一本(본)

活火山 활동이 진행되고 있는 화산.
활 화 산 一과 死火山(사화산).

活況 활기를 띤 상황.
활 황 一을 띤 경기.

惶感 황송하고 감격스러움.
황 감 좌중이 一하여 어찌할 바를 모르다.

惶恐 위엄이나 지위에 눌려서 어쩔 줄
황 공 모를 정도로 두려움. 一無地(무지)

黃菊 누른 꽃이 피는 국화.
황 국 一과 단풍.

皇宮 황제의 궁궐.
황 궁 一을 경비하는 근위병.

黃金 ①누런 금. 一佛(불) ②한껏 개화
황 금 발전하여 빛나는 전성기. 一 시대

遑急 허둥지둥하도록 급함.
황 급 一한 사태. 一히 달려가다.

荒唐 종작없이 허황함.
황 당 一한 수작.

荒唐無稽 허황되고 터무니없음.
황 당 무 계 一한 말.

黃銅 빛이 누른 구리. 또는 놋쇠
황 동 一色(색). 一鑛(광)

荒落 거칠고 쓸쓸함.
황 락 겨울의 一한 들판.

荒涼 황폐하여 쓸쓸함.
황 량 一한 뜰. 一한 벌판.

荒漠 거칠고 아득하게 넓음.
황 막 一한 고원.

惶忙 몹시 당황하여 허둥지둥함. =
황 망 慌忙(황망). 一한 태도.

皇命 황제가 내리는 명령.
황 명 一을 받들다.

荒蕪地 거두지 아니하고 내버려 둔
황 무 지 거친 땅. 一를 개간하다.

皇妃 황제의 아내.
황 비 황제와 一.

黃酸 빛깔도 냄새도 없는 무기산의
황 산 한 가지. 一 나트륨. 一 알루미늄

黃色 누른 빛깔.
황 색 一 인종. 一의 꽃.

皇城 황제가 있는 도성.
황 성 一에서 맹인 잔치를 열다.

惶悚 분에 넘쳐서 고맙고도 미안함.
황 송 一하여 몸 둘 바를 모르다.

皇室 황제의 집안.
황 실 一의 안위.

荒野 거친 들.
황 야 광막한 一.

晃然 환하게 깨달음.
황 연 一히 깨닫다.

皇位 황제의 직위.
황 위 一를 계승하다.

皇威 황제의 위엄.
황 위 一을 떨치다.

皇恩 황제의 은혜.
황 은 一을 입다.

荒淫 주색에 빠져 거칠고 음탕함.
황 음 一無道(무도)

黃人種 살빛이 황색 계통인 인종.
황 인 종 一과 흑인종.

皇帝 제국의 임금.
황 제 고종 一. 一의 용안.

況且 하물며
황 차 一 부모된 심정은 어떠하랴?

皇天 넓고 큰 하늘. 또는 하느님.
황 천 一后土(후토)

黃泉 사람이 죽어서 간다는 저승.
황 천 一客(객)이 되다.

皇太后 ①황제의 살아 있는 모후.
황 태 후 ②선제의 살아 있는 황후.

黃土 누르고 거무스름한 흙.
황 토 一물. 一발.

荒廢 거칠어서 못쓰게 됨.
황 폐 一한 고향 땅. 一化(화)된 농촌.

黃昏 해가 지고 어둑어둑할 때.
황 혼 一이 깃들다. 一 무렵의 어촌 풍경.

恍惚 ①눈이 부실 정도로 찬란함. ②한 가지
황 홀 사물에 마음이 쏠리어 어리둥절함.

煌煌 번쩍번쩍하여 밝고 빛남.
황 황 一한 불빛.

遑遑 어찌할 바를 모르게 급함.
황 황 一히 집을 나가다.

皇后 황제의 아내.
황 후 황제와 一.

回甲 =還甲(환갑)
회 갑 어머니의 一잔치.

悔改 잘못을 뉘우치고 고침.
회 개 一할 기색이 보이지 않는다.

會見 서로 만나 봄.
회 견 一한 날짜. 역사적인 一.

會計 금전의 출납을 계산함. 또는
회 계 그 계산. 一 장부. 一를 끝내다.

回顧 지난 일을 돌이켜 생각하여 봄.
회 고 一錄(록). 一에 잠기다.

懷古 옛 일을 회상함.
회 고 一談(담)

悔過 허물을 뉘우침.
회 과 一自責(자책). 一하는 기색.

會館 집회장으로 쓰기 위한 건물.
회 관 동창 一. 마을 一에 모인 동네 어른.

回教 이슬람 교
회 교 一徒(도). 一 사원

懷舊 =懷古(회고)
회 구 一의 감을 지을 수 없다.

回軍 군사를 돌이켜 돌아옴.
회 군 이성계의 위화도 一.

回歸 한 번 돌아서 제자리에 돌아옴.
회 귀 一年(년). 一線(선). 一하는 연어.

會規 회의 규약.
회 규 一를 의결하다.

會期 ①회합이 열리는 시기. 一에 맞
회 기 추다. ②회의하는 기간. 一 연장

會談 모여서 이야기함. 또는 그 이
회 담 야기. 一 장소. 一 시간

回答 서신·물음에 대해 대답함. 또
회 답 는 그 대답. 一을 보내다.

會堂 ①=會館(회관)
회 당 ②개신교의 예배당.

會同 같은 목적으로 여럿이 모임.
회 동 一 장소. 一하여 토의하다.

回覽 여러 사람이 돌려가며 봄.
회 람 토의 사항을 一하다.

回廊 궁궐이나 사원의 건물 둘레에
회 랑 둘려 지은 지붕이 있는 복도.

回路 돌아오거나 돌아가는 길.
회 로 —에는 자네를 찾겠네.

賄賂 뇌물. 또는 뇌물을 주고 받음.
회 뢰 — 행위

回流 어떤 곳을 빙 돌아 흐름.
회 류 하회 마을을 —하는 낙동강.

會盟 모여서 서로 맹세함.
회 맹 제후들의 —.

晦冥 캄캄하게 어두움.
회 명 —한 그믐.

會名 회의 이름.
회 명 —을 정하다.

灰壁 벽에 회를 바름. 또는 회를 바
회 벽 른 벽. —질. 하얀 —의 양옥.

回報 돌아와 보고하거나 회답하여
회 보 보고함. 또는 그 보고.

會報 회에 관한 보도를 싣는 간행물.
회 보 —를 발행하다.

回復 이전의 상태로 돌이키거나 이
회 복 전의 상태를 되찾음. —期(기)

回附 사건이나 문건을 일정한 대상
회 부 에게 넘김. 재판에 —되다.

會費 회의 유지에 충당하는 경비.
회 비 —를 거두다.

會社 영리를 목적으로 하여 설립한
회 사 사단 법인. 주식 —. —의 운영원.

晦朔 그믐과 초하루.
회 삭 —마다 고향에 내려가다.

回翔 새가 빙빙 돌면서 날아다님.
회 상 집 주위를 —하는 제비.

回想 지나간 일을 돌이켜 생각함.
회 상 —記(기). 깊은 —에 잠기다.

灰色 잿빛. 인신하여, 정치적 경향이
회 색 뚜렷하지 아니한 상태. — 분자

悔色 뉘우치는 기색이나 안색.
회 색 —을 찾아볼 수 없다.

晦塞 밝았던 것이 깜깜하게 꽉 막힘.
회 색 총명이 —하다.

回生 다시 살아남.
회 생 —할 가망이 있다.

回書 회답으로 보내는 서신.
회 서 —를 써 보내다. —를 받지 못하다.

會席 여러 사람이 모인 자리.
회 석 —에서 의사를 밝히다.

回船 배를 돌려서 돌아가거나 돌아
회 선 오거나 함. 또는 그리하는 배.

回旋 같은 방향으로 빙빙 돎.
회 선 — 운동

回送 도로 돌려보냄.
회 송 —한 화물.

回收 도로 거두어들임.
회 수 —한 물품.

回數 몇 회인가의 수. 횟수
회 수 —가 잦다. —를 거듭하다.

會順 회의를 진행하는 순서.
회 순 —에 따라 회의를 진행하다.

回示 회답하여 보이거나 지시함. 또
회 시 는 그 회답. 아직 —가 없다.

會試 초시에 급제한 사람에게 보이던
회 시 과거. —에 장원하다.

會食 여럿이 모여 음식을 함께 먹음.
회 식 또는 그 모임. —하는 자리.

回信 편지나 전신의 회답.
회 신 —을 보내다. —이 없다.

悔心 잘못을 뉘우치는 마음.
회 심 —이 들다. —이 생기다.

會心 마음에 흐뭇하게 들어맞음. 또는 그
회 심 런 상태의 마음. —作(작). —의 미소.

會宴 여러 사람이 모여 연회나 잔치
회 연 를 베풂. 또는 그러한 모임.

悔悟 잘못을 뉘우치고 깨달음.
회 오 아무런 —도 없었다.

會員 회를 구성하는 사람들.
회 원 —證(증). —을 모집하다.

誨諭 타일러 깨우치게 함.
회 유　후배들을 ―하는 말.

懷柔 어루만지어 달램.
회 유　― 수단. 간교한 ―.

會意 둘 이상의 글자를 결합하여 새
회 의　로운 1자의 한자를 만드는 방법.

會議 여럿이 모여 의논함. 또는 그 모
회 의　임. 가족 ―. 국제 ―. ―를 개최하다.

懷疑 의심을 품음. 또는 마음에 품
회 의　는 의심. ―가 생기다. ―的인 태도.

懷妊 ＝妊娠(임신)
회 임　―한 아내.

膾炙 널리 퍼져 여러 사람의 입에
회 자　오르내림. ―되어 온 명시.

回裝 여자 저고리의 깃·끝동·고름 등을
회 장　색 헝겊으로 꾸미는 일. ― 저고리

會長 회를 대표하는 사람.
회 장　― 선거에 입후보하다.

會場 모임을 여는 장소.
회 장　망년회의 ―을 예약하다.

回電 회답으로 치는 전보.
회 전　―을 보내다. ―을 받다.

回轉 한 곳을 축이나 중심으로 삼아
회 전　그 둘레를 돎. ― 속도. 바퀴의 ―.

悔悛 잘못을 뉘우쳐 바르게 고침.
회 전　―의 기색이 보이다.

會戰 양편의 군대가 어울려 싸움.
회 전　일대 ―이 전개되다.

回折 빛·전파 등이 장애물에 가로막혔을
회 절　때, 그 뒤쪽에도 파동이 미치는 현상.

回程 돌아가거나 돌아오는 길에 오름.
회 정　또는 그 노정. 답사를 끝내고 ―하다.

會衆 많이 모인 사람들. 또는 모임
회 중　의 군중. ―이 들어찬 회장.

懷中 ①품속. ― 시계. ―品(품)
회 중　②마음속. ―에 품은 한.

會誌 회에서 발행하는 기관지.
회 지　―를 발간하다. ―에 싣다.

回診 병원에서 의사가 병실을 돌아
회 진　다니며 환자를 진찰함.

會集 여러 사람이 한 곳에 모임. 또는 여
회 집　러 사람을 한 곳에 모음. ―한 군중.

回天 ①임금의 마음을 돌아서게 함. ②나
회 천　라의 형세나 시국이 크게 일변함.

回春 봄이 돌아옴. 인신하여, 건강을 회복
회 춘　하거나 노인이 젊음을 되찾음.

蛔蟲 사람의 장 안에 기생하는 거위.
회 충　―藥(약)

會則 회의 규칙.
회 칙　―을 정하다.

懷胎 ＝妊娠(임신)
회 태　마흔 살에 ―하다.

懷抱 마음속에 품은 생각이나 정.
회 포　쌓이고 쌓인 ―. ―를 풀다.

回避 당하지 않으려고 피함.
회 피　책임을 ―하다.

回翰 ＝答狀(답장)
회 한　―을 받다. ―을 보내다.

悔恨 뉘우치고 한탄함.
회 한　―의 눈물을 흘리다.

會合 여러 사람이 모임. 또는 그 모임.
회 합　― 장소. ― 날짜

回航 ①여러 항구를 들르면서 항해함.
회 항　②출발했던 항구로 돌아감.

回向 ①자기가 닦은 공을 남에게 돌림.
회 향　②영혼의 명복을 빎.

回婚 부부가 함께 맞는, 혼인한 지
회 혼　예순 돌. ―禮(례)

會話 서로 만나서 이야기하거나 외국말
회 화　로 이야기함. 또는 그러한 말.

繪畫 그림
회 화　―에 나타난 화풍.

劃期的 일정한 분야에서 새로운 시기를
획 기 적　열어 놓을 만큼 특출한. ―인 연구.

獲得 손에 넣음. 얻어 가짐.
획 득　―한 물건. 자격증을 ―하다.

ㅎ

畫數 글자의 획의 수효.
획 수 한자의 一.

畫順 글씨를 쓸 때의 획의 순서.
획 순 一에 맞게 한자를 쓰다.

畫一 한결같아서 변함이 없음.
획 일 一的(적)인 교육의 지양.

劃定 명확히 구분하여 정함.
획 정 어로 수역을 一하다.

畫策 어떤 일을 하려고 꾸미거나 꾀
획 책 함. 조직의 와해를 一하다.

橫斷 가로로 지나가거나 건너감.
횡 단 一 보도. 대륙을 一하다.

橫隊 가로로 줄을 지은 대오.
횡 대 縱隊(종대)와 一.

橫列 가로로 늘어선 줄.
횡 렬 縱列(종열)과 一.

橫領 남의 재물을 불법으로 가로챔.
횡 령 一罪(죄). 詐欺(사기) 一.

橫流 ①물이 옆으로 꿰져 흐름. ②어떤
횡 류 물품이 부정한 경로로 유통됨.

橫死 뜻밖의 재앙으로 말미암아 죽
횡 사 음. 비명 一하다. 一한 옆집 아주머니.

橫書 가로쓰기
횡 서 一와 縱書(종서).

橫線 가로줄
횡 선 一과 縱線(종선).

橫說竪說 되는 대로 이러니저러니
횡 설 수 설 지껄임. 一 지껄이는 말.

橫厄 뜻밖에 당하는 재액.
횡 액 一을 당하다.

橫逆 이치에 벗어나 어그러짐.
횡 역 一한 무리.

橫財 뜻밖에 공짜로 재물을 얻음.
횡 재 또는 그러한 재물. 一한 재물.

橫的 횡으로 관계되는.
횡 적 一인 유대 관계.

橫軸 가로로 꾸민 족자. 또는 가로축
횡 축 一과 縱軸(종축).

橫暴 몹시 사납게 굶. 몹시 난폭함.
횡 포 一한 행동.

橫行 거리낌없이 함부로 나다니거나
횡 행 멋대로 행동함. 一天下. 一하는 폭도.

橫禍 뜻밖에 당하는 재앙.
횡 화 一를 입다.

效果 보람으로 나타나는 결과.
효 과 一가 없다. 一가 좋다.

孝女 효성이 지극한 딸.
효 녀 孝子(효자)와 一.

效能 효험을 나타내는 성능.
효 능 一이 있다.

曉達 사물의 이치를 깨달아서 환히
효 달 앎. 주자학에 一하다.

孝道 부모를 잘 섬기는 도리. 또는
효 도 그 일. 一하는 딸.

孝廬 상제가 집상하고 거처하는 곳.
효 려 3년을 一에서 지내다.

效力 보람. 또는 보람을 나타내는 힘.
효 력 一이 있다. 一을 나타내다.

酵母 당분을 알코올과 이산화탄소로
효 모 분해하는 미생물. 一錠(정)

孝婦 효성이 지극한 며느리.
효 부 一賞(상). 一 없는 효자 없다.

效嚬 함부로 흉내를 내거나 남의 결점을
효 빈 장점인 줄 알고 본뜨는 일.

孝誠 어버이를 섬기는 정성.
효 성 一이 지극하다. 一스런 아들.

曉星 샛별. 또는 새벽 별.
효 성 一을 바라보며 길을 떠나다.

酵素 유기체 안에서 만들어지는 단백
효 소 질을 중심으로 한 고분자 화합물.

孝孫 효성이 지극한 손자.
효 손 孝子(효자)와 一.

梟首 죄인의 목을 베어 높은 곳에
효 수 매닮. 一를 당하다.

梟示 죄인의 목을 베어 높은 곳에 매달
효 시 아 놓고 뭇사람에게 보임.

嚆矢
효 시
우는살. 인신하여, 사물이 시작되
어 나온 맨 시초. 극문 소설의 ―.

孝心
효 심
효성스러운 마음.
―을 다하다. ―이 갸륵하다.

孝養
효 양
부모를 효행으로써 봉양함.
시어머니를 ―하다.

效用
효 용
①=效驗(효험)
②이용할 만한 쓰임새. ― 가치

驍勇
효 용
날래고 용맹함.
―한 군사.

孝友
효 우
=孝悌(효제)
―가 특출하다.

梟雄
효 웅
사납고 용맹한 인물.
춘추 전국 시대의 ―들.

曉喩
효 유
깨달아 알도록 타이름.
곡진히 ―하다.

效率
효 율
유효하게 쓰일 분량의 비율.
―을 높이다. ―이 낮다.

孝子
효 자
부모를 잘 섬기는 아들.
―門(문). ―와 孝婦(효부).

孝悌
효 제
부모에 대한 효성과 동기간의
우애. ―忠信(충신)

曉鐘
효 종
새벽에 치는 종.
교회의 ― 소리.

效則
효 칙
본받아 법으로 삼음.
열녀의 행실을 ―하다.

曉飭
효 칙
타일러서 경계함.
바른 길을 걷도록 ―하다.

孝親
효 친
어버이에게 효도함.
―하는 도리를 실천하다.

孝行
효 행
부모를 잘 섬기는 행실.
―이 지극하다.

效驗
효 험
일의 좋은 보람. 또는 어떤 작
용의 보람. ―이 없다. ―을 받다.

厚價
후 가
후한 값.
―를 치르다.

後覺
후 각
남보다 뒤늦게 깨달음.
先覺(선각)과 ―.

嗅覺
후 각
냄새에 대한 감각.
― 기관. ―이 발달하다.

後見
후 견
뒤를 보아줌.
―人(인)

後繼
후 계
뒤를 이음. 또는 그 사람.
―者(자). 선친의 사업을 ―하다.

後顧
후 고
뒷일을 못 잊어 돌아보거나 근
심함. ―의 염려가 없다.

後光
후 광
부처의 몸에서 내비치는 빛. 인신
하여, 어떤 사물을 빛내는 배경.

後軍
후 군
뒤에 있는 군대.
―이 뒤따르다.

後宮
후 궁
임금의 첩.
왕비와 ―.

後氣
후 기
어떤 기운이 뒤에까지 버티어
나가는 힘. 술의 ―가 빠지다.

後記
후 기
본문 뒤에 덧붙여 적음. 또는
그 기록. ―를 달다.

後期
후 기
①뒷날의 기약. ―를 믿다.
②나중 시기. 前期(전기)와 ―.

後年
후 년
내년 다음 해. 또는 올해 이후
의 해. ―까지 기다리기로 하다.

後代
후 대
①앞으로 올 세대. 우리의 ―들.
②후에 오는 시대. ―의 사람들.

厚待
후 대
후하게 대우함. 또는 그러한
대접. ―와 박대. ―를 받다.

厚德
후 덕
어질고 무던함.
―한 사람.

後頭
후 두
뒤통수
―骨(골)

喉頭
후 두
공기를 통하고 소리를 내는 호
흡기의 한 부분. ―炎(염)

後來
후 래
뒤에 옴. 또는 뒤져서 옴.
― 삼배

後略
후 략
글이나 말의 뒷부분을 줄임.
前略(전략)과 ―.

後慮
후 려
뒷날의 염려.
―가 없도록 조처하다.

ㅎ

後斂 둘 이상의 절로 된 시가에서, 각 절
후 렴 의 끝에 반복하여 강조하는 부분.

後聞 나중에 들은 사실. 또는 뒷소문.
후 문 ─이 아주 흥미롭다.

後尾 대열의 맨 뒷부분.
후 미 ─에 선 대원.

厚朴 인정이 두텁고 거짓이 없음.
후 박 ─한 농촌 사람들.

厚薄 두꺼움과 얇음. 또는 후함과
후 박 박함. 공정하여 ─이 없다.

後半 반으로 가른 뒷부분.
후 반 20세기 ─. ─部(부)

後發 ①길을 남보다 뒤에 떠남. ─隊
후 발 (대) ②나중에 쏨. ─彈(탄)

後方 뒤쪽. 또는 적과 마주하고 있
후 방 는 뒤쪽 지역. 前方과 ─. ─ 근무

後輩 ①나이·학문이 뒤진 사람. ②같은
후 배 학교를 나중 졸업한 사람.

候補 ①선거에 뽑히려고 나선 사람. ②
후 보 결원을 채울 자격을 가진 사람.

後拂 일을 마친 뒤에 돈을 지불함.
후 불 先拂(선불)과 ─.

后妃 임금의 아내.
후 비 ─와 後宮(후궁).

後事 뒷일. 또는 죽은 뒤의 일.
후 사 ─를 당부하다.

後嗣 대를 잇는 아들.
후 사 ─가 없다.

厚賜 후하게 내려줌.
후 사 ─의 영광을 입다.

厚謝 후하게 사례함. 또는 그 사례.
후 사 유실물을 찾아준 사람에게 ─하다.

後産 아이를 낳은 뒤에 태를 낳는 일.
후 산 ─의 진통.

厚賞 상을 후하게 줌. 또는 그런 상.
후 상 ─을 내리다.

厚生 생활을 안정시키거나 윤택하도
후 생 록 도움. ─費(비). ─ 사업

後生 자기보다 뒤에 태어난 사람.
후 생 ─可畏(가외). ─을 가르치다.

喉舌 목구멍과 혀. 인신하여, 승지의
후 설 직책. ─之臣(지신)

後世 다음에 오는 세상. 또는 다음에 오는 세
후 세 대의 사람들. ─의 사람들. ─에 전하다.

後續 뒤를 이음.
후 속 ─ 부대. ─ 조치

後孫 몇 대가 지난 뒤의 자손.
후 손 ─ 만대의 영화.

後送 후방으로 보냄.
후 송 ─ 인원. 부상자를 ─하다.

後述 뒤에 기술함.
후 술 前述(전술)과 ─.

後食 양식에서, 끼니 음식을 먹은 뒤에 차
후 식 려 내는 과일·과자·커피 등의 음식.

後身 ①다시 태어난 몸. ②어떤 물체나 단
후 신 체의 바뀐 뒤의 것. 前身(전신)과 ─.

後室 ＝後妻(후처)
후 실 ─ 소생. 前室(전실)과 ─.

後列 뒤에 있는 열.
후 열 前列(전열)과 ─.

後裔 ＝後孫(후손)
후 예 양반의 ─.

後苑 대궐 뒤에 있는 동산.
후 원 ─에서 연회를 베풀다.

後援 뒤에서 도와줌.
후 원 ─會(회). 물심 양면으로 ─하다.

後園 집 뒤에 있는 동산.
후 원 ─에서 바람을 쐬다.

後衛 뒤쪽의 호위나 방위.
후 위 ─ 부대. 前衛(전위)와 ─.

後遺症 병을 앓고 난 뒤의 중세. 인신
후 유 증 하여, 뒤에 생긴 부작용.

厚恩 두터운 은혜.
후 은 ─을 입다.

厚意 남이 자기에게 베풀어 준 도타
후 의 운 마음. ─에 감사하다.

厚誼 두터운 정의.
후 의 —를 베풀다. —를 잊지 아니하다.

後人 후세의 사람.
후 인 —의 귀감이 되다.

後日 뒷날
후 일 —談(담). —을 기약하다.

後任 전 사람에 뒤이어 맡는 일. 또는
후 임 그 일을 맡는 사람. —者(자)의 책임.

後者 후에 지적된 사물이나 사람.
후 자 —가 낫다. —를 택하다.

侯爵 오등작의 둘째 작위.
후 작 公爵(공작)과 —.

後作 뒷그루
후 작 —으로 심은 옥수수.

後場 ①다음 번에 서는 장. ②증권 거래
후 장 소에서 오후에 이루어지는 거래.

厚葬 두터운 성의로 장례를 지냄.
후 장 또는 그런 장례. 유골을 —하다.

後庭 뒤뜰
후 정 —에서 베푼 연회.

厚情 =厚誼(후의)
후 정 —을 베풀다.

候鳥 철새
후 조 —의 도래지.

後進 뒤지거나 뒤떨어짐. 또는 그런
후 진 사람. — 국가. — 양성에 힘쓰다.

後集 시집·문집을 낸 뒤에 다시 추
후 집 려서 만든 책. —을 간행하다.

後妻 나중에 맞은 아내.
후 처 — 소생

後天的 세상에 난 뒤에 지니게 된.
후 천 적 — 질환. — 버릇.

後娶 다시 장가가서 맞은 아내.
후 취 — 소생. — 장가를 들다.

後退 뒤로 물러남.
후 퇴 —하는 적. 前進(전진)과 —.

後弊 뒷날 생기는 폐단.
후 폐 —가 있으리라. —를 없애다.

後學 후진의 학자. 인신하여, 선배
후 학 학자에 대한 자기의 겸칭.

後行 혼례 때에 신랑이나 신부를 데
후 행 리고 가는 사람. —으로 가다.

後患 후에 생기는 근심이나 걱정.
후 환 —을 없애다. —거리를 만들다.

後悔 이전의 잘못을 깨닫고 뉘우침.
후 회 —가 막심하다. —는 없다.

訓戒 타일러 경계함. 또는 그러한 말.
훈 계 아들을 —하는 어머니.

訓告 훈계하여 타이름.
훈 고 손자를 —하는 할아버지.

訓詁 유교 경서의 고증·주석 등의
훈 고 총칭. —學(학). —學者(학자)

勳功 나라를 위하여 세운 공로.
훈 공 큰 —을 세우다.

勳舊派 정변에서 공을 세워 대를 이어
훈 구 파 고관에 있었던 관료들.

勳記 훈장을 줄 때에 훈장과 함께
훈 기 주는 증서. 또는 그 기록.

薰氣 훈훈한 기운.
훈 기 초여름의 향기로운 —.

薰陶 학문이나 어진 덕행으로써 남을 가
훈 도 르쳐 감화시킴. 스승의 —. —를 받다.

訓讀 한문을 새겨서 읽음.
훈 독 —과 음독(音讀).

訓練 배워 익히도록 연습함.
훈 련 군사 —. —을 받다.

訓令 하급 관청에 내리는 명령.
훈 령 —을 받다.

訓蒙 어린아이나 초학자를 가르침.
훈 몽 —字會(자회)

訓民 백성을 가르침.
훈 민 —正音(정음)

訓放 훈계하여 방면함.
훈 방 초범을 —하다.

訓手 좋은 수나 방법을 뜽기어 알려
훈 수 줌. —를 들다.

訓示 가르쳐 보임. 또는 그 지시.
훈 시 —를 하는 사람. —를 듣다.

訓育 가르쳐서 키움.
훈 육 어머니의 —을 받다.

燻肉 훈제한 고기.
훈 육 —을 썰어 쟁반에 담다.

訓長 글방의 선생.
훈 장 — 노릇을 하다.

勳章 훈공이 있는 사람에게 국가가
훈 장 수여하는 휘장. —을 받다.

燻製 고기를 소금에 절이고 연기에 그슬
훈 제 려서 먹기에 알맞게 만듦. —한 고기.

燻蒸 더운 연기에 쐬어서 찜.
훈 증 —劑(제)

薰蒸 찌는 듯이 무더움.
훈 증 —한 날씨.

葷菜 파·마늘 따위의 특이한 냄새가 나
훈 채 는 채소. 절에서는 —를 먹지 않는다.

薰風 초여름에 부는 훈훈한 바람.
훈 풍 5월의 —.

訓話 교훈하거나 훈시하는 말.
훈 화 교장 선생님의 —.

薰薰 ①날씨나 온도가 알맞게 더움.
훈 훈 ②마음을 녹여주는 따스함이 있음.

萱堂 =慈堂(자당)
훤 당 —께 안부를 여쭈어 주게.

喧騷 뒤떠들어서 소란함.
훤 소 —한 시장 거리.

喧傳 뭇사람의 입으로 전하여 자자
훤 전 하게 퍼짐. —된 유언비어.

毀棄 헐거나 깨뜨려서 버림.
훼 기 —한 가전 제품.

毀謗 ①남의 일을 방해함. —을 놓다.
훼 방 ②남을 헐뜯어 비방함. —하는 말.

毀傷 헐어서 상하게 함.
훼 상 남의 명예를 —하다.

毀損 ①헐거나 깨뜨려 못쓰게 만듦. 기물 —
훼 손 ②남을 헐뜯어 손상을 입힘. 명예 —

毀言 훼방하는 말.
훼 언 —을 일삼다.

毀譽 훼방함과 칭찬함.
훼 예 —와 포폄.

毀節 절개나 절조를 깨뜨림.
훼 절 —한 과부. —한 충신.

毀撤 헐어서 걷어 치움.
훼 철 서원을 —한 대원군.

揮發 보통 온도에서 액체가 기체로
휘 발 변함. —油(유). — 성분

諱日 조상의 돌아간 날.
휘 일 —에 제사를 지내다.

諱字 돌아간 어른의 생전의 이름 글
휘 자 자. 5대조의 —.

揮帳 피륙을 이어 만든, 둘러치는
휘 장 장막. —으로 가리워진 침대.

徽章 신분·직위·명예 등을 나타내기
휘 장 위하여 옷이나 모자에 붙이는 표.

麾下 장군의 통솔 아래. 또는 그 군
휘 하 사. 용맹한 장군 —의 군사.

揮毫 붓글씨를 쓰거나 그림을 그림.
휘 호 —料(료)

輝煌 눈부시게 환함.
휘 황 —燦爛(찬란). —한 불빛.

休暇 학교나 직장에서 일정 기간 쉬
휴 가 는 일. 또는 그 겨를. 하계 —

休刊 정기 간행물의 간행을 한동안
휴 간 쉼. —한 문예지.

休講 계속해 오던 강의를 쉼.
휴 강 —을 예고하다.

休憩 길을 걷거나 일을 하다가 쉼.
휴 게 —所(소). —室(실)

休耕 농사 짓던 땅을 얼마동안 묵힘.
휴 경 —地(지). — 농법

休校 학교의 수업을 한동안 쉼.
휴 교 — 조치. 교내 문제로 —하다.

携帶 다닐 때에 손에 들거나 몸에
휴 대 지님. —品(품). — 전화

休眠 동물이나 식물이 한동안 성장 기능
휴 면 이 미약하게 진행되는 일. 一期(기)

休務 사무를 보지 않고 쉼.
휴 무 토요일은 一하는 날.

休息 하던 일이나 동작을 멈추고 쉼.
휴 식 一 시간. 막간 一

休養 직무를 일시적으로 쉬고 몸을
휴 양 보양함. 一所(소). 一 시설

休業 하던 일을 얼마동안 쉼.
휴 업 一 상태. 一한 업소.

休日 쉬는 날.
휴 일 一 아침. 一을 즐기다.

休戰 하던 전쟁을 얼마동안 쉼.
휴 전 一 협정. 一線(선)

休廷 재판 도중에 재판을 잠시 동안
휴 정 쉼. 재판장이 一을 선언하다.

休止 움직임이 머물러 그침.
휴 지 一符(부). 一 상태

休紙 못 쓰게 되거나 버리게 된 종이.
휴 지 一桶(통). 一를 버리다.

休職 일정한 기간 직무를 쉼.
휴 직 一給(급). 一을 하는 동료.

休診 의료 기관에서 진료를 쉼.
휴 진 一日(일)

休戚 안락과 근심 걱정.
휴 척 나라의 一.

休學 학업을 쉼.
휴 학 一한 학생. 一生(생)

休會 회의 도중에 쉼.
휴 회 一를 선언하다.

譎計 간사하고 능청스러운 꾀.
휼 계 一에 빠지다.

恤米 이재민을 구제하기 위하여 방
휼 미 출하는 쌀. 一를 방출하다.

恤民 이재민을 구제함.
휼 민 一 사업

恤兵 금품을 보내어 전선의 병사를
휼 병 위문함. 一金(금)

凶家 들어 사는 사람에게 늘 흉한 일이
흉 가 생기는 불길한 집. 一로 소문이 나다.

凶計 흉측한 계책.
흉 계 一를 꾸미다.

胸骨 앞가슴 한 복판에 있는 뼈.
흉 골 一이 부러지다.

胸廓 흉추와 갈빗대로 이루어지는
흉 곽 가슴 부분의 몸통. 一 성형술

胸筋 가슴 부분에 있는 근육.
흉 근 一이 경색되다.

胸襟 가슴 속의 심정.
흉 금 一을 털어놓다.

凶器 살상하는 데 쓰는 기구.
흉 기 一를 든 강도.

凶年 농작물이 잘 되지 않은 해.
흉 년 一이 들다. 풍년과 一.

胸裏 =胸中(흉중)
흉 리 一에 쌓인 한.

凶謀 흉악한 모략.
흉 모 一를 꾸미다.

凶夢 불길한 꿈.
흉 몽 一을 꾸다.

胸背 관복의 가슴과 등에 붙이는, 수놓
흉 배 은 헝겊 조각. 관위에 따라 다른 一.

凶變 사람이 죽는 따위의 흉한 변고.
흉 변 一을 당하다.

凶報 사람이 죽었다는 흉한 기별.
흉 보 一를 받다. 一를 전하다.

胸部 가슴 부분.
흉 부 一를 촬영한 사진. 一와 복부.

凶事 불길한 일. 흉하고 언짢은 일.
흉 사 一를 치르다.

胸像 인체의 머리에서 가슴 부위까지
흉 상 를 나타낸 조각상이나 초상화.

凶惡 ①음흉하고 악랄함. 一한 사람
흉 악 ②흉업고 고약함. 一한 생김새.

凶漁 물고기가 평상시보다 매우 적
흉 어 게 잡히는 일. 풍어와 一.

ㅎ

凶逆 반역하려는 마음이 있음.
흉 역　ㅡ한 심사.

洶湧 ①흐르는 물결이 세참. ㅡ한 파도.
흉 용　②들끓는 기세가 높음. ㅡ한 민심.

胸圍 가슴둘레
흉 위　ㅡ를 재다. 신장과 ㅡ.

凶音 사람의 죽음을 알리는 기별.
흉 음　어머니의 ㅡ을 받다.

凶作 흉년이 들어 잘 안 된 농사.
흉 작　ㅡ과 풍작.

胸章 가슴에 다는 표장.
흉 장　ㅡ을 단 경찰관.

凶兆 불길한 징조.
흉 조　吉兆(길조)와 ㅡ.

胸中 가슴 속.
흉 중　ㅡ의 원한. ㅡ의 포부.

凶測 ①생김이 험상궂고 사나움. ㅡ한
흉 측　얼굴. ②음충맞고 엉큼함. ㅡ한 사람.

凶彈 흉한이 쏜 총탄.
흉 탄　ㅡ에 쓰러진 김구 선생.

凶暴 음흉하고 포악함.
흉 포　ㅡ한 사람.

凶豐 흉년과 풍년. 또는 흉작과 풍작.
흉 풍　ㅡ을 모르는 관개 시설.

凶漢 남을 해치는 흉악한 놈.
흉 한　ㅡ이 쏜 흉탄.

洶洶 ①인심이 술렁술렁하여 험악함.
흉 흉　②물살이 세차고 물소리가 시끄러움.

黑幕 검은 장막. 인신하여, 겉으로 드러나
흑 막　지 아니한 음흉한 내막. ㅡ을 파헤치다.

黑髮 검은 머리털.
흑 발　ㅡ과 白髮(백발).

黑白 ①검은 빛과 흰 빛. ㅡ이 분명하다.
흑 백　②잘잘못이나 시비. ㅡ를 가리다.

黑色 검은 빛.
흑 색　ㅡ 인종. ㅡ과 白色(백색).

黑心 음흉하고 부정한 마음.
흑 심　ㅡ을 품다. ㅡ이 드러나다.

黑人 흑색 인종의 사람.
흑 인　ㅡ과 白人(백인).

黑字 수입이 지출보다 많아서 생긴
흑 자　잉여. ㅡ 재정. ㅡ가 늘어나다.

黑漆 검은 빛깔의 옻으로 칠함. 또
흑 칠　는 검은 빛깔의 옻. ㅡ을 한 옷장.

黑炭 검은 빛깔의 석탄.
흑 탄　ㅡ과 白炭(백탄).

黑土 검고 기름진 토양.
흑 토　ㅡ가 많은 지대.

黑板 칠판
흑 판　ㅡ에 쓴 글자.

釁端 서로 사이가 벌어지는 시초나
흔 단　단서. ㅡ을 열다. ㅡ이 생기다.

欣慕 ＝欽慕(흠모)
흔 모　ㅡ하는 은사.

欣然 기쁘거나 반가와 기분이 좋음.
흔 연　ㅡ히 승낙하다.

痕迹 남은 자취나 자국.
흔 적　ㅡ이 남아 있다.

欣快 기쁘고 유쾌함.
흔 쾌　ㅡ히 수락하다. ㅡ한 대답.

欣欣 기쁘고 흡족함.
흔 흔　ㅡ히 응낙하다.

欣喜 즐겁고 기쁨. 또는 즐거워하고
흔 희　기뻐함. ㅡ雀躍(작약)

屹立 산이 깎아 세운 듯이 높이 솟음.
흘 립　ㅡ한 산봉우리.

吃水線 물에 뜬 배의 물에 잠기는
흘 수 선　ㅡ 면적

屹然 우뚝 솟은 모양이 위엄이 있음.
흘 연　ㅡ독립. ㅡ히 서 있는 장부의 모습.

欠缺 일정한 수에서 부족이 생김.
흠 결　또는 그 부족. ㅡ이 생기다.

欽慕 기쁜 마음으로 사모함.
흠 모　ㅡ하는 은사. ㅡ를 받다.

欽服 존경하고 사모하여 따름.
흠 복　ㅡ하는 지도자.

欽羨 흠앙하고 부러워함.
흠 선 —하는 마음.

欽仰 공경하여 우러러 사모함.
흠 앙 —하는 지도자.

欠節 =欠點(흠점)
흠 절 —이 많다.

欠點 흠이 되는 점. 또는 흠이 생긴
흠 점 곳. —을 지적하다.

欽定 황제가 친히 제정함.
흠 정 — 헌법

歆饗 신령이 제사의 음식을 받아서
흠 향 먹음. 혼백이 —하다.

吸力 빨아들이는 힘.
흡 력 —이 세다.

恰似 거의 같을 정도로 비슷함. 또
흡 사 는 마치. —한 걸음걸이.

吸收 ①빨아 들임. 물기를 —하다. ②외부
흡 수 로부터 받아들임. 서양 문물을 —하다.

吸煙 담배를 피움.
흡 연 —室(실)

吸引 빨아 당김.
흡 인 —力(력)

吸入 빨아 들임.
흡 입 —器(기). 산소를 —하다.

洽足 모자람이 없이 아주 넉넉함.
흡 족 마음에 —하다. —해 하는 모양.

吸着 달라붙음
흡 착 —劑(제). —하는 힘.

吸血 피를 빨아먹음. 인신하여, 남을
흡 혈 착취함. — 동물. —鬼(귀)

興國 나라를 흥하게 함.
흥 국 —의 공신.

興起 떨쳐 일어남. 감동되어 분기함.
흥 기 백성들이 —하다.

興隆 일어나 번영함. 흥하여 번성함.
흥 륭 국가의 —과 발전.

興亡 흥함과 망함.
흥 망 —盛衰(성쇠). —이 유수하다.

興味 흥을 느끼는 재미.
흥 미 —를 가지다. —를 붙이다.

興奮 감정이 북받쳐 일어남. 또는 그
흥 분 러한 감정. —의 도가니. —한 감정.

興盛 매우 왕성하게 일어남.
흥 성 집안이 —하다.

興信所 기업이나 개인의 신용 상황, 비
흥 신 소 리 등을 탐지하는 사설 기관.

興旺 번창하고 세력이 왕성함.
흥 왕 나라가 —하다.

興盡悲來 즐거운 일이 다하면 슬
흥 진 비 래 픈 일이 닥쳐 옴.

興趣 흥겨운 멋과 취미.
흥 취 —가 일어나다.

興致 흥겨운 운치.
흥 치 시를 읊는 —. —를 돋다.

興敗 흥함과 패망함.
흥 패 —를 겨루는 일전.

興廢 =興亡(흥망)
흥 폐 —의 갈림길.

興行 영리를 위해 곳곳을 다니며 연
흥 행 극을 상연함. —權(권). —物(물)

喜歌劇 희극적인 내용의 음악 극. 뮤
희 가 극 지컬 코메디. 코믹 오페라.

戱曲 상연하려고 쓴 연극의 각본.
희 곡 — 작가. 실화를 —化(화)하다.

稀怪 매우 드물어서 괴이함.
희 괴 —한 소문이 나돌다.

希求 바라며 구함.
희 구 —하는 세계 평화. —하는 남북 통일.

稀貴 썩 드물어서 귀함.
희 귀 —한 새. —한 약제.

喜劇 ①익살과 풍자로 관객을 웃기는 연
희 극 극. ②웃음을 자아내는 행동의 비유.

戱劇 실없이 하는 익살스러운 행동.
희 극 —을 부리다.

戱談 웃음거리로 하는 실없는 말.
희 담 —을 잘하다.